樊麾 著

简明围棋入门教程

（上册）

人民邮电出版社

北京

图书在版编目（CIP）数据

简明围棋入门教程 / 樊麾著. -- 北京 ：人民邮电
出版社，2022.3
ISBN 978-7-115-57958-4

Ⅰ. ①简… Ⅱ. ①樊… Ⅲ. ①围棋－教材 Ⅳ.
①G891.3

中国版本图书馆CIP数据核字（2021）第240906号

内 容 提 要

　　本书是法国国家队名誉总教练、欧洲围棋冠军樊麾二段写给围棋初学者的入门教程。全书共 3 册，循序渐进地讲解了气、吃子、死活、打劫等围棋基础知识，以及初级的开局、定式及收官技巧。与众多围棋入门教程不同，本书注重"以练带学"，即通过简单、有趣的大量练习题来让读者找到"下棋的感觉"、培养初步的棋感，并以此来巩固例题中介绍的围棋入门知识与技巧。此外，本书章后的专栏还提供了学棋方法、围棋规则、围棋故事等既实用又有趣的围棋信息，能够激发围棋初学者的学习兴趣。

◆ 著　　　　樊　麾

　责任编辑　裴　倩
　责任印制　马振武

◆ 人民邮电出版社出版发行　　北京市丰台区成寿寺路 11 号
　邮编　100164　　电子邮件　315@ptpress.com.cn
　网址　https://www.ptpress.com.cn
　北京联兴盛业印刷股份有限公司印刷

◆ 开本：700×1000　1/16
　印张：29.75　　　　　　　　2022 年 3 月第 1 版
　字数：504 千字　　　　　　2022 年 3 月北京第 1 次印刷

定价：99.00 元（全 3 册）

读者服务热线：(010)81055296　印装质量热线：(010)81055316
反盗版热线：(010)81055315
广告经营许可证：京东市监广登字 20170147 号

专家力荐

樊麾虽然不是世界冠军，在职业棋手里的实力也不算出类拔萃，但是他在欧洲从事了近20年的围棋推广普及工作，其传播的对象大多是不了解中国文化的外国人，这些工作是非常值得肯定的。围棋的发展离不开围棋爱好者的土壤，而身体力行地去推广围棋，是每一个职业棋手应该做的事情。我常说，只要是对围棋有益的事情，我就会去做。樊麾的这套围棋教程，可以帮助不了解围棋的人，轻松愉快地进入围棋世界，享受围棋带给我们的乐趣。

——聂卫平，九段

樊麾在欧洲推广普及围棋的近20年里，形成了自己独特的教学风格。这套教程没有长篇大论，没有枯燥的理论知识，尤其适合想了解围棋的成人初学者。

——常昊，九段

围棋的推广任重而道远，我们这一代的很多棋手都已经从竞技围棋转向了推广大众围棋。棋手的使命既单纯又神圣，即通过自己的身体力行，让更多的人喜欢上围棋。樊麾的这套教程也是围绕着这个理念，力求让读者在不失乐趣的同时，了解并渐渐喜欢上围棋。

——古力，九段

围棋启蒙其实很简单，但专业人士往往把围棋说得过于复杂，导致很多人不敢学围棋。樊麾老师的这套教程适合有阅读能力的围棋新手自学，在解题的过程中循序渐进地了解围棋，让你发现学围棋其实没有想象中那么难。

——柯洁，九段

很多人认识樊老师是因为 AlphaGo，但樊老师最擅长的是让不了解围棋的人喜欢上围棋。这套书就是樊老师秉承这个理念编写的。整套书结构简单，非常适合初学者自学。

——檀啸，九段

樊老师是开发 AlphaGo 的团队——DeepMind 的围棋形象大使。看过 AlphaGo 电影的人肯定对樊老师印象深刻。他的书，我肯定推荐！

——周睿羊，九段

从中国国家少年围棋队相识，再到后来一起录制 AlphaGo 自战解说的视频，几十年来，作为一名职业棋手，我和樊老师的初心没有变。推广围棋、普及围棋一直是我们的责任与使命。樊老师的这套书非常适合自学，简单又不失乐趣，是一套极易上手的围棋教程。

——刘星，七段

我与樊老师相识已有 20 多年了。我们那一代职业棋手，出国留学并不多见，更别提去围棋"荒漠"法国了。围棋的普及，让越来越多的人了解到了欧洲围棋的发展，AlphaGo 更是让围棋与人工智能产生了震惊世界的化学反应，这一切都与樊老师有千丝万缕的联系。其实早在 2014 年，我就和樊老师讨论过很多关于围棋行业发展的想法，我们在对围棋推广的信念和使命感上非常合拍。2017 年，我正式向樊老师提出加入聂卫平围棋道场的邀请，希望可以一同努力，发展围棋事业。从 2018 年樊老师正式加入聂道至今，他对聂道的产品及教学产生了很多积极的影响，而聂道也在这两年有了跨跃式的发展。我们对普及围棋的初心不变，希望樊老师这套围棋教程可以帮助更多人了解围棋，喜欢围棋，将我国的国粹围棋推广到世界的每个角落。

——赵哲伦，四段

前　言

在 2015 年输给 AlphaGo 的时候，我对围棋的认知发生了翻天覆地的变化。AlphaGo 使我对所了解的围棋知识产生了质疑，似乎之前学到的东西都有可能是错的。而加入 Deepmind 团队后，我开始对 AlphaGo 有了更加全面的了解，并突然发现自己之前提倡的学习方法似乎与 AlphaGo 的学习方法有不少相同之处。

在欧洲普及推广围棋的多年期间，我最不愿意做的事情就是告诉学棋者（尤其是零基础的学棋者）什么是对的，什么是错的，并要求他们记下来。"死记硬背"这种数学方式乍一听，似乎也无可厚非，但最大的问题是它将学习过程中最重要的元素"兴趣"埋没了。我常常会说，没有人喜欢填鸭式的学习，大部分人更加喜欢探索式的学习方式。在面对围棋这样一个"可有可无"的爱好面前，如果没有兴趣，很多人是很难坚持学习的。

那么该如何进行探索式的学习呢？又如何将学棋者的兴趣激发出来呢？通过多年在欧洲普及推广围棋的经验积累，我发现大部分人不喜欢长篇大论的知识输入，原因有两点：第一，大量的新知识输入会让人很难记住，经常记住后边的，忘了前边的；第二，因为很难立刻就使用这些新知识，遗忘新知识的速度也非常快。"记不住"和"忘得快"往往不会让初学者产生成就感，有时甚至会让人产生挫败感，而缺少成就感，甚至是满满挫败感的学习体验，是很难让初学者产生学习兴趣的。

我认为理想的教学方式是，通过设计学习的路径来引导学棋者对已掌握的知识进行练习，然后一点一点地提高难度，最终让他们能够自主地发现新知识。这里的关键是，一定要让学棋者自主地发现，而不是急不可待地将这些知识点讲授给他们，因为这样会剥夺他们学习的乐趣。这个道理听起来简单，但在实践时非常困难，尤其是整个学习路径的设计，既不能太难，让学棋者望而却步，也不能太简单，让学棋者觉得没有挑战性。

通过自己探索发现的新知识，在使用时就会有很强的成就感，就像这个知识是自己发明的一样，而且也记得更牢。举个例子，背英语单词是一件很枯燥的事情，除非在对话时或者在某些场景下进行了应用，否则就算背的时候觉得了然于胸，几天没有用到这个单词，很有可能就忘了。

AlphaGo 练习围棋的过程与这样的学习方式有些相似。之前人工智能学习围棋的方式比较简单，人类会"教"人工智能很多知识，例如哪里对，哪里错，哪里大，哪里小，以及开局怎么下、收官怎么下，等等。但是围棋实在太复杂了，我们常说的千古无同局正因如此，这就导致了对局时会遇到无数的特殊场景，而且每次都不尽相同，我们又不可能把所有变化都展示出来，因此在很长一段时间中，人工智能的围棋水平距离人类还有很大的距离。计算机工程师提高人工智能棋力的方法往往是发现机器不懂什么，就加上什么。这也直接导致了人工智能棋力提升得非常慢。

而 AlphaGo 的学习方法却有所不同。AlphaGo 在开始时也对人类棋谱进行了学习（后来 AlphaGo-Zero 版本甚至不需要学习任何人类棋谱），但真正使 AlphaGo 变强的关键，是 AlphaGo 的自战练习。通过无数的自我对战，AlphaGo 自己产生了对一个个棋形和局面的判断能力，而计算机工程师所做的并不是告诉 AlphaGo 这些判断对不对，他们只是对整个 AlphaGo 学习的路径进行了设计，包括相应的奖励机制等。事实证明，AlphaGo 的学习方法成功了。不论是最初在英国 5 比 0 战胜我，在韩国 4 比 1 战胜李世石，以及后来在互联网上 60 比 0 战胜各国的世界冠军，还是最终在中国 3 比 0 战胜柯洁，无疑都证明了 AlphaGo 的学习方法是正确的。

这套"简明围棋"系列最初于 2010 年在法国首次出版，其教学方法就是通过设计学习的路径，让读者一点一点自主探索围棋的乐趣。该系列得到了法国围棋协会的认可，一直是法国围棋协会的官方推荐用书。

创作该系列图书时，我非常"有野心"——希望能够让读者循序渐进地达到业余 1 段的围棋水平。但因为种种原因，该系列在法国仅出版了前 5 册。这本图书的内容涵盖了法文版前 3 册的内容，后续内容也将陆续集结出版。

最后再给一点学习的小建议。仅靠读书而不进行任何实战练习就达到业余 1 段的水平，是不现实的。通过该系列图书学习围棋的基本知识点，再加上大量的实战练习做配合，才能最终真正达到业余 1 段水平。对局本身也是很有乐趣的，不论水平高低，对局时都能在一定程度上体现出下棋者的战略、战术、性格和思想。以后说不定针对围棋实战中的思想再写一本书。

在线答案获取说明

您可以通过微信的"扫一扫"功能，扫描本页的二维码获取答案。

步骤1：点击微信聊天界面右上角的"+"，弹出功能菜单（如图1所示）。

步骤2：点击弹出的功能菜单上的"扫一扫"，进入该功能界面，扫描本页的二维码。

步骤3：如果您未关注"人邮体育"微信公众号，在第一次扫描后会出现"人邮体育"的二维码（如图2所示）。关注"人邮体育"微信公众号之后，点击"资源详情"（如图3所示）即可查看答案。

如果您已经关注了"人邮体育"微信公众号，扫描后可以直接查看答案。

（图1）

（图2）

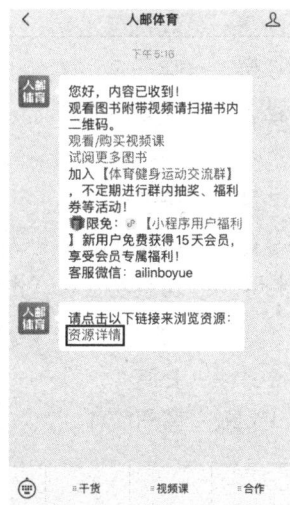

（图3）

目 录

（上册）

第 1 篇

第一步

第**1**章

气

就像我们在图 1.1 左侧看到的，有一颗孤零零的黑子，它有 4 个可以逃亡的方向，或者更简单地说，这颗黑子有 4 口"气"。在图 1.1 右侧有两个相连接的棋子，它们形成了一条线的形状，在没有对方子包围的情况下，它们有 6 口气。

注意！在图 1.2 中箭头所指的交叉点并不是黑棋棋子的气。

如果白棋将这些黑子的气全部堵上，如图 1.3 和图 1.4 所示，这些黑子将被白棋吃掉，从棋盘上被拿下来。

图 1.1

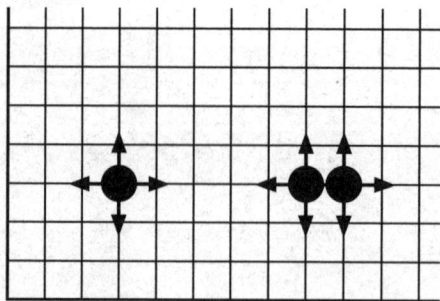

图 1.2

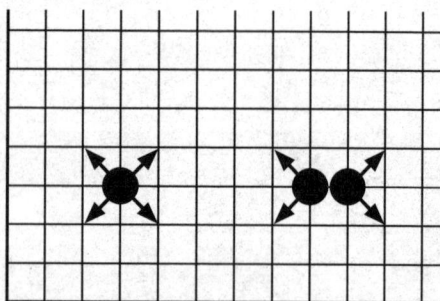

图 1.3

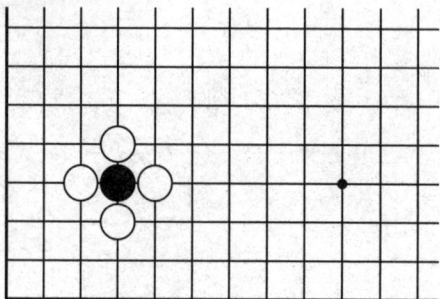

图 1.4

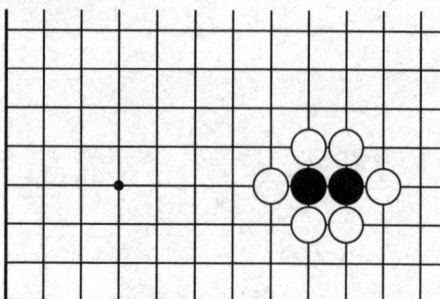

数一数这些黑棋有几口气。

1

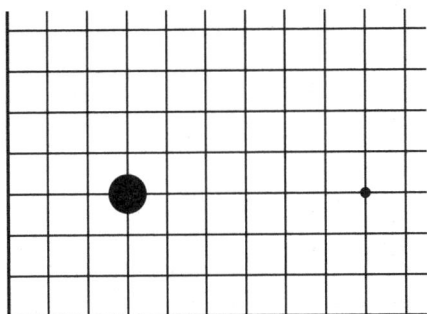

2

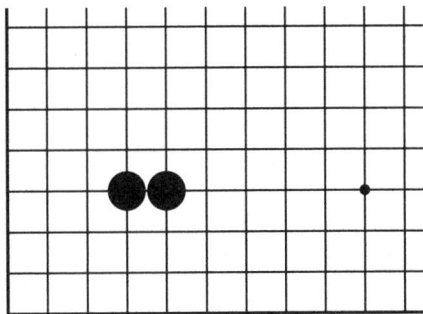

3

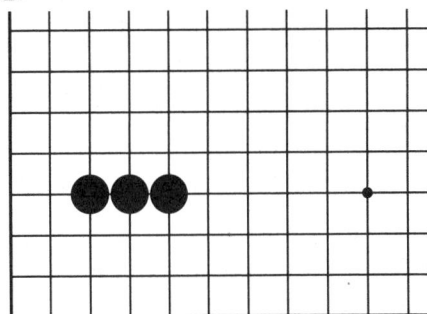

4

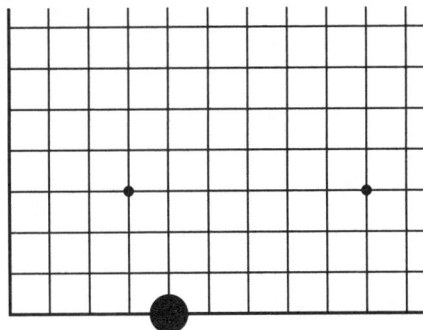

5

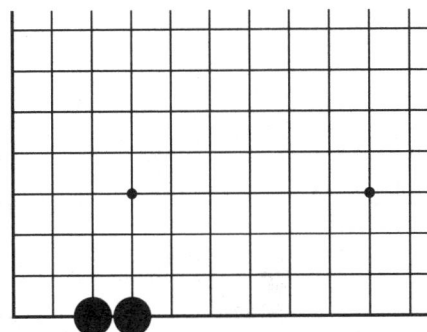

6

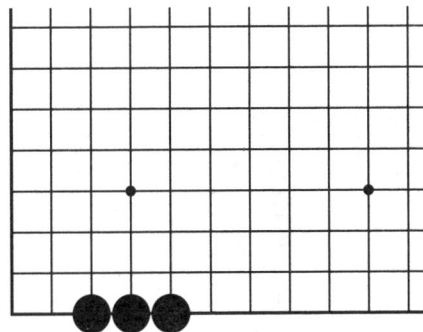

数一数这些黑棋有几口气。

7
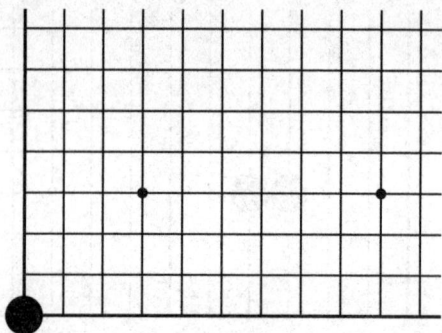

8
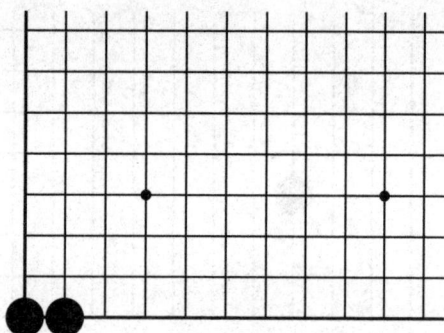

9
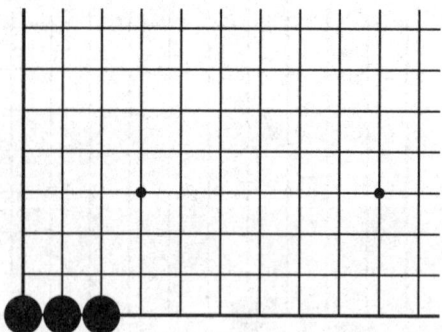

10
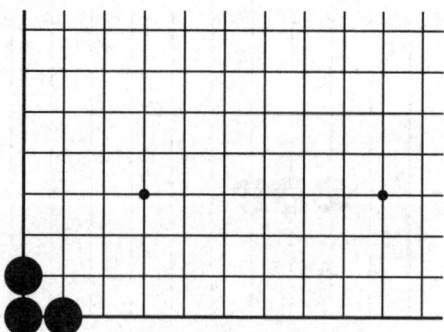

11
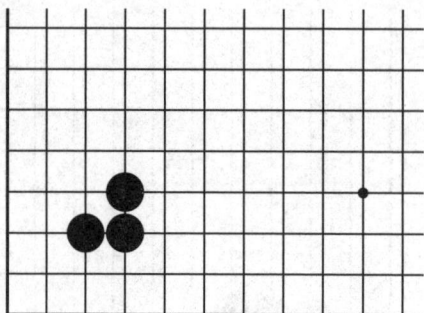

12
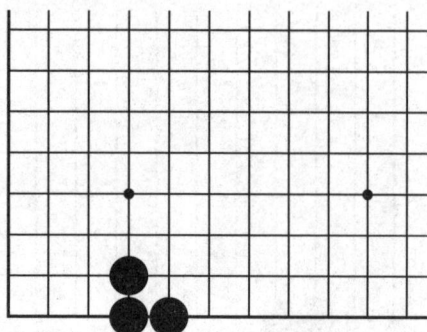

数一数这些黑棋有几口气。

13

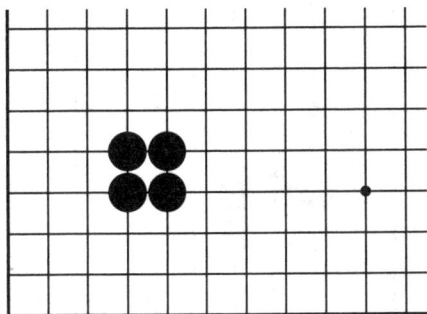

14

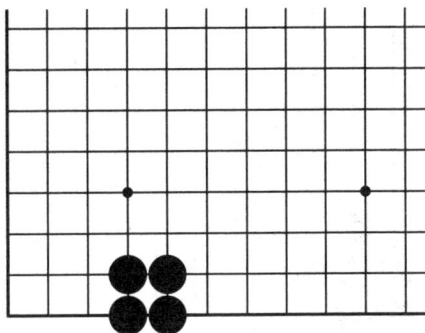

15

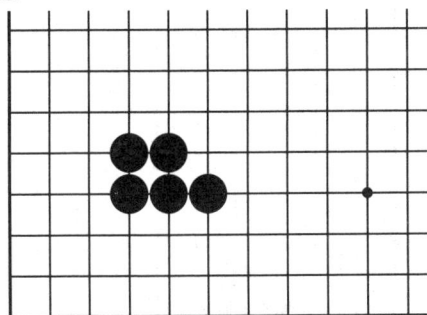

16

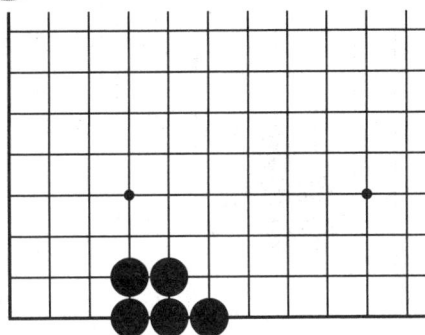

17

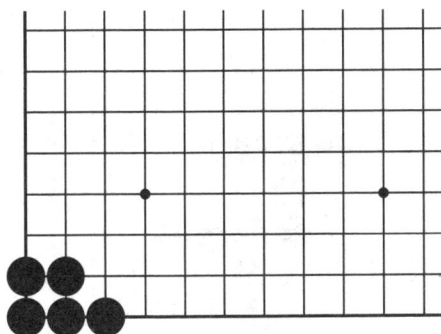

18

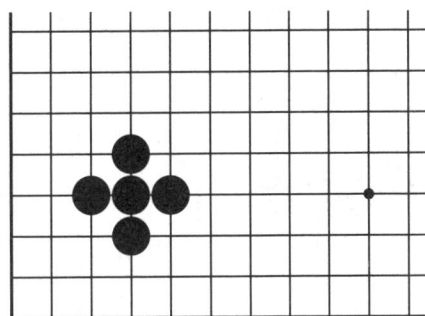

数一数这些黑棋有几口气。

19
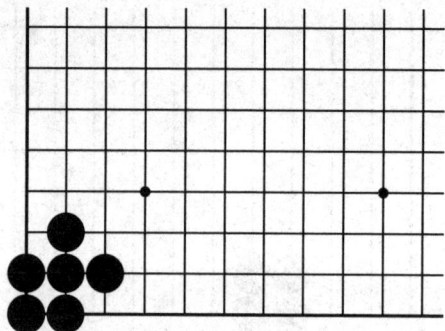

20
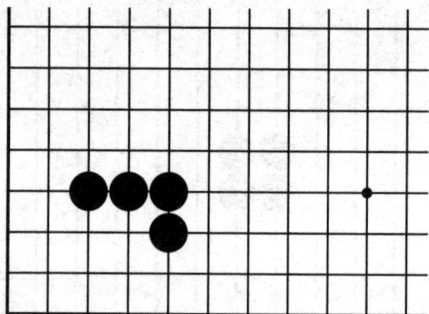

21
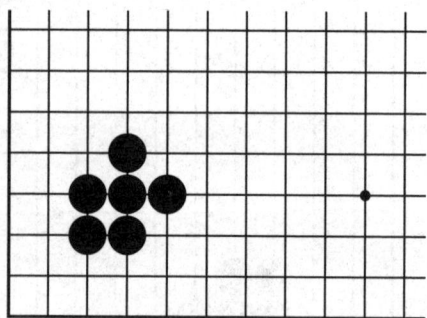

22
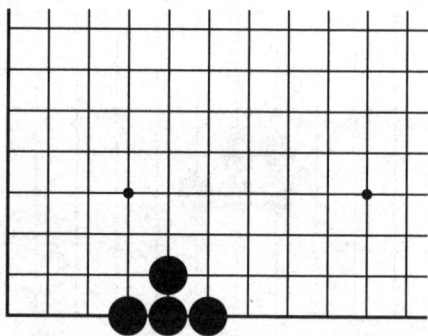

23
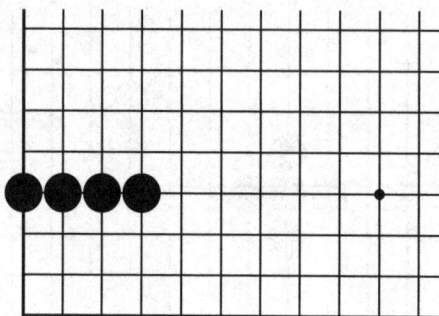

24
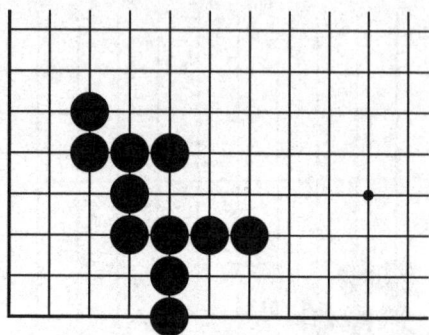

数一数这些黑棋有几口气。

25

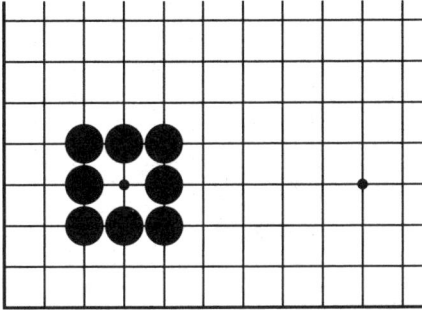

26

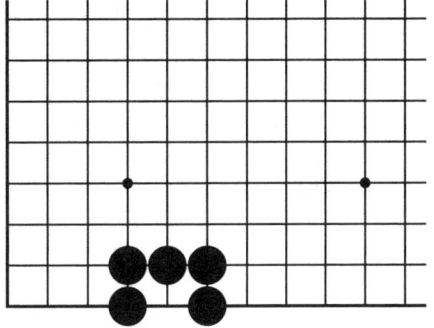

27

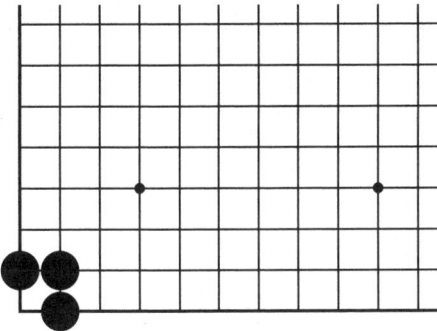

28

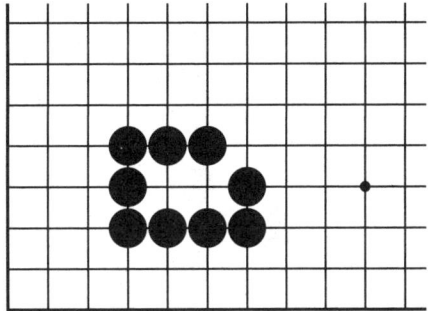

29

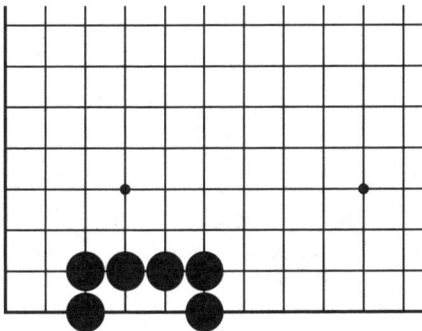

30

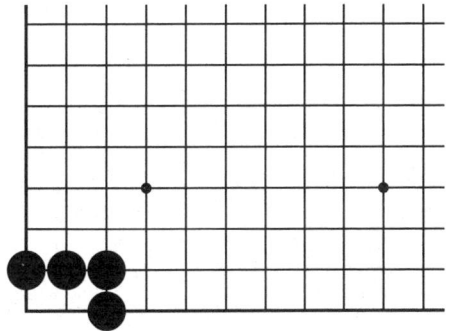

数一数这些白棋有几口气。

31

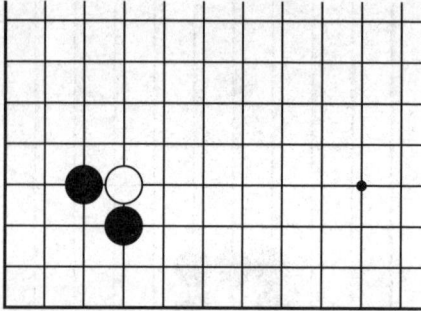

32

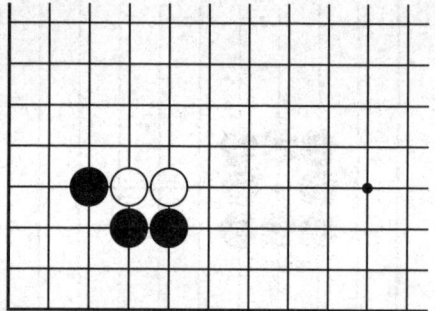

33

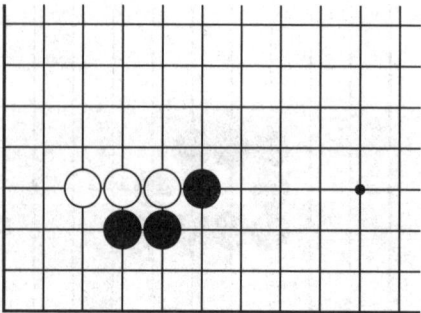

34

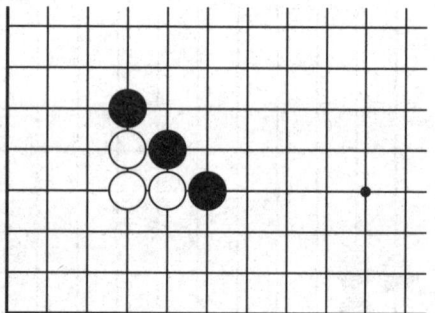

35

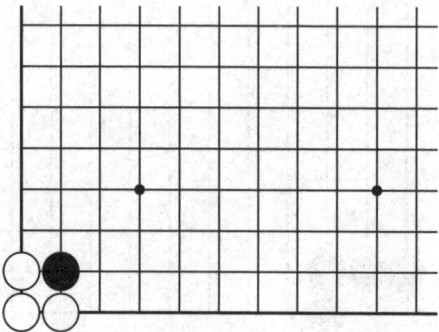

36

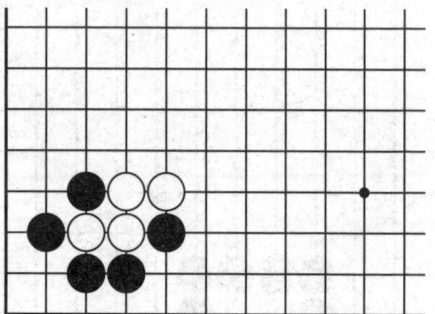

数一数这些白棋有几口气。

37
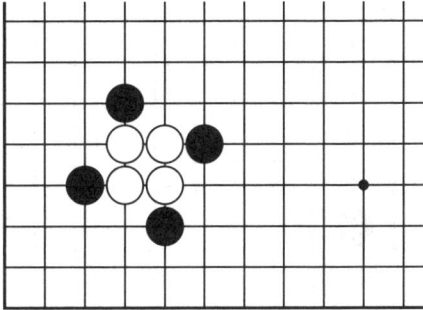

38
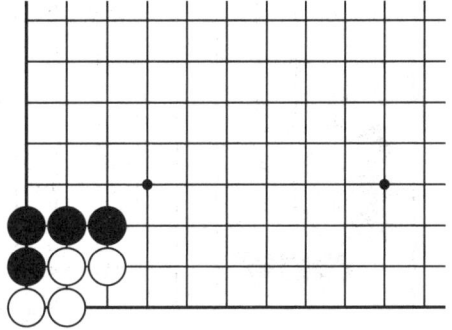

39
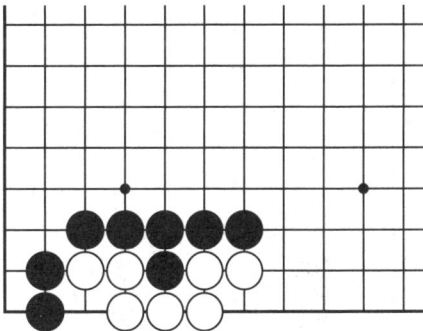

40
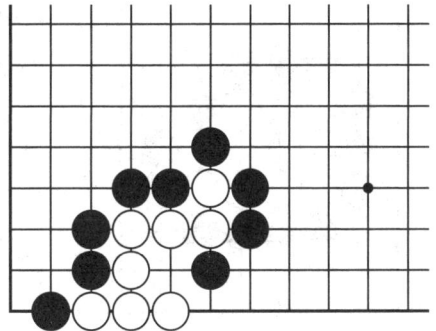

41
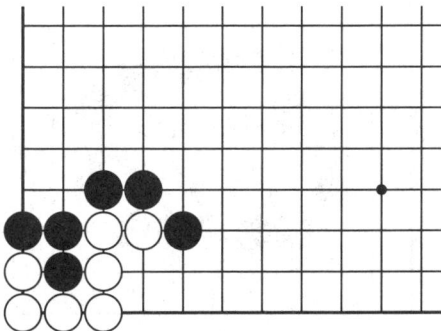

42
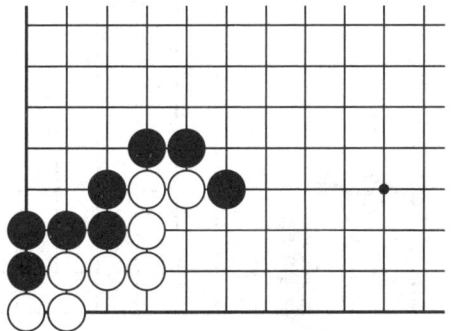

数一数这些白棋有几口气。

43
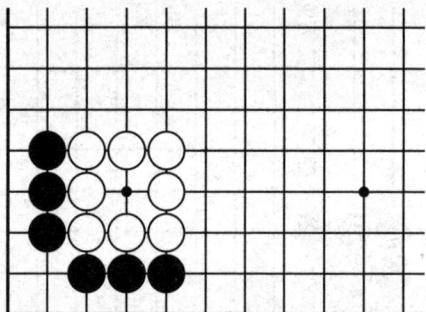

44
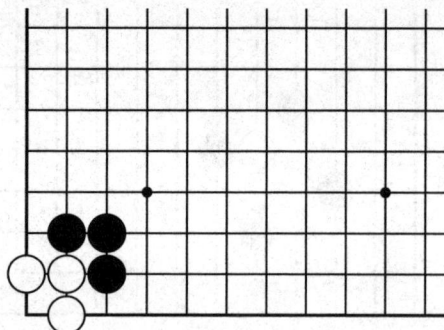

45
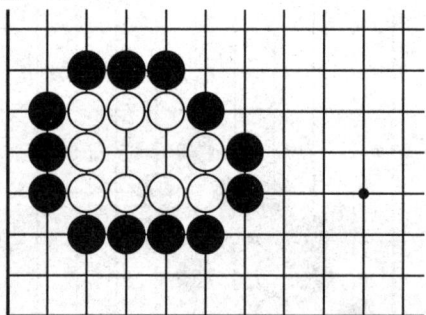

46
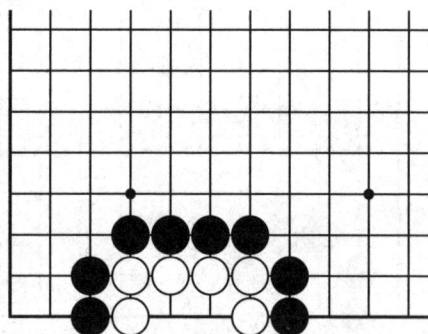

47
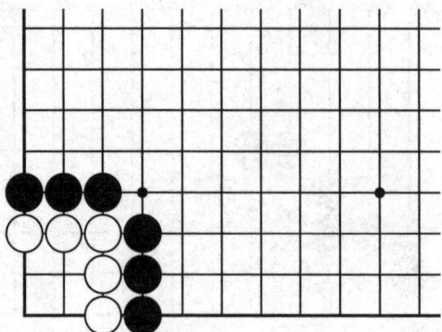

48
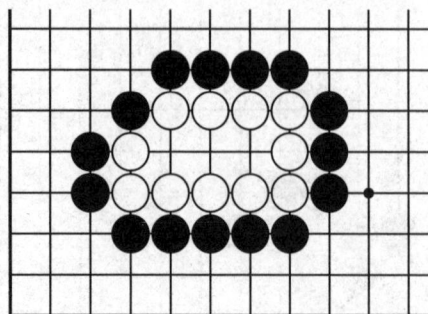

数一数黑棋有 X 标记的棋子有几口气。

49
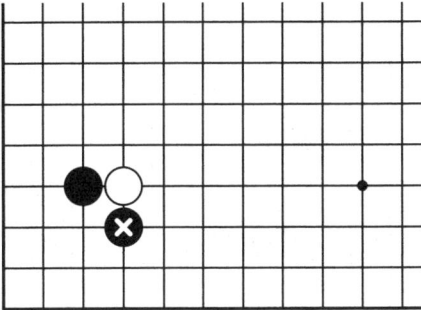

50
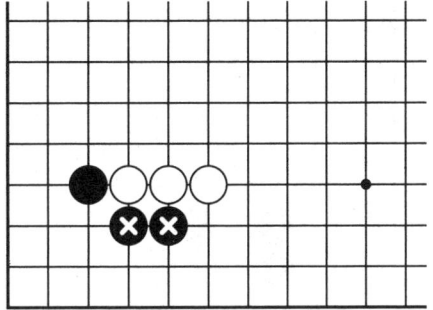

51
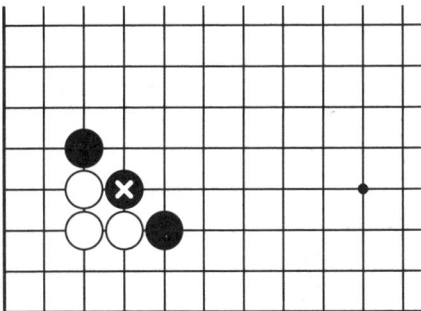

52
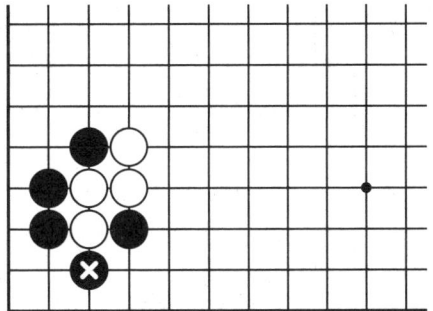

53
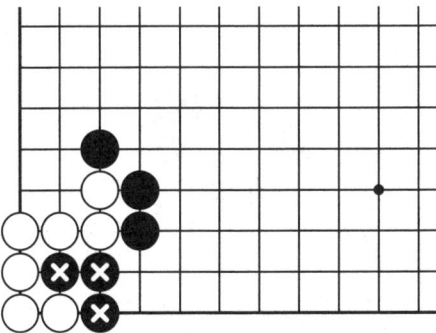

54
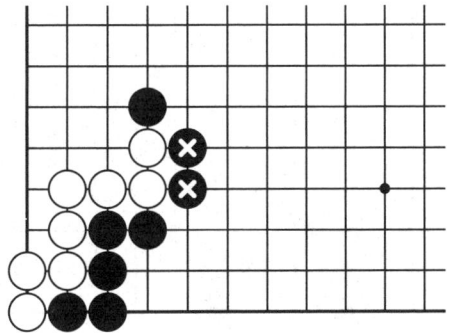

数一数黑棋有 X 标记的棋子有几口气。

55

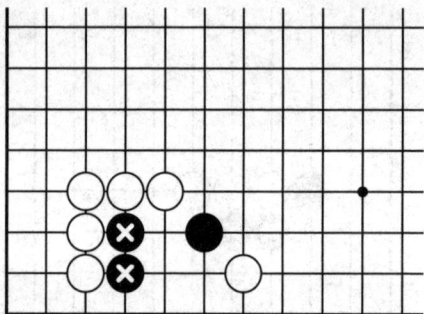

56

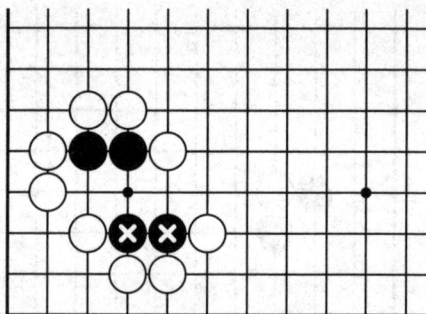

57

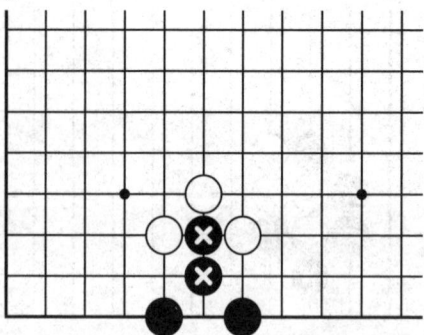

58

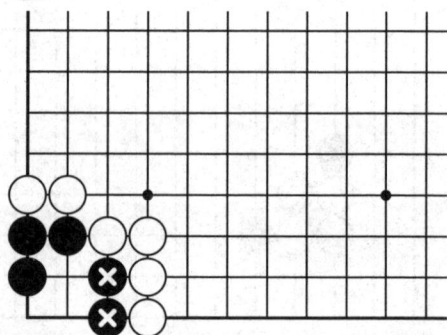

59

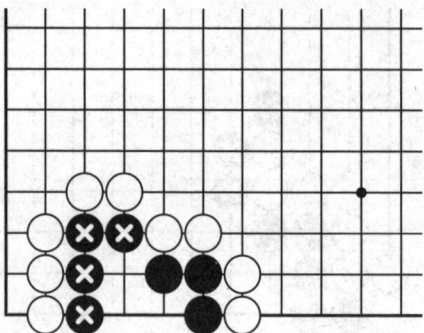

60

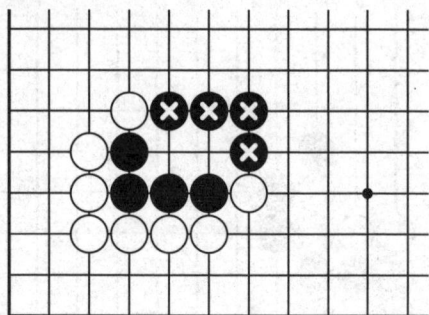

数一数黑棋和白棋各有多少口气。

61
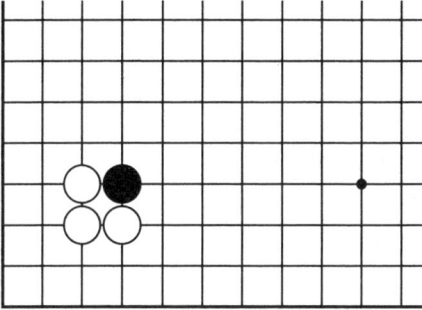

62
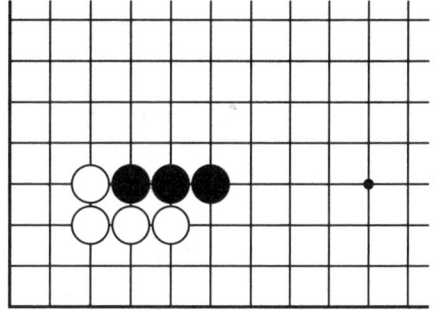

63
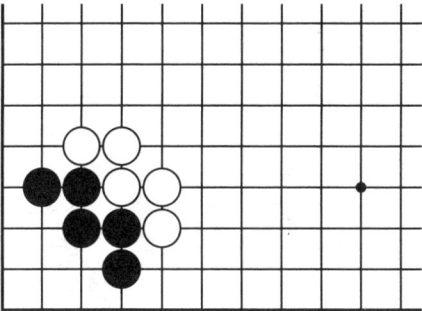

64
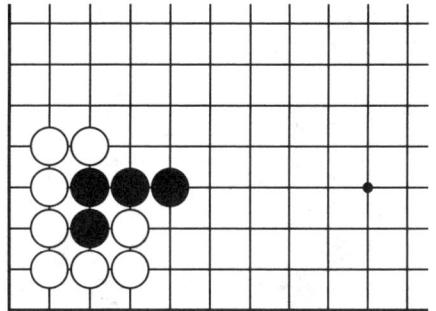

65
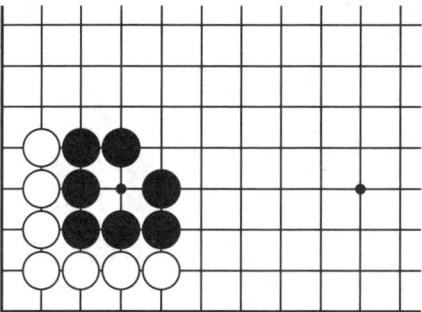

66
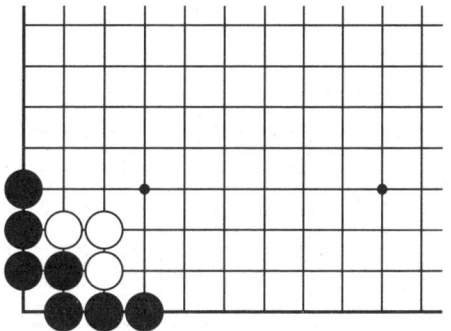

第 **2** 章

吃子 1

在图 2.1 中，一颗白子和两颗白子分别都只有一口气了。这个状态，我们称之为黑方"叫吃"白棋。紧接着，如果黑棋在图 2.2 的 1 位上再下一颗子，白棋将被提掉并从棋盘上拿掉。

图 2.3 和图 2.4 展示了白棋棋子被提掉之后的形态。

图 2.1

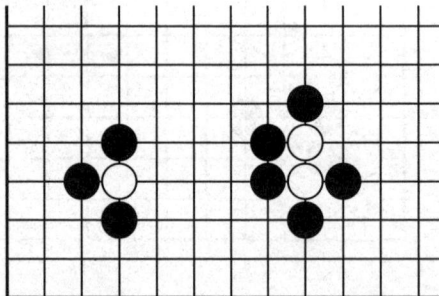

图 2.2

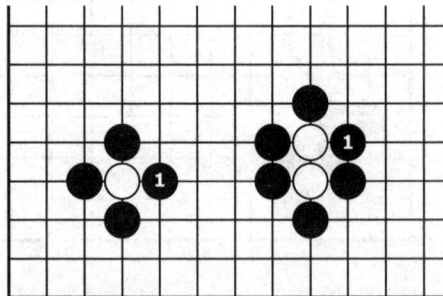

图 2.3

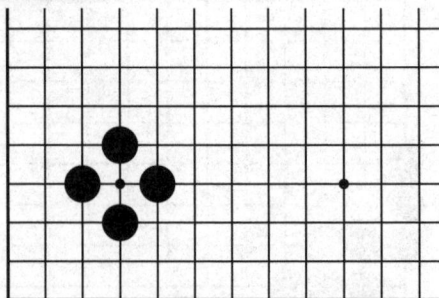

图 2.4

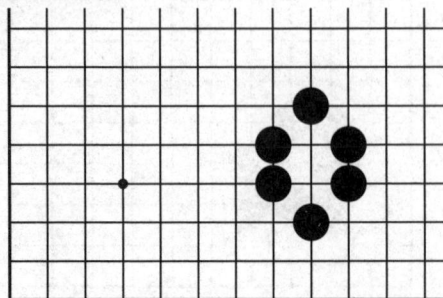

黑先下，提掉一颗或多颗被叫吃的白子。

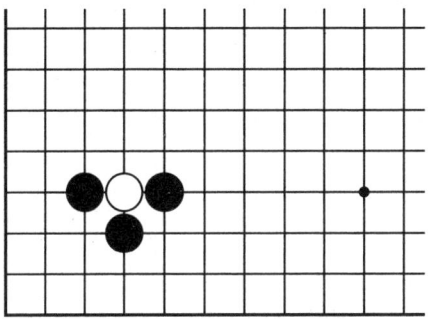

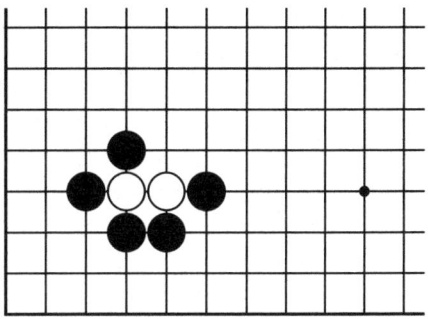

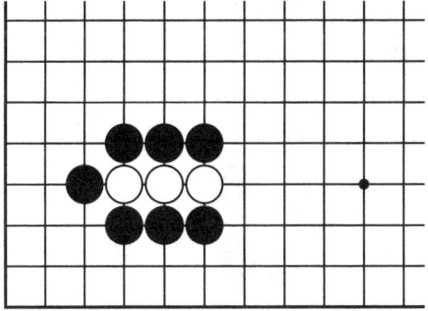

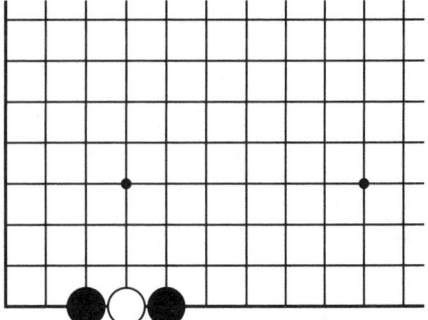

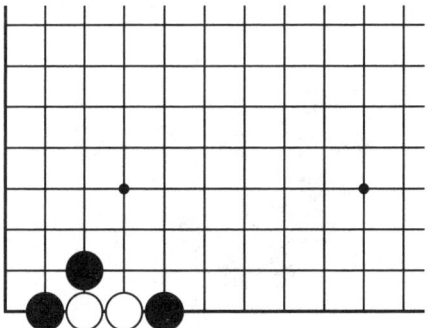

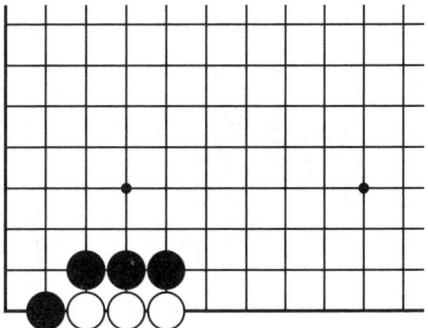

黑先下，提掉一颗或多颗被叫吃的白子。

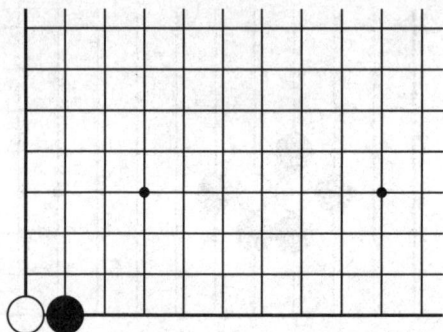

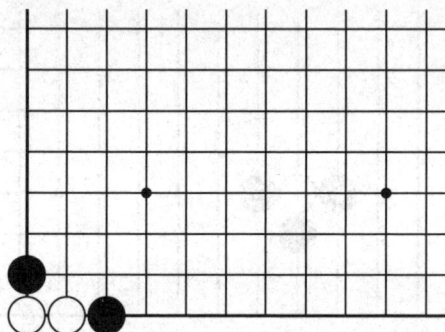

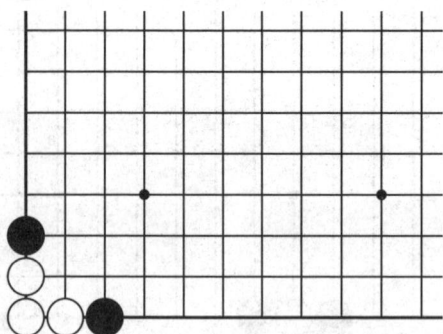

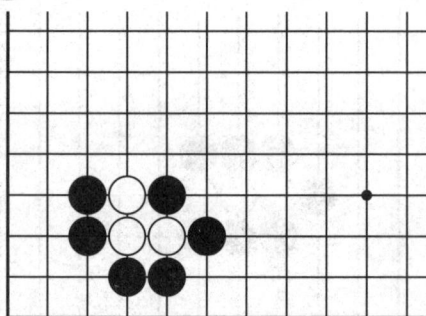

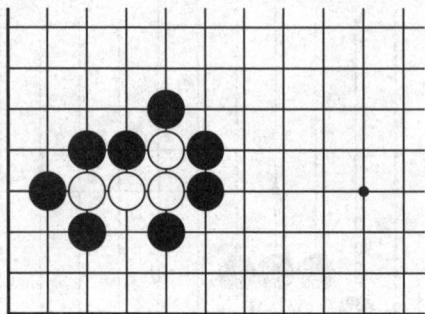

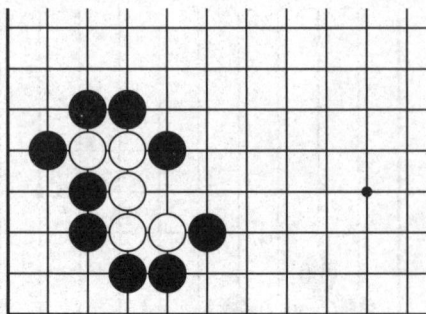

黑先下，提掉一颗或多颗被叫吃的白子。

13
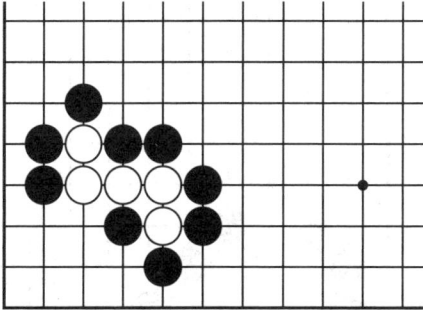

14
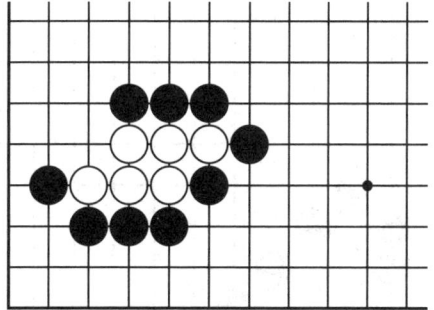

15
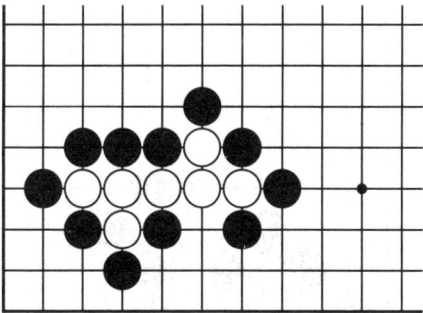

16
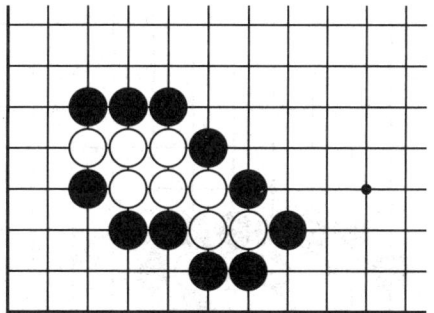

17
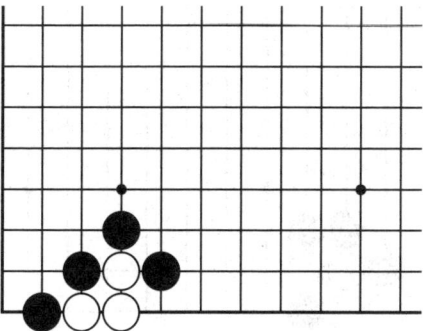

18
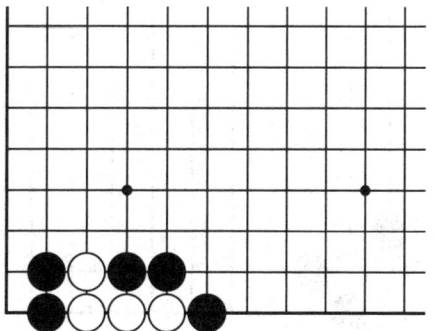

黑先下，提掉一颗或多颗被叫吃的白子。

19
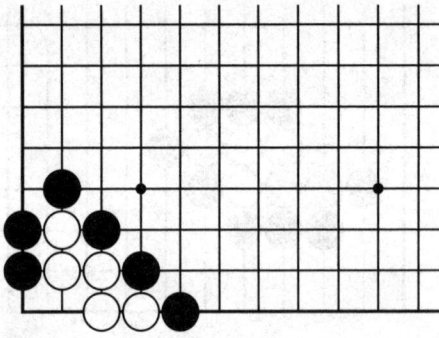

20
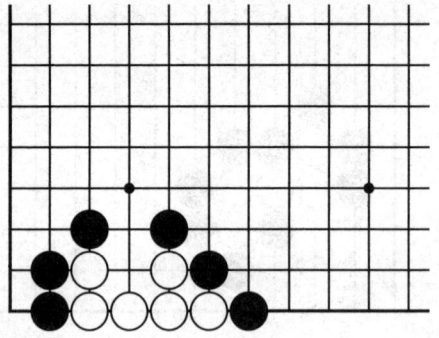

21
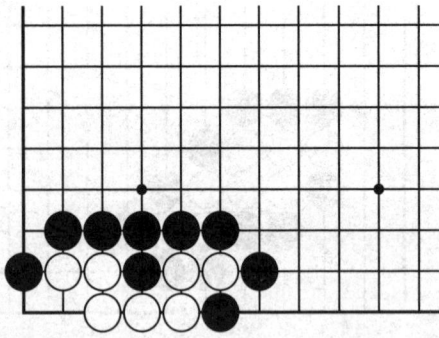

22
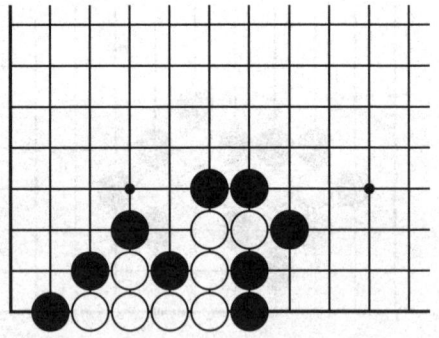

23
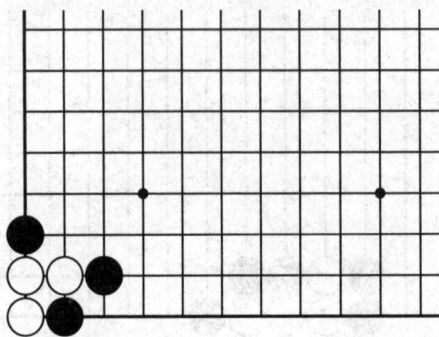

24
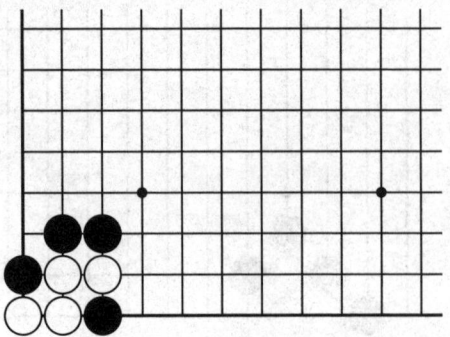

黑先下，提掉一颗或多颗被叫吃的白子。

25

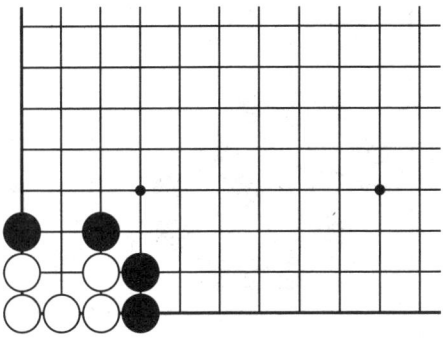

26

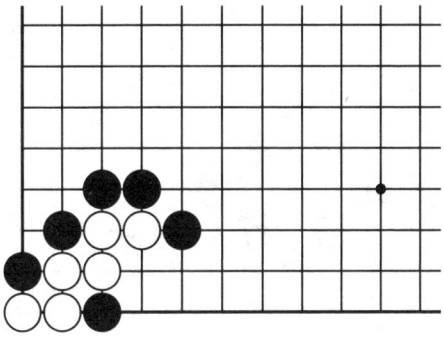

27

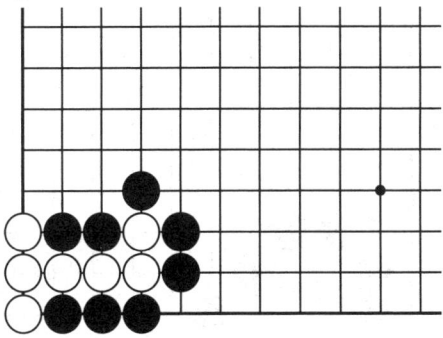

28

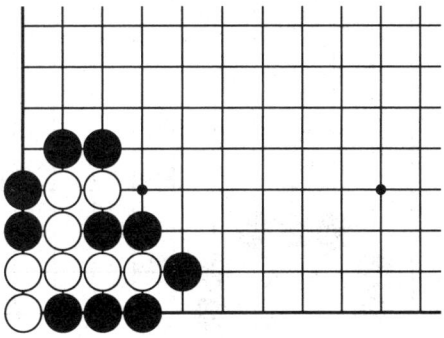

29

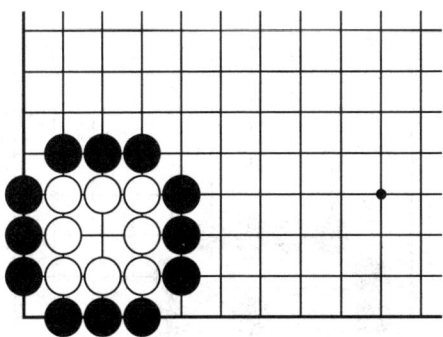

30

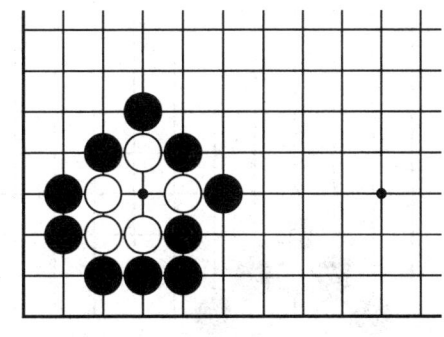

黑先下，提掉一颗或多颗被叫吃的白子。

31

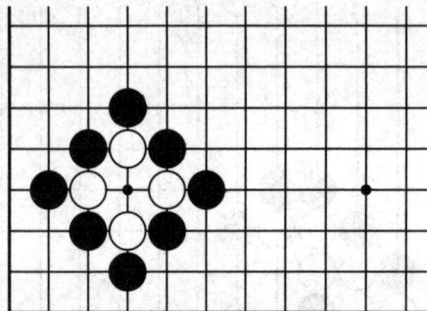

32

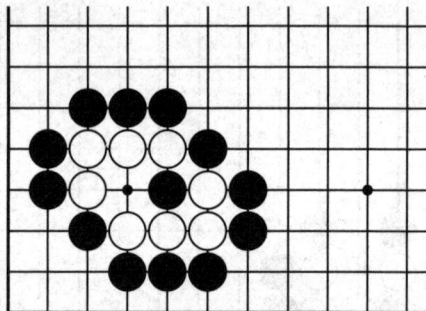

33

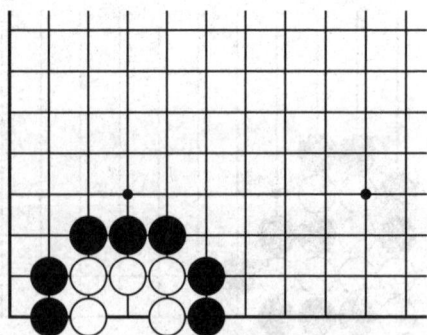

34

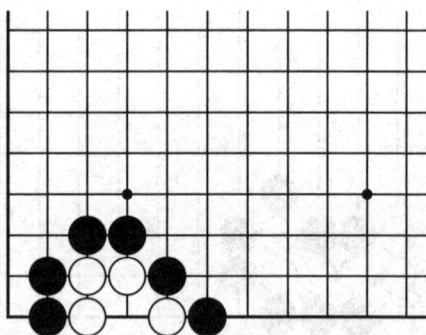

35

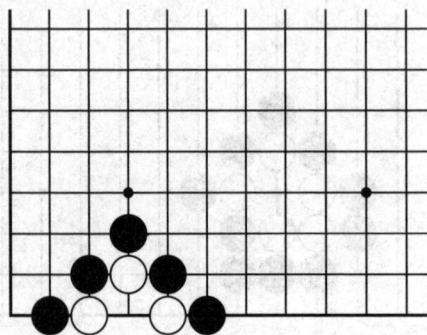

36

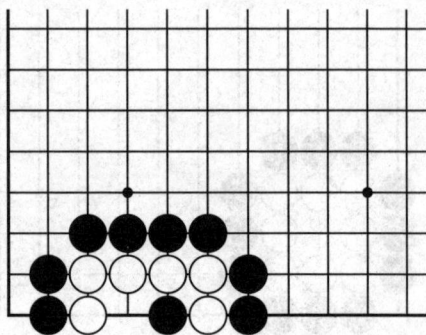

黑先下，提掉一颗或多颗被叫吃的白子。

37

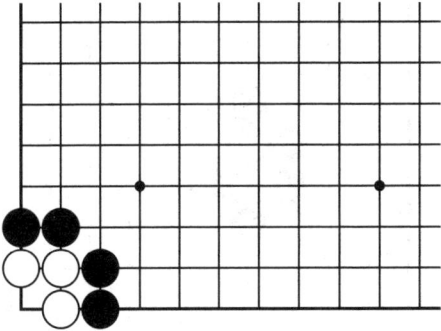

38

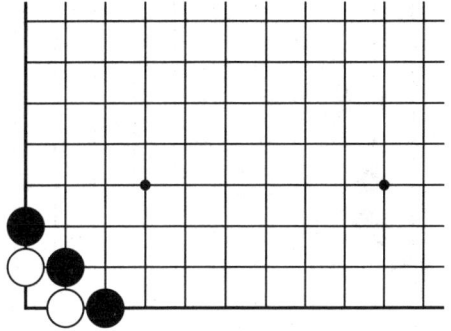

39

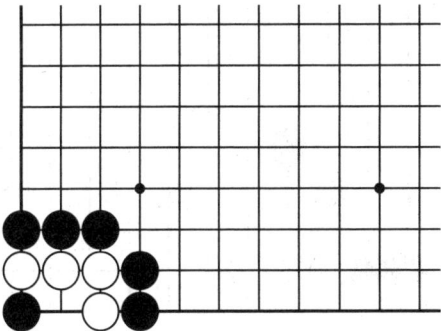

40

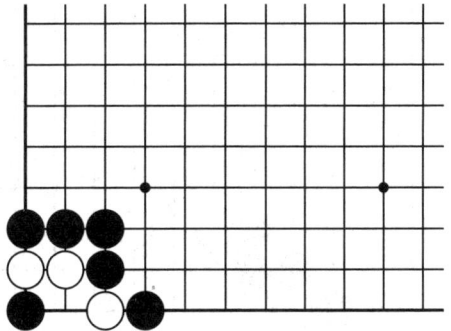

41

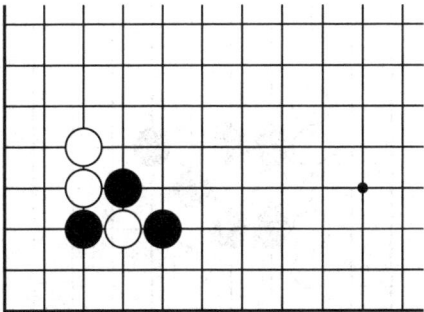

42

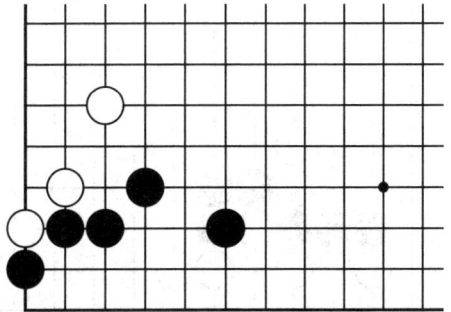

黑先下，提掉一颗或多颗被叫吃的白子。

43
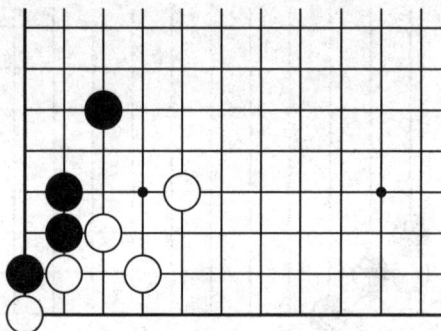

44
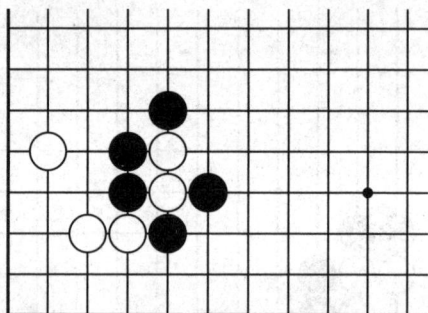

45
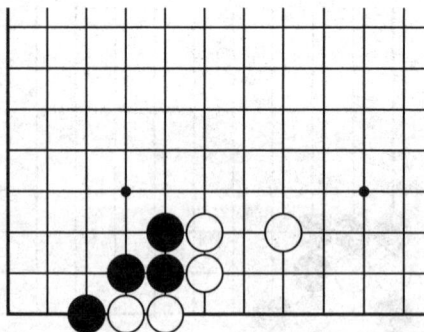

46
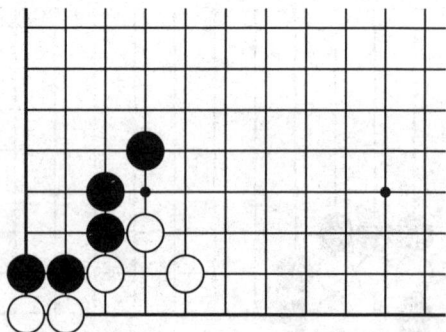

47
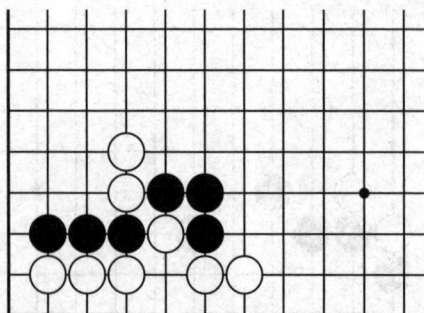

48
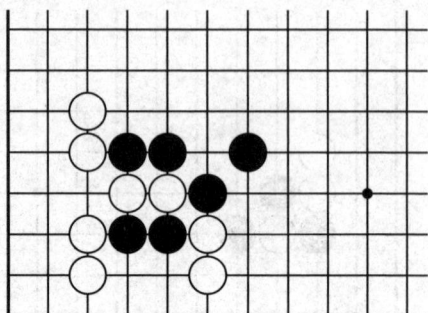

黑先下，提掉一颗或多颗被叫吃的白子。

49

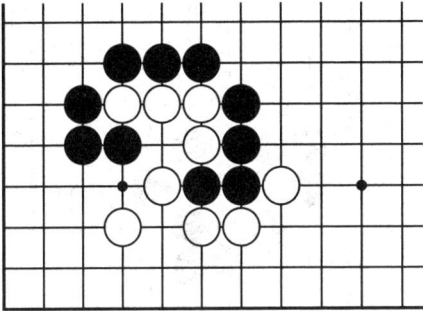

50

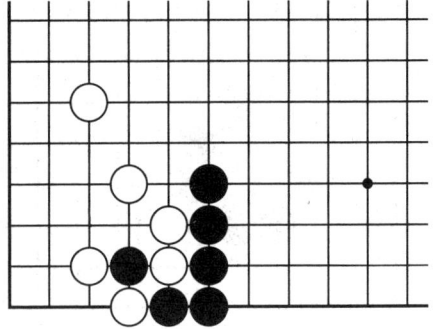

51

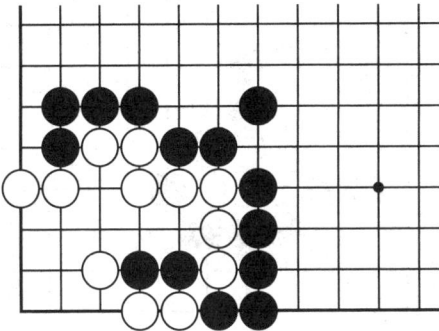

52

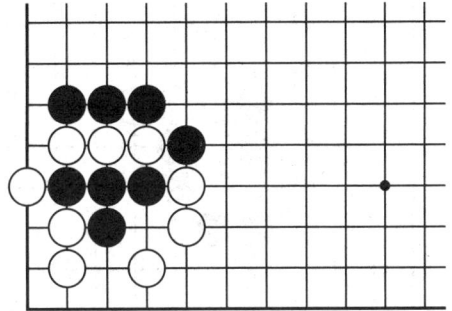

53

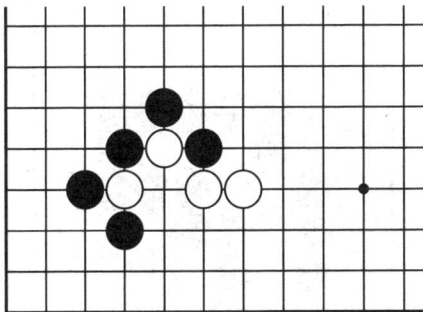

54

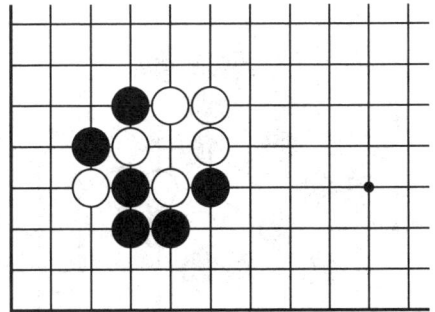

黑先下，提掉一颗或多颗被叫吃的白子。

55

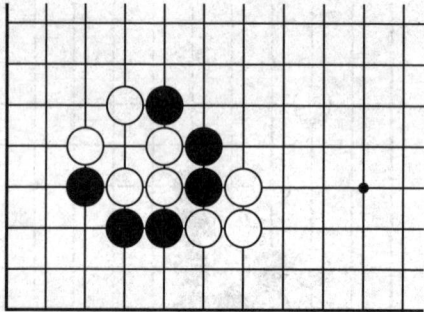

56

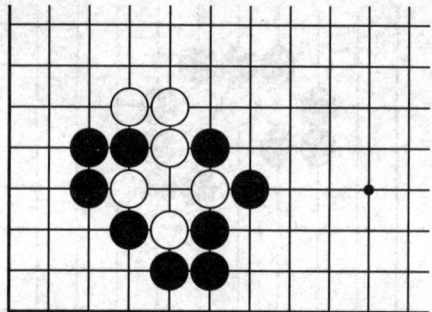

57

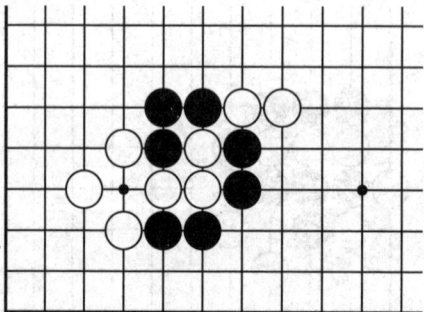

58

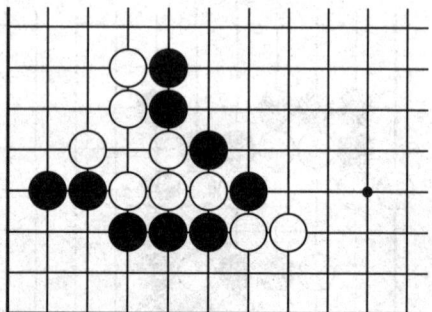

59

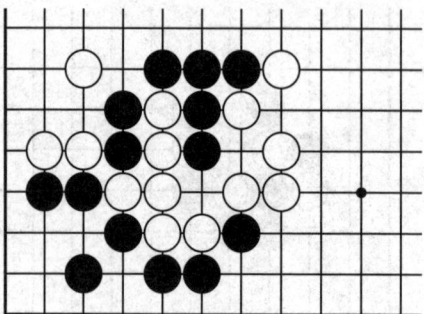

60

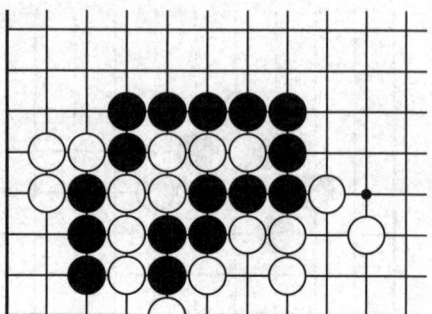

黑先下，提掉一颗或多颗被叫吃的白子。

61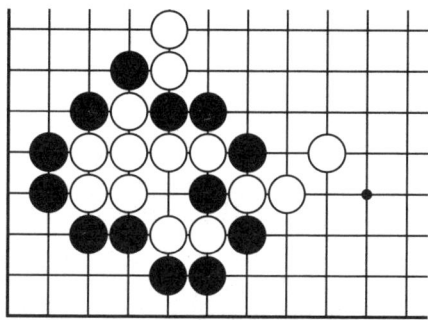

62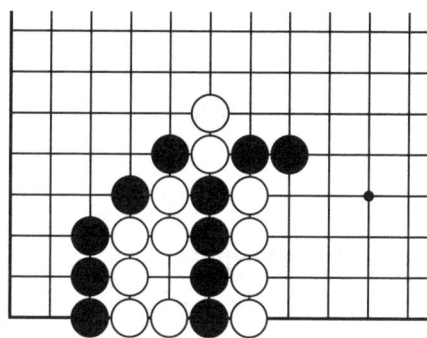

63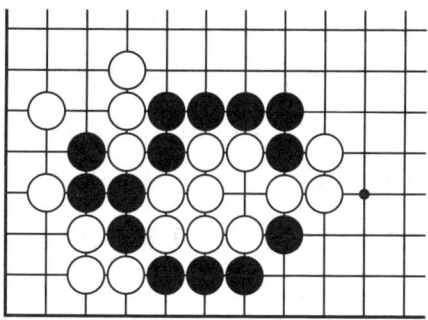

64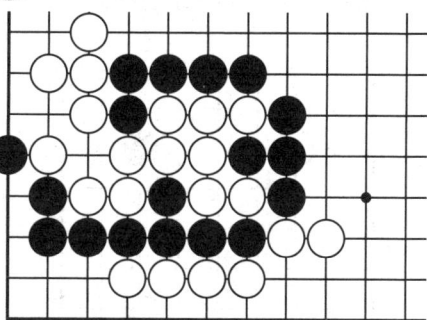

65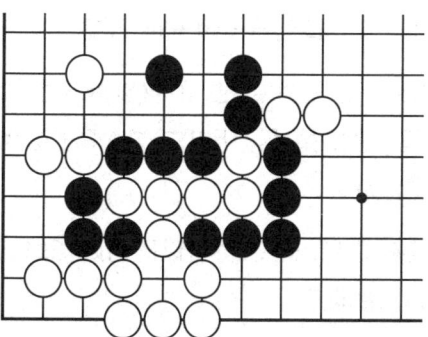

66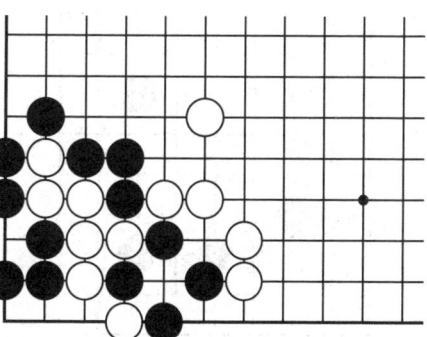

吃子游戏

吃子游戏的规则

这是一个很简单的规则，您可以直接讲给您的家人或者朋友。

现在让我们开始下吧

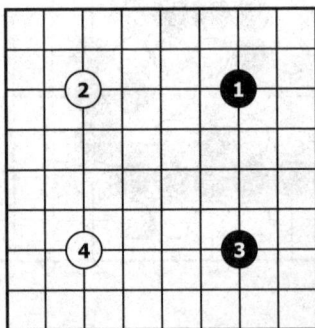

- 开始时，最好从一个 9X9 的棋盘（9 路棋盘）开始，这样您更容易入手，就如左图所示。

- 黑棋开始下第一步，不要忘记将棋子下到交叉点上。

- 两人交替落子。注意，每次只能下一颗子。

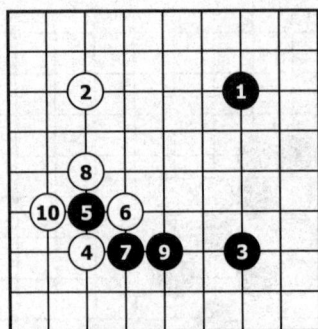

- 第一个吃掉对方一颗子的一方获胜。

- 例如，在左图中，白 10 这步棋下过之后，黑 5 被吃掉了，所以白方获得了这盘棋的胜利。

- 当然，我们一次也可以同时吃掉好几颗对方的棋子。

接着

- 第一盘棋下完后，我们可以交换颜色再下一盘，多下几盘，您会从中找到乐趣。

- 在对局时，其中一个人比另一个人赢得多？这种情况经常发生，每个人的进步速度是不一样的。在这种情况下，为了更好地平衡双方的实力，我们可以给稍强的一方增加一点难度：赢得少的一方拿黑棋，黑棋只需要吃掉一颗白子就可以获胜，但是白棋的难度会加大，需要吃掉 3 颗黑子才可以获胜（一次吃掉 3 颗子或者一颗一颗吃掉 3 颗子）。当然，根据双方水平的差异，您可以自由调整对局的方式，双方互有胜负才能给我们带来更大的乐趣。

- 您希望对局的时间更长，让乐趣有延续性？这很容易！可以将对局时吃子的目标逐渐提高，例如，每方需要吃掉对方至少 3 颗棋子才可以获胜 （一次吃掉 3 颗子或者一颗一颗吃掉 3 颗子），这样游戏的策略会更加多元化。吃的还是太少？如果您愿意，也可以将目标调整到 5 颗子。

- 您可能已经听说过围棋的规则是看谁围的地方大，关于围棋的详细规则，本书会在之后的章节进行介绍。

给老师的建议

- 如果您正在尝试教好几个人一起学围棋，您会发现用吃子游戏的方法会非常有趣，这个方法不仅会大大提高初学者的兴趣，还能在对局的过程中，使初学者之间产生某种快乐的联系。

- 组织大家一同下一盘棋，例如每方 3 个人或者 5 个人，每人一步，这在围棋中被称为联棋。联棋的好处在于可以大大地降低单人对局失败后的挫折感。有些棋手在单人对局中可能稍差一些，但在联棋中，他甚至可以帮助团队最终获胜，这样的形式非常适合水平不同的人群。

- 5 人以上的联棋体验是非常有趣的。当然，如果可以的话，用大的 9 路挂盘（教学用）体验效果会更好。5 人一队，一队执黑一队执白，5 人轮流落子。对局时请不要说悄悄话。请不要指责你的队友下得不好，多鼓励，多鼓掌，良好的氛围可以帮助初学者拥有更好的对局体验。对局结束后，老师可以适当地点评一下本局的关键处。一盘不过瘾？那就再来一盘！当然，除了可以交换黑白，也可以交换队员。

- 您可以看到，这个规则很简单，但就算如此，第一盘棋也是非常有趣的。随着初学者对围棋了解的深入，下棋会变得越来越有意思，并且与周围的人进行分享将会得到更多的乐趣。

第**3**章

逃跑

在图 3.1 中，黑子已经被白棋叫吃了。这些黑子都只有一口气，您可以通过图 3.2 中的箭头看出黑子仅剩的一口气。

如果黑棋在图 3.3 和图 3.4 中下在 1 位，这些黑子立刻就有 3 口气，您可以通过箭头看到，短时间内白棋就无法吃掉黑棋了。黑棋的下法称作"逃跑"。

图 3.1
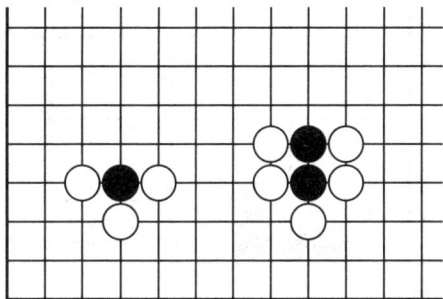

图 3.2
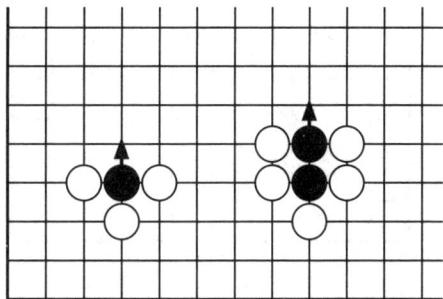

图 3.3
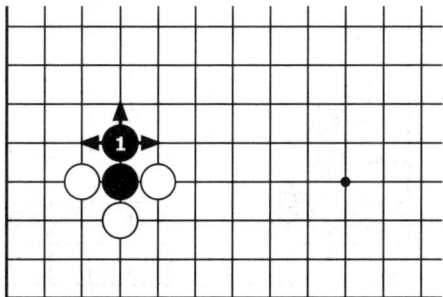

图 3.4
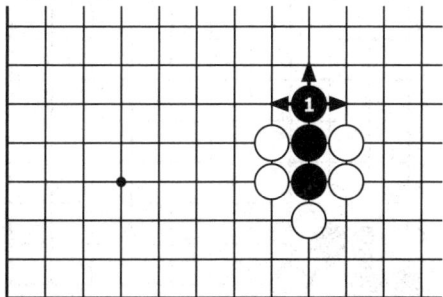

有黑子被叫吃，黑棋应该下在哪里防止被白棋吃掉？

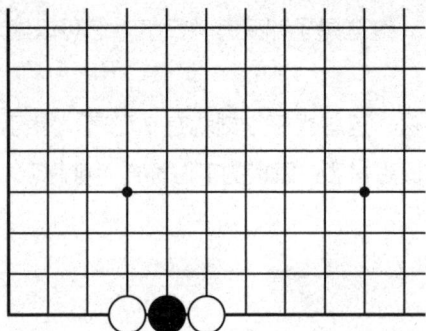

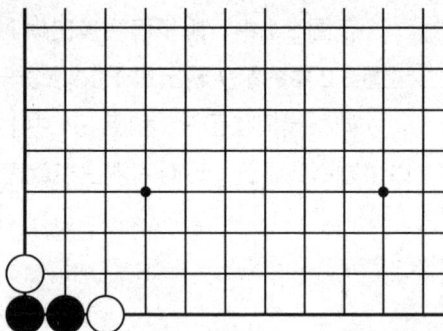

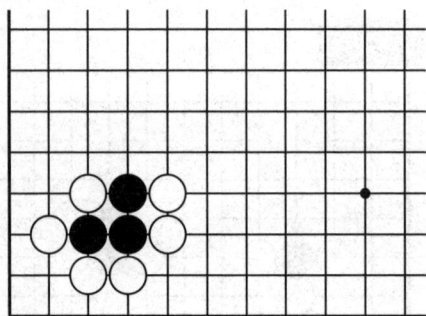

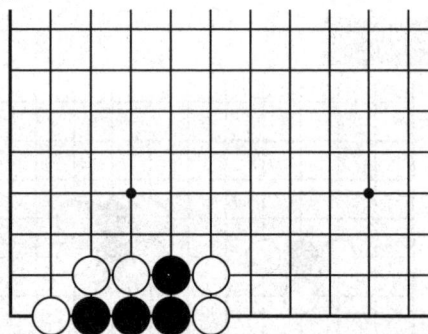

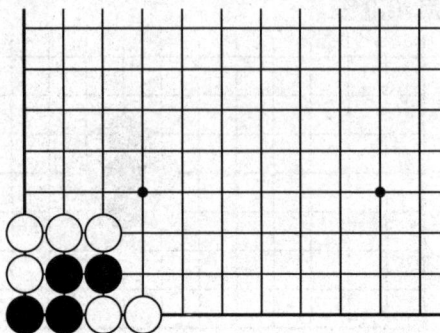

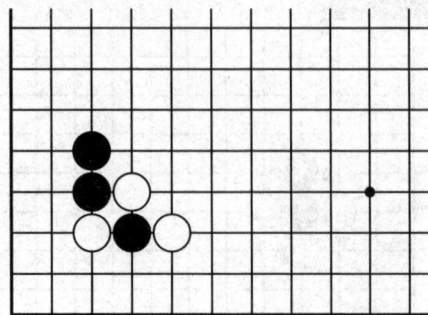

有黑子被叫吃，黑棋应该下在哪里防止被白棋吃掉？

7
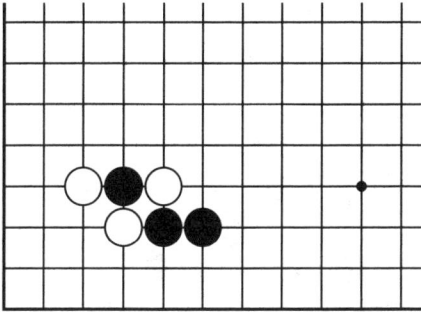

8
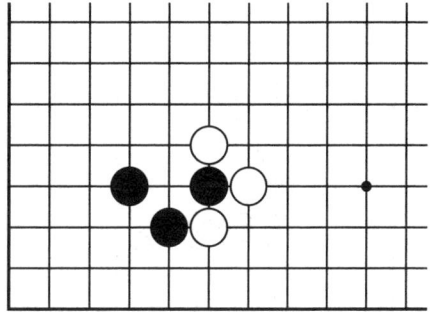

9
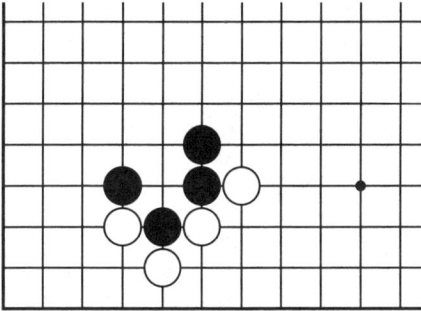

10
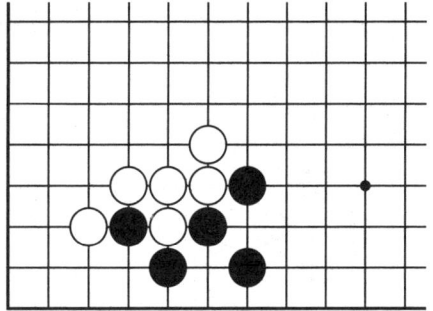

11
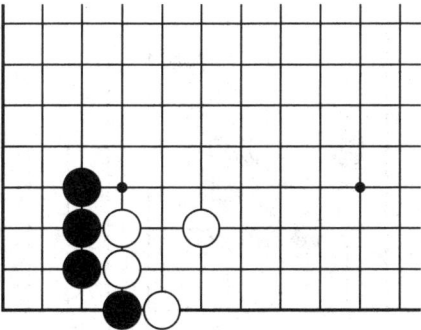

12
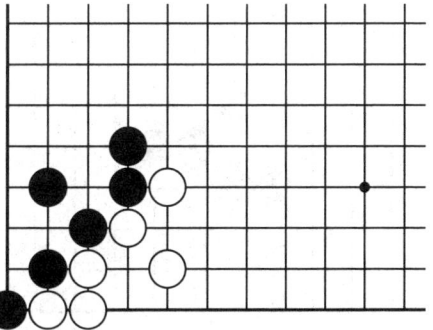

有黑子被叫吃，黑棋应该下在哪里防止被白棋吃掉？

13
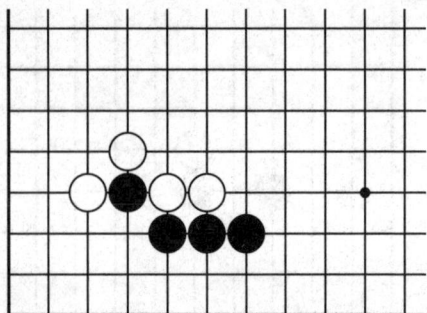

14
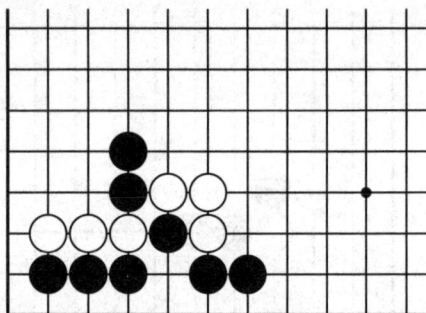

15
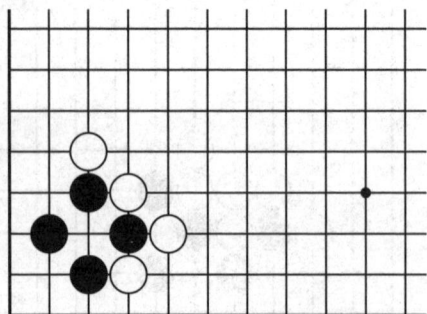

16
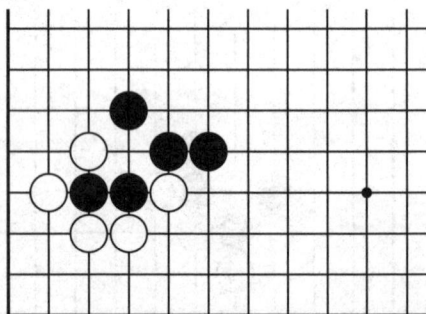

17
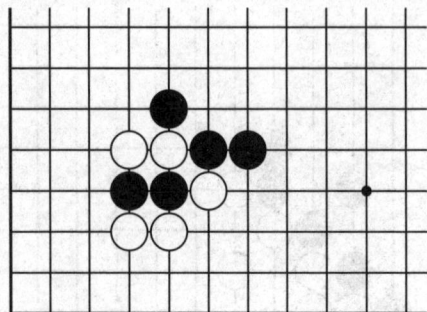

18
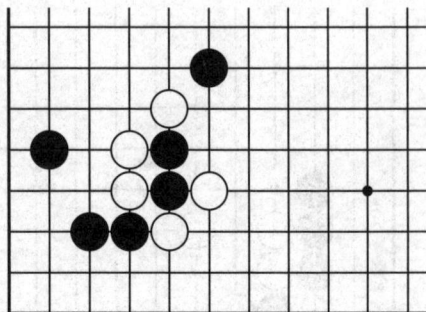

有黑子被叫吃，黑棋应该下在哪里防止被白棋吃掉？

19

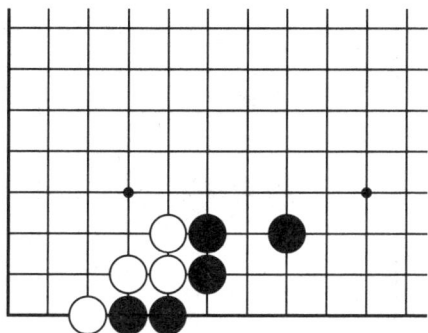

20

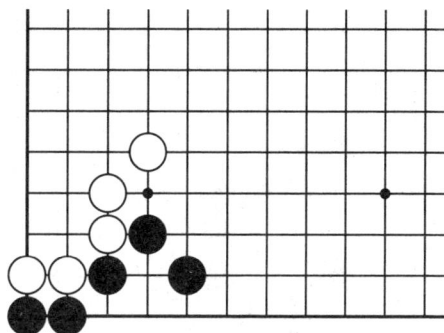

21

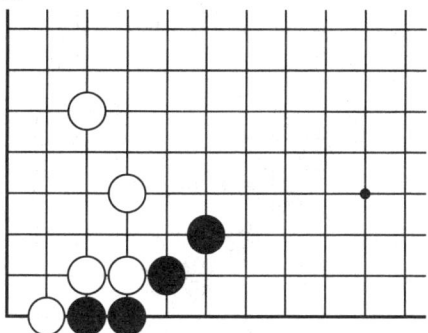

22

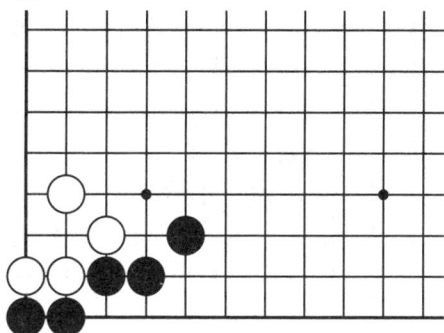

23

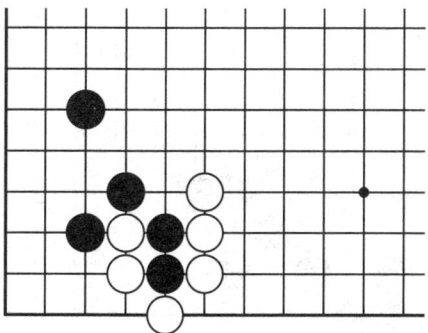

24

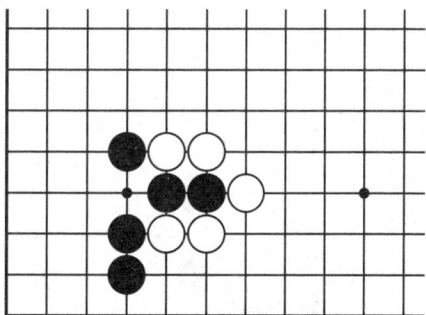

有黑子被叫吃，黑棋应该下在哪里防止被白棋吃掉？

25
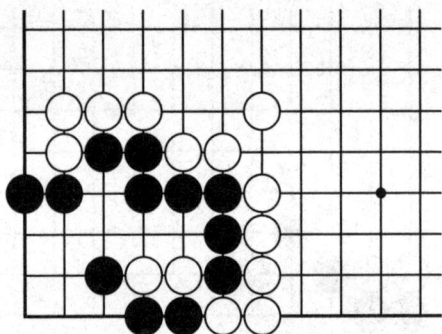

26
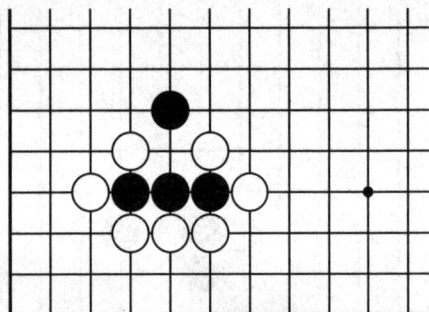

27
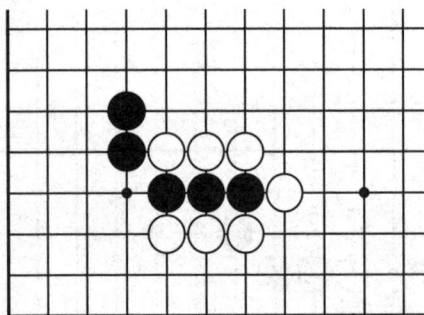

28
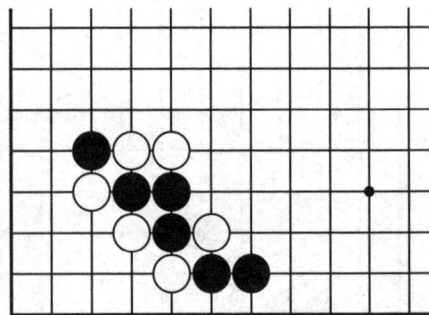

29
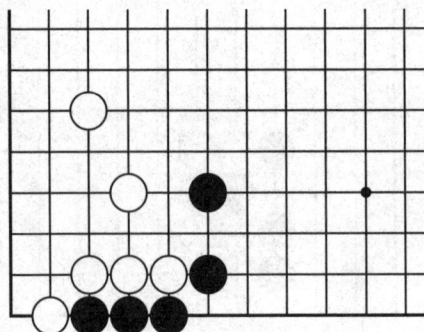

30
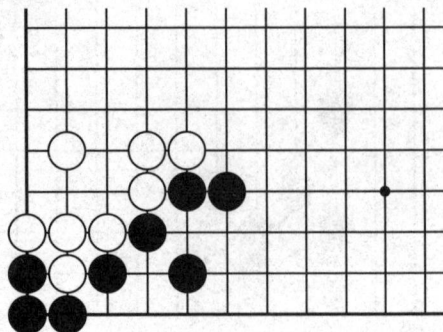

有黑子被叫吃，黑棋应该下在哪里防止被白棋吃掉？

31

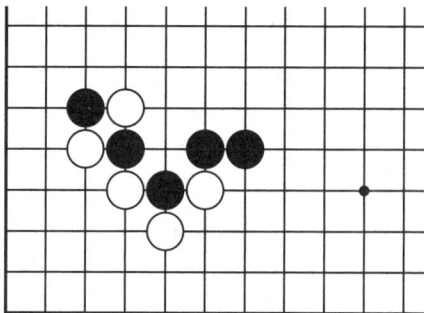

32

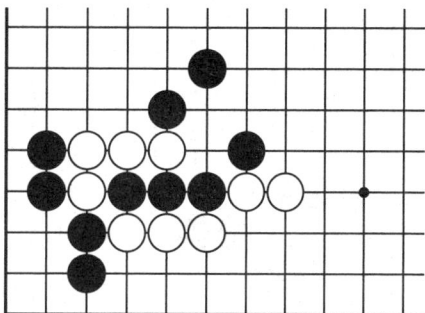

33

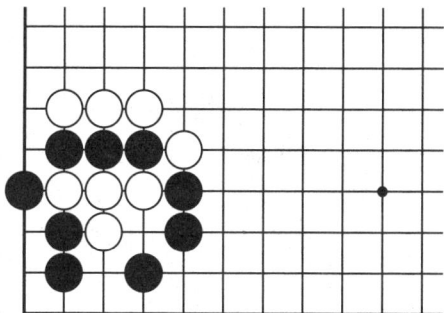

34

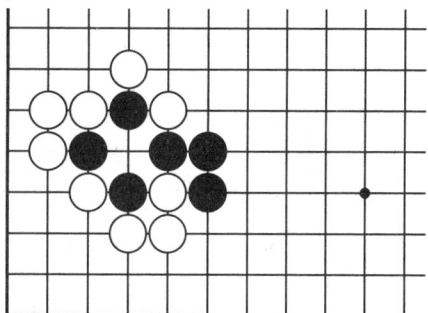

35

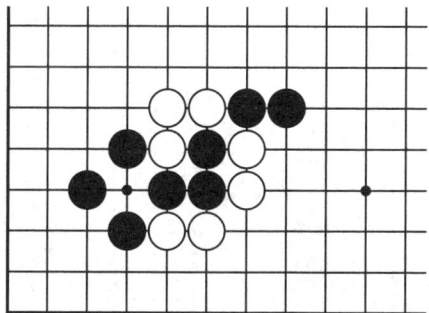

36

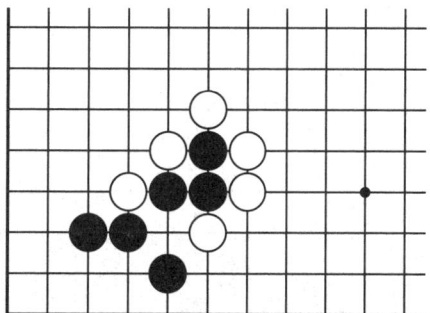

有黑子被叫吃，黑棋应该下在哪里防止被白棋吃掉？

37

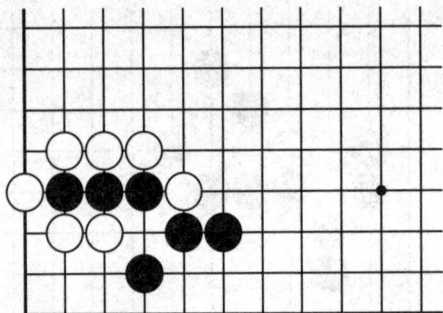

38

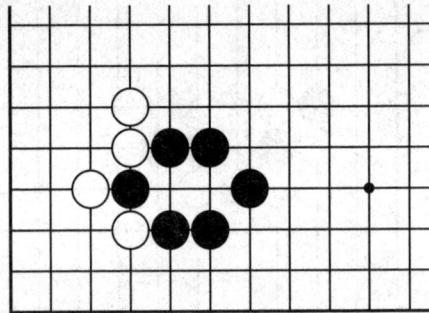

39

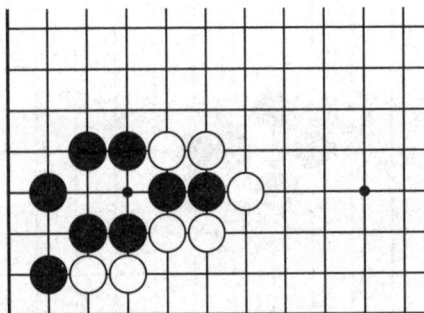

40

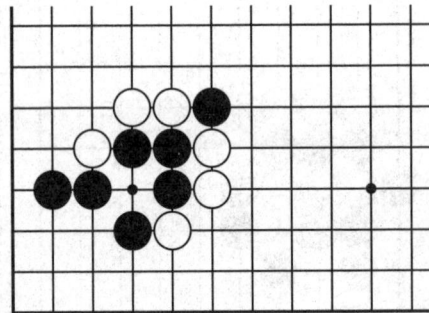

41

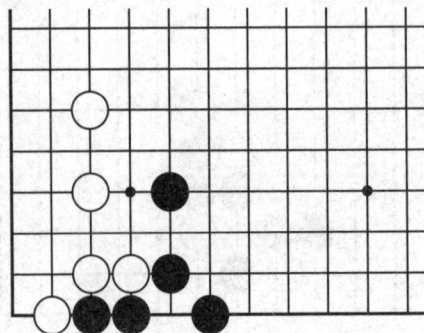

42

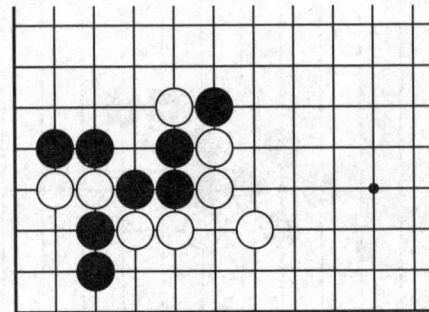

有黑子被叫吃，黑棋应该下在哪里防止被白棋吃掉?

43

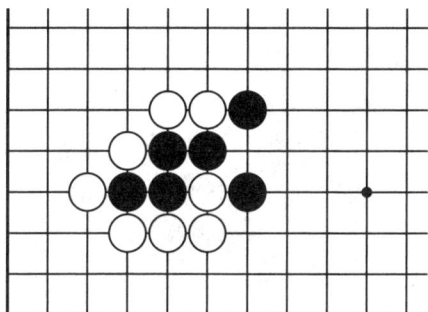

44

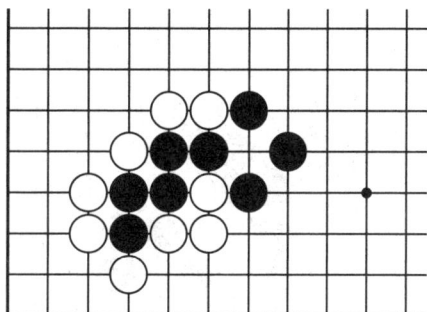

45

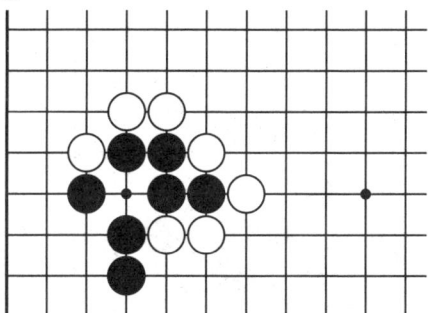

46

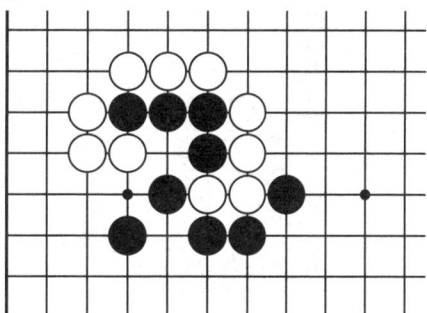

47

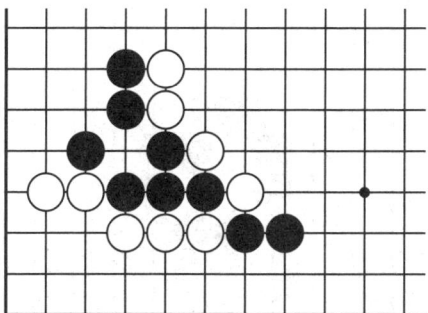

48

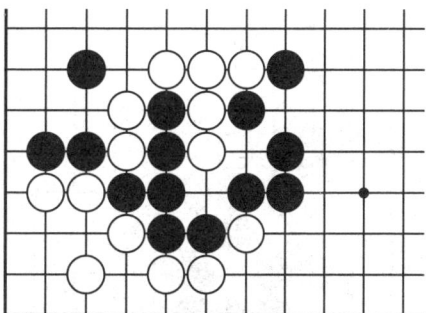

有黑子被叫吃，黑棋应该下在哪里防止被白棋吃掉？

49

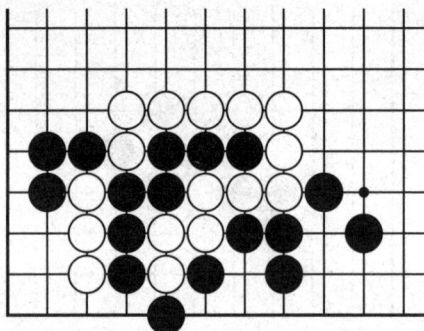

50

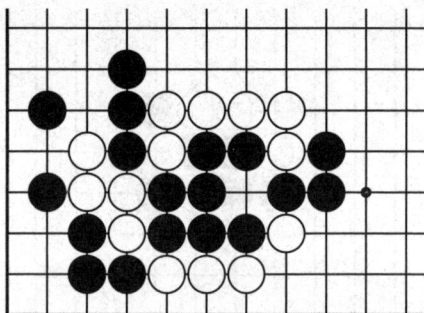

51

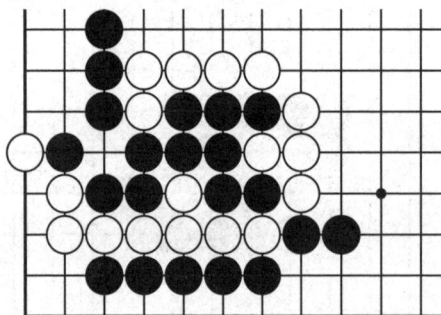

52

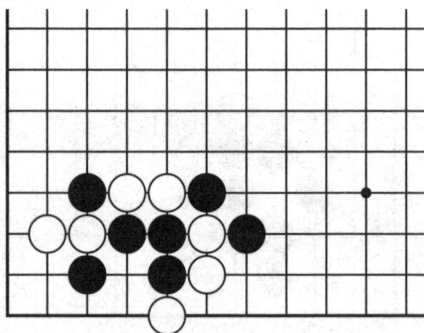

53

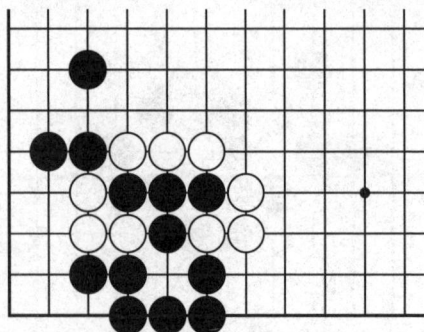

54

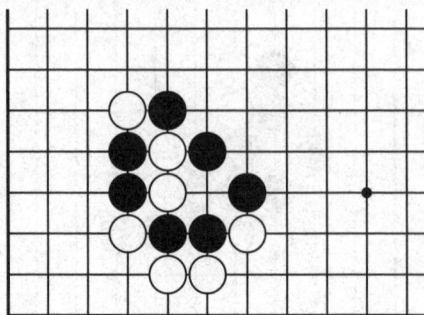

第4章
对杀1

在图 4.1 中，黑白双方都有棋子被对方叫吃了。

在图 4.2 中，如果黑棋先下在 1 位，不仅可以吃掉白子，同时之前被叫吃的黑子也脱离了危险。图 4.3 是黑棋吃掉白子之后的形态。

这种双方互相攻杀比气的形态我们称之为"对杀"。

图 4.1

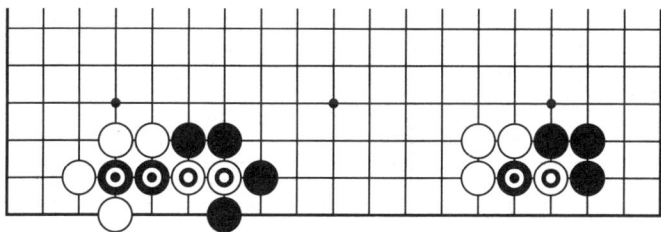

图 4.2

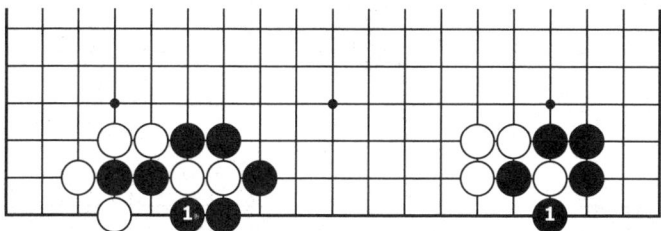

图 4.3

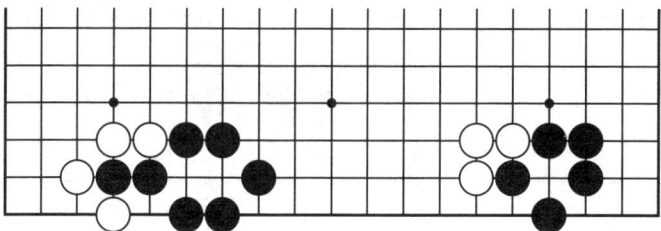

黑先下，对杀吃掉白棋。

1

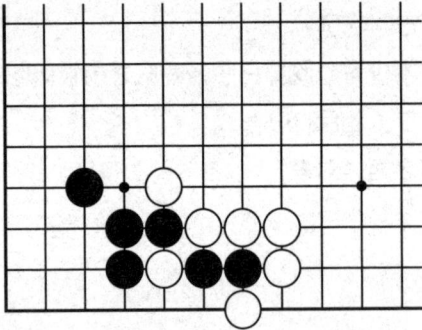

2

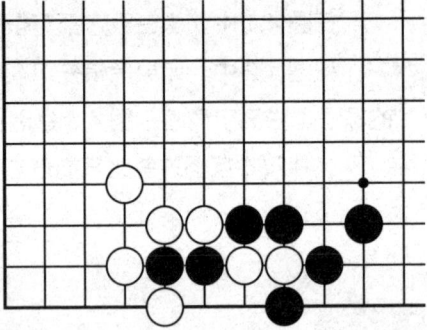

3

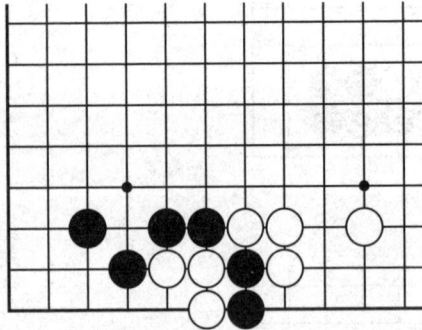

4

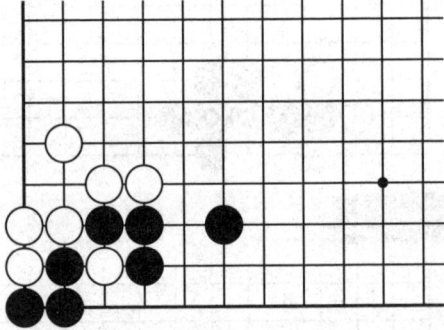

5

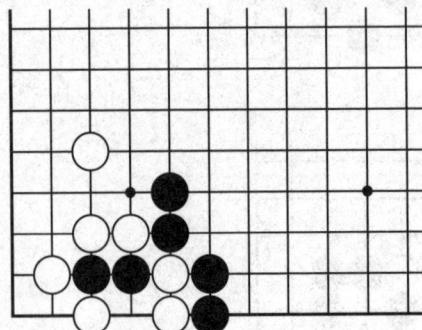

6

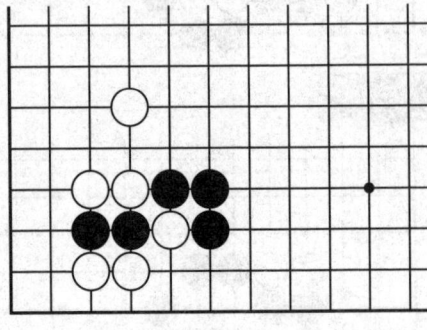

黑先下，对杀吃掉白棋。

7

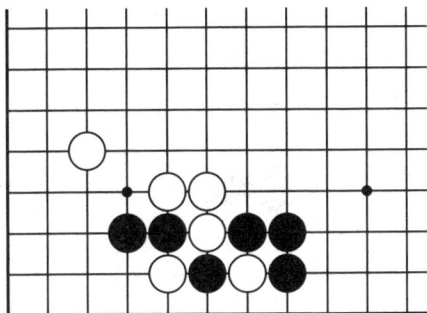

8

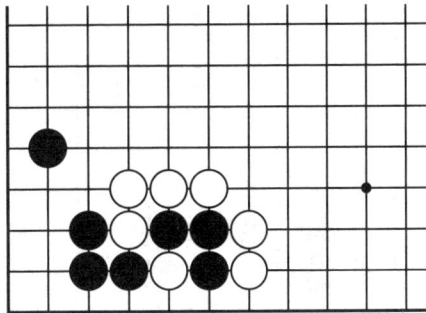

9

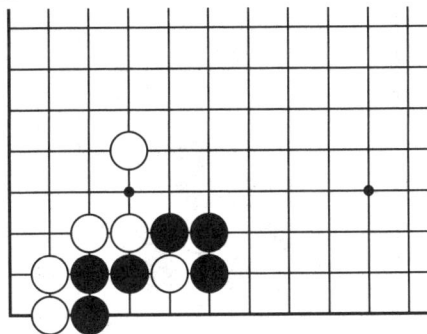

10

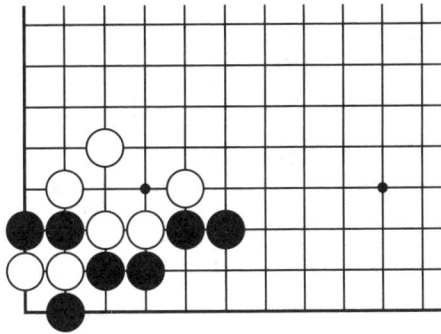

11

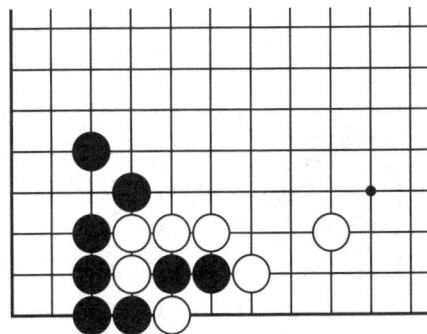

12

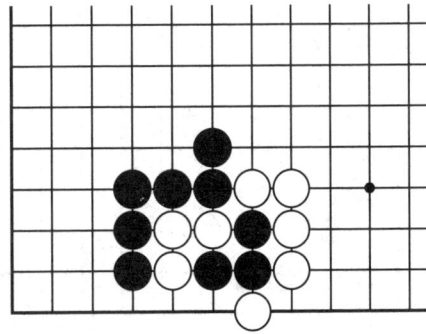

黑先下，对杀吃掉白棋。

13

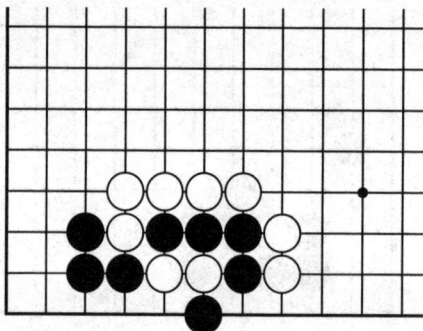

14

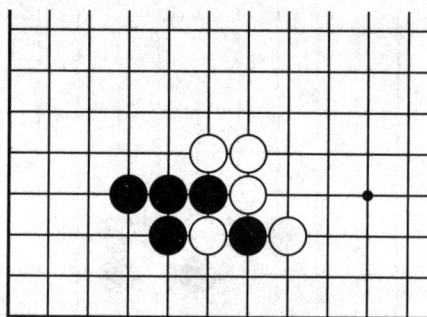

15

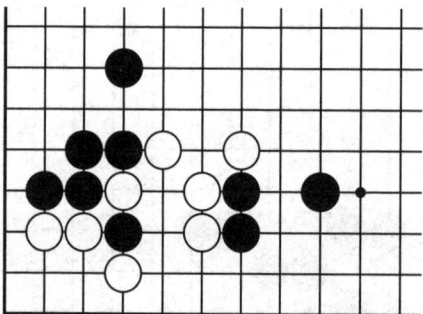

16

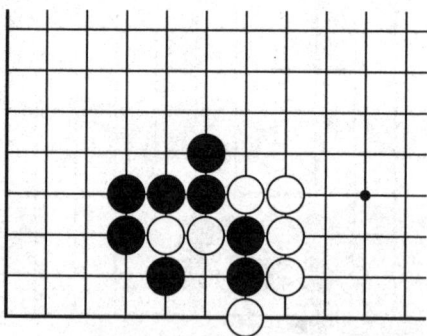

17

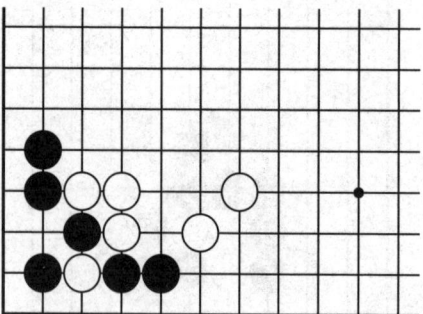

18

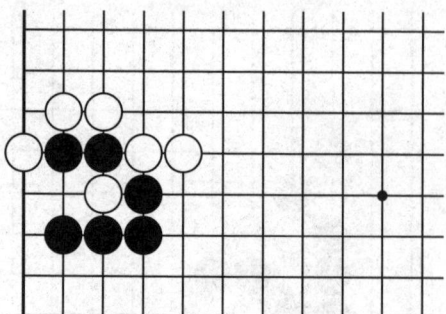

黑先下，对杀吃掉白棋。

19

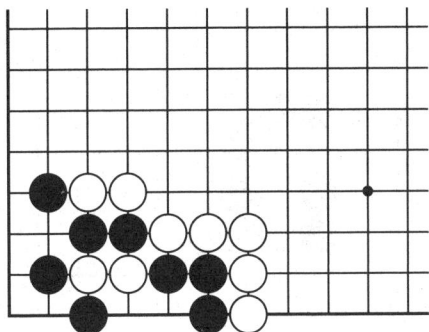

20

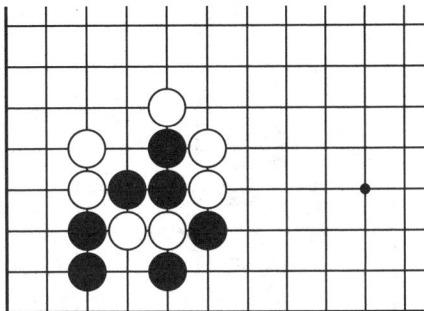

21

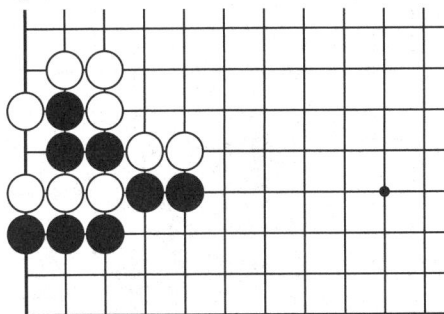

22

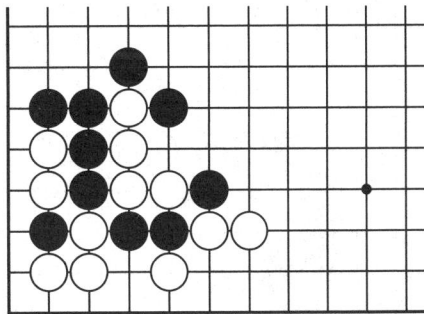

23

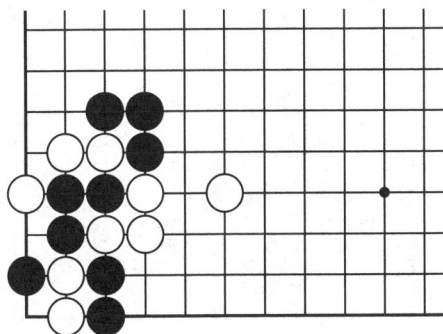

24

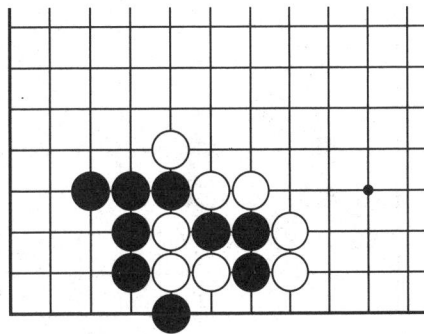

黑先下，对杀吃掉白棋。

25

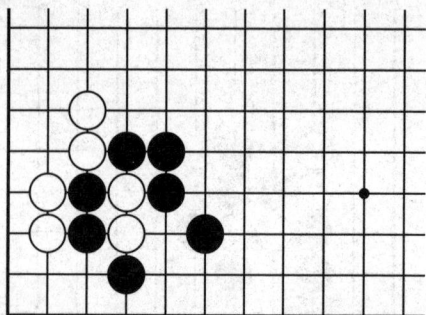

26

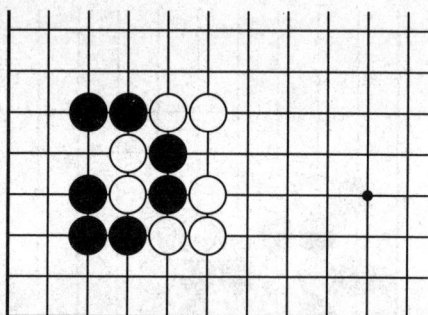

27

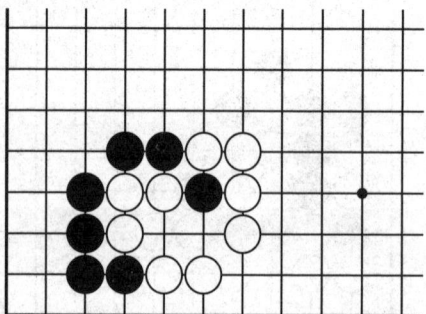

28

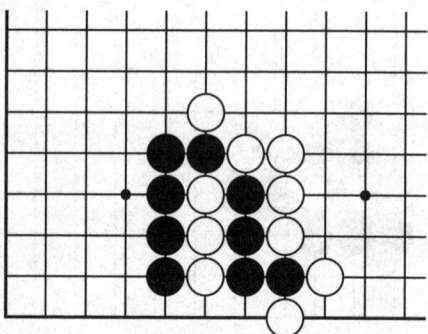

29

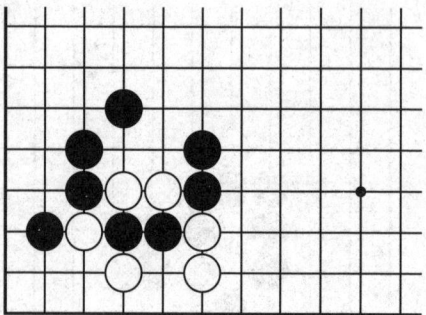

30

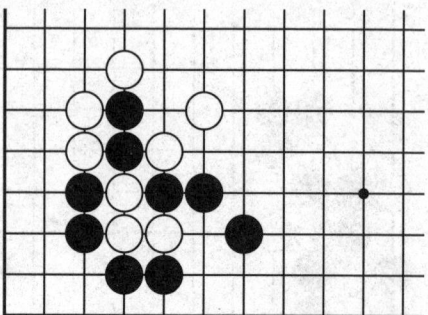

黑先下，对杀吃掉白棋。

31

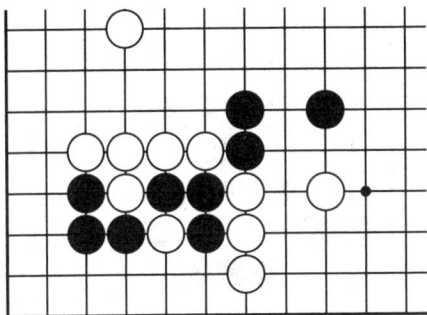

32

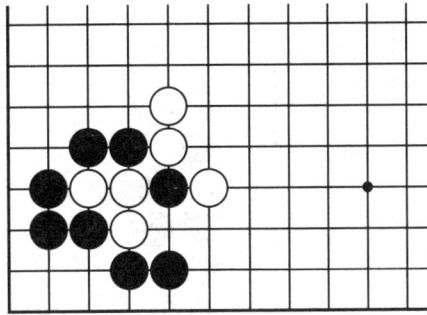

33

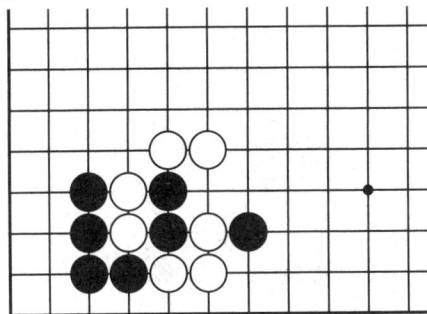

34

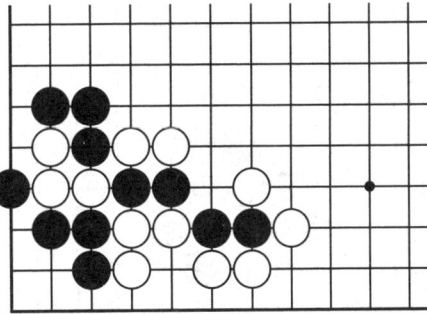

35

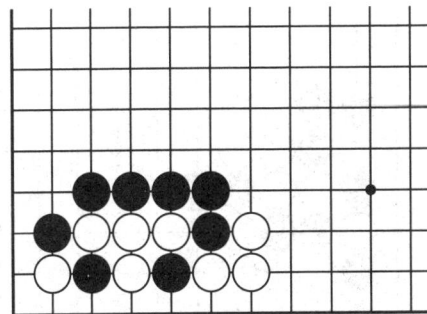

36

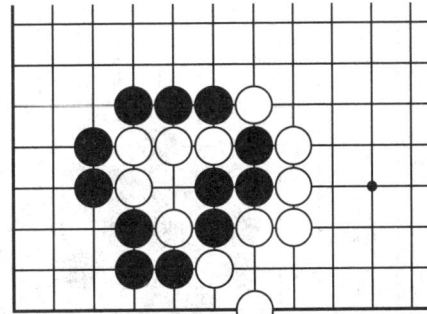

黑先下，对杀吃掉白棋。

37
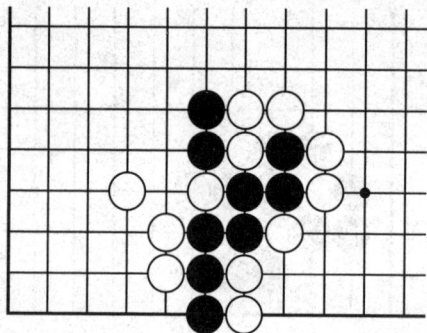

38
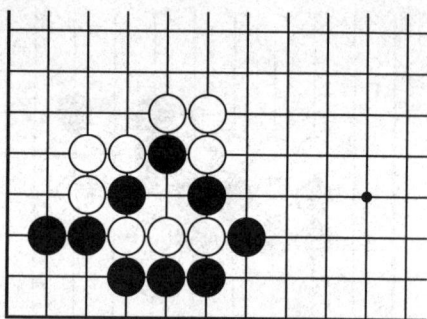

39
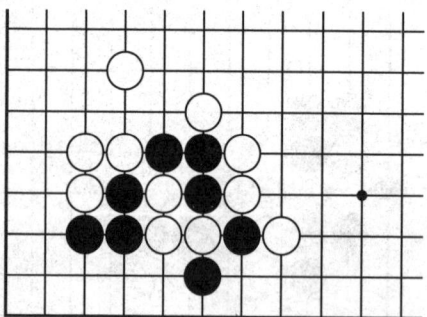

40
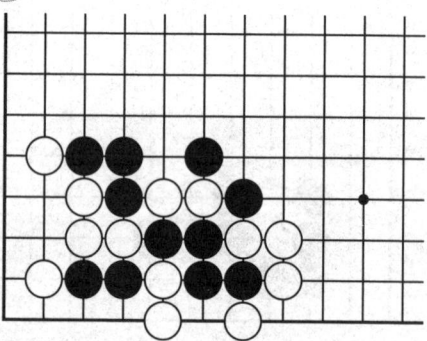

41
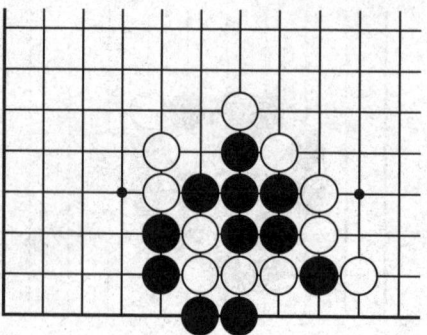

42
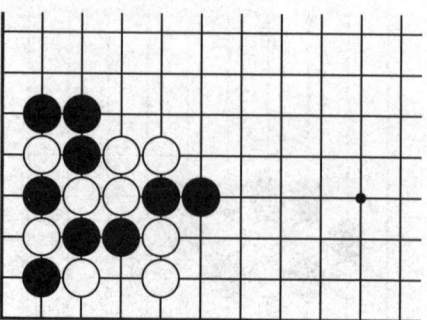

黑先下，对杀吃掉白棋。

43

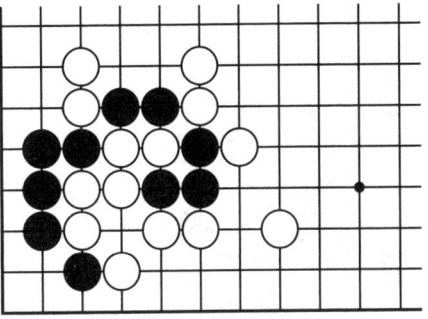

44

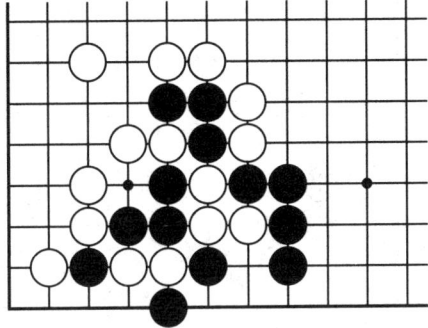

45

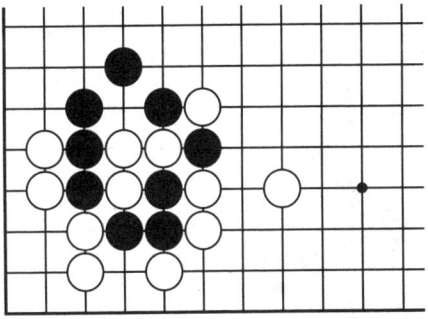

46

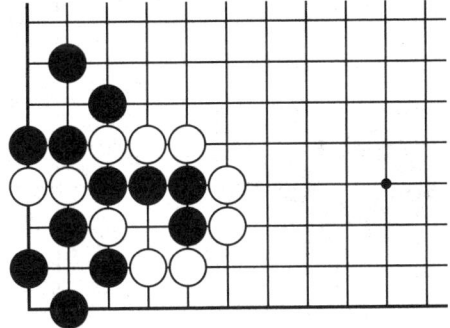

47

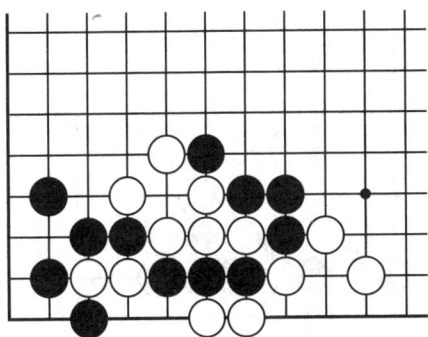

48

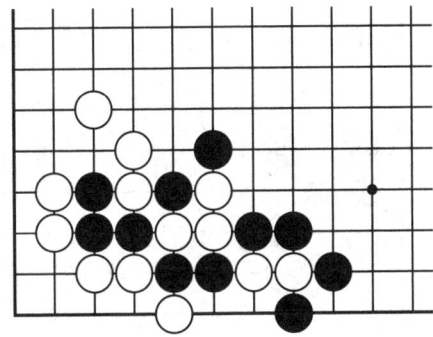

黑先下，对杀吃掉白棋。

49

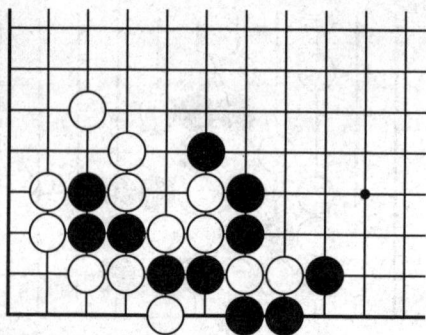

50

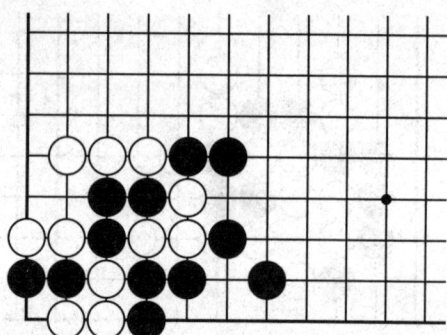

51

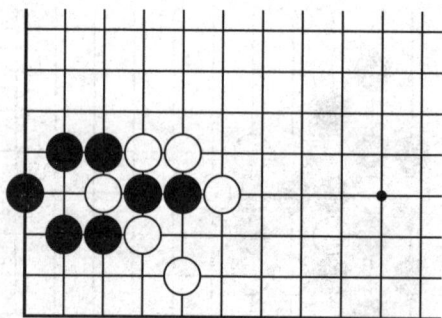

52

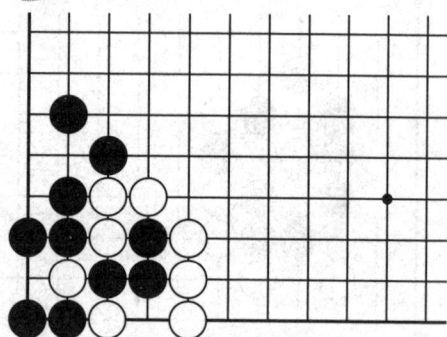

53

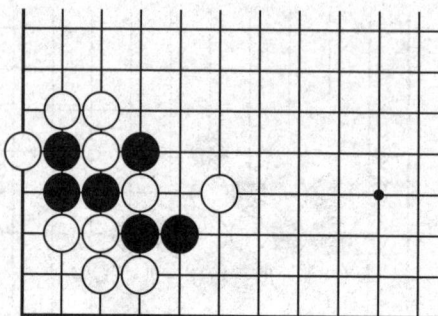

54

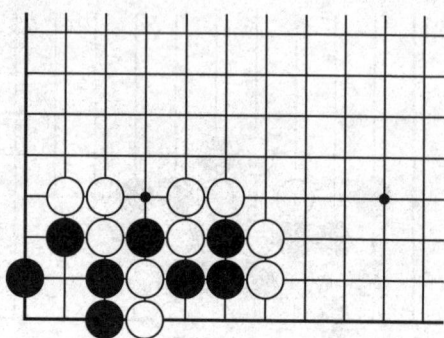

黑先下，对杀吃掉白棋。

55

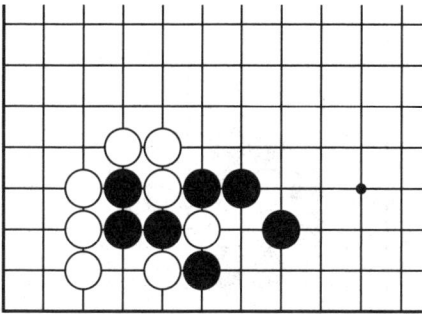

56

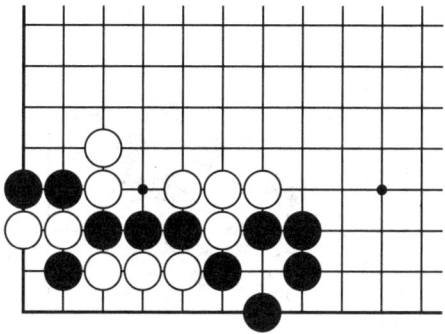

57

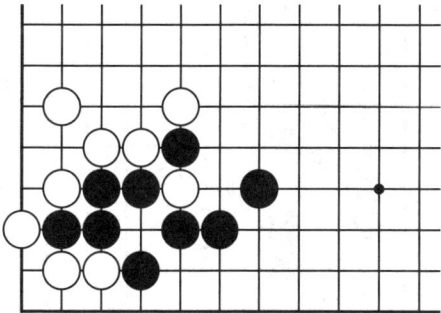

58

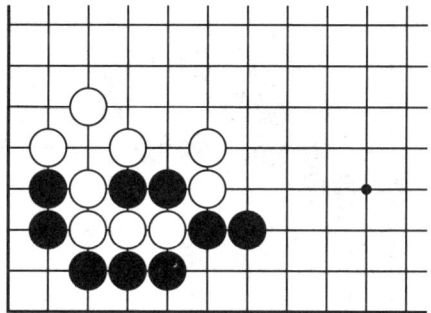

59

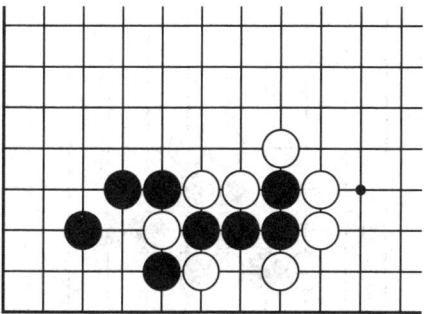

60

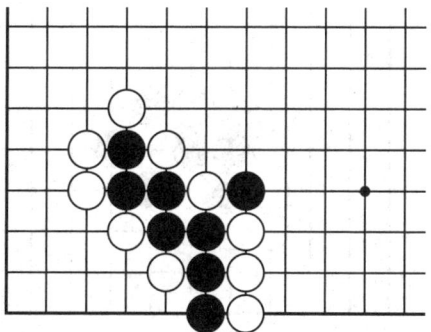

黑先下，对杀吃掉白棋。

61

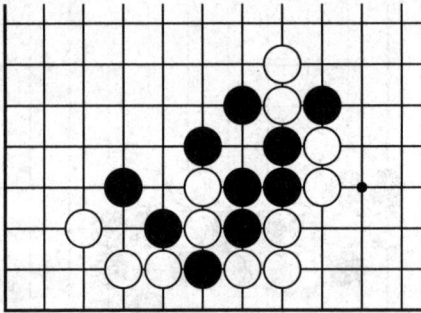

62

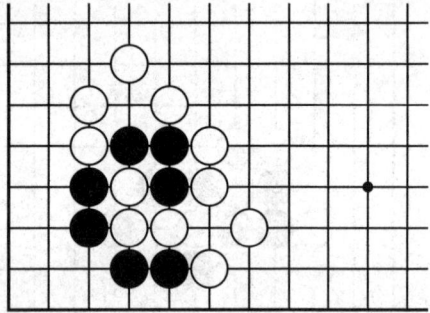

63

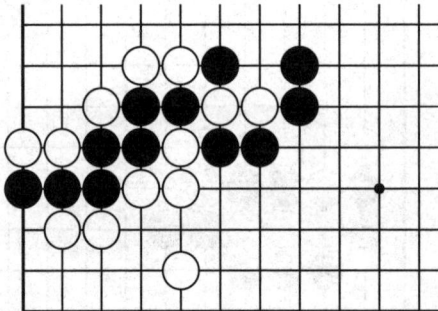

64

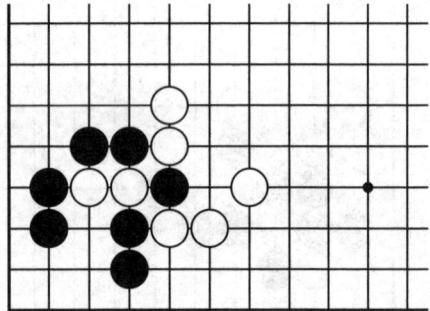

65

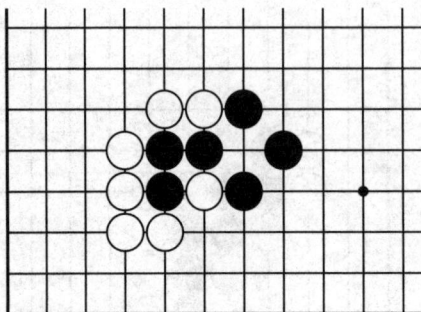

66

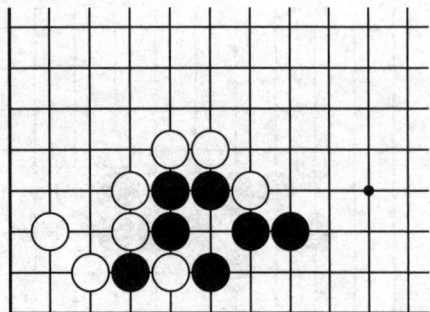

黑先下，对杀吃掉白棋。

67

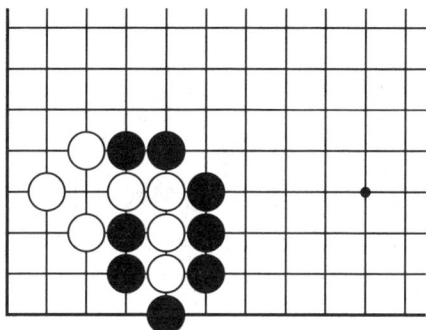

68

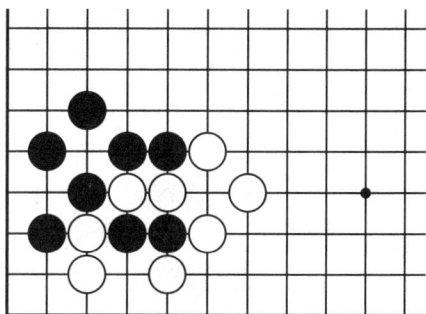

69

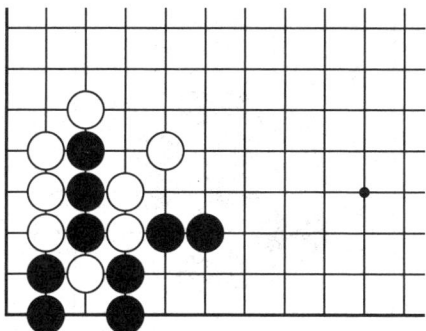

70

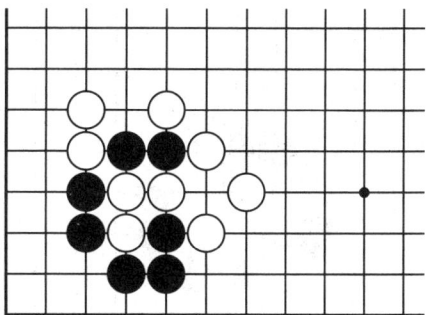

71

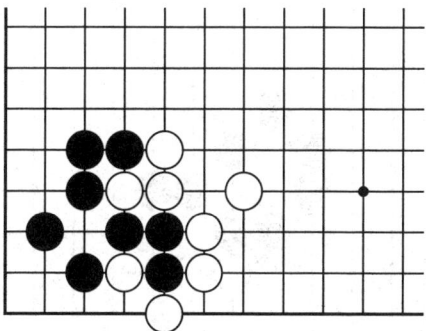

72

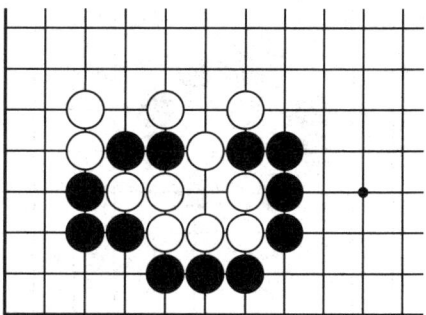

黑先下，对杀吃掉白棋。

73

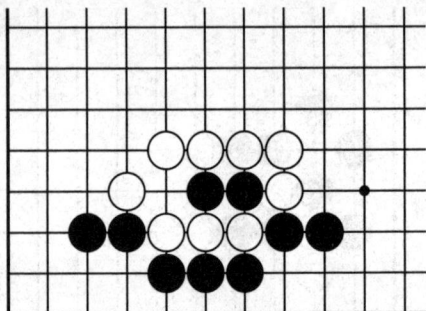

74

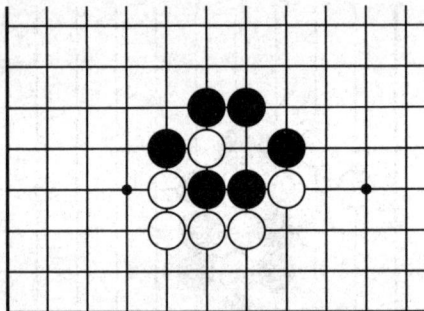

75

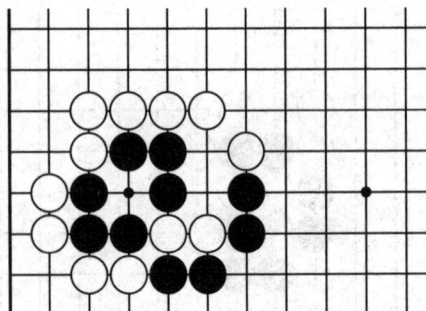

76

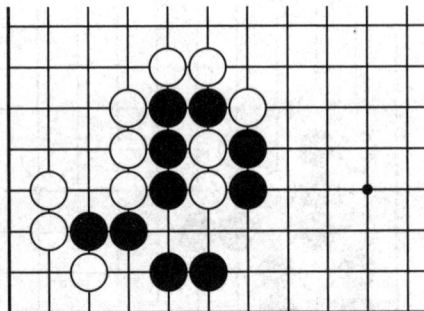

77

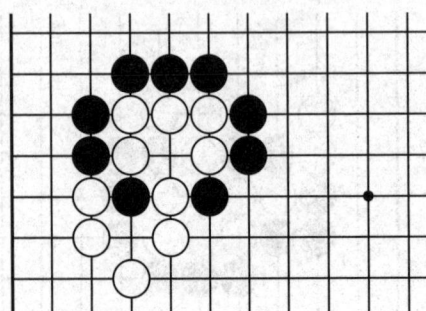

78

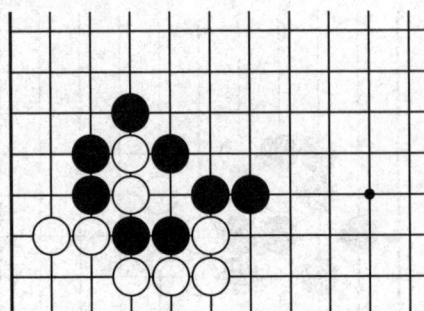

黑先下，对杀吃掉白棋。

79

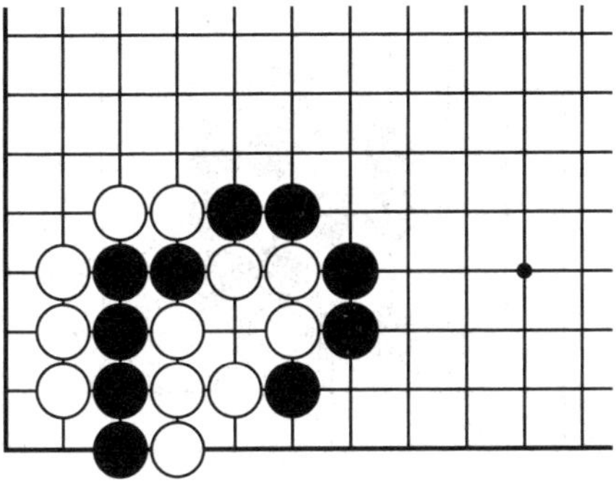

80

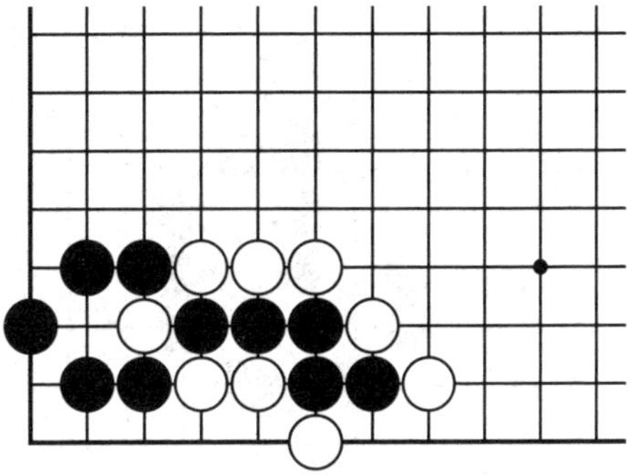

81

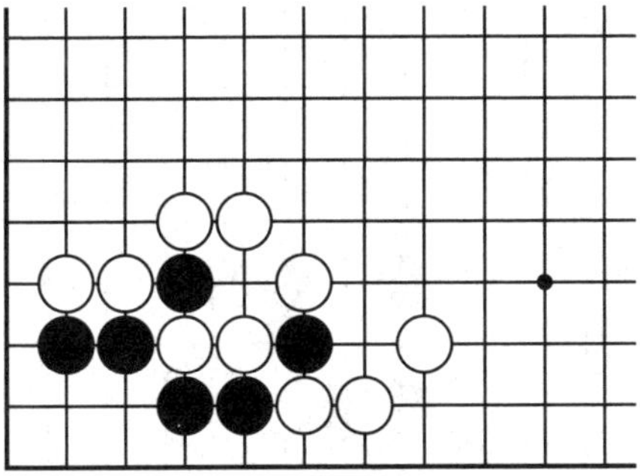

82

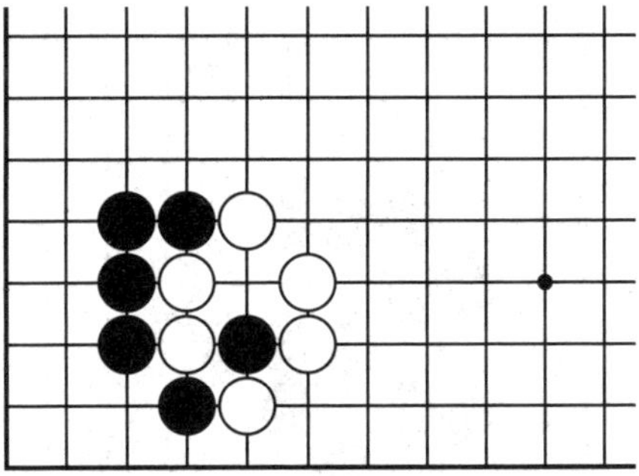

83

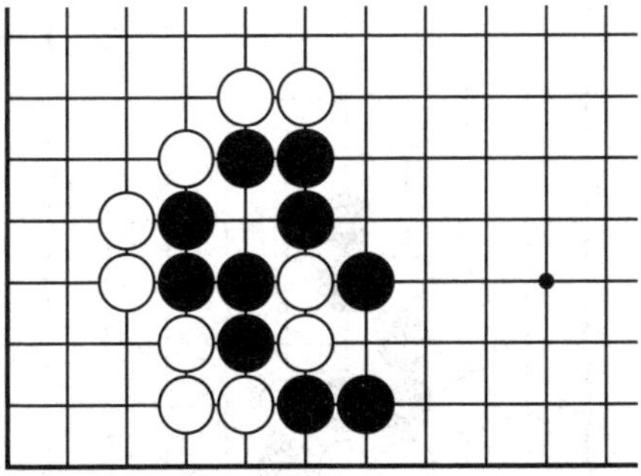

84

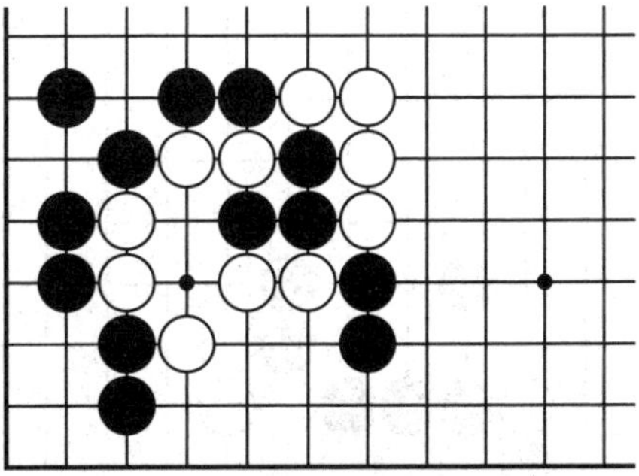

黑先下，对杀吃掉白棋。

85

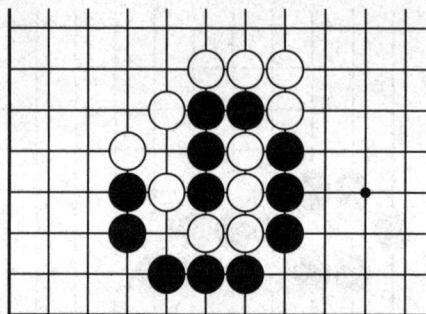

86

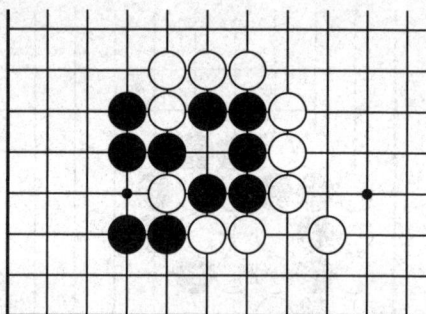

87

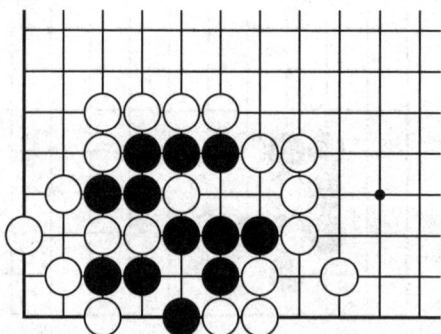

88

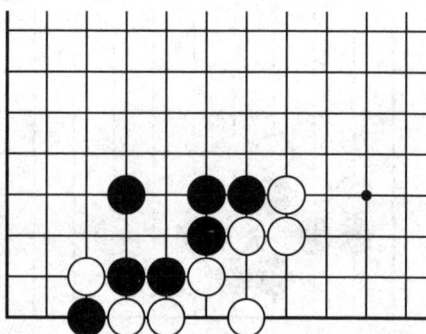

89

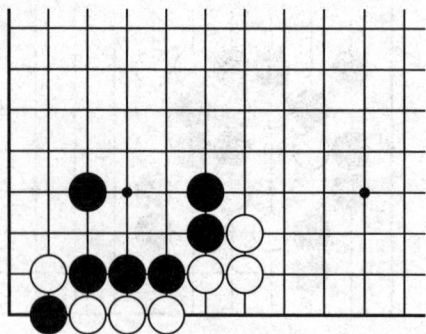

90

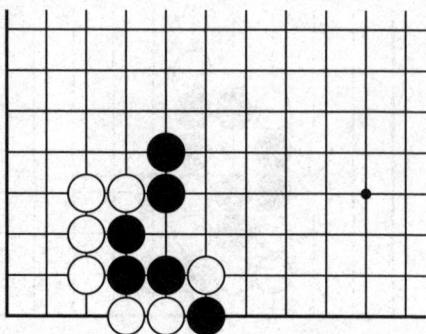

黑先下，对杀吃掉白棋。

91

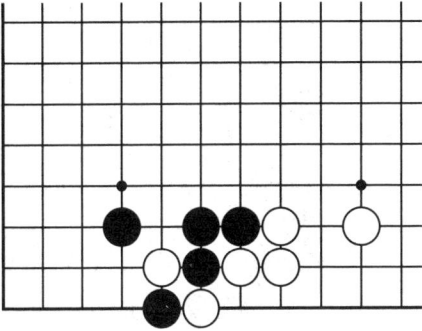

92

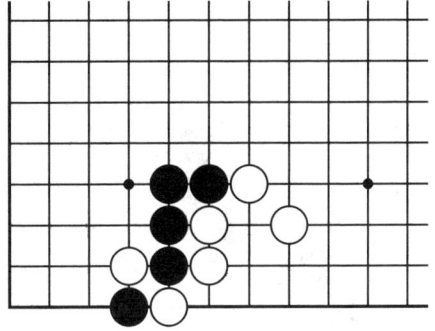

93

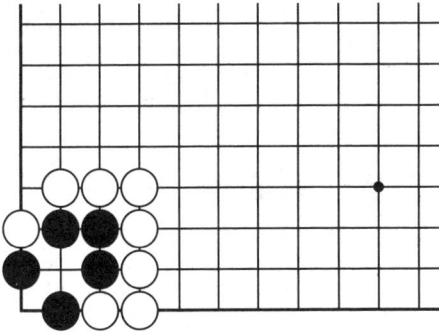

94

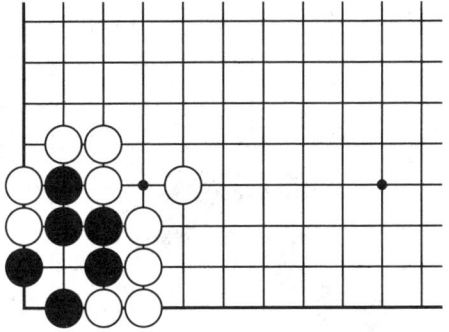

95

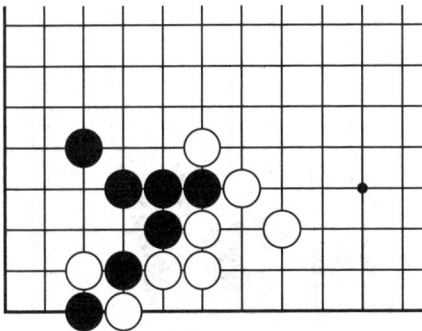

96

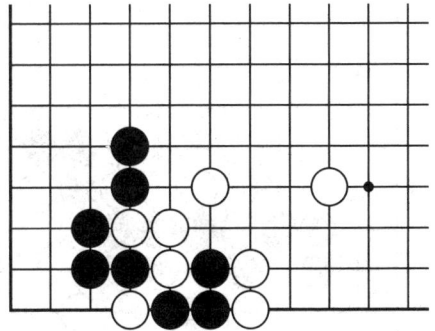

黑先下，对杀吃掉白棋。

97

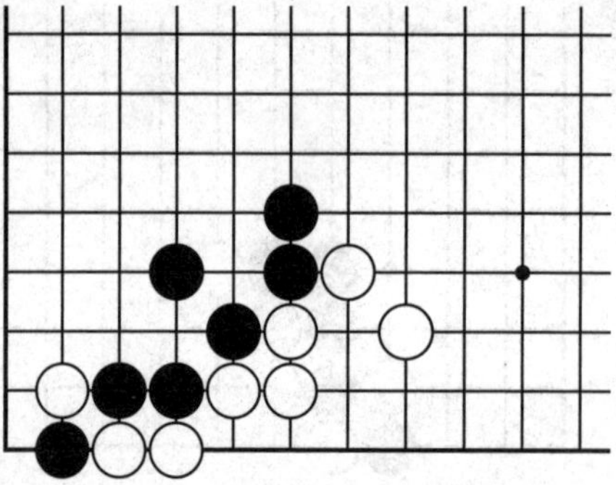

98

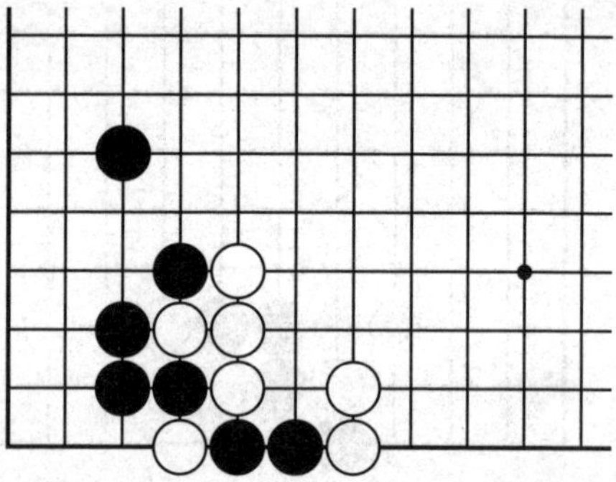

99

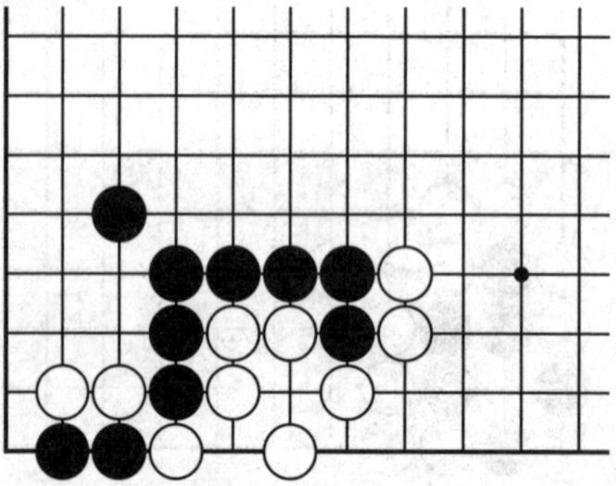

100

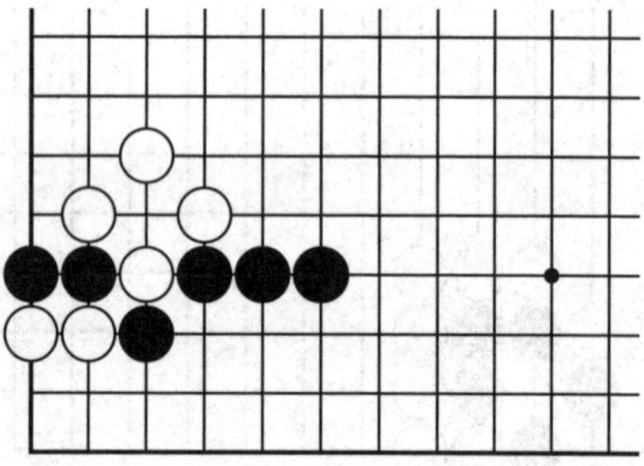

101

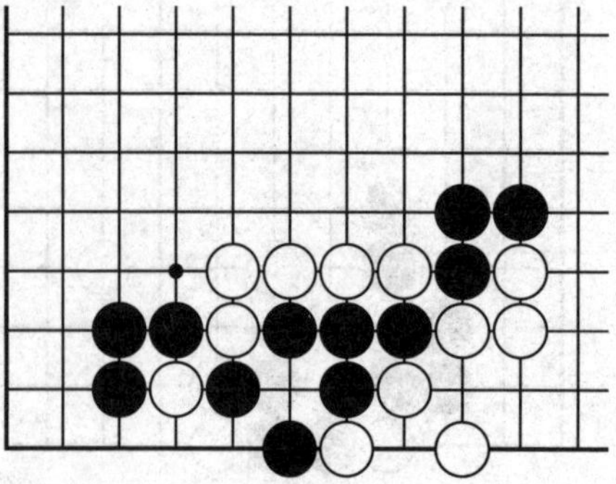

102

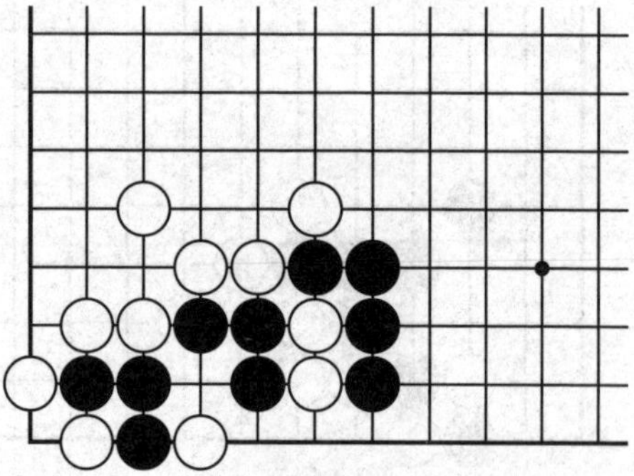

关于"劫"

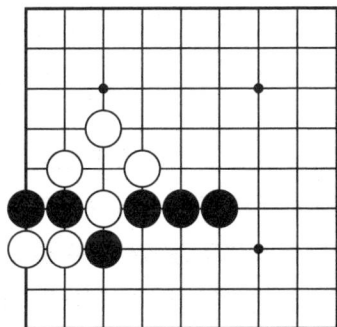

左图是第4章的第100题，您找到正确答案了吗？

您可能注意到了，在黑棋吃掉白子之后，这个棋形稍微有点奇怪。

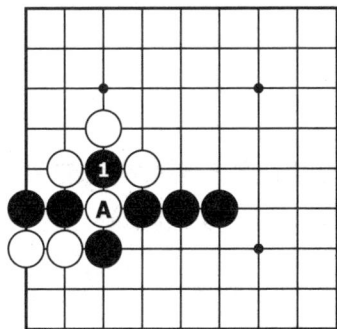

当然，黑棋的正确下法是下在1位并吃掉白棋在A位的棋子，但是，黑棋下在1位后，如果白棋重新下到A位是不是又把黑棋吃掉了呢？之后如果果黑棋再下到1位……

按照这个操作，这将是一个无限的循环，这该怎么办呢？

这样的情况我们称之为"劫"，有一个专门针对劫的规则，即在双方可以反复吃掉对方一颗子的情况下，第一个被吃掉的一方不可以立刻吃回去。

所以，在这道题中黑棋下在1位吃掉白子之后，白棋是不能直接下在A位吃掉黑棋1位的子的。白棋需要先在其他地方下一步棋,如果黑棋没有将被叫吃的棋子连接上(黑棋可以下在A位将被叫吃的子连接上),之后白棋是可以再下在A位吃掉黑棋1位的子的。

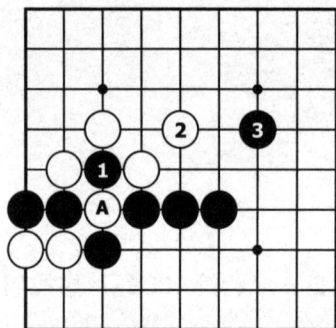

我们可以看到在左图中,黑1吃掉白子之后,白棋不能直接再吃回来,白棋选择下在2位,如果黑棋下在3位(不选择连接上被叫吃的子),这时白棋可以重新下在4位并吃掉黑棋1位的子。

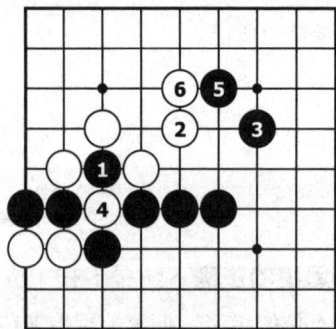

④ = Ⓐ

当然,这个规则是对双方有效的,接上图,白4之后,黑棋也不可以立刻再吃回去,接着黑棋选择下在5位,白棋如果选择下在6位,这时黑棋可以再次下到原来的1位(❼ = ❶),并吃掉白棋4位上的子。

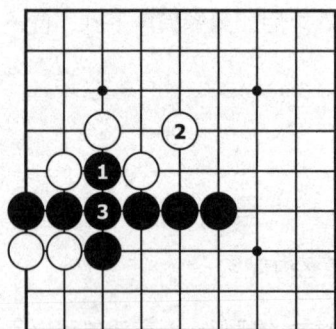

❼ = ❶

在上两图中,黑3当然也可以选择将1位的子连接起来,就如左图所示。

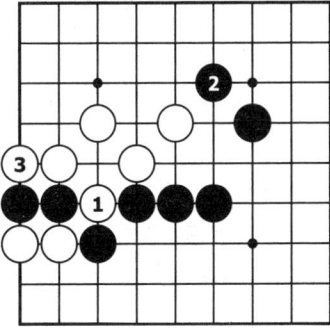

同理，左图中白棋也可以下在 3 位吃掉两颗黑子，这样黑棋就无法继续打劫了。

对于初学者来说，打劫是一件比较复杂的事情，不过就算您现在对打劫还是一知半解也没有关系，您可以继续阅读本书后边的内容。专栏里的内容并不会影响本书后面的阅读体验。如果您对打劫的棋形感兴趣，可以重点练习第 4 章的第 99 题、第 101 题和第 102 题，它们都是和打劫有关的题目。

第5章

双叫吃

在图 5.1 中，黑棋可以同时叫吃白棋两个有 X 标记的棋子。在图 5.2 中，我们可以看到，黑棋下在 1 位后，如果白棋选择在 2 位逃出一子，那么黑棋可以下在 3 位吃掉另一颗白子（如图 5.3 所示）。换一种下法，如图 5.4 所示，如果白棋选择救另一边的白子，黑棋同样可以下在 3 位吃掉另一边的白子。图 5.2 中的黑 1 同时叫吃两边的白子，这个技巧我们称之为"双叫吃"。

回到图 5.1，如果这时轮到白棋下了，如图 5.5 所示，白棋可以下在 1 位将所有的白子连接上，我们现在可以看到这 3 颗白子共有 4 口气，白棋不仅没有被立刻吃掉的威胁，而且白棋的棋形（如图 5.6 所示）已经比黑棋更加结实了。

图 5.1

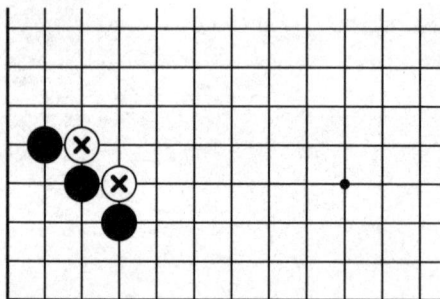

图 5.2

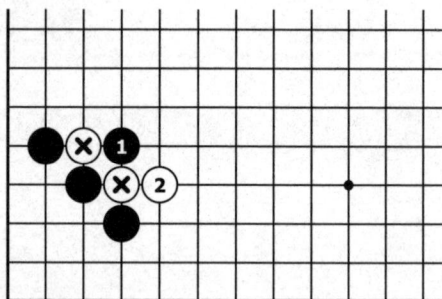

图 5.3

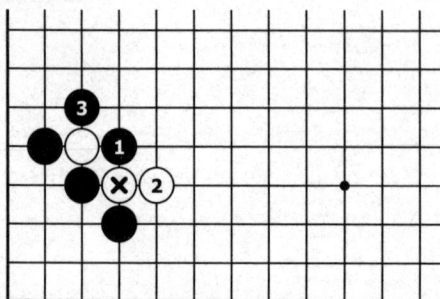

图 5.4

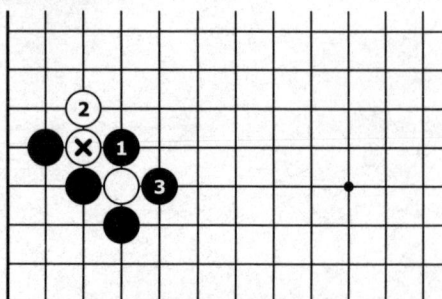

图 5.5

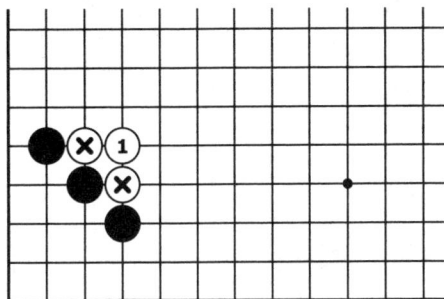

图 5.6

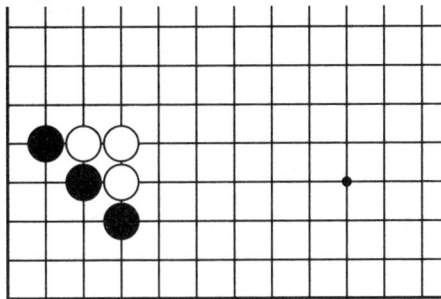

黑先下，双叫吃白棋。

1

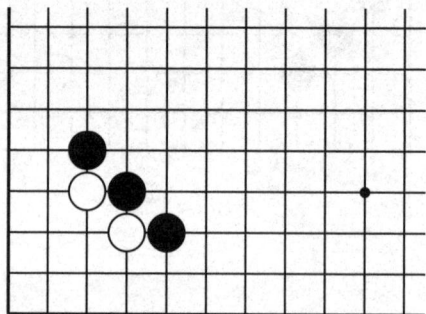

2

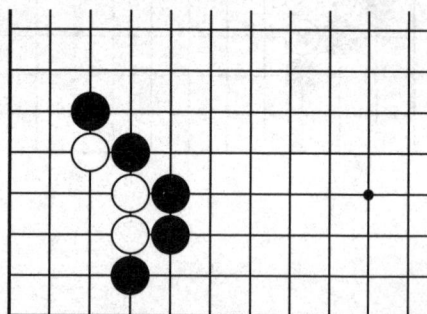

3

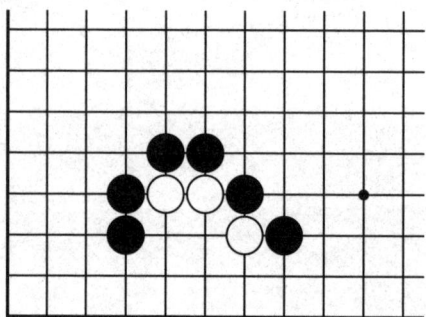

4

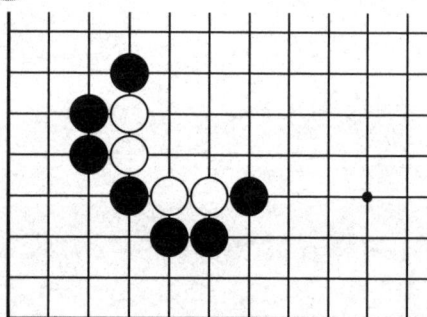

5

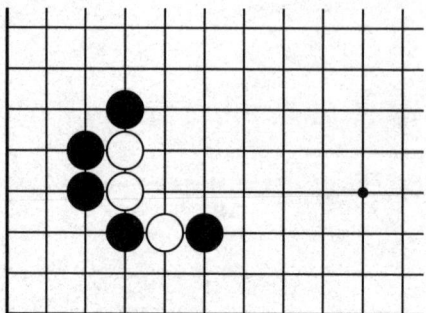

6

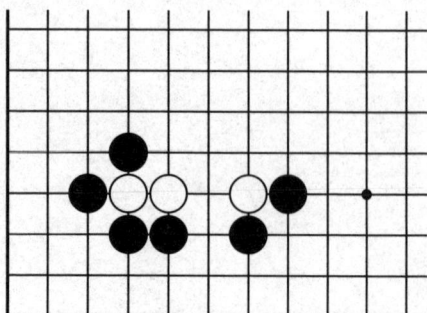

黑先下，双叫吃白棋。

7

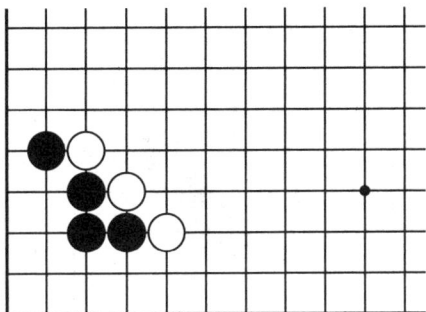

8

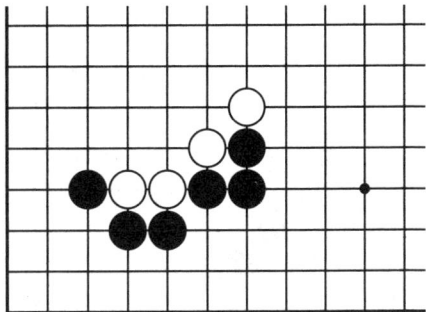

9

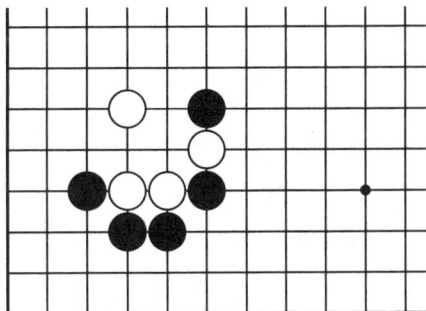

10

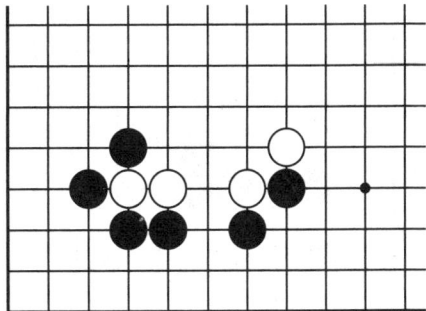

11

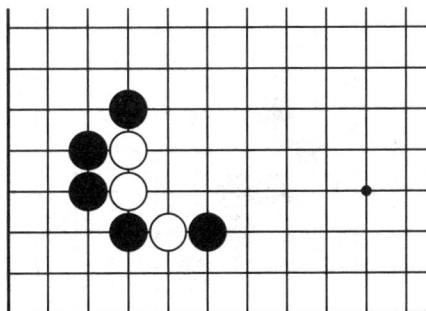

12

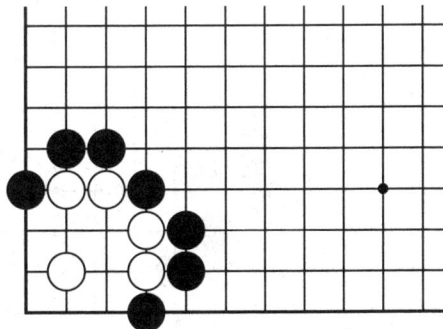

黑先下，双叫吃白棋。

13

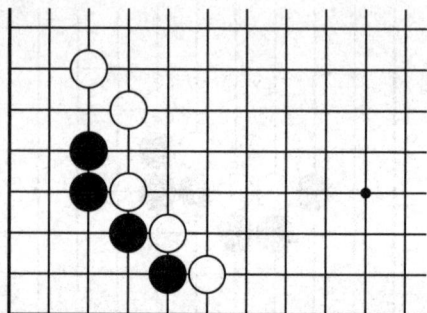

14

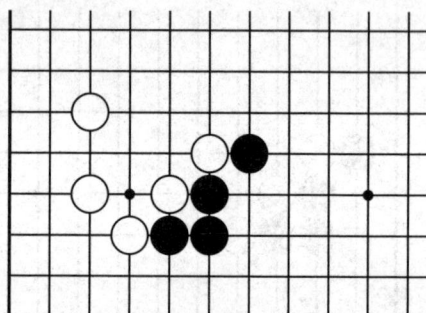

15

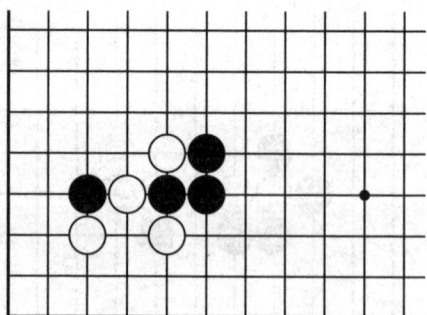

16

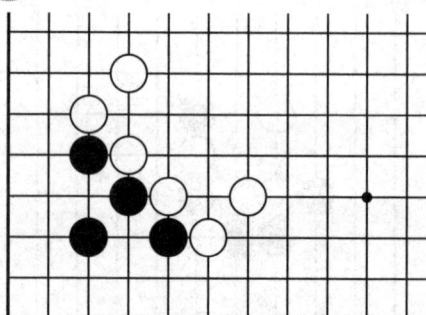

17

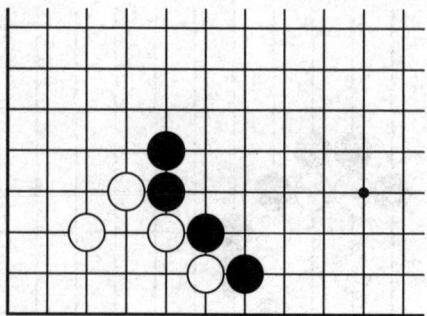

18

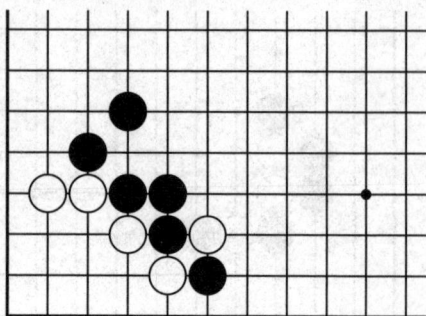

黑先下，双叫吃白棋。

19

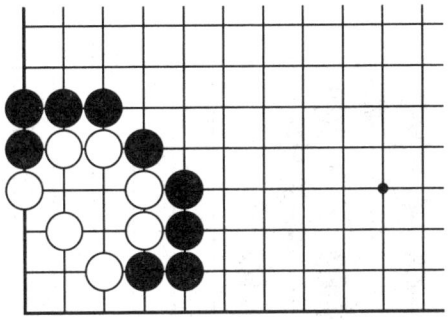

20

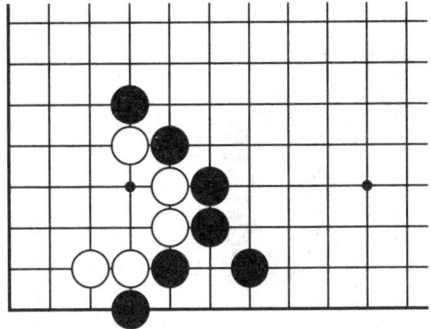

21

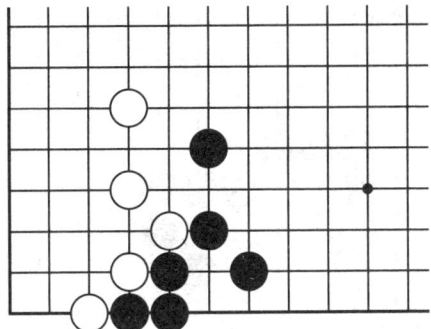

22

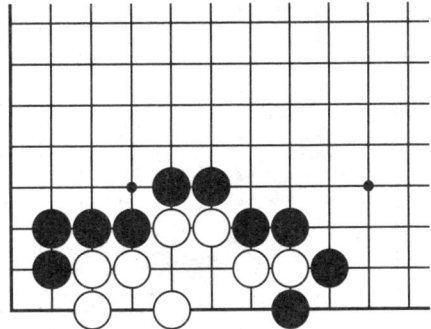

23

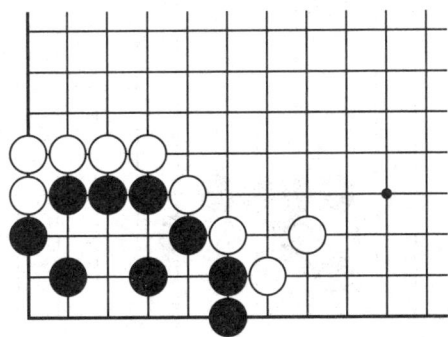

24

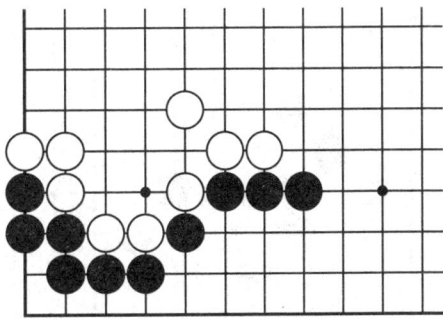

黑先下，双叫吃白棋。

25

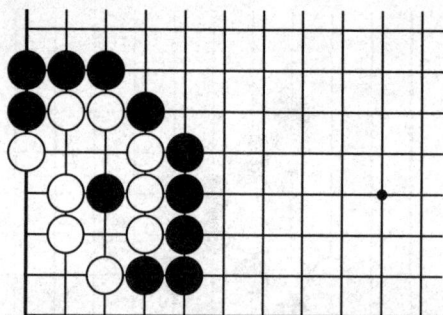

26

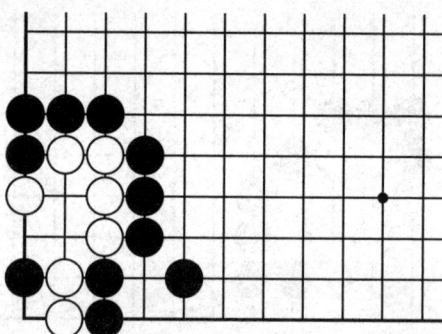

27

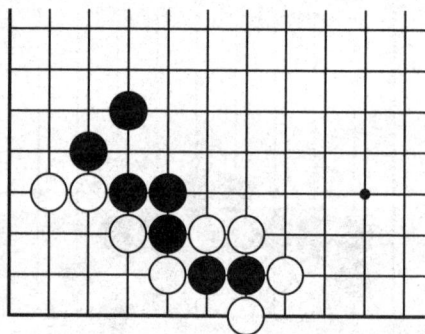

28

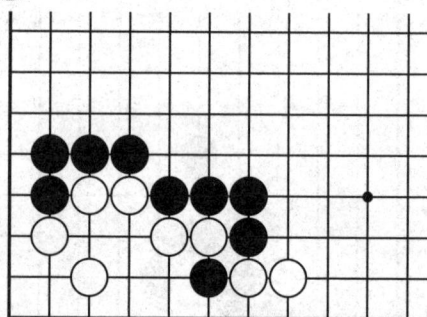

29

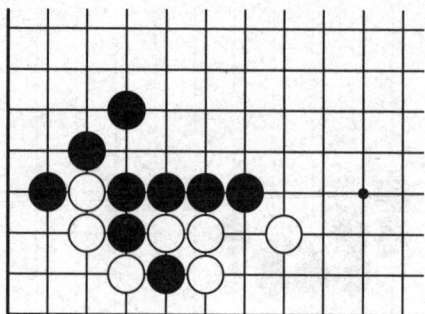

30

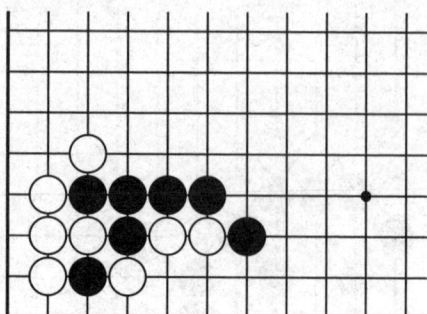

黑先下，双叫吃白棋。

31

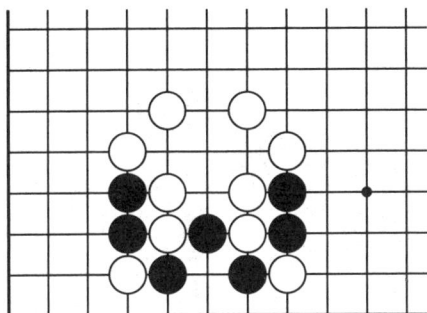

32

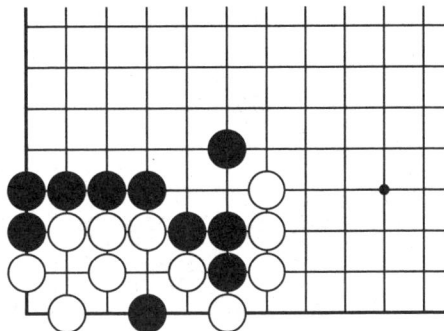

33

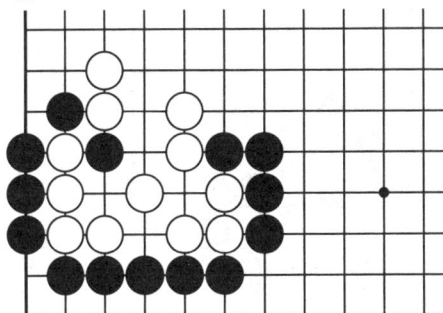

34

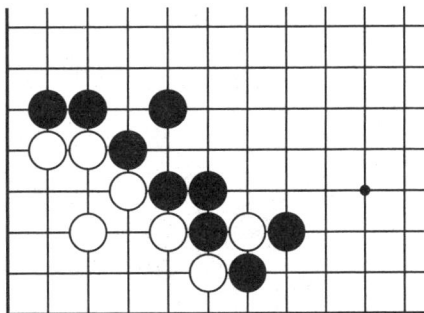

35

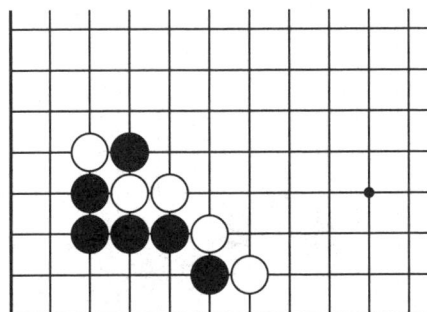

36

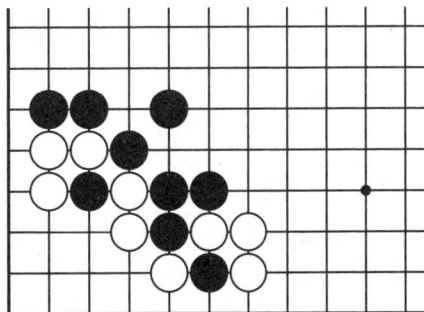

黑先下，双叫吃白棋。

37

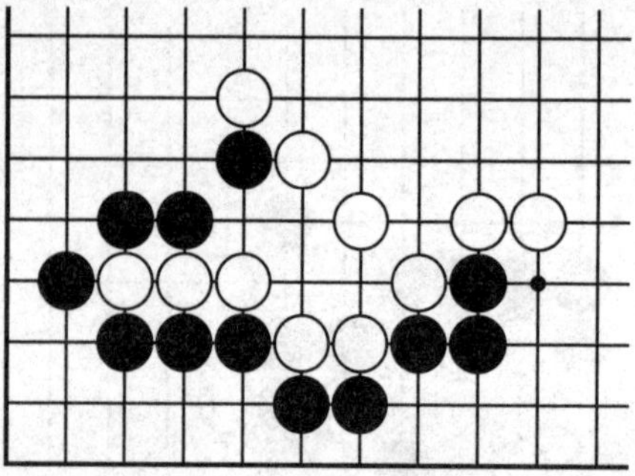

38

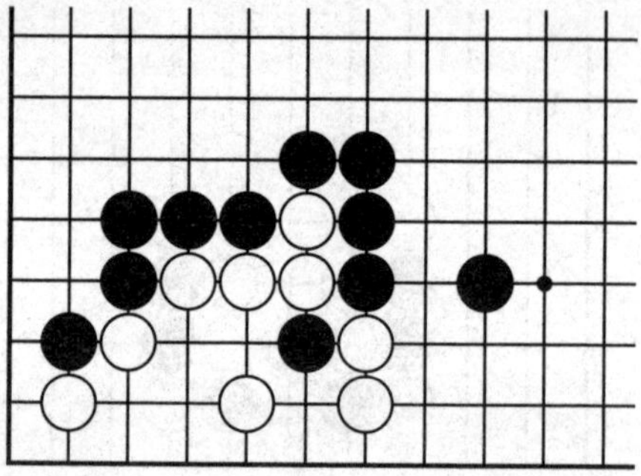

39

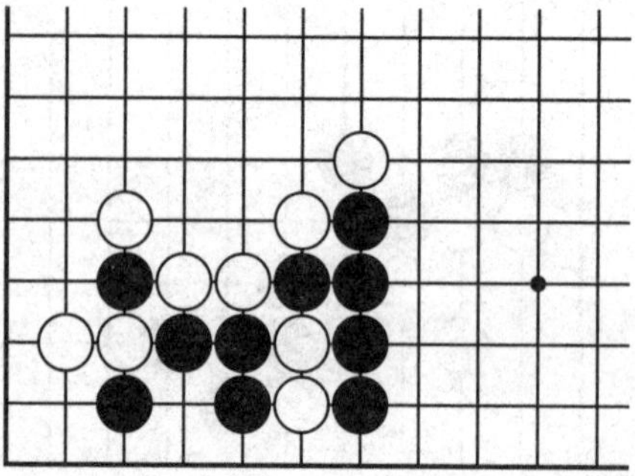

40

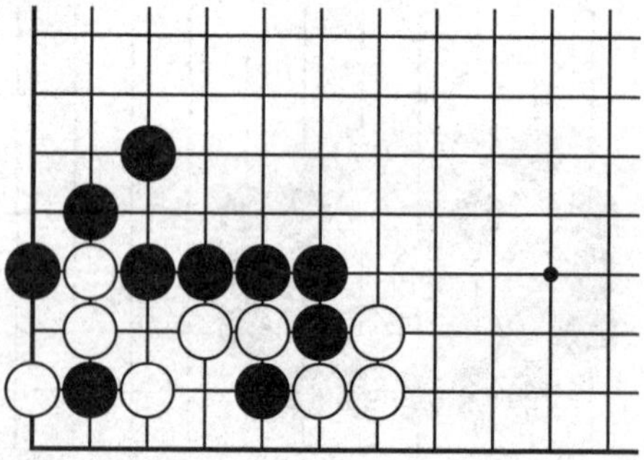

41

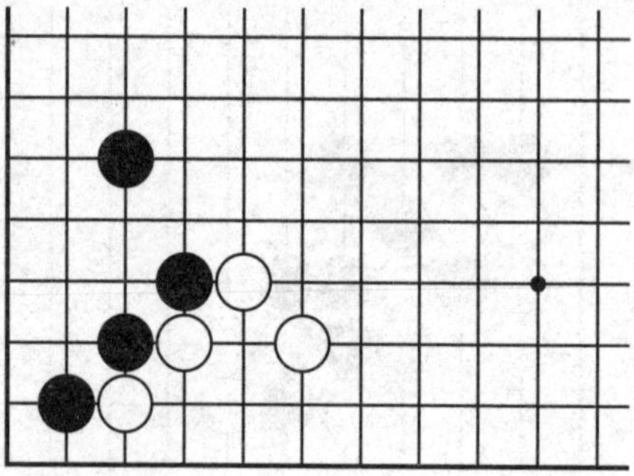

42

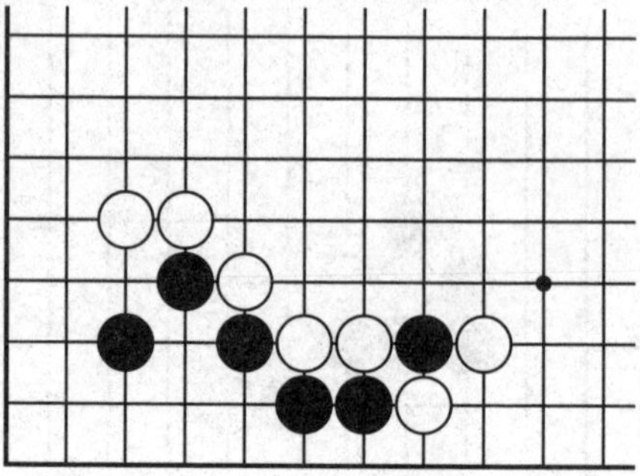

黑先下，双叫吃白棋。

43

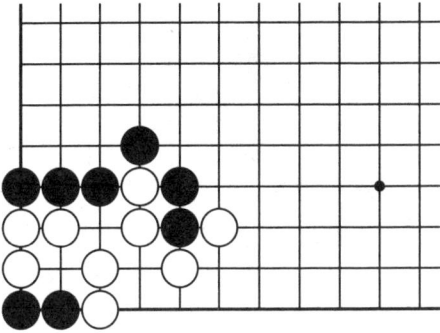

44

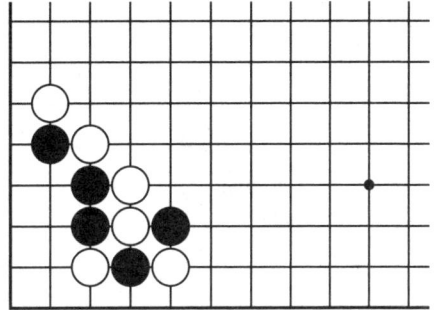

45

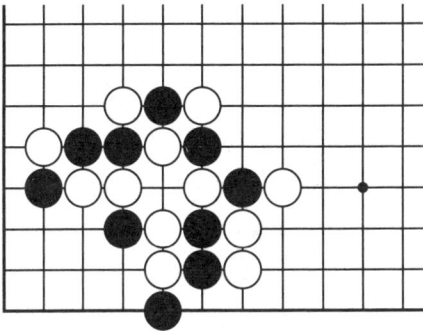

46

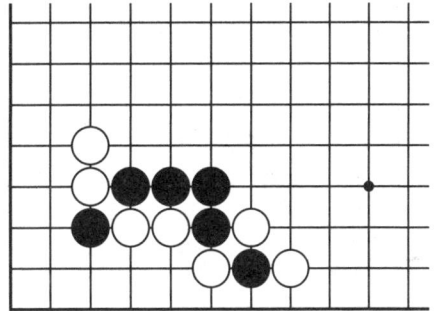

47

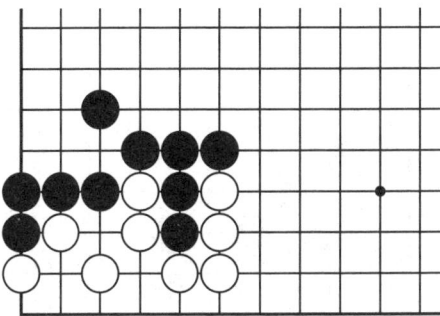

48

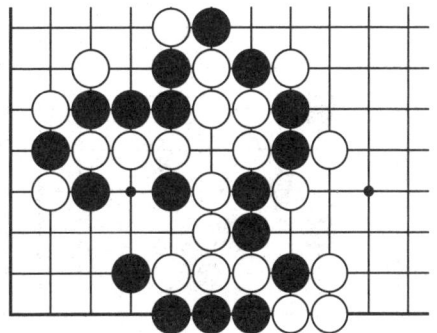

黑先下，防守黑棋可以被白棋双叫吃的地方。

49

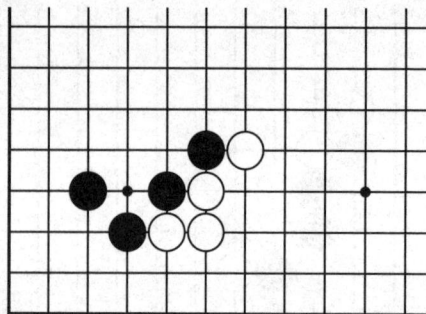

50

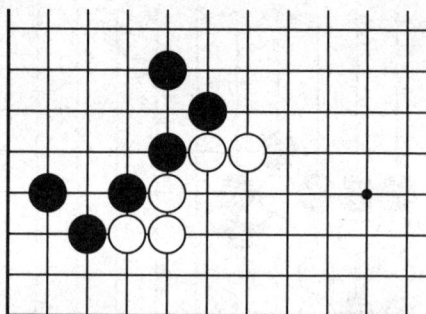

51

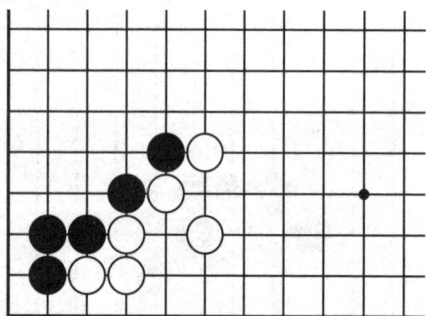

52

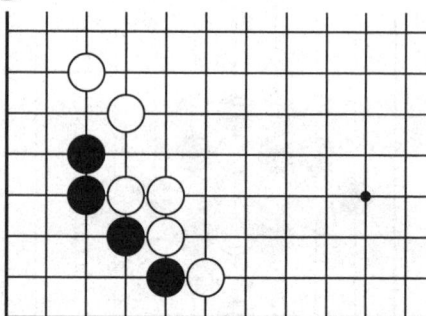

53

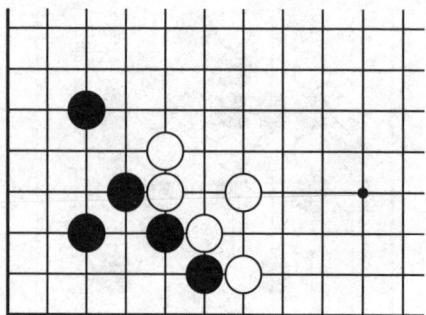

54

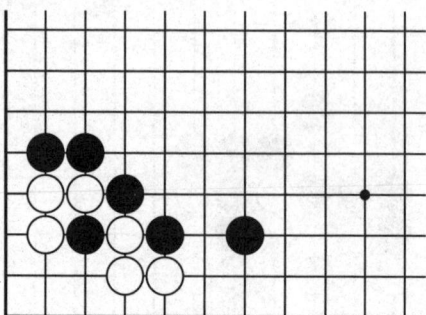

黑先下，防守黑棋可以被白棋双叫吃的地方。

55

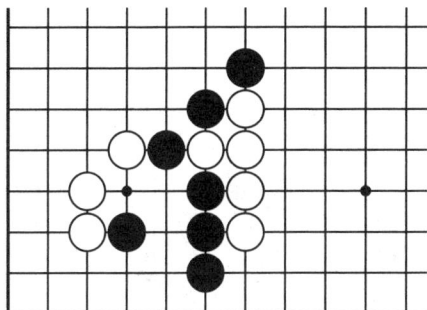

56

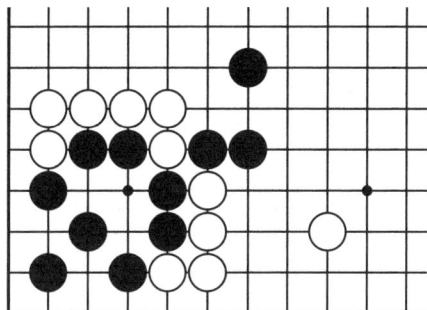

57

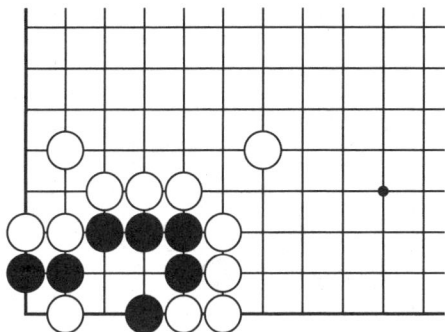

58

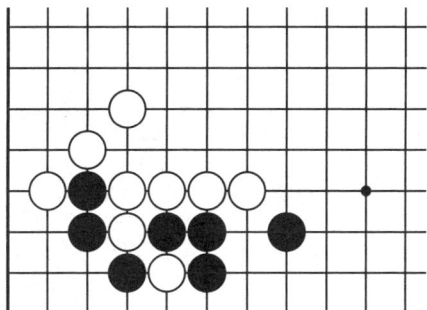

59

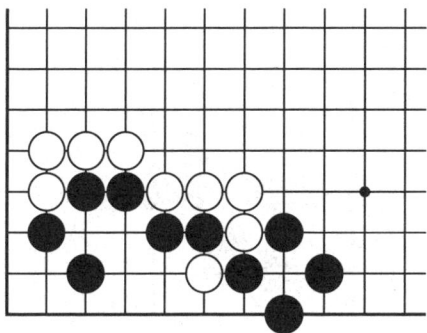

60

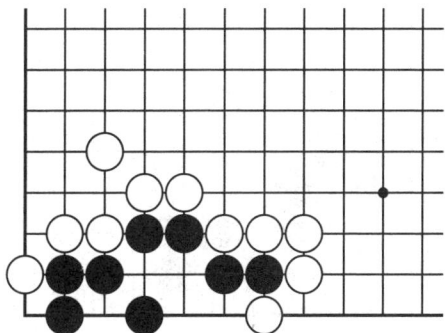

黑先下，防守黑棋可以被白棋双叫吃的地方。

61

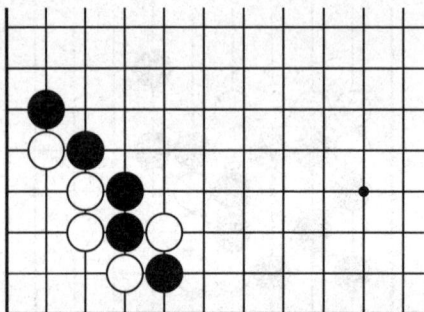

62

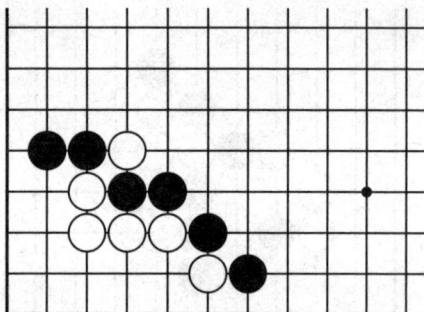

63

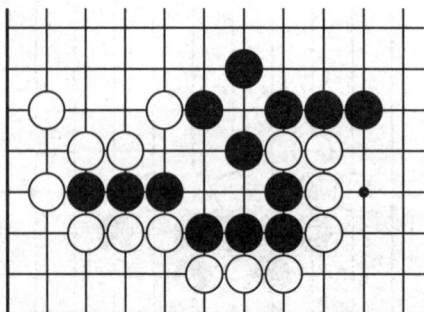

64

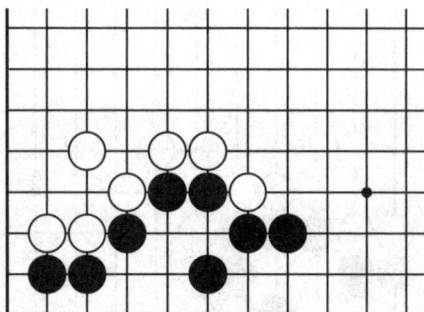

65

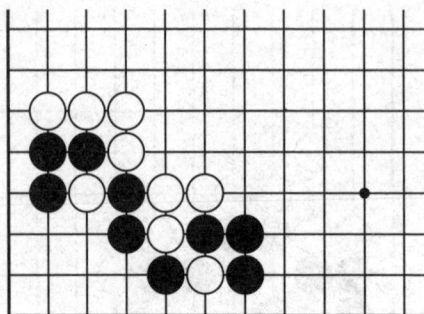

66

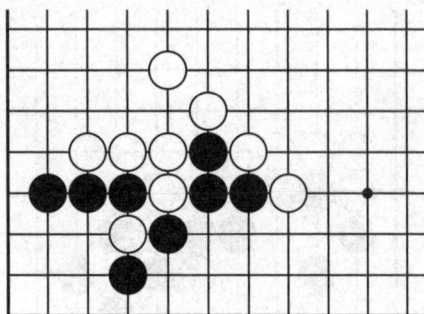

黑先下，防守黑棋可以被白棋双叫吃的地方。

67

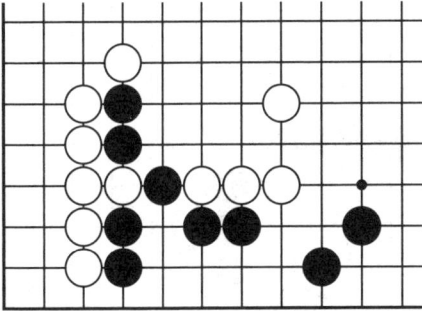

68

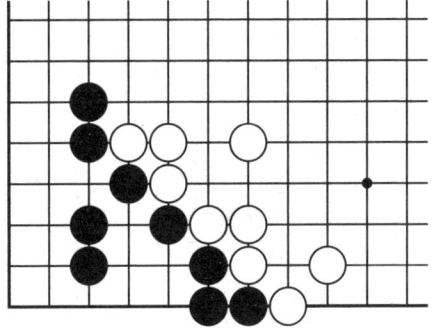

69

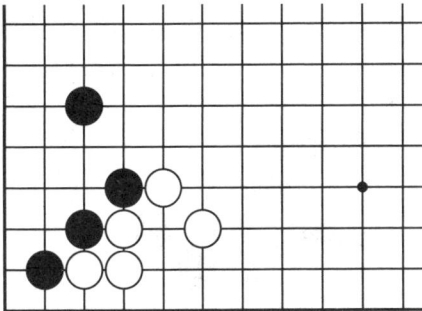

70

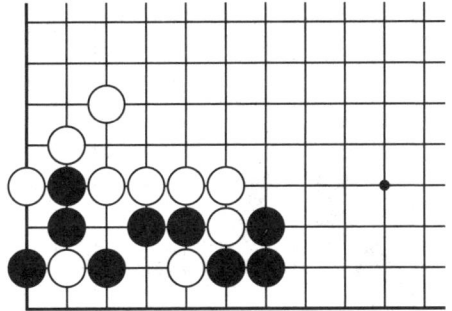

71

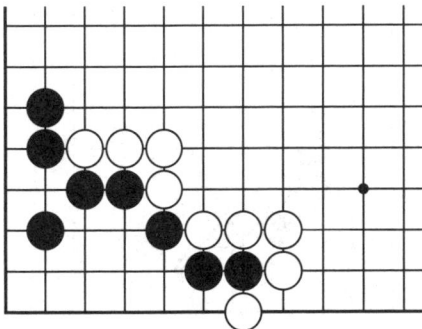

72

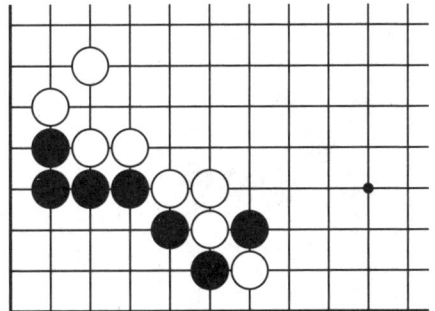

黑先下，防守黑棋可以被白棋双叫吃的地方。

73

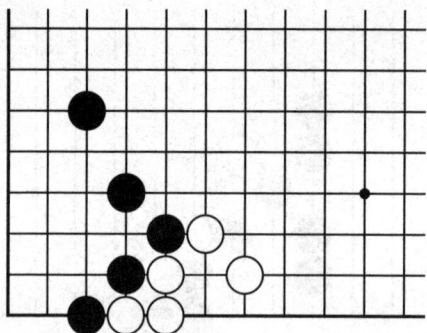

74

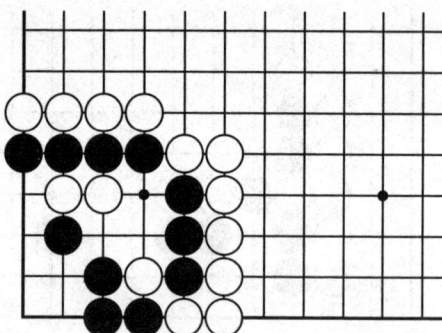

75

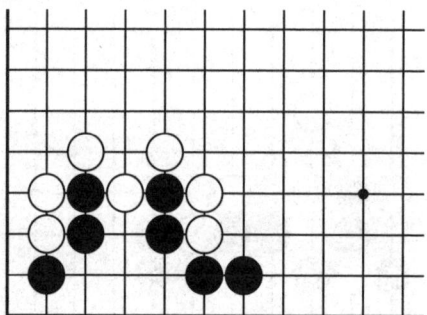

76

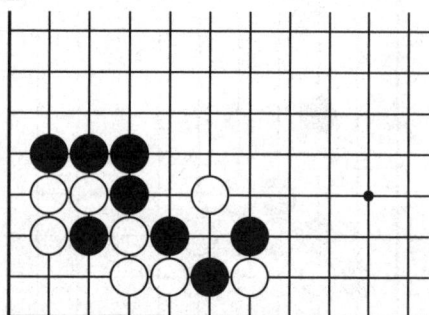

77

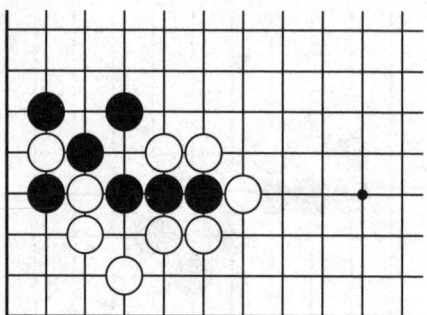

78

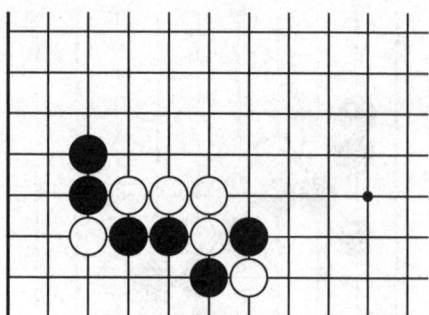

黑先下，防守黑棋可以被白棋双叫吃的地方。

79

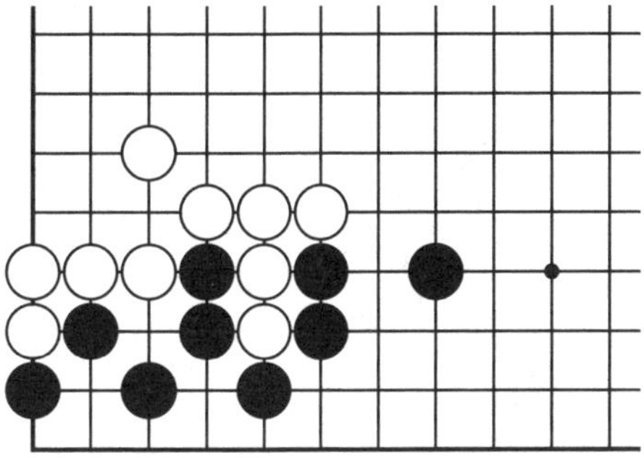

80

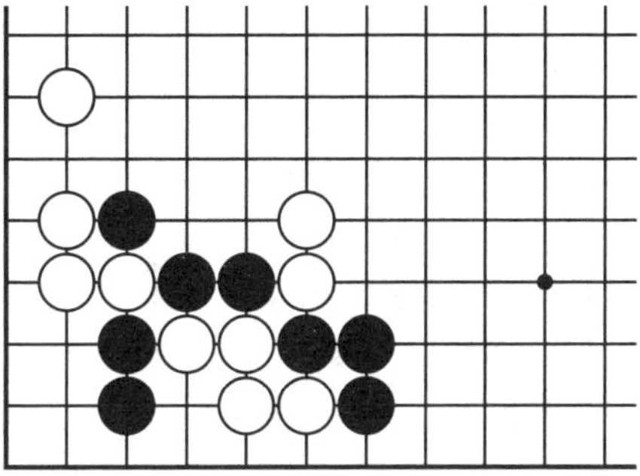

81

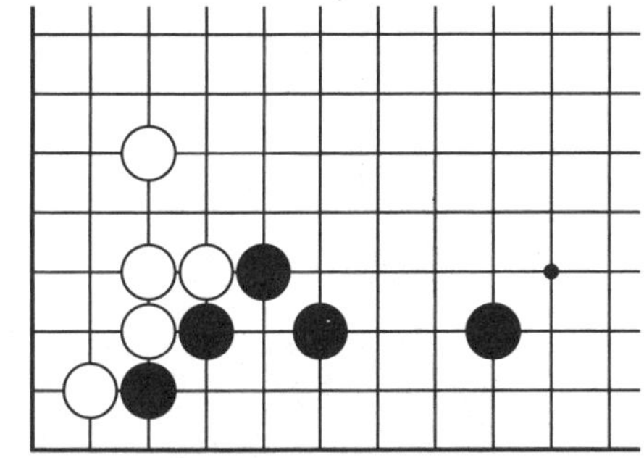

82

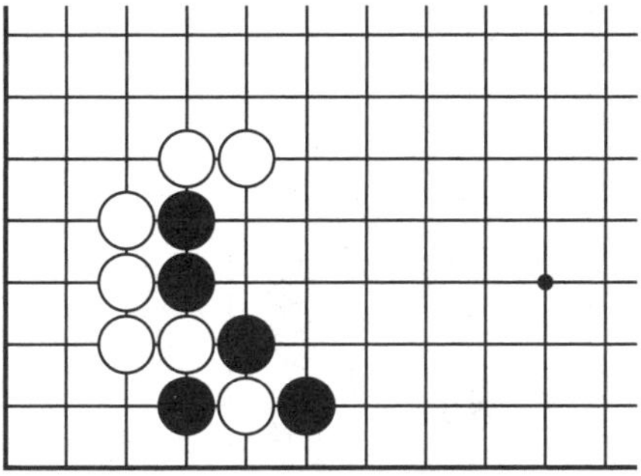

83

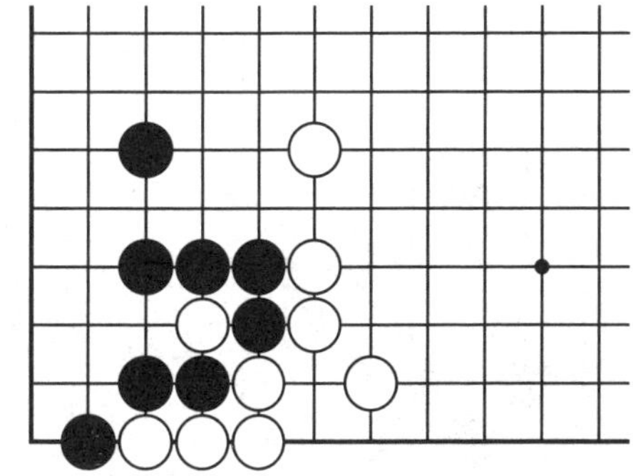

84

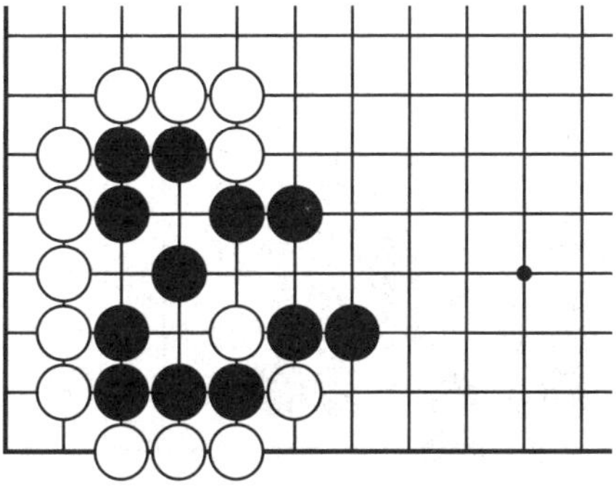

黑先下，防守黑棋可以被白棋双叫吃的地方。

85

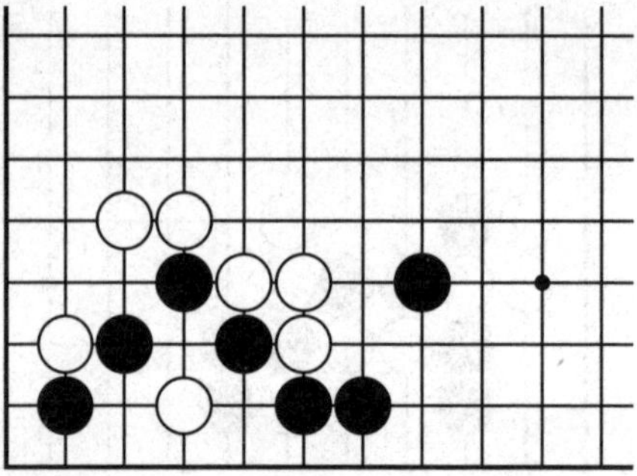

86

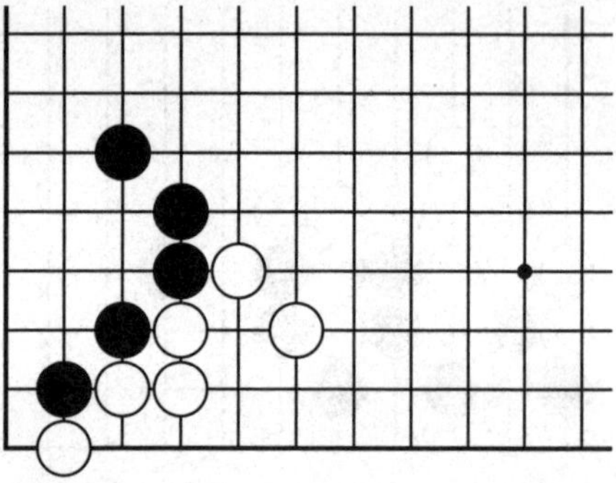

87

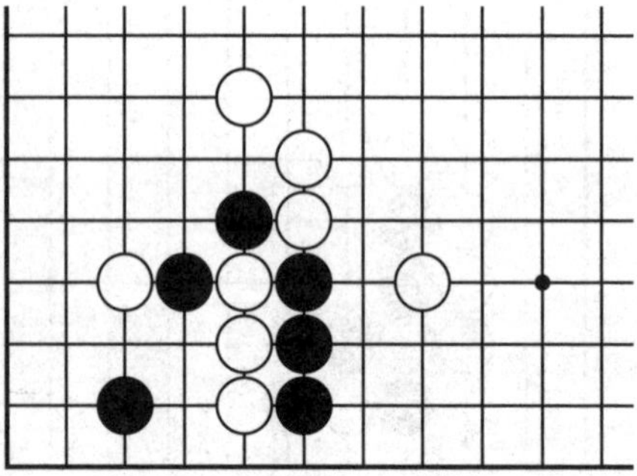

88

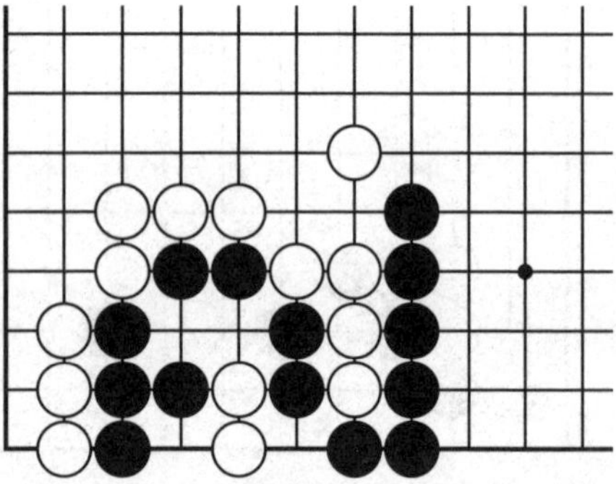

89

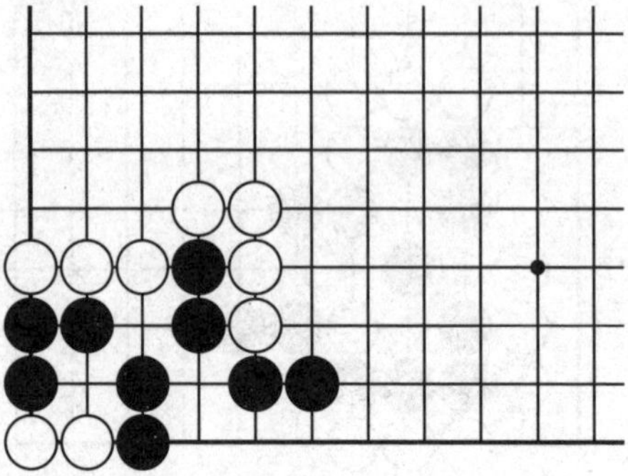

90

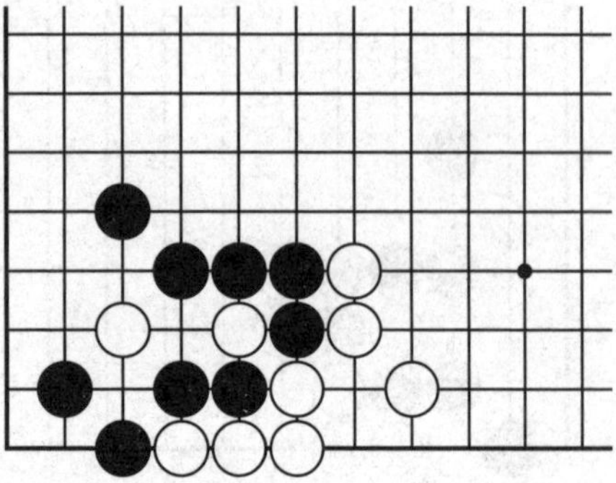

第6章
吃子 2

在图 6.1 中，黑先下，黑棋可以吃掉白棋有 X 标记的棋子。

如果如图 6.2 所示，黑棋选择在 1 位叫吃，我们会发现黑棋选择了一个错误的方向，白棋可以很轻松地逃出来。

如果黑棋改变策略，选图 6.3 中叫吃的方向，白棋的逃跑是徒劳的，最终会像图 6.4 中所示，全部被吃掉。

再来看看图 6.5 和图 6.6，黑棋只要选择了正确的叫吃方向，白棋有 X 标记的子最终是会被黑棋吃掉的。所以选择正确的叫吃方向很重要。

在图 6.7 中，黑棋先下，如何吃掉白棋有 X 标记的棋子？正确的下法是黑棋下在 1 位（如图 6.8 所示），白棋尝试在 2 位逃跑，黑棋紧接着在 3 位继续叫吃。我们看到白棋已经无路可逃了。

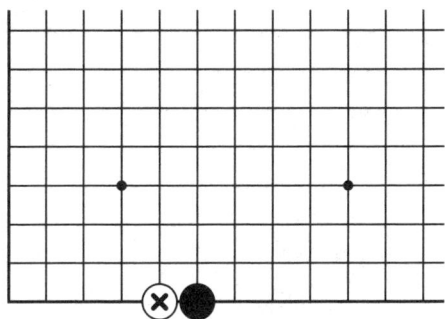

图 6.1

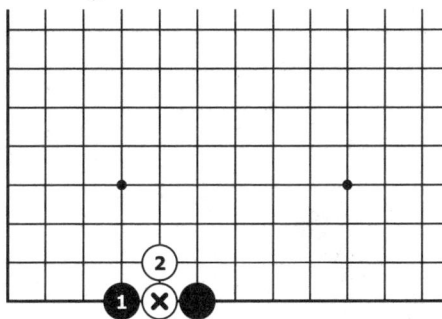

图 6.2

图 6.3

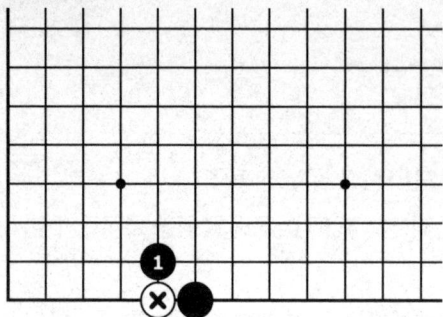

图 6.4

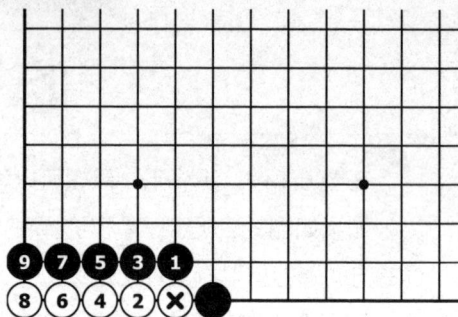

图 6.5

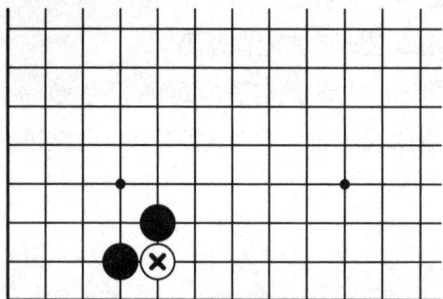

图 6.6

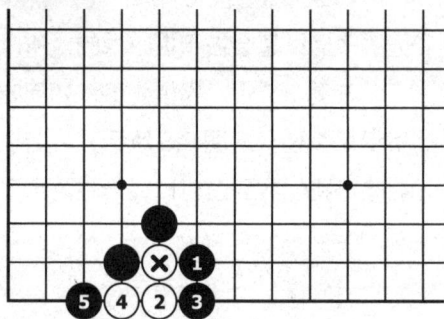

图 6.7

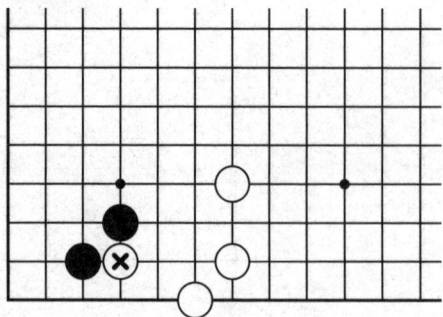

图 6.8

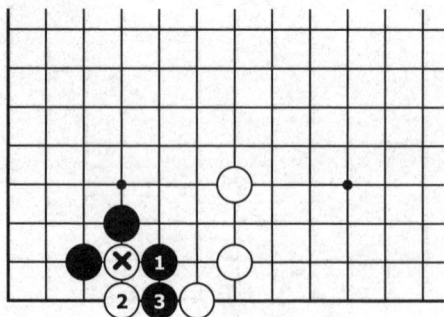

黑先下，吃掉白棋有 X 标记的棋子。

1

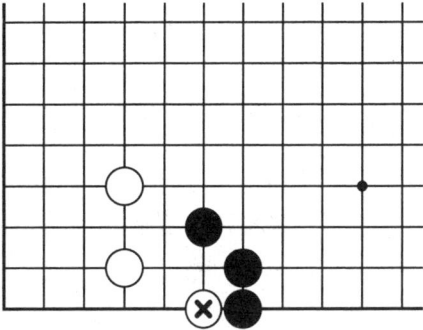

2

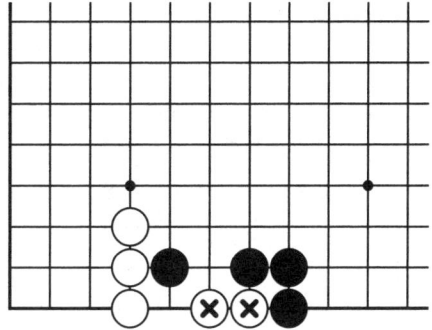

3

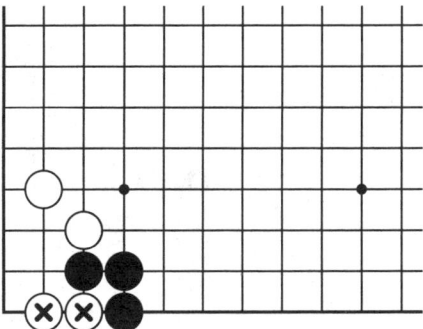

4

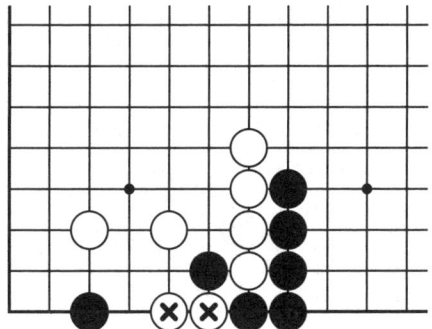

5

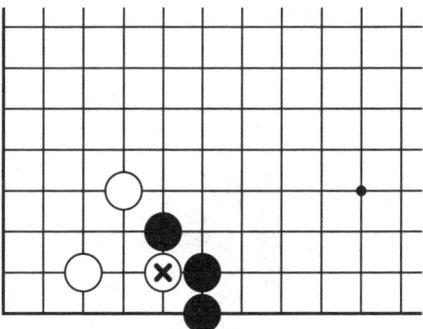

6

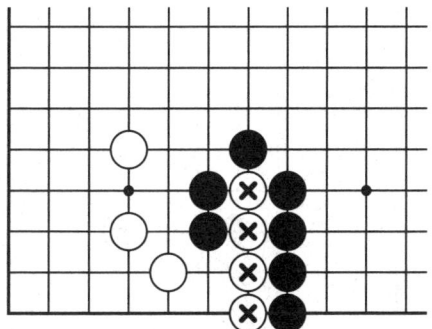

黑先下，吃掉白棋有 X 标记的棋子。

7

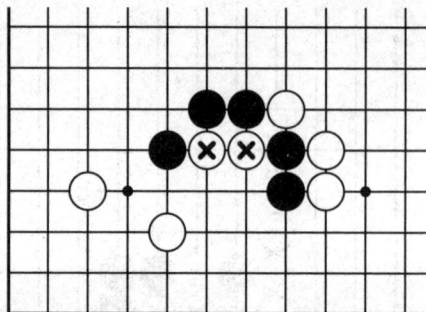

8

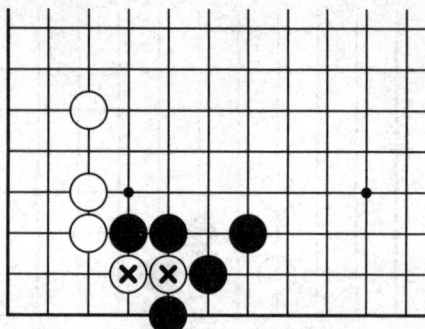

9

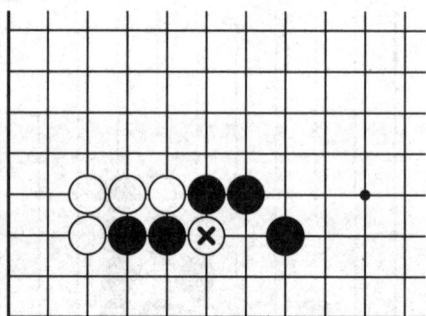

10

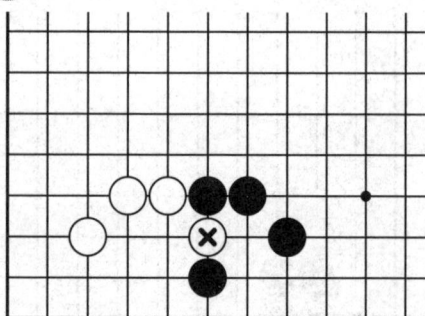

11

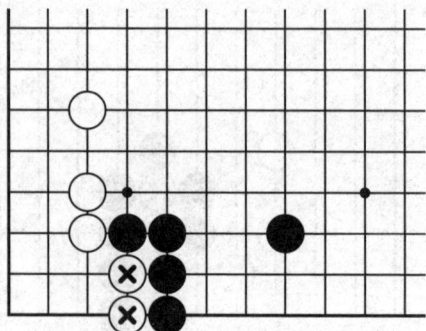

12

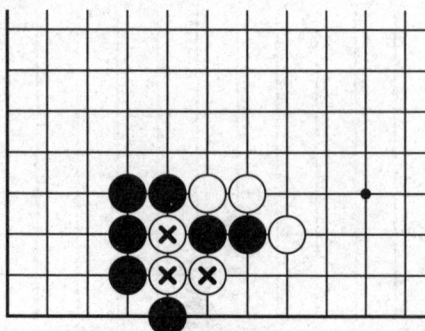

黑先下，吃掉白棋有 X 标记的棋子。

13

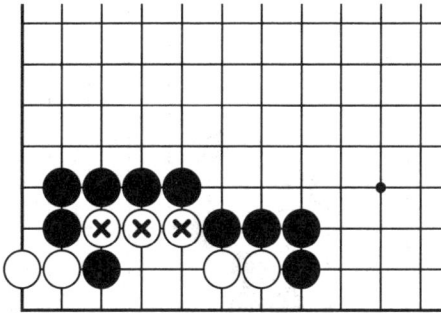

14

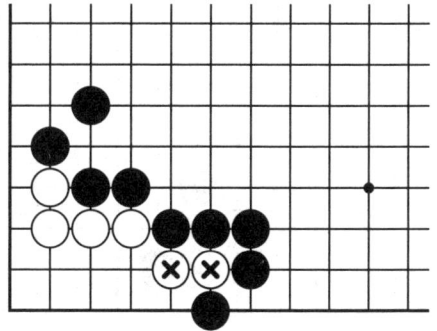

15

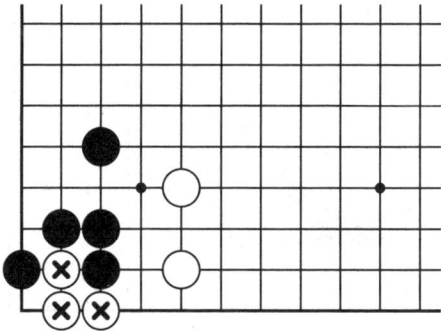

16

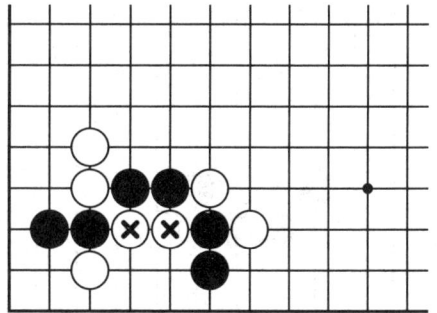

17

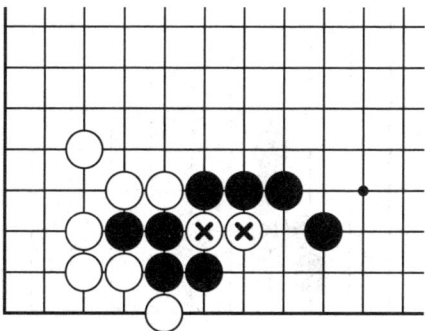

18

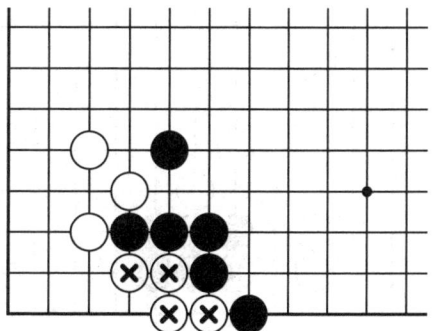

黑先下，吃掉白棋有 X 标记的棋子。

19
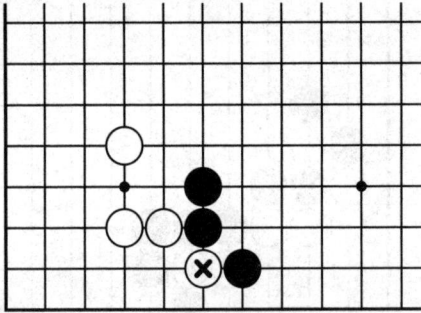

20
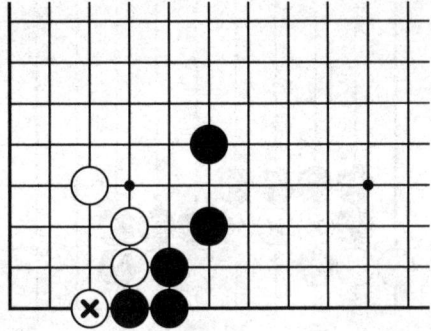

21
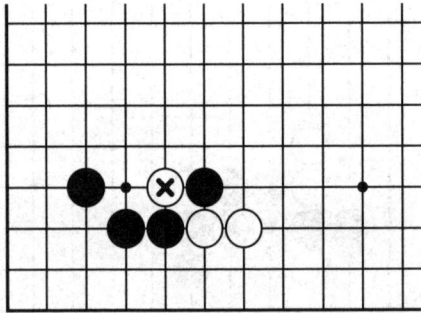

22
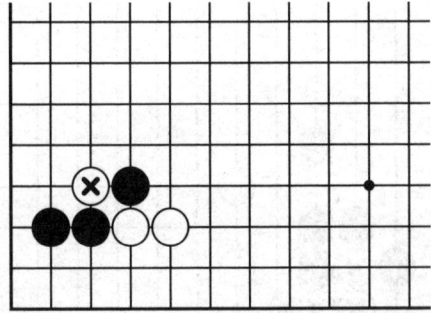

23
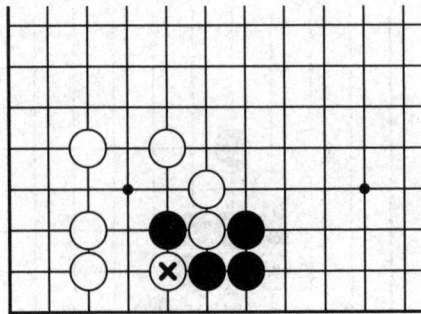

24
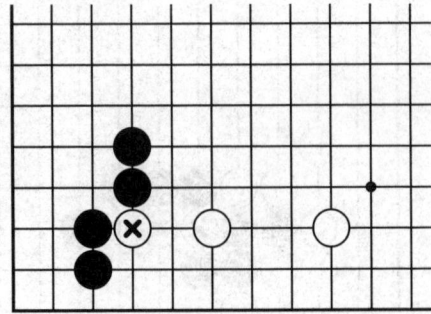

黑先下，吃掉白棋有 X 标记的棋子。

25

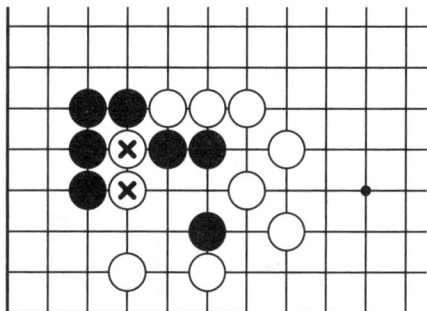

26

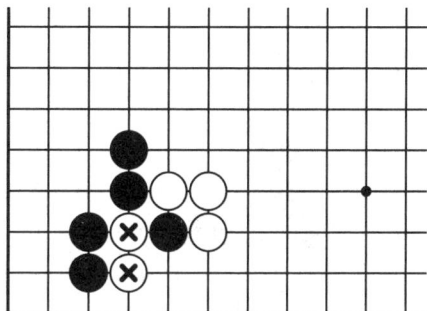

27

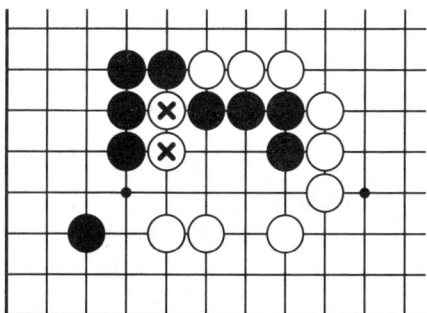

28

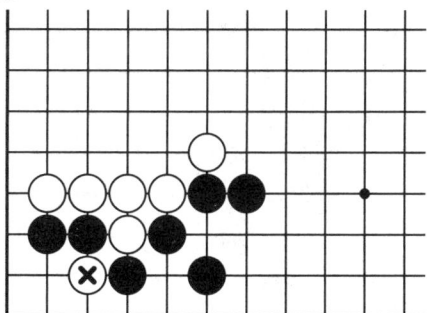

29

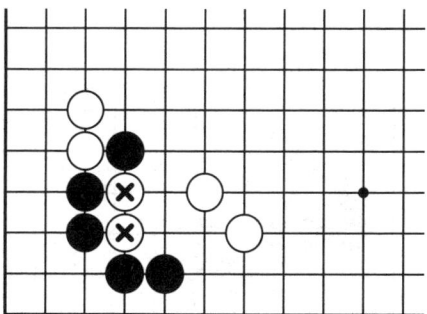

30

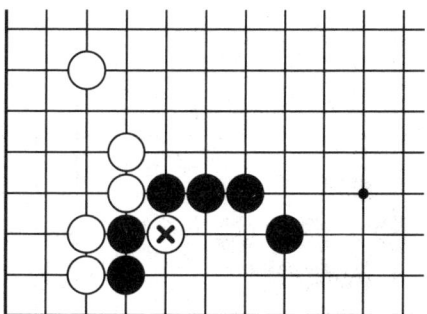

黑先下，吃掉白棋有 X 标记的棋子。

31
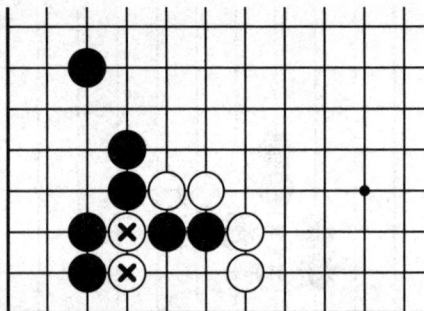

32
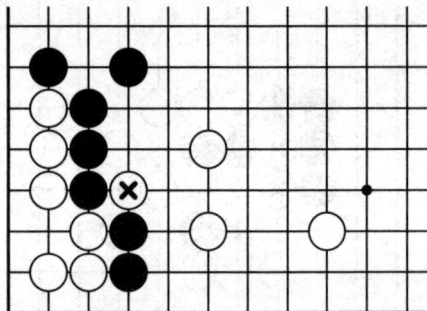

33
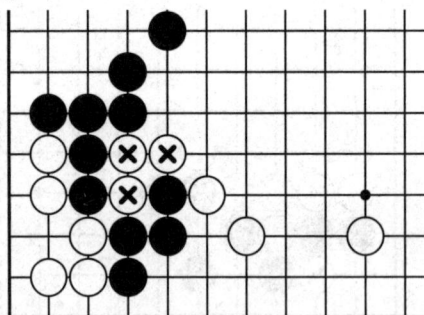

34
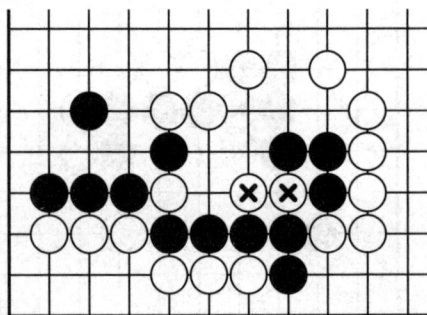

35
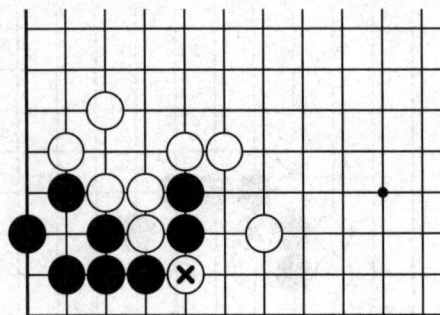

36
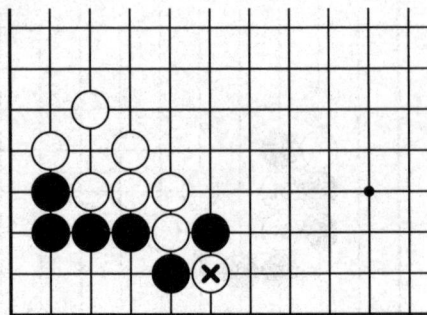

黑先下，吃掉白棋有 X 标记的棋子。

37

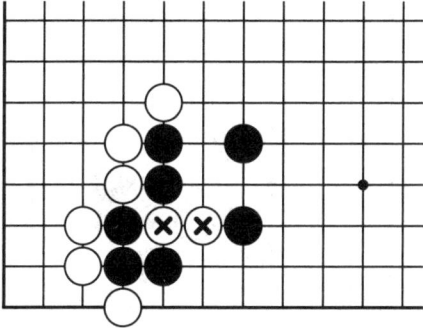

38

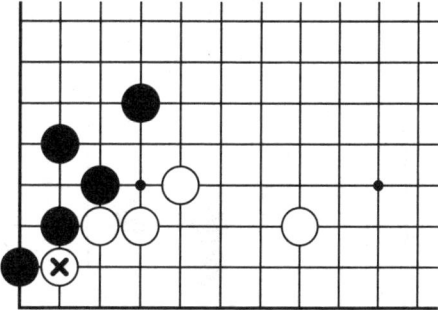

39

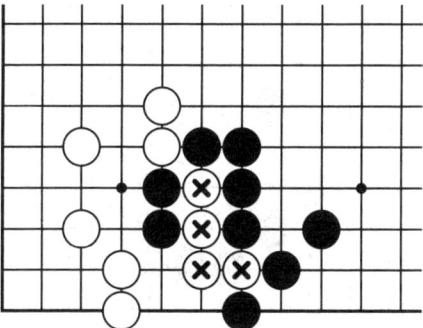

40

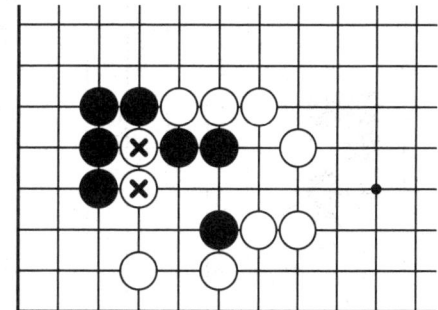

41

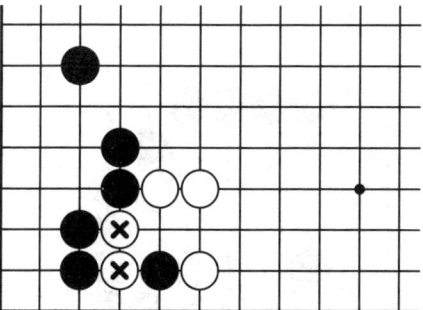

42

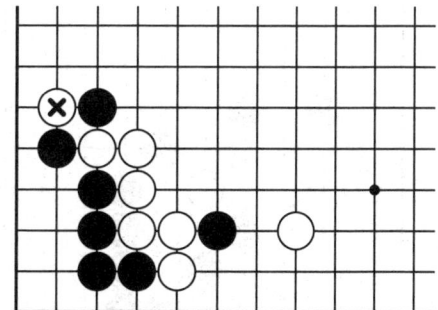

黑先下，吃掉白棋有 X 标记的棋子。

43

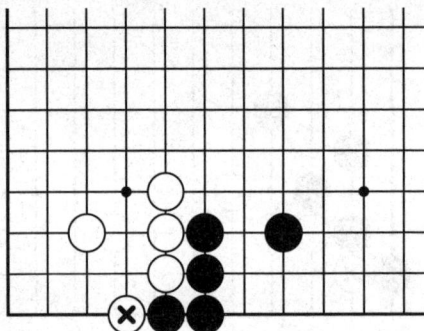

44

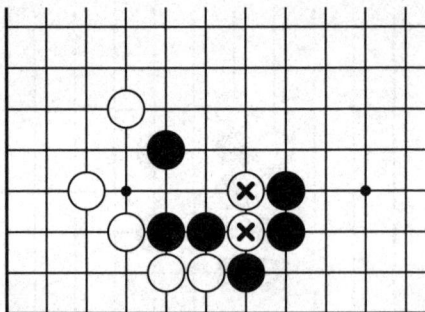

45

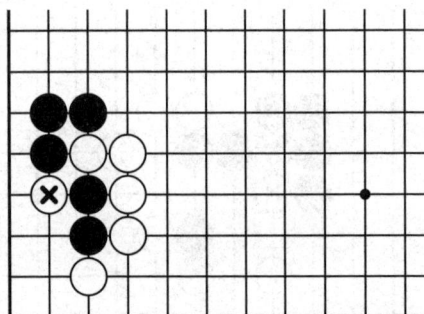

46

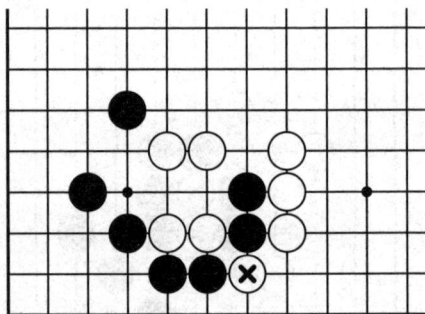

47

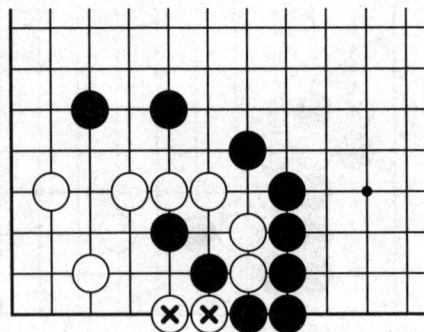

48

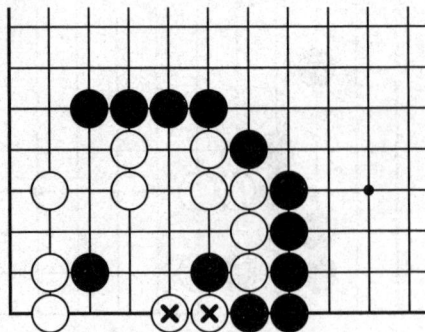

黑先下，吃掉白棋有 X 标记的棋子。

49
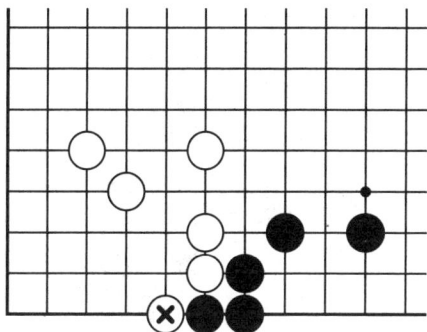

50
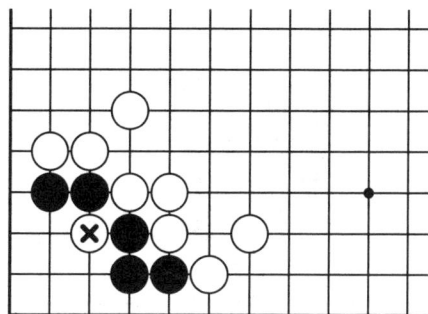

51
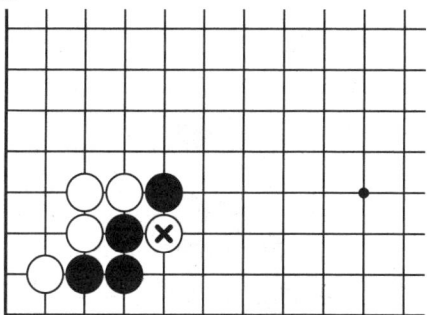

52
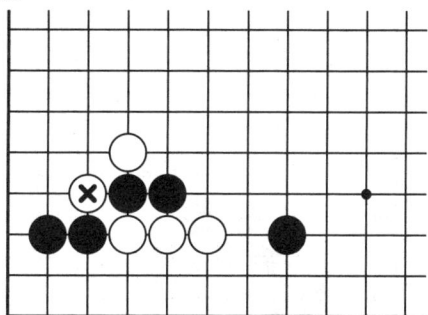

53
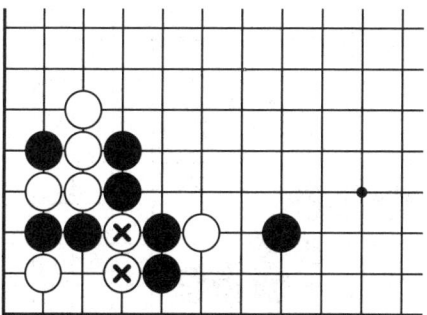

54
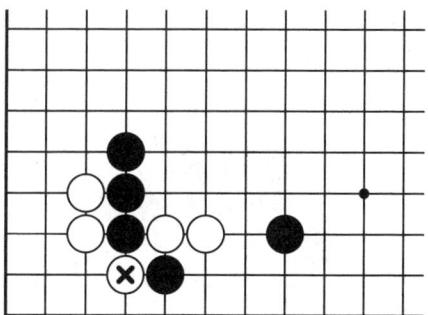

黑先下，吃掉白棋有 X 标记的棋子（下出前 3 手）。

55

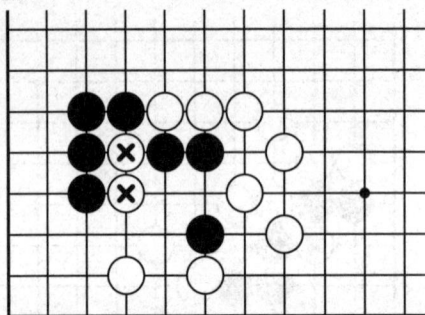

56

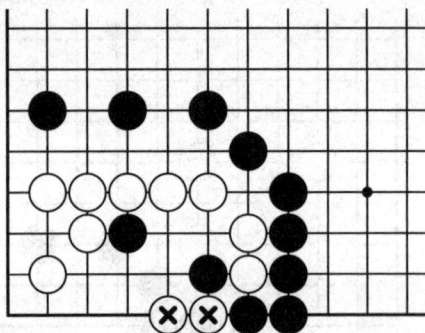

57

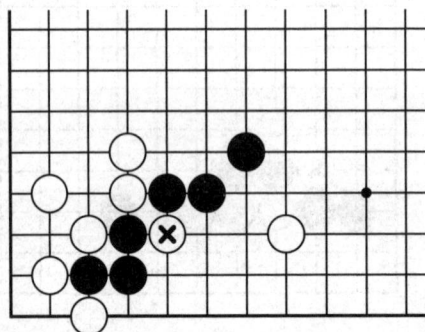

58

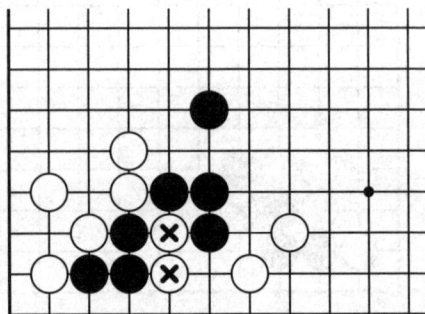

59

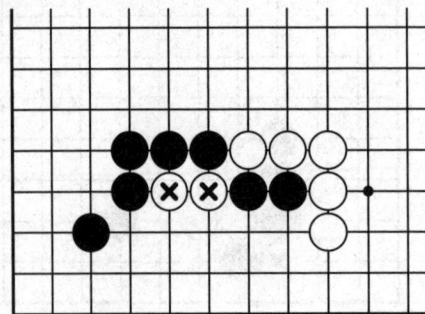

60

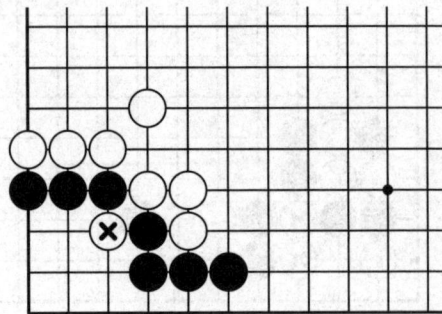

黑先下，吃掉白棋有 X 标记的棋子（下出前 3 手）。

61

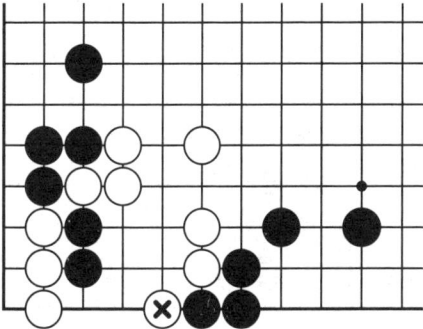

62

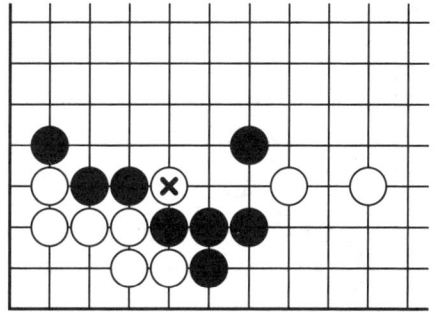

63

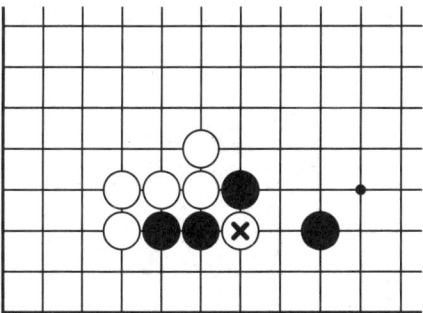

64

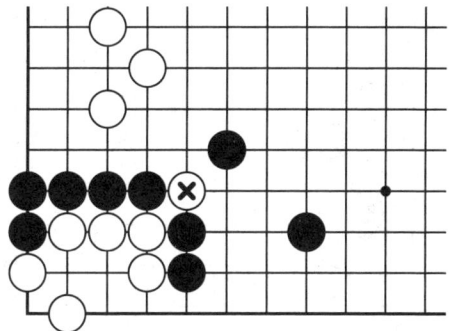

65

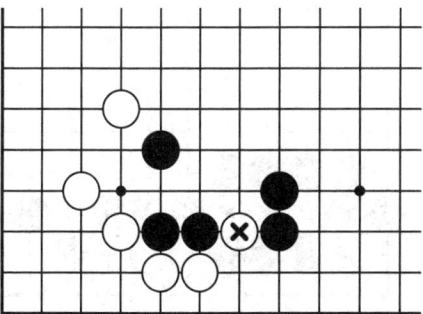

66

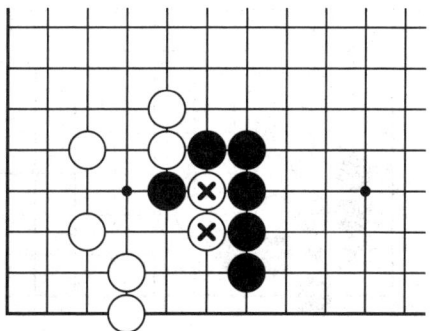

黑先下，吃掉白棋有 X 标记的棋子（下出前 3 手）。

67

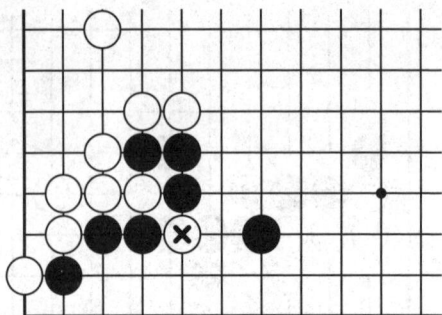

68

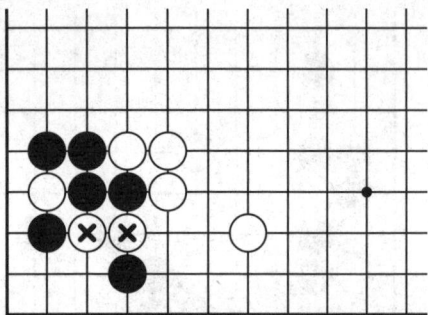

69

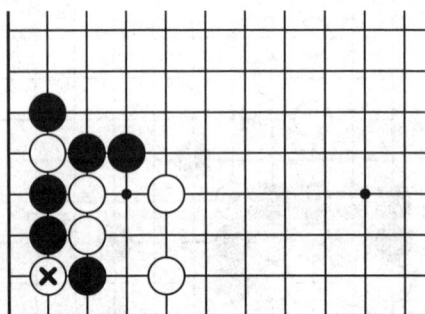

70

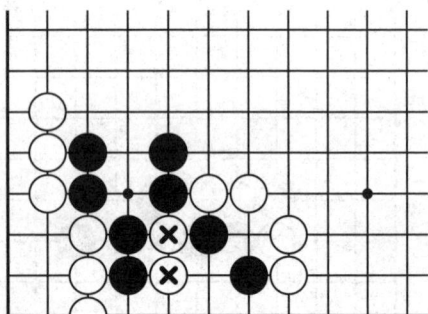

71

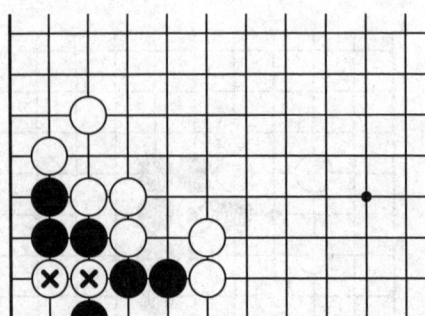

72

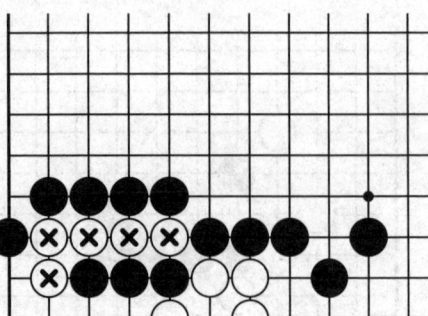

黑先下，吃掉白棋有 X 标记的棋子（下出前 3 手）。

73

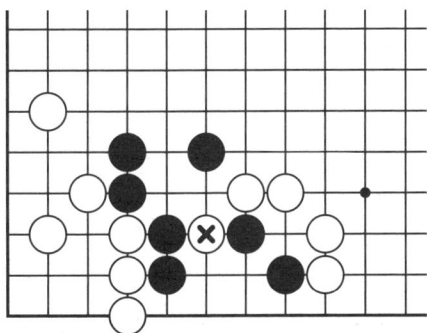

74

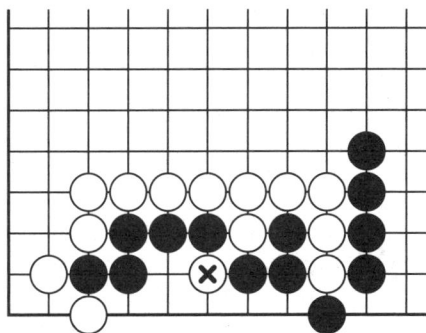

75

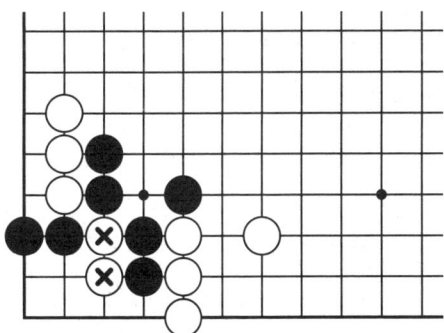

76

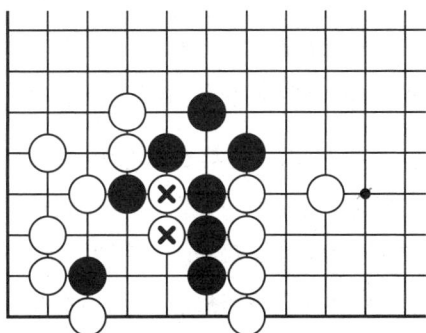

围棋的起源

最早的印记

是谁发明了围棋？为什么发明围棋？这些问题都已经很难找到答案了。今天，我们有两个不同方向的推论来解释围棋的起源，一个是从文献方面入手，另一个是从考古的方面入手。

1. 公元3世纪张华所著的《博物志》提到，"尧造围棋，以教子丹朱"，大概的意思是尧发明了围棋，目的是为了开发他儿子丹朱的智力。

2. 甘肃永昌县鸳鸯池考古遗址曾出土了几种原始社会末期属于仰韶文化类型的陶罐。陶罐上绘有不少黑色、红色的方形条纹图案，线条均匀，一条条横竖线交错，像极了我们所熟知的围棋棋盘。出土的大多数的"棋盘"都是由10条左右的交叉线组成，当然，这与我们今天19路棋盘的最终形态还是有很大差别的，但很多人认为这应该是围棋最初的雏形。

最早有关围棋的文献是《左传》："……大叔文子闻之，曰：呜呼……今宁子视君不如弈棋，其何以免乎？"大意是讲，宁喜拥立卫殇公后又打算废掉，正如围棋的得而复弃。春秋时，孔子的《论语》也提到围棋："饱食终日，无所用心，难矣哉！不有博弈者乎，为之犹贤乎已！"（《论语·阳货》）。这些文献都可以证明，在当时的中国，围棋已经被很多人所知道了。

在一个唐代古墓中，考古学家发现了一块15路的棋盘。

在今天的内蒙古的一处辽代时期的墓穴中，考古学家发现了一块13路的棋盘，尤其让人震惊的是，盘上有 71 颗黑子和 73 颗白子，共 144 颗棋子。在棋盘的旁边还有 8 颗黑子和 3 颗白子，我们可以推测墓穴的主人一定是一个大棋迷，就算死亡也不能将他和他得意的对局分开。

通过这些证明，我们可以推断出围棋是在中国很早的时期发明的，但是围棋的形态通过上千年的演变才最终形成了我们今天看到的 19 路棋盘的形态。

现代棋盘

您可能会有另一个问题：我们是从什么时候开始使用 19 路棋盘的？

马融（生于公元 79 年，卒于公元 166 年）著有《围棋赋》，他在这本著作中提到了很多对局分析的方法，通过这些分析我们大体可以得出结论，在东汉时期人们已经在使用 19 路棋盘了。

但在稍晚一些的三国时期，有一本叫《弈经》的著作又提到了 17 路的棋盘。在后来唐代时期的壁画上我们也能看到 17 路棋盘的痕迹。

我想合理的解释应该是这样的：棋盘的大小转变经历了一个很长的过程，在同一时期，多种规格的棋盘应该是同时存在的，例如在东汉时期人们已经开始使用 19 路棋盘了，但是 19 路棋盘完全被整个社会接受和认可应该是唐朝之后的事情了，甚至 19 路棋盘在被大多数地区认可的同时，还有一些地区同时还保留着使用 17 路或者更小棋盘的习惯。

第7章

征子1

　　图 7.1 中有 X 标记的白子很危险，黑棋可以将它吃掉，但是需要选择正确的方向叫吃白子。

　　如果黑棋选择在图 7.2 的 1 位叫吃，白棋非要如图 7.3 所示从 2 位出逃，黑棋不间断地叫吃，白棋不间断地逃跑，到黑 13，白棋就会全部被吃掉。

　　当然，如果在最初的时候黑棋选择的是一个方向错误的叫吃（如图 7.4 所示），白棋在 2 位出逃后共有 3 口气，这样黑棋要吃掉白棋就不容易了，至少无法像前图那样连续叫吃并最终吃掉大片白子。

　　图 7.3 这种连贯的叫吃并最终吃掉白棋的手段叫作"征子"，俗称"扭羊头"。但是请注意，如果白棋之前在 Y 的位置已经有一颗白子了（如图 7.5 所示），这时征子的技巧就不管用了，我们可以通过图 7.6 得到验证，最终我们叫吃的白子会和白 Y 连接上，白棋会因增加到三口气而逃跑成功。

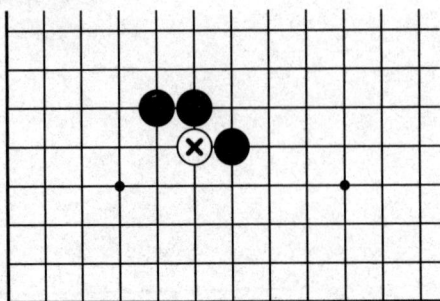

图 7.1

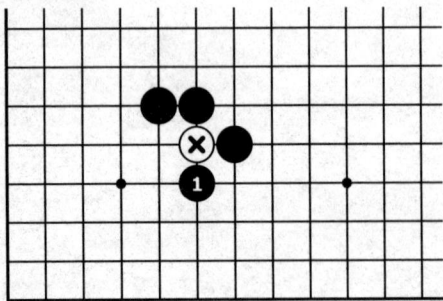

图 7.2

图 7.3

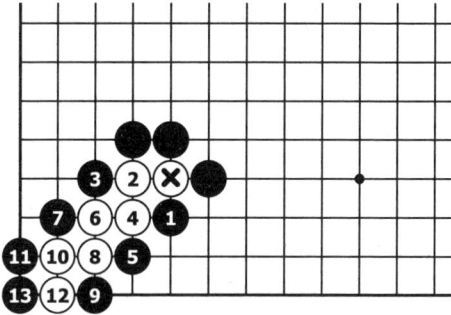

图 7.4

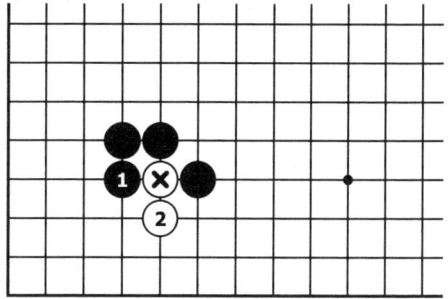

图 7.5

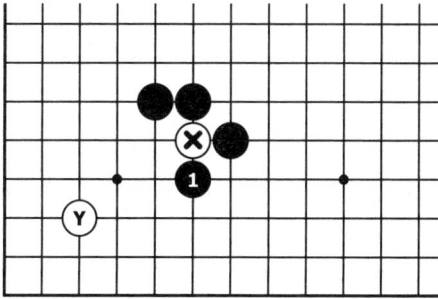

图 7.6

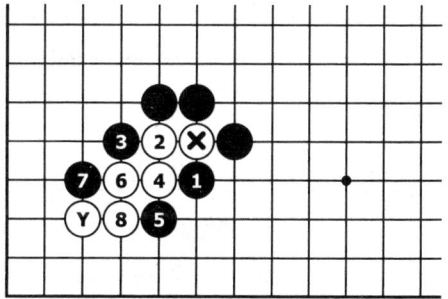

黑先下，通过征子的手段吃掉有 X 标记的白子。

1

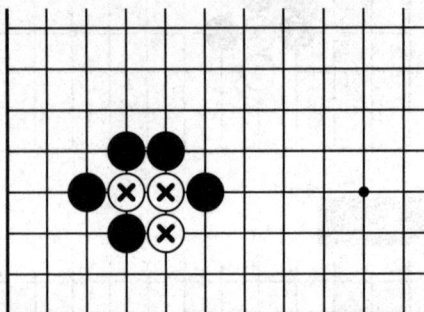

2

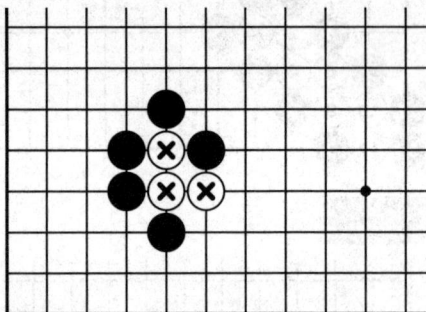

3

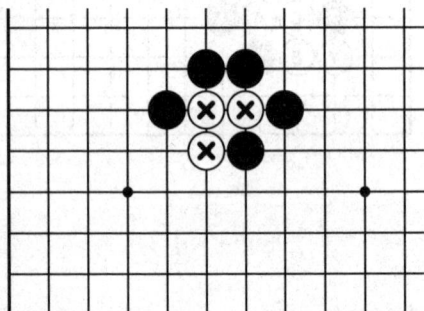

4

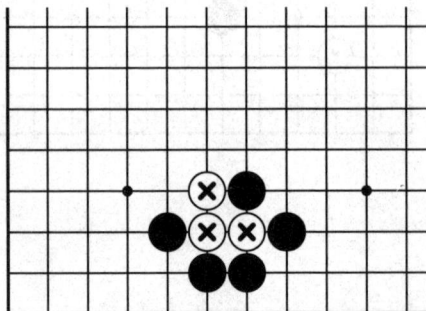

5

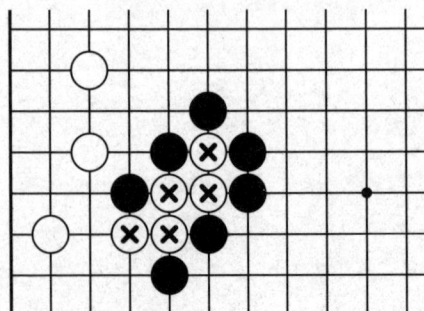

6

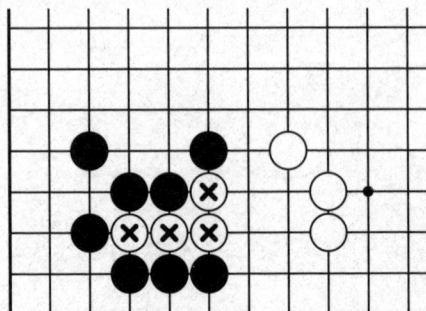

黑先下，通过征子的手段吃掉有 X 标记的白子。

7

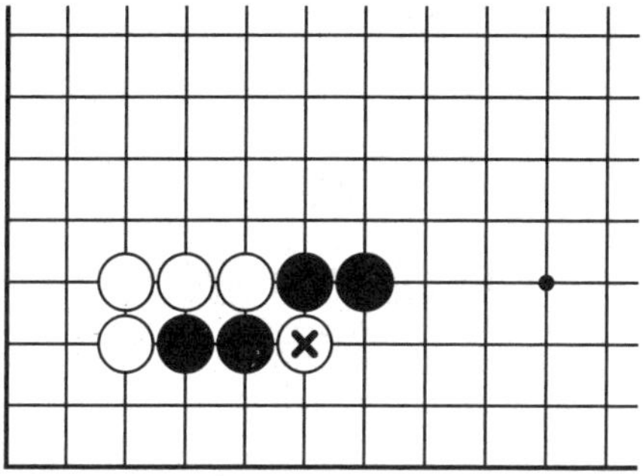

8

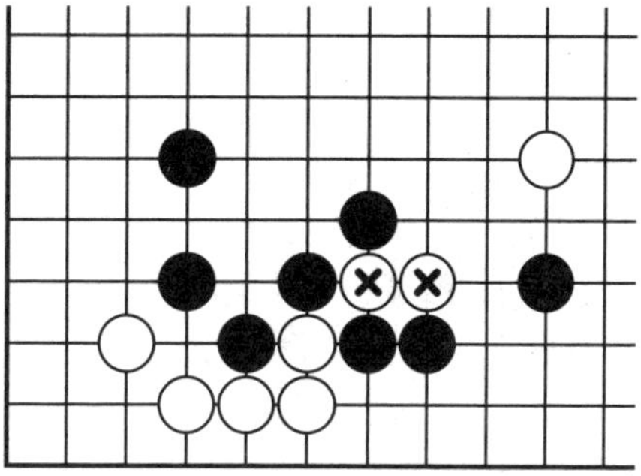

9

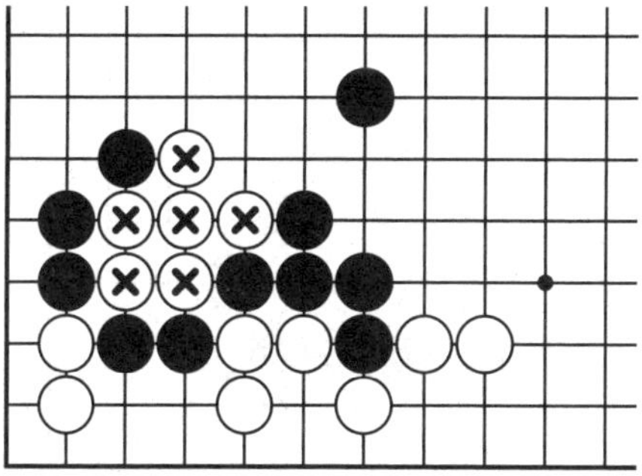

10

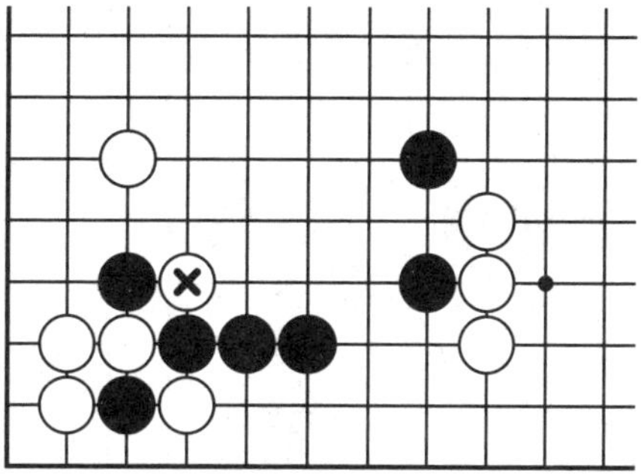

11

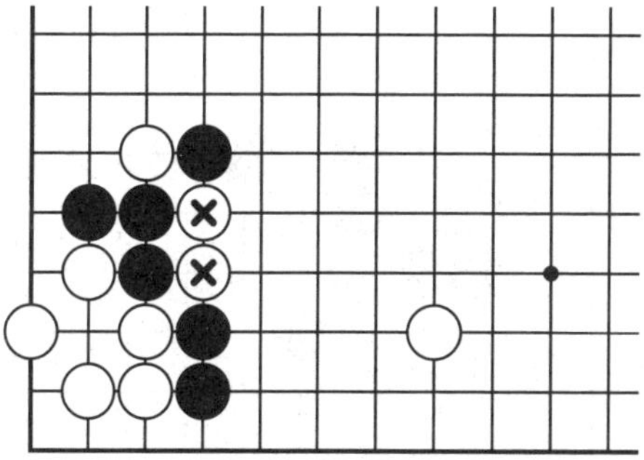

12

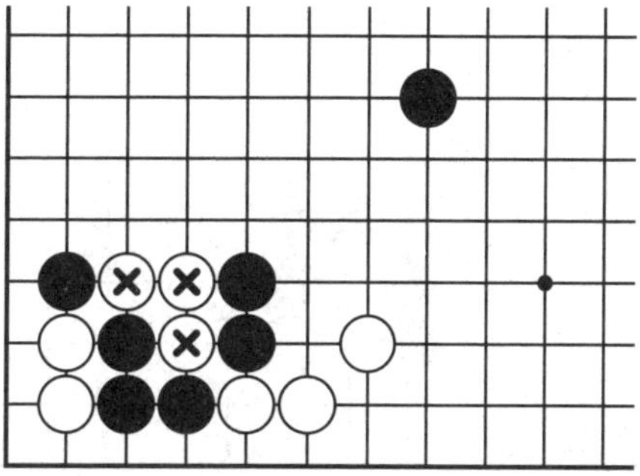

黑先下，通过征子的手段吃掉有 X 标记的白子。

13

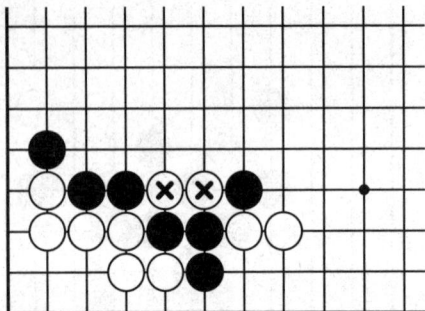

14

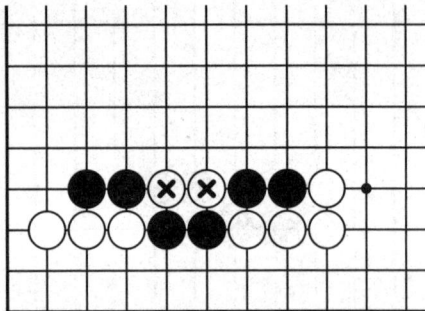

15

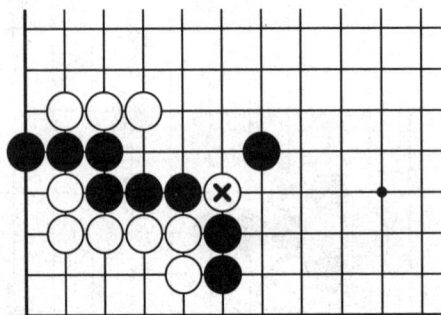

16

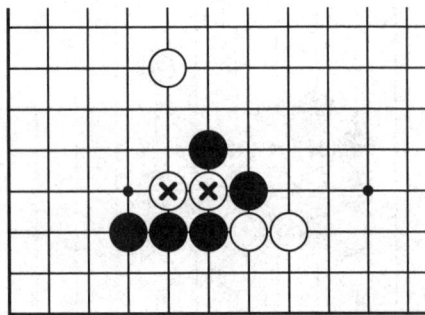

17

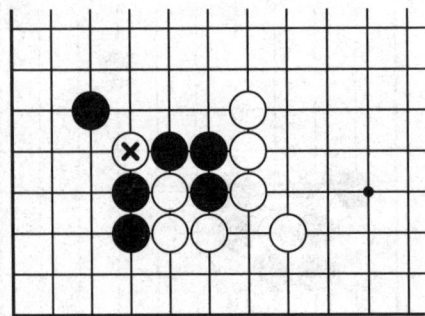

18

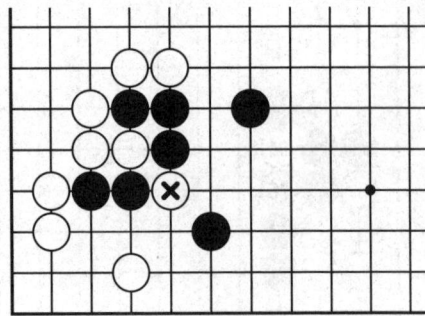

黑先下，通过征子的手段吃掉有 X 标记的白子。

19

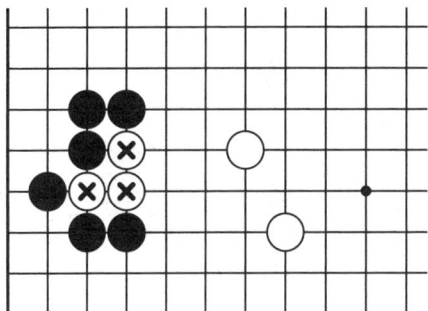

20

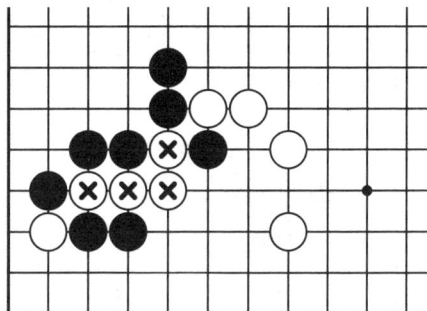

21

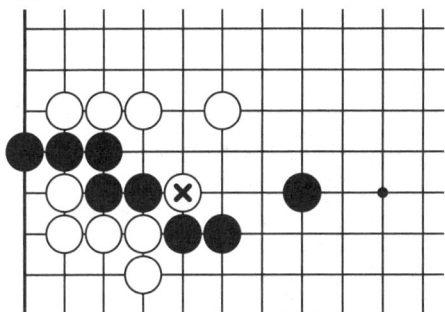

22

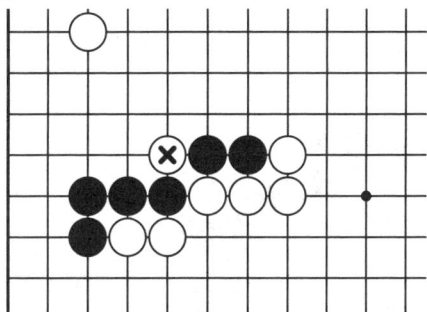

23

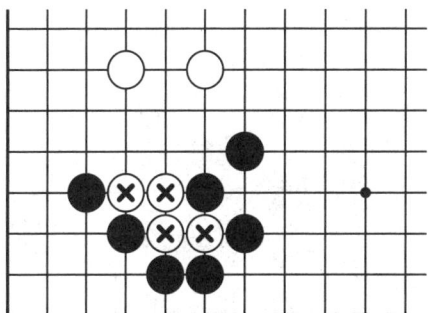

24

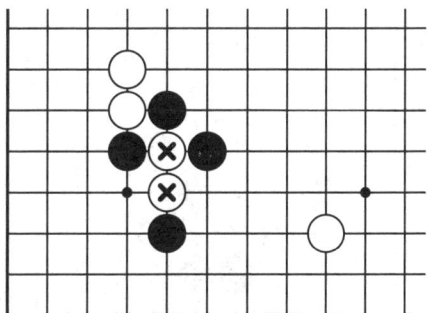

黑先下，通过征子的手段吃掉有 X 标记的白子。

25

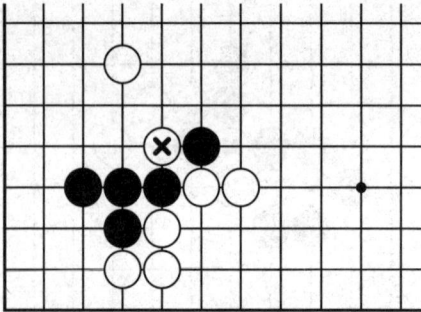

26

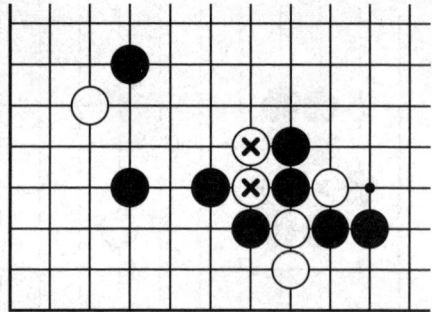

27

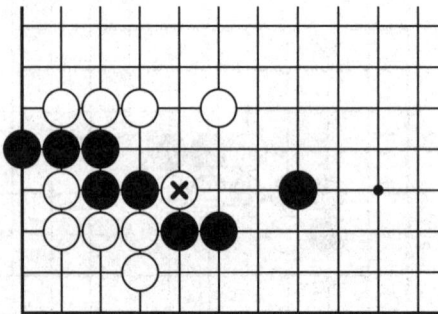

28

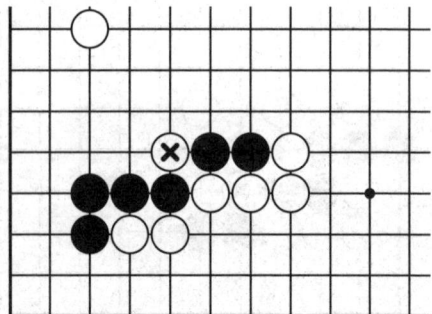

29

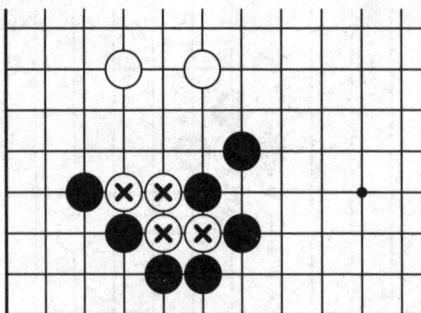

30

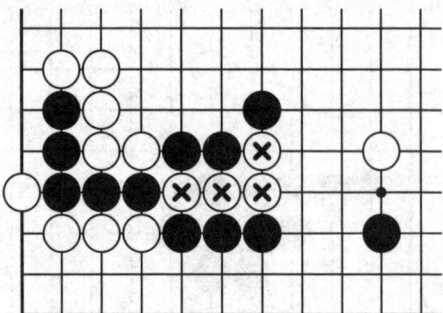

黑先下，是否能够通过征子吃掉有 X 标记的白子？

31

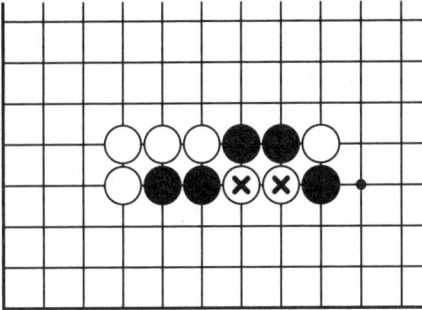

32

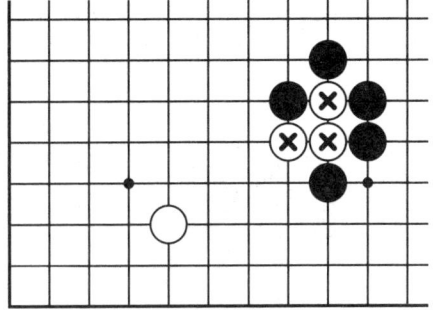

33

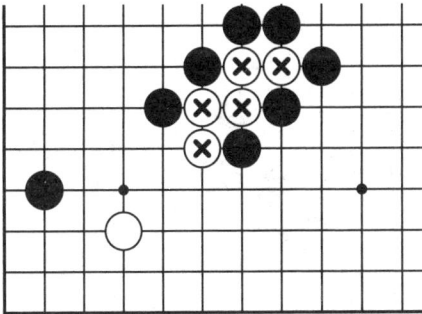

34

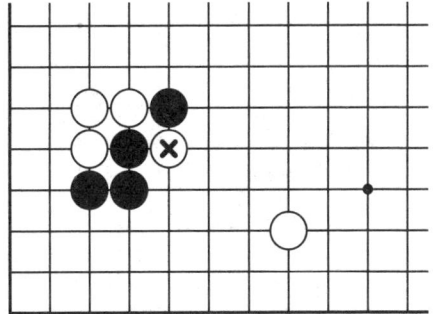

35

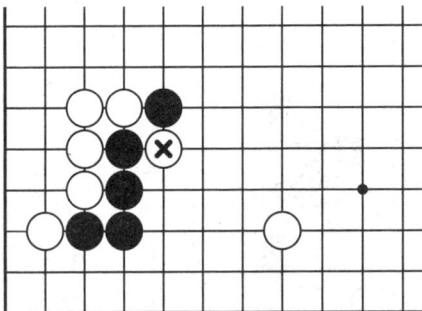

36

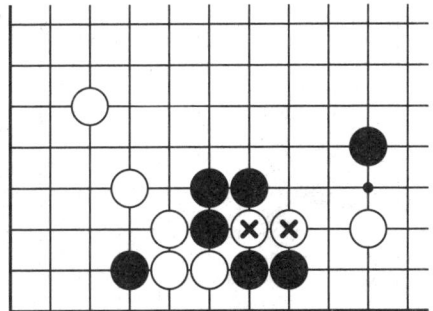

黑先下，是否能够通过征子吃掉有 X 标记的白子？

37

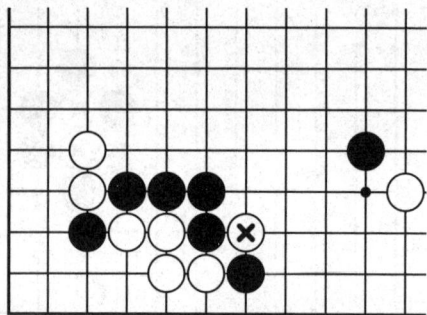

38

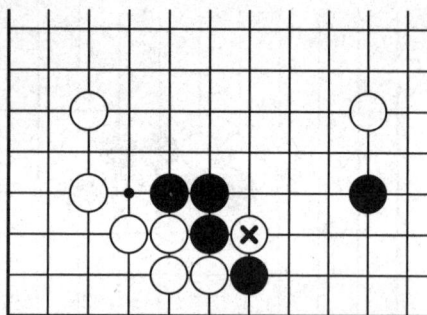

39

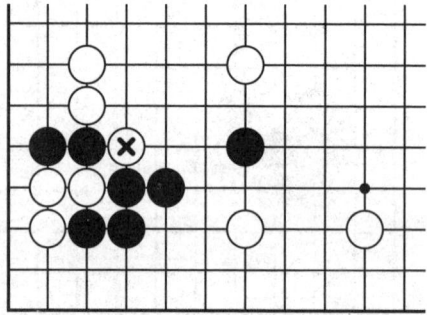

40

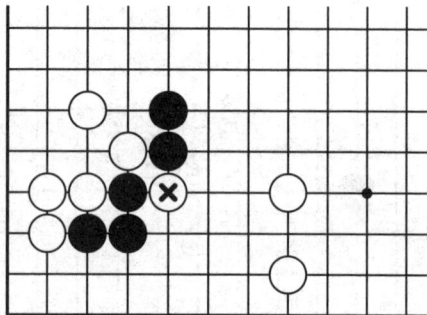

41

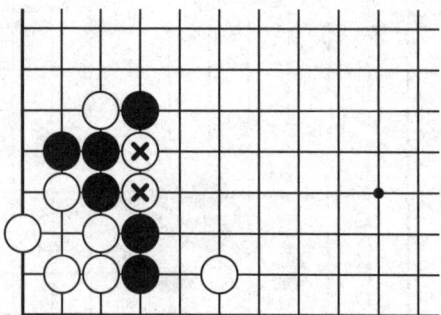

42

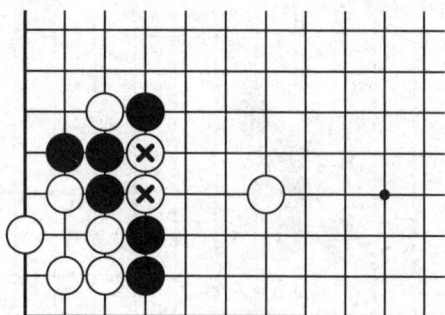

黑先下，是否能够通过征子吃掉有 X 标记的白子？

43
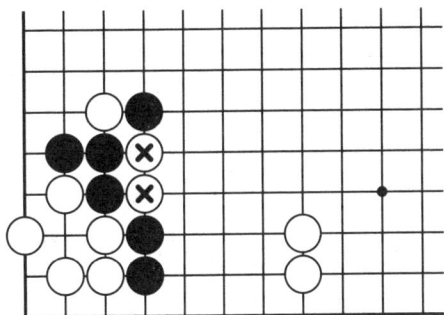

44
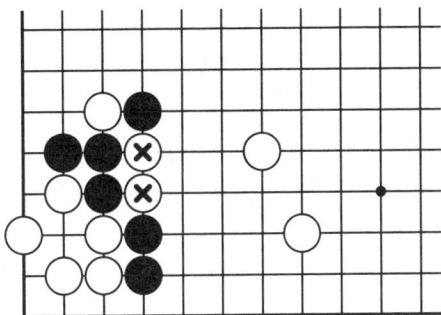

45
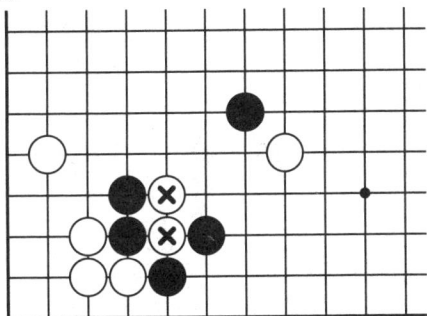

46
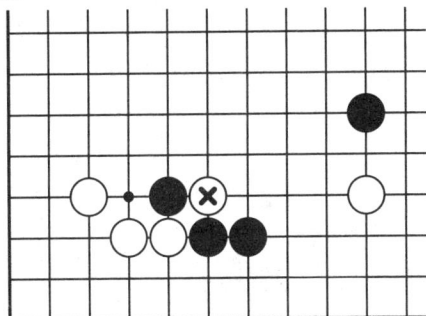

47
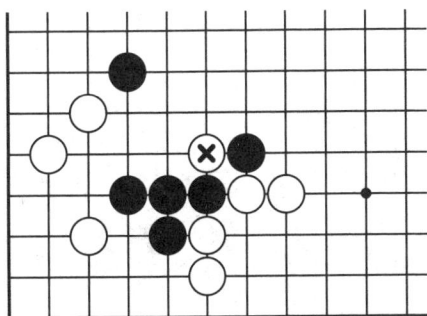

48
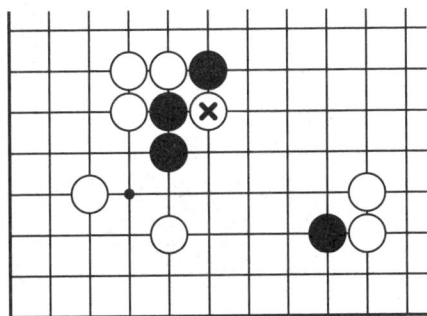

黑先下，是否能够通过征子吃掉有 X 标记的白子？

49

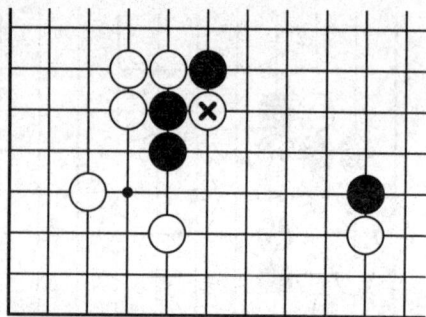

50

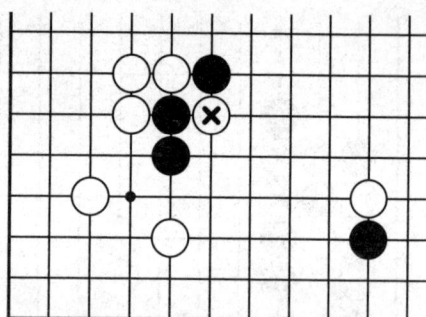

51

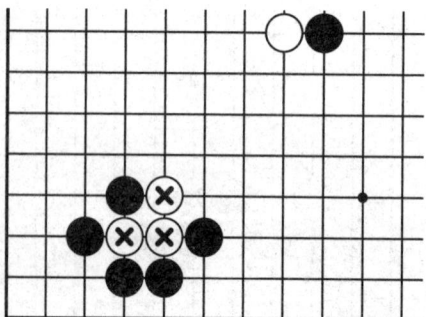

52

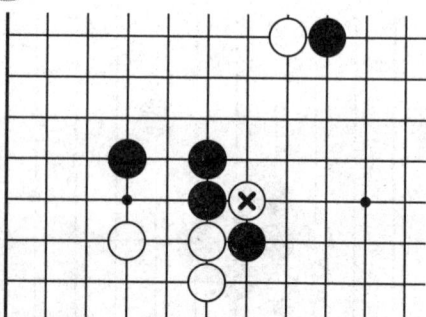

53

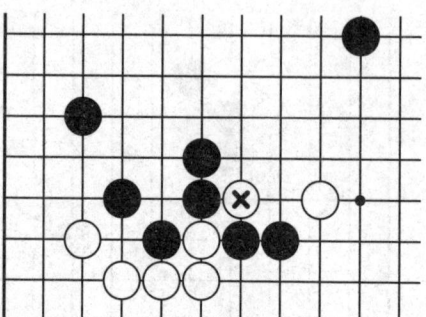

54

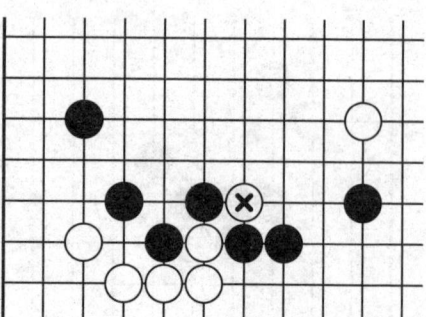

第 **8** 章
枷吃 1

在图 8.1 中，黑棋能通过征子的手段吃掉白棋有 X 标记的棋子吗？答案是不能，我们可以通过图 8.2 和图 8.3 看出。

但是黑棋可以用图 8.4 的手段吃掉有 X 标记的白子，吃子过程如图 8.5 和图 8.6 所示。

在图 8.4 中吃掉白棋的手段叫作"枷吃"。

图 8.1

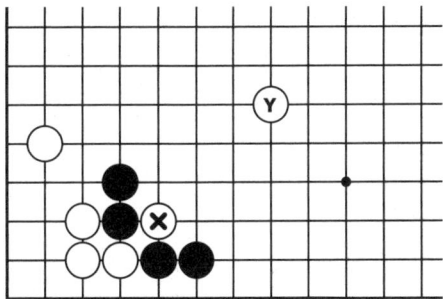

图 8.2

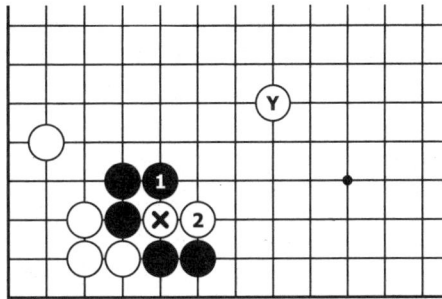

图 8.3

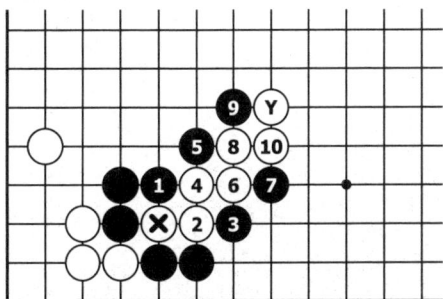

图 8.4

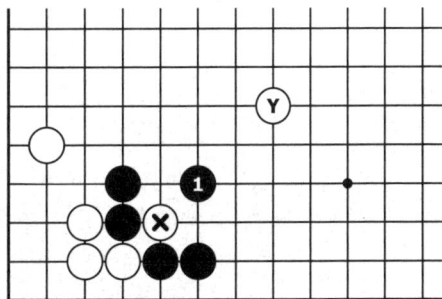

图 8.5

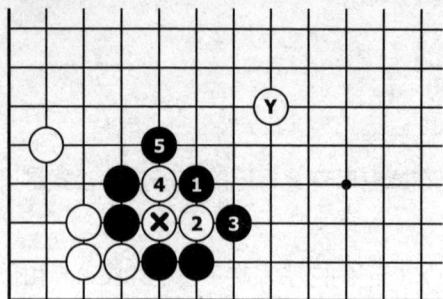

图 8.6

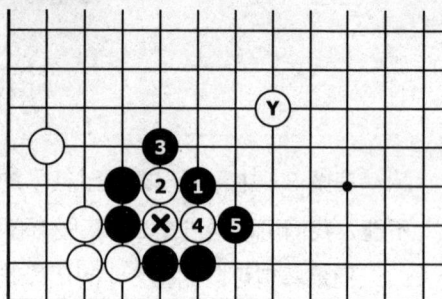

黑先下，通过枷吃的手段吃掉有 X 标记的白子。

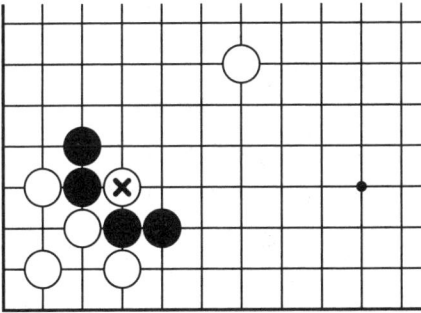

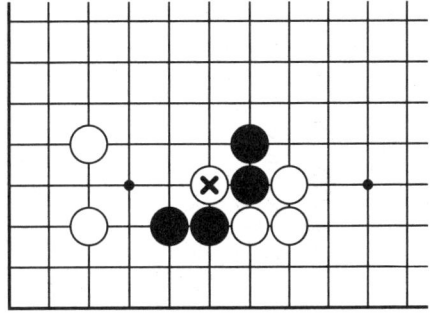

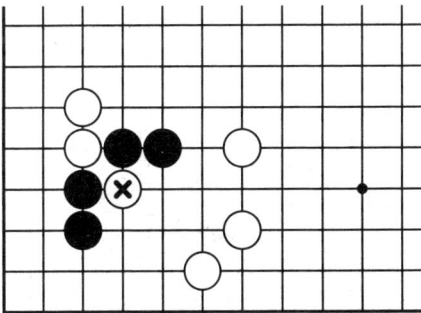

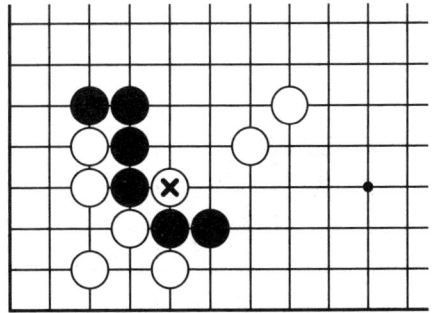

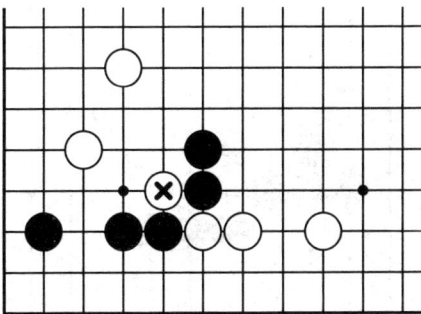

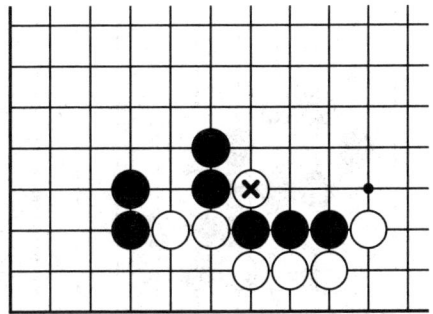

黑先下，通过枷吃的手段吃掉有 X 标记的白子。

7
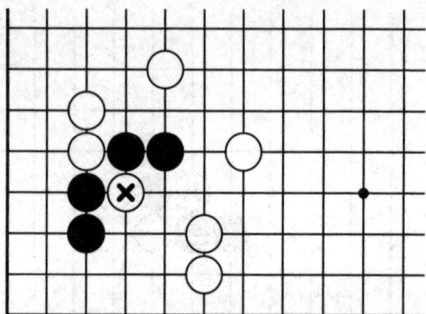

8
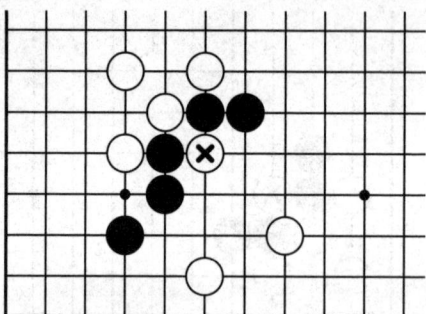

9
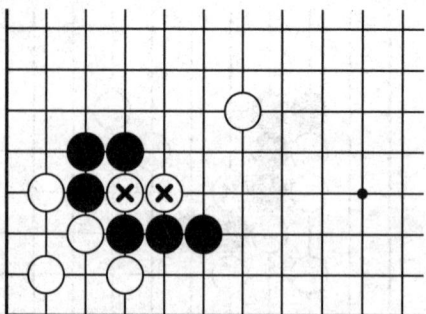

10
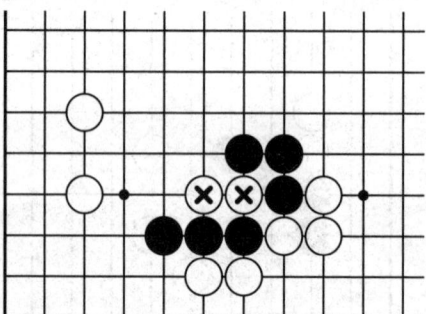

11
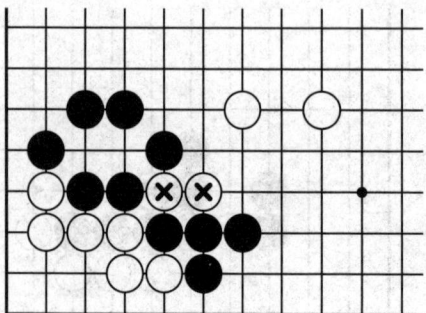

12
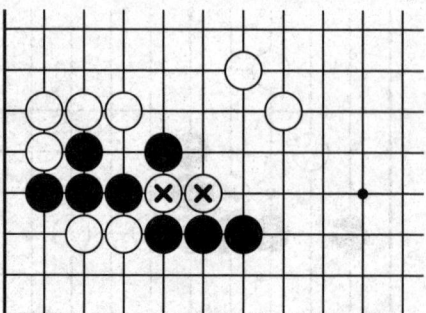

黑先下，通过枷吃的手段吃掉有 X 标记的白子。

13
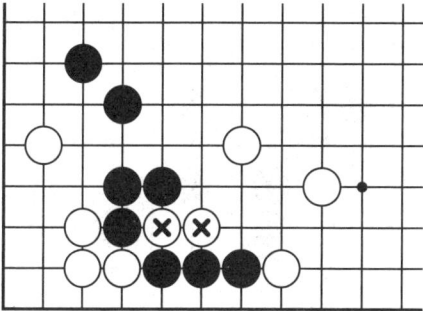

14
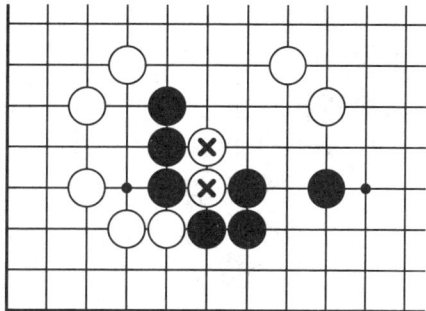

15
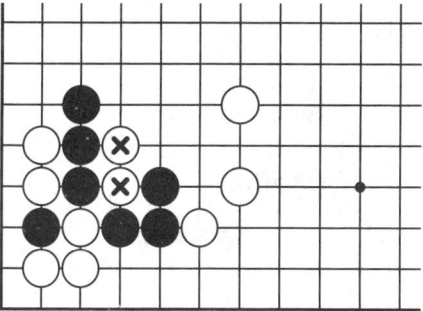

16
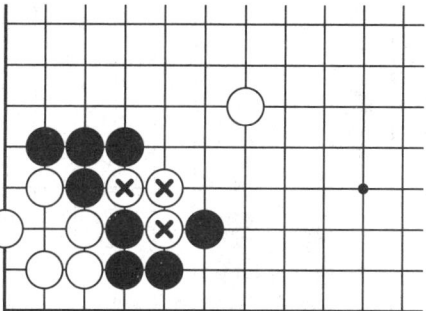

17
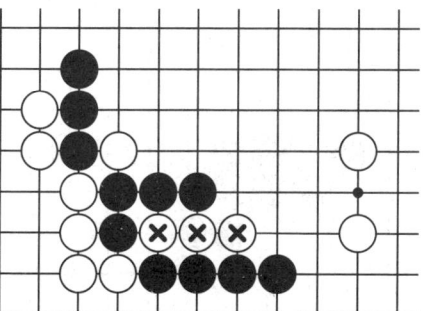

18
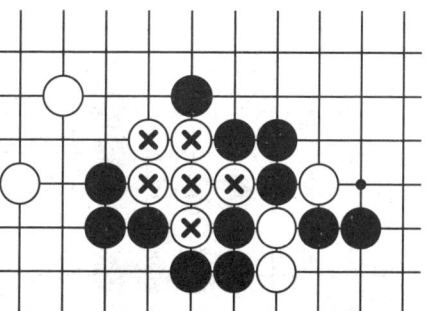

黑先下，通过枷吃的手段吃掉有 X 标记的白子。

19

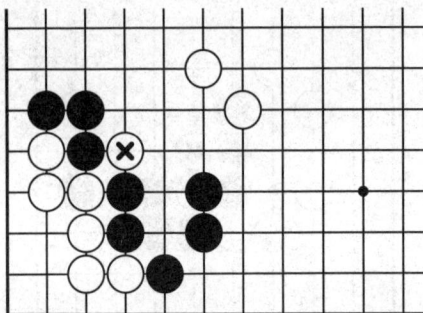

20

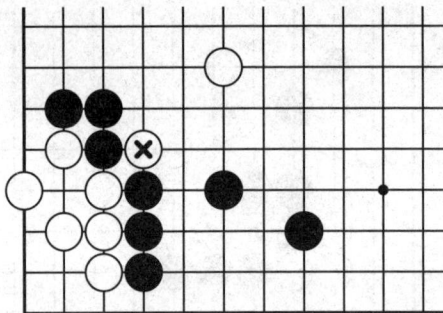

21

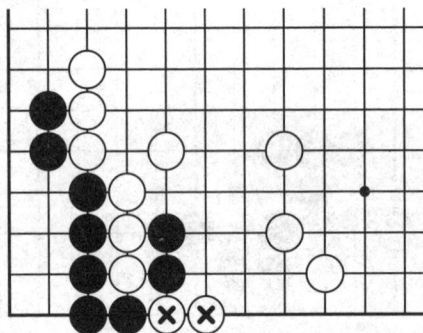

22

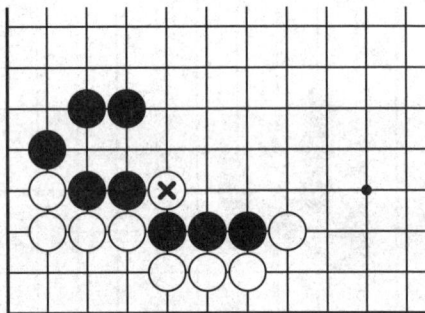

23

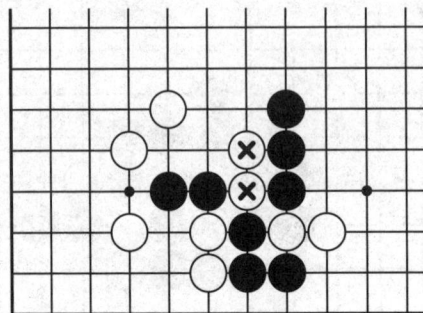

24

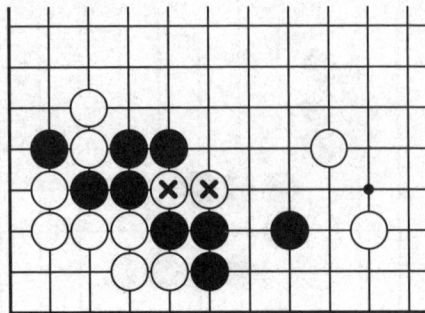

黑先下，通过枷吃的手段吃掉有 X 标记的白子。

25

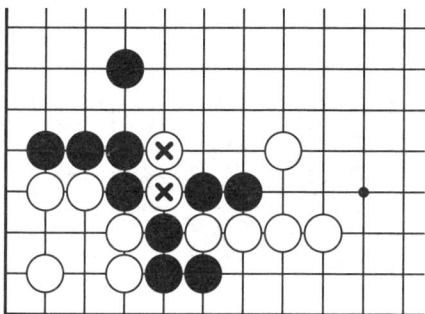

26

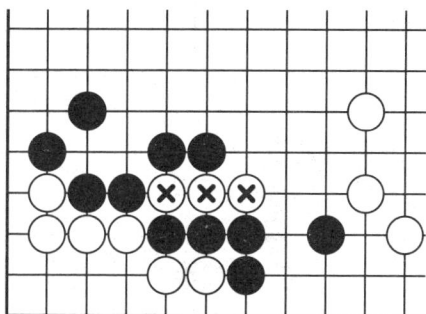

27

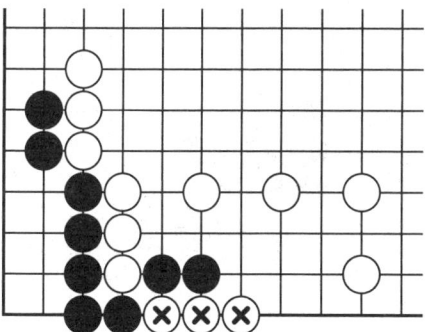

28

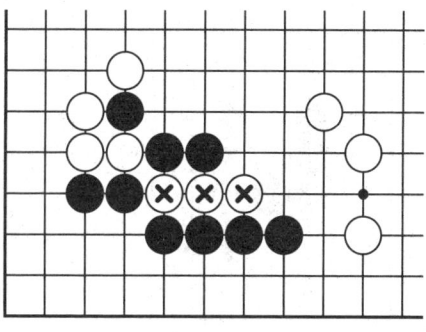

29

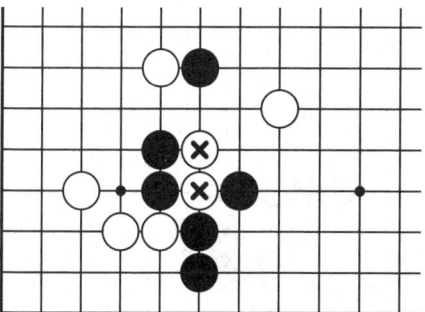

30

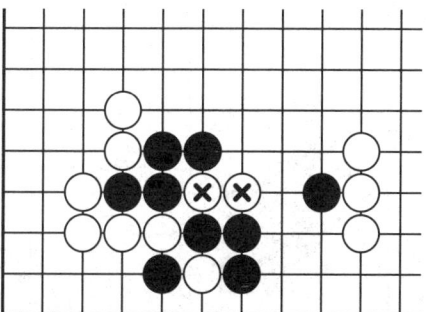

黑先下，通过枷吃的手段吃掉有 X 标记的白子。

31

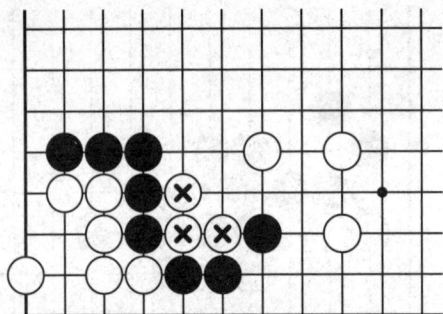

32

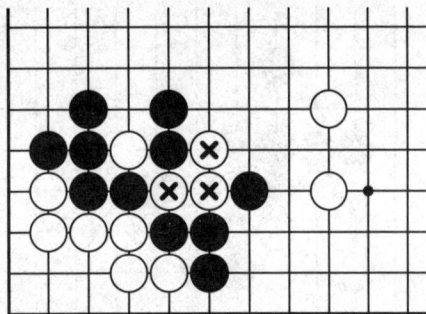

33

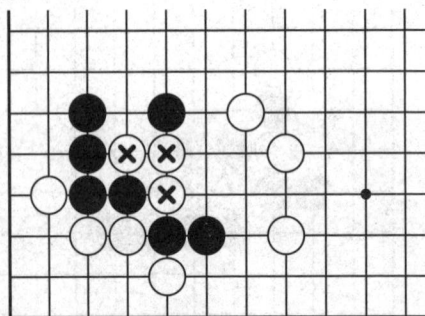

34

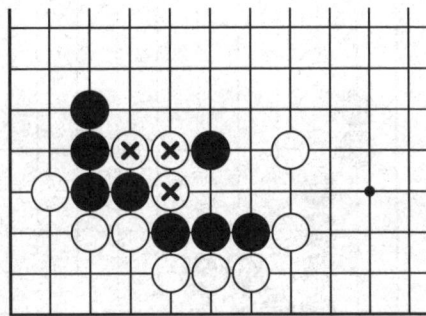

35

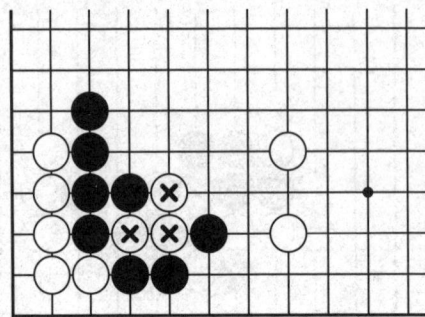

36

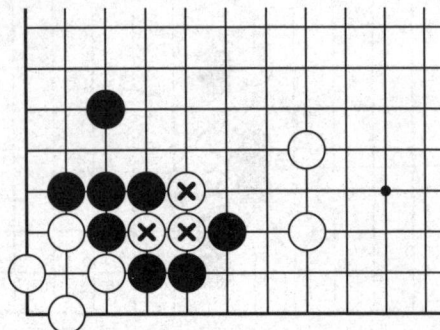

黑先下，通过枷吃的手段吃掉有 X 标记的白子。

37

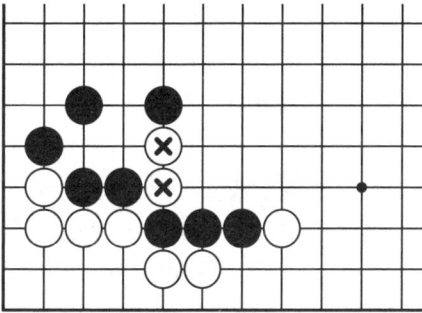

38

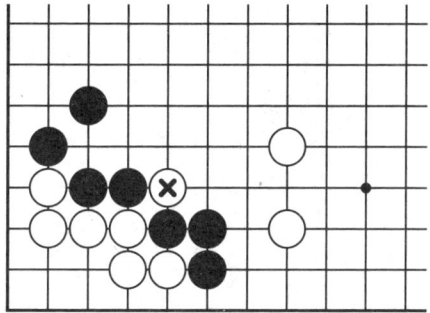

39

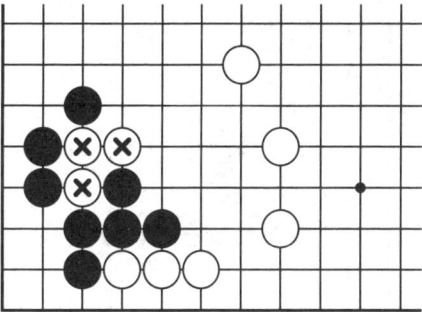

40

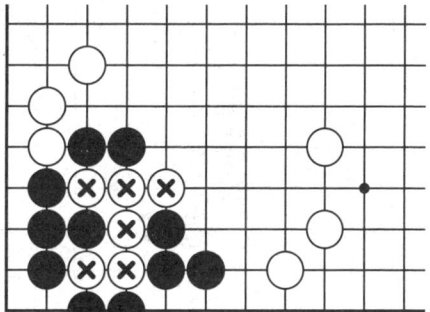

41

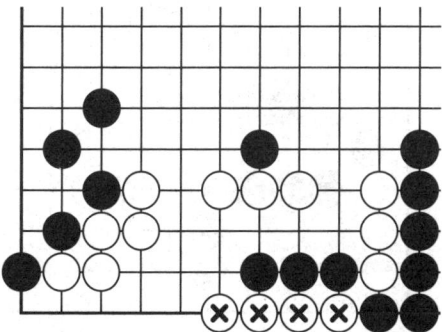

42

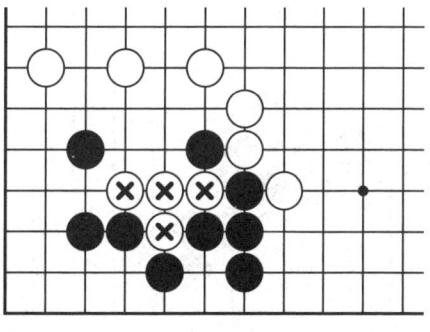

黑先下，通过枷吃的手段吃掉有 X 标记的白子。

43

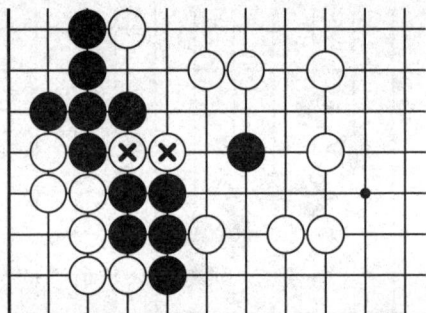

44

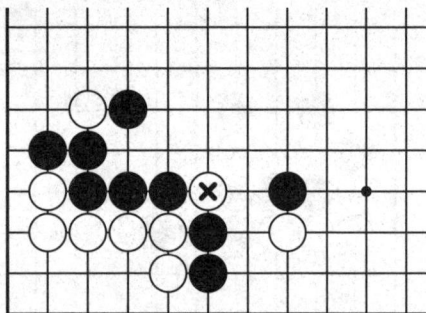

45

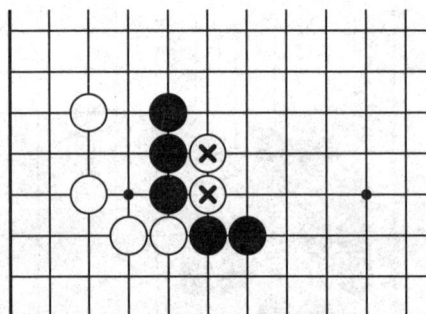

46

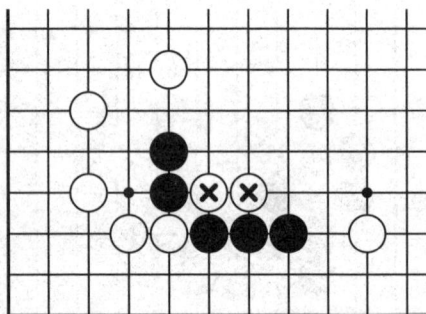

47

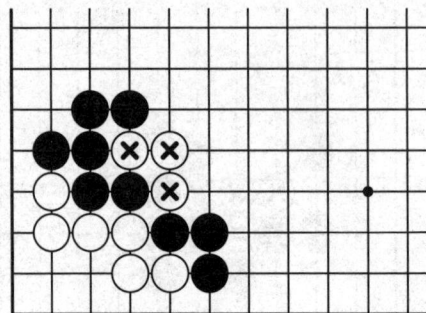

48

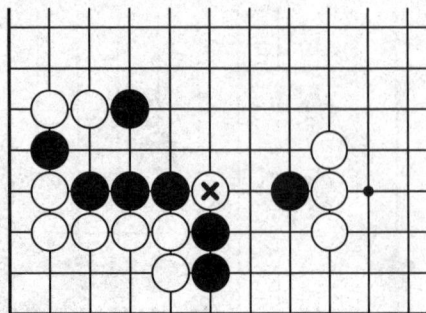

黑先下，通过枷吃的手段吃掉有 X 标记的白子。

49

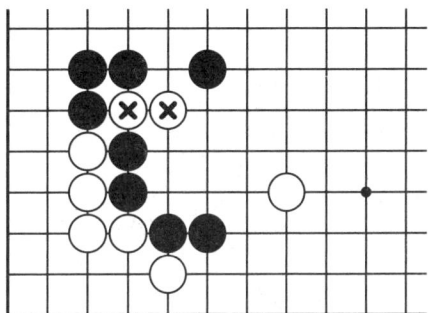

50

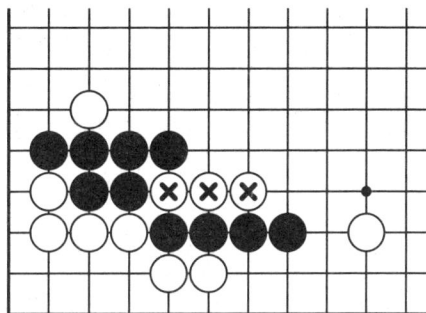

51

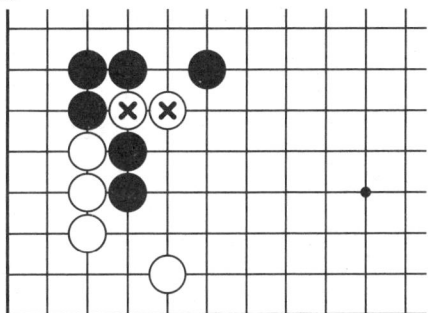

52

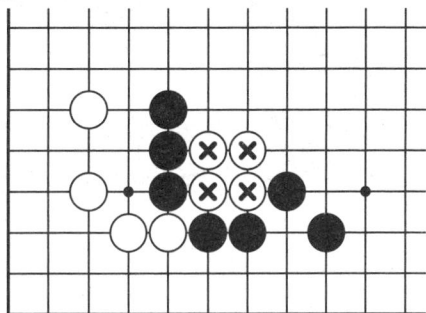

53

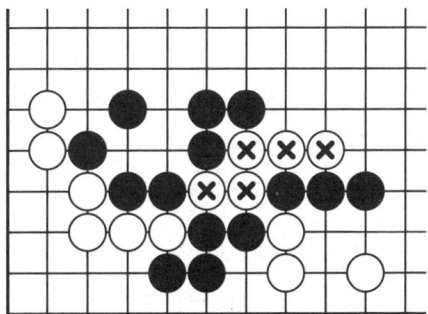

54

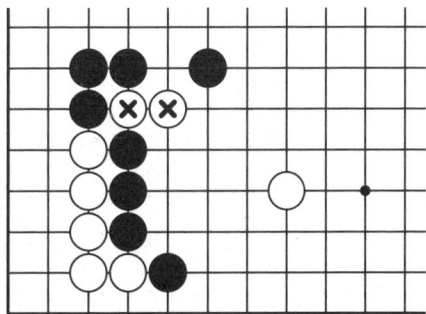

围棋在世界，围棋在中国

世界上大概有多少人会下围棋？大约一个亿！

在世界上多少国家可以找到会下围棋的人？大约 68 个国家。

在哪些国家围棋被认为是一项体育运动？中国、韩国、俄罗斯、罗马尼亚，等等。

世界上奖金最高的围棋比赛是哪一个？冠军奖金是多少？答案是应氏杯，冠军奖金为 40 万美元。

世界上哪个国家级别的围棋冠军奖金最高？是哪一个比赛？国家级冠军奖金最高的比赛是日本的棋圣战，冠军奖金约为 50 万美元。

哪个国家会下围棋的人最多？答案是中国，大约有七千万中国人会下围棋。

谁是现在世界上最厉害的棋手？目前在中国排名第一的是柯洁；在韩国，排名第一的是申真谞。

我们几岁可以开始学围棋？只要孩子不会尝试将棋子放到嘴里就可以开始学围棋了。

中国大概有多少职业棋手？大约有一千多名。

中国有多少围棋比赛？中国的围棋比赛分为职业和业余两类：职业比赛都是全国性的；业余比赛既有全国性的，也有地区性的。每年中国的职业比赛大约有 20 多个，而业余比赛，全国性的加上地区性的有上百个了。

中国规模最大的国家级围棋比赛是什么？答案是中国围棋甲级联赛，其比赛形式类似于足球和篮球的联赛，参赛者来自各个俱乐部的棋队，采用主客场制，几乎所有中国最顶尖的职业棋手都会参加这个比赛，甚至韩国最顶尖的棋手也会加盟中国的围棋俱乐部。

我们可以在网上下围棋吗？当然，在网络非常发达的今天，我们不仅可以在网上下棋，还可以在网上学习围棋并参加网上的围棋比赛。

第9章

扑吃1

在图 9.1 中，白棋有标记的两个子只有两口气了，如果黑棋在图 9.2 中的 1 位叫吃，白棋当然可以在图 9.3 中的 2 位吃掉黑棋这颗子，但是这样的话，我们可以通过图 9.4 看到，白棋有 X 标记的 3 颗白子就只有一口气了！接着黑棋可以如图 9.5 所示，吃掉白棋这 3 颗棋子。

如果黑棋在图 9.6 中的 1 位叫吃，白棋只需要简单地在 2 位连上白子，黑棋就无法吃掉白棋了。

在图 9.2 中黑棋送给白棋吃掉一个子，并最终吃掉白棋的方法叫作"扑吃"。

图 9.1

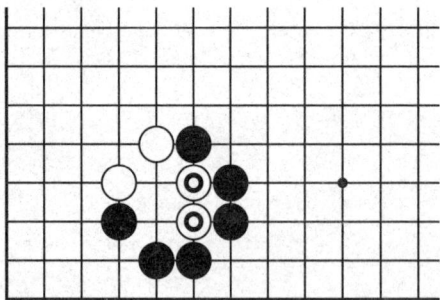

图 9.2

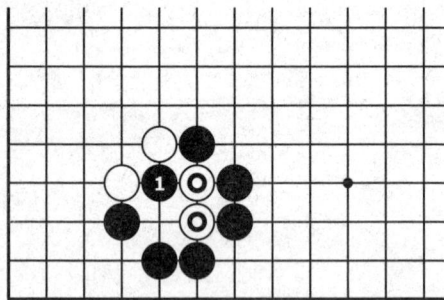

图 9.3

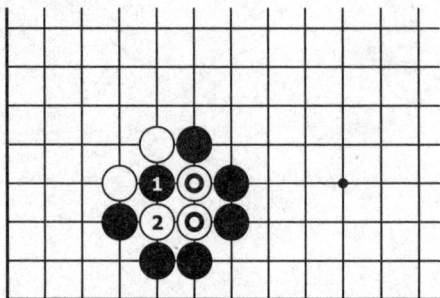

图 9.4

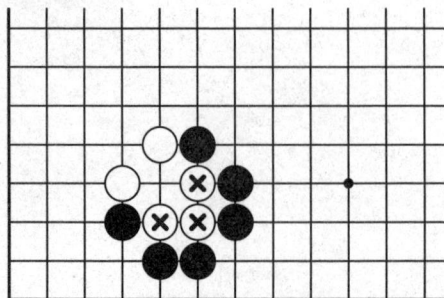

图 9.5

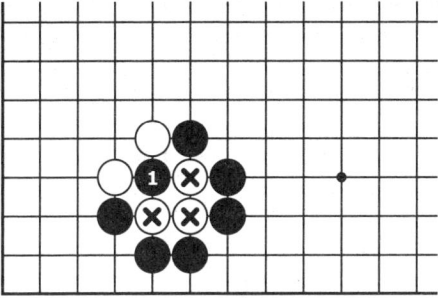

图 9.6

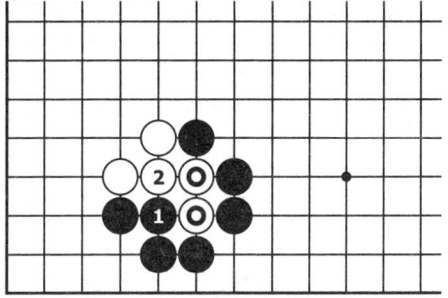

黑先下，通过扑吃的手段吃掉白棋有 X 标记的棋子。

1

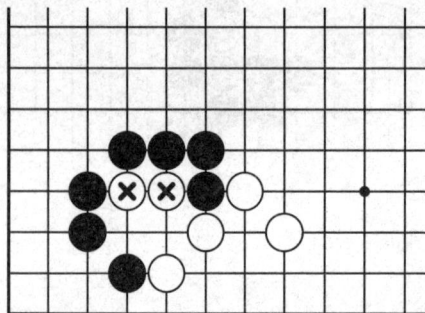

2

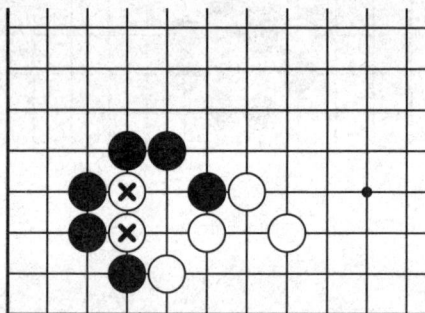

3

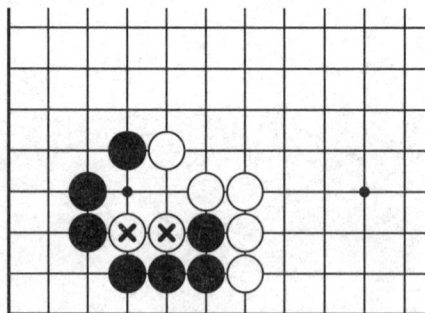

4

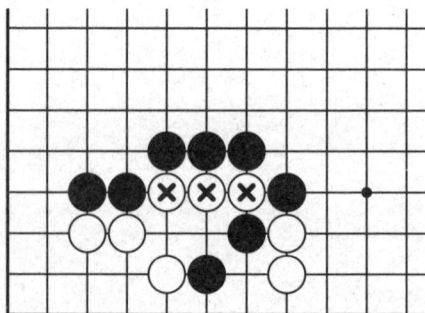

5

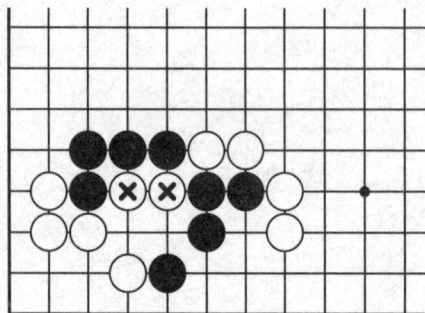

6

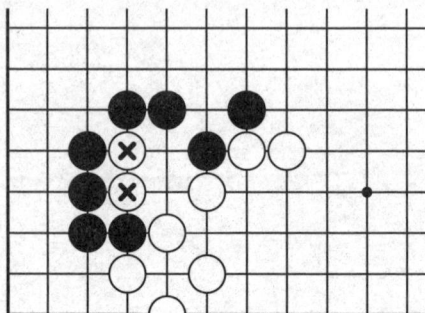

黑先下，通过扑吃的手段吃掉白棋有 X 标记的棋子。

7

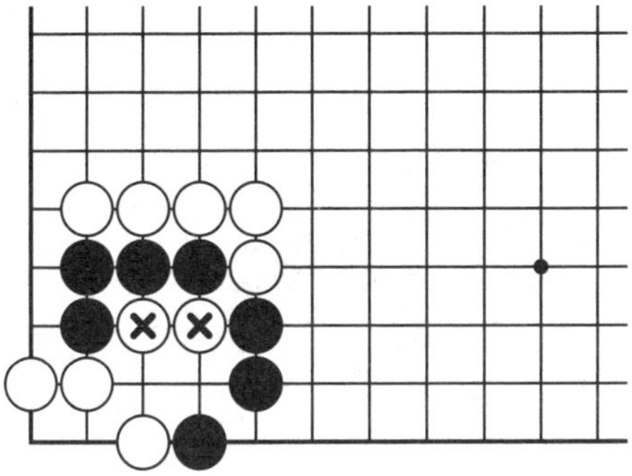

8

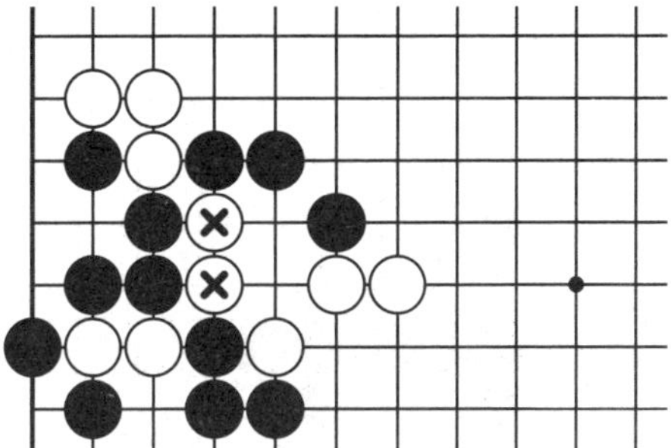

9

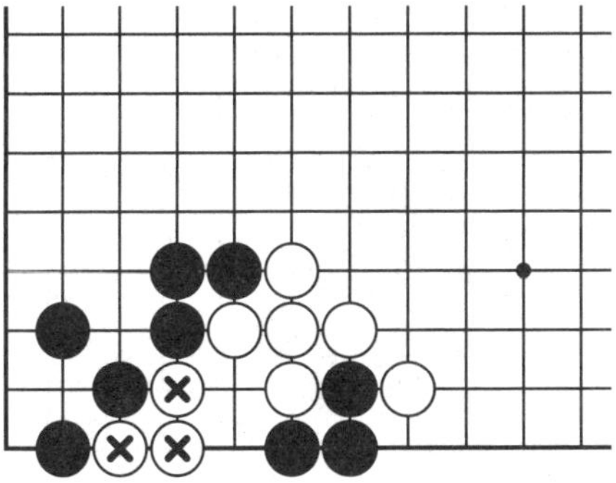

10

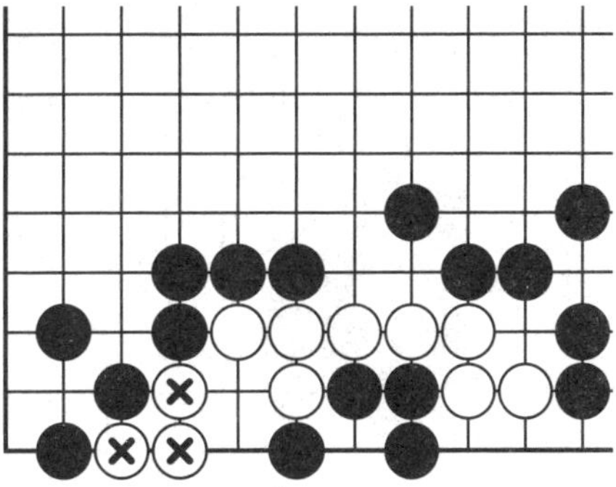

11

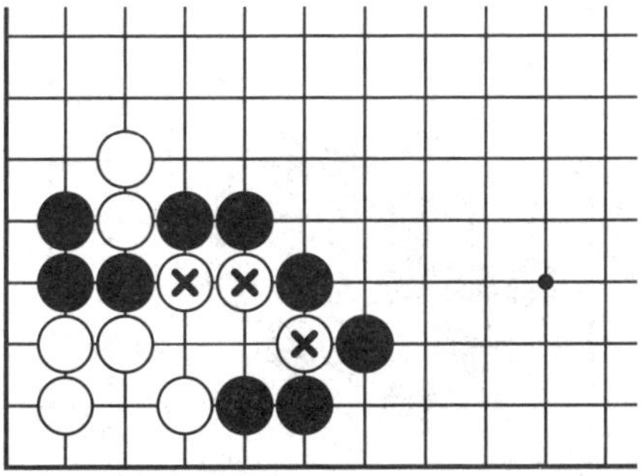

12

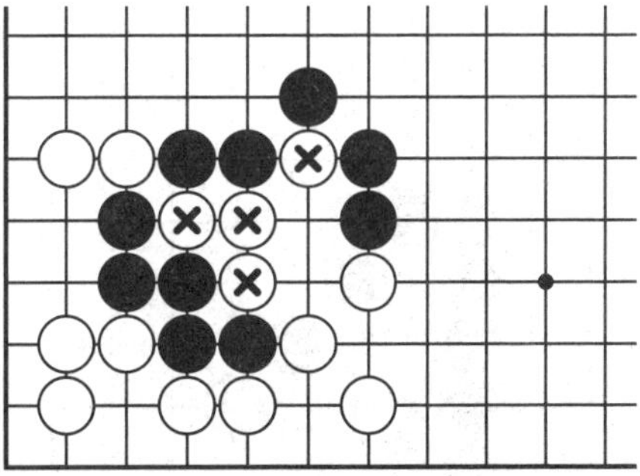

黑先下，通过扑吃的手段吃掉白棋有 X 标记的棋子。

13

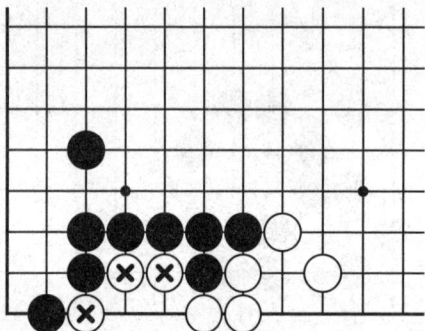

14

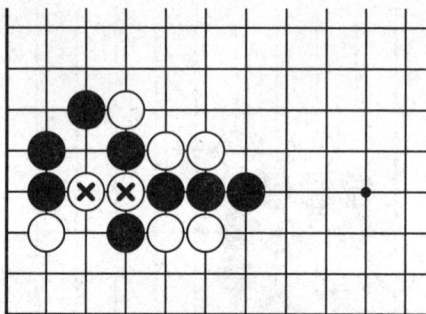

15

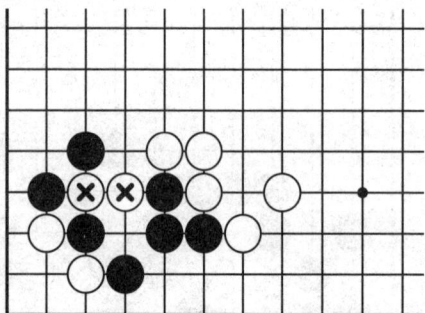

16

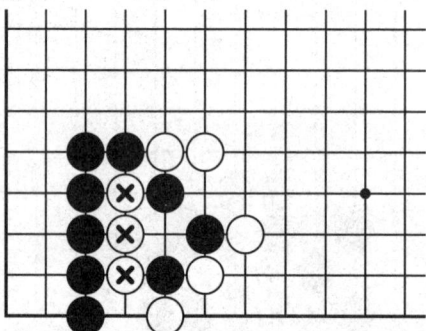

17

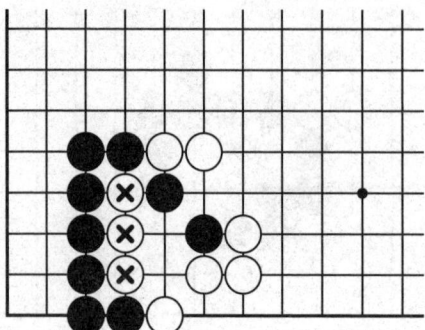

18

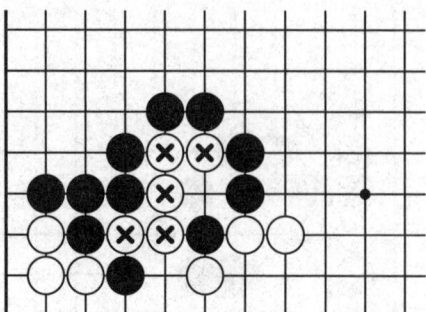

黑先下，通过扑吃的手段吃掉白棋有 X 标记的棋子。

19

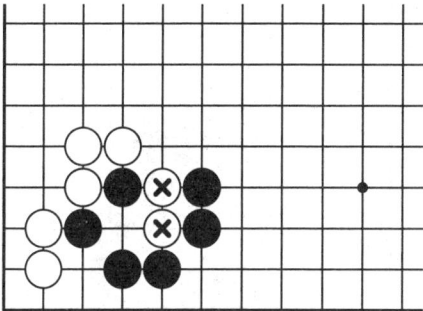

20

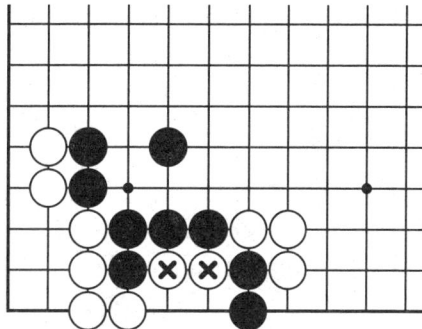

21

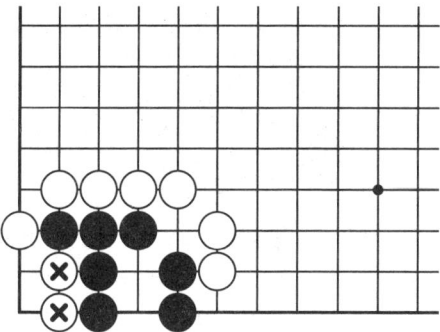

22

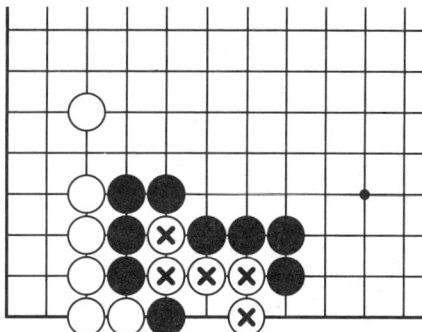

23

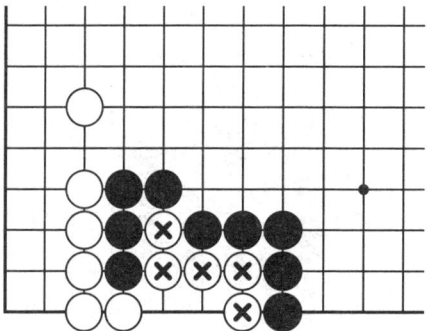

24

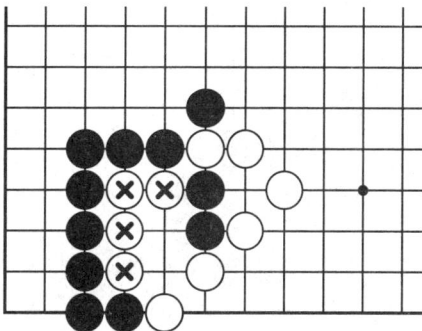

黑先下，通过扑吃的手段吃掉白棋有 X 标记的棋子。

25

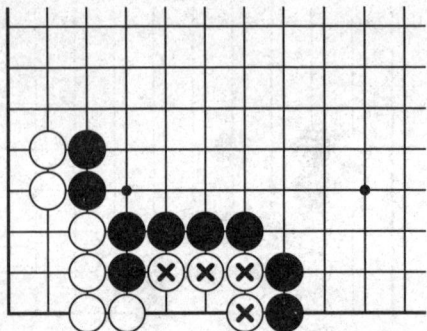

26

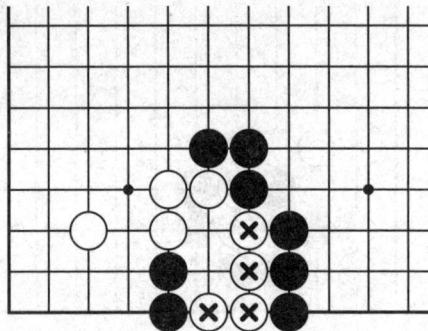

27

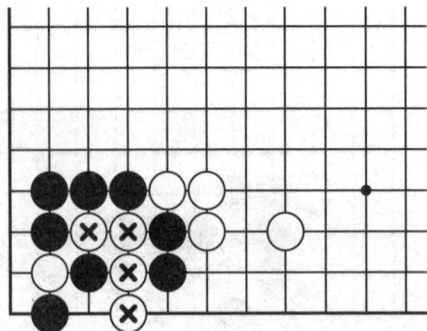

28

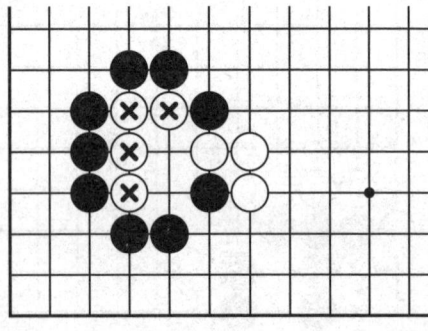

29

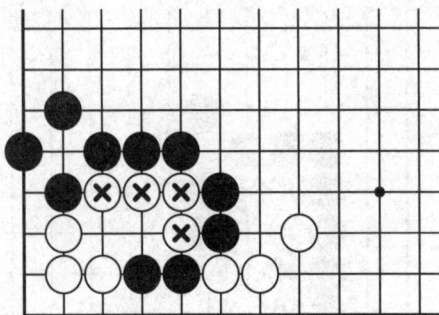

30

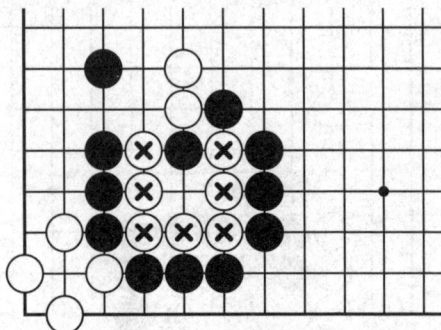

黑先下，通过扑吃的手段吃掉白棋有 X 标记的棋子。

31

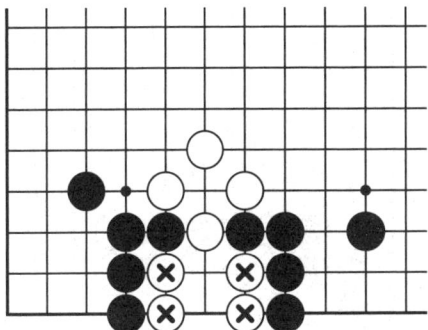

32

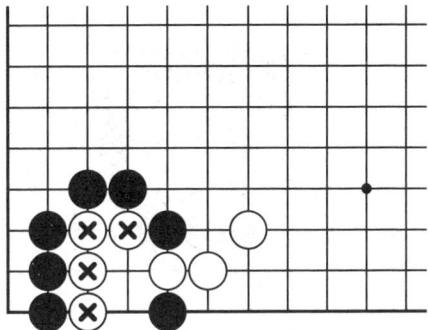

33

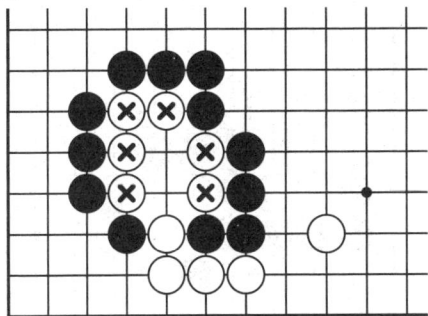

34

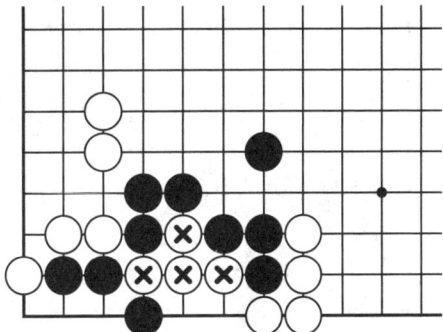

35

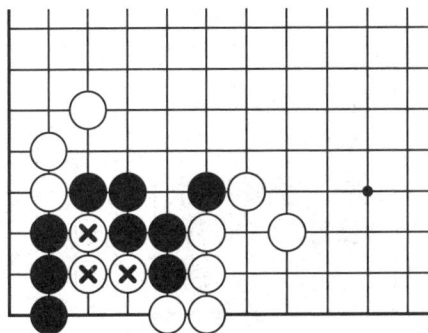

36

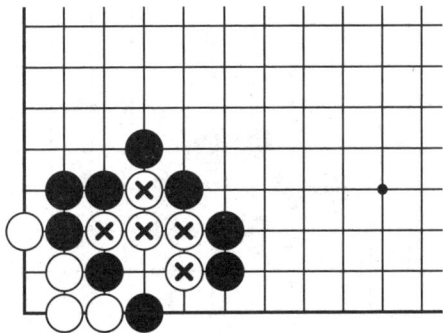

黑先下，通过扑吃的手段吃掉白棋有 X 标记的棋子。

37

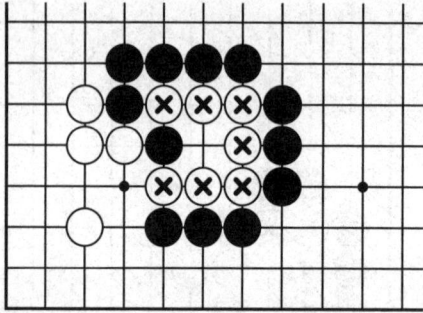

38

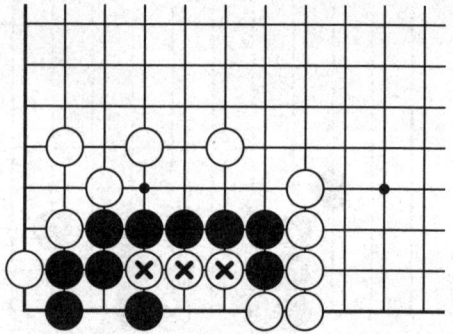

39

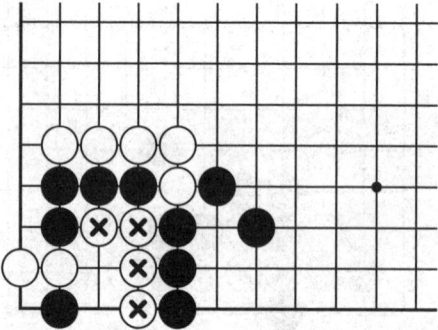

40

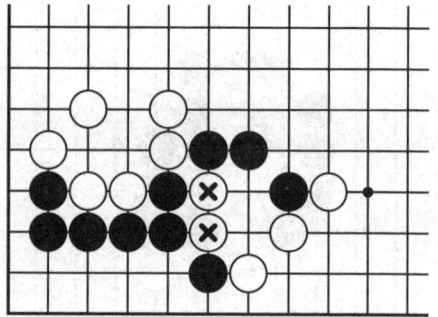

41

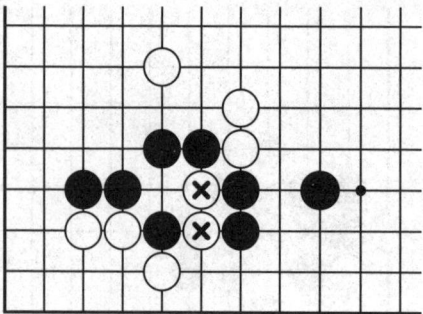

42

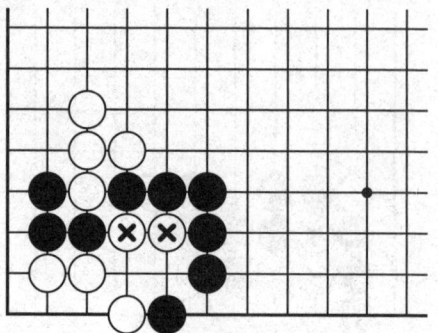

黑先下，通过扑吃的手段吃掉白棋有 X 标记的棋子。

43

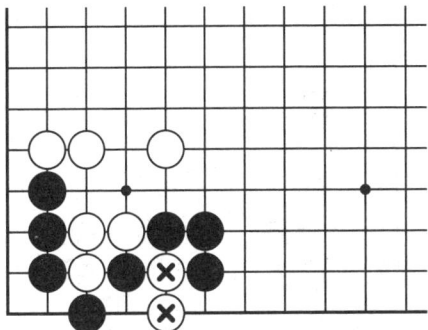

44

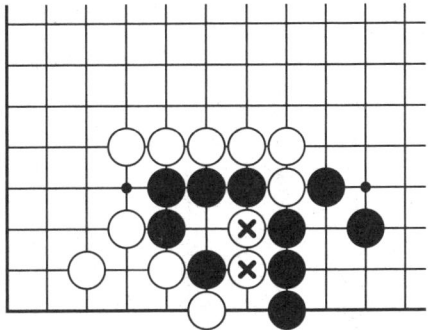

45

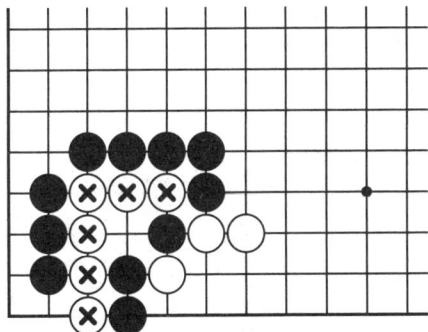

46

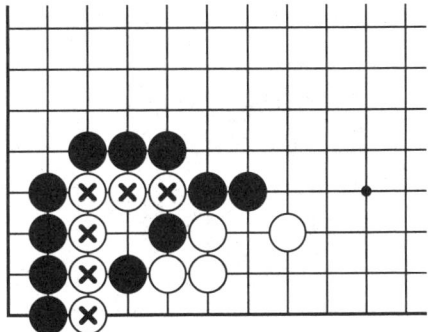

47

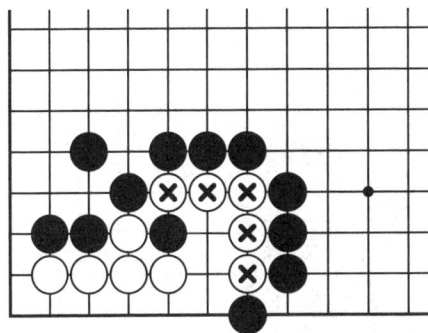

48

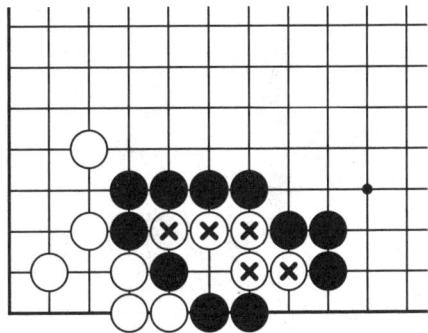

黑先下，通过扑吃的手段吃掉白棋有 X 标记的棋子。

49

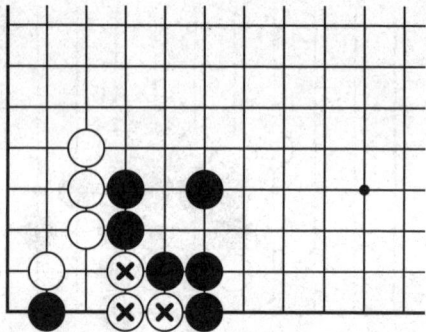

50

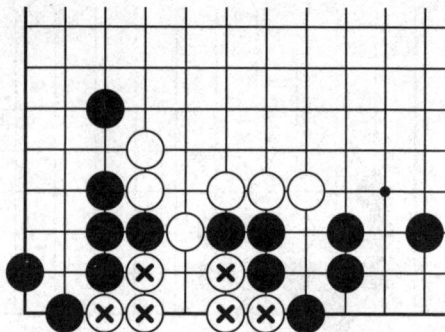

51

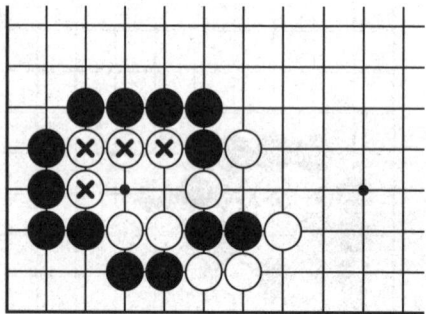

52

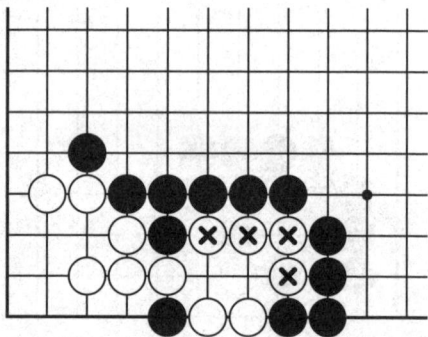

53

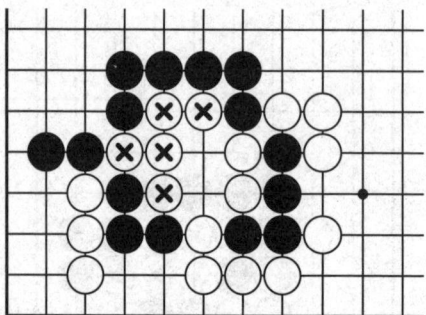

54

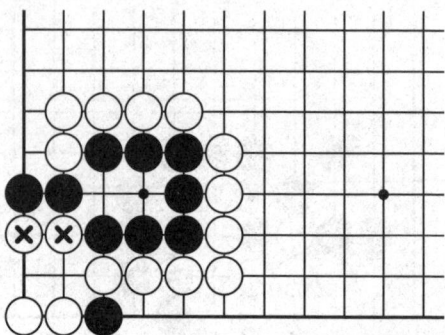

第10章

紧气吃 1

　　我们可以利用对手棋子气少的特点进行"紧气吃"。例如图 10.1 中，白棋有 X 标记的两个子只有两口气了，如果黑棋下在图 10.2 的 1 位，可以发现，白棋如果还是要将被叫吃的两个子连接上（即下在图 10.2 中的 2 位），黑棋可以紧接着下在 3 位，一下子吃掉白棋的 4 颗棋子。所以图 10.2 中白 2 的连接是不对的，结果只会被黑棋吃掉更多的棋子。

　　在图 10.3 中，如果黑棋下在 1 位，白棋已经没有办法救有 X 标记的 3 颗白子了，如果白棋非要连接上白棋的 3 颗子（即下在图 10.4 中的 2 位），黑棋紧接着在 3 位继续叫吃，我们会发现，白棋的 6 颗棋子已经没有出路了。

　　对于图 10.1 和图 10.3，如果是白棋先下第一步，白棋只需要如图 10.5 和图 10.6 中所展示的，在 1 位连接上就可以防止有 X 标记的白子被吃掉了。

图 10.1

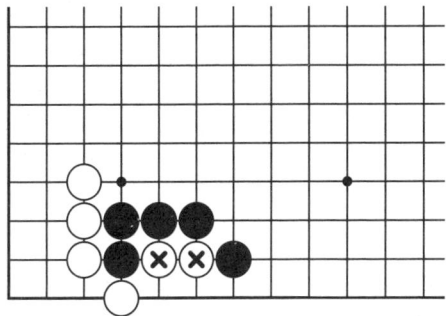

图 10.2

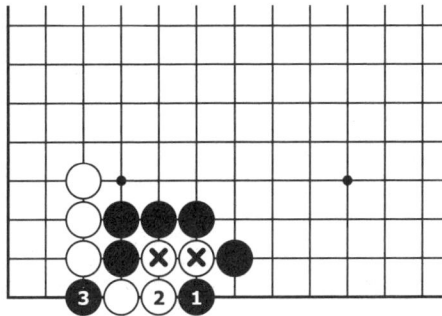

图 10.3

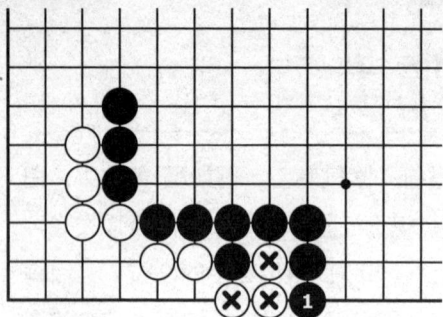

图 10.4

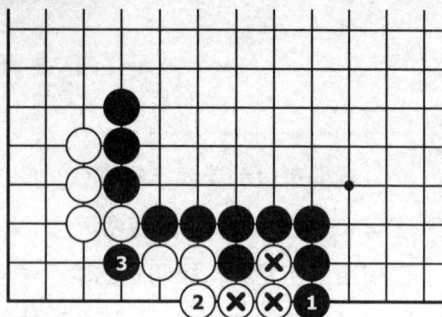

图 10.5

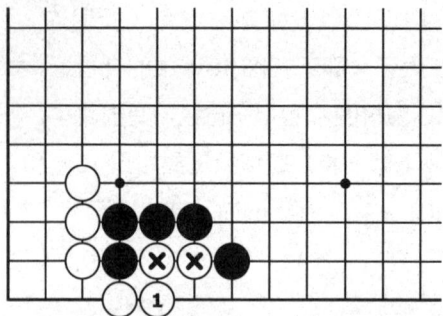

图 10.6

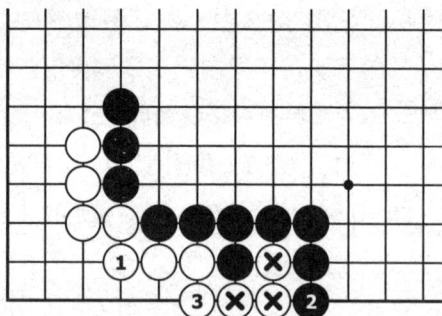

黑先下，通过紧气吃的手段吃掉白棋有 X 标记的棋子。

1

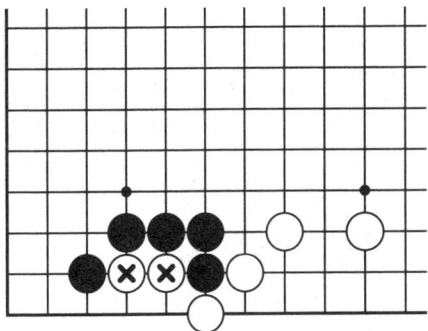

2

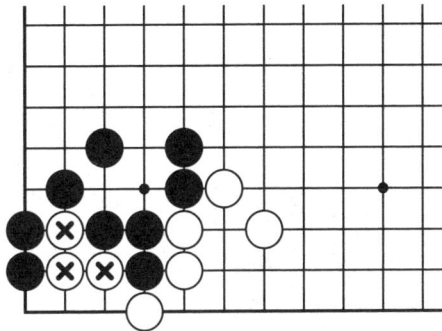

3

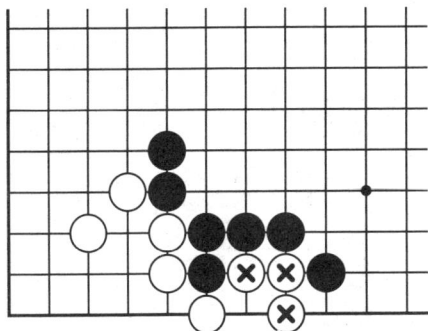

4

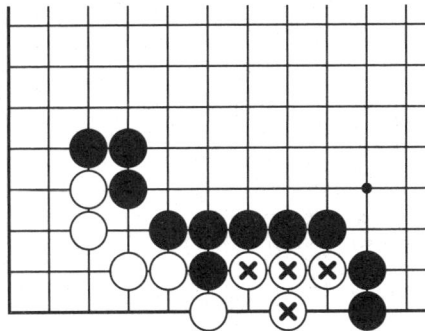

5

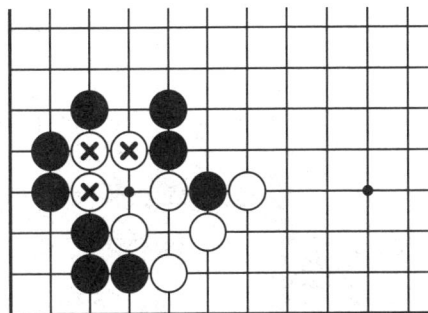

6

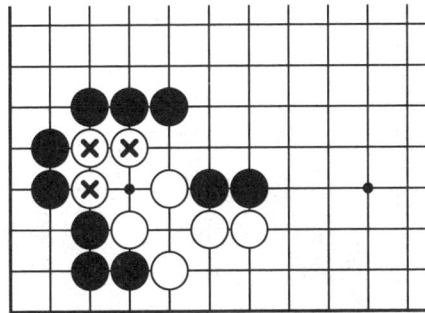

黑先下，通过紧气吃的手段吃掉白棋有 X 标记的棋子。

7

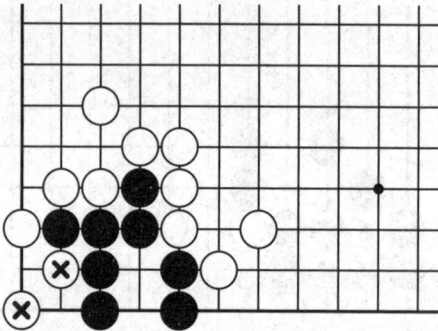

8

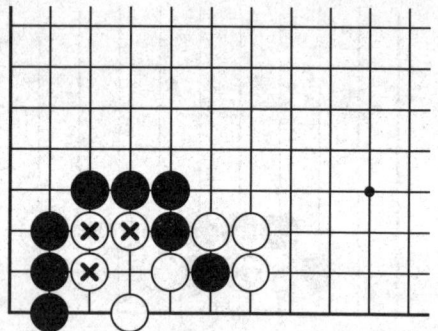

9

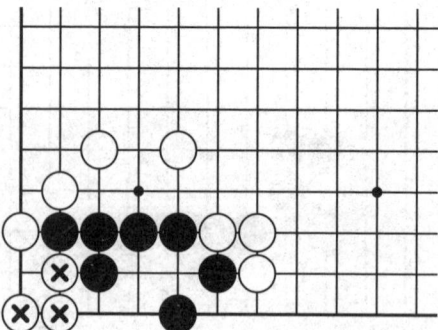

10

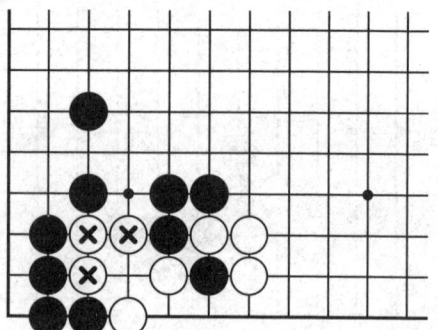

11

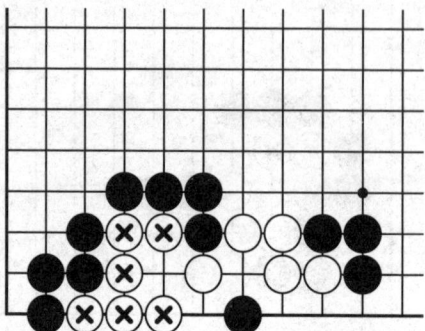

12

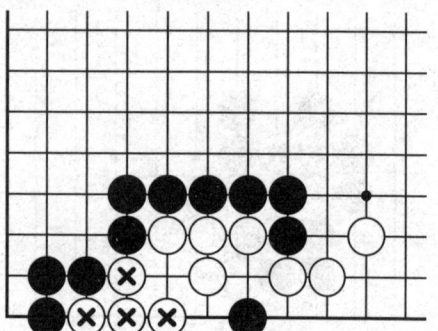

黑先下，通过紧气吃的手段吃掉白棋有 X 标记的棋子。

13
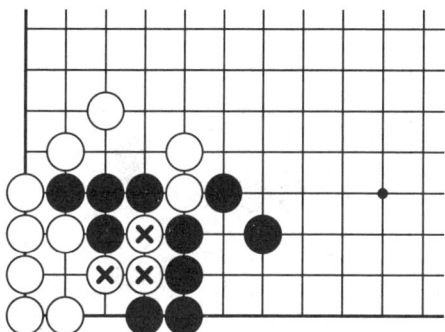

14
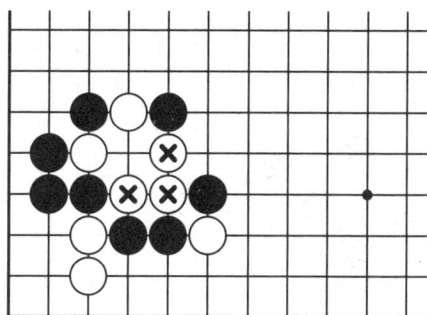

15
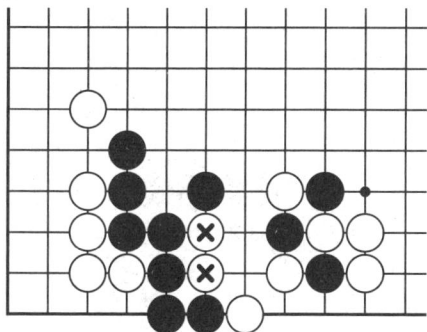

16
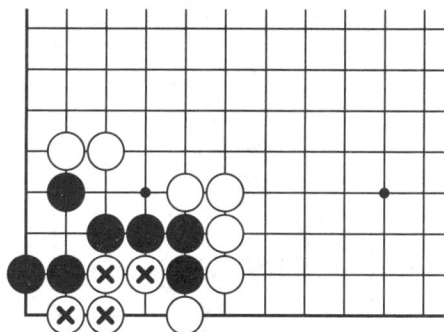

17
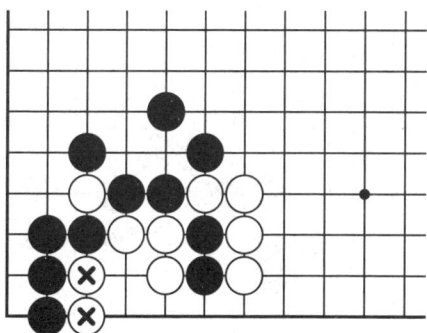

18
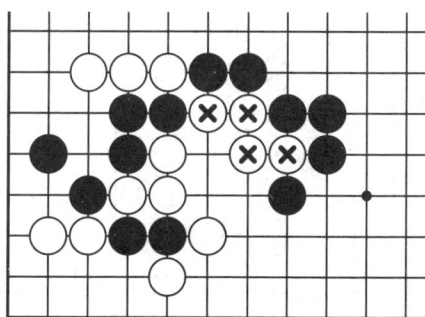

黑先下，通过紧气吃的手段吃掉白棋有 X 标记的棋子。

19
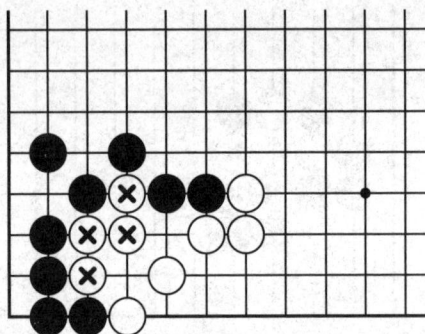

20
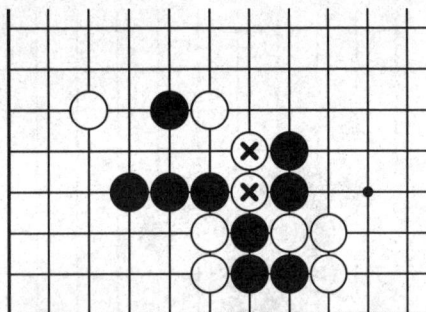

21
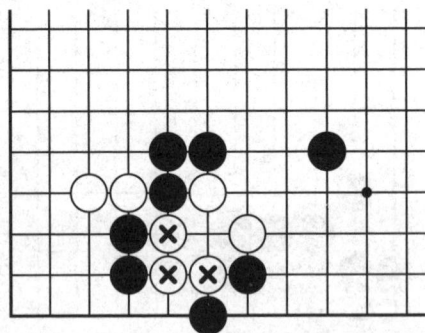

22
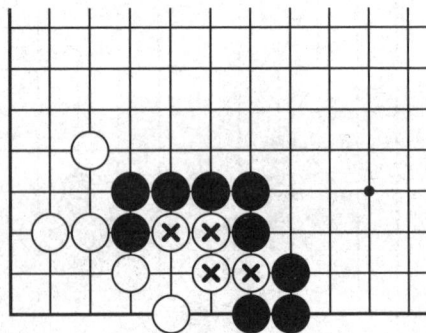

23
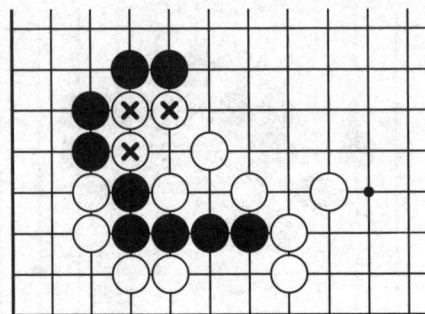

24
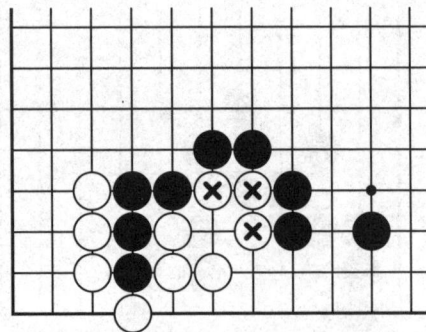

黑先下，通过紧气吃的手段吃掉白棋有 X 标记的棋子。

25

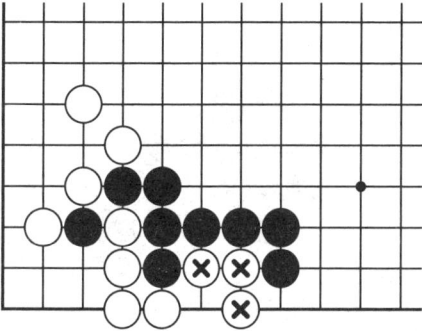

26

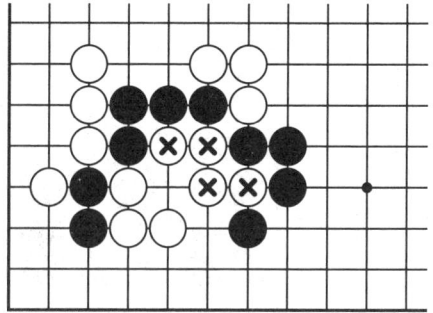

27

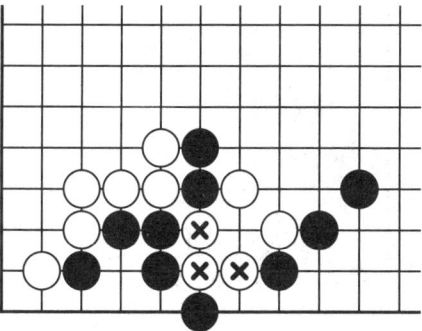

28

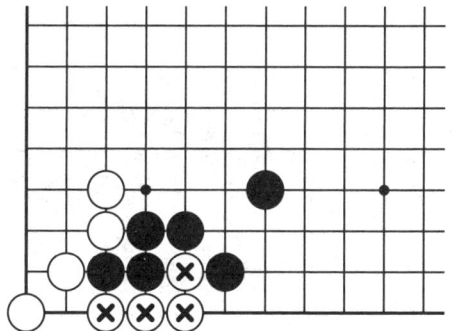

29

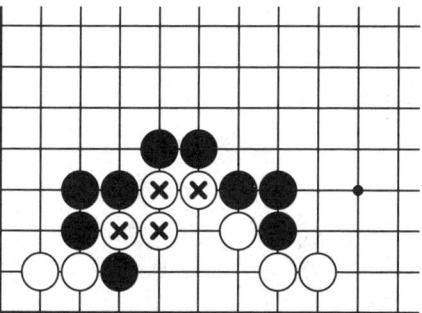

30

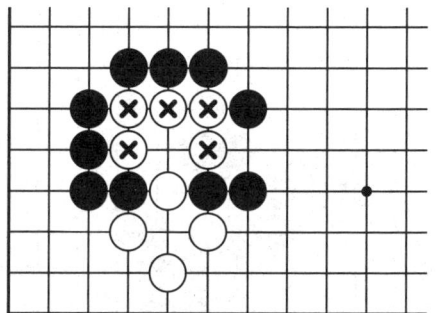

黑先下，通过紧气吃的手段吃掉白棋有 X 标记的棋子。

31

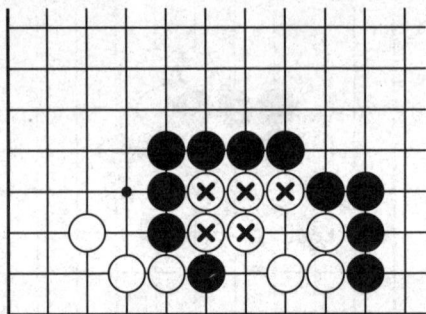

32

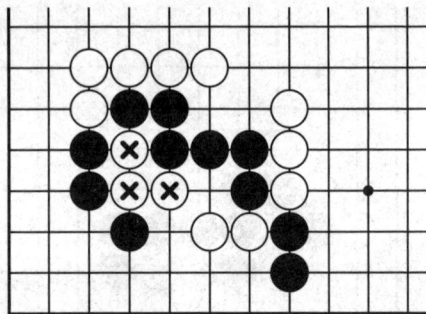

33

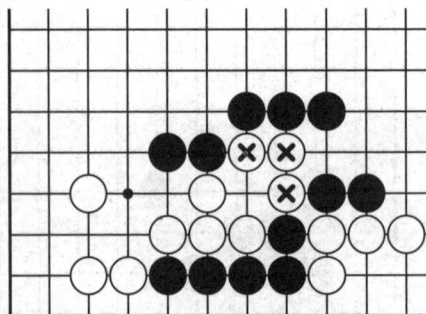

34

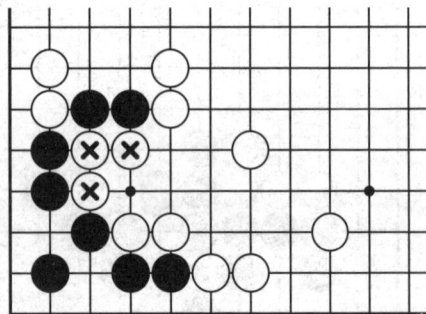

35

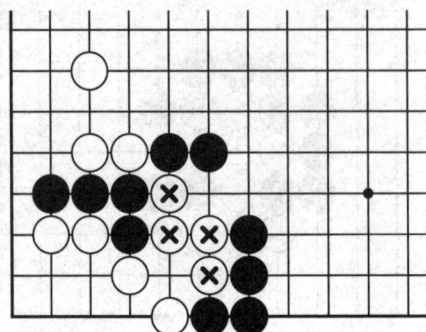

36

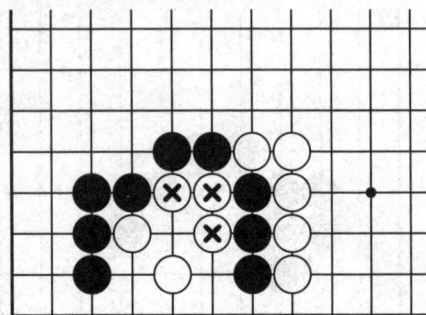

黑先下，通过紧气吃的手段吃掉白棋有 X 标记的棋子。

37

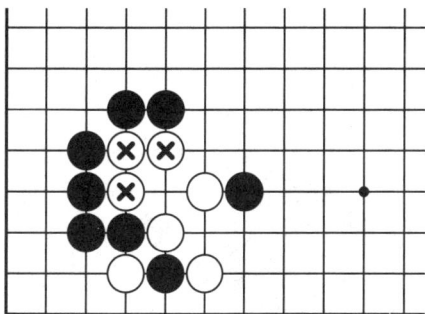

38

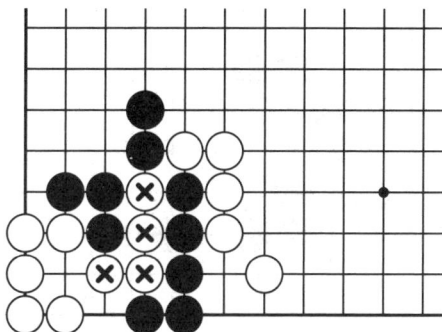

39

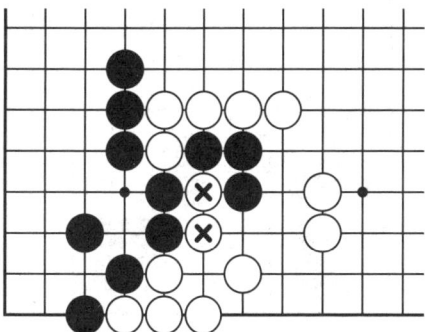

40

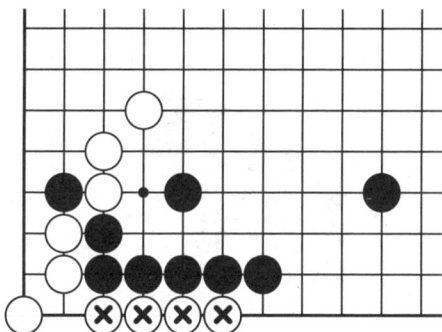

41

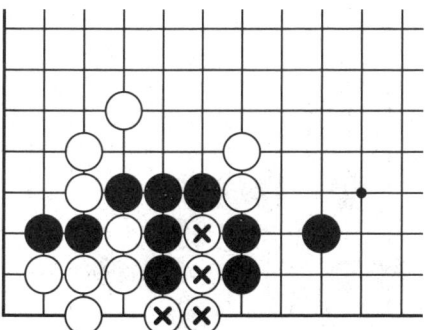

42

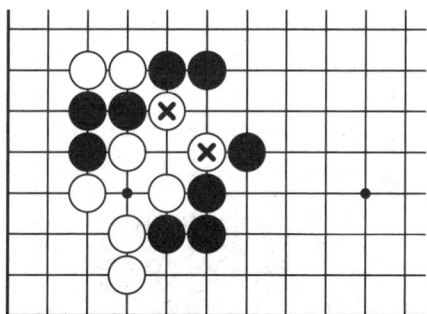

黑先下，通过紧气吃的手段吃掉白棋有 X 标记的棋子。

43
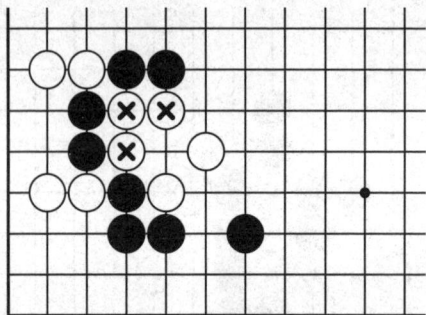

44
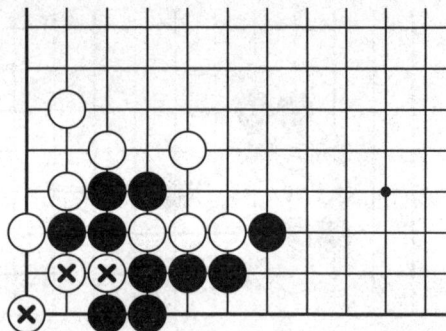

45
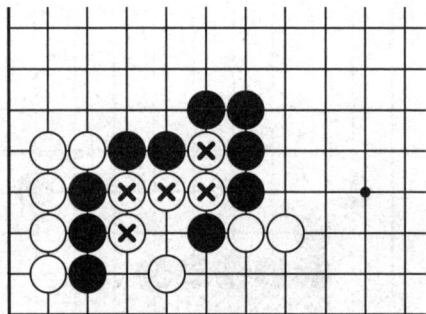

46
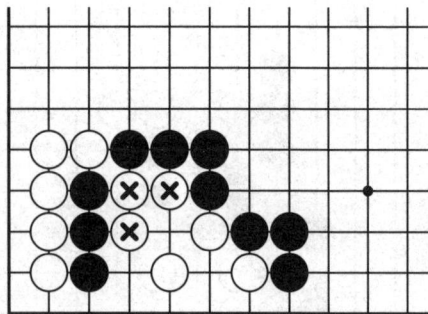

47
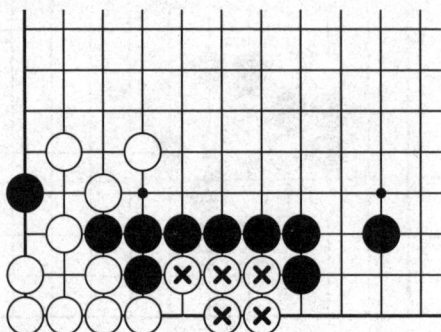

48
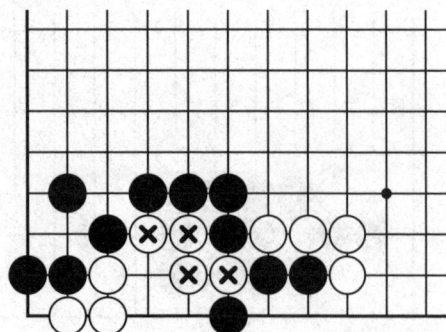

黑先下，通过紧气吃的手段吃掉白棋有 X 标记的棋子。

49
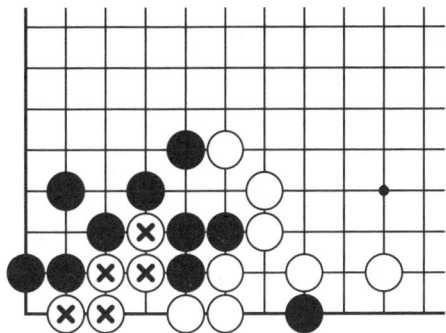

50
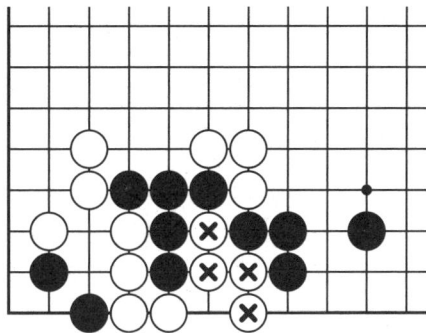

51
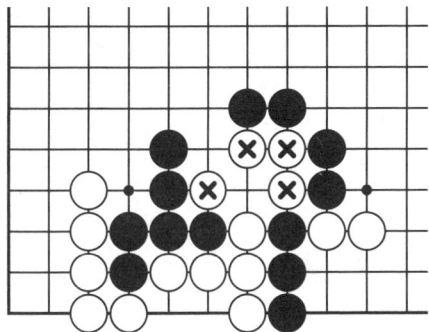

52
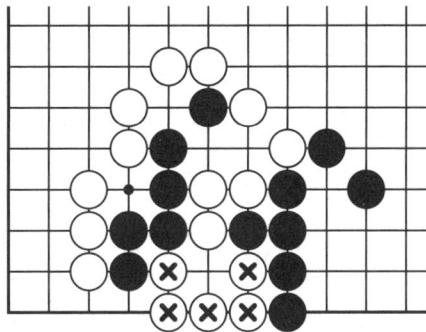

53
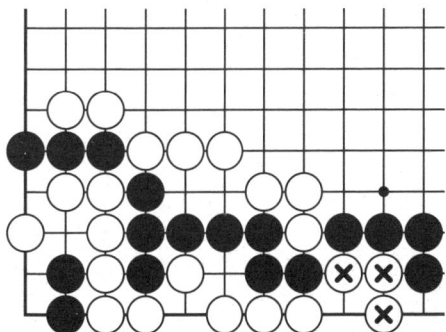

54
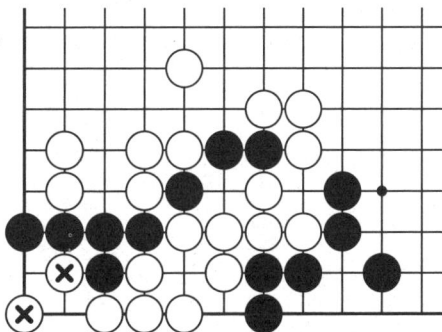

樊麾 著

简明围棋入门教程

（中册）

人民邮电出版社

北京

图书在版编目（CIP）数据

简明围棋入门教程 / 樊麾著. -- 北京 ：人民邮电
出版社，2022.3
ISBN 978-7-115-57958-4

Ⅰ．①简… Ⅱ．①樊… Ⅲ．①围棋－教材 Ⅳ.
①G891.3

中国版本图书馆CIP数据核字(2021)第240906号

免责声明

作者和出版商都已尽可能确保本书技术上的准确性以及合理性，并特别声明，不会承担由于使用本出版物中的材料而遭受的任何损伤所直接或间接产生的与个人或团体相关的一切责任、损失或风险。

内 容 提 要

本书是法国国家队名誉总教练、欧洲围棋冠军樊麾二段写给围棋初学者的入门教程。全书共 3 册，循序渐进地讲解了气、吃子、死活、打劫等围棋基础知识，以及初级的开局、定式及收官技巧。与众多围棋入门教程不同，本书注重“以练带学”，即通过简单、有趣的大量练习题来让读者找到“下棋的感觉”、培养初步的棋感，并以此来巩固例题中介绍的围棋入门知识与技巧。此外，本书章后的专栏还提供了学棋方法、围棋规则、围棋故事等既实用又有趣的围棋信息，能够激发围棋初学者的学习兴趣。

◆ 著　　　　樊 麾

责任编辑　裴 倩

责任印制　马振武

◆ 人民邮电出版社出版发行　　北京市丰台区成寿寺路 11 号

邮编　100164　电子邮件　315@ptpress.com.cn

网址　https://www.ptpress.com.cn

北京联兴盛业印刷股份有限公司印刷

◆ 开本：700×1000　1/16

印张：29.75　　　　　　　2022 年 3 月第 1 版

字数：504 千字　　　　　2022 年 3 月北京第 1 次印刷

定价：99.00 元（全 3 册）

读者服务热线：(010)81055296　印装质量热线：(010)81055316

反盗版热线：(010)81055315

广告经营许可证：京东市监广登字 20170147 号

目 录
（中册）

第 2 篇

两只眼

第**11**章
禁着点

请仔细观察图 11.1。对于这两个棋形来说，黑棋是不能下在图 11.2 中的 1 位上的，因为黑棋在下上去的同时，黑棋已经没有气了，立刻就会被白棋吃掉。在围棋中，"自杀"是被规则禁止的。

当然，有区别于图 11.1 和图 11.2，在图 11.3 和图 11.4 中，黑棋是可以下在 1 位的，因为当黑棋下在 1 位的时候，可以立刻吃掉白棋的棋子，吃掉白子后，黑棋就有至少一口气了。图 11.4 的棋形是前文介绍过的打劫形。

图 11.1

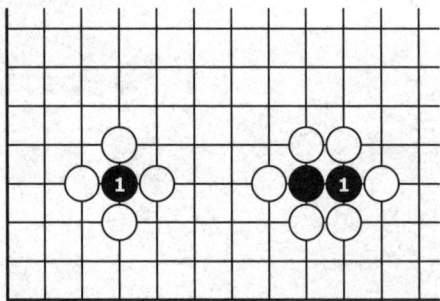

图 11.2

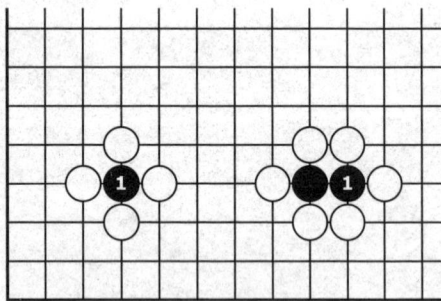

图 11.3

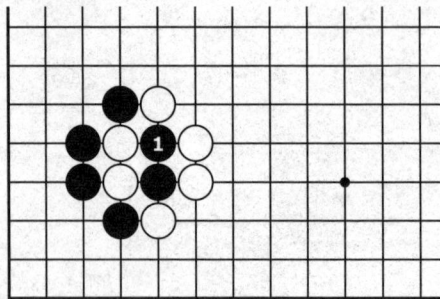

图 11.4

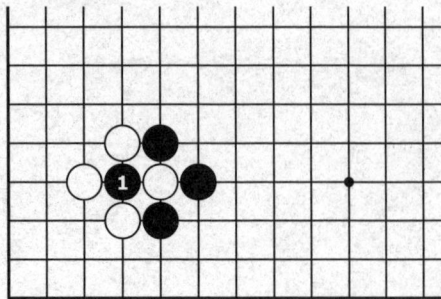

黑棋是否可以下在 A 位?

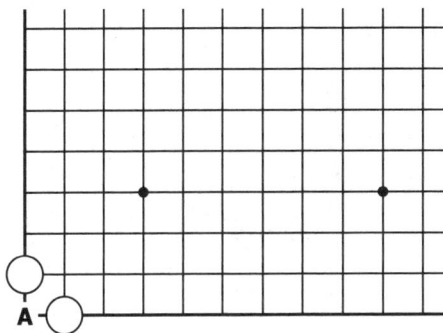

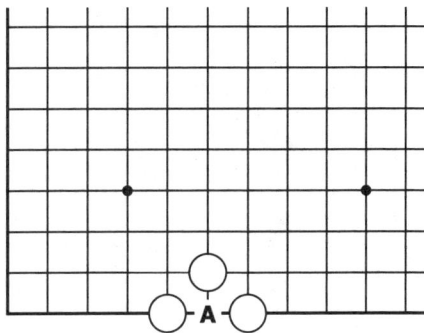

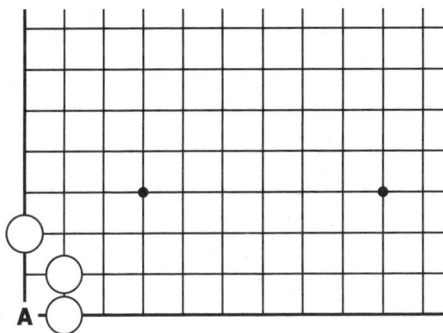

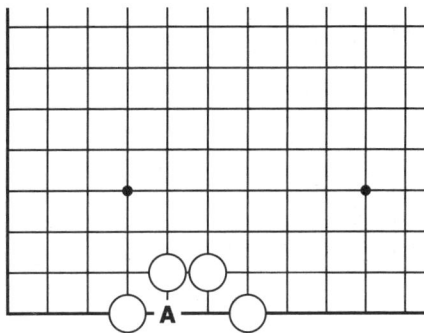

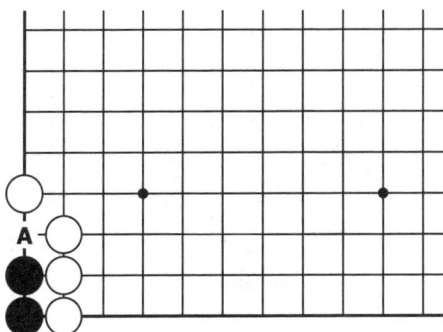

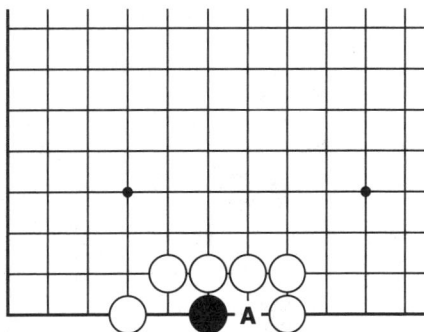

黑棋是否可以下在 A 位?

7

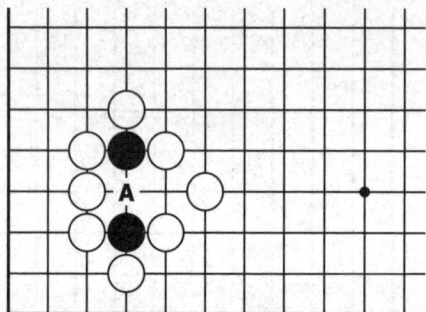

8

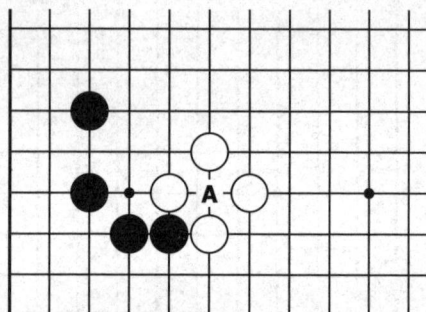

9

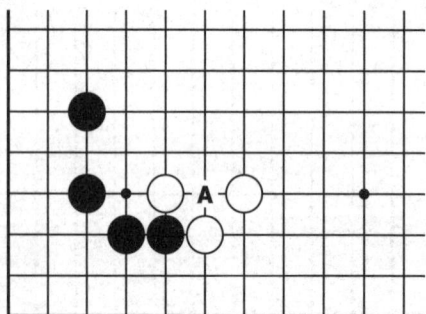

10

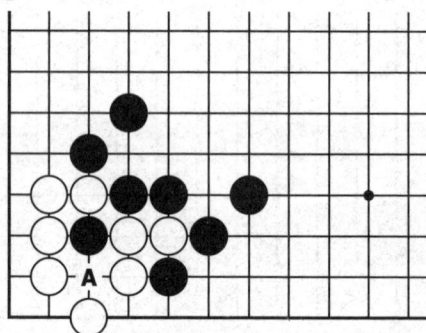

11

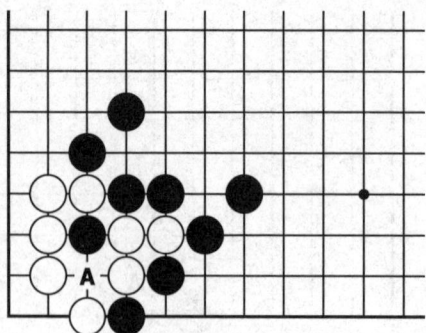

12

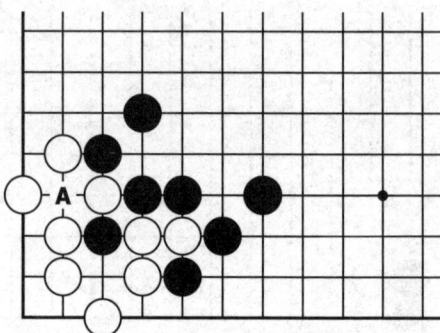

黑棋是否可以下在 A 位?

13

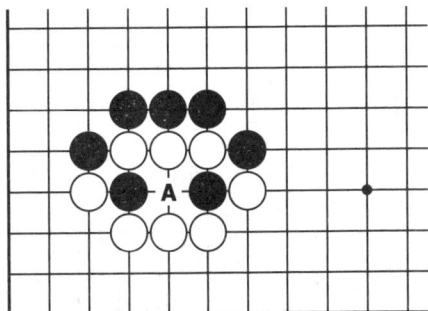

14

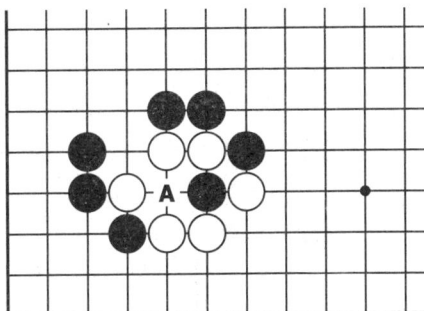

15

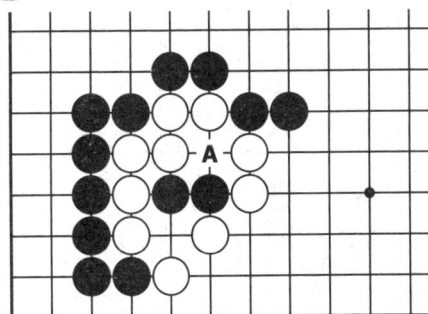

16

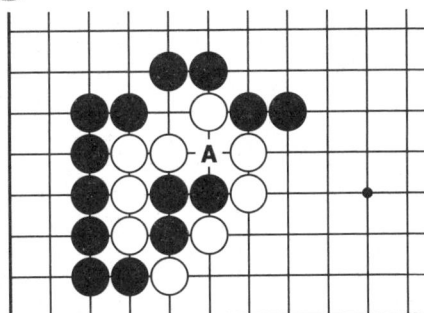

17

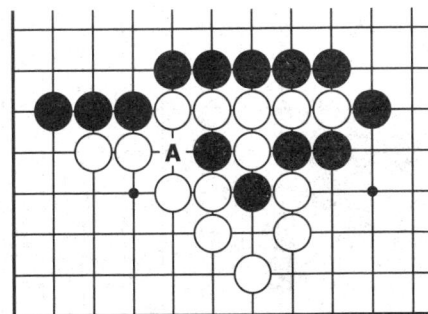

18

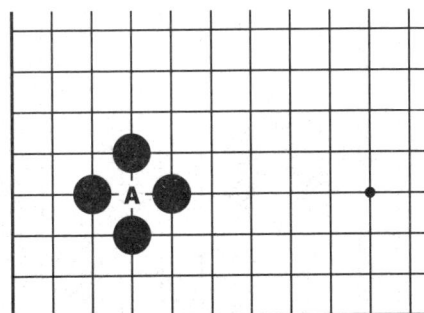

黑棋是否可以下在 A 位?

19

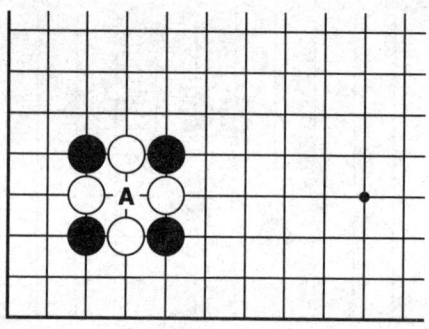

20

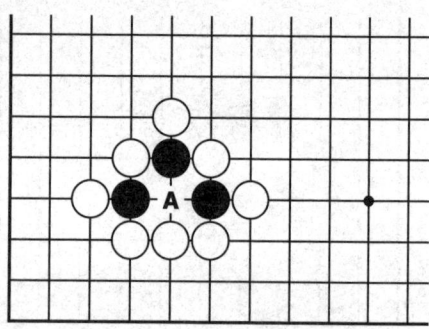

21

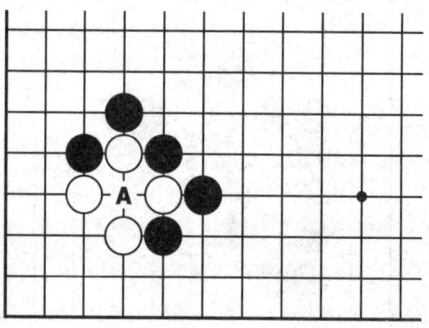

22

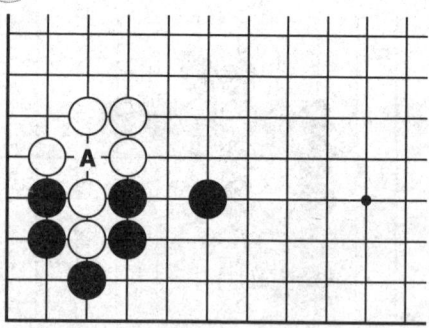

23

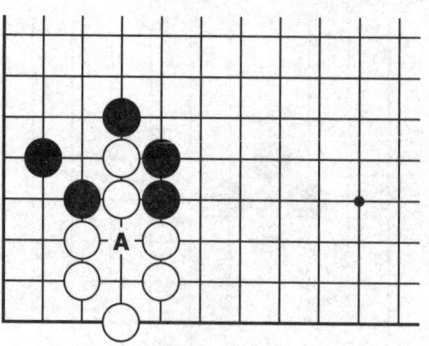

24

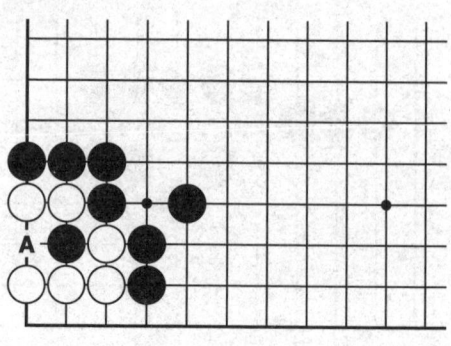

黑棋是否可以下在 A 位?

25
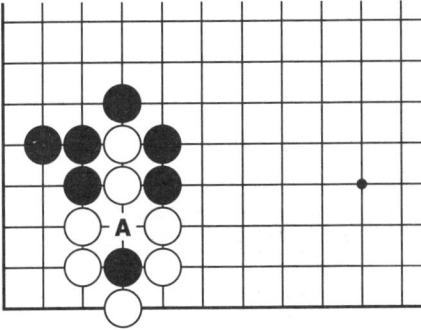

26
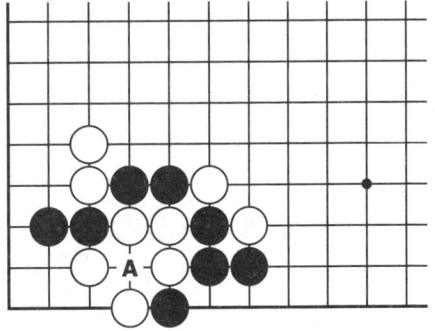

27
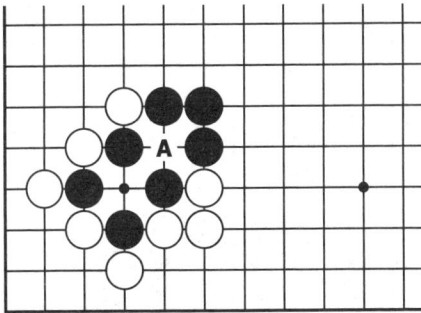

28
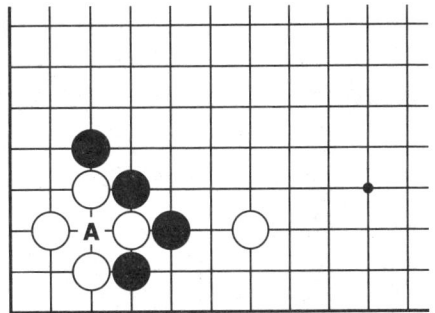

29
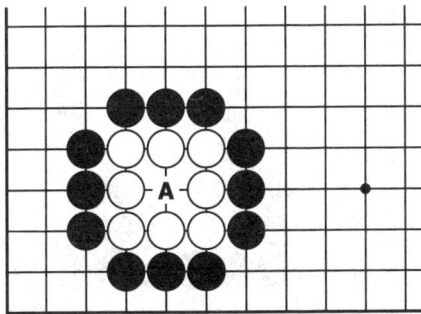

30
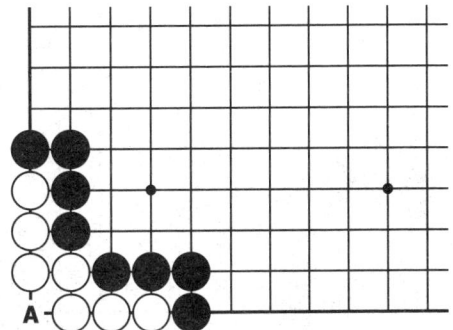

黑棋是否可以下在 A 位?

31

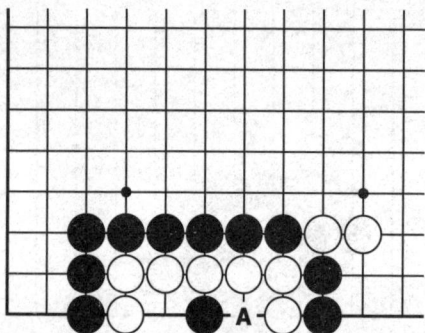

32

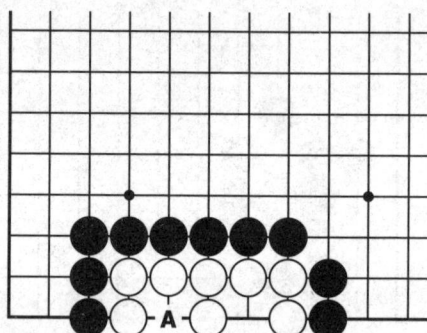

33

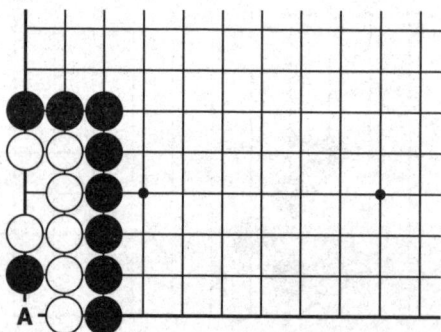

34

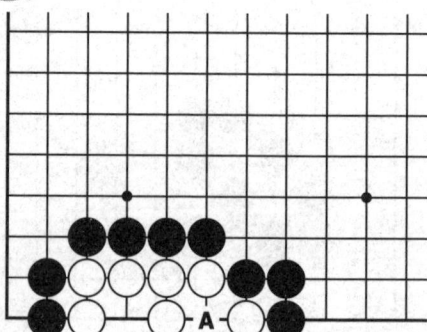

35

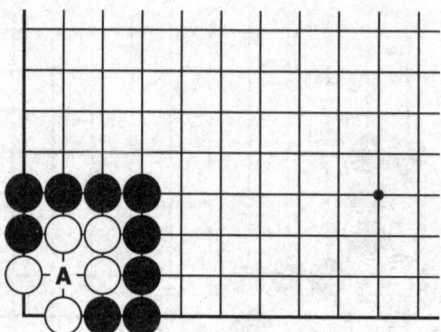

36

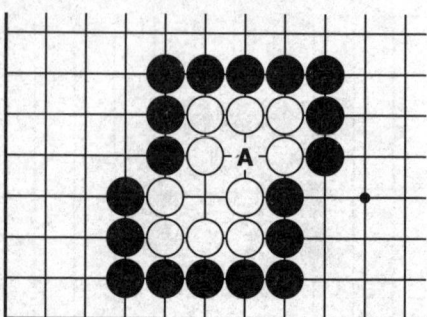

黑棋是否可以下在 A 位？

37

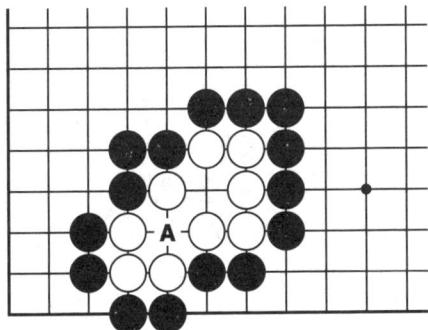

38

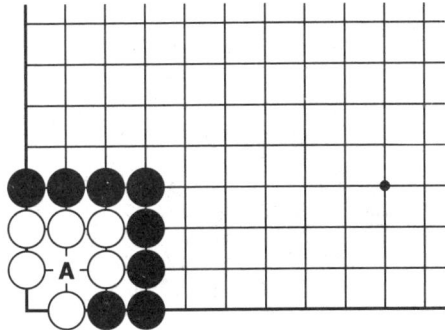

39

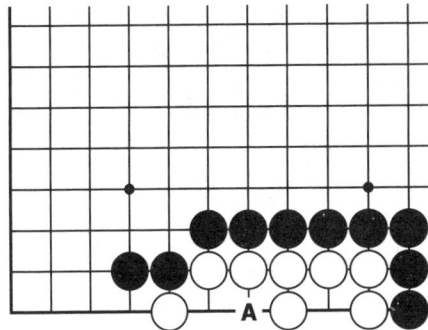

40

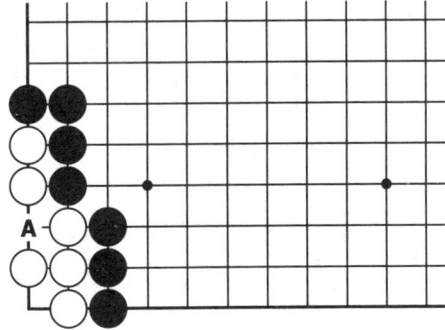

41

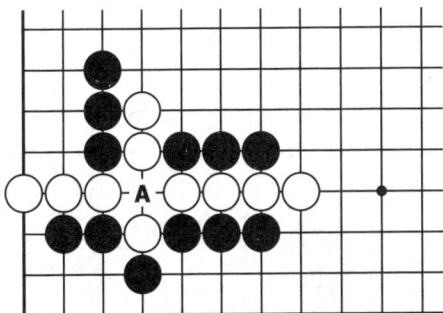

42

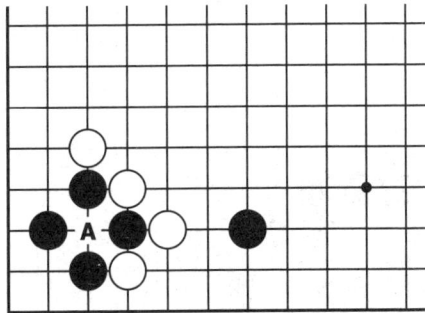

黑棋是否可以下在 A 位?

43

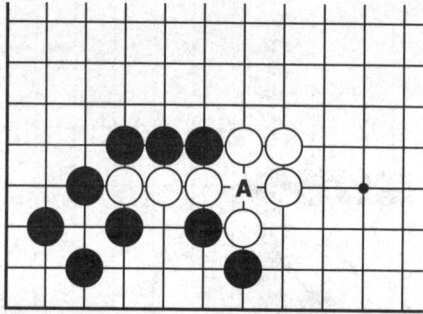

44

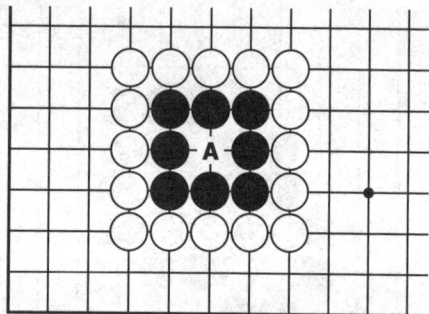

45

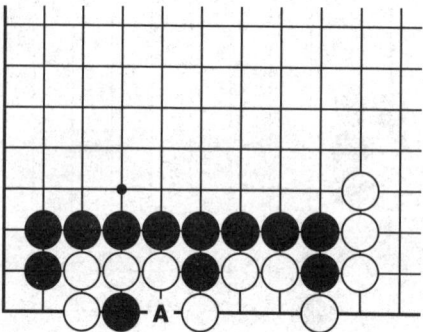

46

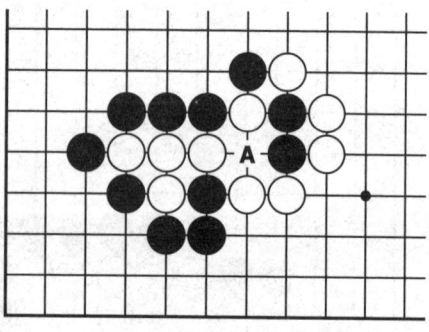

47

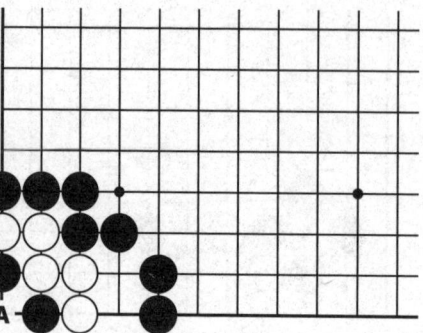

48

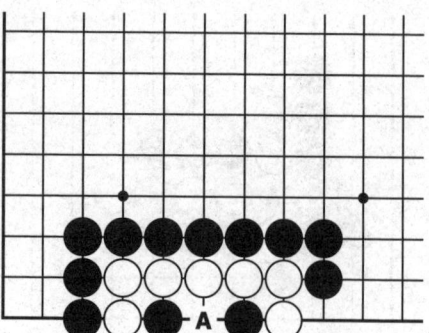

第12章
真眼和假眼

黑棋永远也不能下在图 12.1 中的 X 位。但相反的，在图 12.2 中，黑棋可以下在 1 位来威胁白棋有〇标记的棋子。白棋可以下在 2 位连接上被叫吃的白子，如图 12.3 所示。在图 12.2 中，如果白棋对黑棋的叫吃置之不理，黑棋将可以如图 12.4 那样下在 3 位吃掉白子。

我们称 X 为白棋的真眼，Y 为白棋的假眼。

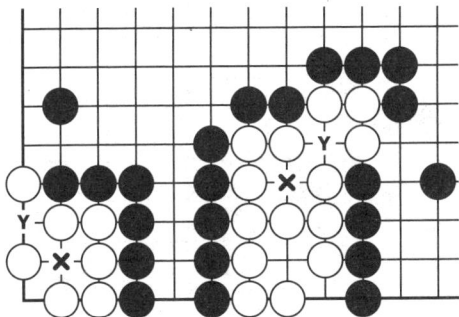

图 12.1

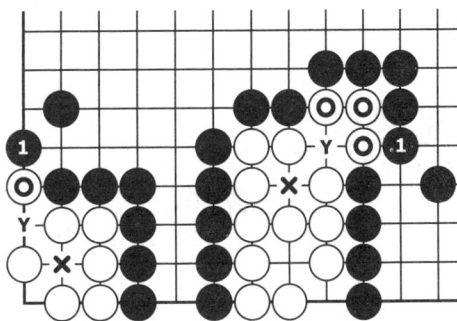

图 12.2

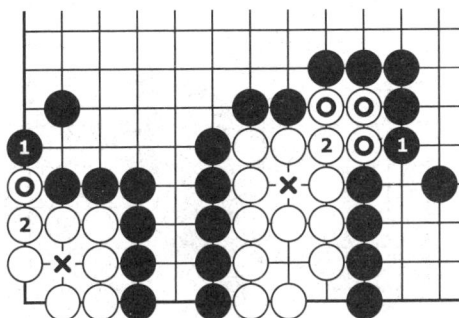

图 12.3

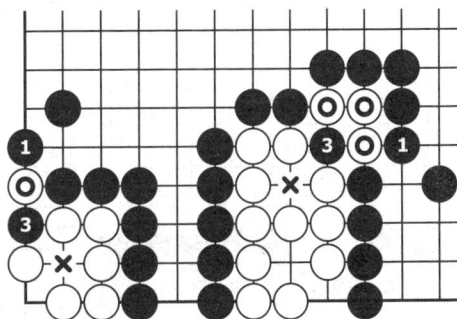

图 12.4

在以下棋形中，A 是真眼还是假眼，B 是真眼还是假眼？

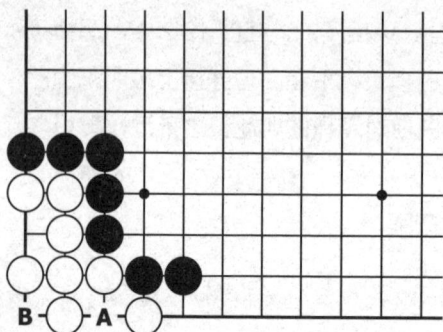

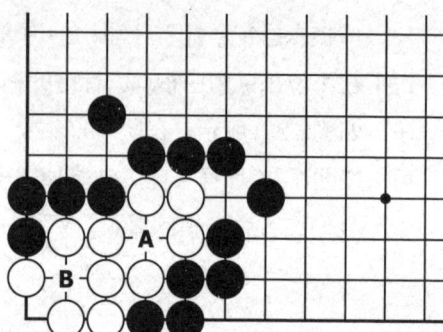

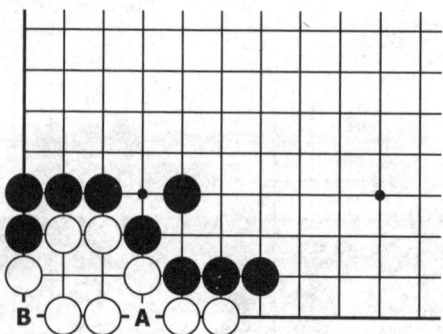

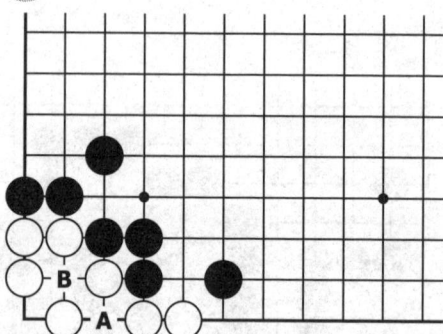

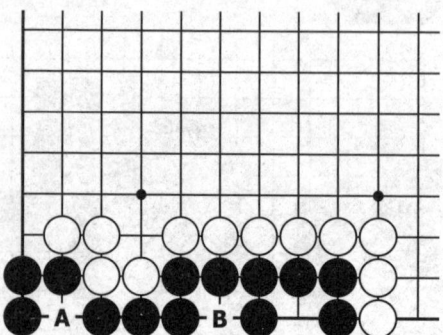

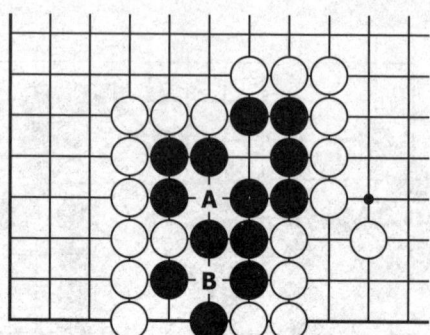

在以下棋形中，A 是真眼还是假眼，B 是真眼还是假眼？

7

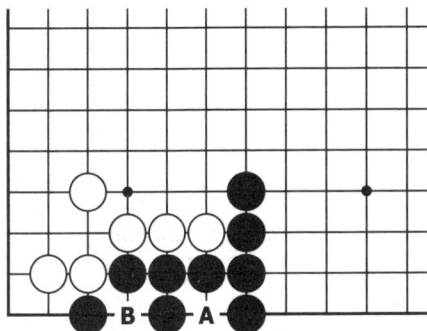

8

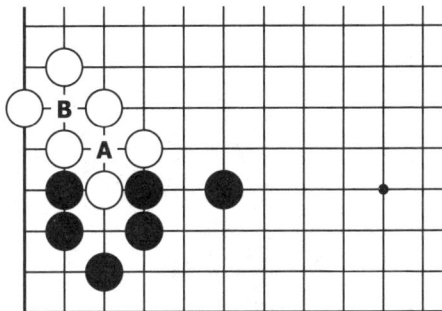

9

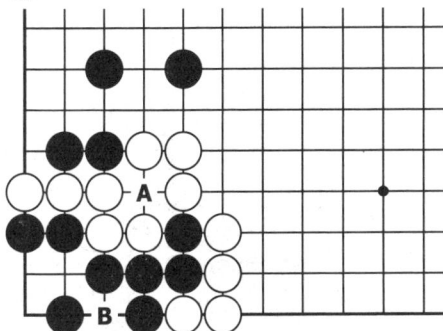

10

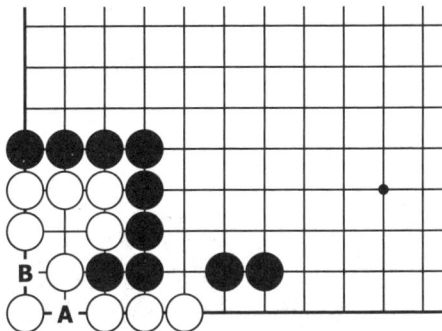

11

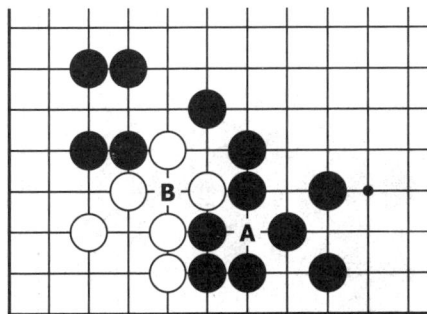

12

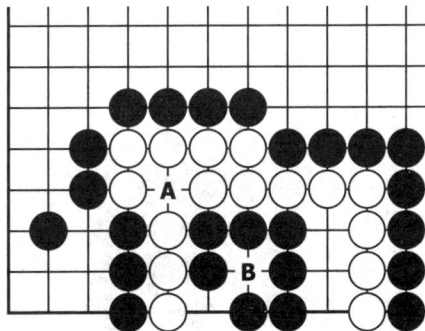

在以下棋形中，A 是真眼还是假眼，B 是真眼还是假眼？

13

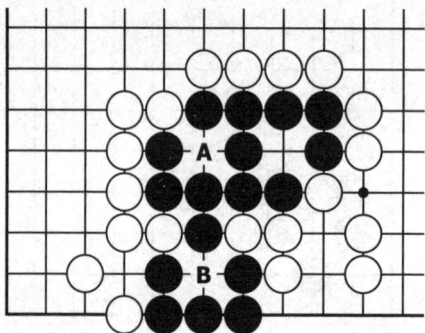

14

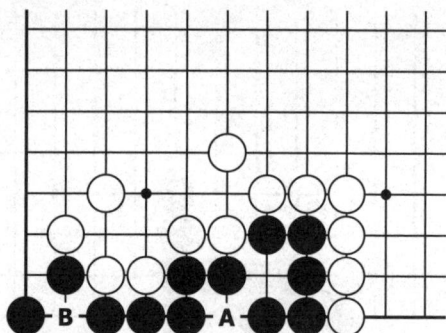

15

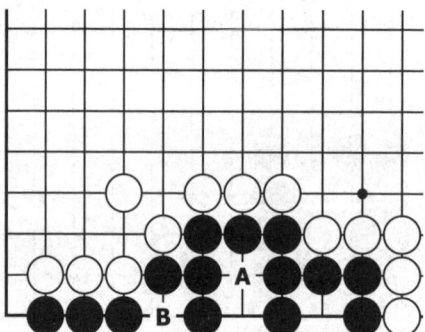

16

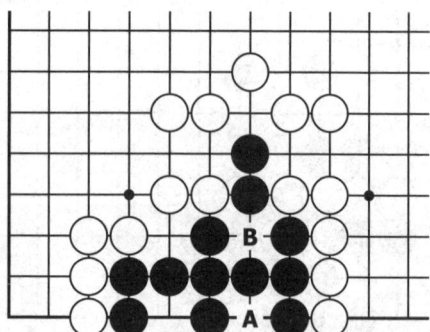

17

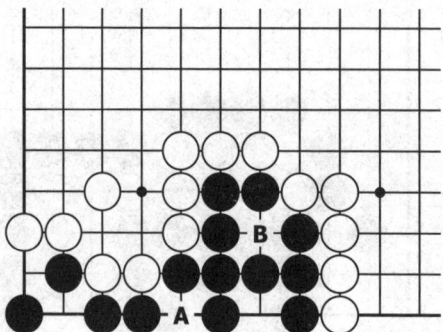

18

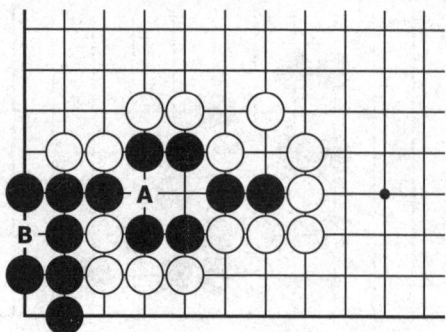

那么，如何做一只真眼呢？

在图 12.5 中，白棋 X 位的眼位是真眼，但是 Y 位的眼位是真眼吗？

如果白棋率先下在图 12.6 的 1 位上，白棋 Y 位的眼位将变成真眼。

但是相反的，如果黑棋先下，下在图 12.7 的 1 位上，白棋 Y 位的眼位将变成假眼。

当然，图 12.8 中的黑 1 是不能影响白棋 Y 位的眼位真假的。

图 12.5

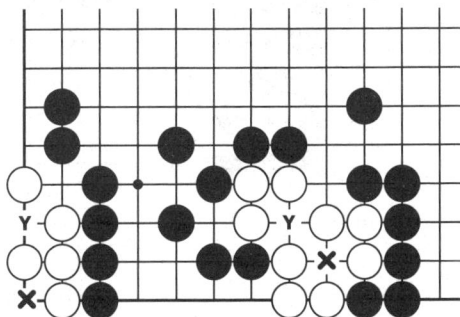

图 12.6

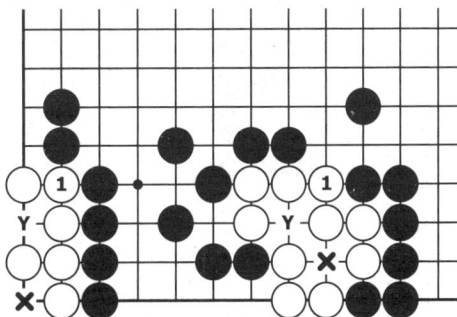

图 12.7

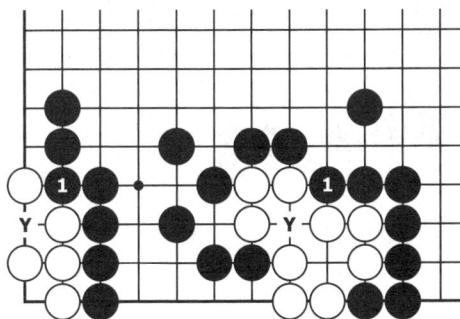

图 12.8

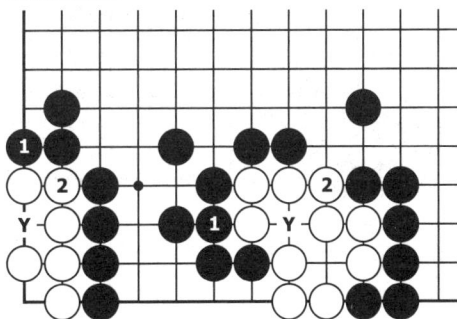

黑棋下在哪里可以使黑棋 A 位成为真眼？

19
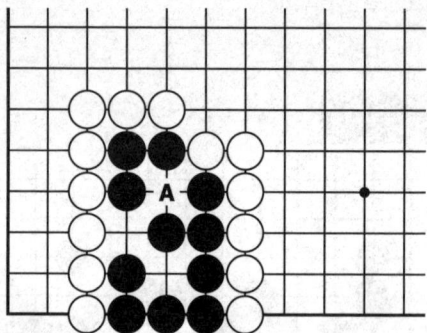

20
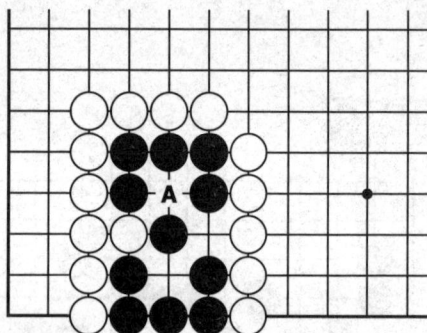

21
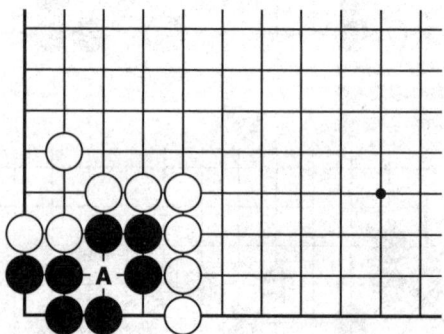

22
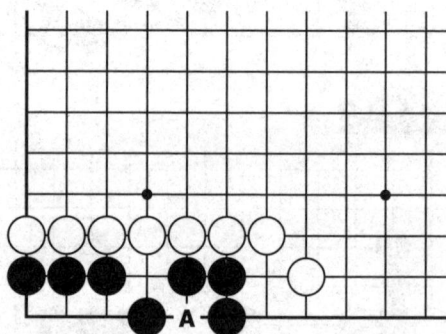

23
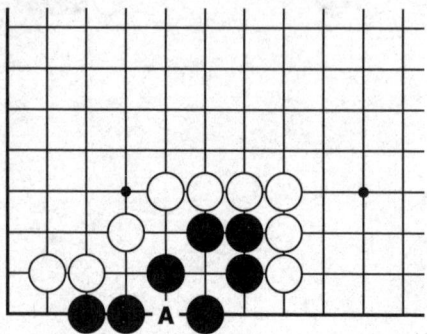

24
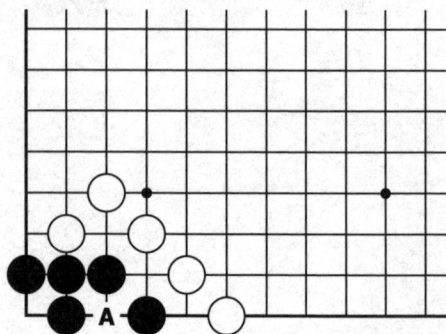

黑棋下在哪里可以使黑棋 A 位成为真眼?

25
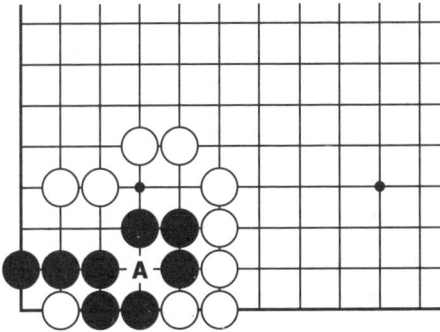

26
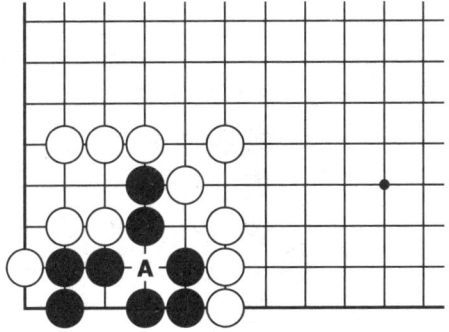

27
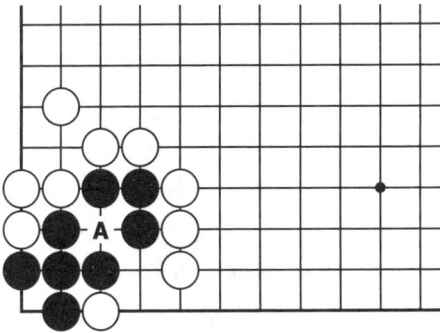

28
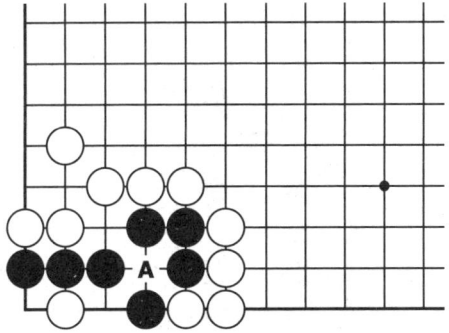

29
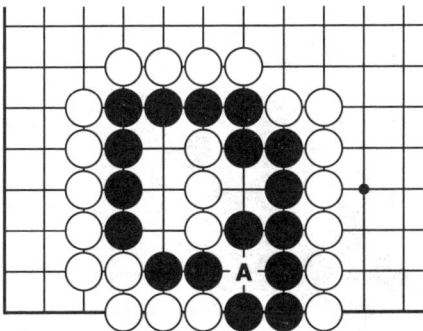

30
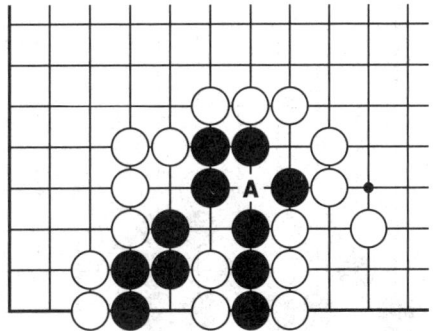

黑棋下在哪里可以使黑棋 A 位成为真眼?

31

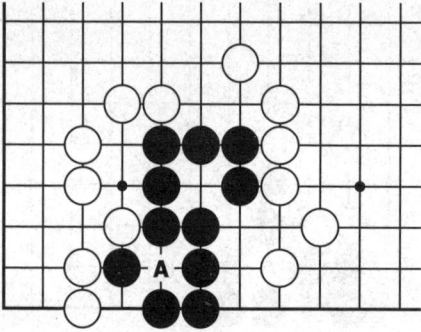

32

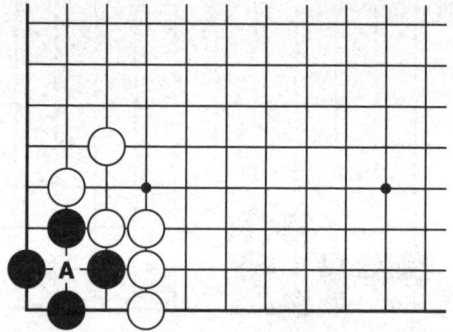

33

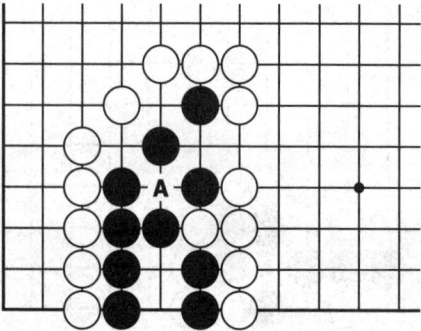

34

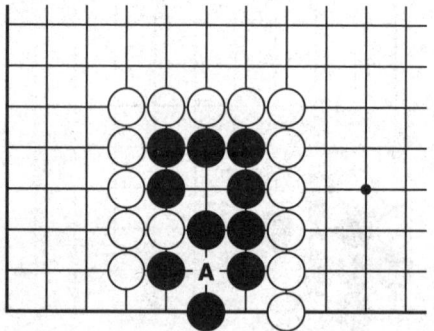

35

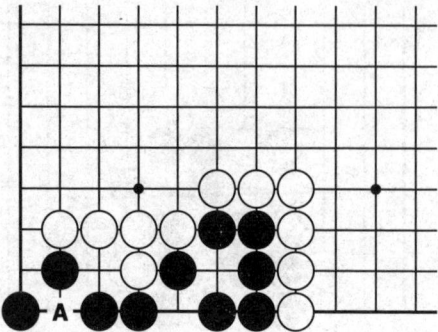

36

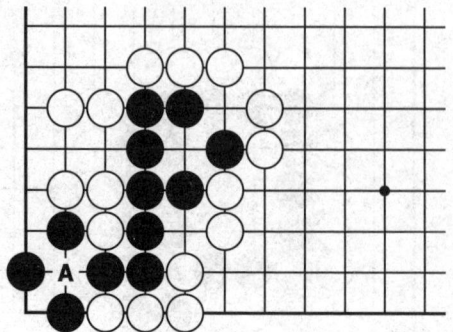

黑棋下在哪里可以使白棋的 A 位成为假眼？

37

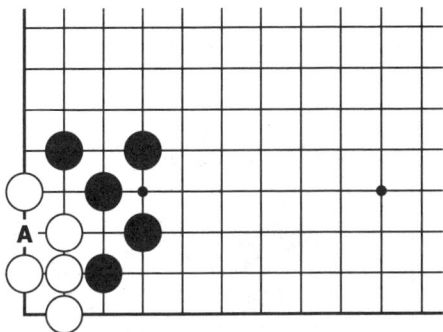

38

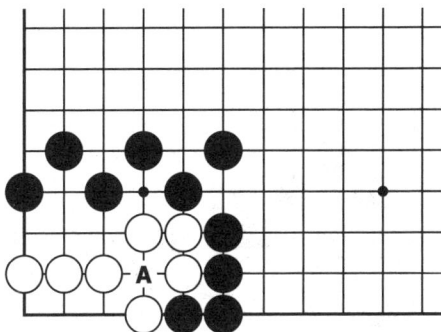

39

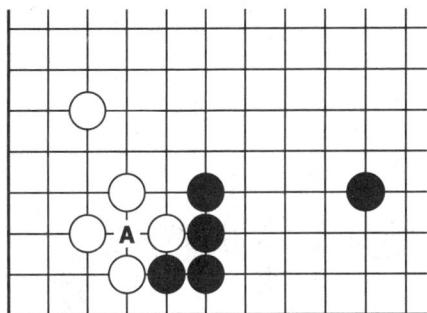

40

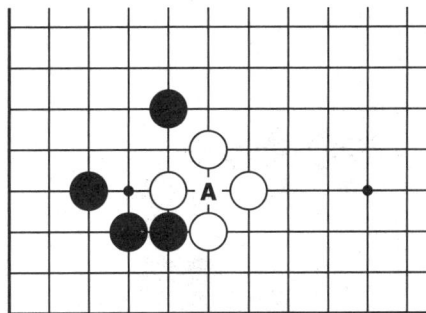

41

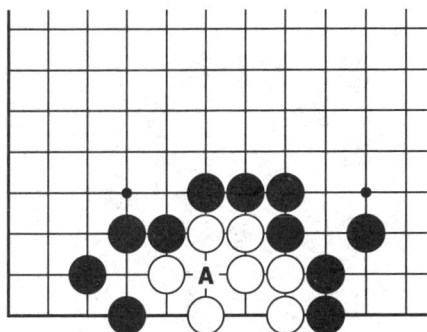

42

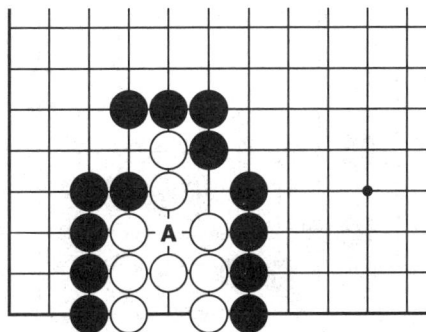

黑棋下在哪里可以使白棋的 A 位成为假眼?

43
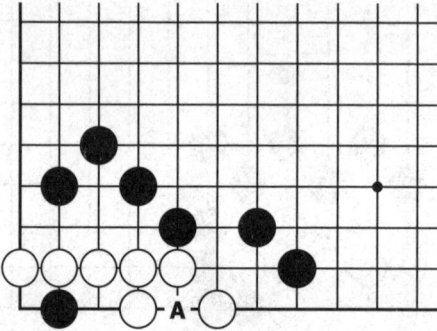

44
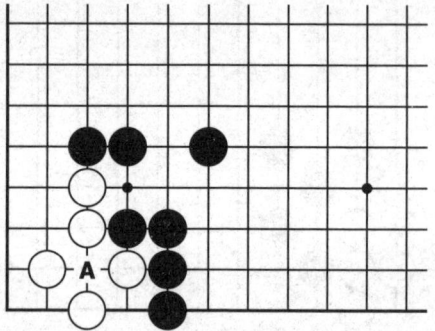

45
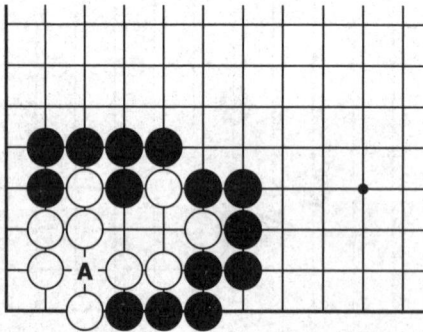

46
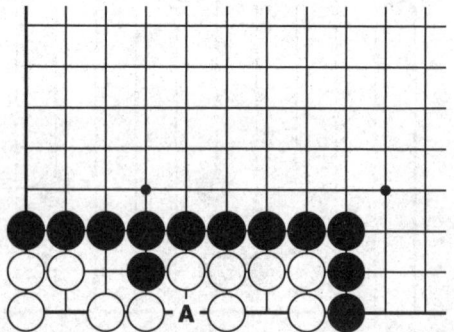

47
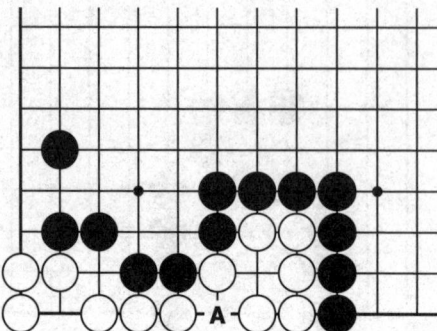

48

黑棋下在哪里可以使白棋的 A 位成为假眼?

49

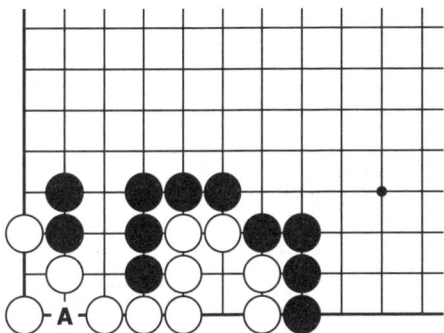

50

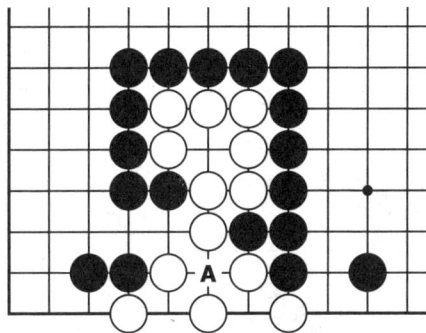

51

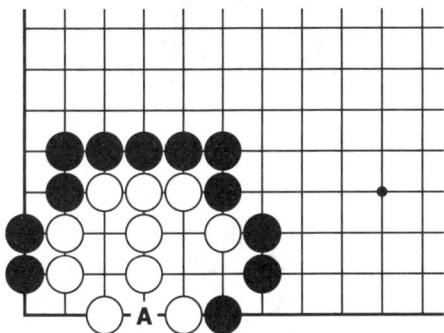

52

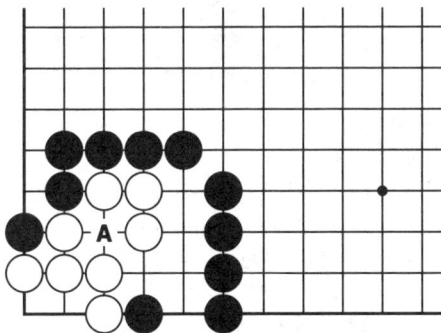

53

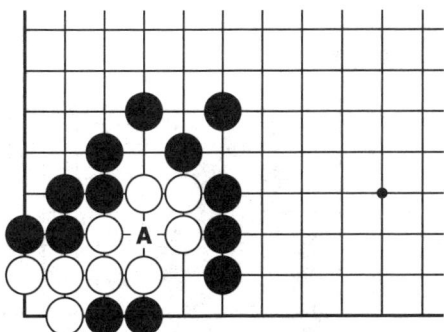

54

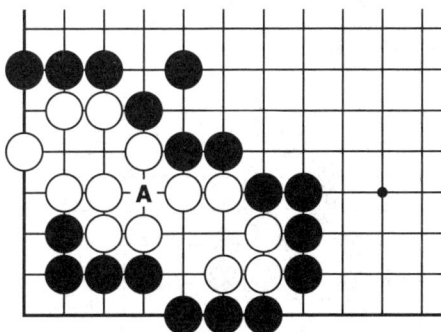

在图 12.9 中，白棋 X 位是否是一只真眼？黑棋如果如图 12.10 所示下在 1 位叫吃，白棋简单在 2 位连接上，这样白棋的 X 位就已经是一个真眼了。

但是，如果黑棋不按照图 12.10 的方法下，而是按照图 12.11 直接下在 1 位，就算白棋可以下在图 12.12 的 2 位，我们可以通过图 12.13 观察到，白棋 X 位的眼位已经是一个假眼了。

所以，图 12.14 中的黑棋有 Y 标记的棋子对白棋的眼位造成了威胁，如果白棋需要巩固自己的真眼，必须下在 1 位。

图 12.9
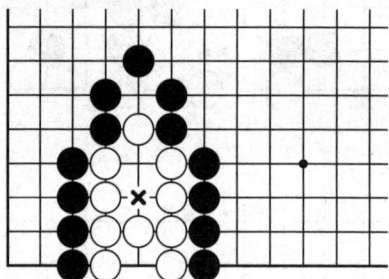

图 12.10
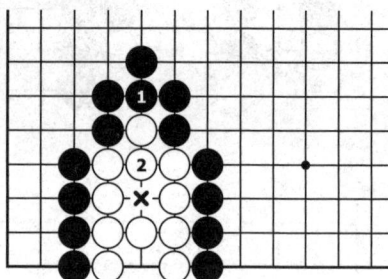

图 12.11
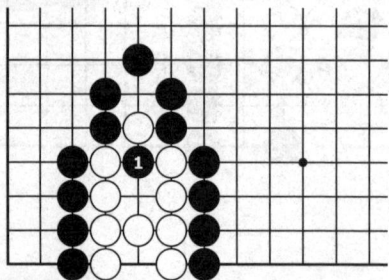

图 12.12
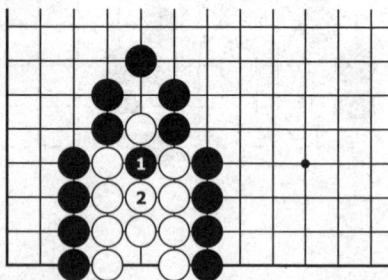

图 12.13
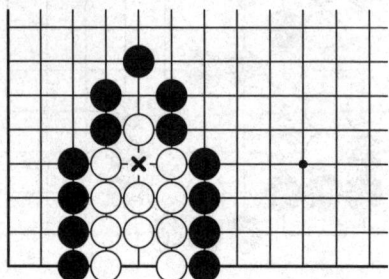

图 12.14
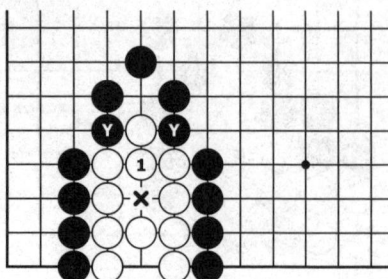

黑棋下在哪里可以确保 A 位的眼位?

55

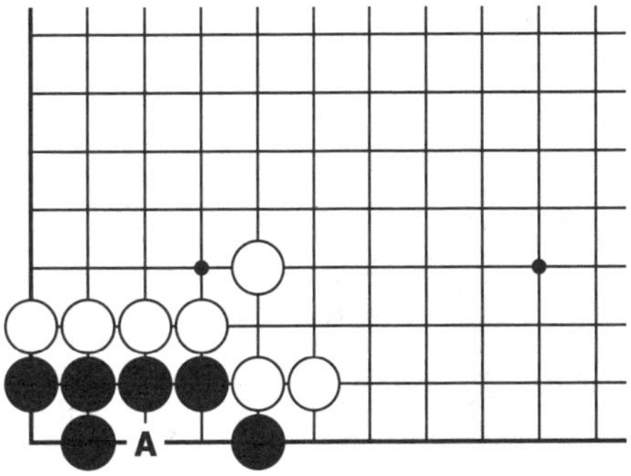

56

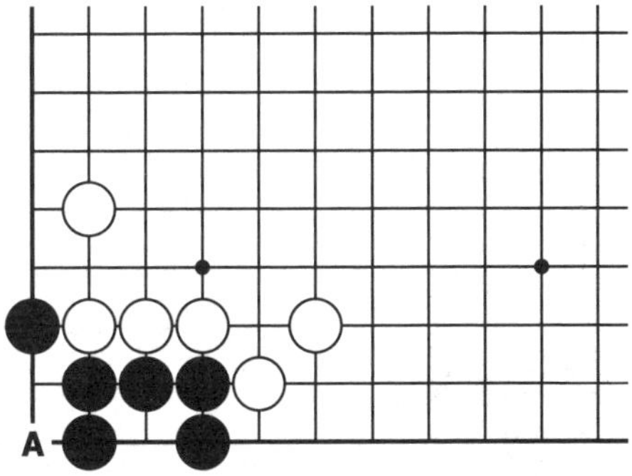

57

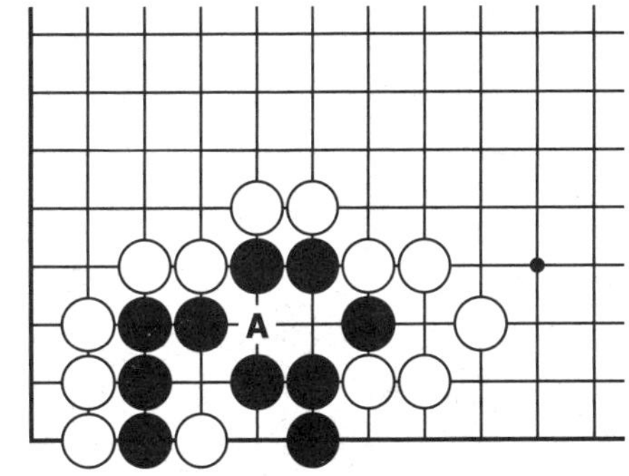

58

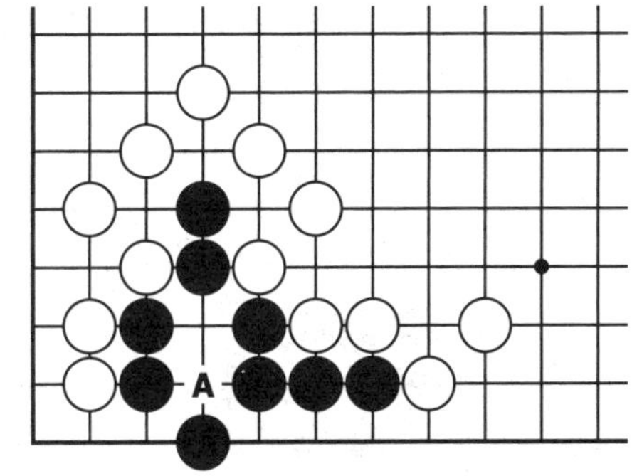

59

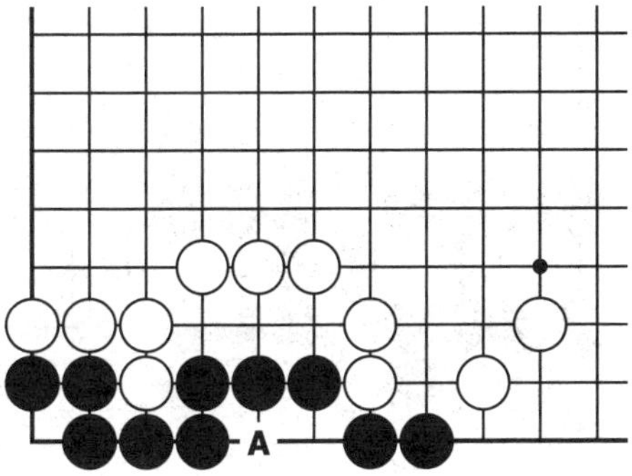

60

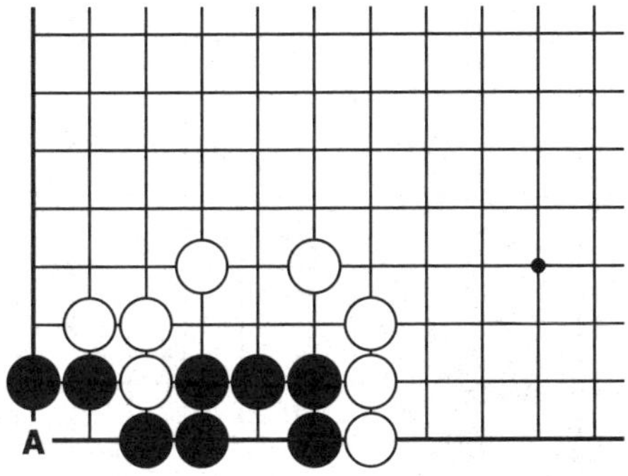

黑棋下在哪里可以确保 A 位的眼位？

61

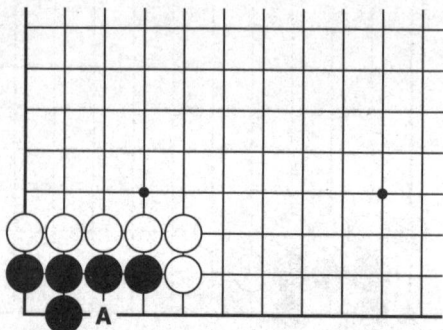

62

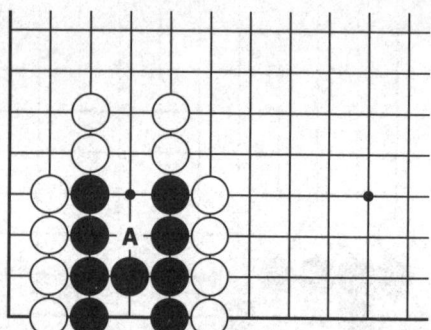

63

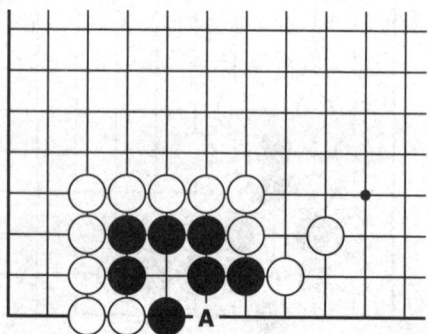

64

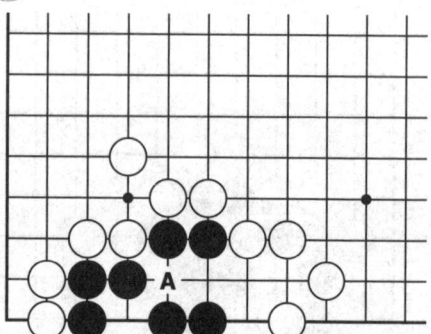

65

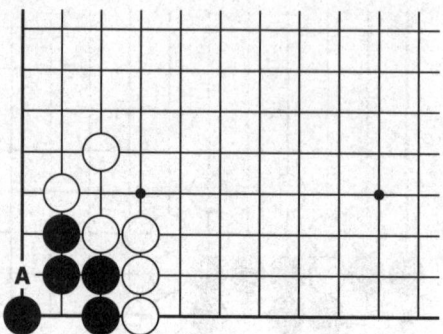

66

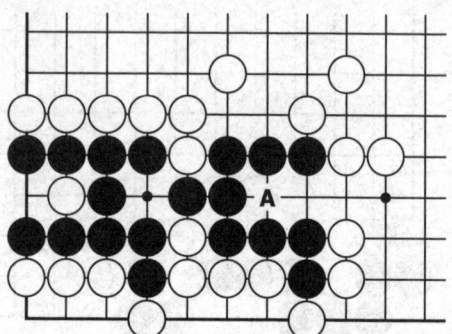

黑棋下哪里可以破掉 A 位的眼位?

67

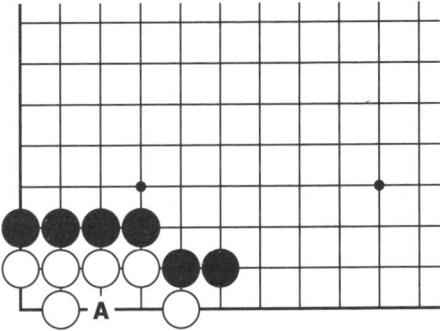

68

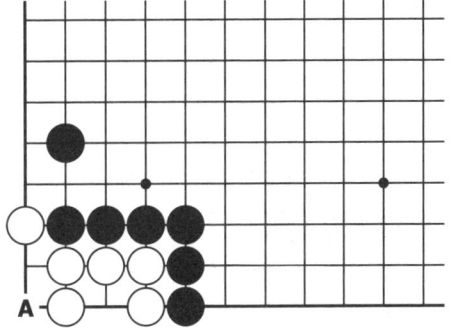

69

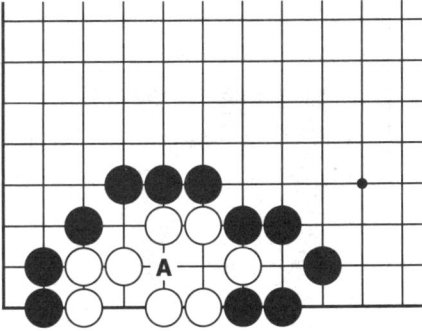

70

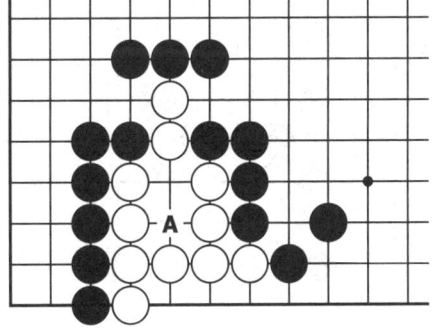

71

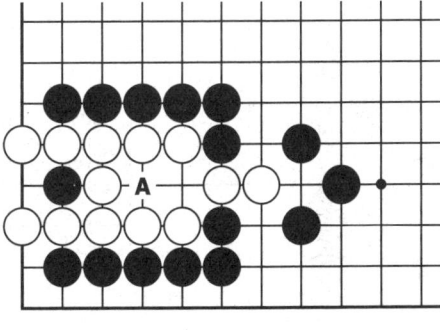

72

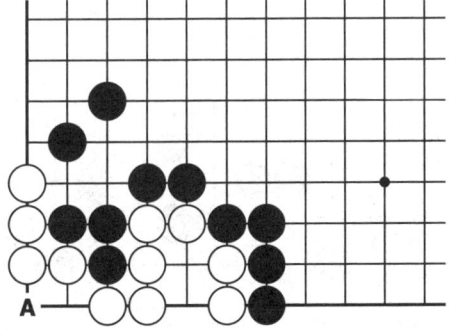

黑棋下哪里可以破掉 A 位的眼位？

73

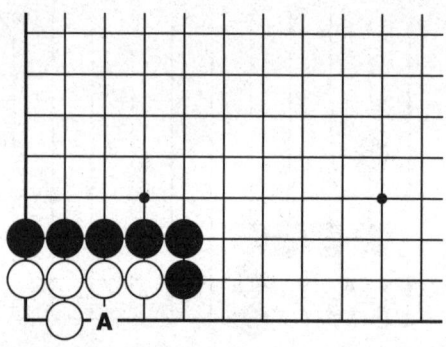

74

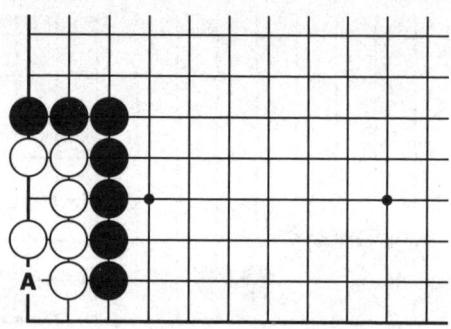

75

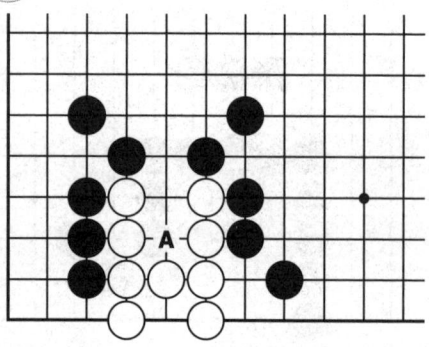

76

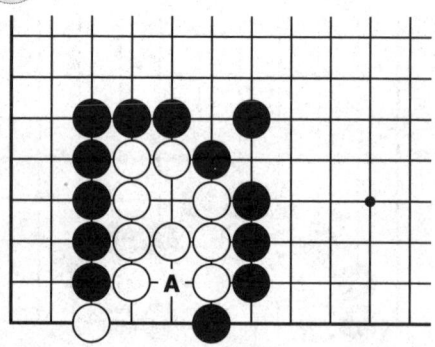

77

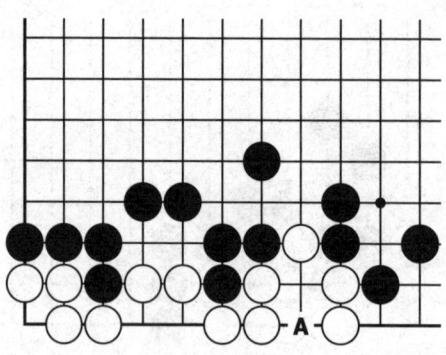

78

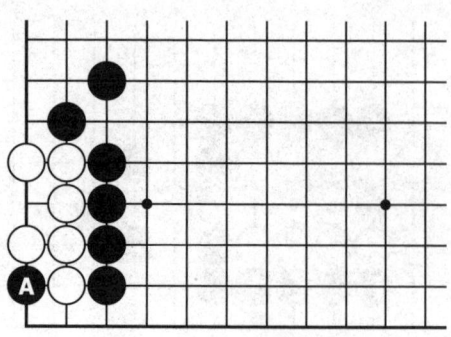

第 **13** 章
活棋与死棋

　　在图 13.1 中，如果黑棋下在 1 位，黑棋将会有两只真眼。因为白棋是永远也无法下到 X 和 Y 位的，所以结论是黑棋已经不可能被白棋吃掉了。我们可以称图 13.1 中这块黑棋为"活棋"。如果在图 13.2 中白棋先下在 1 位，黑棋完全可以下在 2 位将被叫吃的棋子连接上，不过紧接着白棋可以下在 3 位吃掉整块黑棋。如果黑棋不再如图 13.2 所示于 2 位接上，而是选择不回应白棋的叫吃（如图 13.3 所示），那么白棋可以继续下在 3 位吃掉黑子，紧接着叫吃只有一只真眼的黑棋。你们应该已经发现，在图 13.4 中，当白棋下在 1 位之后，白棋并不需要一步一步地吃掉黑棋，因为黑棋被吃掉是迟早的事情，所以这块黑棋是死棋。

图 13.1
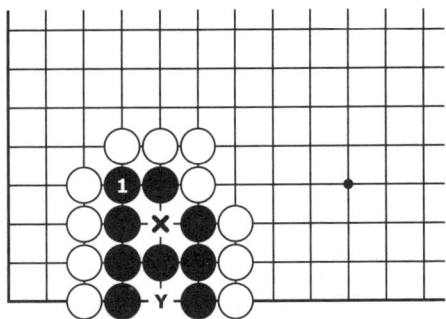

图 13.2
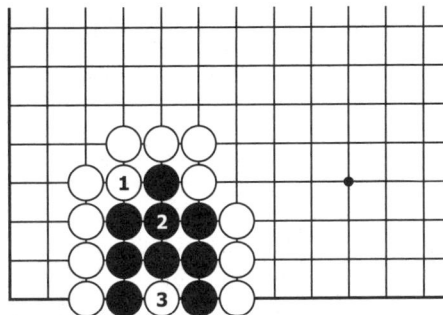

图 13.3
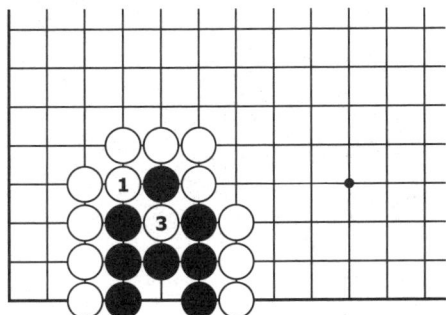

图 13.4
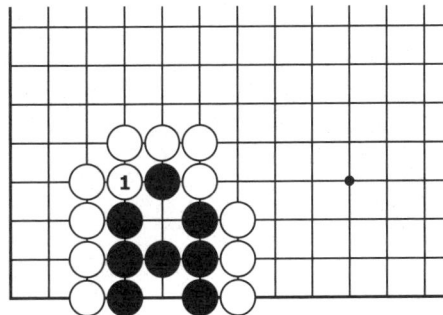

图 13.5

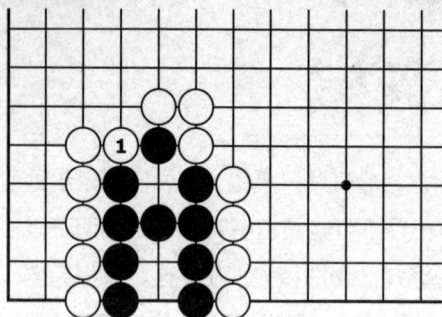

就算黑棋的真眼变得大一些，如图 13.5 所示，白棋只需要下在 1 位，黑棋依然只有一只眼，黑棋整块棋将被白棋吃掉。总结一下：只有一只真眼的棋不是活棋；被包围的、只有一只真眼的棋或者没有眼位的棋是死棋。

判断黑棋是死棋还是活棋。

1

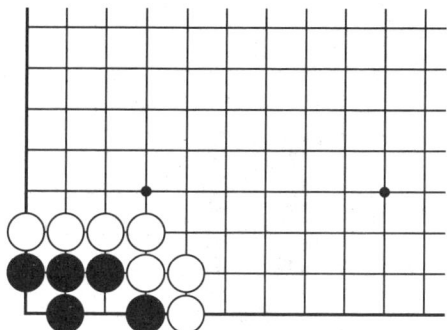

2

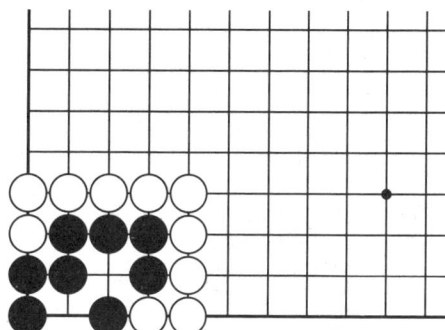

3

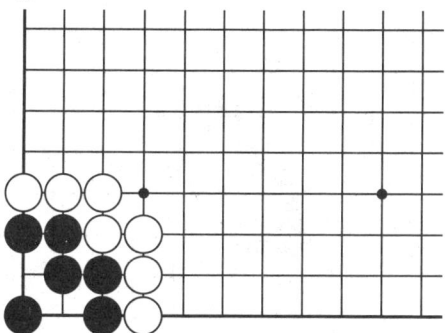

4

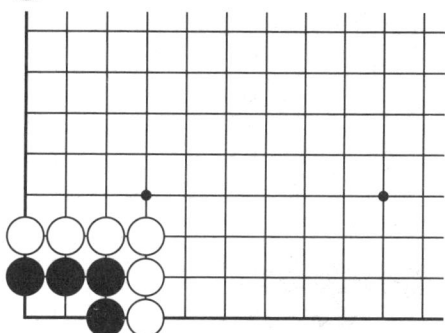

5

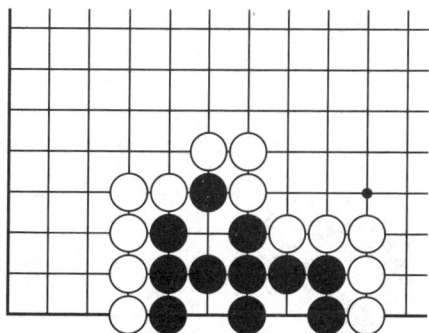

6

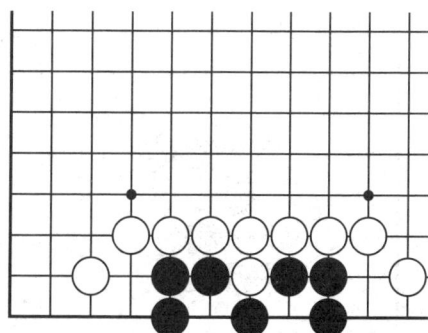

判断黑棋是死棋还是活棋。

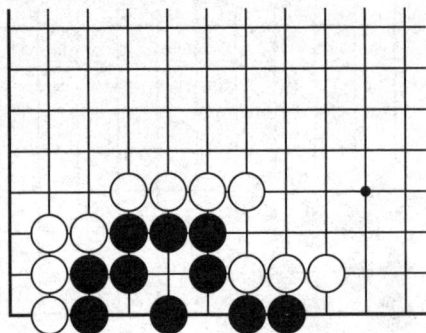

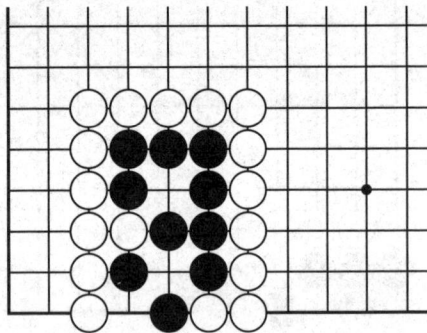

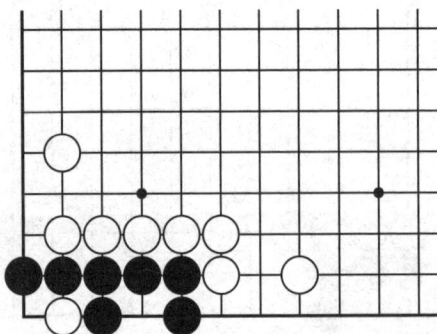

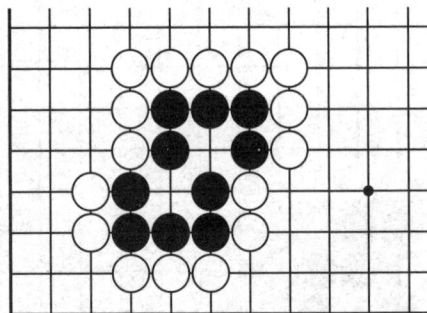

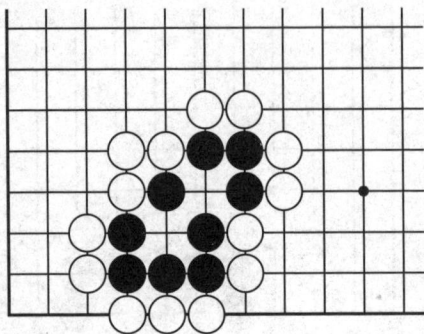

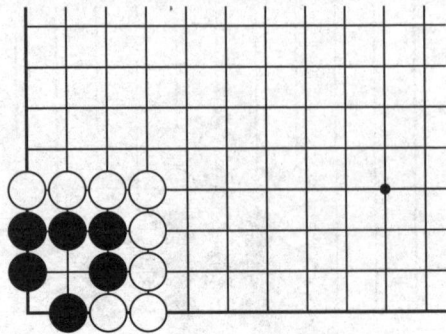

判断黑棋是死棋还是活棋。

13
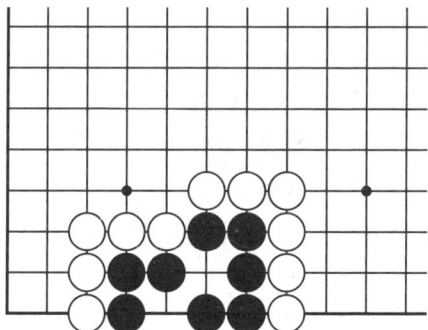

14
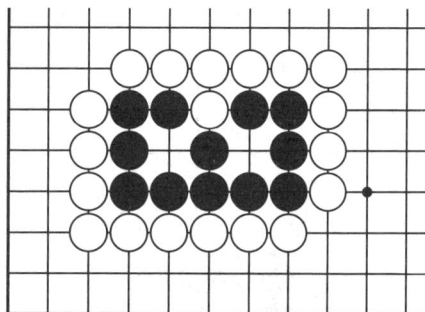

15
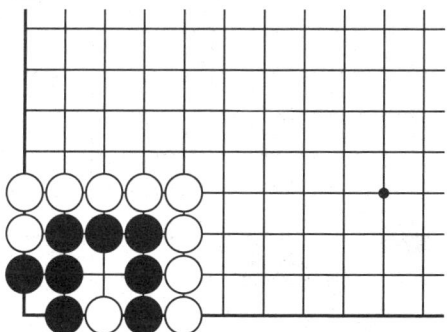

16
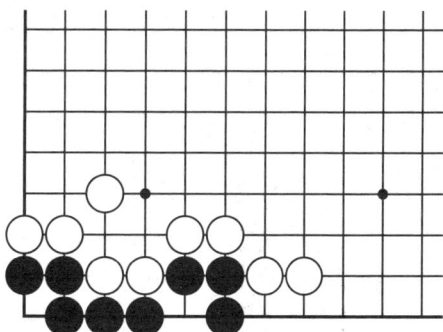

17
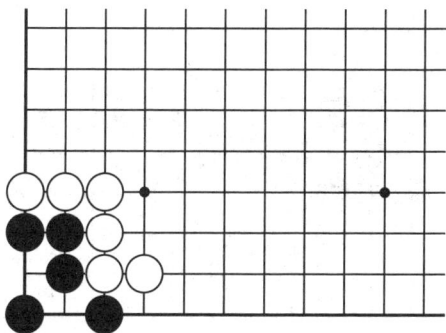

18
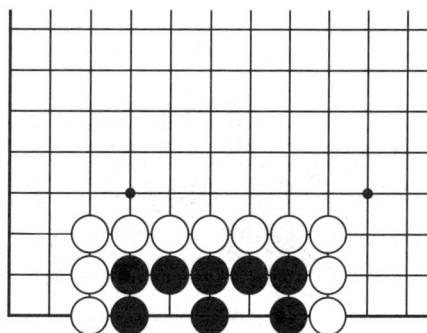

判断黑棋是死棋还是活棋。

19

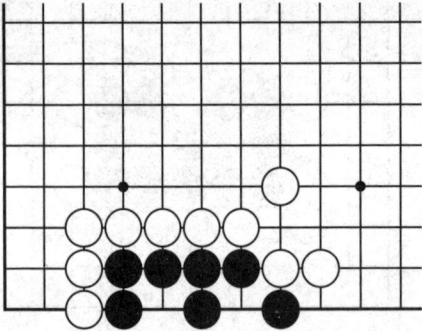

20

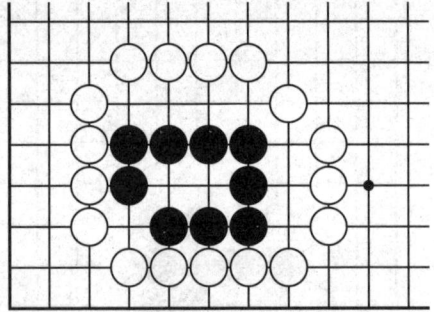

21

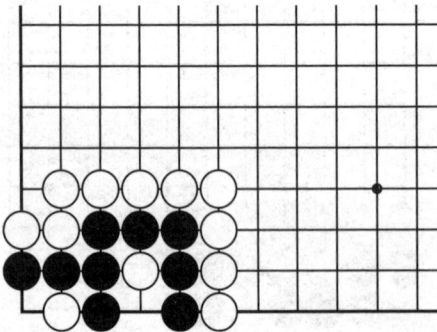

22

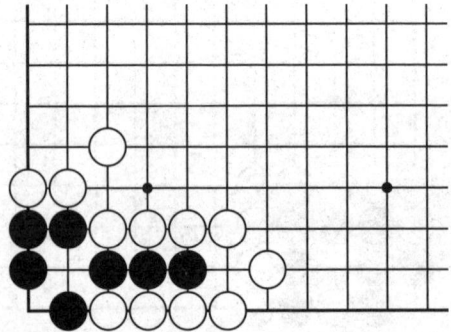

23

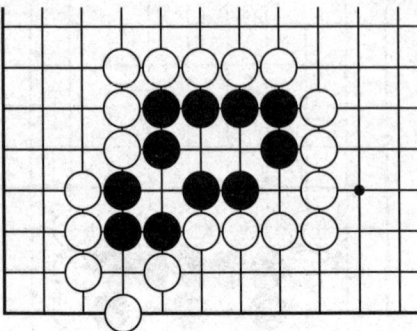

24

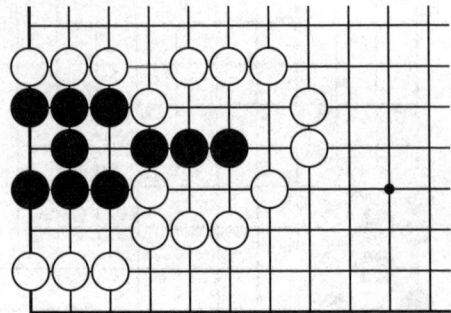

判断黑棋是死棋还是活棋。

25

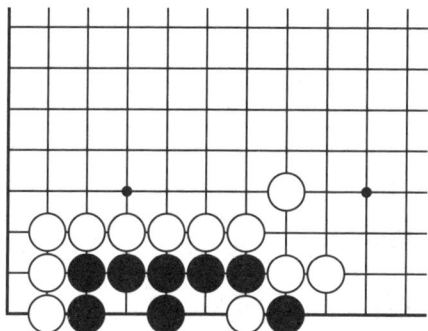

26

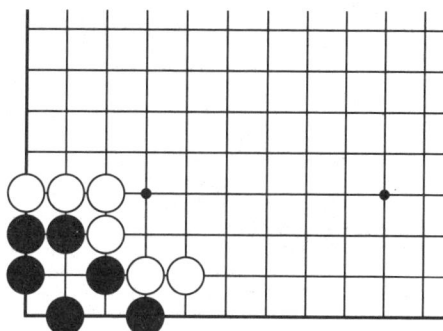

27

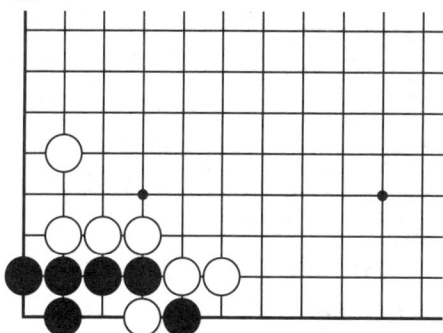

28

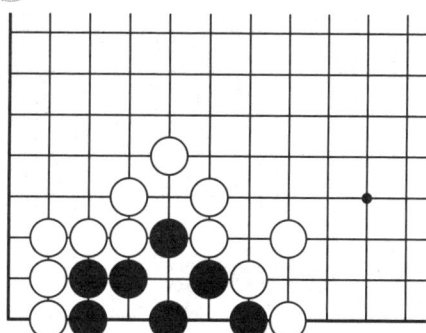

29

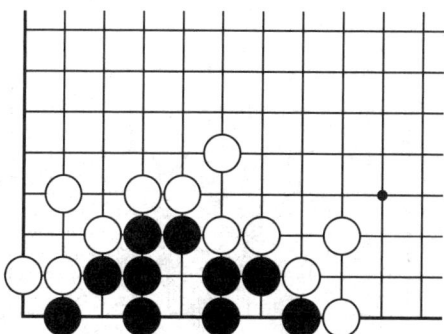

30

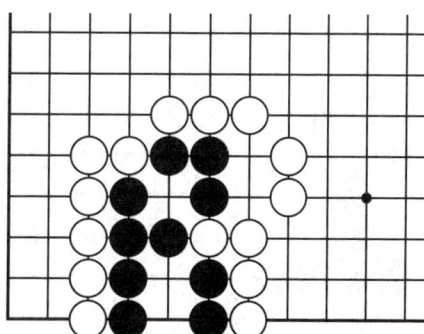

判断黑棋是死棋还是活棋。

31

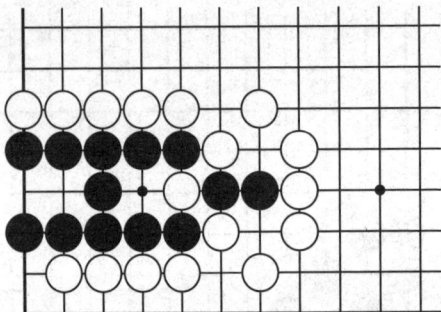

32

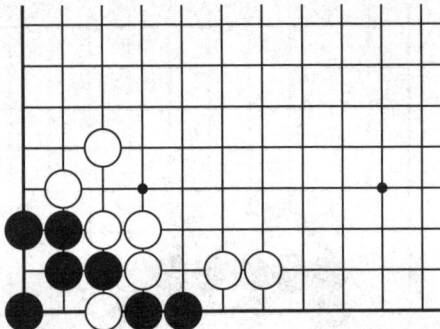

33

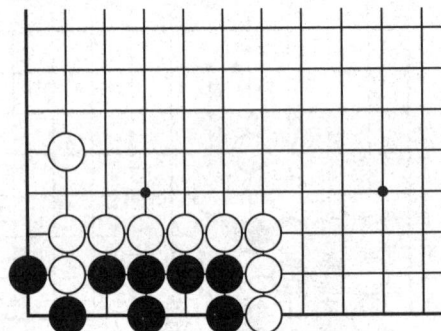

34

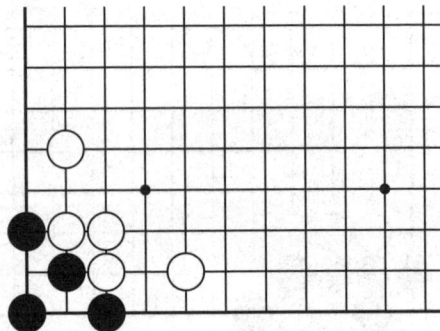

35

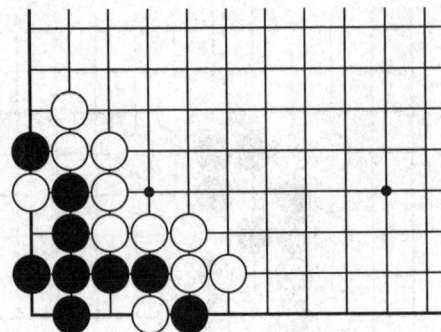

36

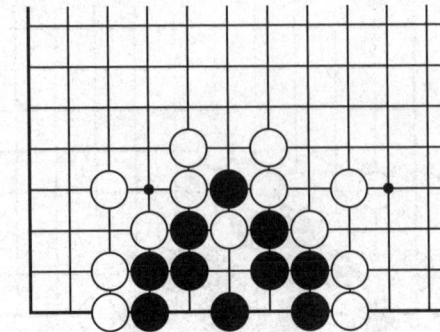

判断黑棋是死棋还是活棋。

37

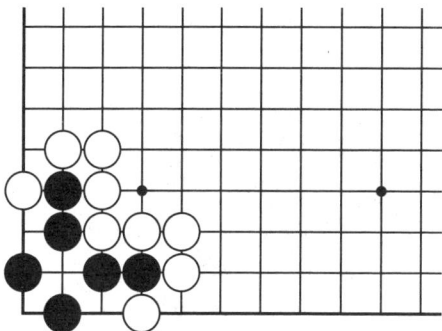

38

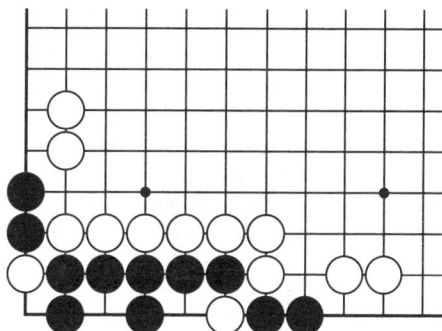

39

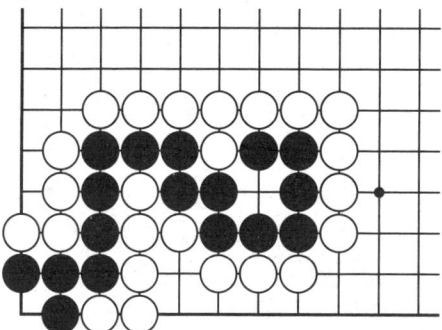

40

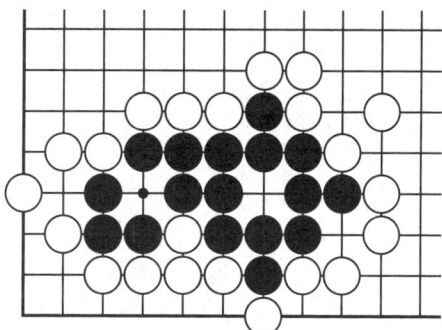

41

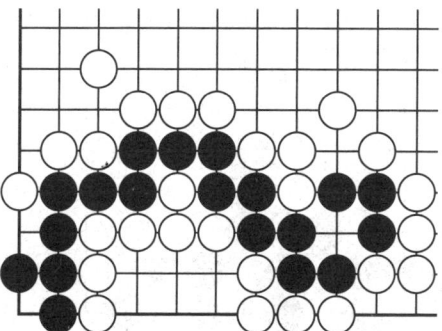

42

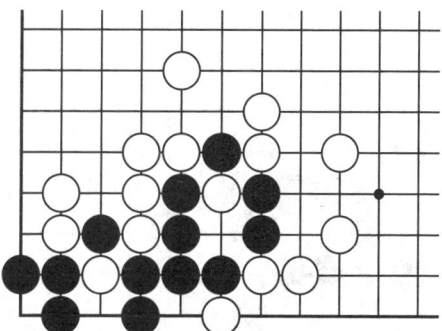

判断黑棋是死棋还是活棋。

43

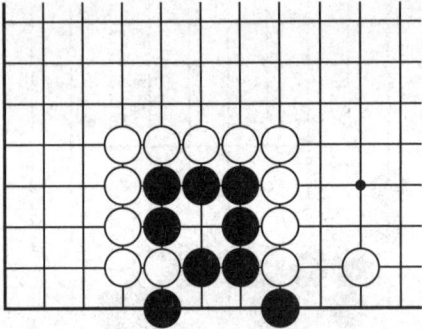

44

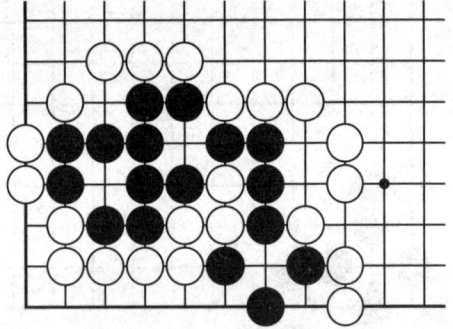

45

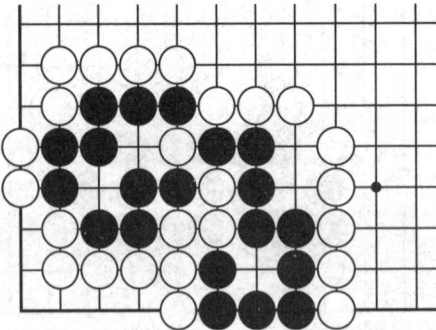

46

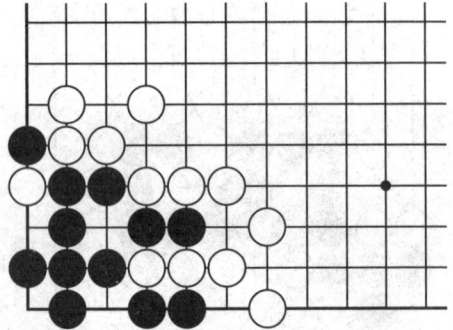

47

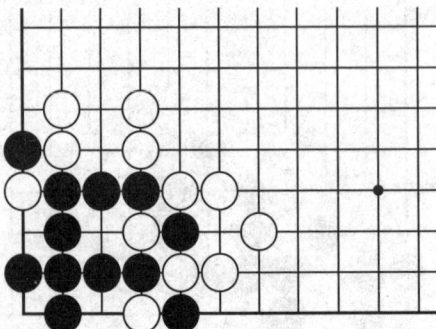

48

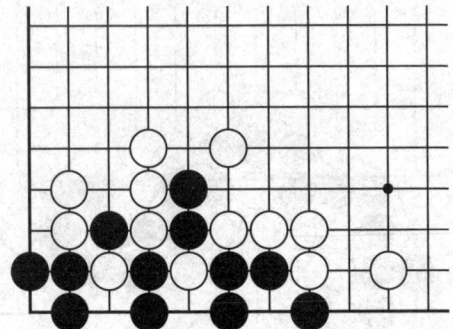

判断黑棋是死棋还是活棋。

49

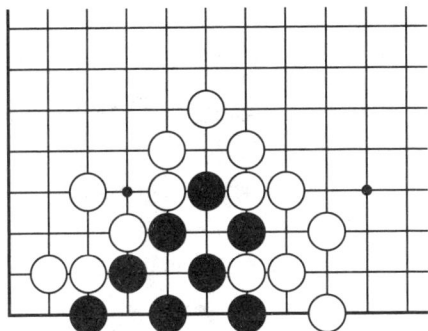

50

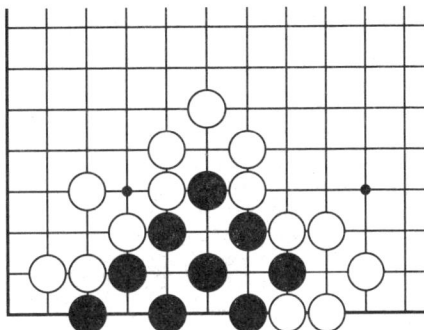

51

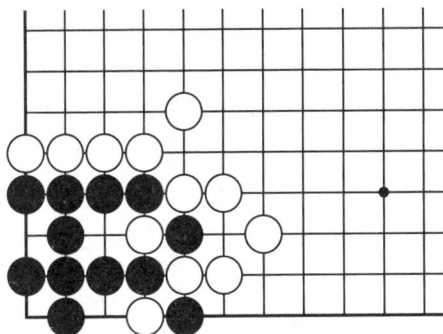

52

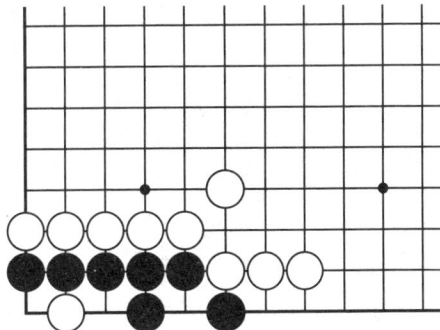

53

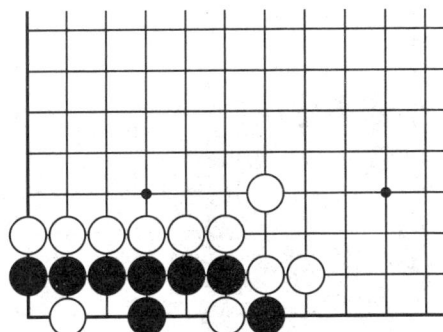

54

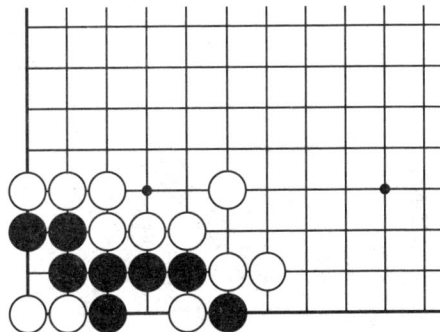

判断黑棋是死棋还是活棋。

55

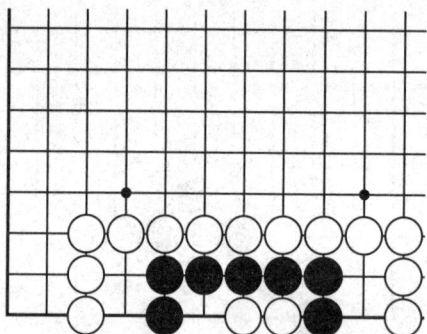

56

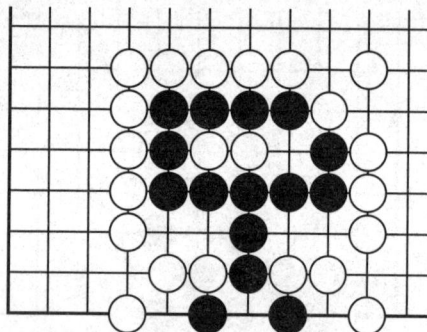

57

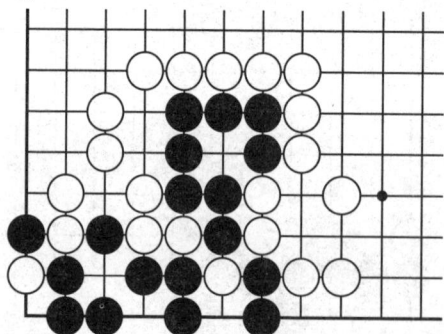

58

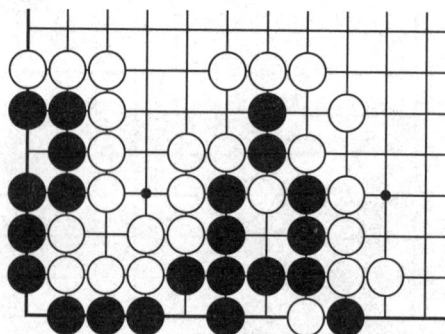

59

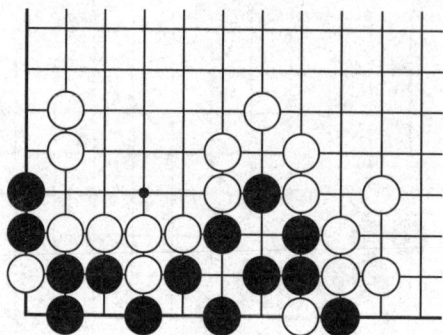

60

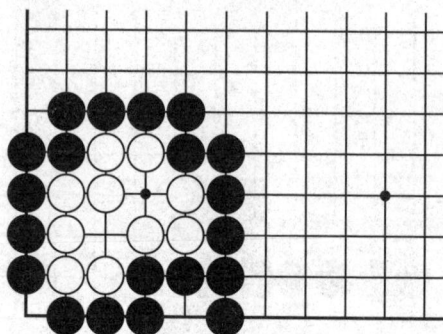

围棋故事

贪吃的猴子

在很久以前，有一位皇帝非常喜欢下围棋，他甚至为下棋好的人专门设置了官位，好让这些人每天陪自己下围棋。

有一天，邻国的使者来向皇帝进贡，皇帝为了向使者展示国家的强大，特意在皇宫中最豪华的大殿接见了使者。当然，进贡就必然有贡品。使者骄傲地拿出很多珍奇异宝，但除此之外，还有一样特殊的贡品——一只猴子！

"这并不是一只简单的猴子，"使者说，"这是一只会下围棋的猴子！"皇帝一脸惊讶："这怎么可能，猴子怎么可能会下围棋？""陛下，事情是这样的。"使者徐徐地讲述了一个故事："在我们的国家，有一座非常有名的仙山，传说山上住着神仙，而且他们还很喜欢下围棋。传言说，如果可以看到仙人的对局，棋艺就会提高，甚至有可能成为这个世界上棋艺最高的棋手。自从有了这个传言以后，很多人都上山寻仙，希望可以看到仙人下围棋，可是都无功而返。一天，有一个游人在山上找到了一块石桌，两旁还有两个石凳，石桌上刻着一块围棋棋盘。奇怪的是，棋盘和凳子上都没有灰尘，就好像是刚刚使用过一样，这个游人决定第二天一大早再来，说不定可以碰到仙人下棋。"

"第二天，这个游人一大早就赶到了石桌处，但是令人失望的是，并没有仙人在那里下围棋，游人很是失望。可是奇怪的是，游人摸了摸石凳，发现竟然还有温度，看来不久之前石凳还有人坐过，仙人刚刚离开了。"

"虽然游人很失望，但是他并没有放弃，他决定明天再来，这一次，他在太阳还没有升起的时候就出发赶往石桌。远远的，他似乎看到了石桌前的人影，心想这一次总算要见到仙人了。可是等他赶到石桌，石桌前却一个人影都没有，看来仙人是不想见到凡人。游人失望至极，一屁股坐到了石凳上。"

"就在这时，一只猴子从树上跳了下来，坐到了游人的对面，猴子使劲用爪子比划，好像要下围棋一般，游人很是惊讶，随即拿出随身携带的棋子，开始与猴子对弈起来。这位游人的棋力本就不弱，但是却被这只猴子杀得落花流水，一盘也赢不了。游人意识到，这只猴子的棋力远远高于自己。"

"原来，在石桌的旁边有一棵桃树，桃树上挂满了桃子。这只猴子经常来这棵桃树上吃桃子，在它吃桃子的过程中，它总能看到仙人对弈。慢慢地，这只猴子对仙人对弈产生了兴趣，猴子不仅学会了下围棋，而且通过日积月累地观察仙人对局，自己的棋力也变得非常厉害了。游人来的时候，猴子第一次看到其中一个石凳是空的，它顺理成章地跳到了石凳上，与游人对弈起来，并且一下就赢了！"

"游人实在不敢相信这只猴子如此厉害，他带着这只猴子下了山。他首先找到了当地最厉害的棋手，说服这名棋手与猴子对弈，可是猴子还是赢了，接着游人又去找了本国的一流高手，但是面对猴子，这名高手还是输得一塌糊涂。"

"我们的国王很快就听到了这个消息，派出了本国的国手，可依然无功而返。我们的国王觉得输给一只猴子实在是太丢人了，陛下的国家大我国十倍有余，当然围棋高手也是藏龙卧虎，陛下一定可以找到赢过这只猴子的棋手吧？"

皇帝立刻明白，使者看似是进贡，而实际上是想通过这只猴子来羞辱本国，如果全国上下没有人赢得了这只猴子，就相当于举全国之力也赢不了邻国的一只猴子！一想到这里，皇帝就气不打一处来，立刻要求自己身边一位棋力很高的官员与这只猴子对弈。就算使者如何吹嘘这只猴子，皇帝还是无法相信一只猴子会比人厉害。而事实上，皇帝失算了，猴子轻松地战胜了皇帝的官员。

皇帝生气了，他立刻命令另一个棋力更强的官员与这只猴子对弈。可是猴子又赢了，这时的皇帝开始有些坐不住了。

这时，使者说到："殿下，看来虽然您的国家大我国十倍有余，但是依然找不到赢得过这只猴子的棋手，看来在这世上，最厉害的棋手竟是我国这只猴子。"

使者满脸傲慢，似乎在说 "我国的一只猴子都强过你国的所有国手，大国也不过如此"，皇帝越想越气，可是一点儿办法都没有。这时宰相与皇帝说："陛下，我国幅员辽阔，人才辈出，何不张贴告示，寻找民间能人，定能找到打败这只猴子的棋手。"

这时的皇帝也想不到更好的办法了，立刻命令四处张贴告示，寻找可以打败这只猴子的民间高手，无论是谁，只要可以打败猴子，赏黄金千两，可是如果输了，便立刻关进大牢。告示贴出后，有几个投机者决定一试，最后都进了大牢。

有一天，一名叫杨靖的棋手来接告示，决定与猴子一战。这个杨靖并不是什么出名的棋手，皇帝很是担心，因此在比赛前皇帝接见了杨靖。"不知你的棋力如何，是否需要先练习练习再与那只猴子比赛？"皇帝问道。杨靖说："陛下，练习倒是不用，但是我下棋有一个习惯，对局时必须吃些东西方能下出我的水平，请陛下恩准。""准了，只要能赢，吃金子都可以。"皇帝答道："那么你对局时要吃些什么？""桃子就可以了，陛下。"杨靖回答。"好的，明天你就和那只猴子对弈，你可别忘了，输了可是要做大牢的！""放心吧！陛下，我明天一定能赢。""那是最好，你明天早朝时与那猴子对弈。"

第二天早上，文武百官以及使者齐聚大殿，这时杨靖走了进来，手中提着一个小篮子，里边放满了又大又嫩的水蜜桃！水灵灵的，煞是好看。杨靖与猴子对坐在棋桌前，杨靖随手将篮子放在棋盘边上，猴子目不转睛地盯着篮子，毕竟桃子是猴子最爱吃的水果，更何况是又大又嫩的水蜜桃！

对局开始了，没下几步，杨靖拿起一个桃子，慢慢将皮剥掉，一口一口地慢慢吃。桃子看起来实在是太可口了！猴子目不转睛地盯着桃子，杨靖每咬一口桃子，溢出的桃汁都流到杨靖的手指上，杨靖也不擦手，拿起一颗棋子就下在了棋盘上。这时猴子满脑子想着怎么可以尝尝鲜美的桃汁，它随即拿起一颗子，下到了杨靖棋子的旁边，爪子终于沾上了一点桃汁，激动地立刻放到嘴里。从此之后，猴子已经不想着怎么下好围棋了，每步棋都是为了可以沾到桃汁。这样的对局猴子是不可能赢的，杨靖轻松地就赢了这盘棋。皇帝高兴坏了，好好地奖励了杨靖，而那个外国使者也灰溜溜地离开了。

猴子或许比杨靖的棋力更高，但是满脑子只想吃桃子的猴子并没有专注去思考对局，不认真下棋的棋手是不能把棋下好的。贪吃的猴子最终还是输了。

围棋是一个需要思考的游戏，集中注意力是获胜的关键。

第14章

做活

通过之前的学习，我们知道有两个真眼的一块棋是活棋。但是大家在实战中可能会发现，在应用时会遇到很多困难，例如经常分不清楚什么是真眼，什么是假眼。面对一块自己的棋时，应该如何制造两只眼？或者说，两只眼的样子都有哪些？通过本章的练习，大家将进一步学习两只眼可能的位置、组成方式，以及眼位与提子的关系。

其实，做活的思考方式不外乎两种。一种如图 14.1 所示，在自己已经完全包围的区域内找两只眼。另一种如图 14.2 所示，在与对方棋子交界的区域内找眼（一只眼或两只眼）。

图 14.1

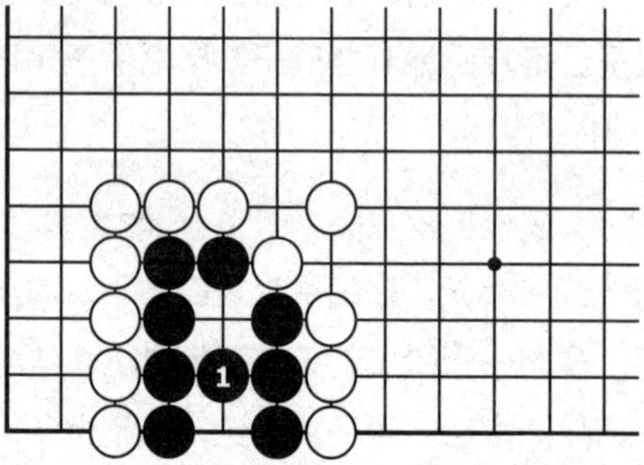

图 14.2

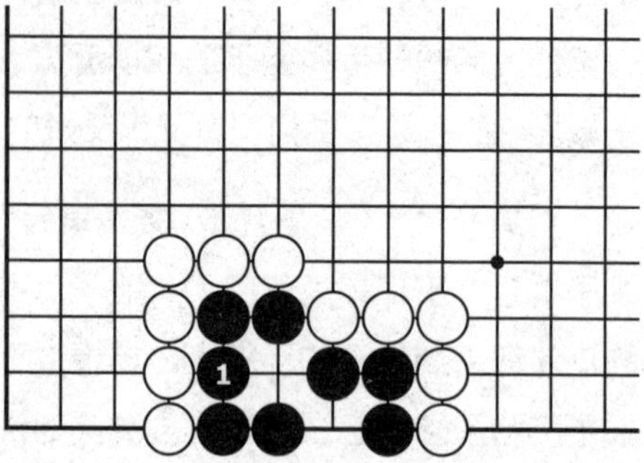

黑棋下哪里可以做活?

1

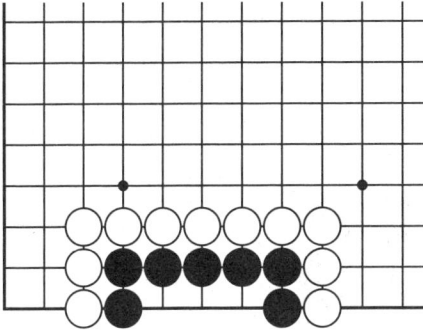

2

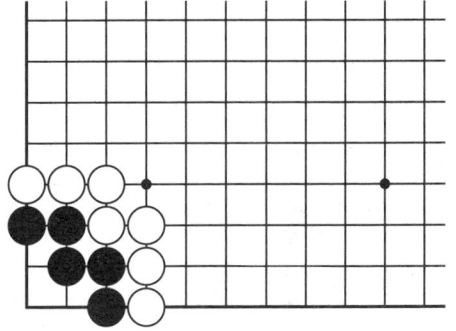

3

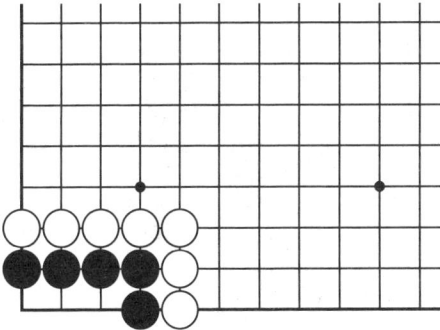

4

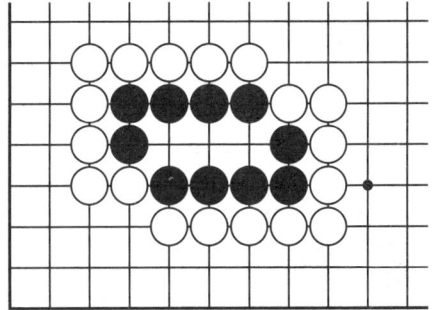

5

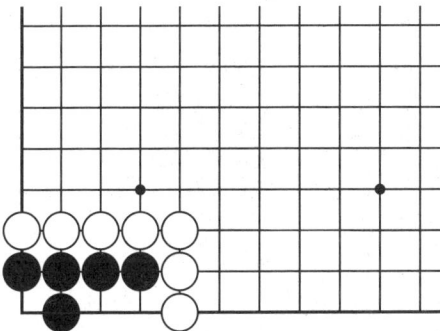

6

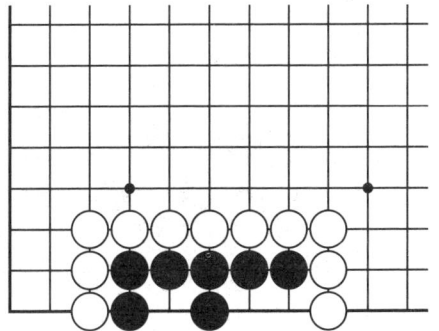

黑棋下哪里可以做活？

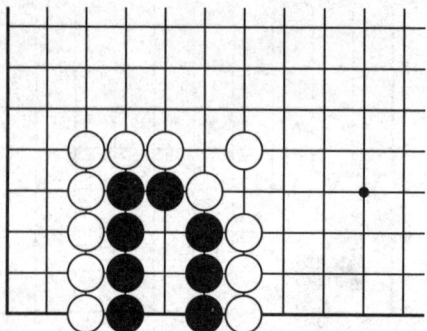

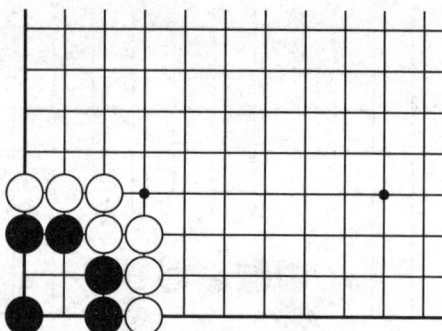

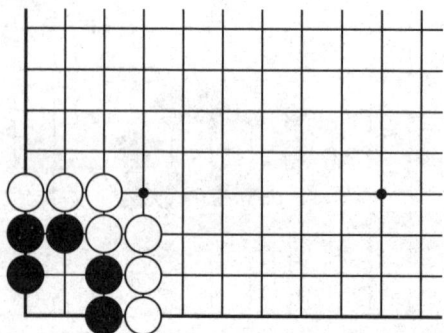

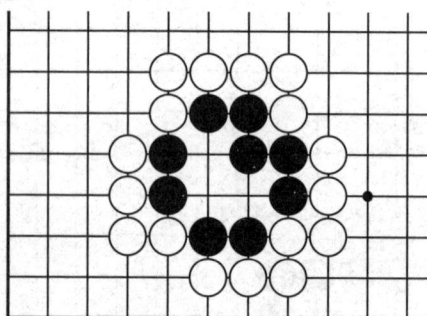

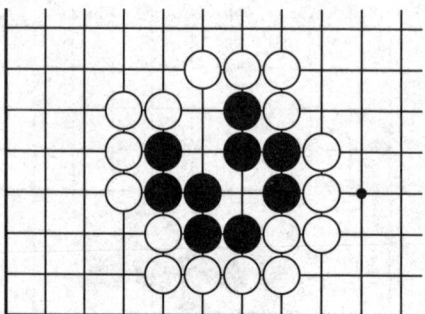

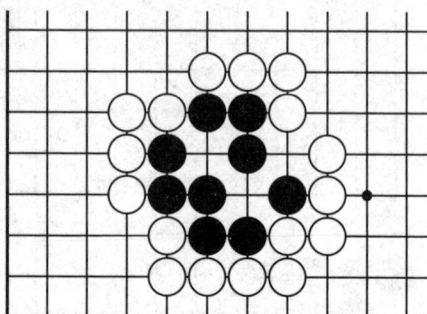

黑棋下哪里可以做活?

13
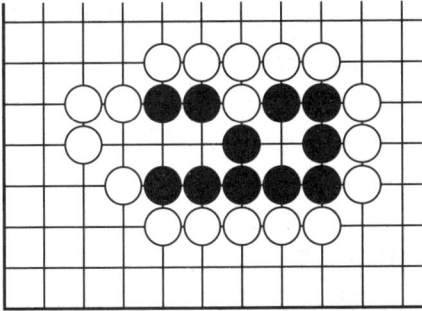

14
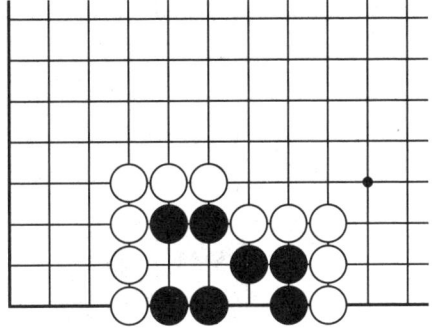

15
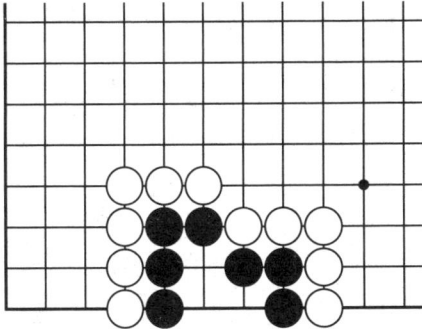

16
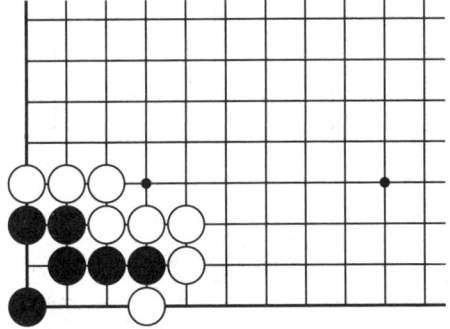

17
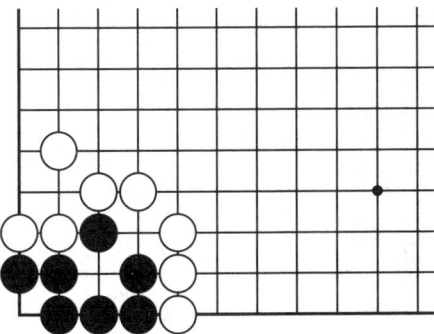

18
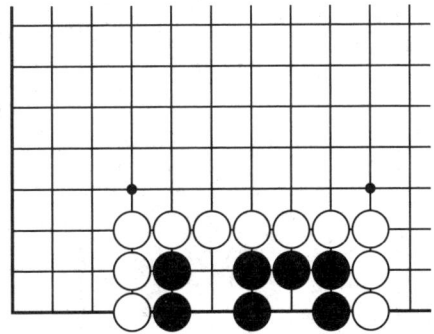

黑棋下哪里可以做活？

19

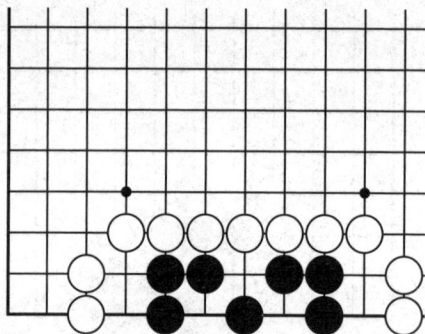

20

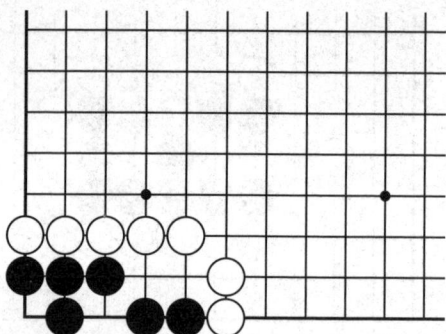

21

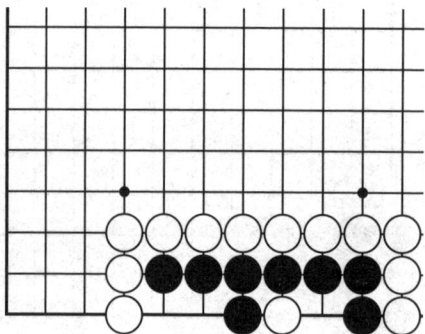

22

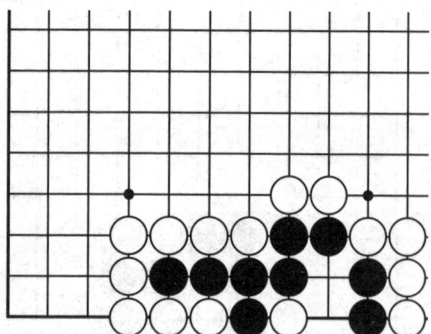

23

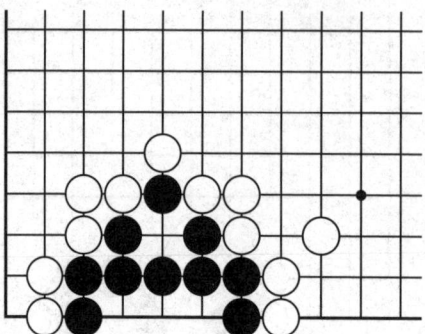

24

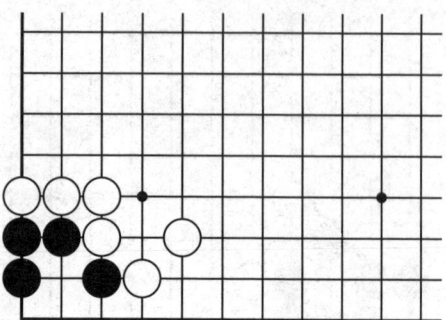

黑棋下哪里可以做活?

25

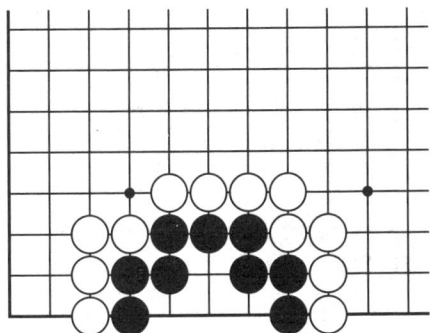

26

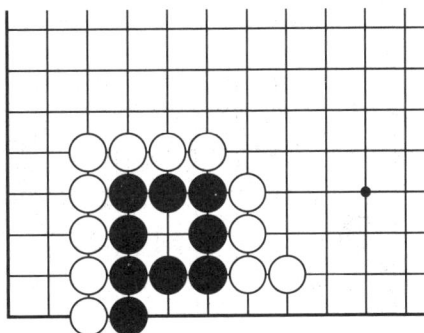

27

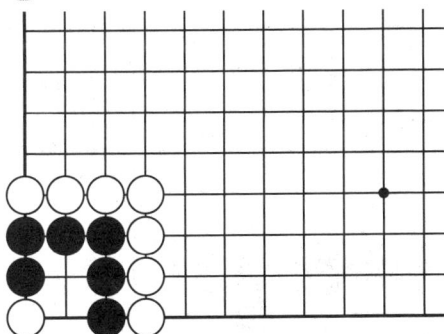

28

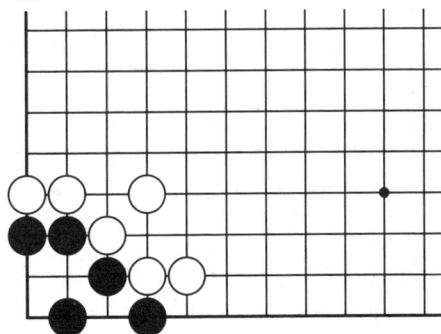

29

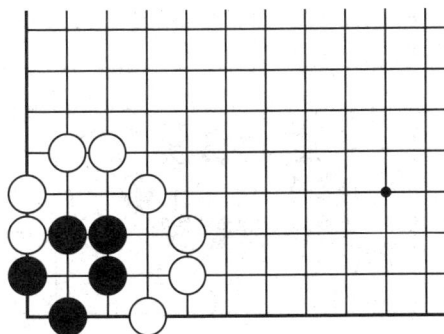

30

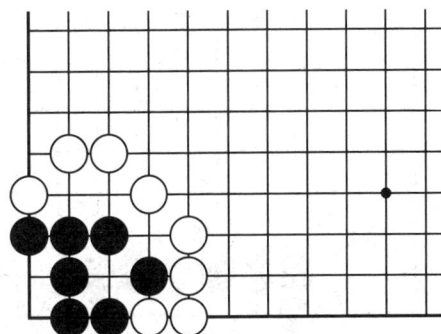

黑棋下哪里可以做活？

31

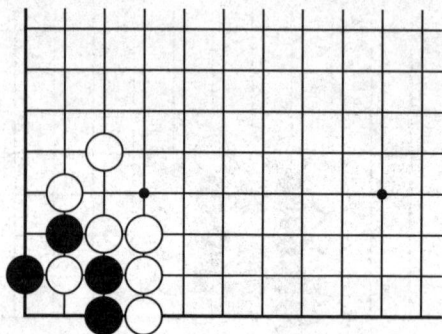

32

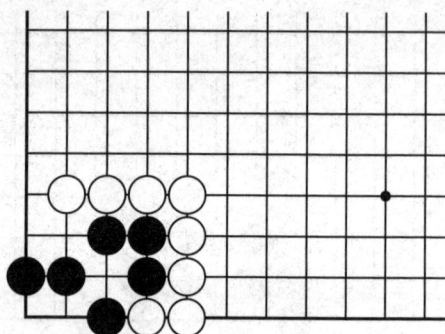

33

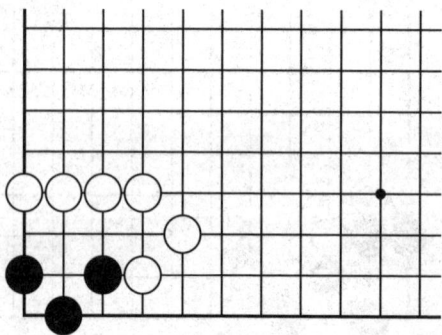

34

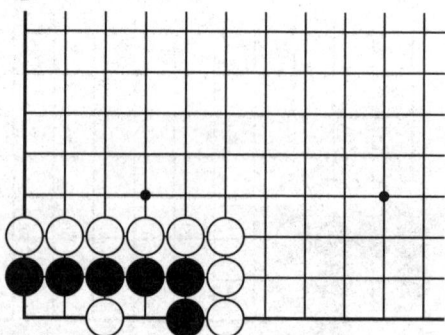

35

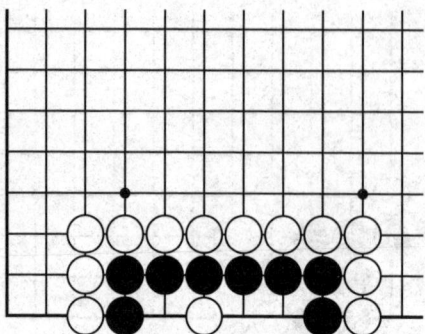

36

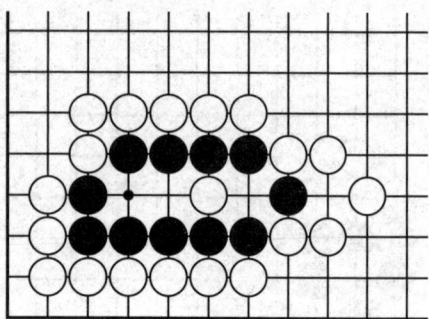

黑棋下哪里可以做活?

37

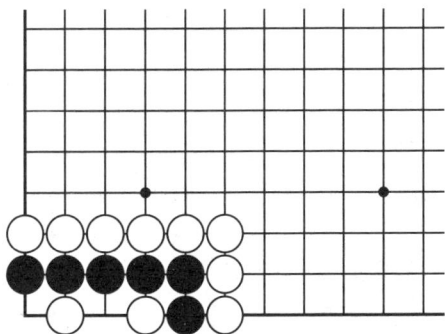

38

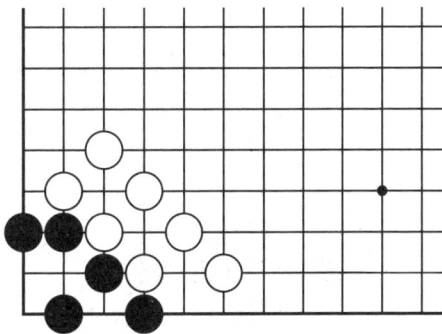

39

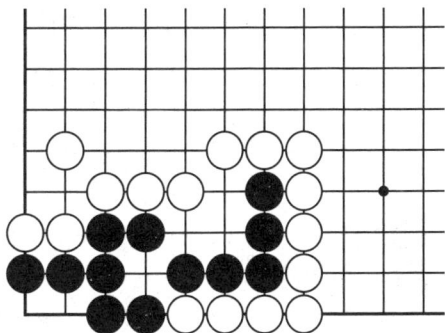

40

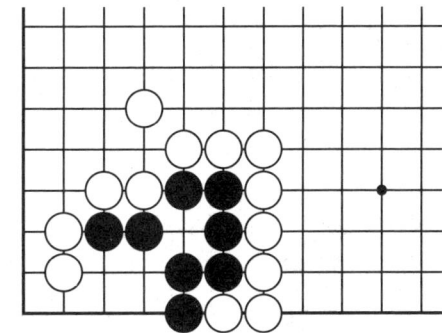

41

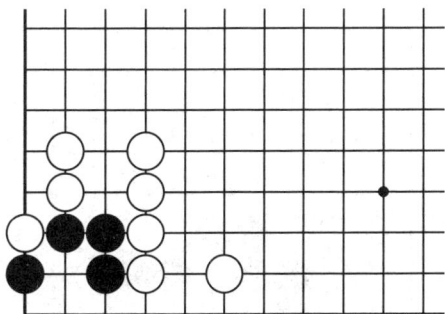

42

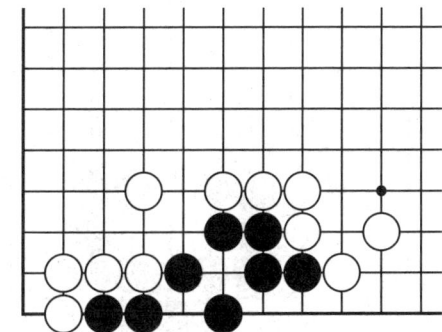

黑棋下哪里可以做活？

43

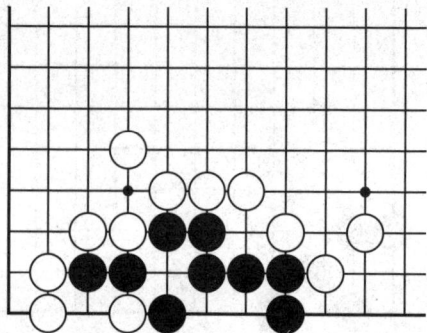

44

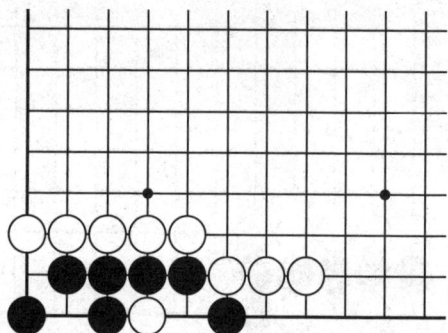

45

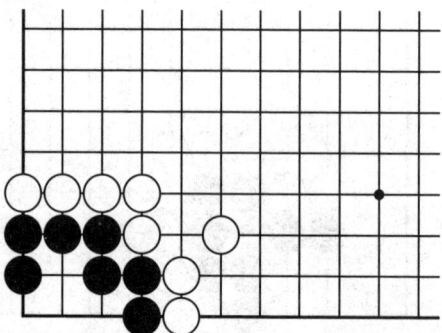

46

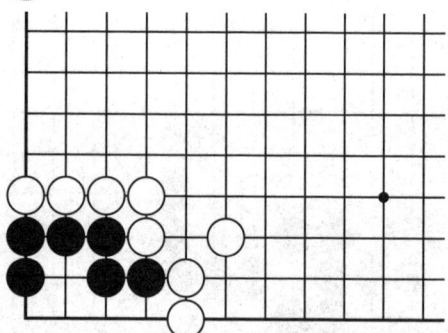

47

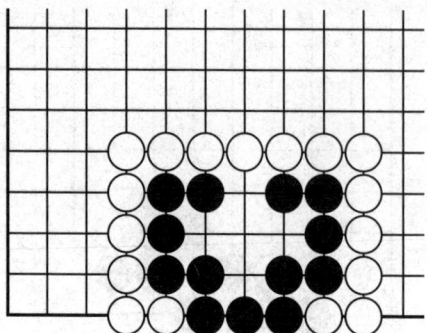

48

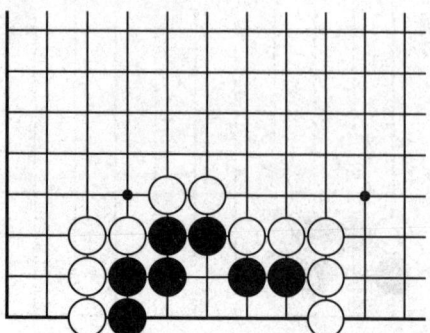

黑棋下哪里可以做活?

49

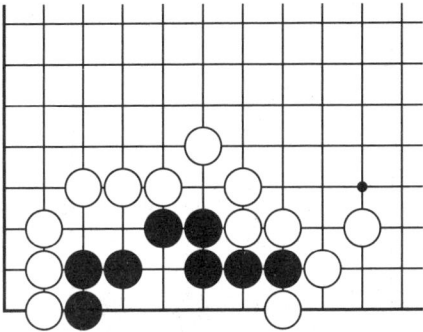

50

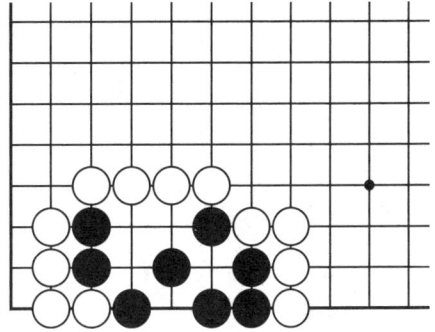

51

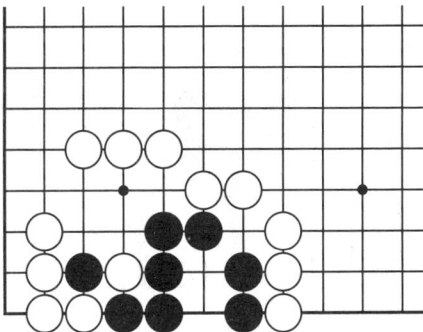

52

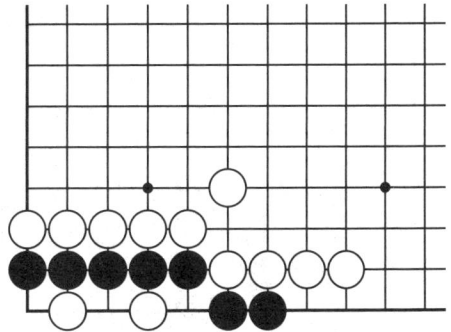

53

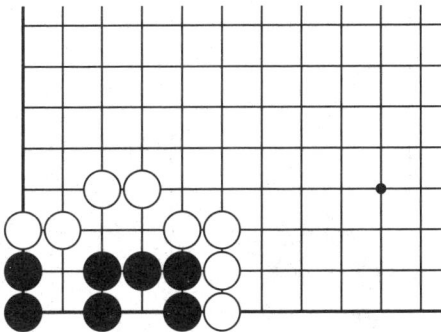

54

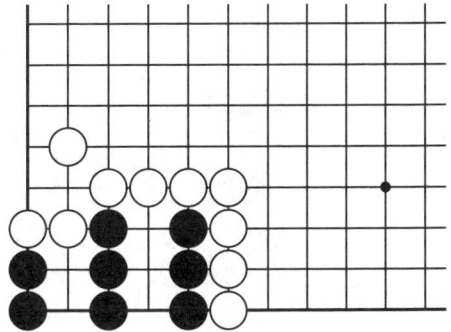

黑棋下哪里可以做活?

55

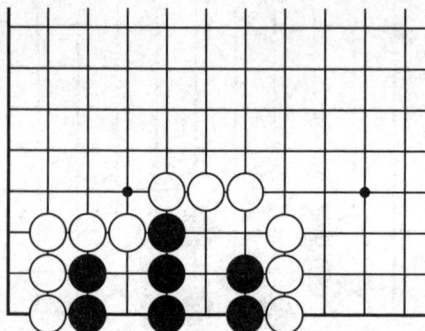

56

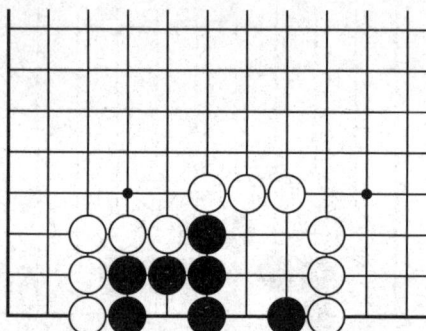

57

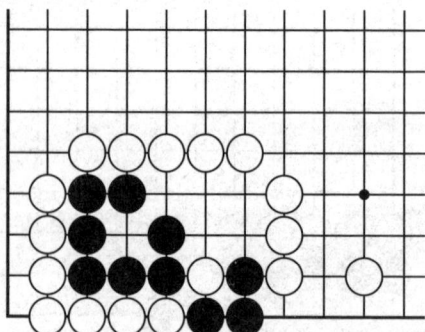

58

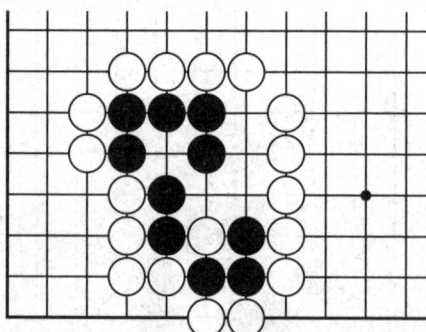

59

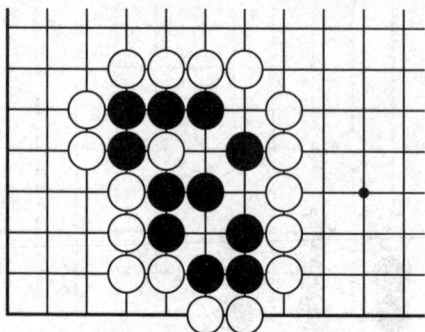

60

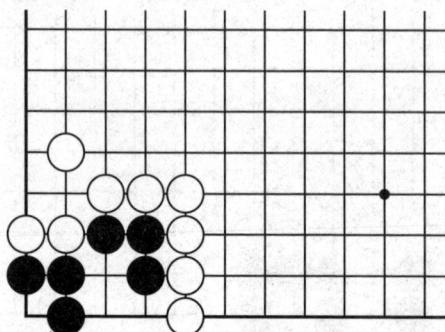

黑棋下哪里可以做活?

61
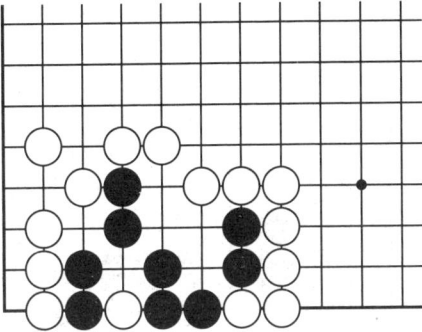

62
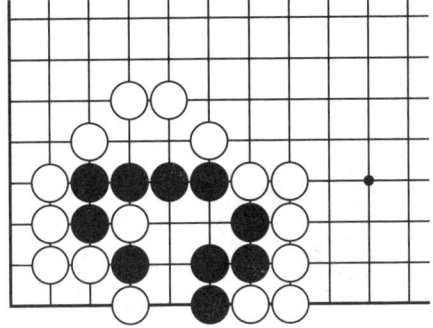

63
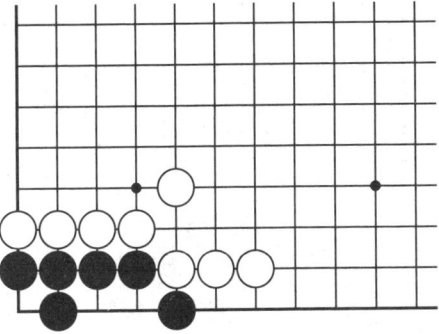

64
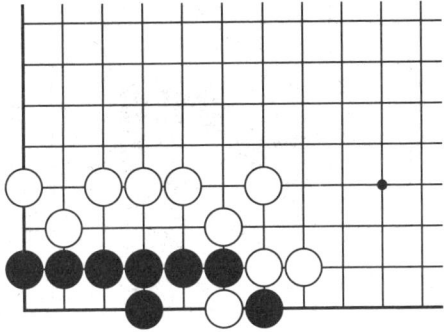

65
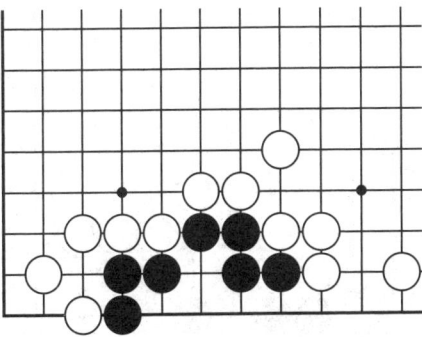

66
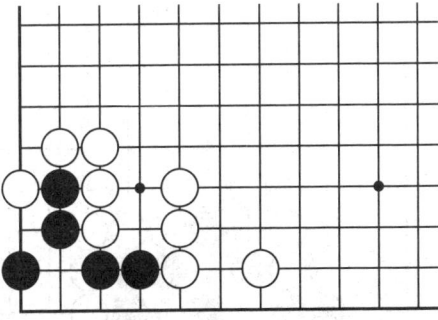

黑棋下哪里可以做活?

67

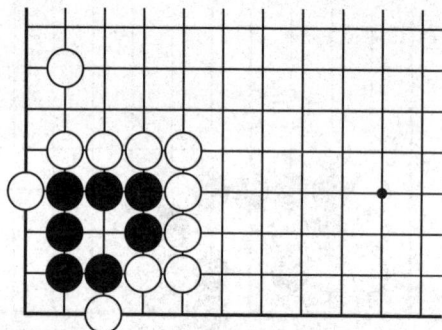

68

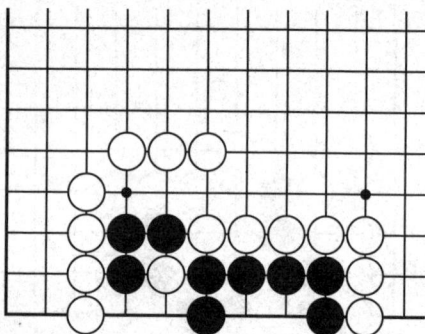

69

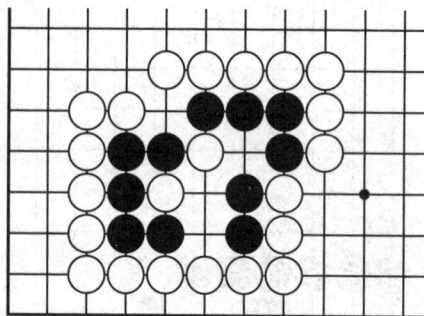

70

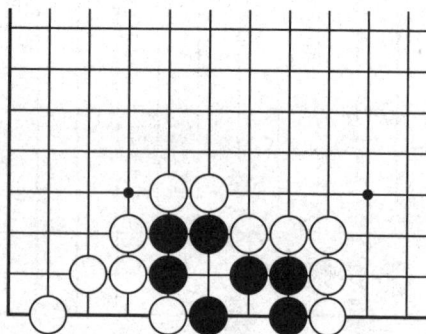

71

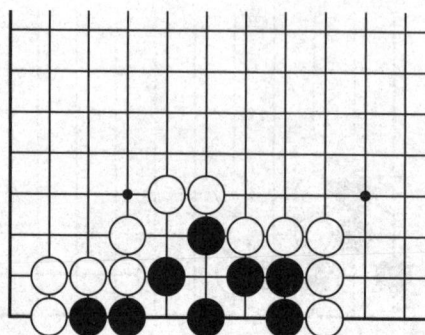

72

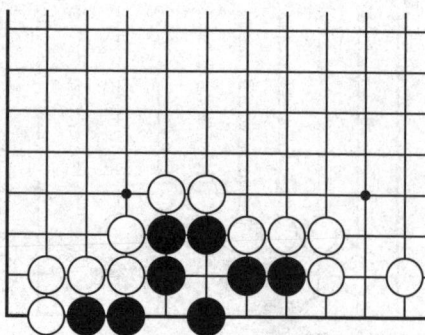

黑棋下哪里可以做活？

73
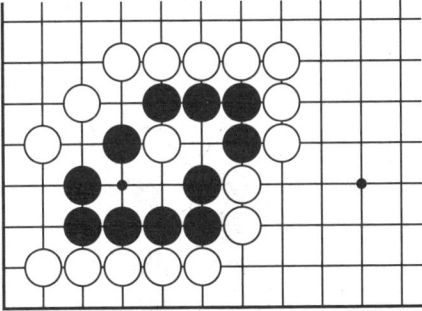

74
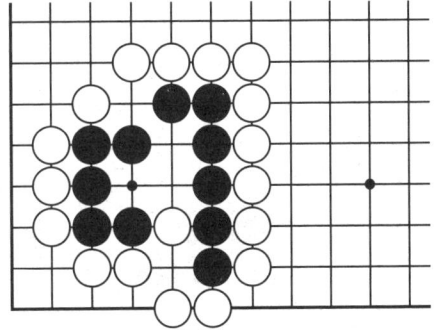

75
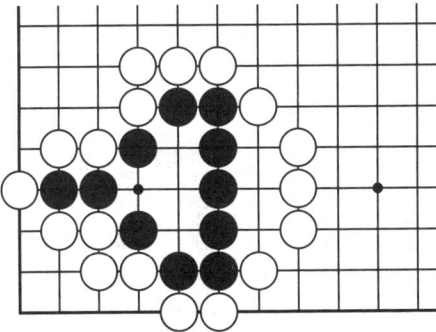

76
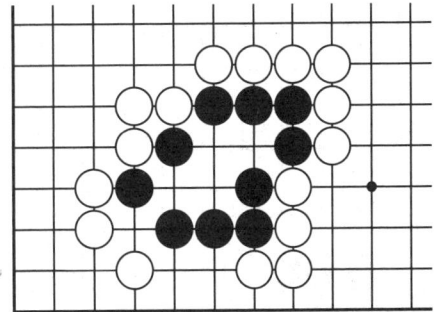

77
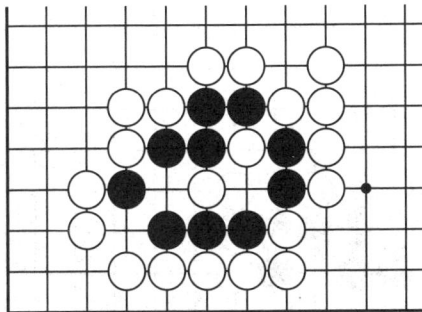

78
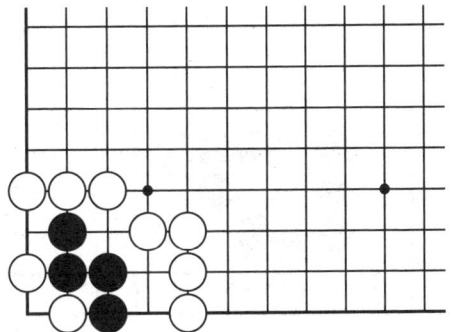

黑棋下哪里可以做活？

79

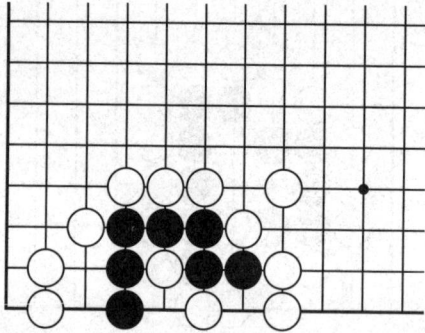

80

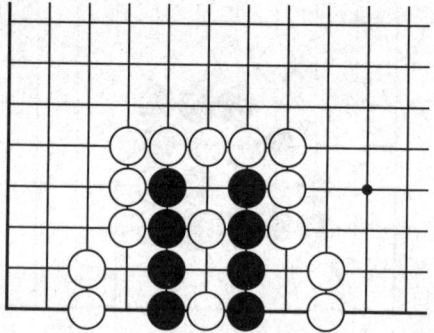

81

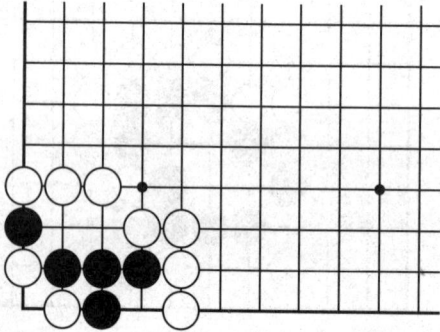

82

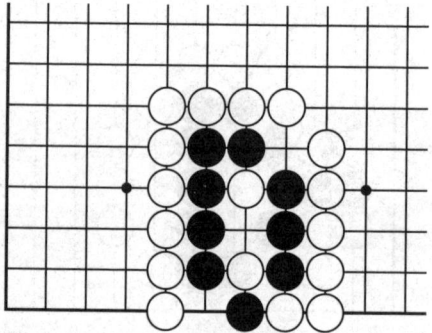

83

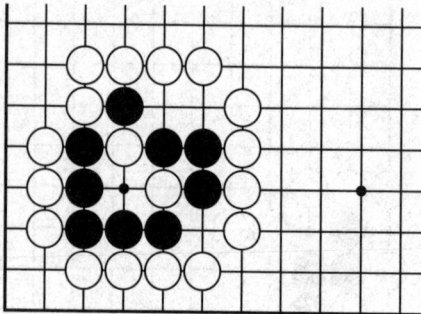

84

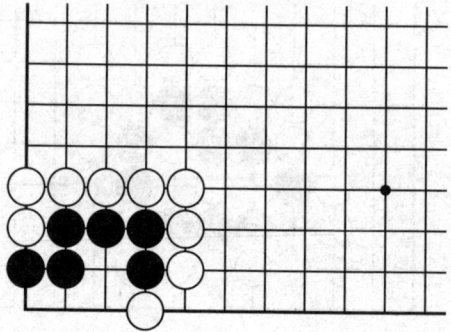

黑棋下哪里可以做活？

85

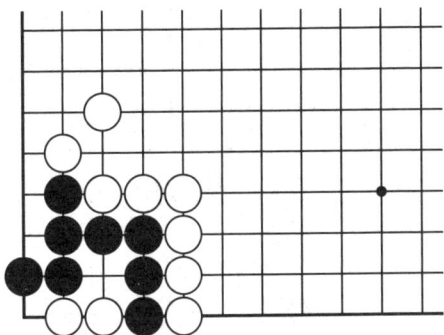

86

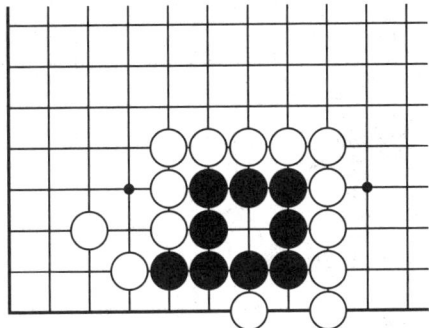

87

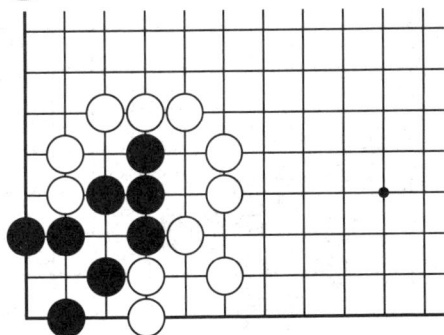

88

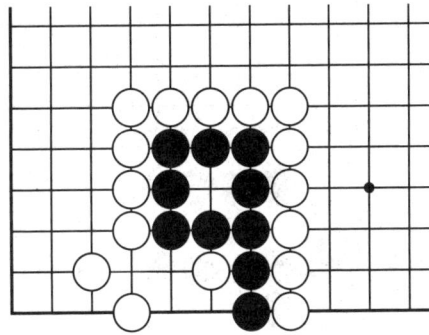

89

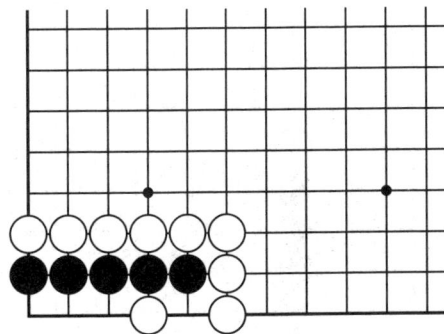

90

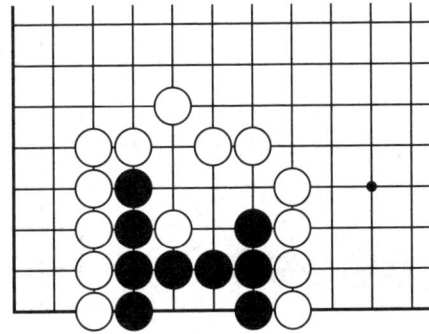

黑棋下哪里可以做活？

91
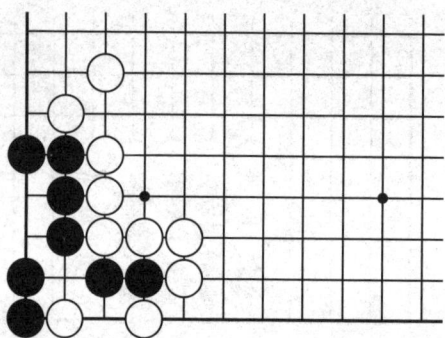

92
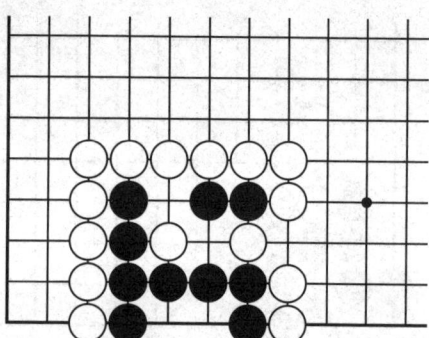

93
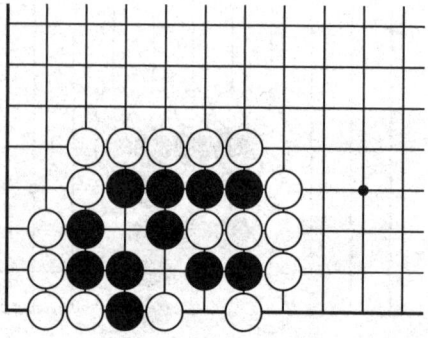

94
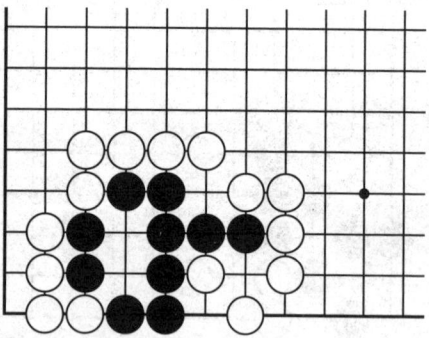

95
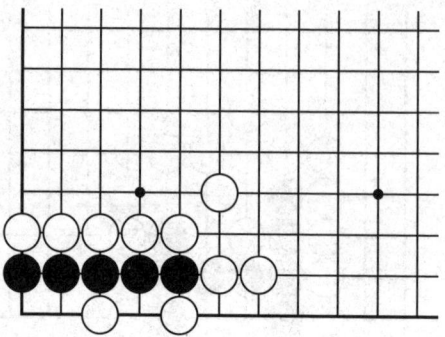

96
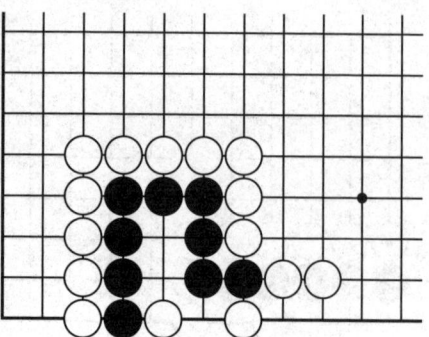

黑棋下哪里可以做活？

97

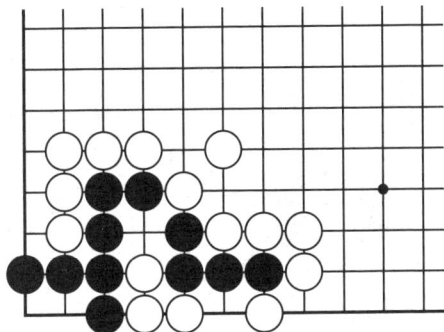

98

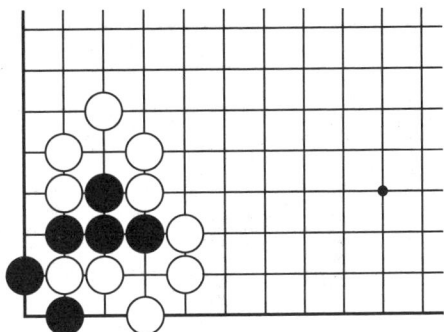

99

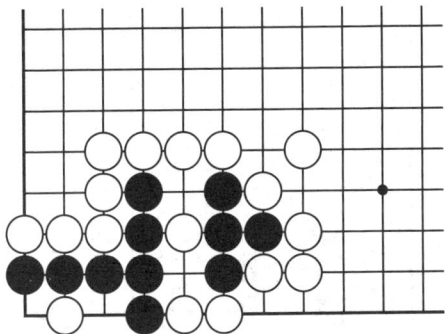

100

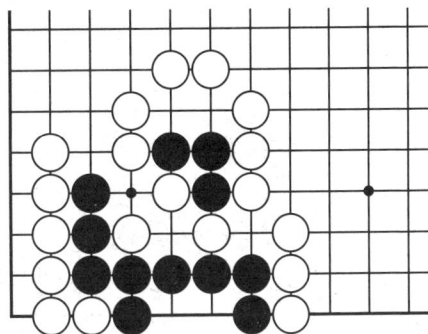

101

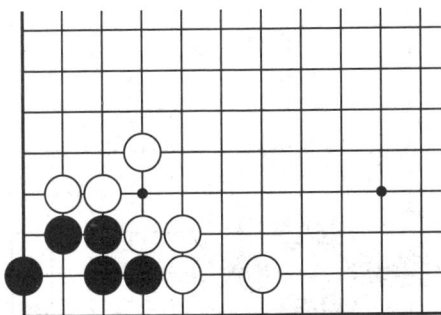

102

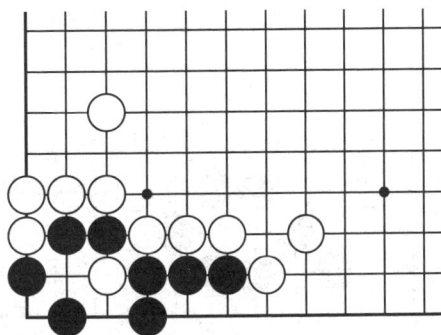

黑棋下哪里可以做活?

103

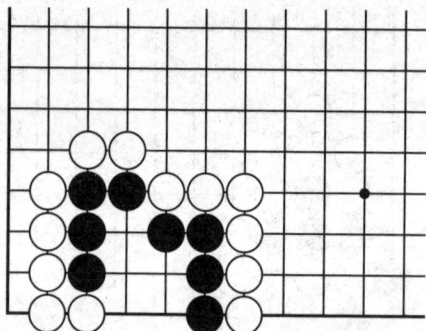

104

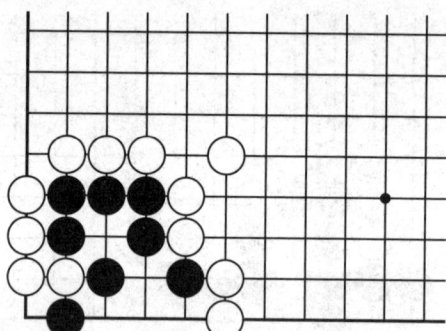

105

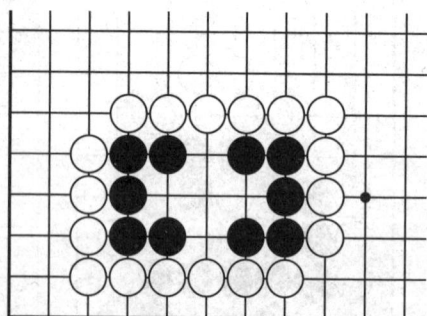

106

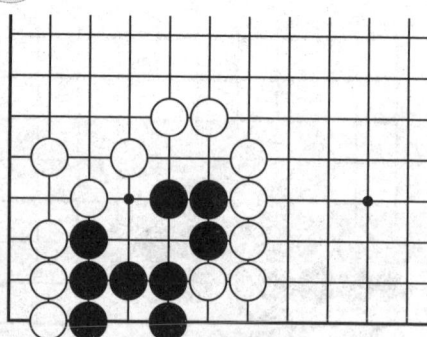

107

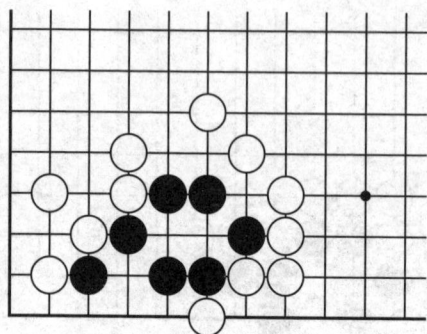

108

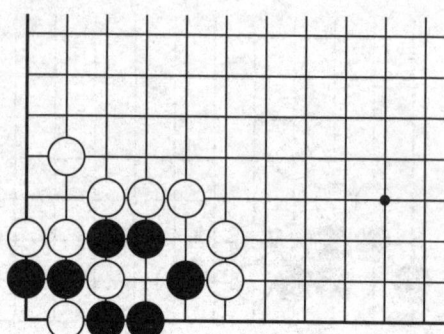

黑棋下哪里可以做活?

109

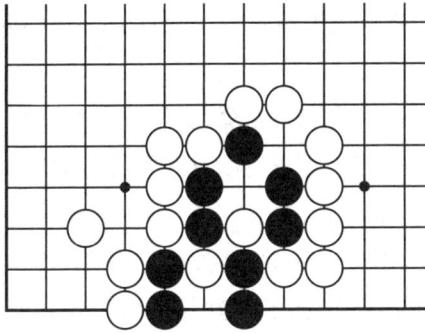

110

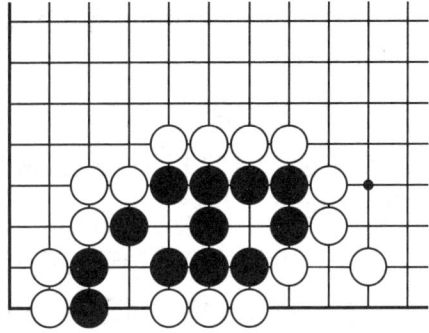

111

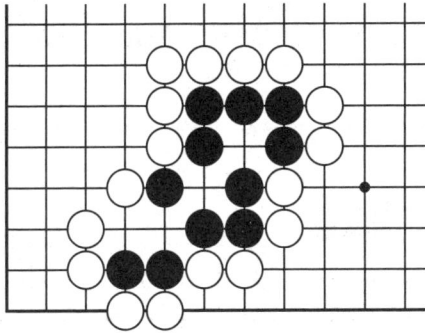

112

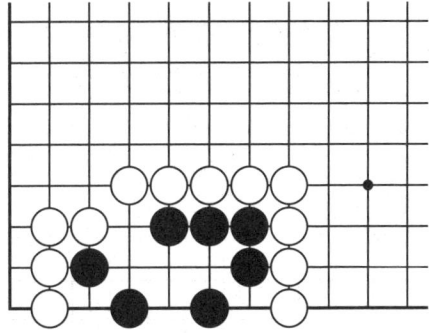

113

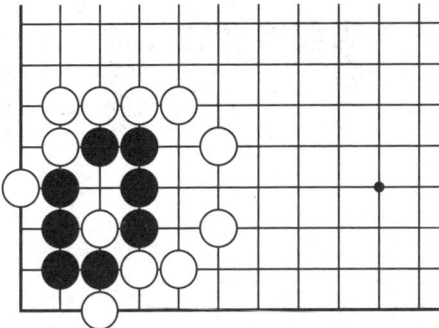

114

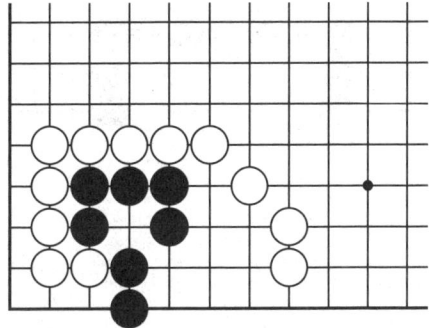

第15章
杀棋

在图 15.1 中，整块白棋还没有做活，如果白棋如图 15.2 所示下在 1 位，白棋就有两个眼了。

如果黑棋先下，如图 15.3 所示下到 1 位，整块白棋就死了。如果白棋继续下在图 15.4 的 1 位试图吃掉黑棋这一颗棋子，黑棋可以立刻下在 2 位吃掉整块白棋。

白棋当然可以不下在图 15.4 的 1 位，如果黑棋需要提掉所有白子，黑棋可以继续下在 1 位（如图 15.5 所示），叫吃所有白棋，白棋可以下在 2 位吃掉两颗黑子，但是紧接着黑棋可以下在 3 位（如图 15.6 所示），继续叫吃所有白棋。这时白棋已经无以为继了。

综上所述，在图 15.3 中，当黑棋下到 1 位时，白棋最多只能做出一只眼，所以此时整块白棋已经死了。

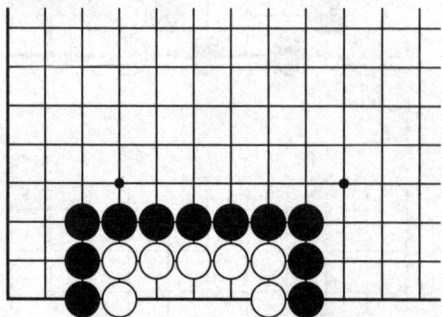

图 15.1

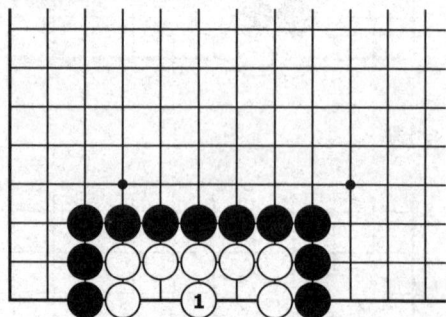

图 15.2

图 15.3

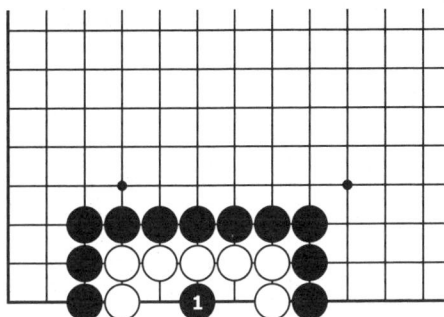

图 15.4

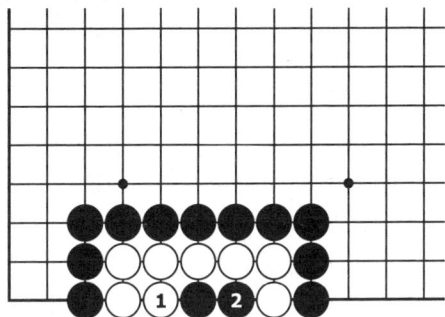

图 15.5

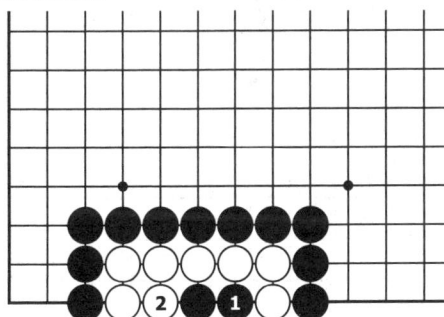

图 15.6

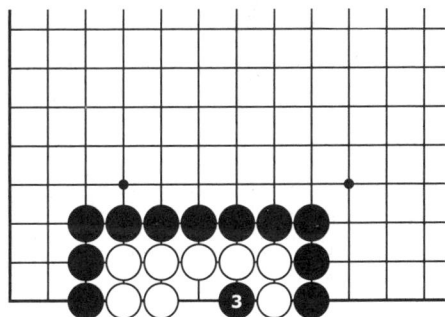

黑先，吃掉整块白棋。

1

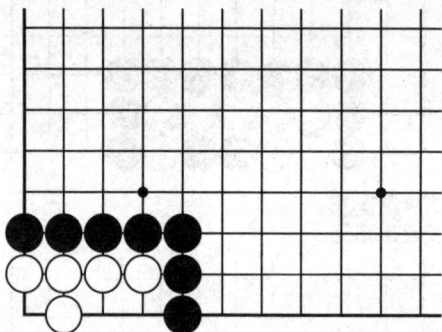

2

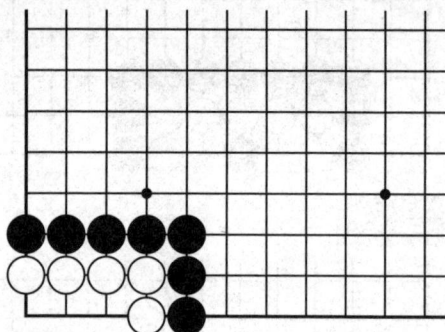

3

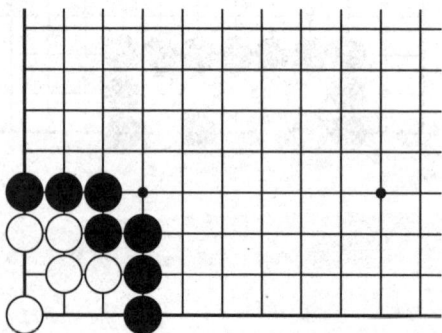

4

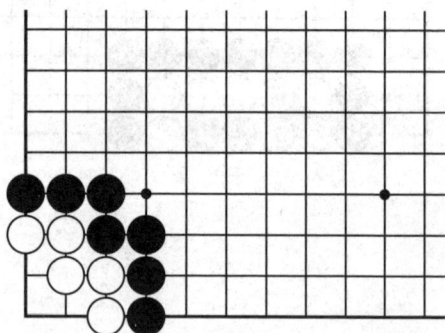

5

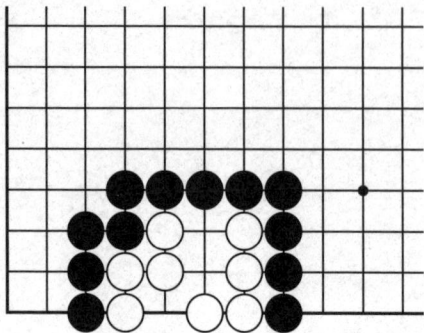

6

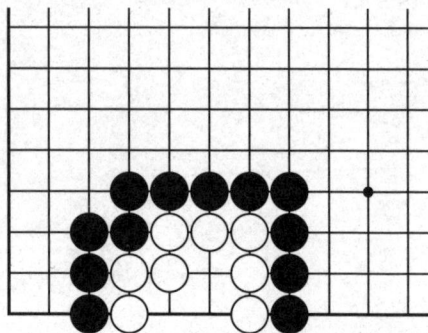

黑先，吃掉整块白棋。

7

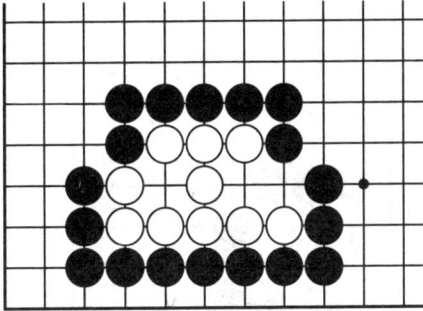

8

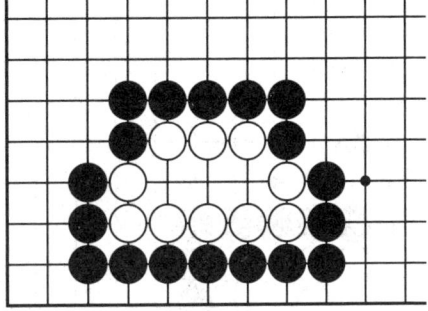

9

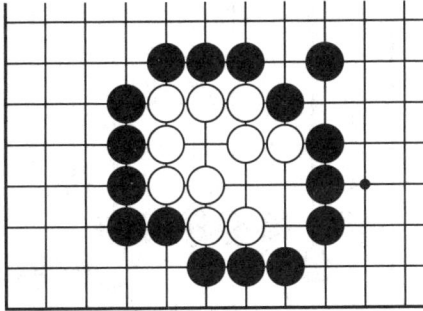

10

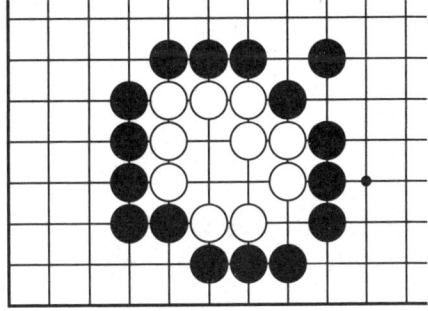

11

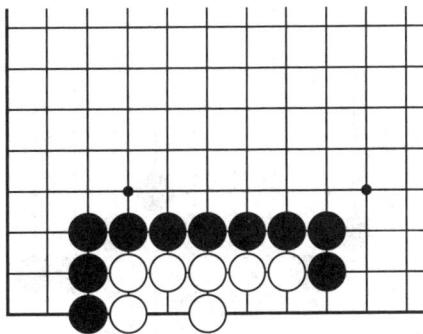

12

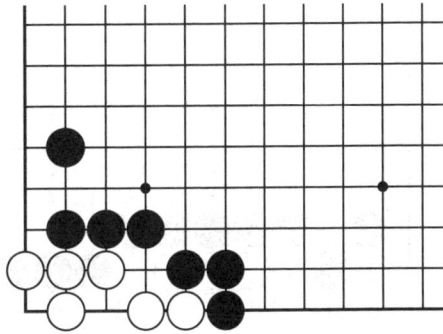

黑先，吃掉整块白棋。

13
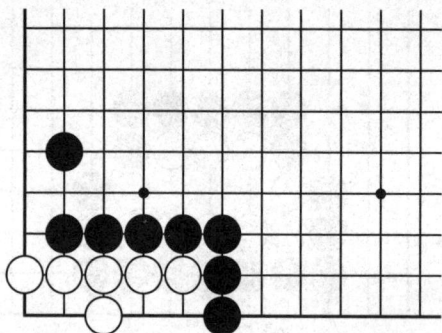

14
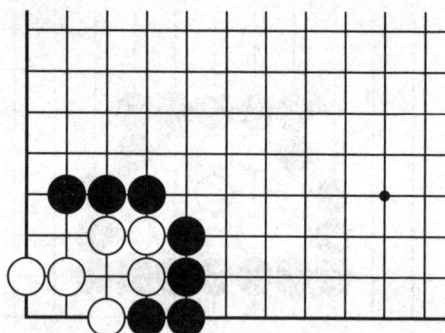

15
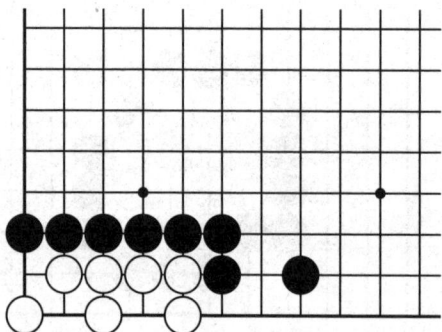

16
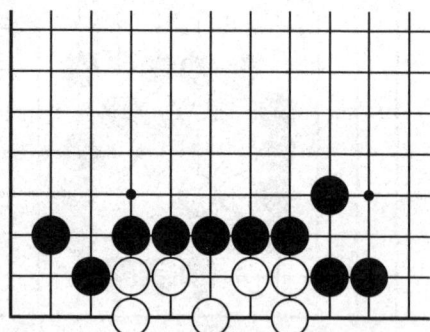

17
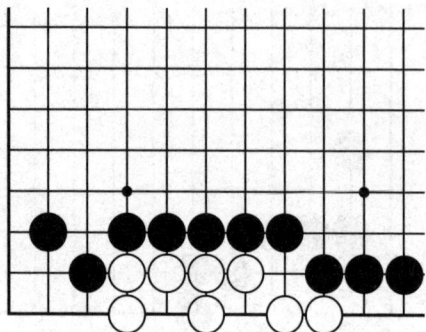

18
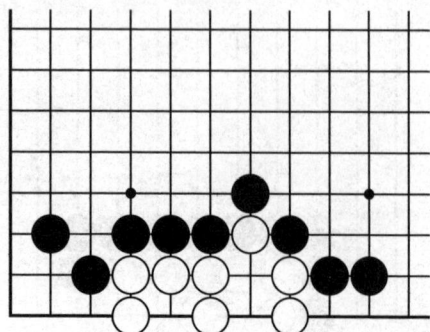

黑先，吃掉整块白棋。

19

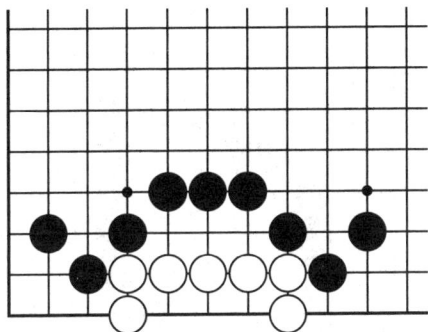

20

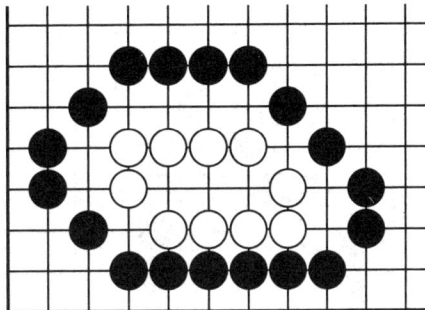

21

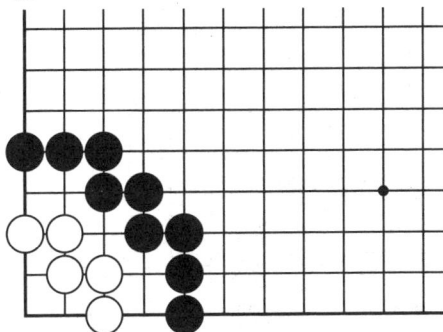

22

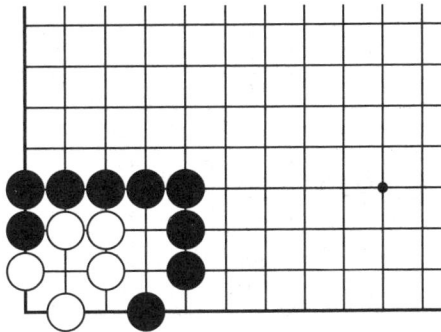

23

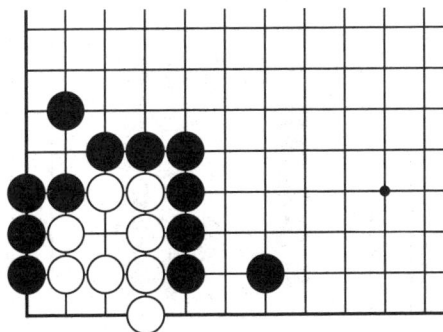

24

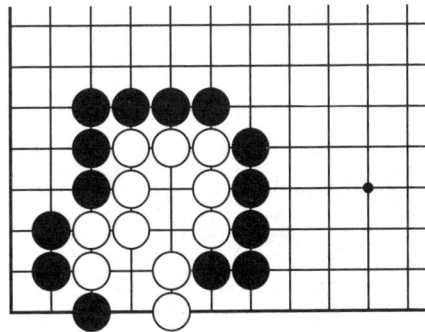

黑先，吃掉整块白棋。

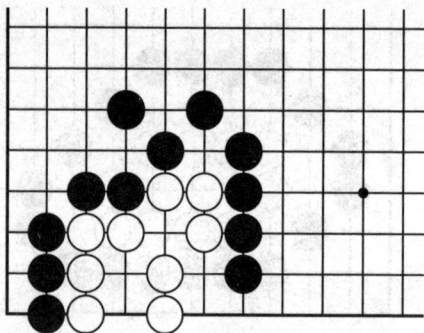

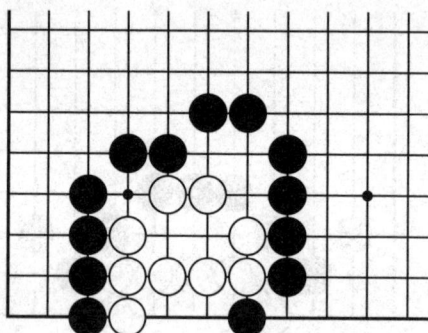

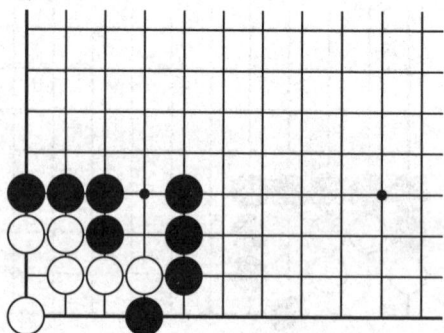

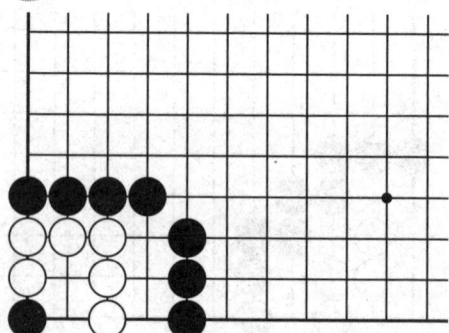

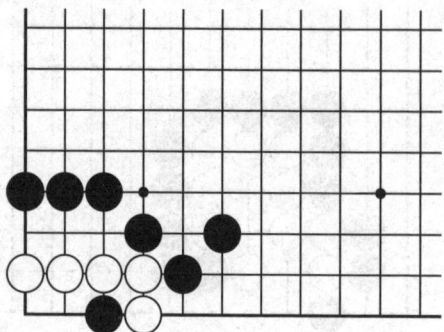

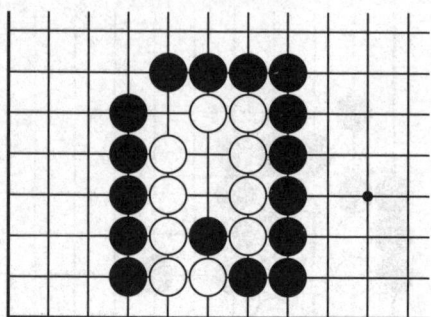

黑先，吃掉整块白棋。

31

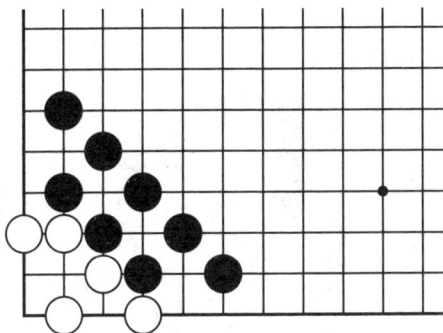

32

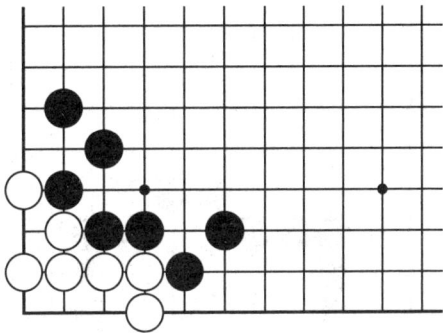

33

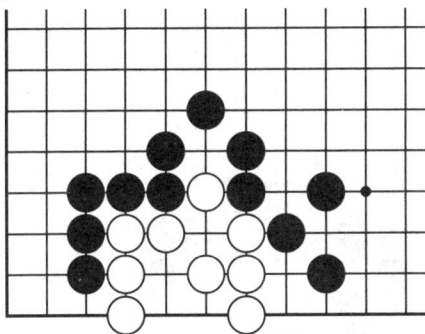

34

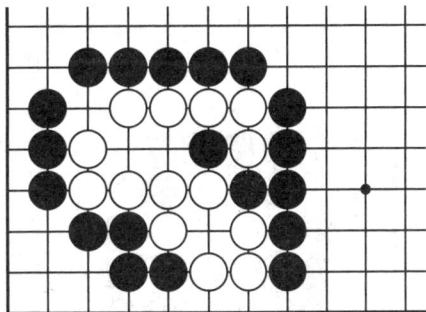

35

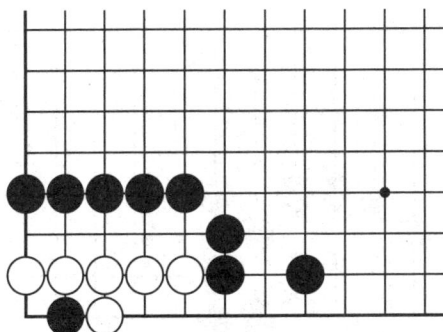

36

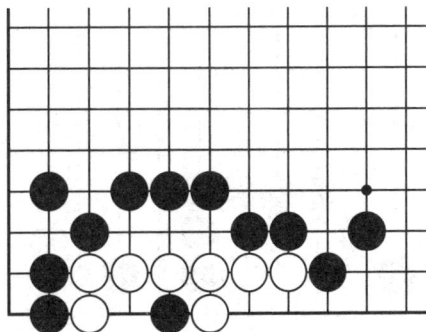

黑先，吃掉整块白棋。

37
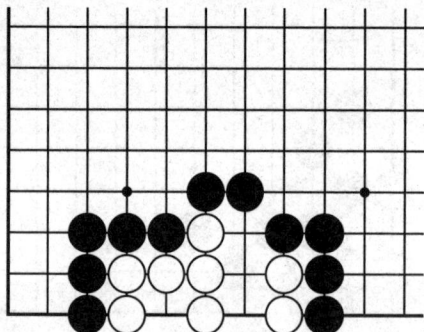

38
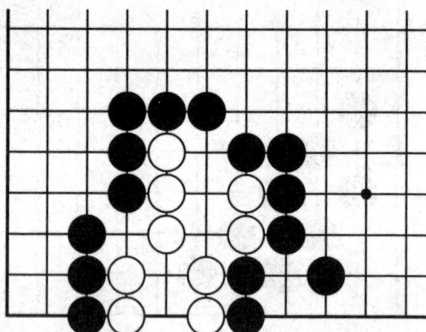

39
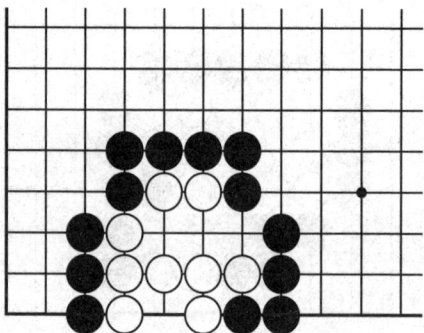

40
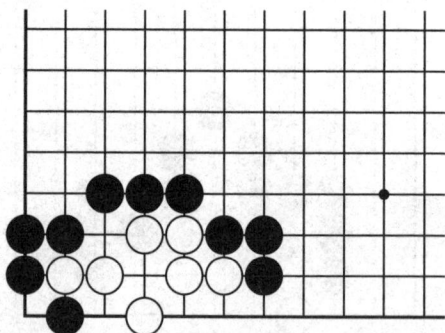

41
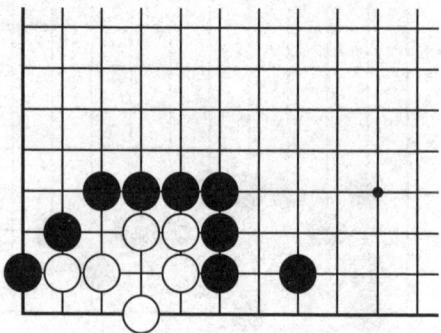

42
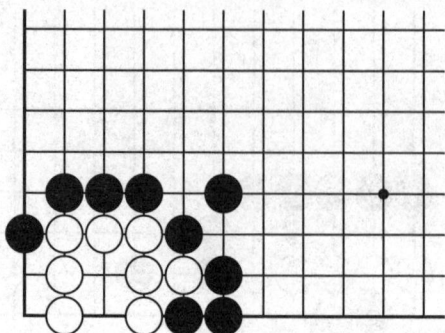

黑先，吃掉整块白棋。

43
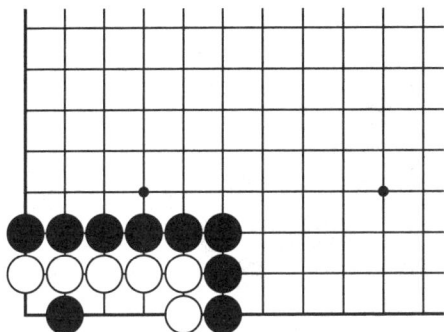

44
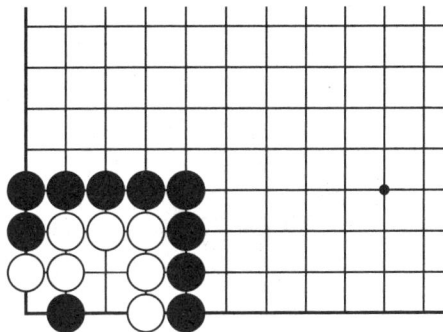

45
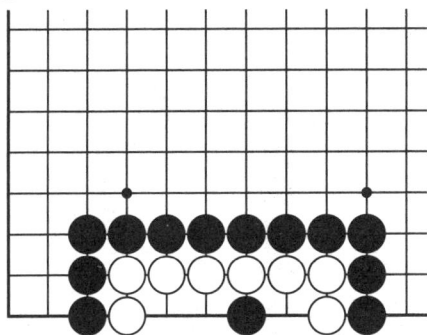

46
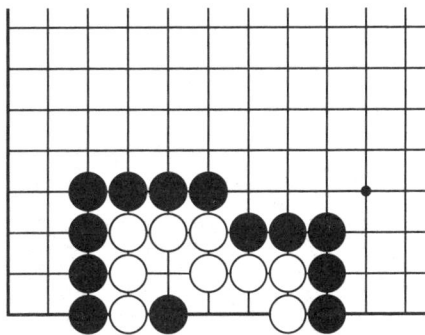

47
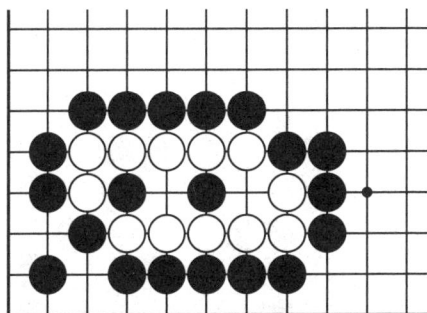

48
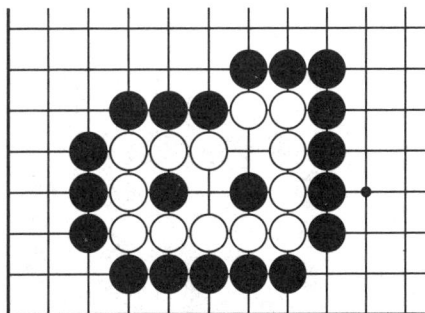

黑先，吃掉整块白棋。

49
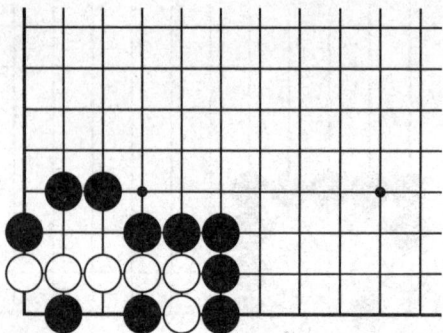

50
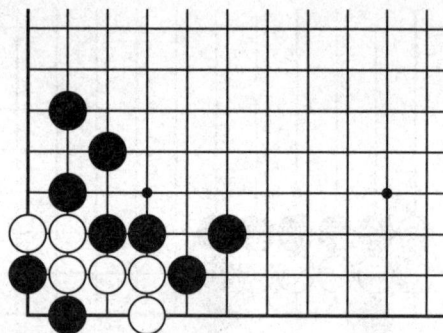

51
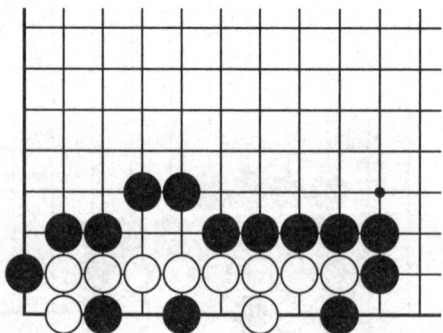

52
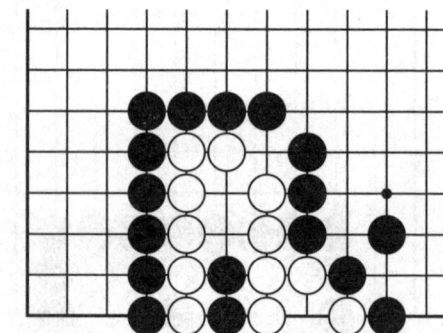

53
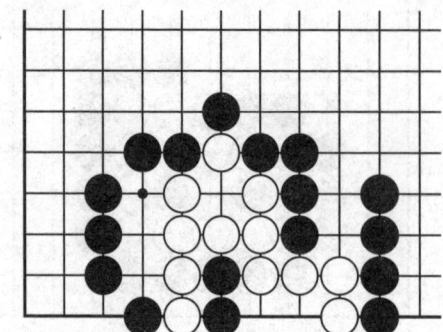

54
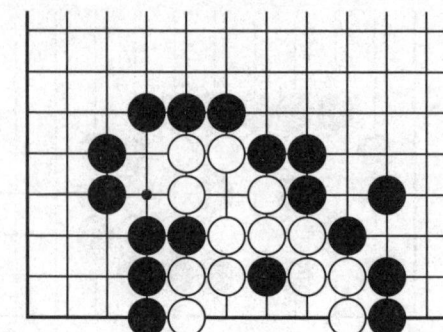

黑先，吃掉整块白棋。

55

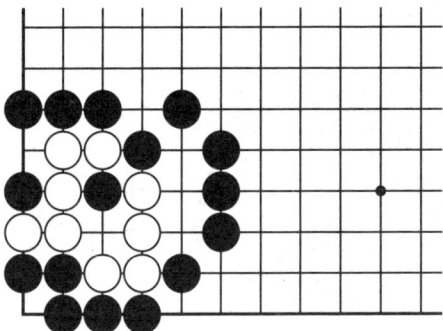

56

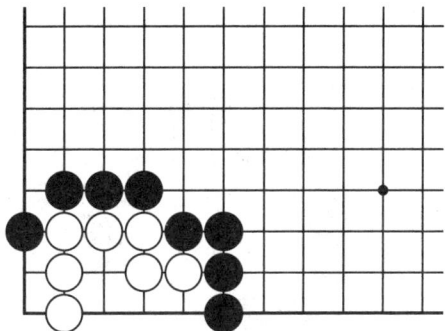

57

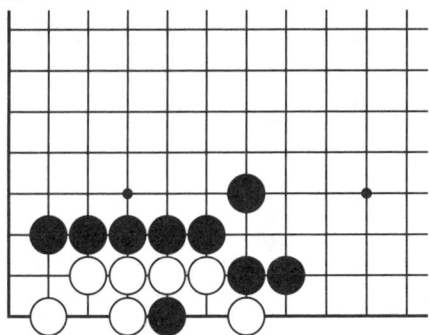

58

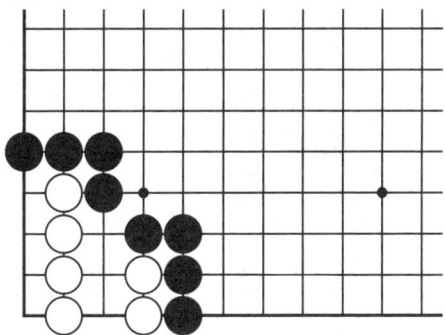

59

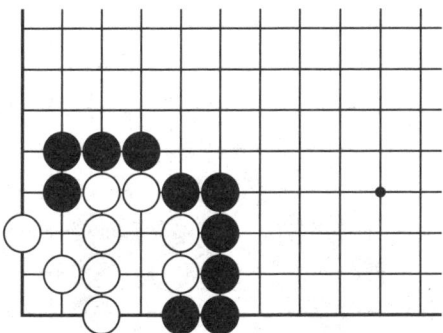

60

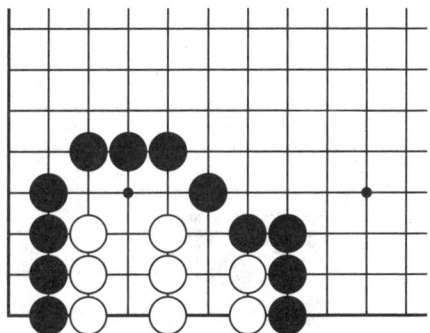

黑先，吃掉整块白棋。

61

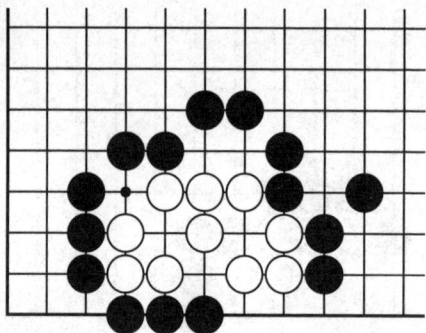

62

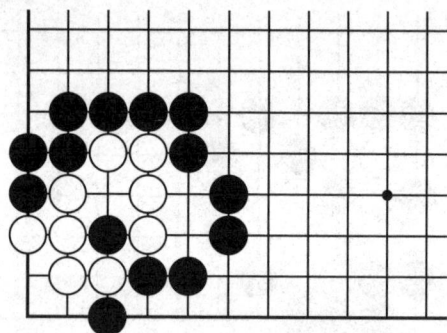

63

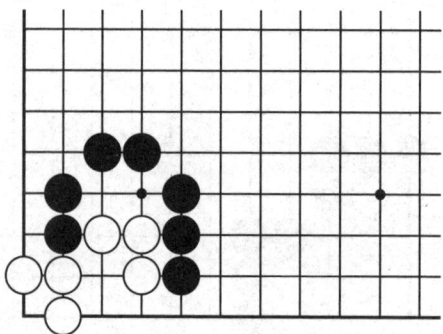

64

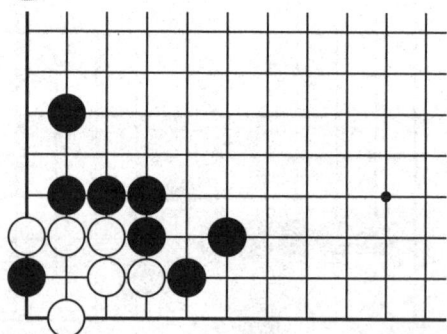

65

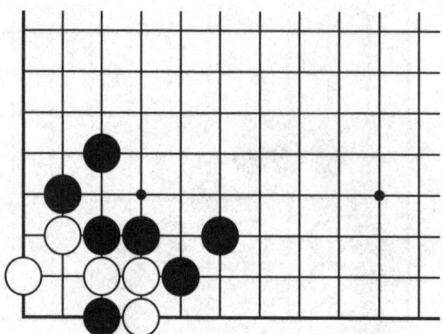

66

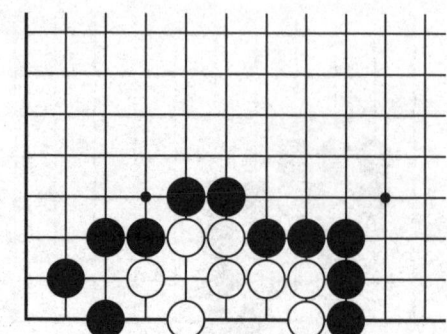

黑先，吃掉整块白棋。

67

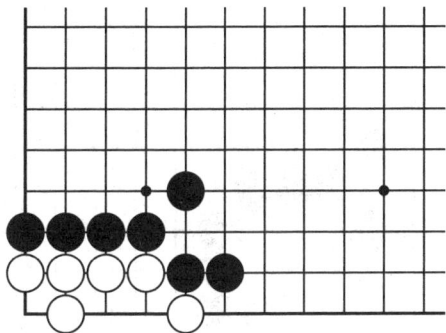

68

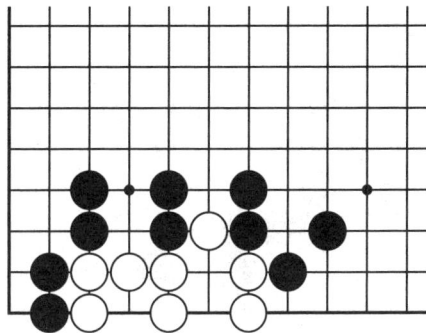

69

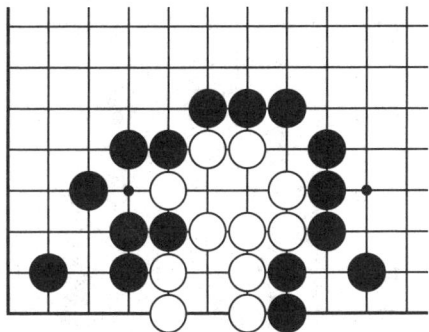

70

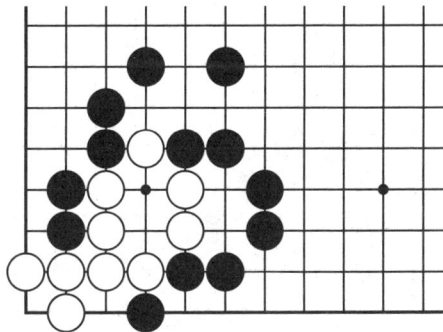

71

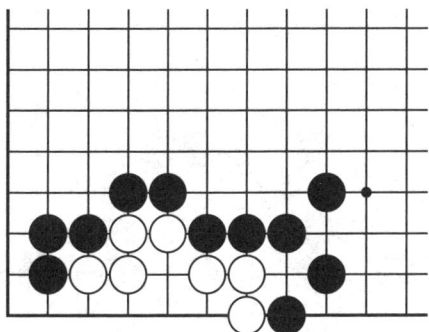

72

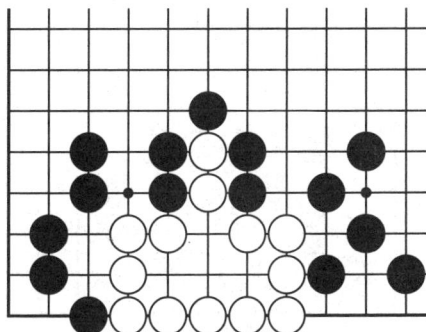

黑先，吃掉整块白棋。

73

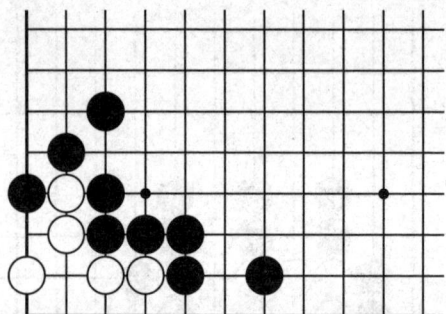

74

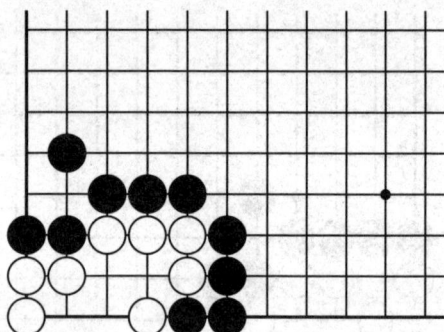

75

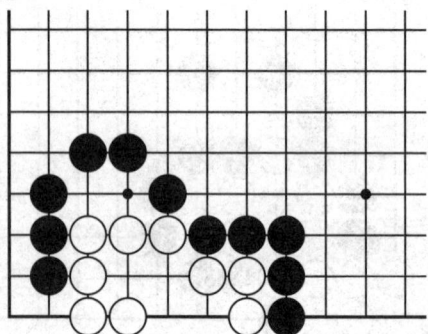

76

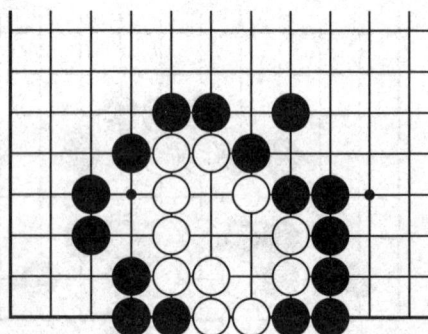

77

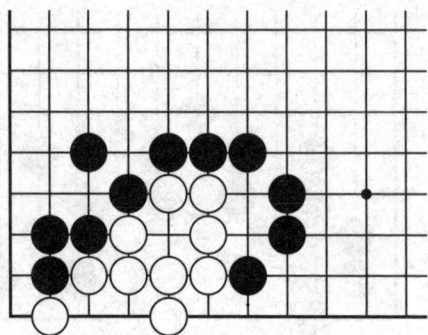

78

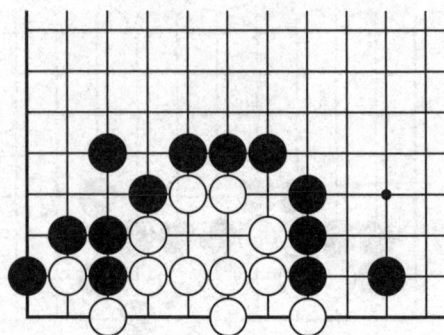

黑先，吃掉整块白棋。

79

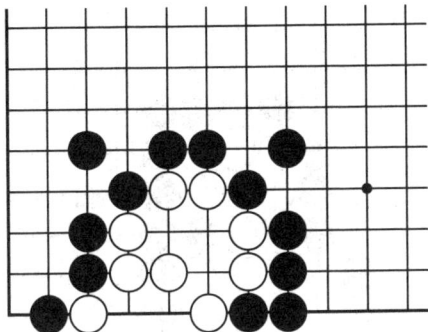

80

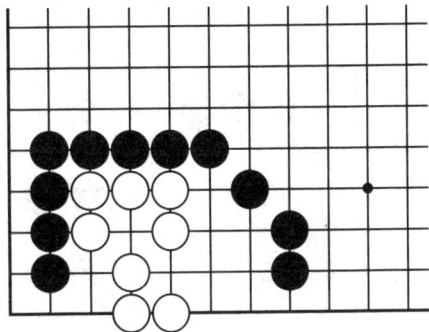

81

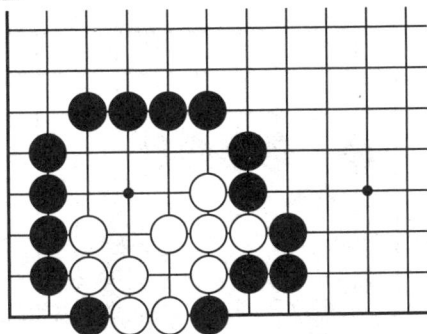

82

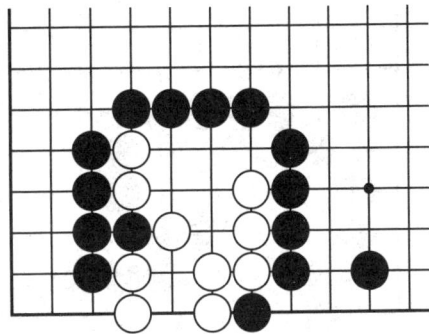

83

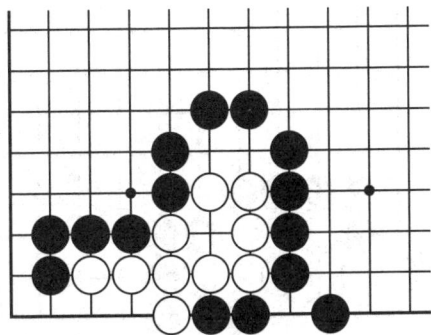

84

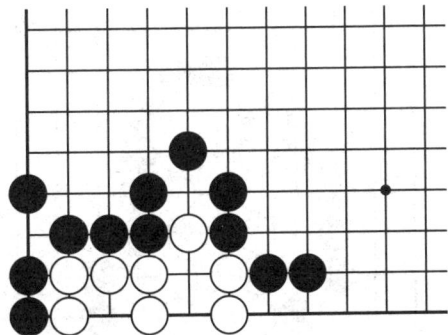

黑先，吃掉整块白棋。

85

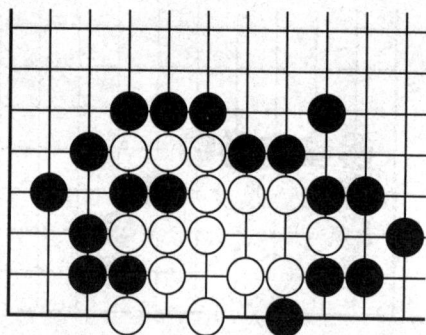

86

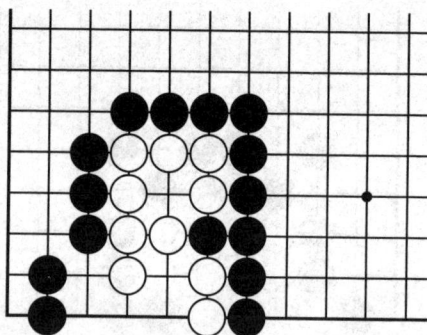

87

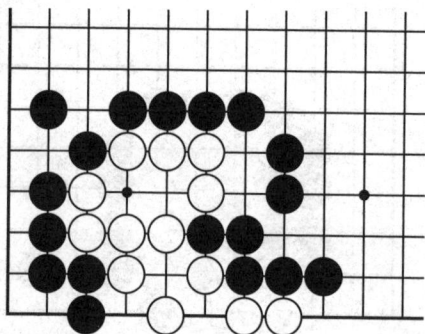

88

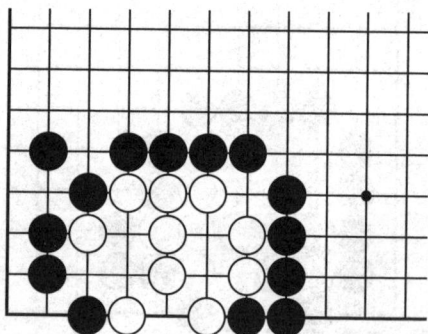

89

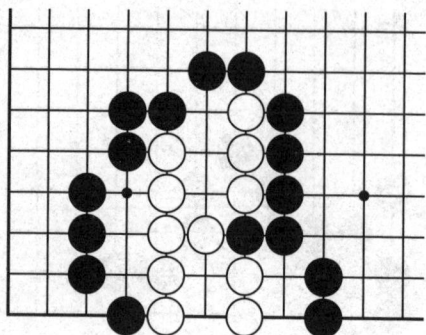

90

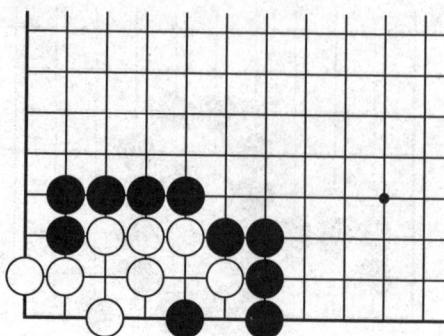

黑先，吃掉整块白棋。

91

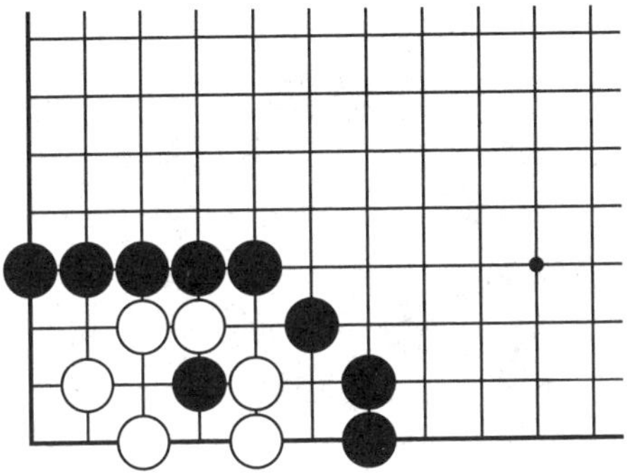

92

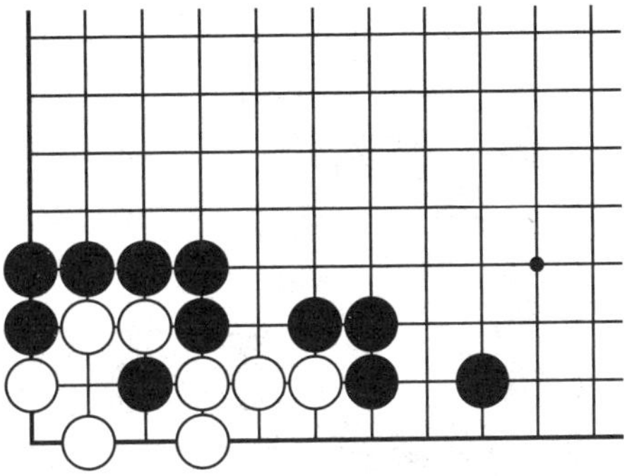

93

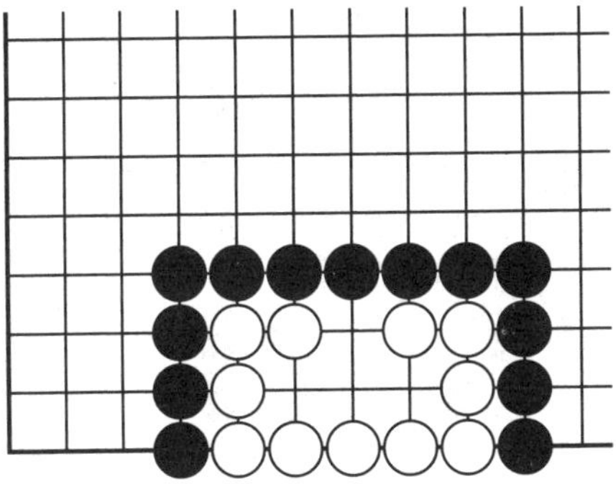

94

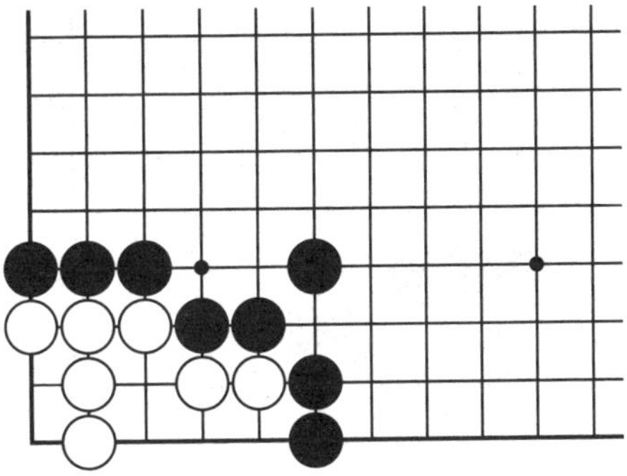

95

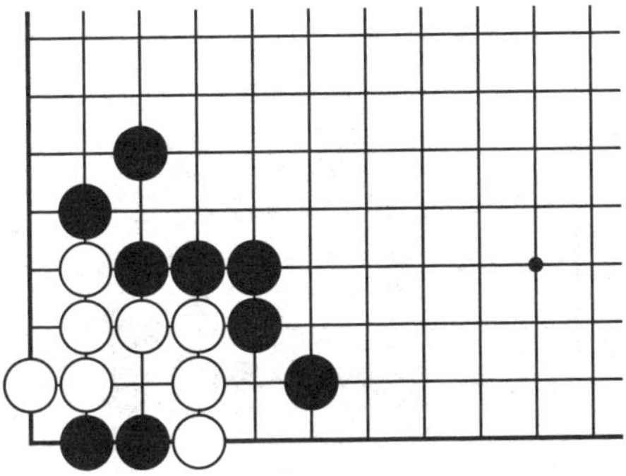

96

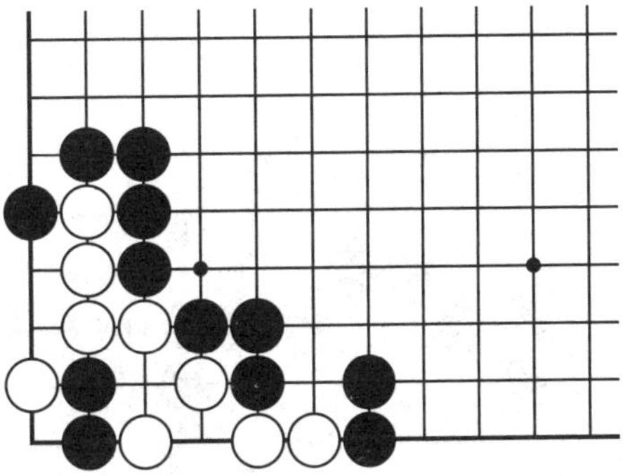

黑先，吃掉整块白棋。

97

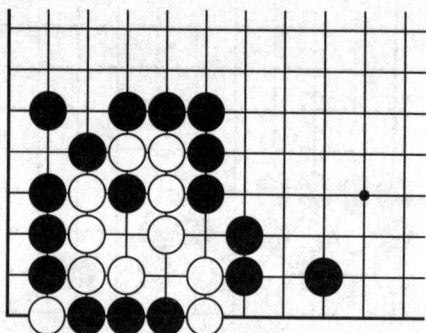

98

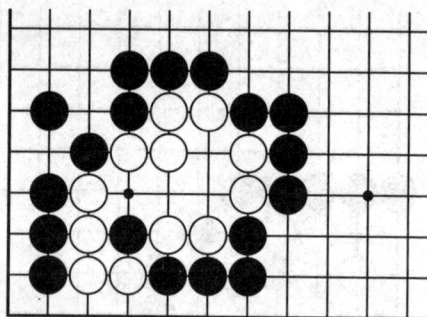

99

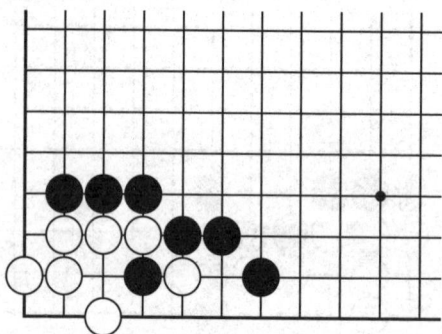

100

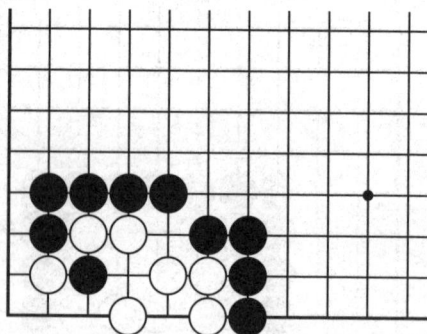

101

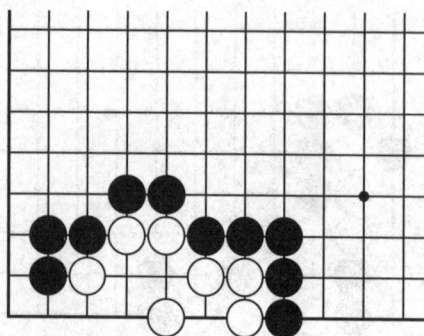

102

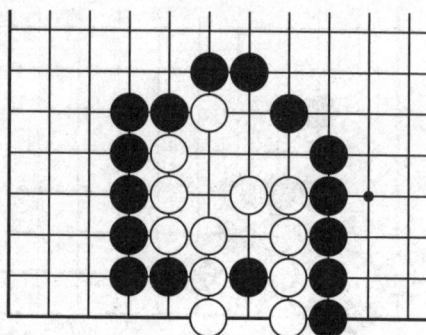

黑先，吃掉整块白棋。

103

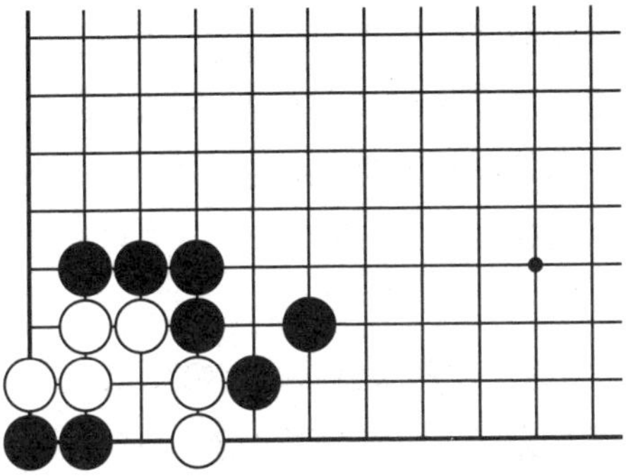

104

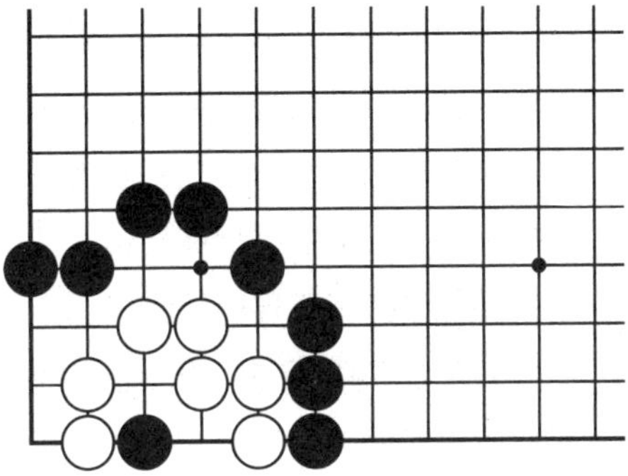

105

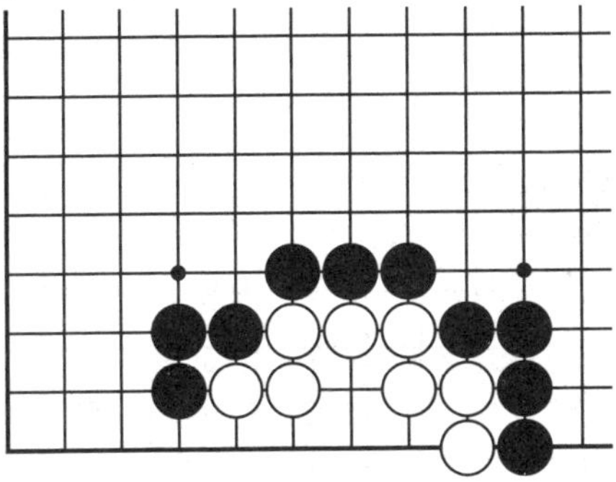

106

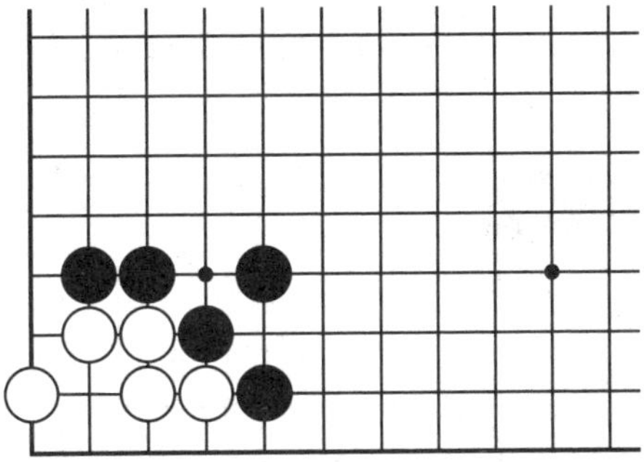

107

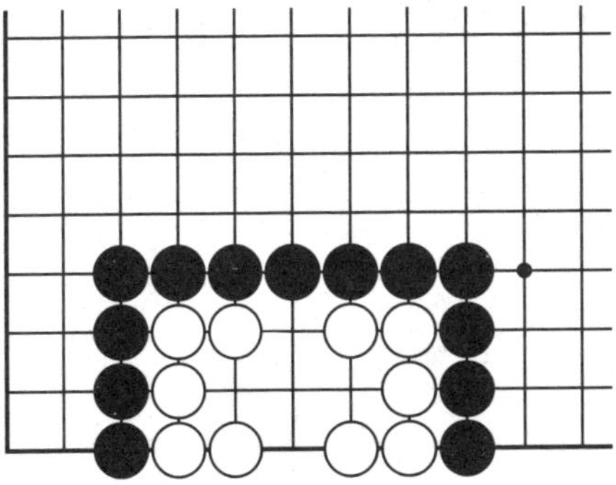

108

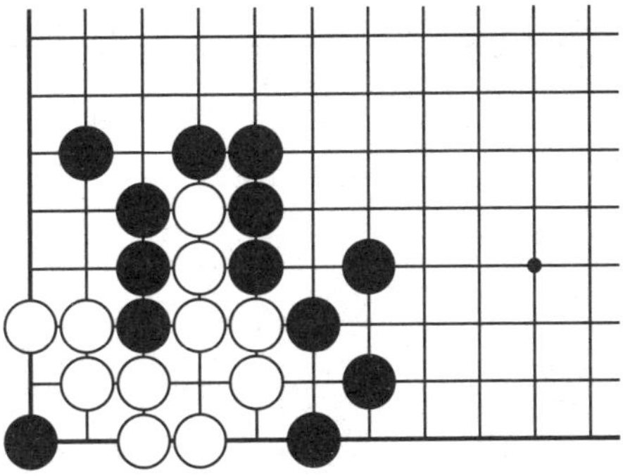

第16章

是活还是死

通过前面的巩固练习，我们对做活和杀棋有了更加清晰的概念。但是在实战中，是没有人会提醒我们这块棋是可以做活的还是可以杀掉的，所以，通过棋形来分辨出这块棋现在的状态非常重要，这可以有效地帮助我们进行下一阶段的思考。本章的目标就是帮助读者学会对一块棋进行初级的判断，即判断这块棋是已经死了还是已经活了。

观察时需要聚焦，也就是关键看这块棋有没有两只真眼。例如图16.1，虽然黑棋的领地面积非常小，但是已经完完全全有了两只真眼，这个当然是活棋。而图16.2中的黑棋虽然可以吃掉白棋的一颗棋子，但是吃掉白子后，黑棋最多只有一只真眼，所以这块黑棋是死棋。

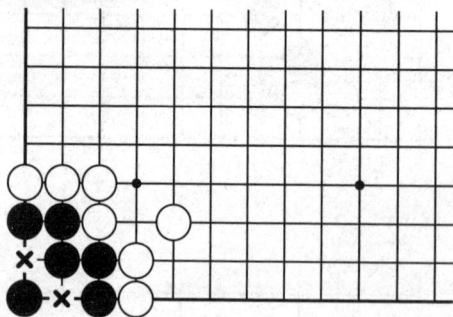

图 16.1

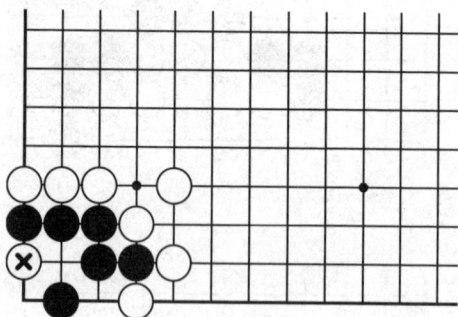

图 16.2

判断整块黑棋是活棋还是死棋。

1
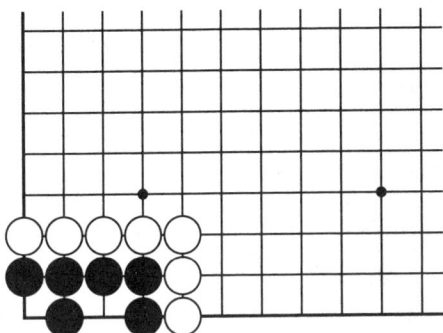

2
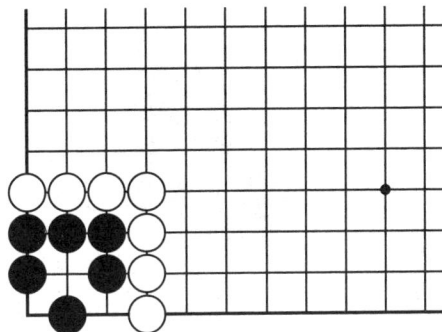

3
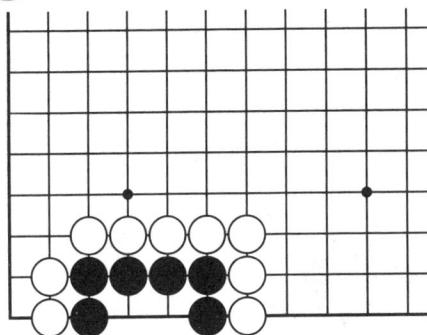

4
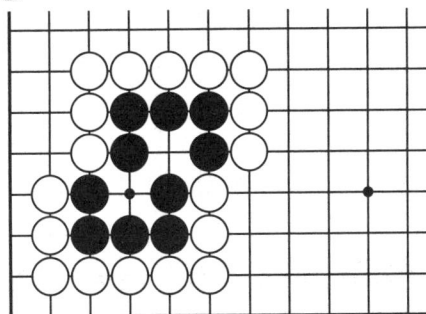

5
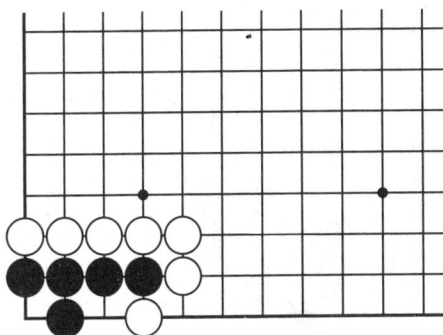

6
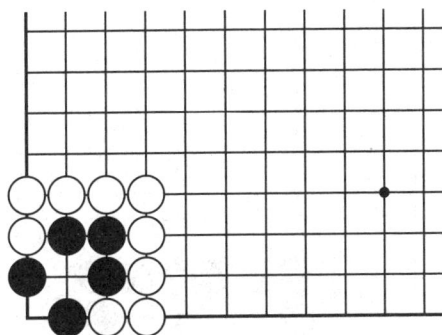

判断整块黑棋是活棋还是死棋。

7

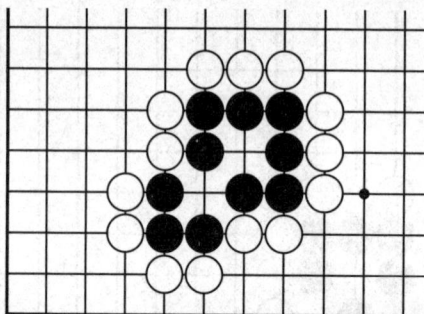

8

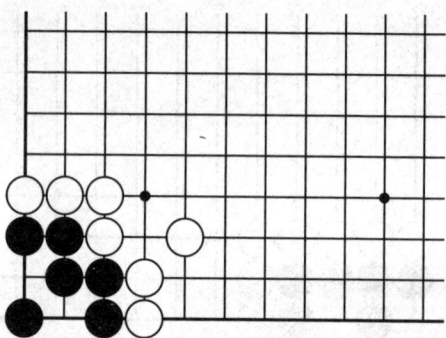

9

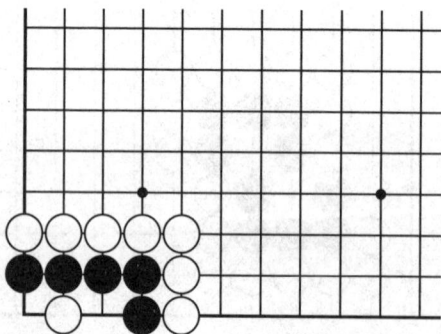

10

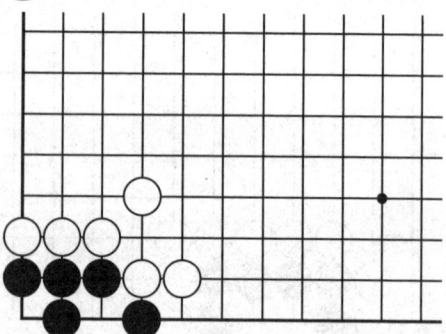

11

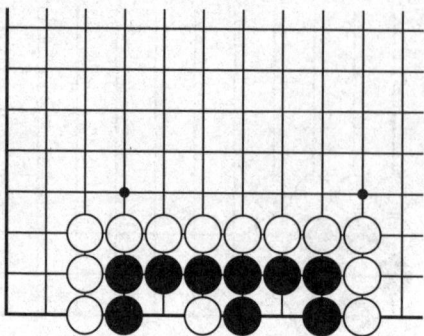

12

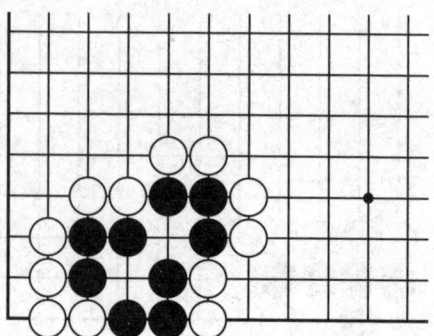

判断整块黑棋是活棋还是死棋。

13
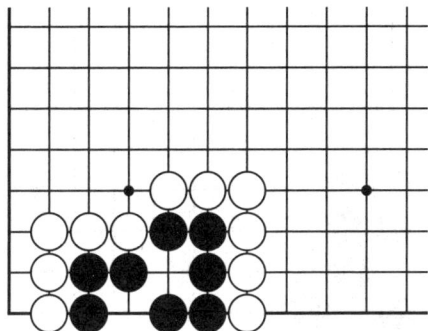

14
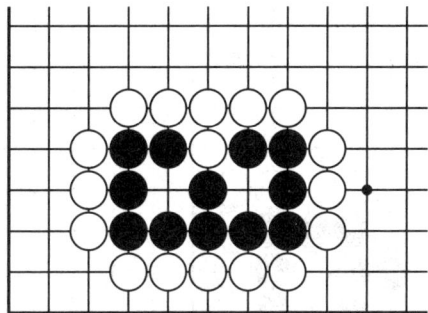

15
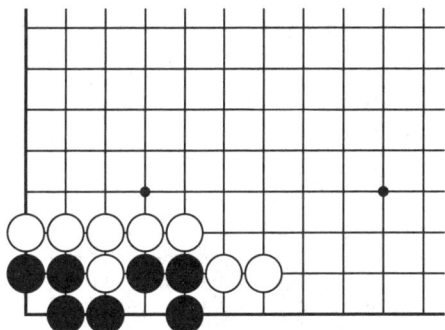

16
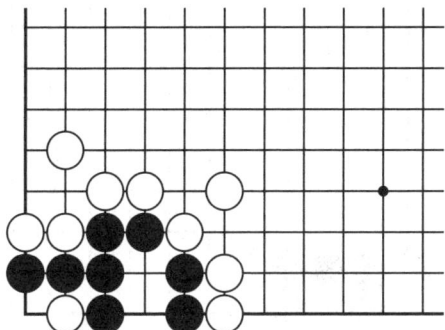

17
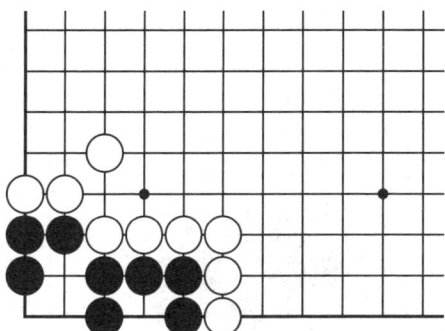

18
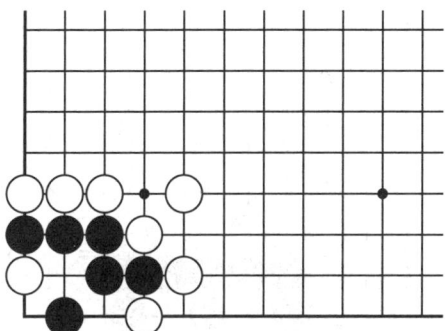

判断整块黑棋是活棋还是死棋。

19

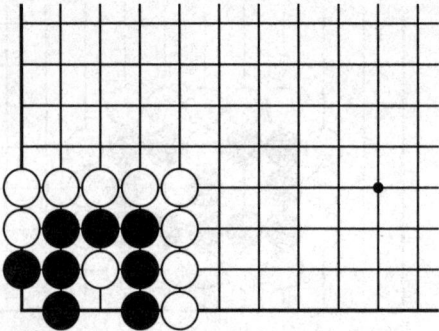

20

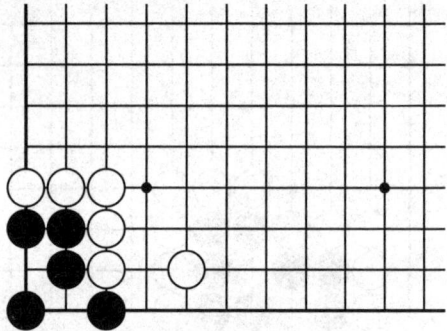

21

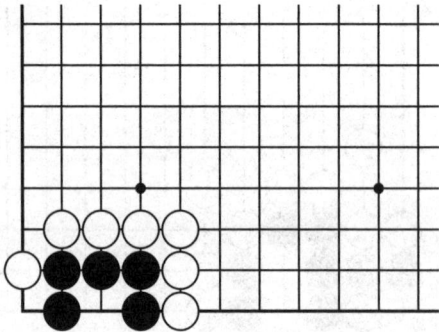

22

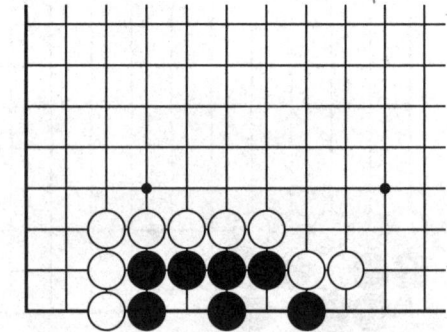

23

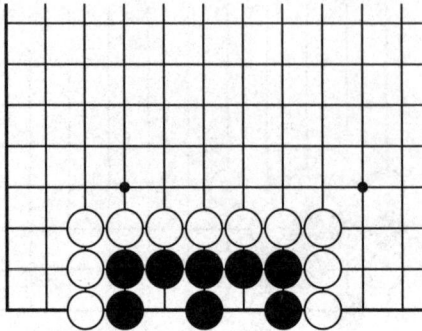

24

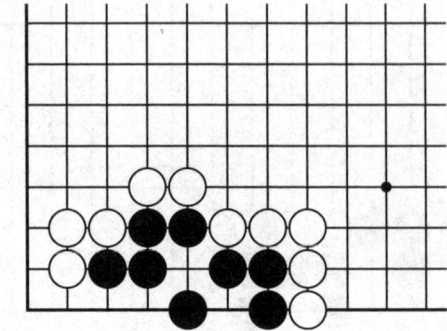

判断整块黑棋是活棋还是死棋。

25

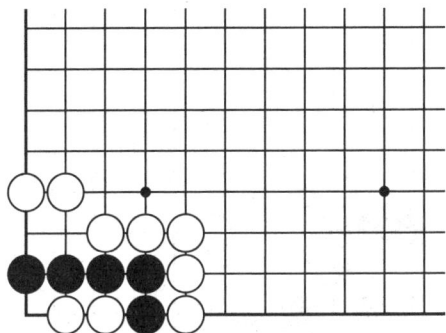

26

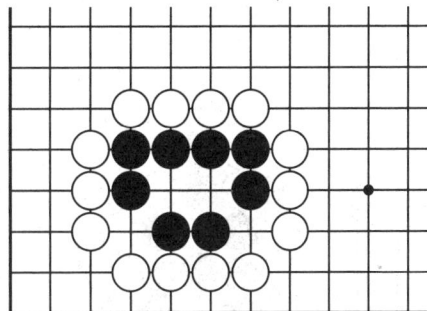

27

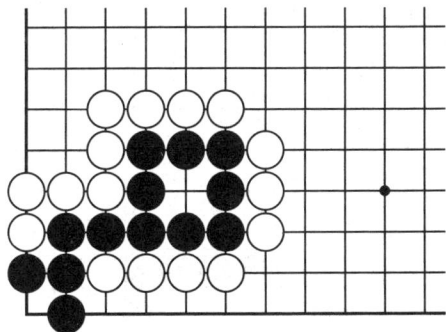

28

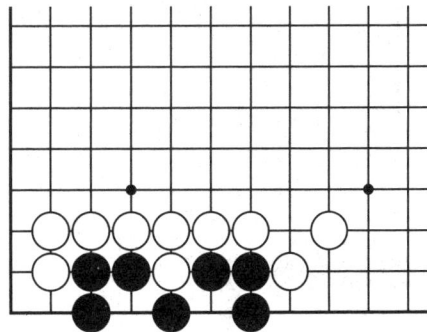

29

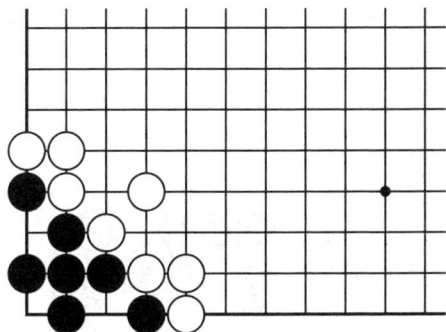

30

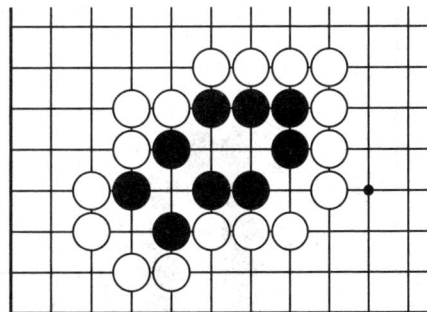

判断整块黑棋是活棋还是死棋。

31

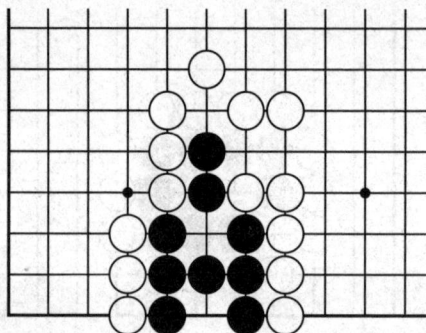

32

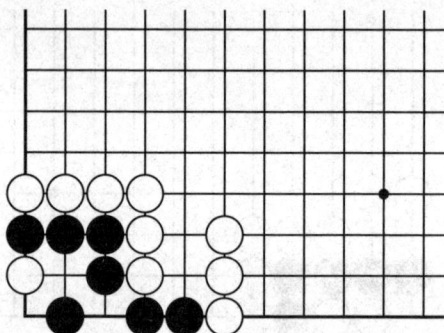

33

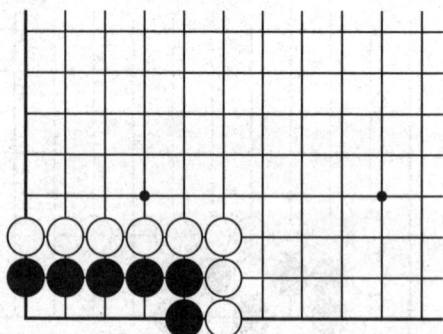

34

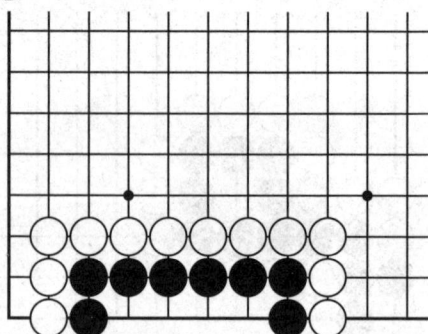

35

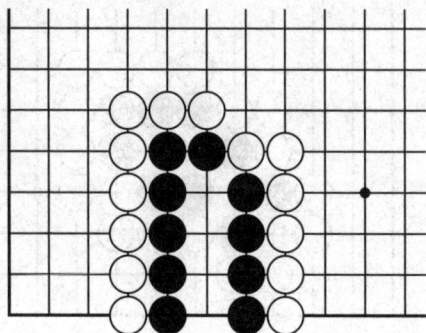

36

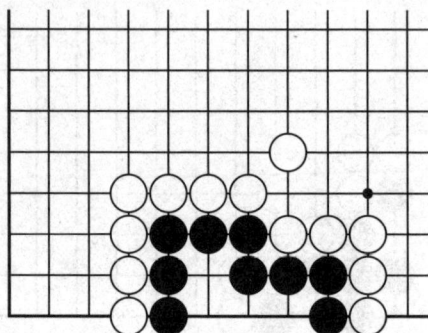

判断整块黑棋是活棋还是死棋。

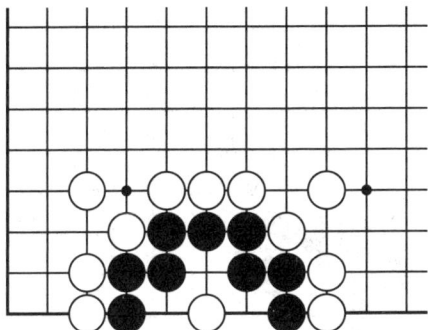

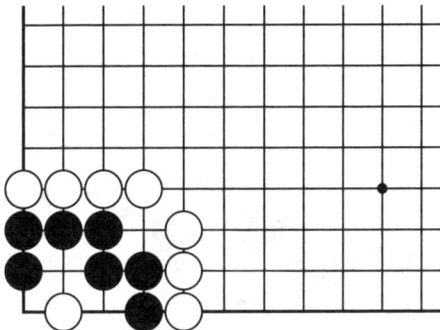

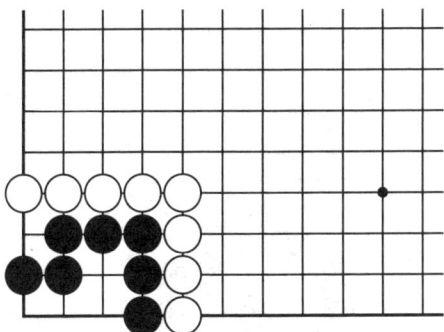

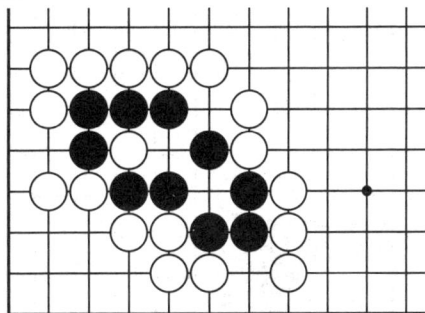

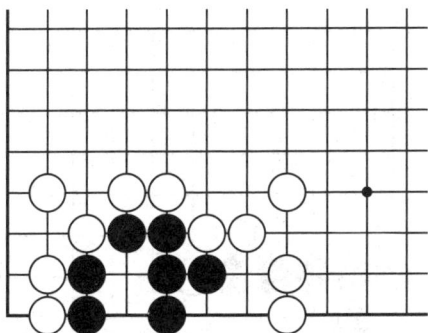

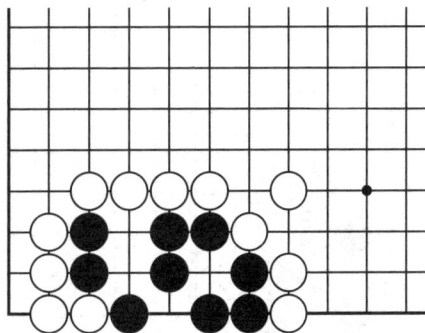

判断整块黑棋是活棋还是死棋。

43

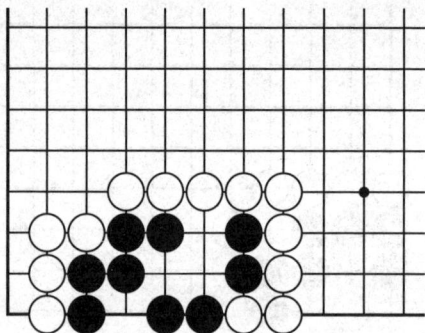

44

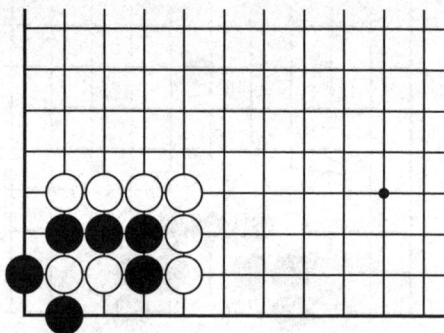

45

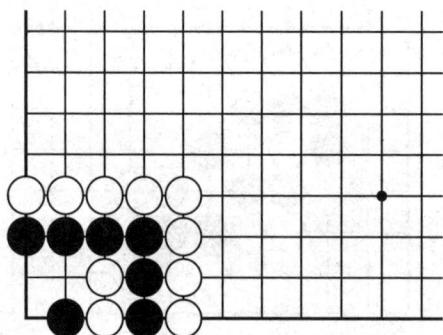

46

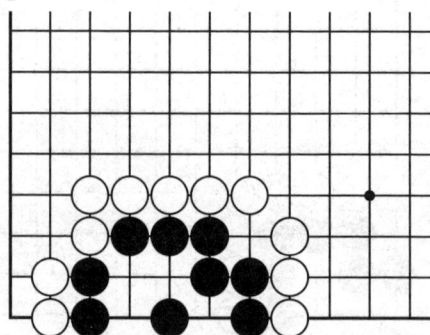

47

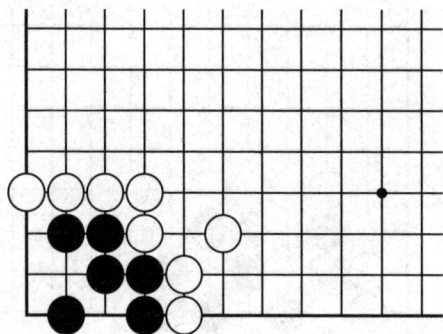

48

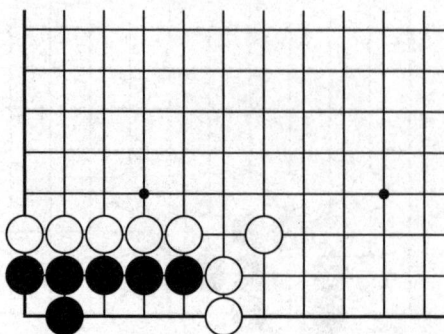

判断整块黑棋是活棋还是死棋。

49
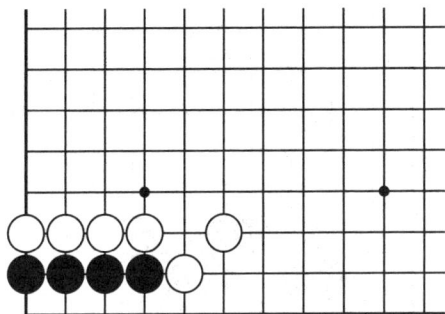

50
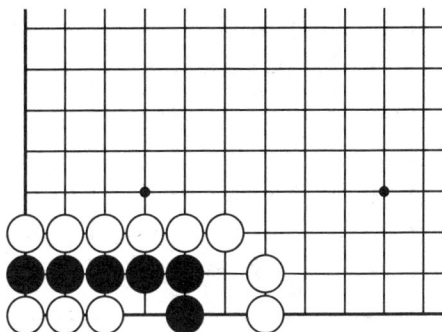

51
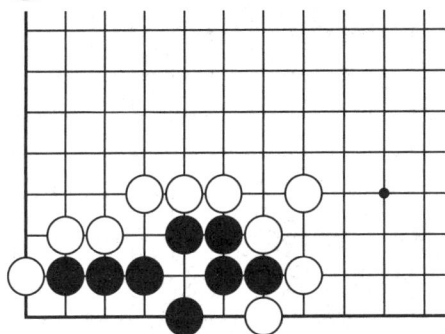

52
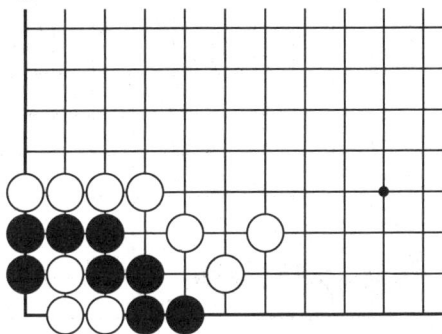

53
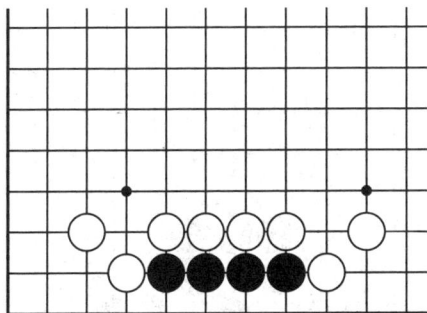

54
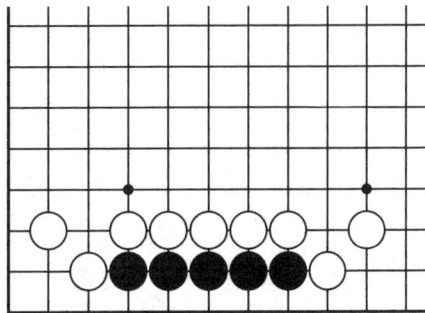

判断整块黑棋是活棋还是死棋。

55

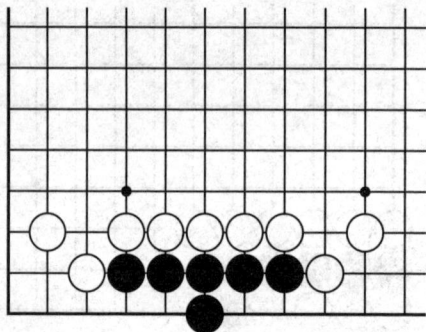

56

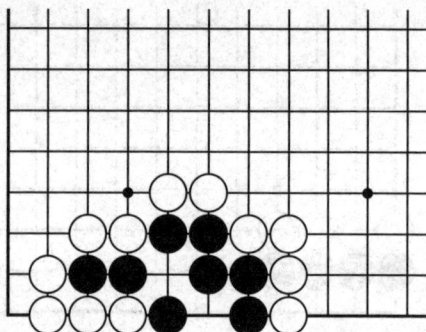

57

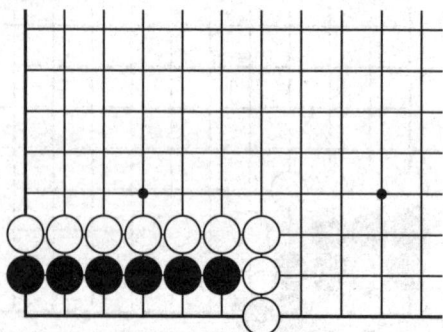

58

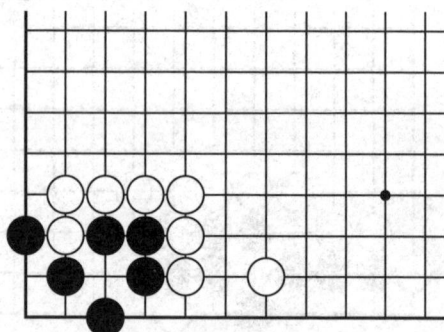

59

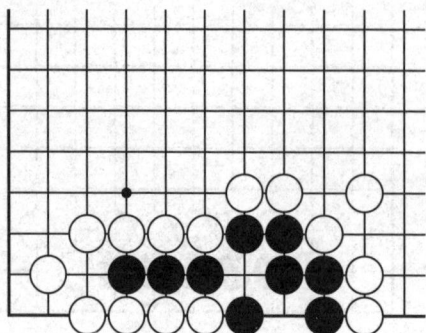

60

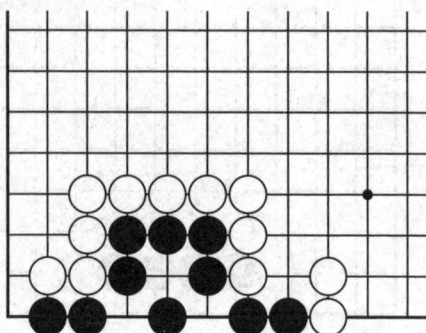

判断整块黑棋是活棋还是死棋。

61

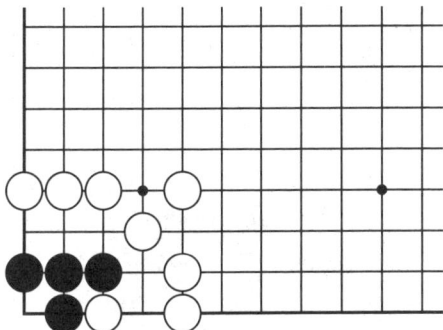

62

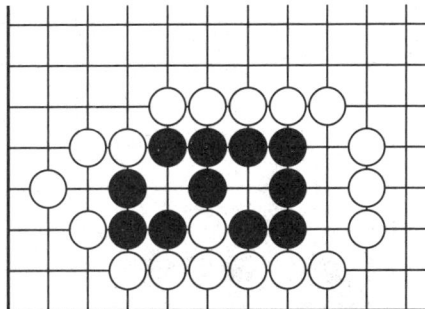

63

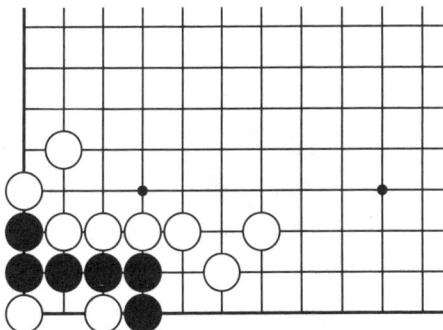

64

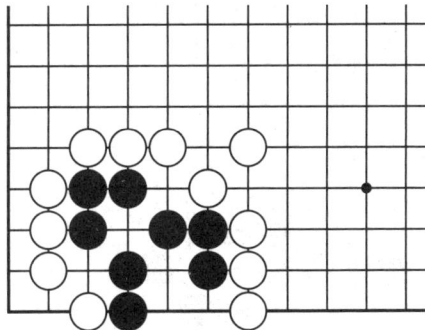

65

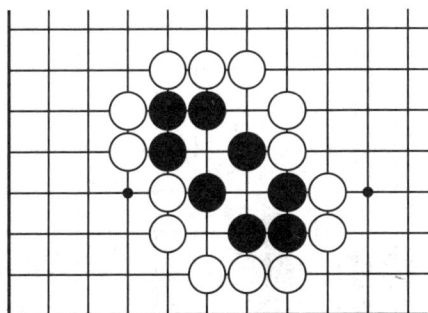

66

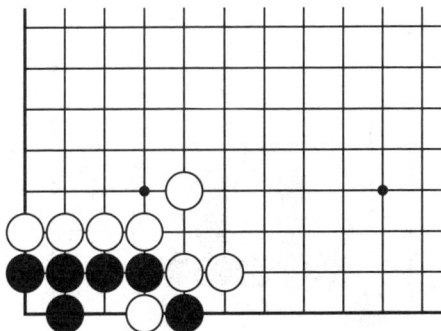

判断整块黑棋是活棋还是死棋。

67

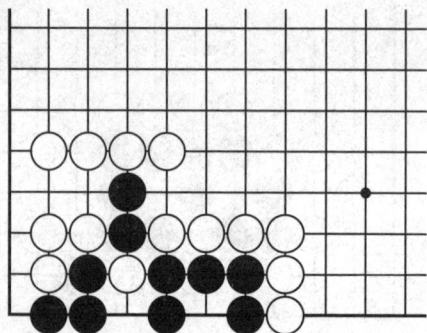

68

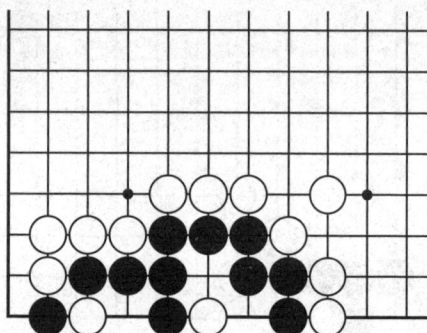

69

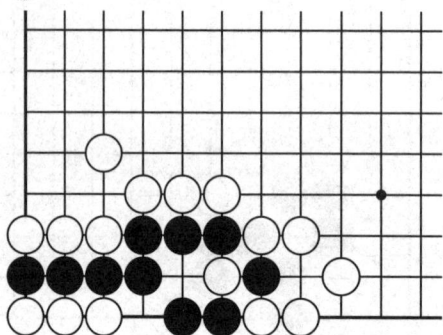

70

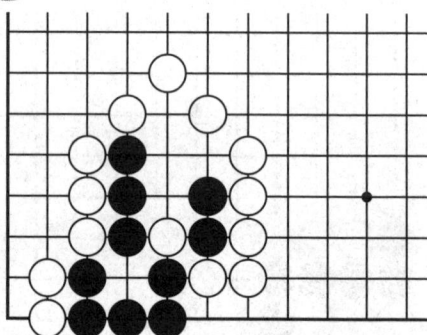

71

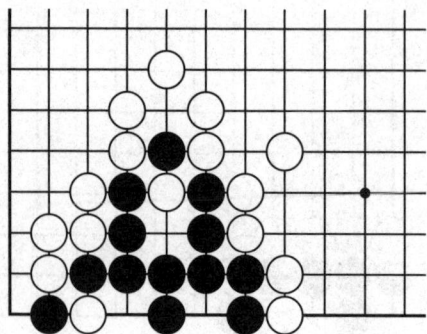

72

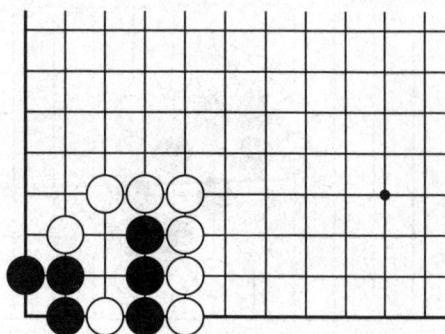

判断整块黑棋是活棋还是死棋。

73
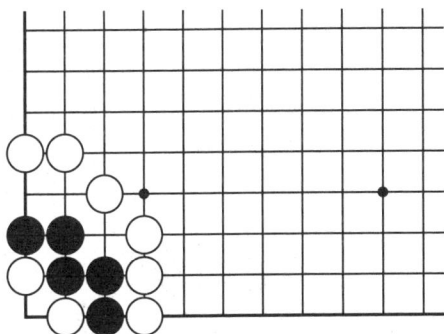

74
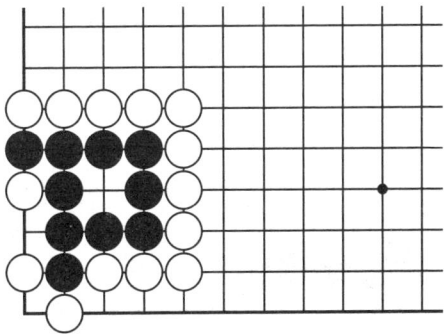

75
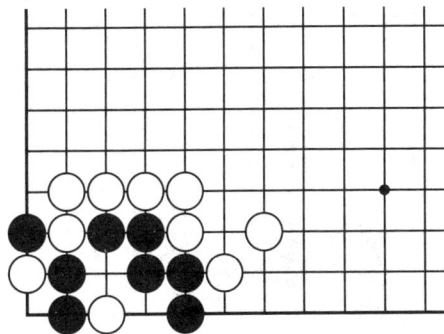

76
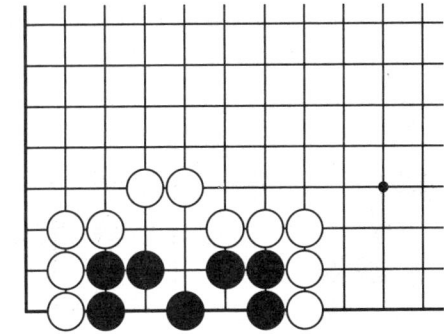

77
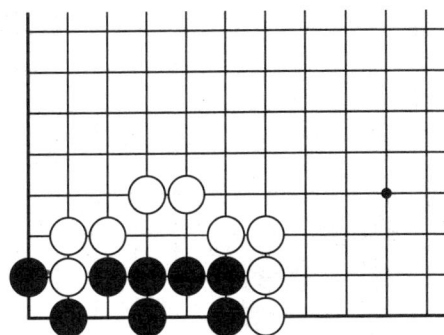

78
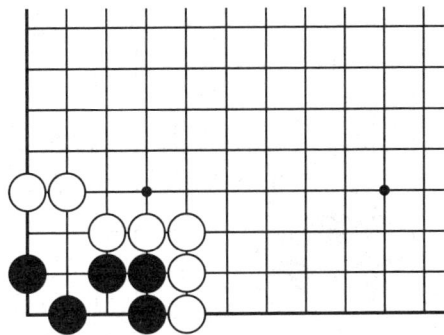

判断整块黑棋是活棋还是死棋。

79
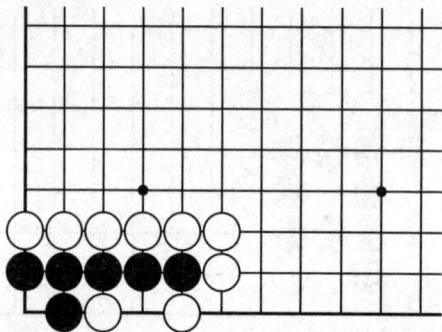

80
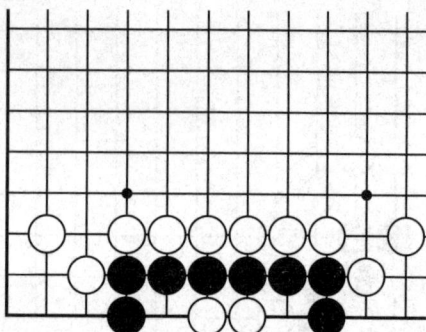

81
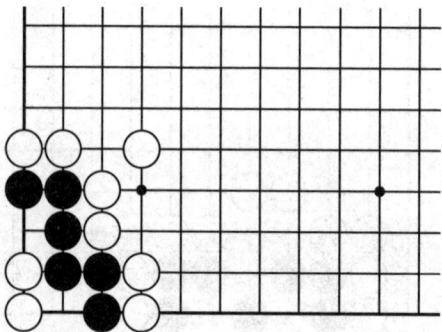

82
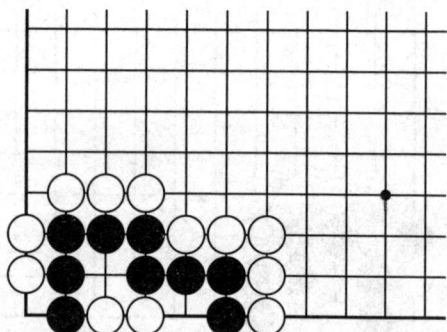

83
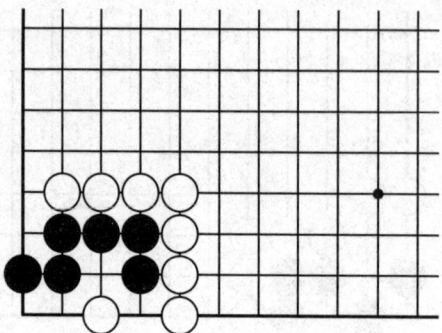

84
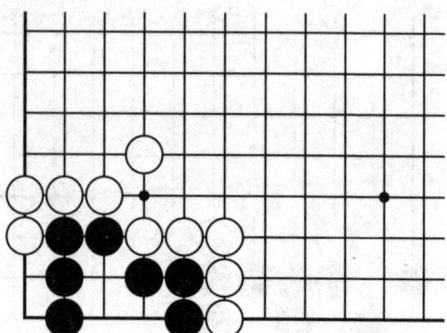

判断整块黑棋是活棋还是死棋。

85
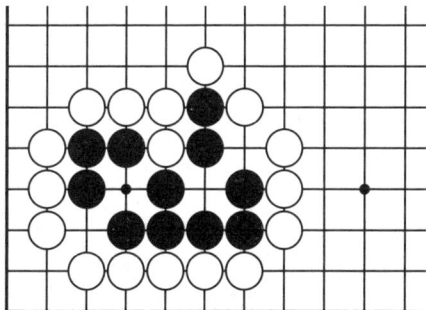

86
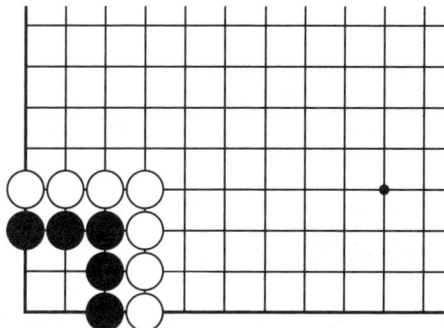

87
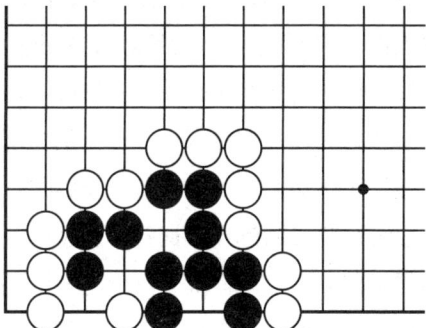

88
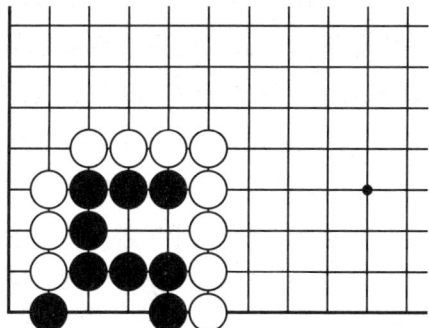

89
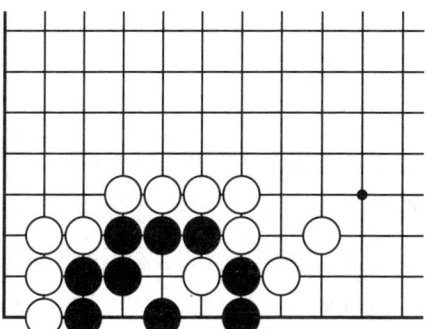

90
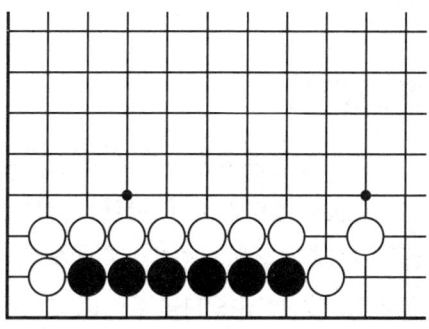

围棋的等级制度

业余棋手

如果您已经开始在互联网上下围棋了，应该发现在注册时，网络平台往往会询问您目前的水平是级位还是段位。级位和段位代表的是围棋水平，最初的起始级位并没有一个统一的标准，一般在 30 级至 20 级。我们以 30 级作为参考，随着您水平的提高，级位的数字也会相应减少，理论上讲，20 级是比 30 级等级要高的。一般来说，升级最直接的方法是通过下棋，随着您获胜的局数越来越多，您的级位也会越升越高，最终达到 1 级。这时要祝贺您，因为您马上要进入一个新的围棋水平阶段——段位了。晋升 1 级之后，您将成为业余 1 段棋手，而段位有别于级位，段位数字越高，代表水平就越高。但是业余段位也是有极限的，根据各个国家段位制度的不同，一般最高业余段位为 7 段，少数国家有业余 8 段。提升段位的方法还是通过对局，唯一不同的是，有的国家拥有完整的业余等级分体系（例如法国），棋手可以通过参加业余比赛赢棋获得更高的积分从而升段，不过也会因为输棋导致丢分而降段。

职业棋手

如果您能够成为业余 7 段就已经很了不起了，但距离顶尖棋手还有很大一段距离。在业余段位之上还有另外一套体系——职业体系。首先，业余段位和职业段位是无法换算的，如果想成为职业棋手，那就必须要参加每年一次的全国围棋定段赛，每年只有为数不多的棋手可以成为职业棋手。这样的比赛在很多国家都有，例如中国、日本、韩国、美国，以及欧洲的一些国家。

以中国为例，每年全国围棋定段赛只有一次。2018 年，报名参加全国围棋定段赛的人数为 381 人，只有前 20 名的棋手可以获得职业棋手资格。前几年的比赛只允许 17 岁以下的棋手参加比赛，而从 2018 年开始，25 岁以下的棋手都可以参加比赛。

在日本，每年有两次通过比赛成为职业棋手的机会，而且参赛的棋手数量要比中国的少，但是每次比赛成为职业棋手的名额只有两个。虽然每年在日本成为职业棋手的名额只有 4 个，但是这 4 名棋手在成为职业棋手的同时，也会获得一个非常响亮的称号——"大师"。职业棋手的等级从一段开始，最高可以达到九段。职业九段是围棋最高的等级。

第 17 章

双活 1

在图 17.1 中，3 颗白子和 4 颗黑子都被对方的棋子包围了，但是双方谁也吃不掉对方，我们把这个特殊的情况称为"双活"。

如果黑棋尝试着去吃白棋，如图 17.2 所示下在 1 位，白棋可以立刻下在 2 位吃掉所有黑子。

同样的道理，如果白棋想吃黑棋，如图 17.3 所示下在 1 位，黑棋同样可以立刻下在 2 位吃掉所有白子。

图 17.4 向大家展示了另一种双活的棋形，即双方被围的棋都只有一只眼，但同时双方都没有办法吃掉对方。

图 17.1

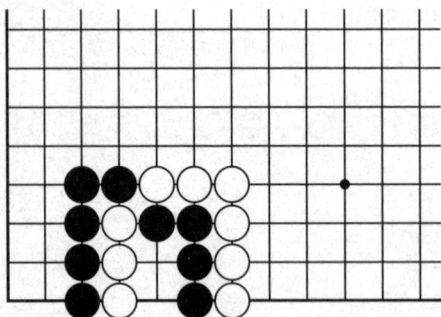

图 17.2

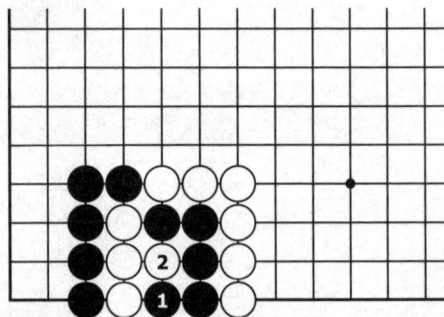

图 17.3

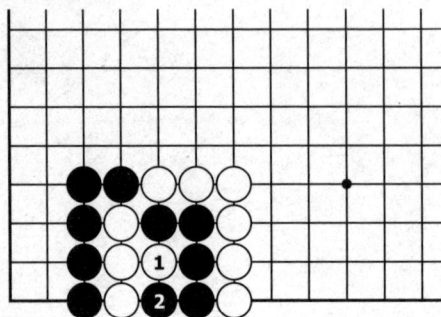

图 17.4

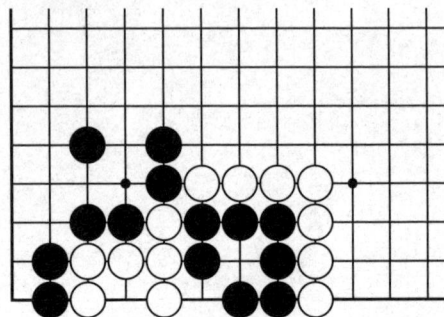

判断以下情形是否是双活，如果不是，谁会被吃掉？

①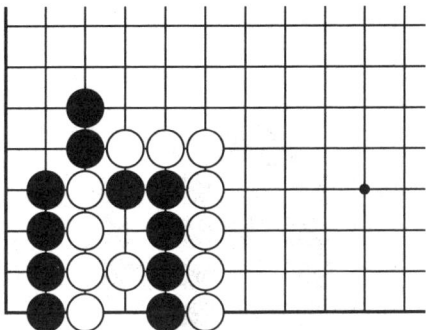

②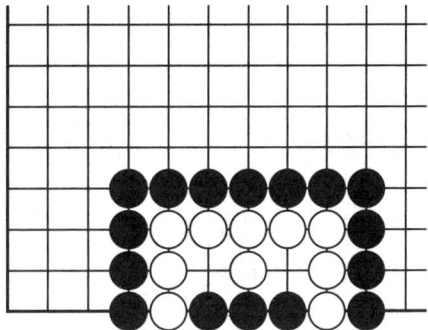

③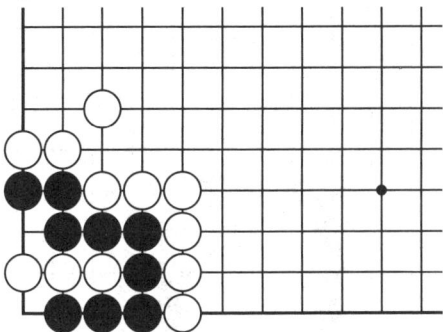

④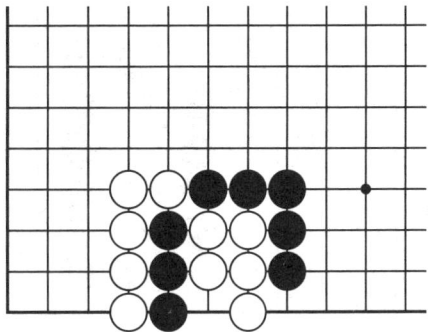

⑤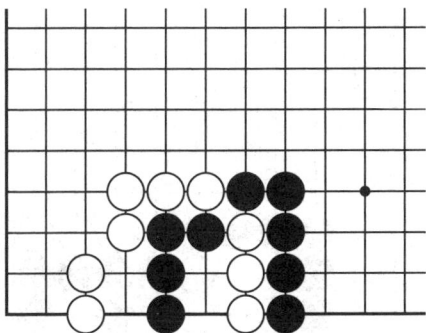

⑥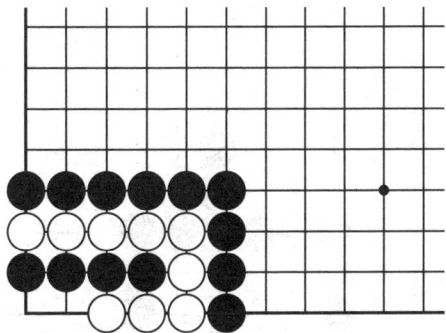

判断以下情形是否是双活，如果不是，谁会被吃掉?

7

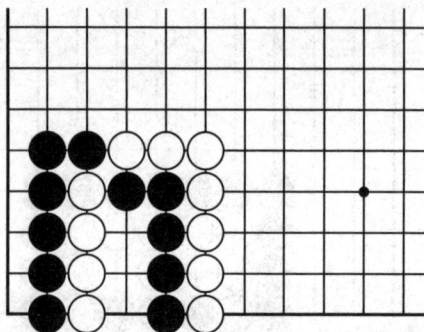

8

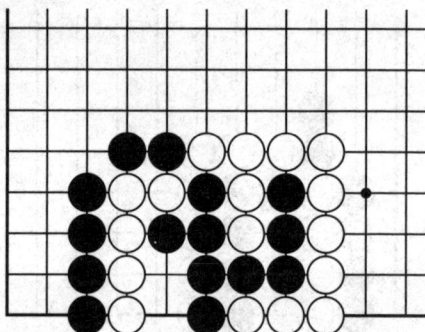

9

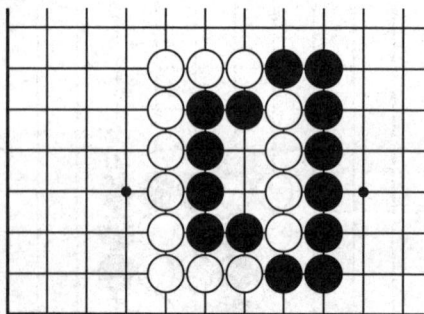

10

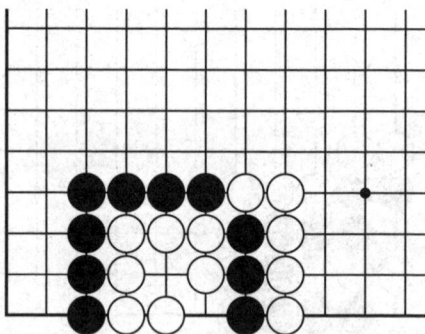

11

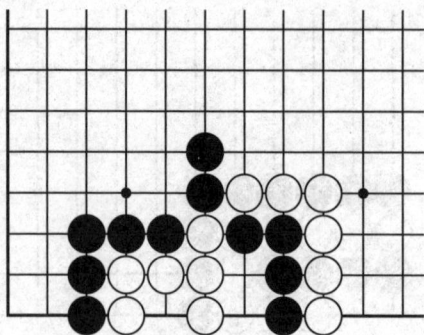

12

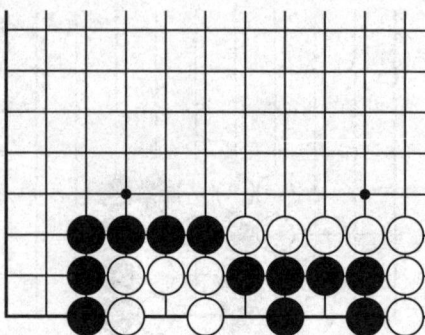

判断以下情形是否是双活，如果不是，谁会被吃掉？

13
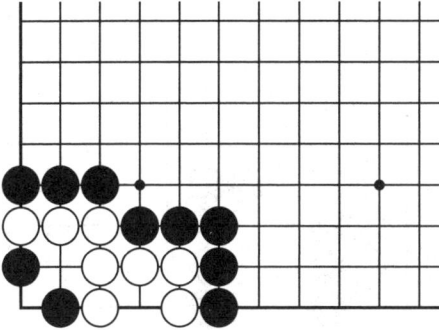

14
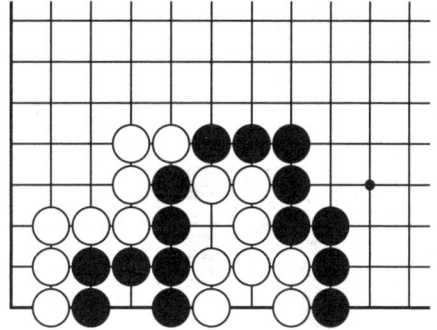

15
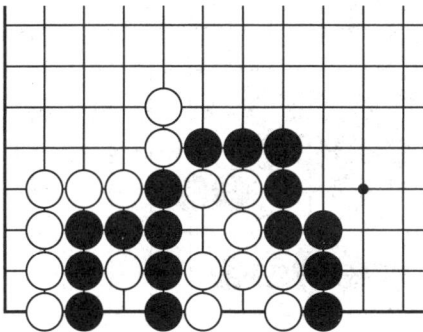

16
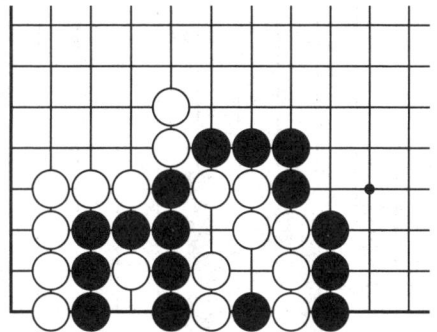

17
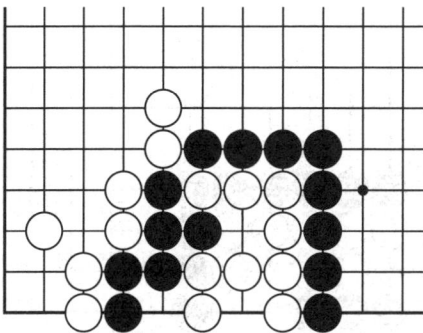

18
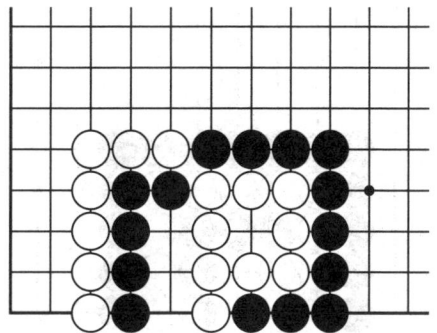

黑先下，解救有 X 标记的棋子。

19

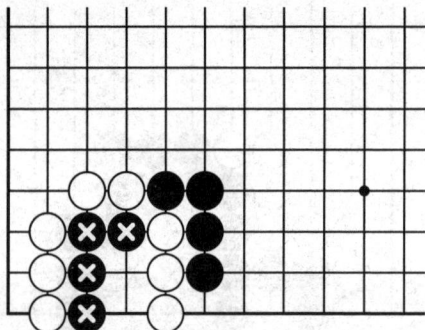

20

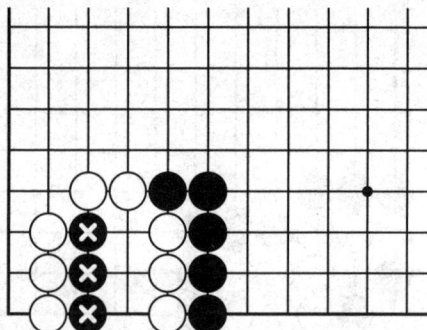

21

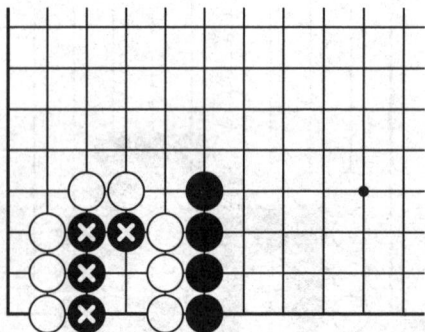

22

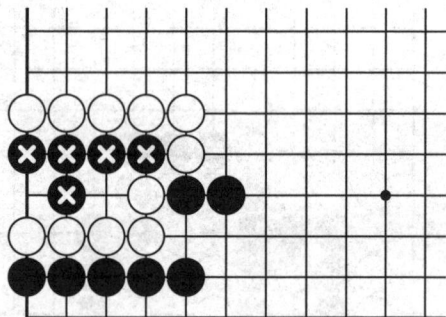

23

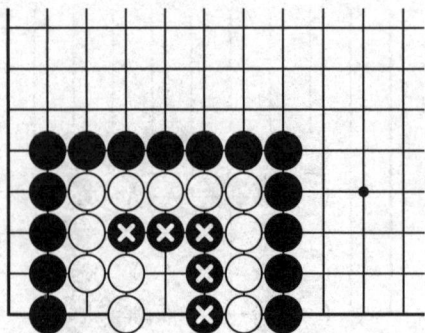

24

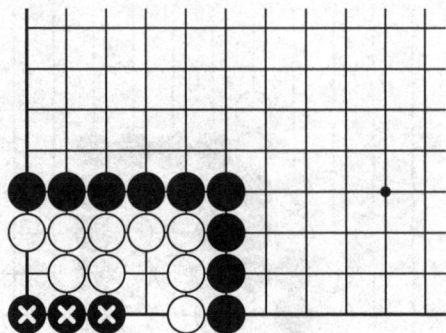

黑先下，解救有 X 标记的棋子。

25
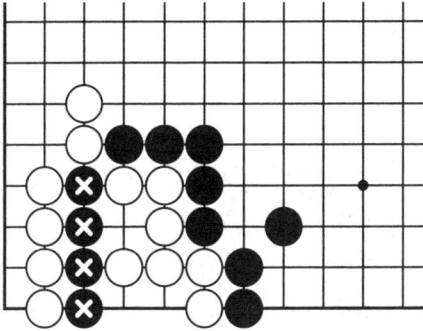

26
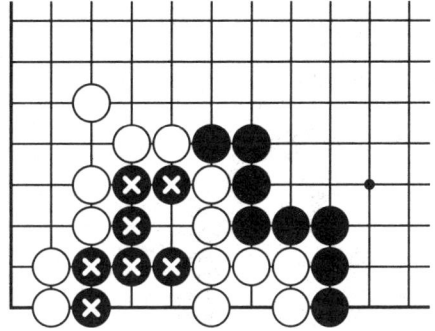

27
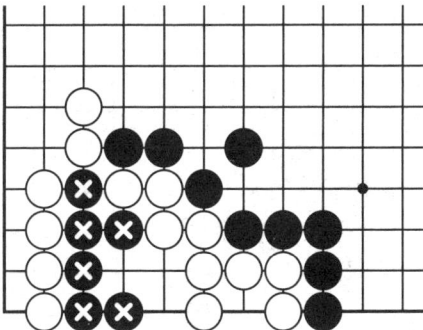

28
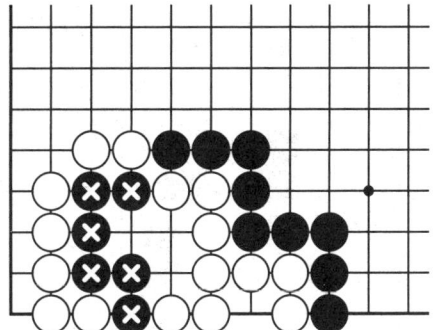

29
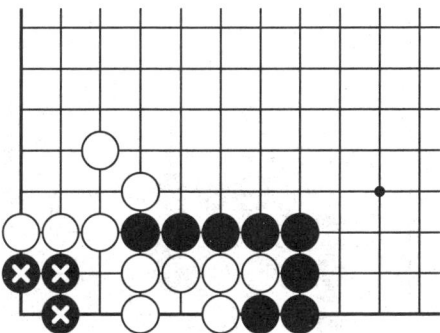

30
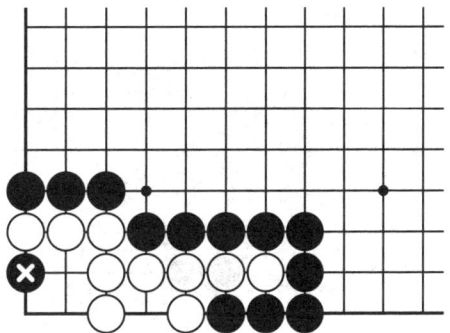

黑先下，成为双活。

31

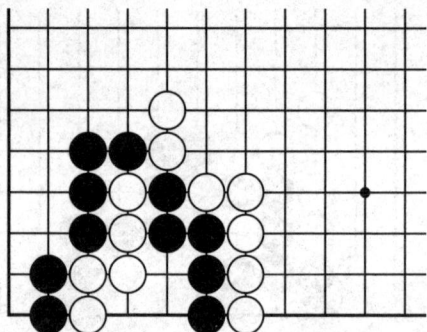

32

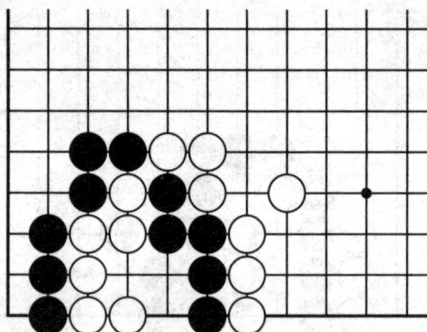

33

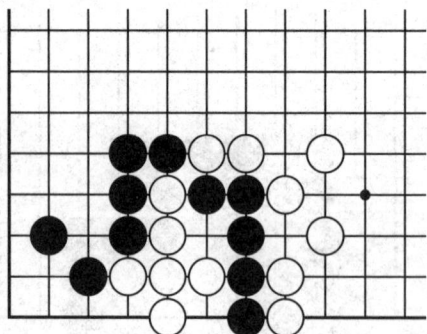

34

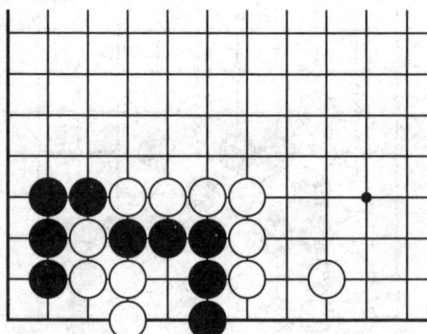

35

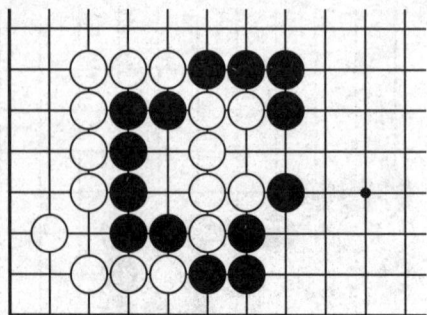

36

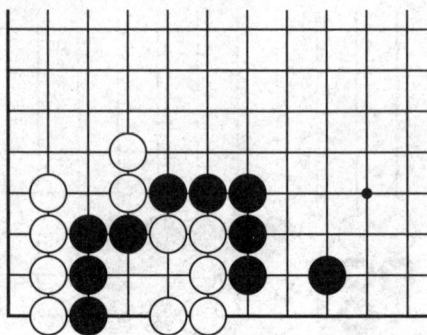

黑先下，成为双活。

37

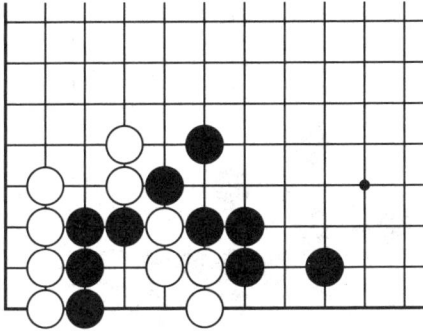

38

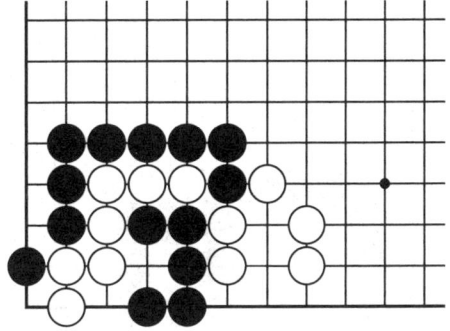

39

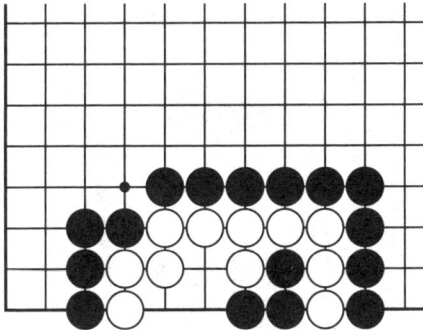

40

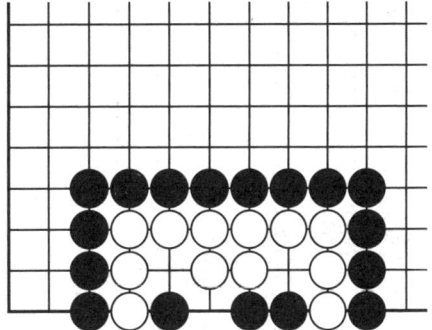

41

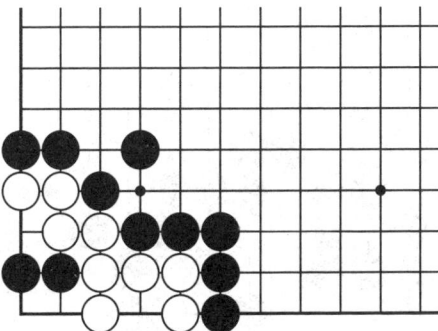

42

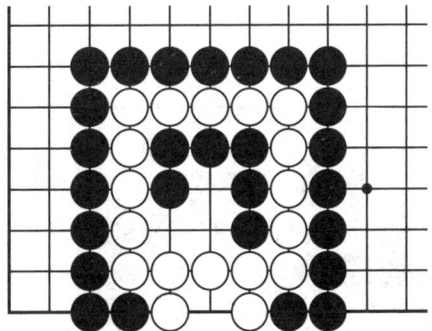

黑先下，成为双活。

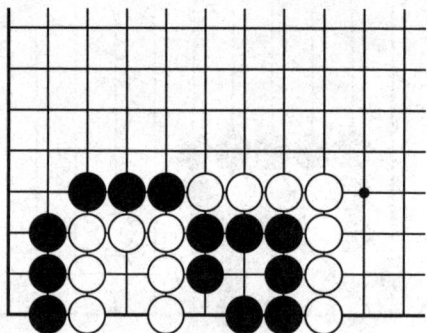

43

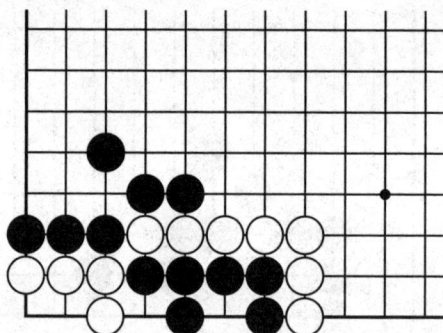

44

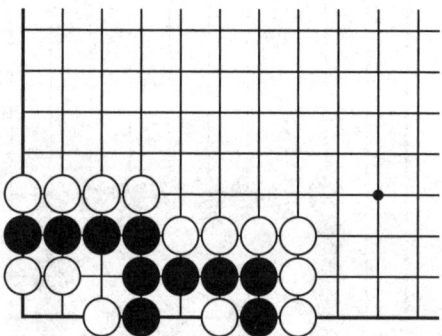

45

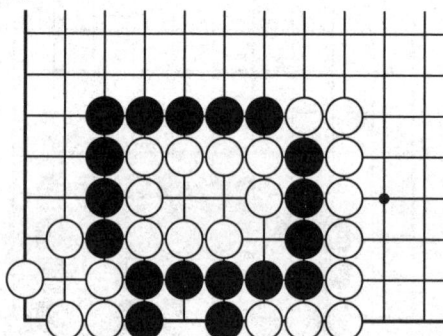

46

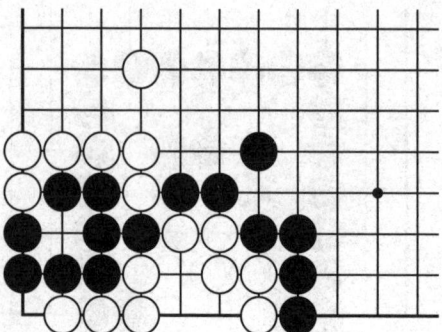

47

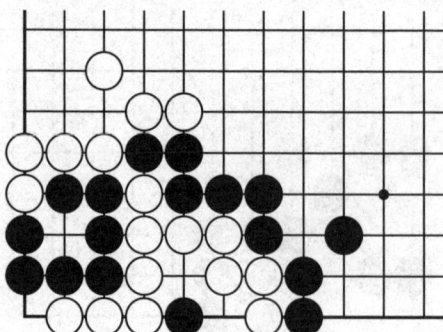

48

第18章

劫

图 18.1 是一个典型的打劫棋形，黑棋可以立刻下在 X 位上吃掉白棋一子，虽然黑棋吃掉白棋的棋子后，自己的棋子也被叫吃了，但是根据打劫的规则，当一方提到劫之后，另一方不能立刻反提回来，即不能立刻下在图 18.2 中的 Y 位。

对于黑棋提劫，白棋选择下在 2 位（如图 18.3 所示），这时如果黑棋下在 3 位，此时白棋可以再次下在 4 位将劫提回来，现在黑棋不能立刻将劫反提回来。当然，黑 3 也可以选择连上自己被叫吃的棋子，如图 18.4 所示。

图 18.1

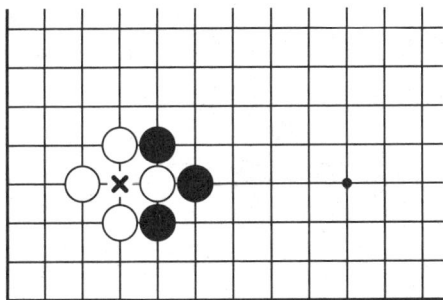

图 18.2

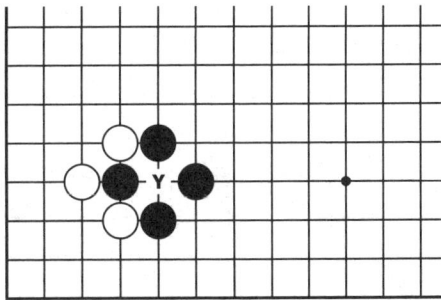

图 18.3

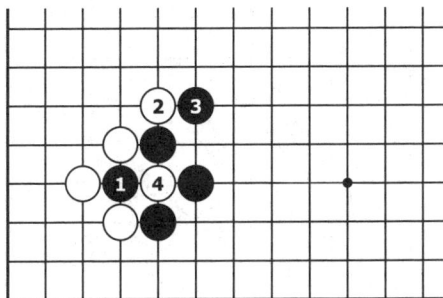

图 18.4

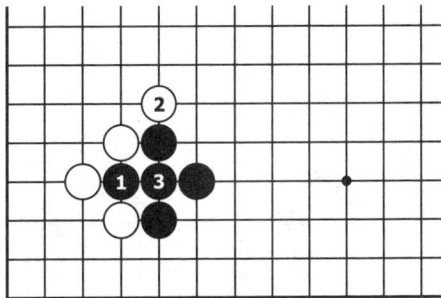

黑先下，提掉劫。

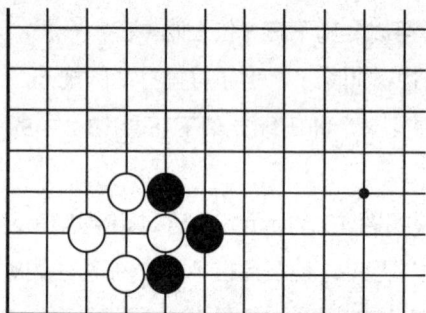

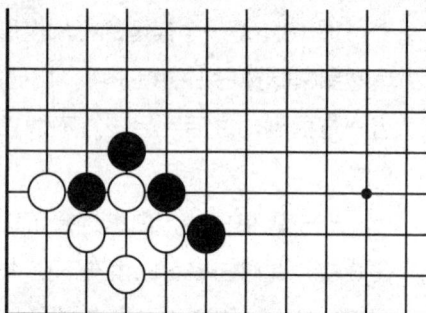

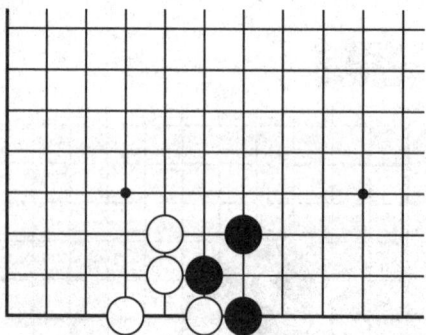

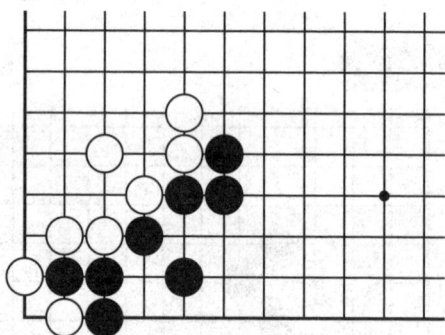

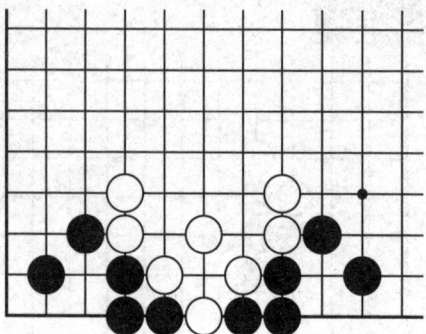

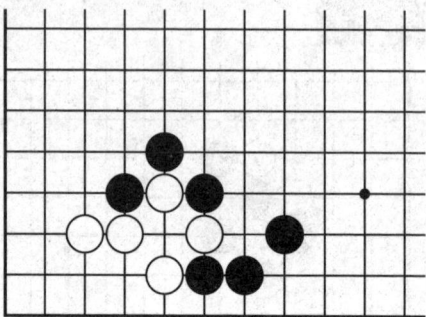

请黑棋通过提劫拯救被叫吃的（有 X 标记的）棋子。

7
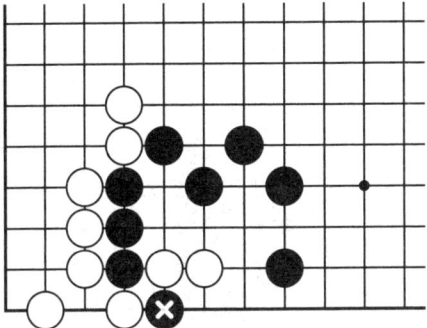

8
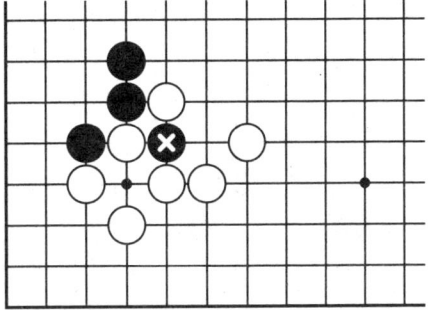

9
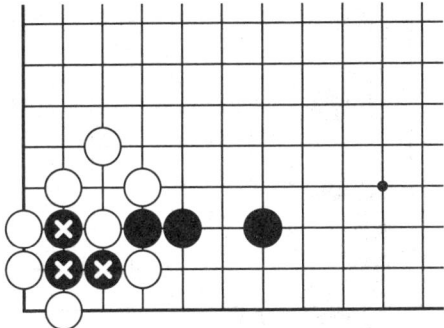

10
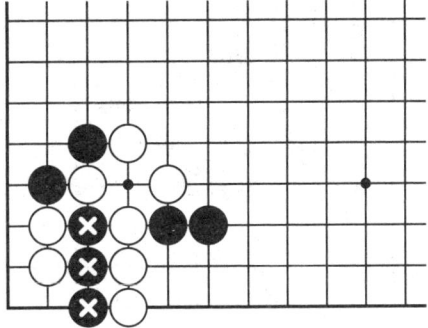

11
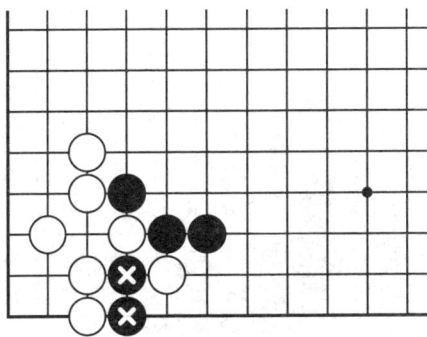

12
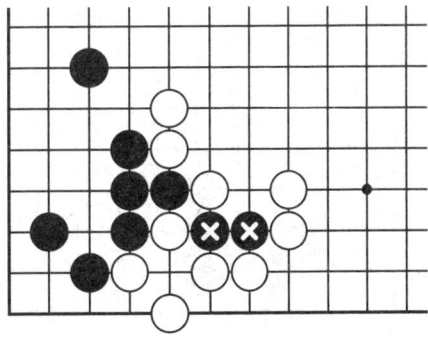

请黑棋通过提劫拯救被叫吃的（有 X 标记的）棋子。

13

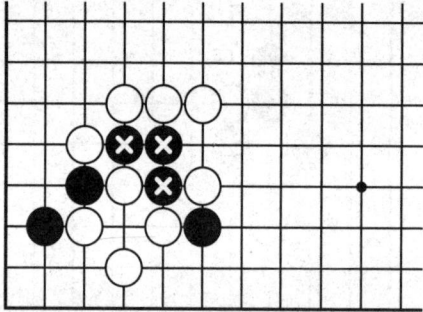

14

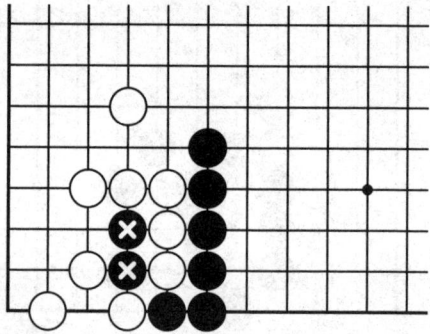

15

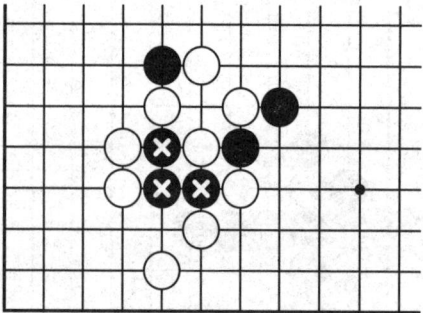

16

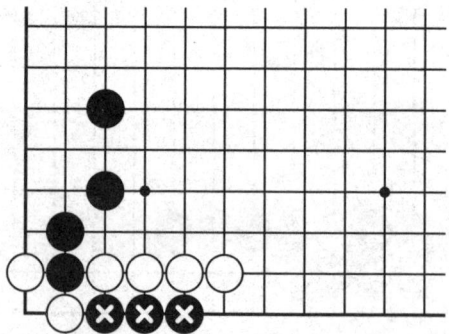

17

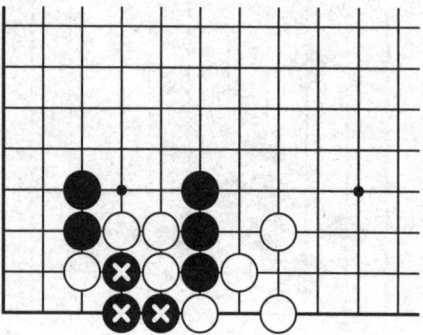

18

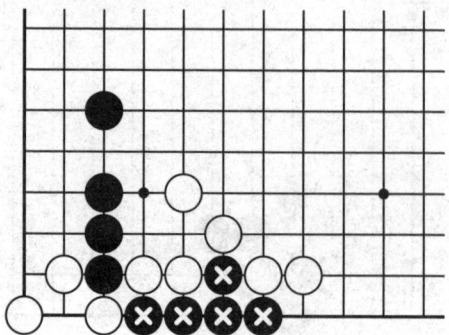

请黑棋通过提劫拯救被叫吃的（有 X 标记的）棋子。

19

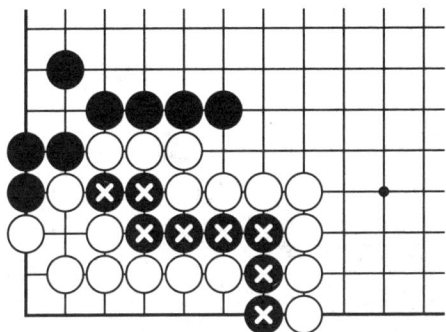

20

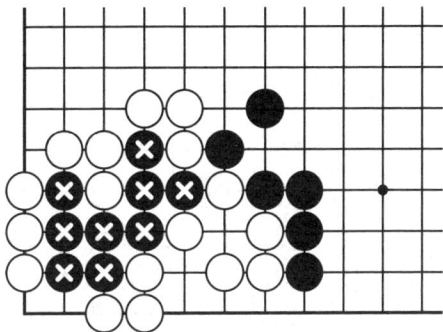

21

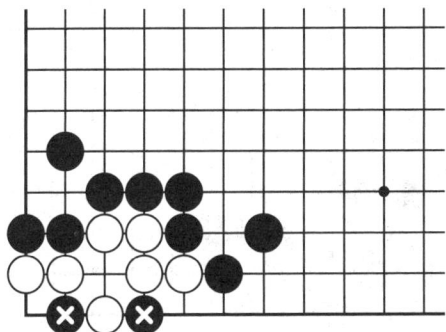

22

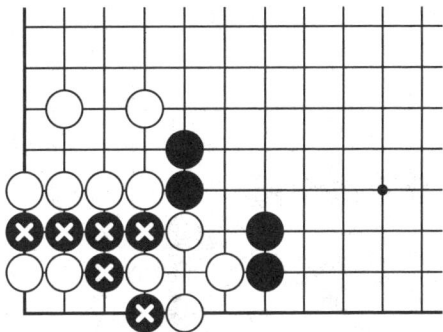

23

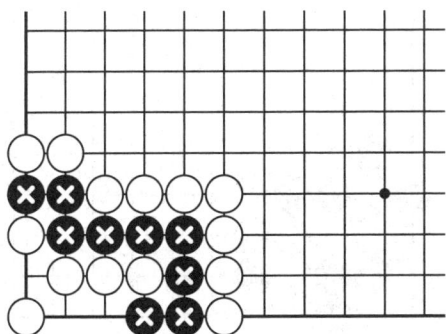

24

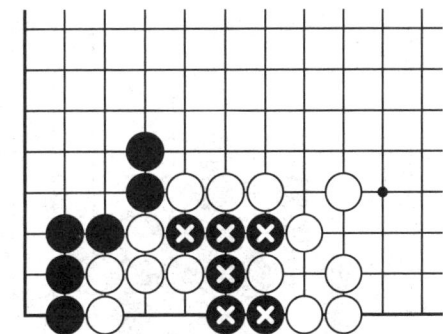

请黑棋通过提劫拯救被叫吃的（有 X 标记的）棋子。

25

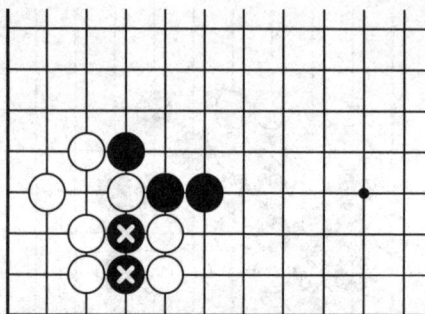

26

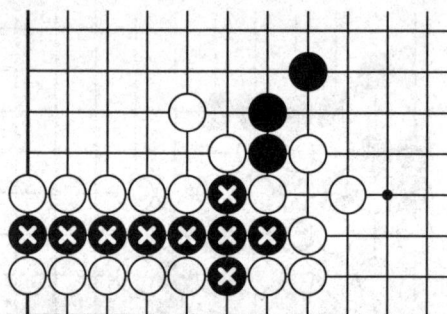

27

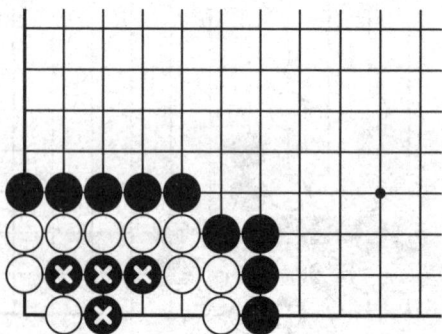

28

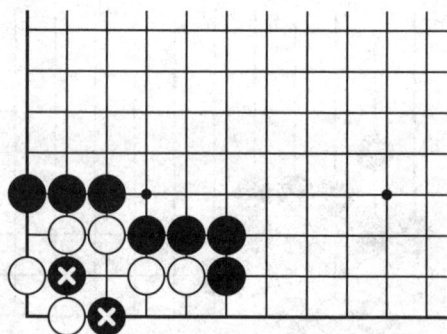

29

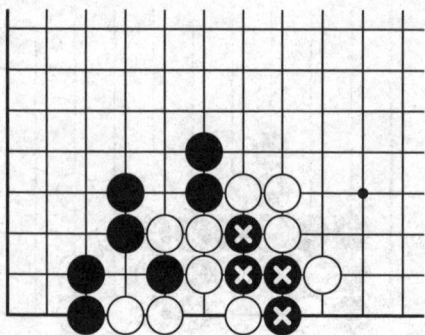

30

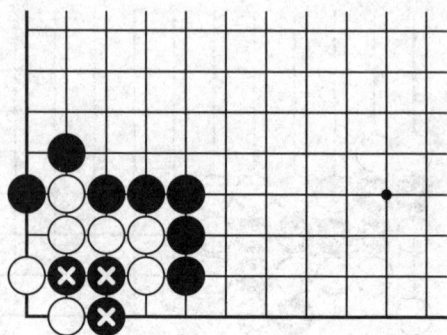

请黑棋通过提劫拯救被叫吃的（有 X 标记的）棋子。

31

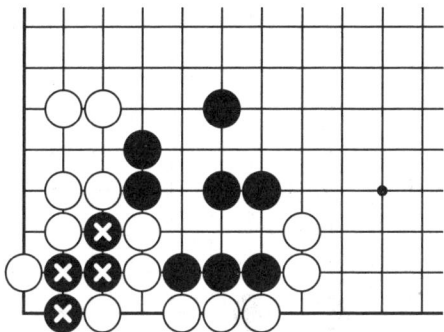

32

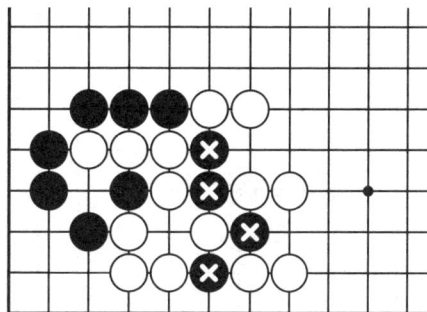

33

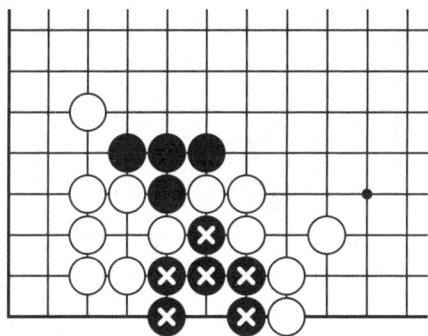

34

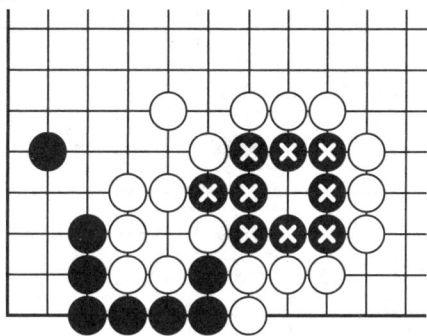

35

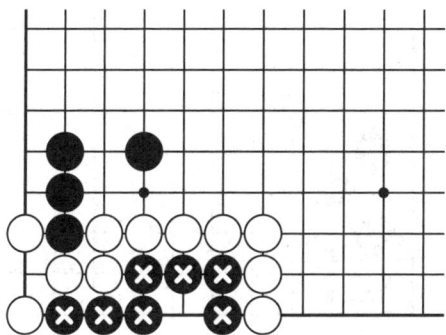

36

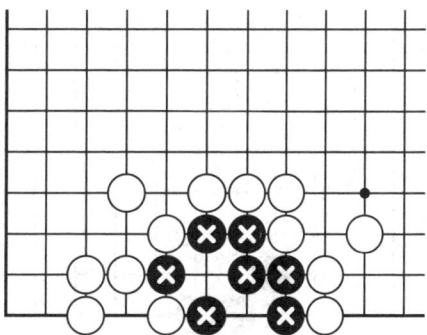

黑先下，做出一个劫。

37

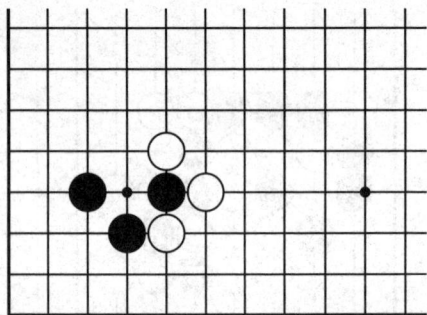

38

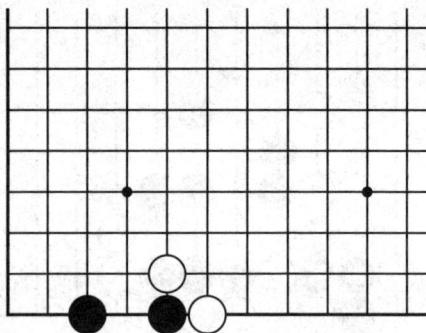

39

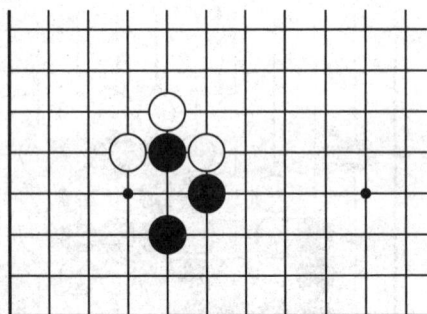

40

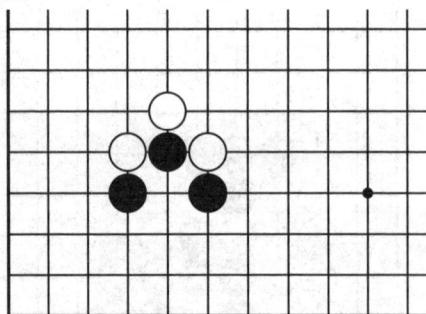

41

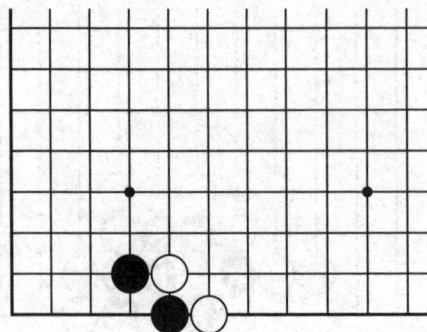

42

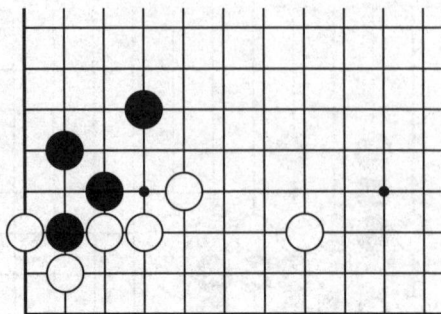

黑先下，做出一个劫。

43

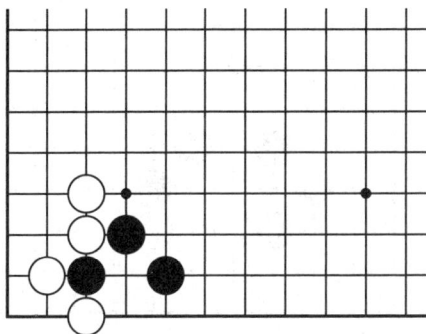

44

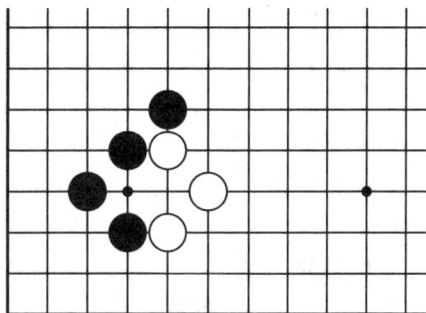

45

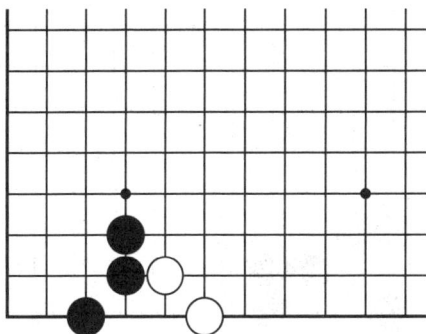

46

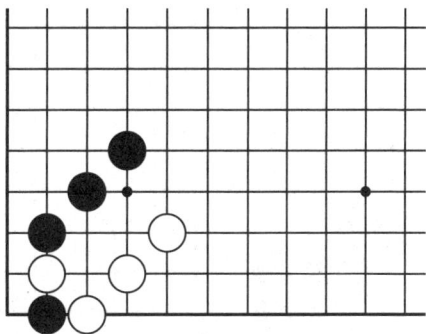

47

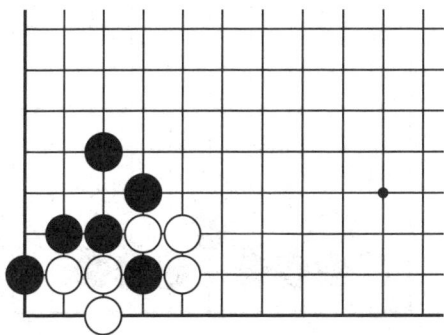

48

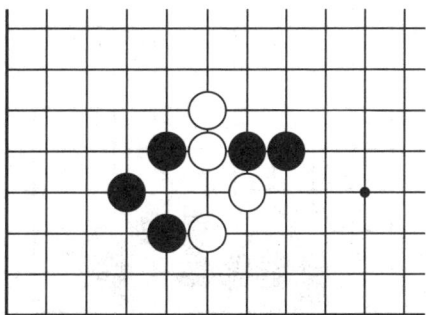

黑先下，做出一个劫。

49

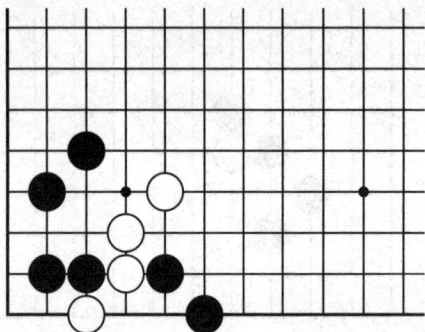

50

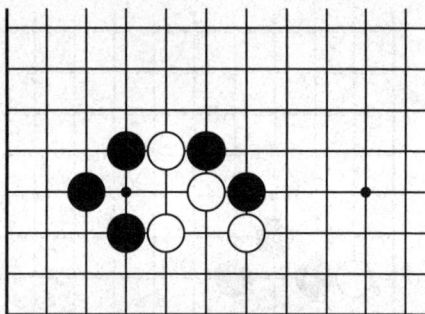

51

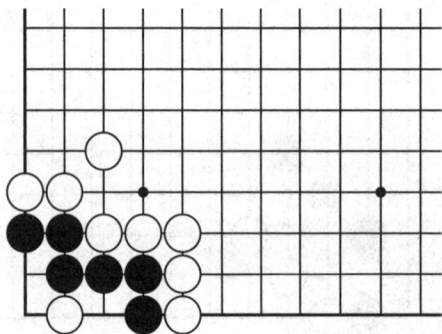

52

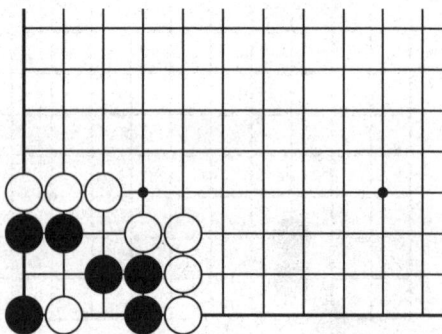

53

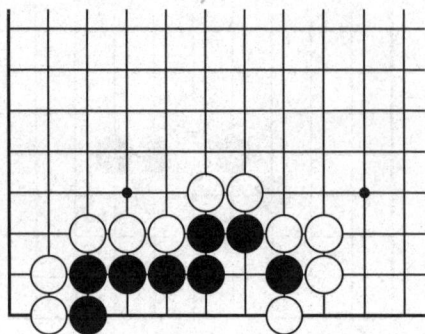

54

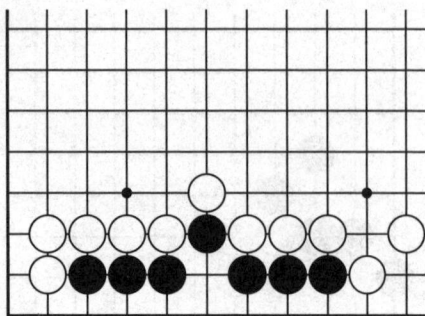

黑先下，做出一个劫。

55

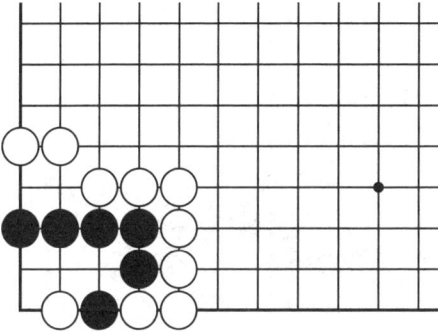

56

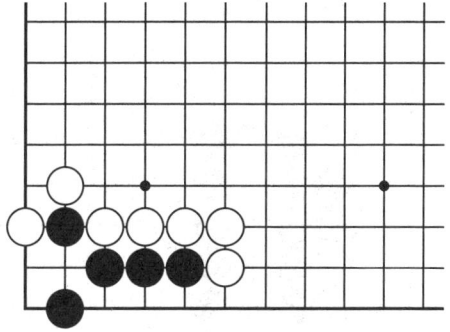

57

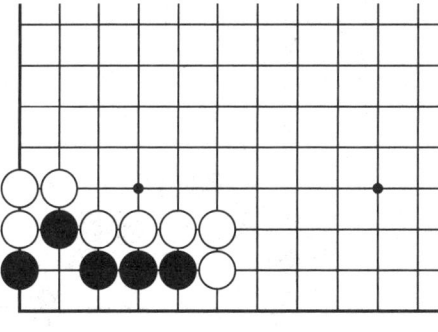

58

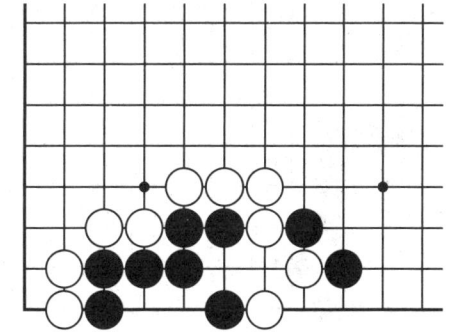

59

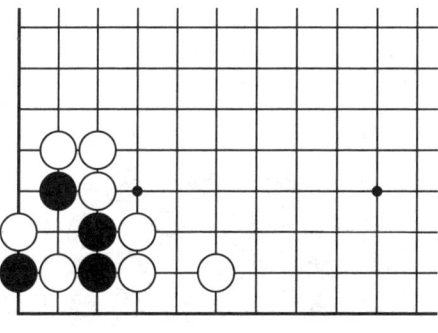

60

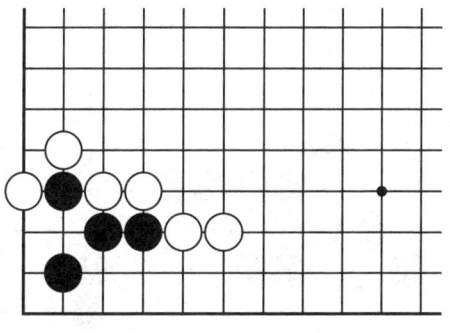

黑先下，做出一个劫。

61

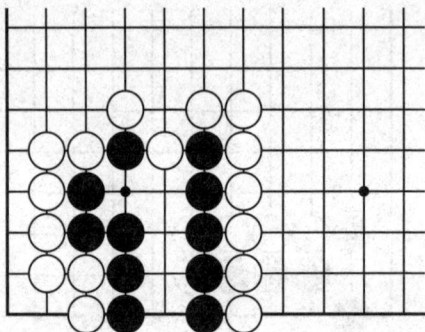

62

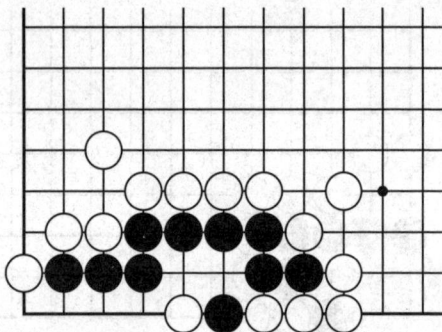

63

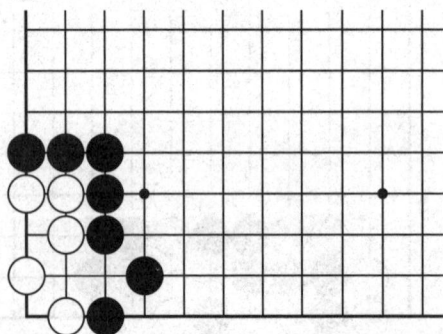

64

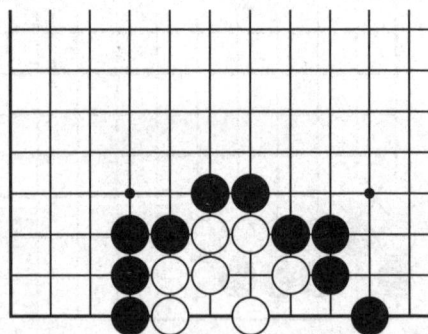

65

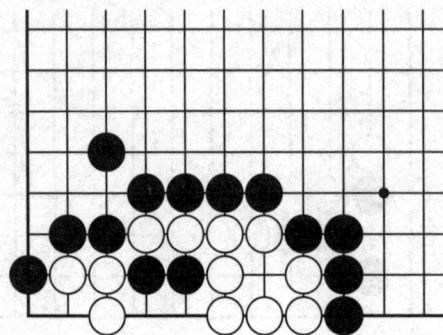

66

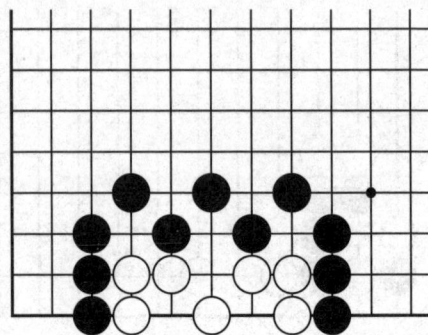

黑先下，做出一个劫。

67

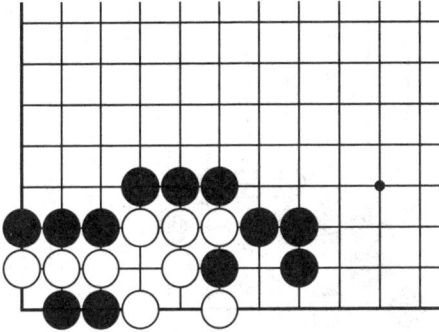

68

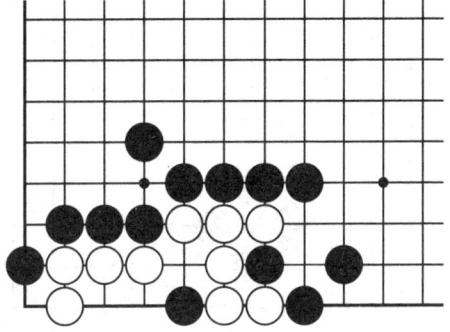

69

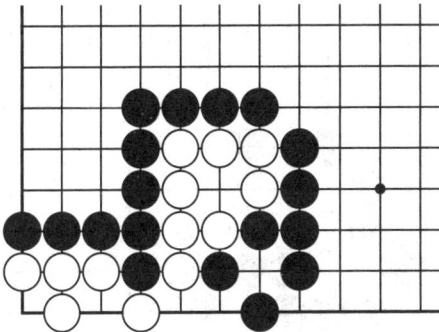

70

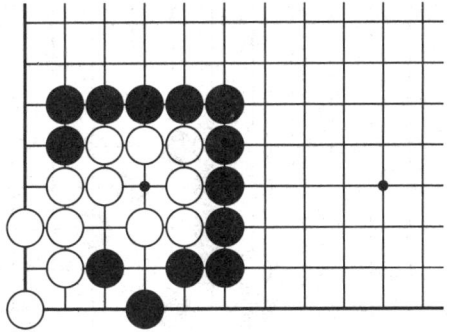

71

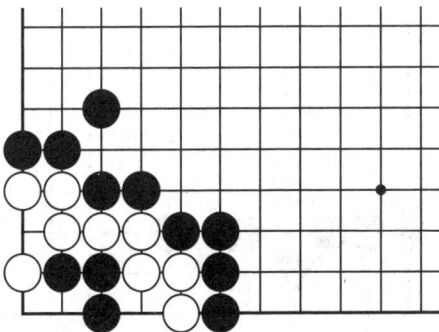

72

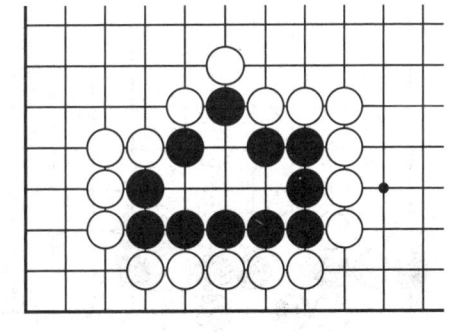

黑先下，通过消除打劫来拯救被围困的黑子。

73

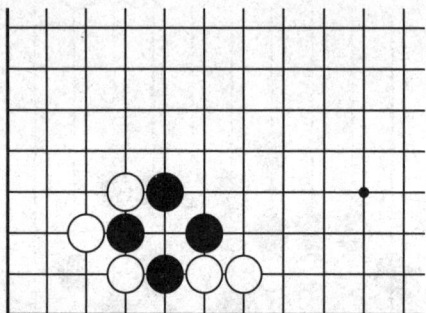

74

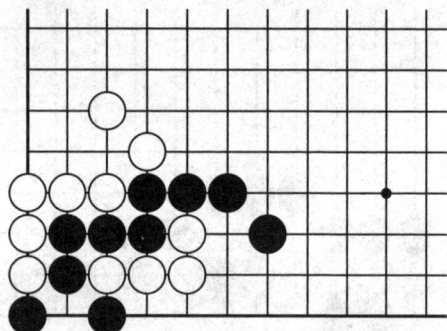

75

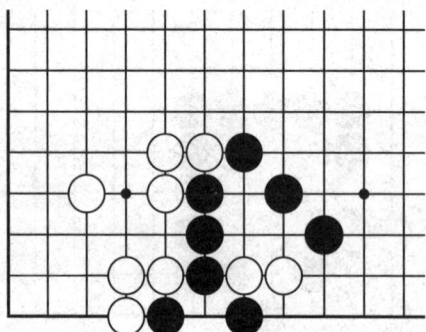

76

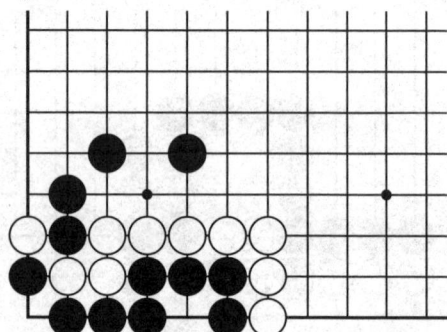

77

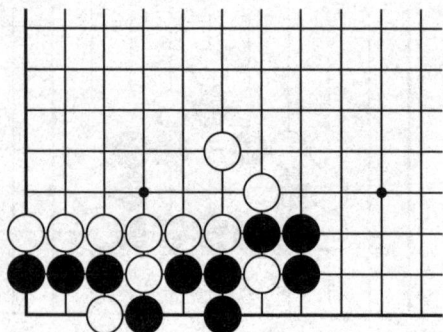

78

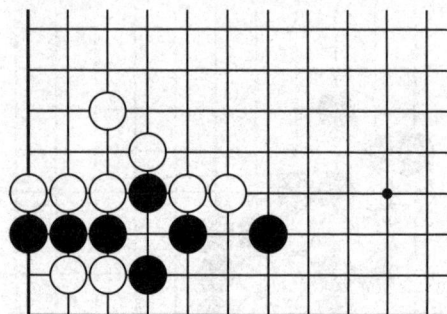

黑先下，通过消除打劫来拯救被围困的黑子。

79
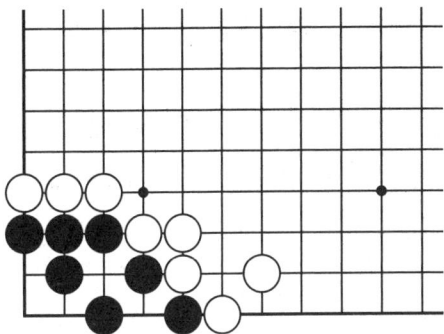

80
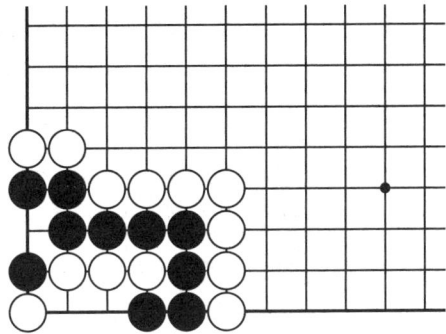

81
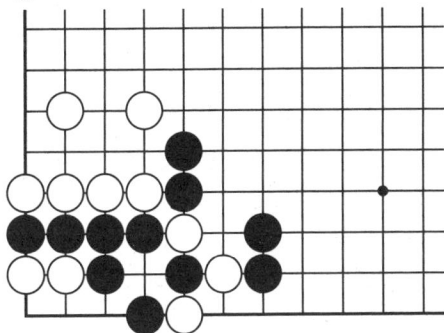

82
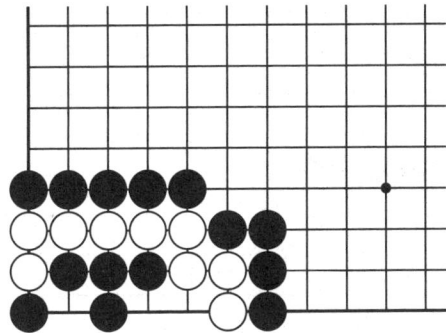

83
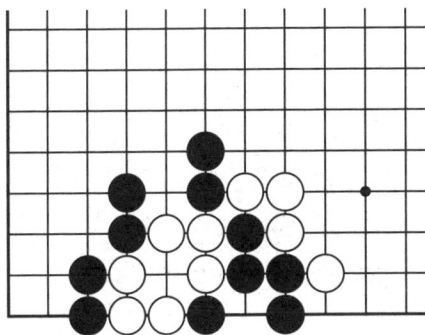

84
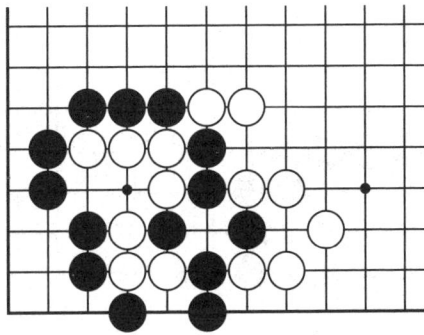

第 **19** 章

领地 1

在图 19.1 中，黑棋在左下角围起了一片领地，白棋在右下角围起了一片领地。

如图 19.2 所示，所有标示 X 的交叉点均为黑棋的"目"，所有标示 Y 的交叉点均为白棋的"目"。目是一个方便计算领地的单位，我们可以计算出，黑棋共有 11 目，而白棋有 12 目。

图 19.1

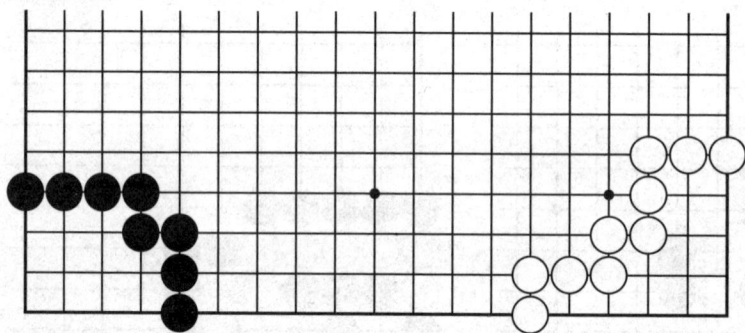

图 19.2

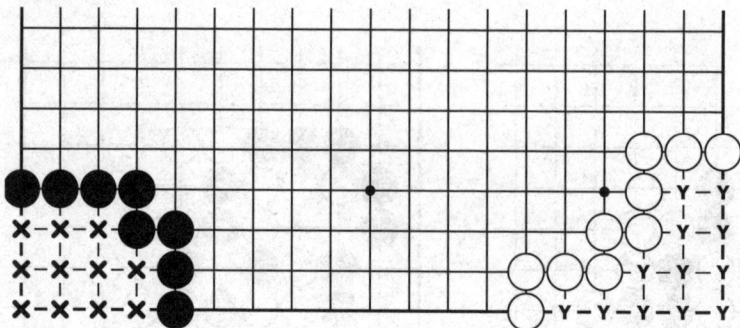

黑棋的领地有多少目？

1

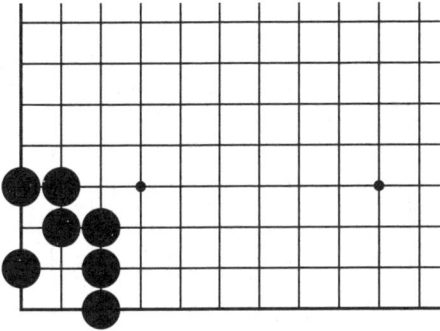

2

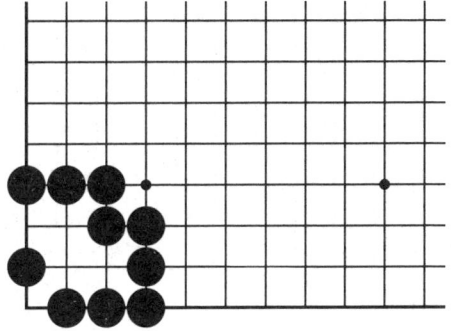

3

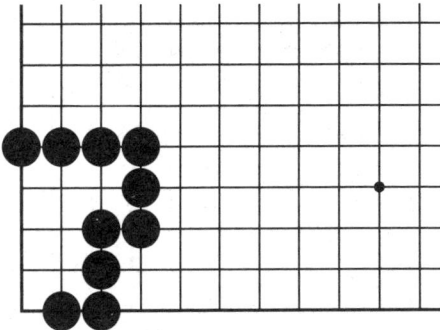

4

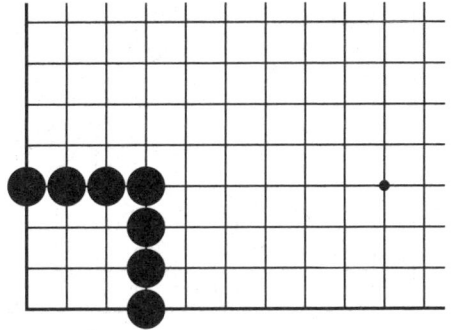

5

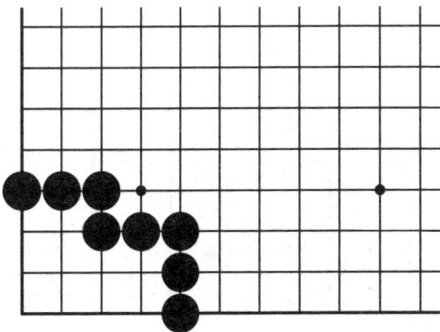

6

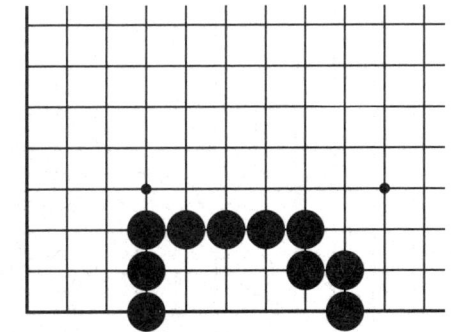

白棋的领地有多少目?

7

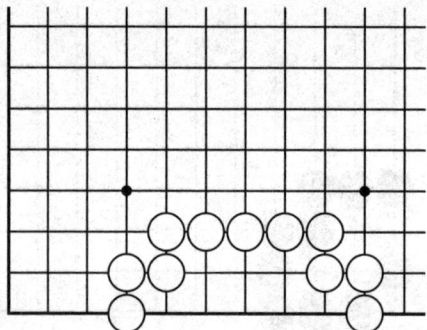

8

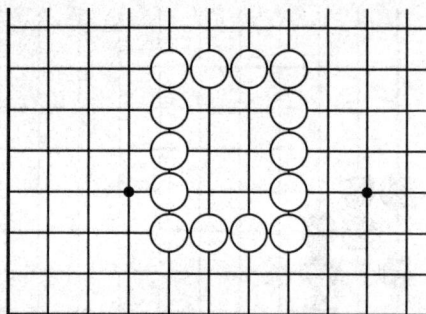

9

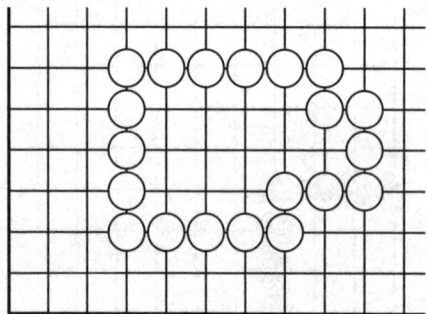

10

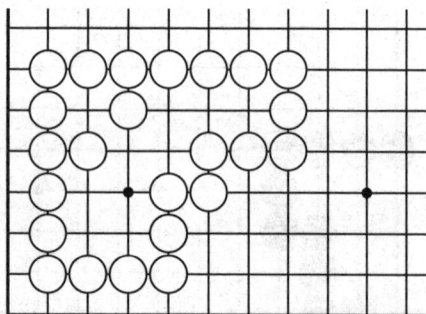

11

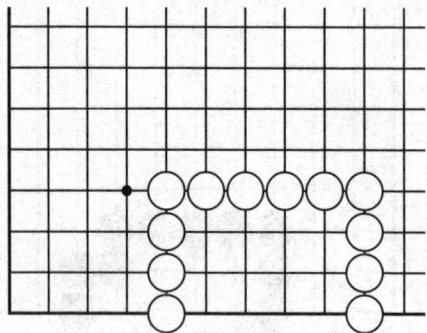

12

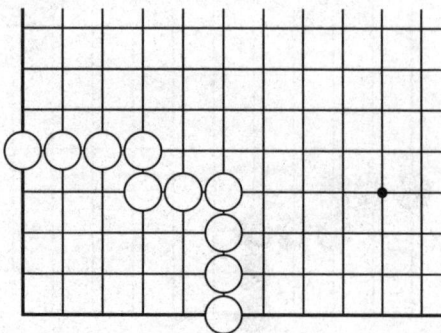

黑白双方各有多少目?

13

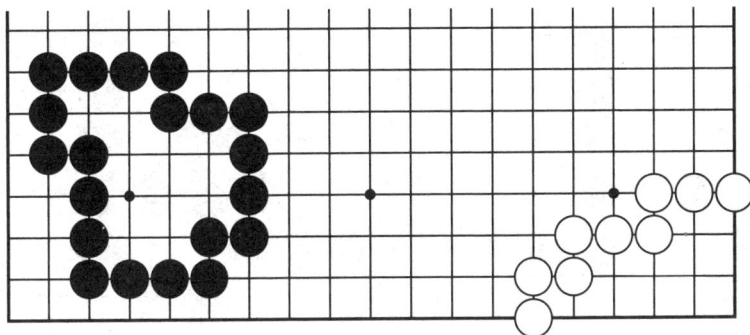

14

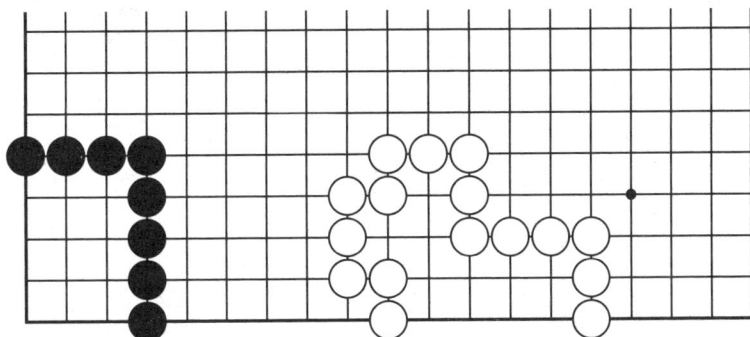

15

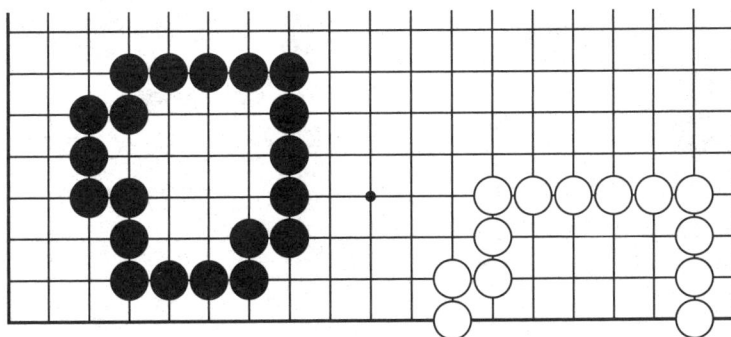

对局结束，黑白双方最终有多少目？

16

17

18

19

对局结束，黑白双方最终有多少目？

20

21

22

23

对局结束，黑白双方最终有多少目？

24

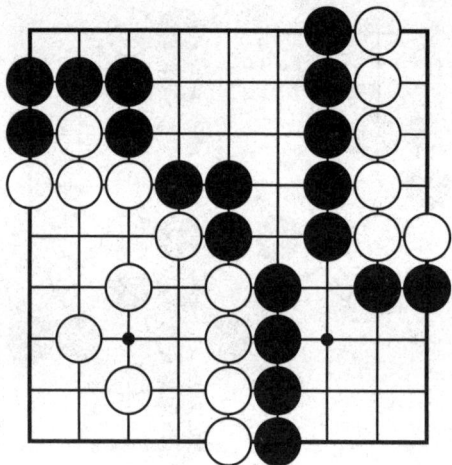

25

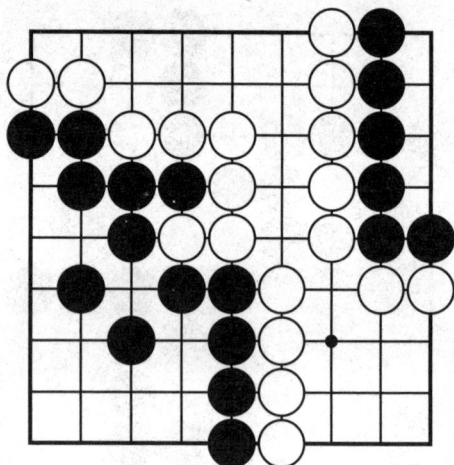

26

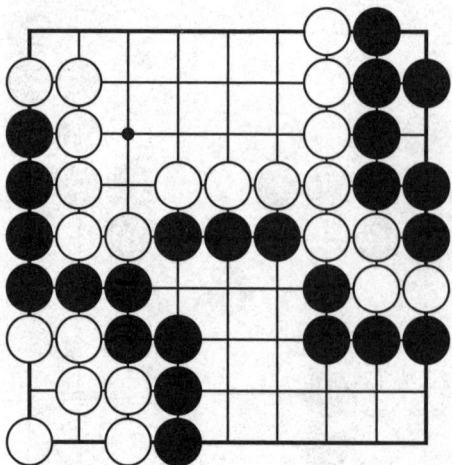

27

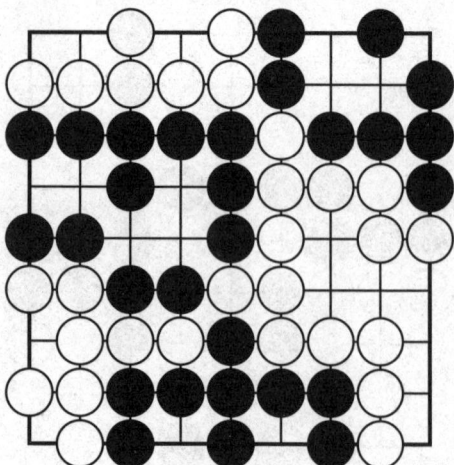

专栏7

一些围棋规则

连接的棋子和气

两个相连接的交叉点，指的是在同一条没有被任何交叉点分开的交叉点。

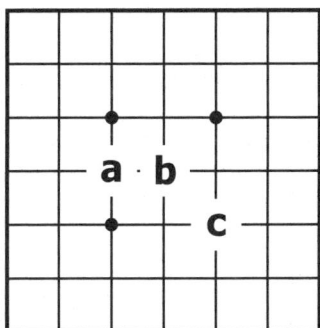

左图 a 和 b 是两个相连接的交叉点，但是 b 和 c 不是相连接的交叉点。

两个相互连接的棋子，指的是下在相互连接交叉点上的两个相同颜色的棋子。

一块棋指的是一颗或者几颗相互连接的棋子。

一块棋的气指的是与这块棋相连接的交叉点。

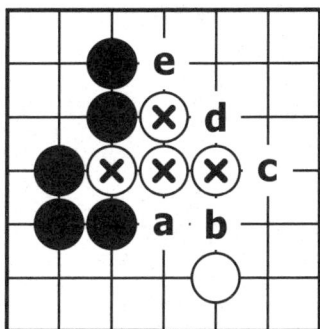

左图中白棋 4 颗有 X 标记的棋子是相连接的 4 颗棋子。这块 4 颗棋子的棋共有 5 口气，我们通过字母 a、b、c、d 和 e 来标注出它们的位置。

领地

　　领地是由相同颜色的棋子直接或者间接连接，包围住未被落子的交叉点组成的。如果其他颜色的棋子进入这些交叉点，会被我方棋子吃掉。这些对方无法存活的交叉点组成的地盘，我们称之为"我方的领地"。注意，对方有权利进入我方的领地，当然我方也有权利将其吃掉。

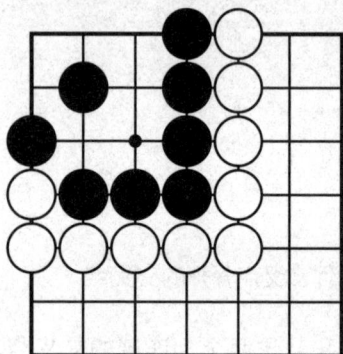

　　左图中黑子包围住了 7 个未落子的交叉点，黑子连接到棋盘的边缘，形成了一个天然的边界，边界内就形成了黑棋的领地。当然，有时领地的形成也可以与棋盘的边界完全不相连。我们会发现，白棋如果下在黑棋的领地中，肯定会被黑棋的棋子包围并吃掉。

下棋的流程

　　一盘围棋对局通常由两名对局者完成，一方使用黑棋，另一方使用白棋。使用黑棋的一方首先落子，接着白方落子，接着黑子，之后白子，以此类推，双方交替落子。落子时需要下在没有己方或对方棋子的交叉点上。

叫吃

　　当一名棋手将对方棋子的最后一口气堵住，此时可以将对方没有气的所有相连接的棋子从棋盘上拿掉，不过需要注意的是，自己不可以将自己棋子的最后一口气堵上，除非这步棋可以立刻堵住对方棋子的最后一口气，此时最后落子的一方可以拿起对方没有气的所有棋子。当一颗或一块相连接的棋子只有最后一口气的时候，我们称之为"叫吃"。

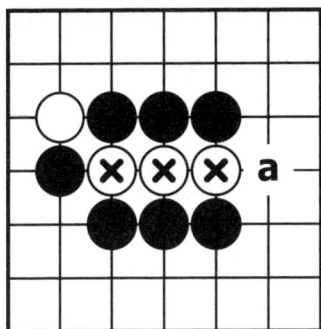

左图中3颗相连接的白子（带有X标记）被叫吃了，因为这3颗白子仅剩最后一口气了。

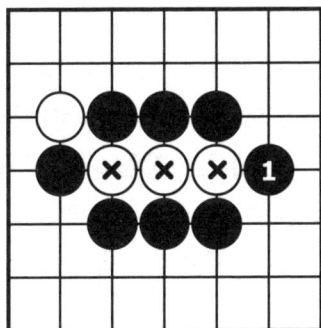

如果黑棋下在1位，3颗白子的最后一口气也被黑棋堵住。

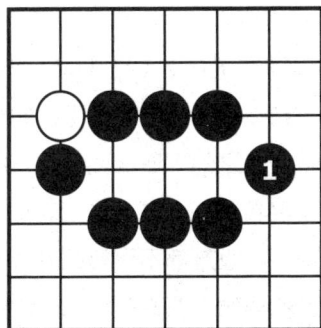

这时，黑棋可以将这3颗没有气的白子从棋盘上拿下来。

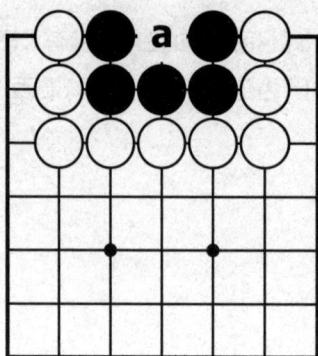

根据吃子的规则，左图中白棋可以下在a位并吃掉黑棋5颗棋子。

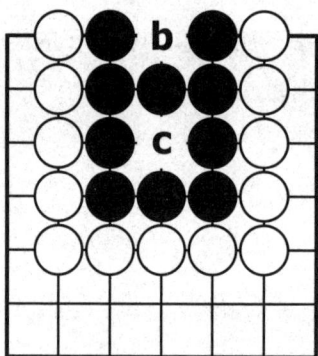

如左图，在这种情况下，白棋既不能下在b位也不能下在c位上，所以虽然白棋将黑棋完全包围，但永远无法吃掉黑棋。在这种情况下，我们称b位和c位为"眼"。我们会发现，拥有两个以上眼的一块连接的棋子将永远不会被吃掉。我们称这种棋为"活棋"。

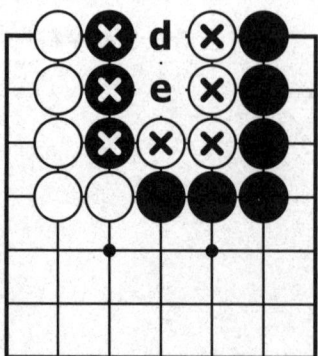

如左图如果黑棋现在下在d（或e）位，白棋紧接着只需要下在e（或d）位就可立刻吃掉黑棋。当然，在这个局面下，如果黑棋不下子，而白棋立刻下在d或e位，白棋也会被黑棋紧接着下在e或d位上吃掉。所以在此种情况下，双方都不愿意在d或e位上先落子，这就导致了双方有x标记的棋子形成了一个共存的棋形，我们称之为"双活"。

禁止同样局面

当一方落子时，棋盘的局面不能是曾经出现过的一模一样的局面。

下图是一个对局中经常见到的可能出现的同样局面的问题，我们称之为"打劫"。

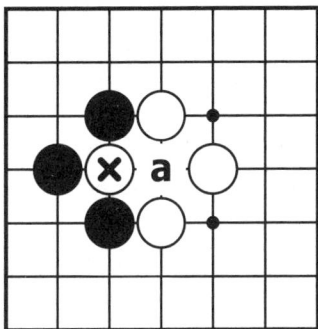

如果黑棋下在 a 位，黑棋可以吃掉带有 X 标记的白棋的棋子，但是黑棋下在 a 位的棋子此时也被打吃了。

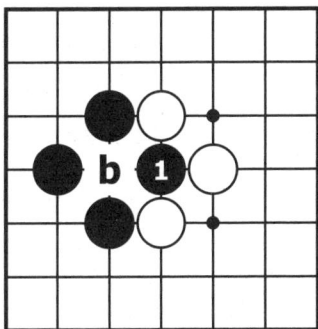

注意，根据"禁止同样局面"的规则，虽然黑棋 1 位的子只有一口气，但是此时白棋不能立刻下在 b 位吃掉黑子，因为如果白棋此时下在 b 位，拿起被吃掉的黑子后，此时棋盘的局面将会和上图完全一样。所以在这个局面下，白棋不能立刻下在 b 位，而是需要下在棋盘的其他位置上。如果黑棋紧接着没有下在 b 位连接上自己被打吃的棋子，而是下在棋盘的其他地方，此时白棋可以下在 b 位并吃掉黑棋棋子，因为此时的整个棋盘局面从没有出现过一模一样的。

终局

当双方都决定放弃落子时，双方默认对局结束。此时双方计算各自的领地，多的一方获胜。领地的计算方法：自己一方所有活着的子数 + 自己一方所有控制的没有落子的交叉点数，即为自己一方的总领地数。对方的领地数按照同样的方法计算。

为了方便计算，对局结束时，往往只计算一方的领地总和，因为棋盘交叉点的总和是固定的，只需要知道其中一方的领地（交叉点）总数，我们就可以得出另一方的总数。例如，9 路棋盘有 81 个交叉点，如果终局时黑棋有 41 个交叉点，那么白棋最多只能有 40 个交叉点。当然，前提是双方真的占据了棋盘上的所有交叉点。

另外，黑棋先落子意味着黑棋在一开局就有一些优势，为了平衡这个优势，黑棋终局时需要给白棋一些补偿，我们称之为"贴目"。中国现行的贴目标准是 3 又 3/4 子（3/4 子的设定是为了防止双方领地相同）。也就是说终局时，黑棋领地的总数要比白棋多 4 个子。例如，9 路棋盘对局终局时，黑棋有 44 颗子，白棋有 37 颗子，算上贴目，最终的结果是，黑棋有 40 又 1/4 子（44-3 又 3/4 子），而此时的白棋是有 40 又 3/4 子（37 + 3 又 3/4 子）。我们知道，棋盘的一半正好是 40 又 1/2 子，所以此时白棋比一盘的一半多占了 1/4 子，所以此时的结果就是白棋获胜 1/4 子。

前文提到了"目"的概念，如何将子换算成目呢？只需要记住，一颗子等于两目，上面提到的白棋获胜 1/4 子，实际上就是赢了半目，也是围棋对局中最小的获胜结果。

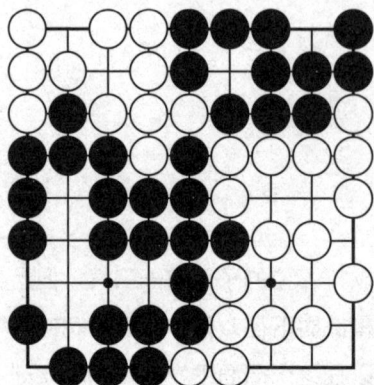

如左图，在这个局面下，所有的领地都被围了起来，可以预见的是，双方进入对方的领地会被对方吃掉。此时双方可以选择放弃落子（当然也可以尝试进入对方领地，或者加固自己的领地）。双方放弃落子后，开始计算双方领地。黑棋有两块棋，右上角有 11 颗黑子，加上两个被黑棋控制的交叉点，共 13 个。右下角黑棋有 22 棋子加上 8 个被黑棋控制的交叉点，共 30 个。黑棋共计 43。因为棋盘共有 81 个交叉点，所以白棋是 38。那么此时的结果就是：黑棋有 39 又 1/4 子 [（43-3 又 3/4 子）]，而此时的白棋有 41 又 3/4 子 [（38 + 3 又 3/4 子）]，根据前文讲过的，这个局面白棋比棋盘的一半 40 又 1/2 子多了 1 又 1/4 子，也就是说白棋赢了 1 又 1/4 子，换算成目数是 2.5 目。

有时双方对局结束后，有一些双方共同默认的无法存活的棋子依然在棋盘上，经过双方认可，此时可以将这些死子从棋盘上拿下来。然后双方开始计算各自的领地数。当然，如果双方没有达成一致，棋局可以继续，直到双方达成一致为止。

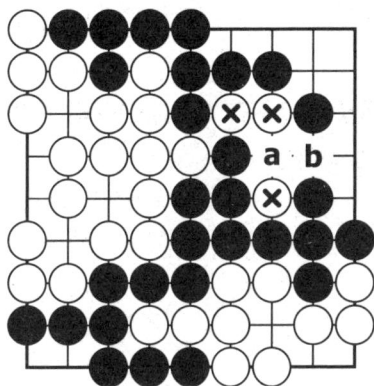

如左图，如果此时黑棋下在 a 位，黑棋可以吃掉白棋有 x 标记的棋子，当然就算黑棋不下在 a 位，白棋也已经无法解救白棋这几颗子了，毕竟周围都是黑棋，白棋难逃被吃掉的命运。此时，双方可以选择放弃落子，黑棋在数领地前，需要将白棋的 3 颗有 x 标记子从棋盘上拿掉，然后开始计算胜负。在这个局面下谁赢了呢？黑棋最终获胜 3/4 子，也就是 1.5 目。

围棋领地的计算确实比较复杂，尤其对于低年龄的小朋友来说。为了方便大家，我们只需要记住以下几个关键数字就可以了：9 路棋盘，黑棋 45 颗子赢棋、44 颗棋子输棋，白棋 37 颗棋子赢棋、36 颗棋子输棋；19 路棋盘，黑棋 185 颗棋子赢棋、184 颗棋子输棋，白棋 177 颗棋子赢棋、176 颗棋子输棋。

第20章

领地 2

在图 20.1 中，黑棋的领地还没有完全封锁上，如果白棋先下，白棋可以下在 1 位安全地进入黑棋的领地中（如图 20.2 所示），并保持和其他白子的连接。黑棋的领地面积将被缩小。

当然，如果在图 20.1 中轮到黑棋先下，黑棋可以下在 1 位挡住白棋（如图 20.3 所示），这样可以将黑棋的领地完全封锁起来。

图 20.1

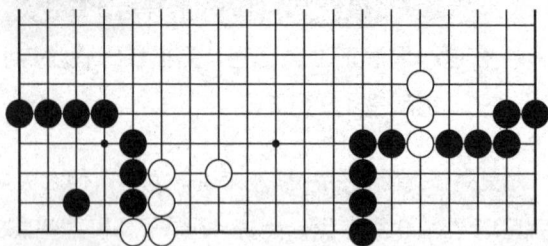

图 20.2

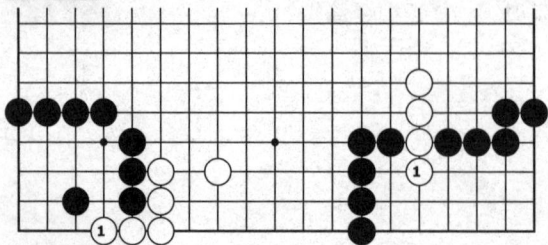

图 20.3

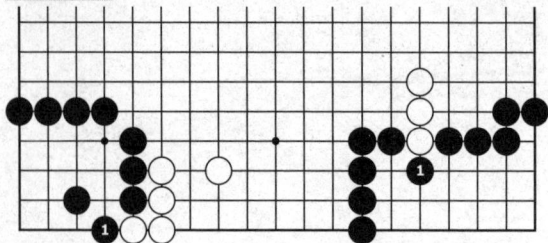

黑棋下哪里可以将自己的领地完全封锁起来？

1
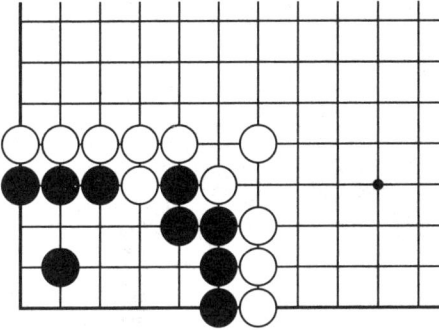

2
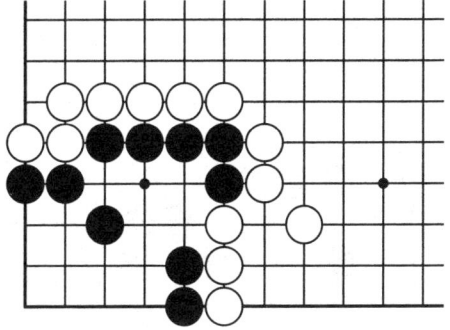

3
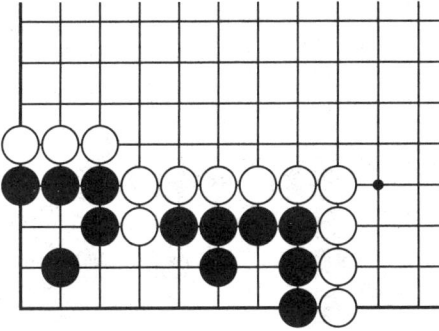

4
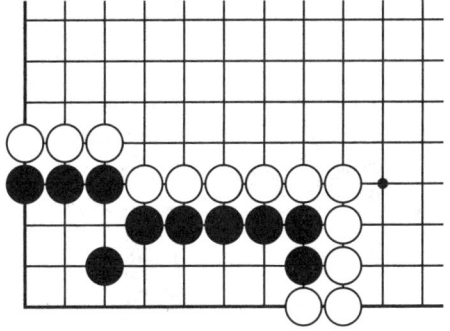

5
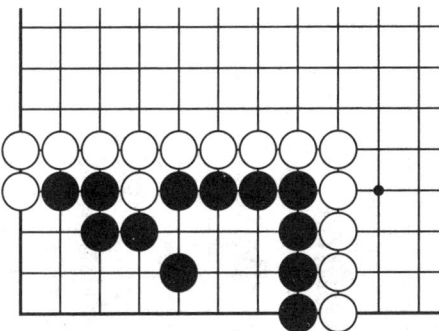

6
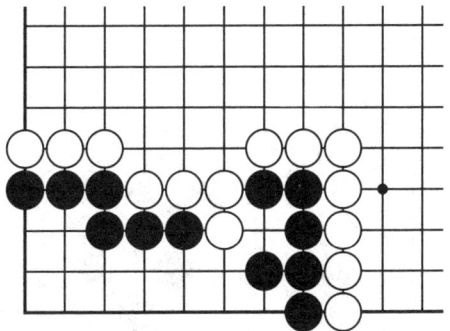

黑棋下哪里可以将自己的领地完全封锁起来？

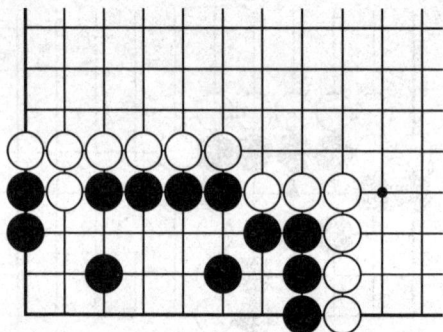

7

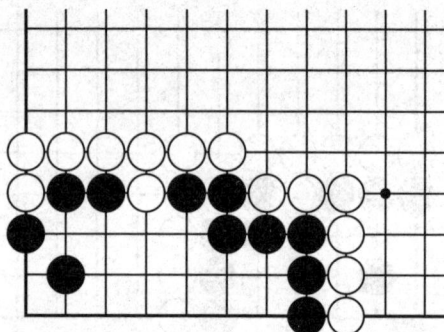

8

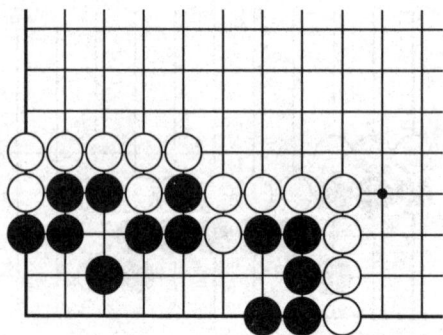

9

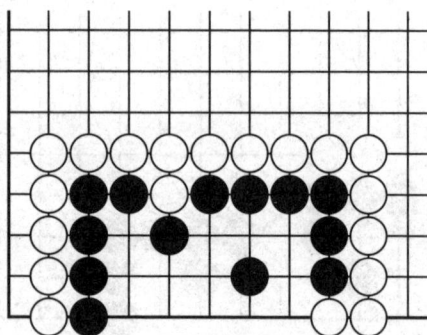

10

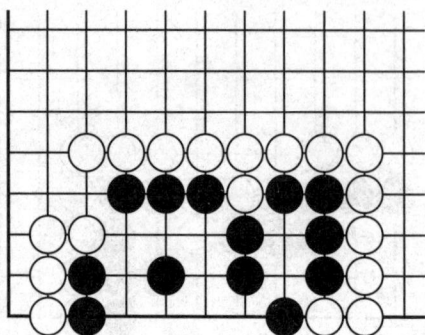

11

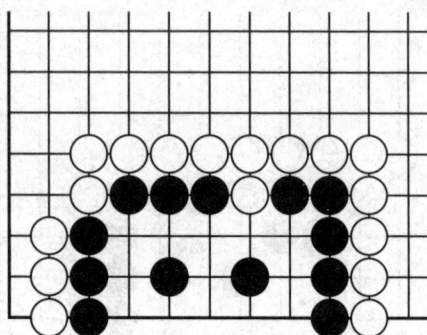

12

黑棋下哪里可以将自己的领地完全封锁起来？

13
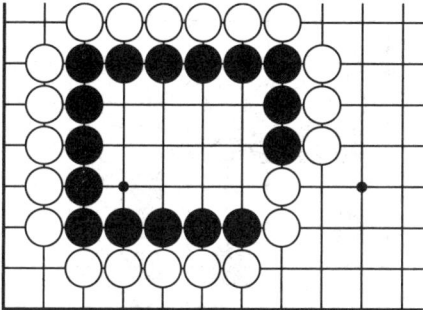

14
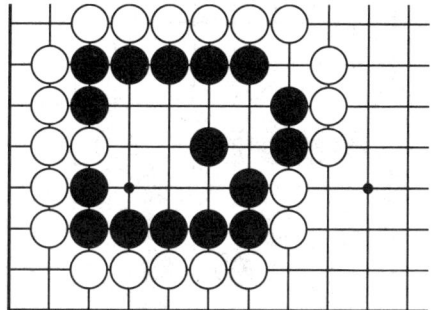

15
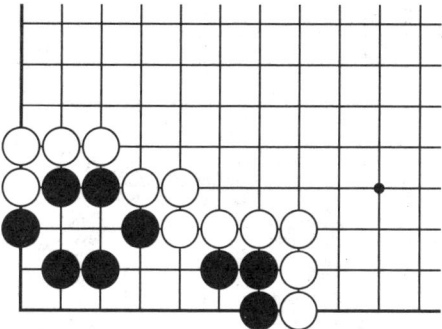

16
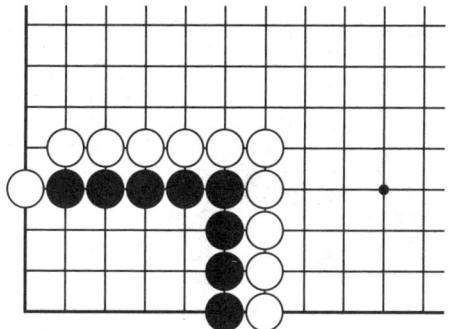

17
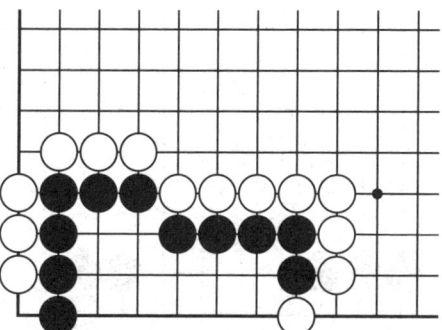

18
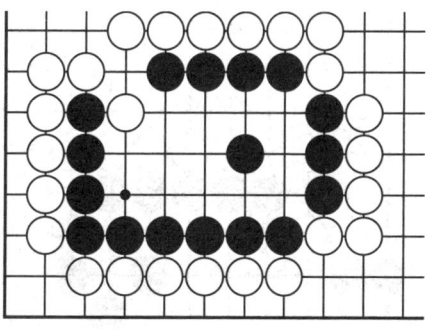

黑棋下哪里可以将自己的领地完全封锁起来?

19

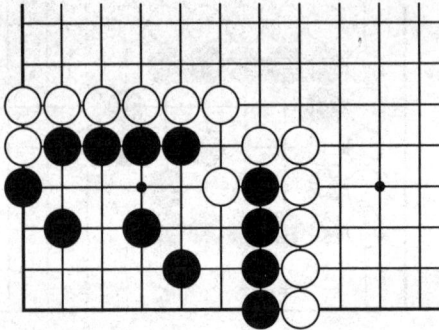

20

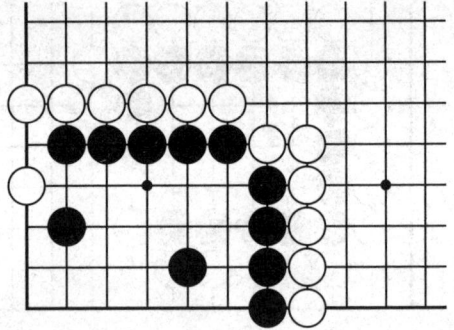

21

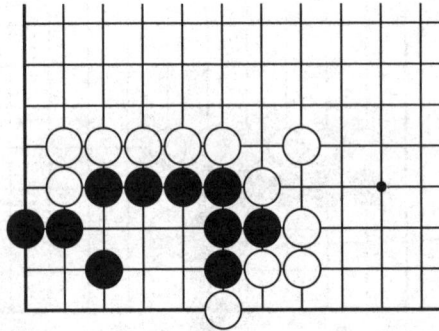

22

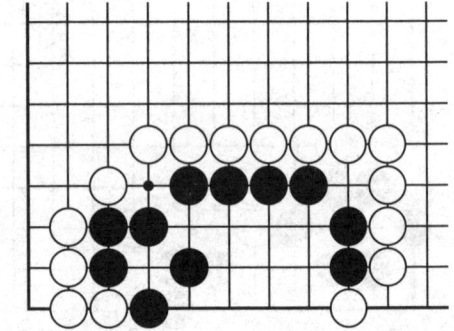

23

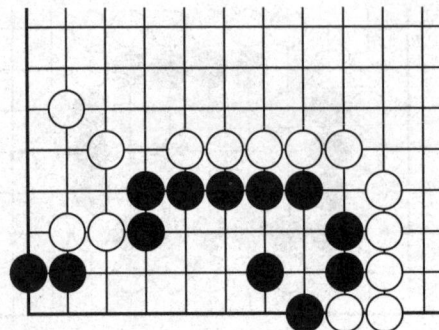

24

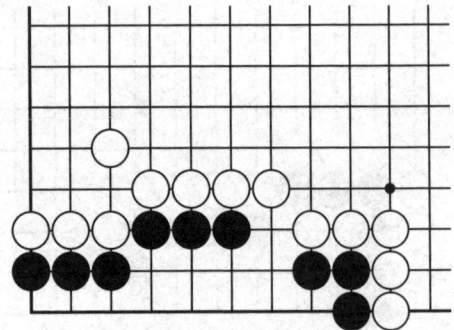

黑棋下哪里可以安全地进入白棋的领地？

25

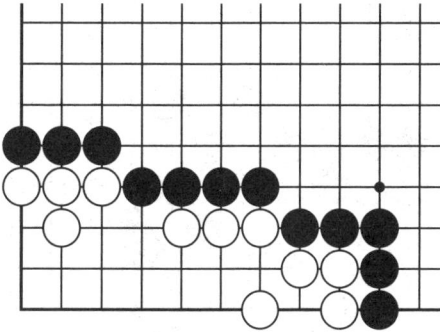

26

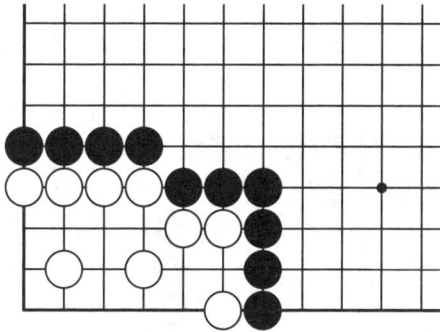

27

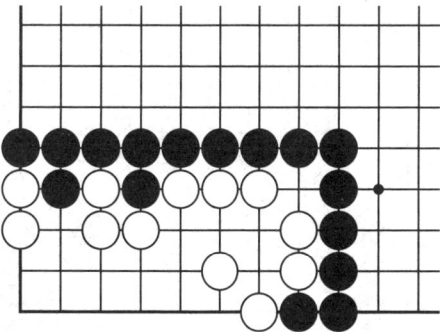

28

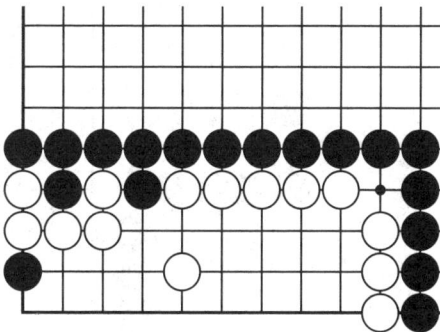

29

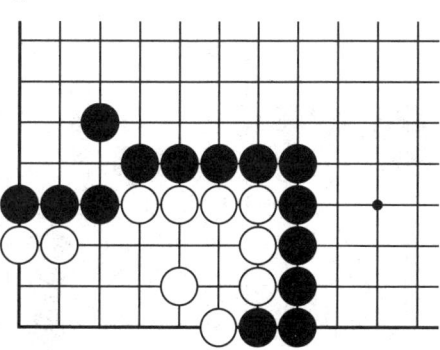

30

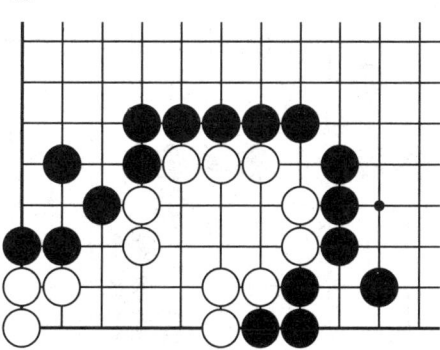

黑棋下哪里可以安全地进入白棋的领地?

31

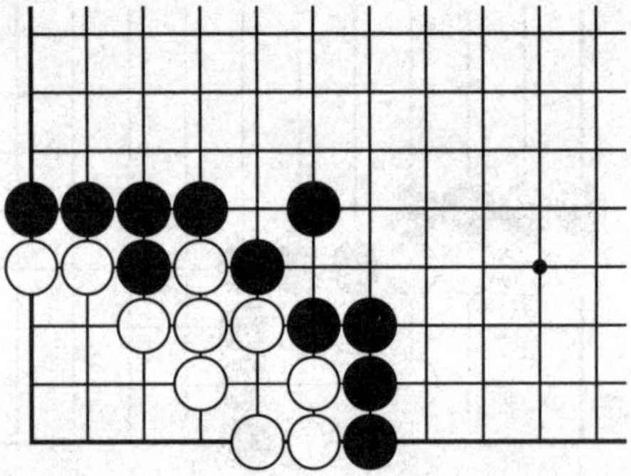

32

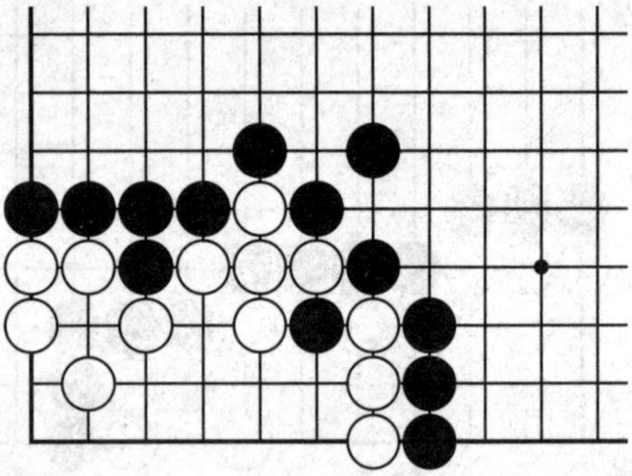

33

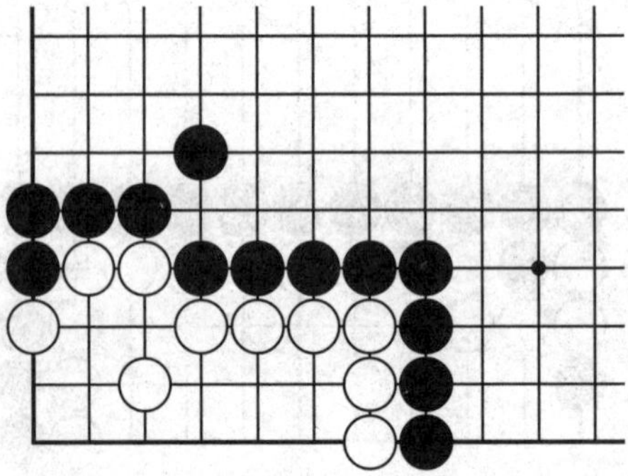

34

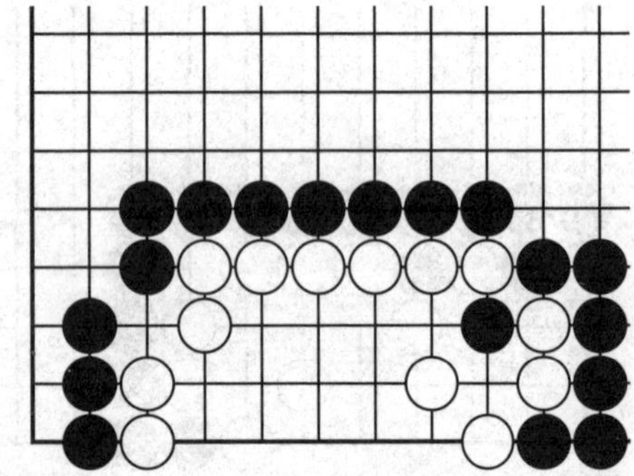

35

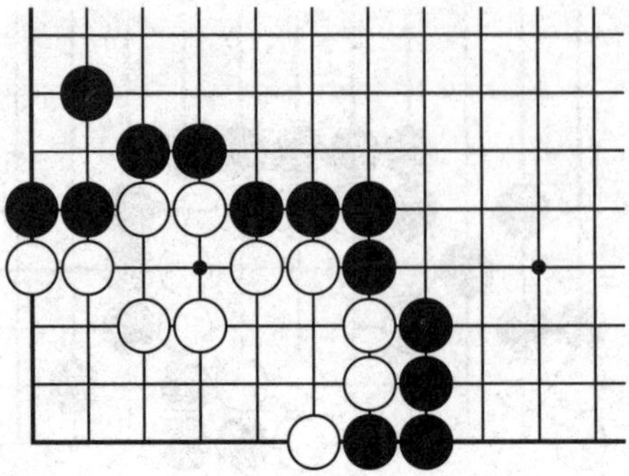

36

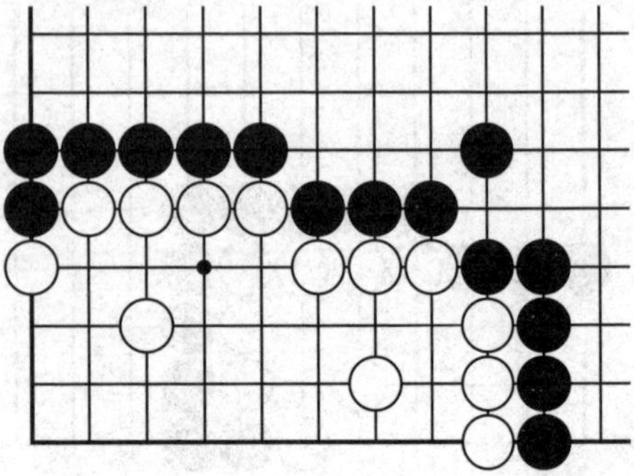

黑棋下哪里可以安全地进入白棋的领地？

37

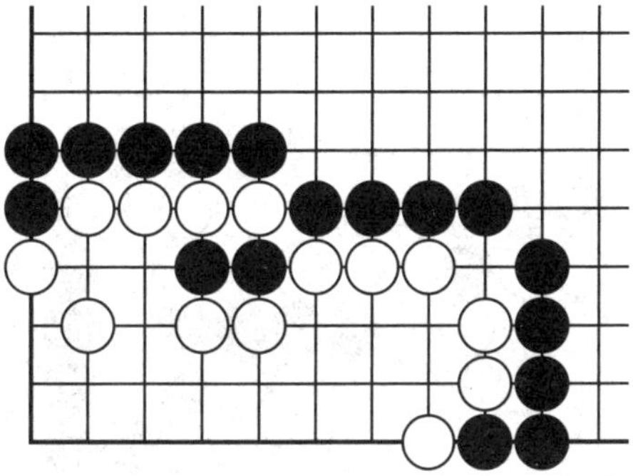

38

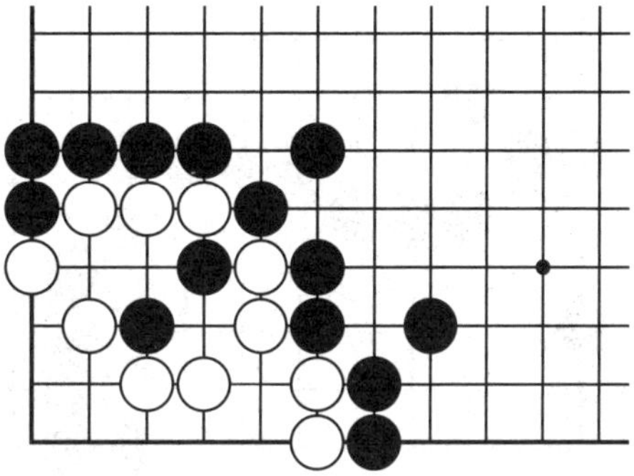

39

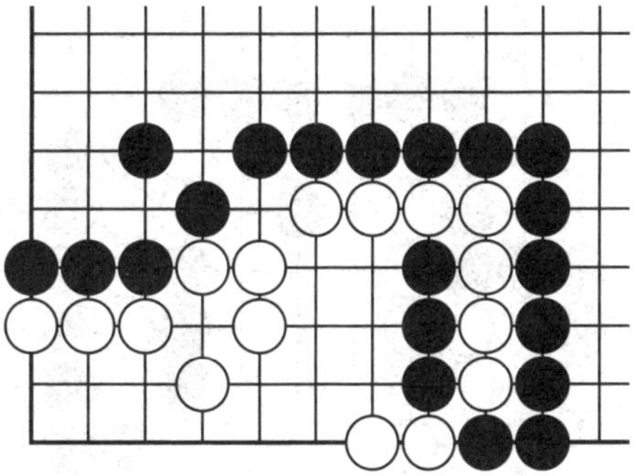

40

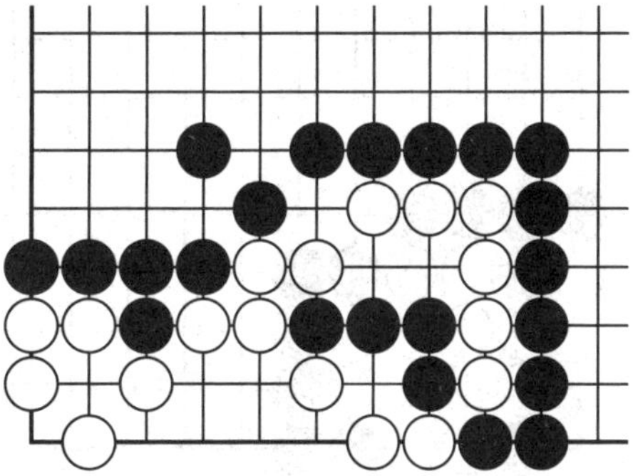

41

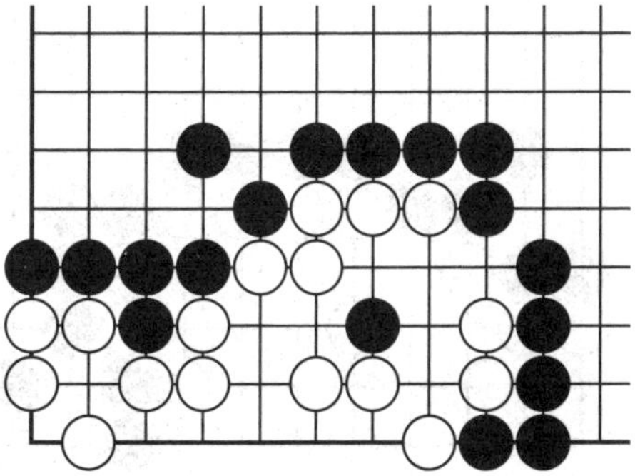

42

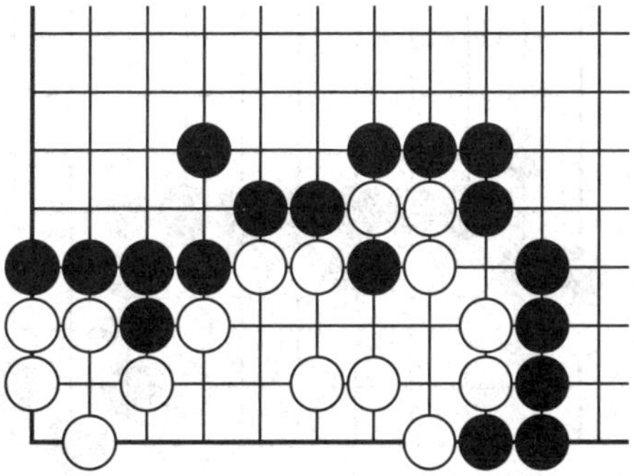

黑棋下哪里可以安全地进入白棋的领地？

43

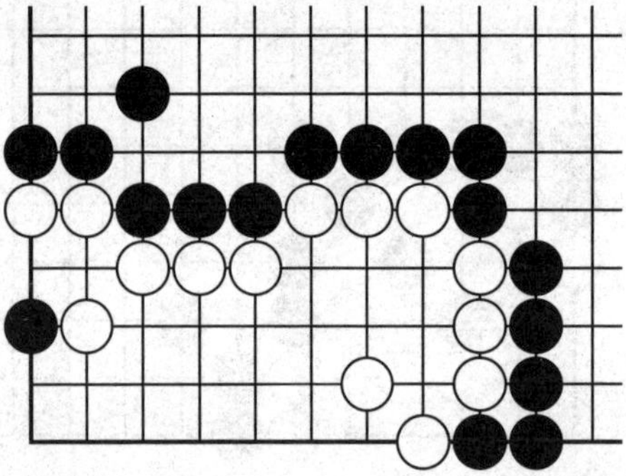

44

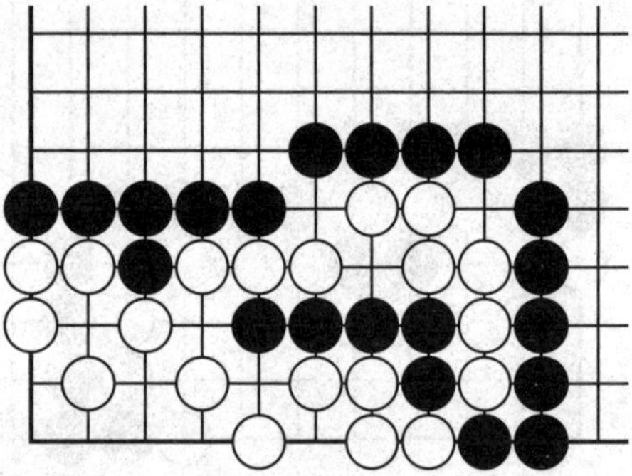

45

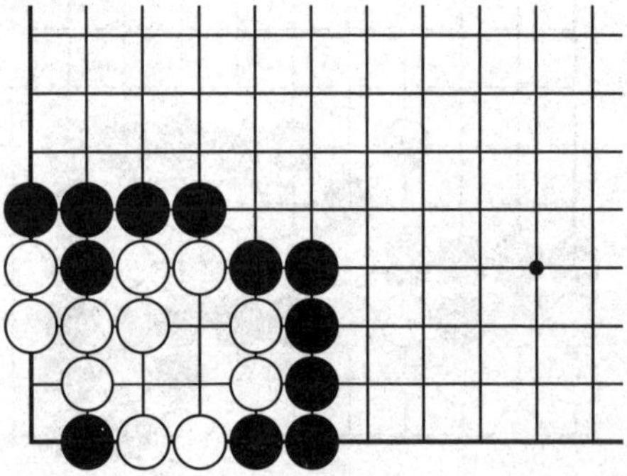

46

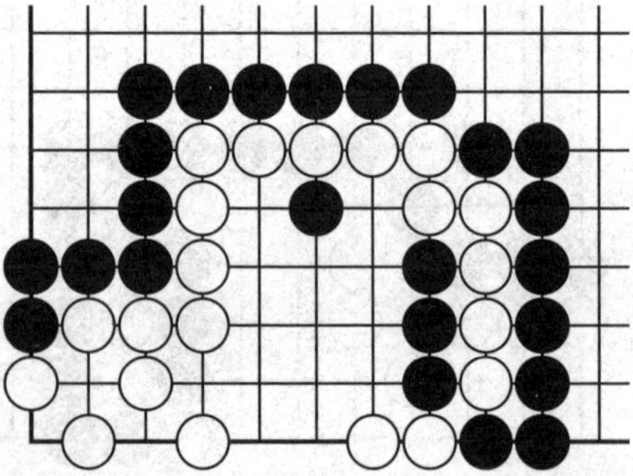

47

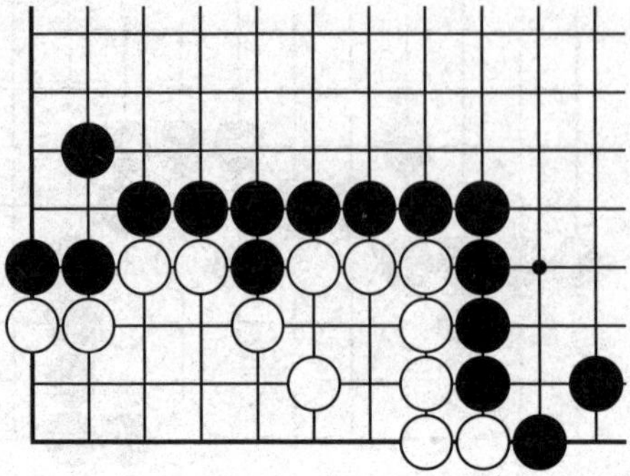

48

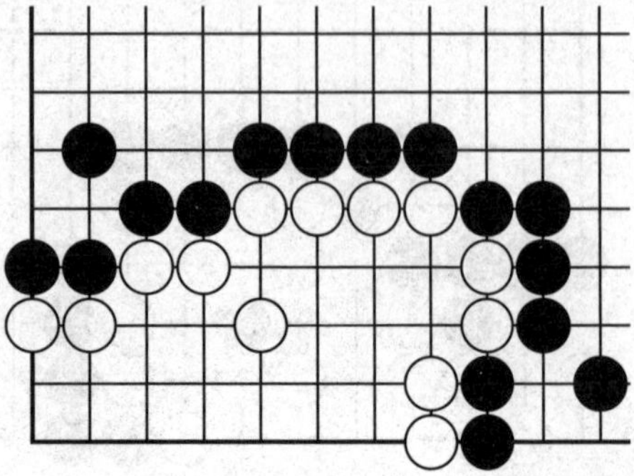

黑棋是否还需要再下一步棋来加固自己的领地?

49

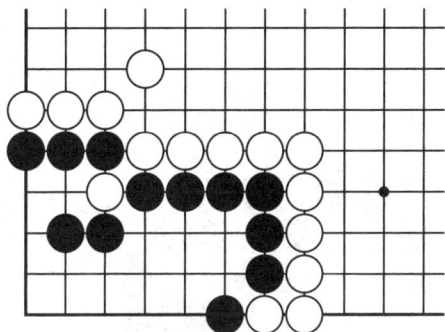

50

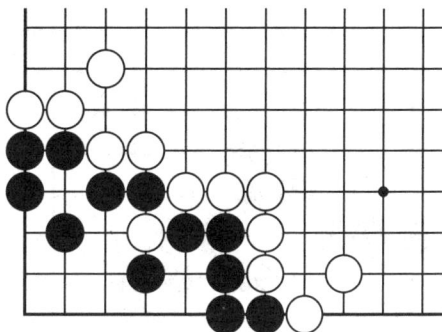

51

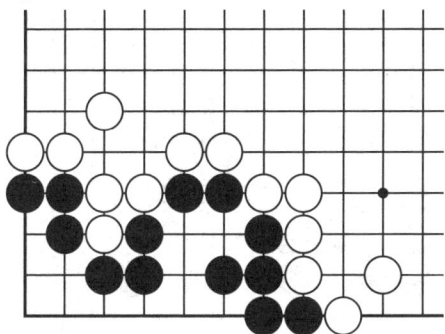

52

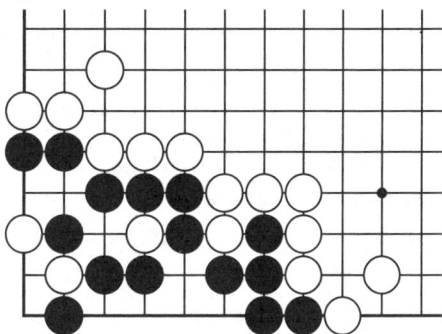

53

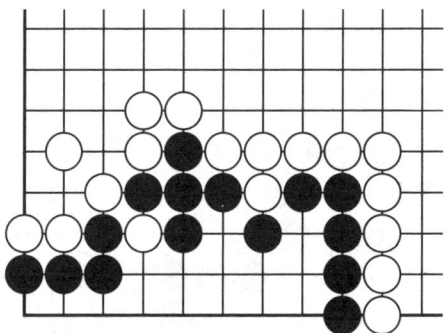

54

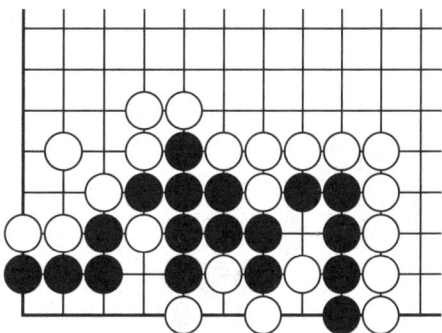

黑棋是否还需要再下一步棋来加固自己的领地?

55

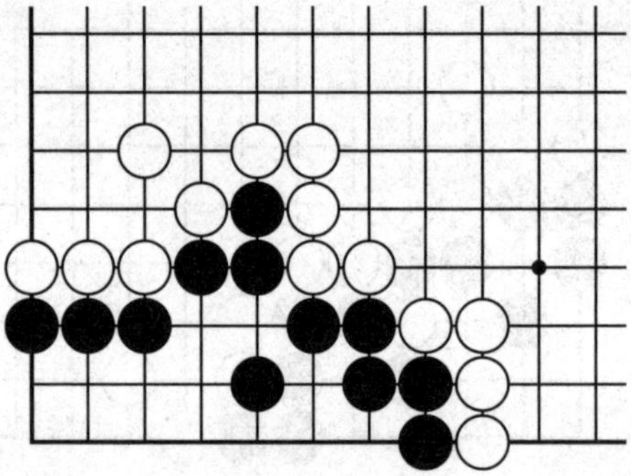

56

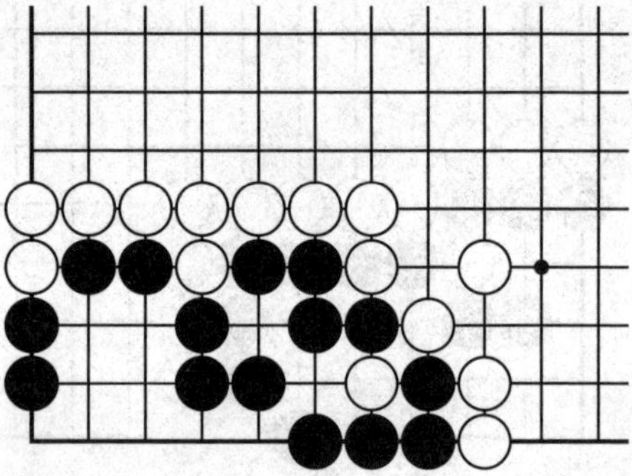

57

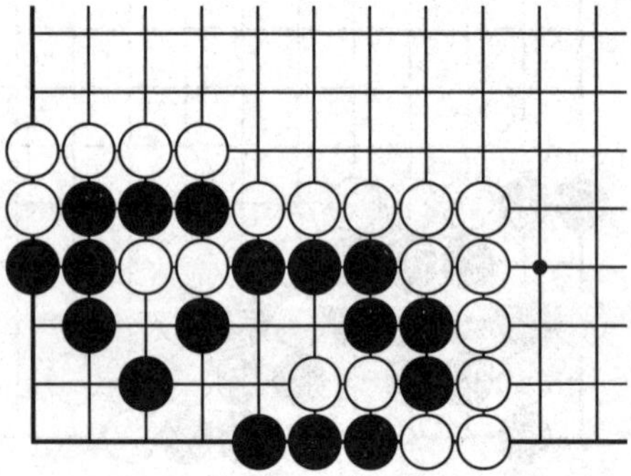

58

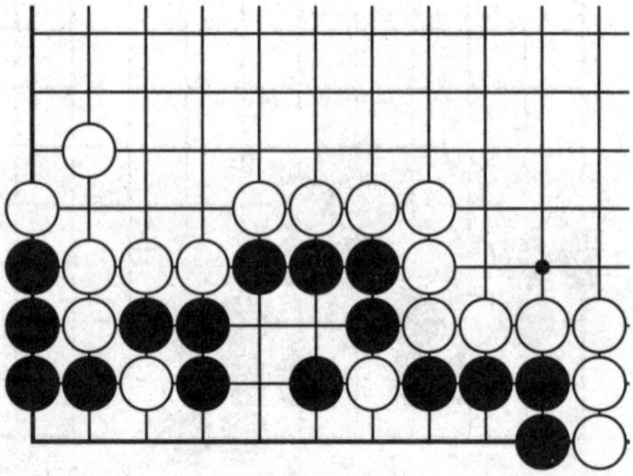

59

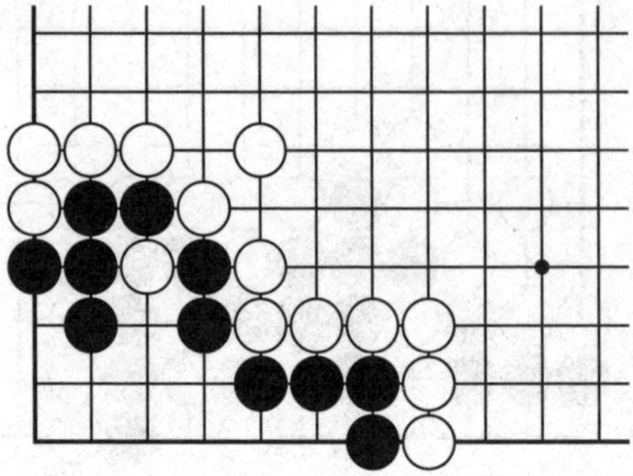

60

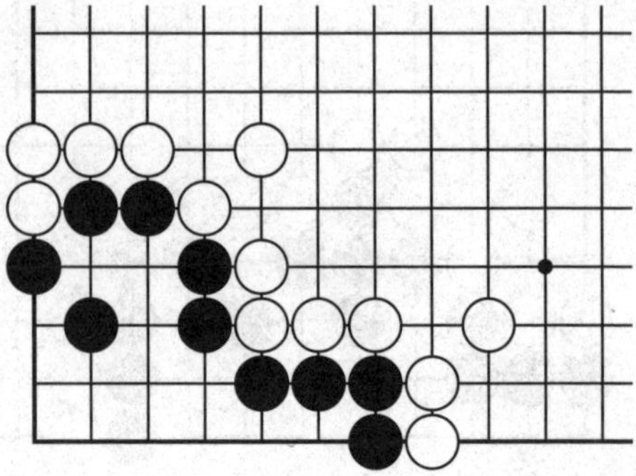

樊麾 著

简明围棋入门教程

（下册）

人民邮电出版社

北京

图书在版编目（CIP）数据

简明围棋入门教程 / 樊麾著. -- 北京：人民邮电
出版社，2022.3
ISBN 978-7-115-57958-4

Ⅰ. ①简… Ⅱ. ①樊… Ⅲ. ①围棋－教材 Ⅳ.
①G891.3

中国版本图书馆CIP数据核字(2021)第240906号

内 容 提 要

本书是法国国家队名誉总教练、欧洲围棋冠军樊麾二段写给围棋初学者的入门教程。全书共3册，循序渐进地讲解了气、吃子、死活、打劫等围棋基础知识，以及初级的开局、定式及收官技巧。与众多围棋入门教程不同，本书注重"以练带学"，即通过简单、有趣的大量练习题来让读者找到"下棋的感觉"、培养初步的棋感，并以此来巩固例题中介绍的围棋入门知识与技巧。此外，本书章后的专栏还提供了学棋方法、围棋规则、围棋故事等既实用又有趣的围棋信息，能够激发围棋初学者的学习兴趣。

◆ 著　　　樊　麾
责任编辑　裴　倩
责任印制　马振武

◆ 人民邮电出版社出版发行　　北京市丰台区成寿寺路 11 号
邮编　100164　电子邮件　315@ptpress.com.cn
网址　https://www.ptpress.com.cn
北京联兴盛业印刷股份有限公司印刷

◆ 开本：700×1000　1/16
印张：29.75　　　　　　2022 年 3 月第 1 版
字数：504 千字　　　　 2022 年 3 月北京第 1 次印刷

定价：99.00 元（全 3 册）

读者服务热线：**(010)81055296**　印装质量热线：**(010)81055316**
反盗版热线：**(010)81055315**
广告经营许可证：京东市监广登字 20170147 号

目 录
（下册）

第 3 篇

角，边，中腹

第21章

开局

正如本篇的篇名所示，在开局时，我们倾向于首先在角上落子，接着向两边扩张，最后挺进中腹。这样下的道理很简单，因为角上的领地只需要相对少的棋子就可以完全封锁上。

另外，在开局时，三路线和四路线是我们经常落子的线，因为下在这两个线上可以更加容易地围住领地，同时领地又不会太小。

从图 21.1 中可以看到，棋子 A 和 B 是相对比较正常的开局下法，但是 C、D、E、F 这些子的位置就有一些不正常了。这些棋子要么离棋盘的边缘太近，这样很难有效率地围领地，如棋子 C 和 D；要么就是离棋盘边缘太远，这样距离封锁自己的领地又遥遥无期，如棋子 E 和 F。

图 21.1

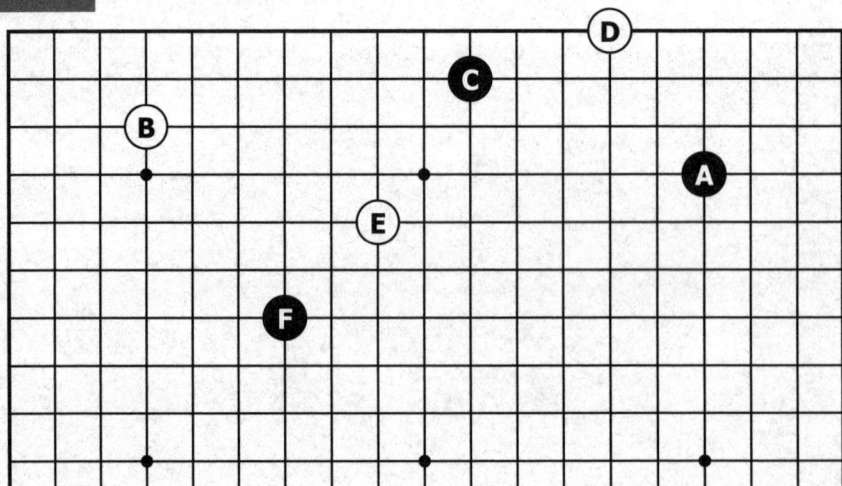

注：从棋盘的最外围往里数，依次为一路线、二路线、三路线……棋盘最里边是九路线，正中的点称"天元"。例如图 21.1，ⓓ 在一路线上，ⓒ 在二路线上。注意，ⓔ 在五路线上，因为我们从距离棋盘边缘最近的线进行数。

在图21.2中，黑棋为开局打下了很好的基础，黑棋不仅首先占领了3个角（1位，3位和5位），同时又以角部为基础向两边扩张（7位和9位）；最终通过中间的子（11位），将自己的形势联系了起来。

反观白棋，除了白2属于正常下法外，白4和白6相较于黑棋占角略显吃亏，之后的白8和白10更明显不利于初期的扩张，白8是下到了价值比较低的二路线上。相较于黑棋，我们可以明显地感到白棋开局缺乏组织性和连贯性，虽然这并不代表黑棋通过优势的开局就一定会赢得这盘棋的胜利，但是开局的优势必然使黑棋获胜的概率大增。

图 21.2

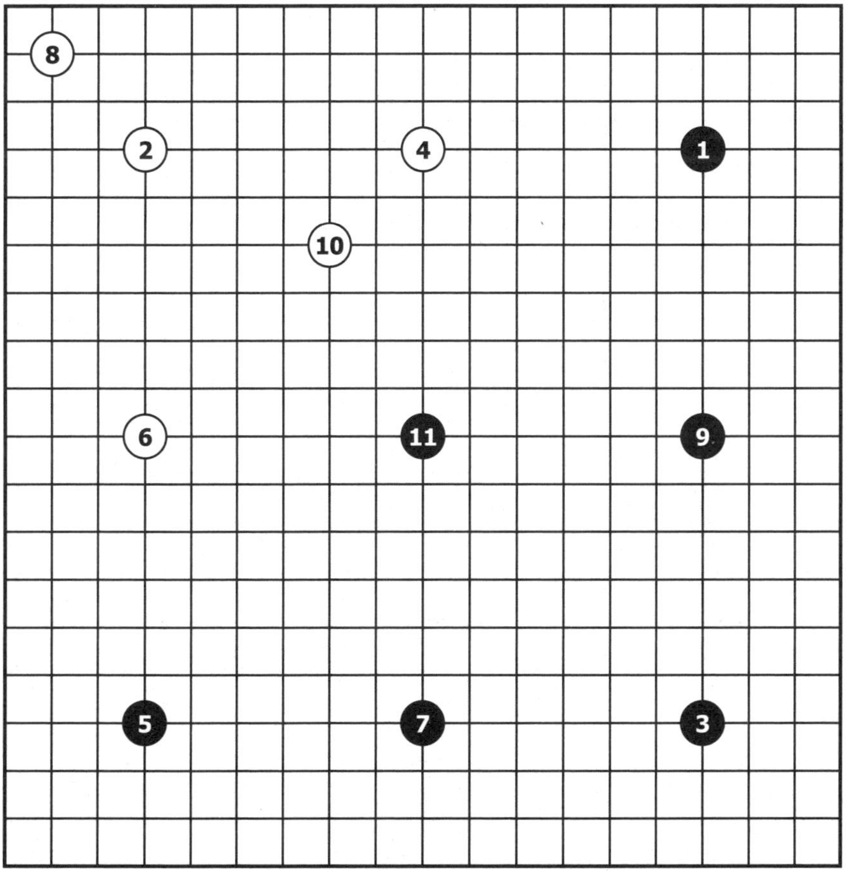

在 A、B、C 这 3 个选点中，哪一个最适合黑棋?

1

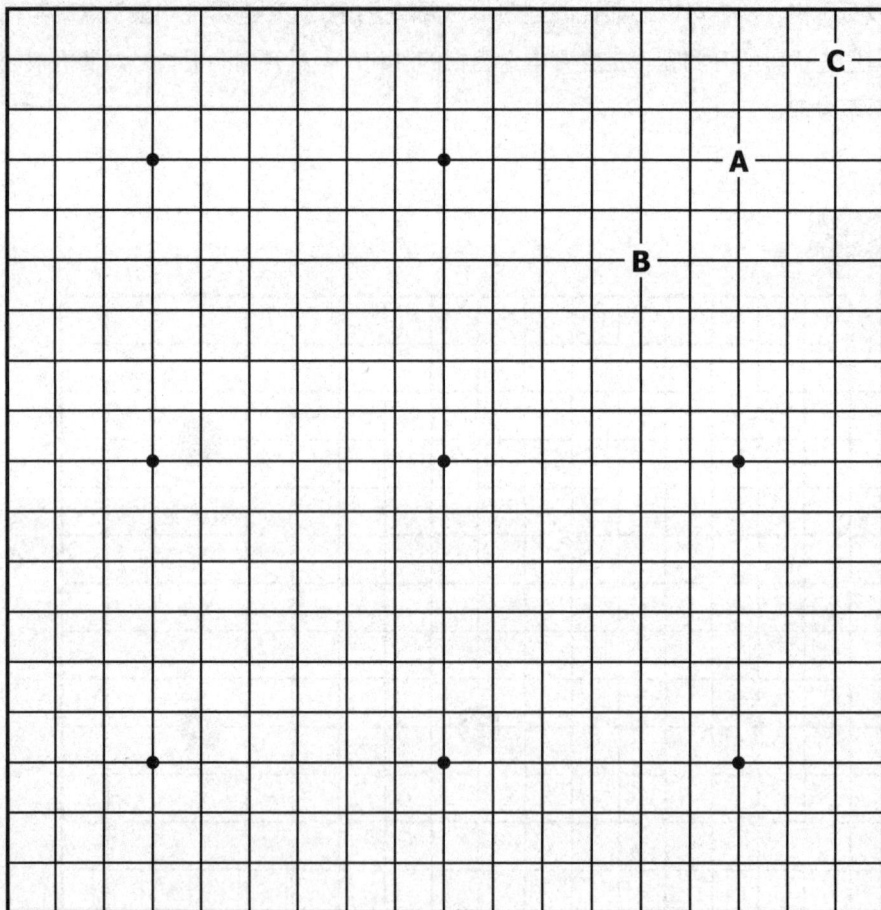

在 A、B、C 这 3 个选点中，哪一个最适合白棋？

2

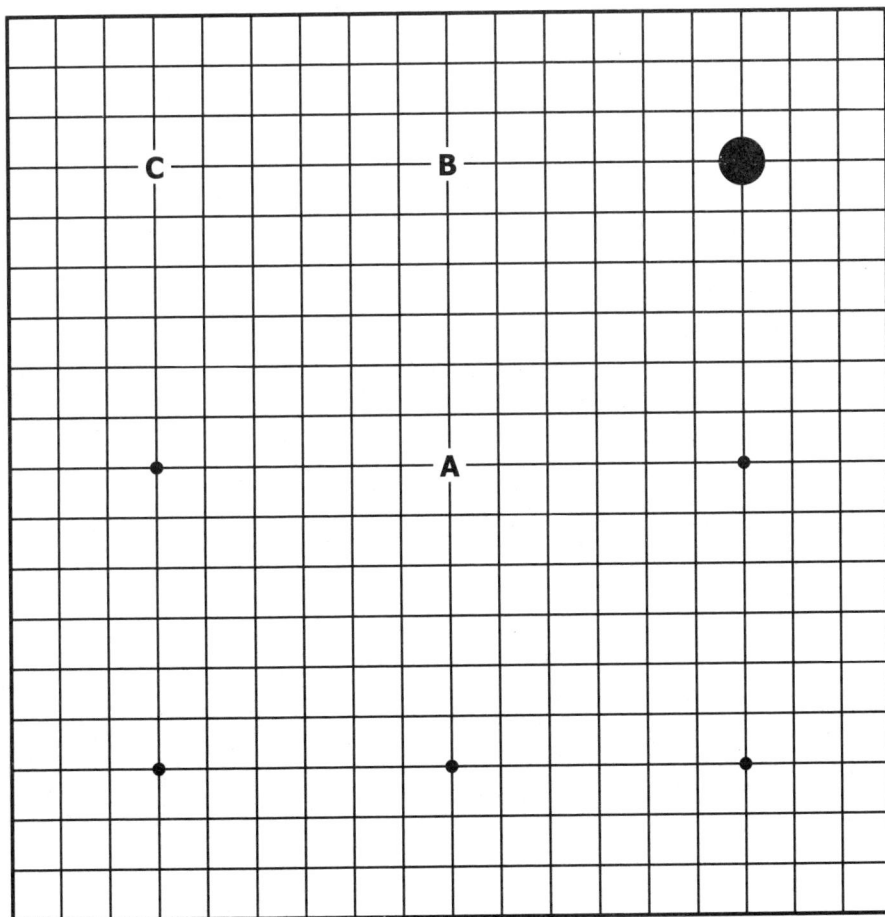

在A、B、C这3个选点中，哪一个最适合黑棋？

3

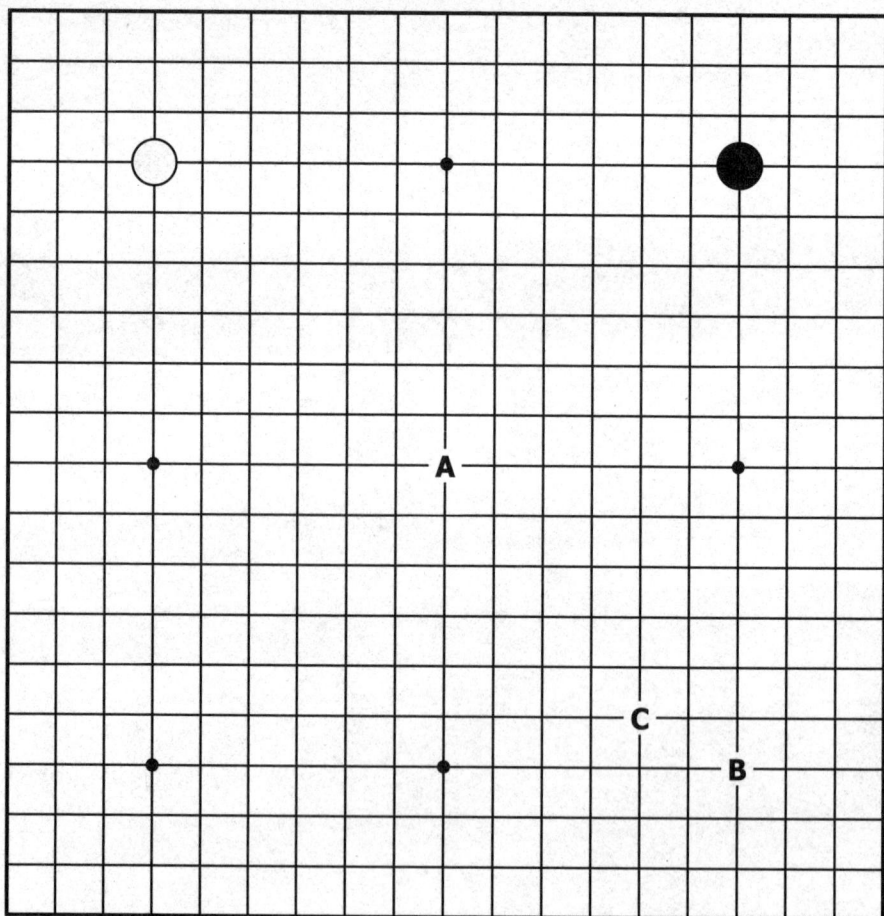

在 A、B、C 这 3 个选点中，哪一个最适合白棋？

4

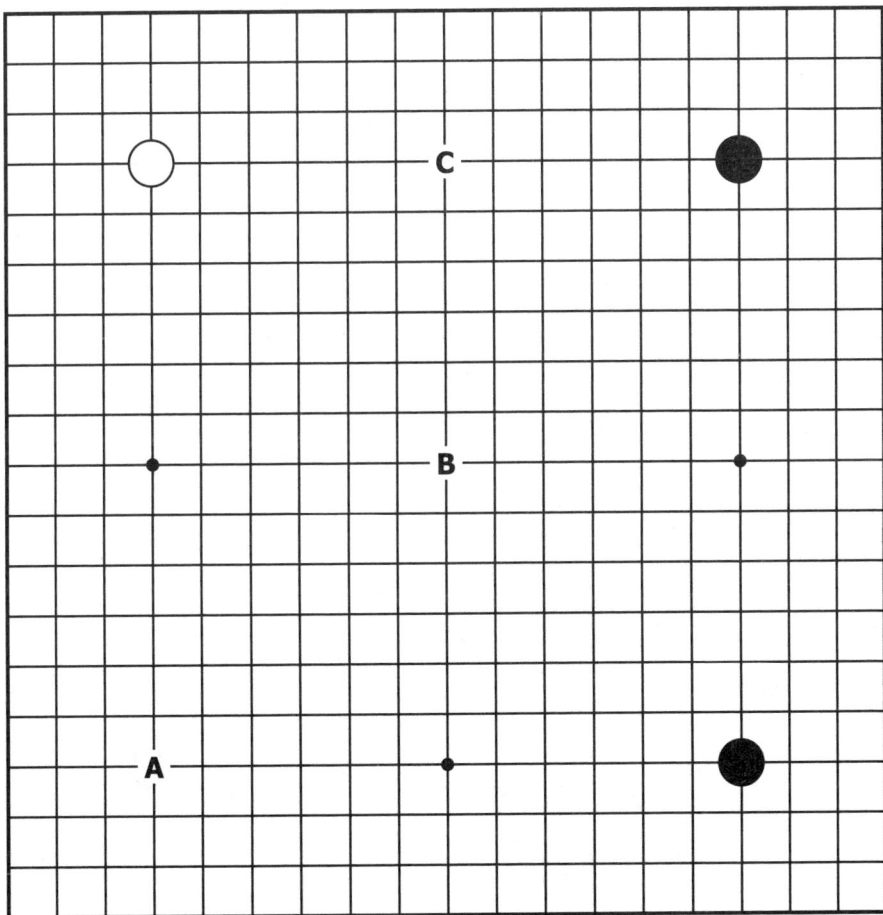

在A、B、C这3个选点中，哪一个最适合黑棋？

5

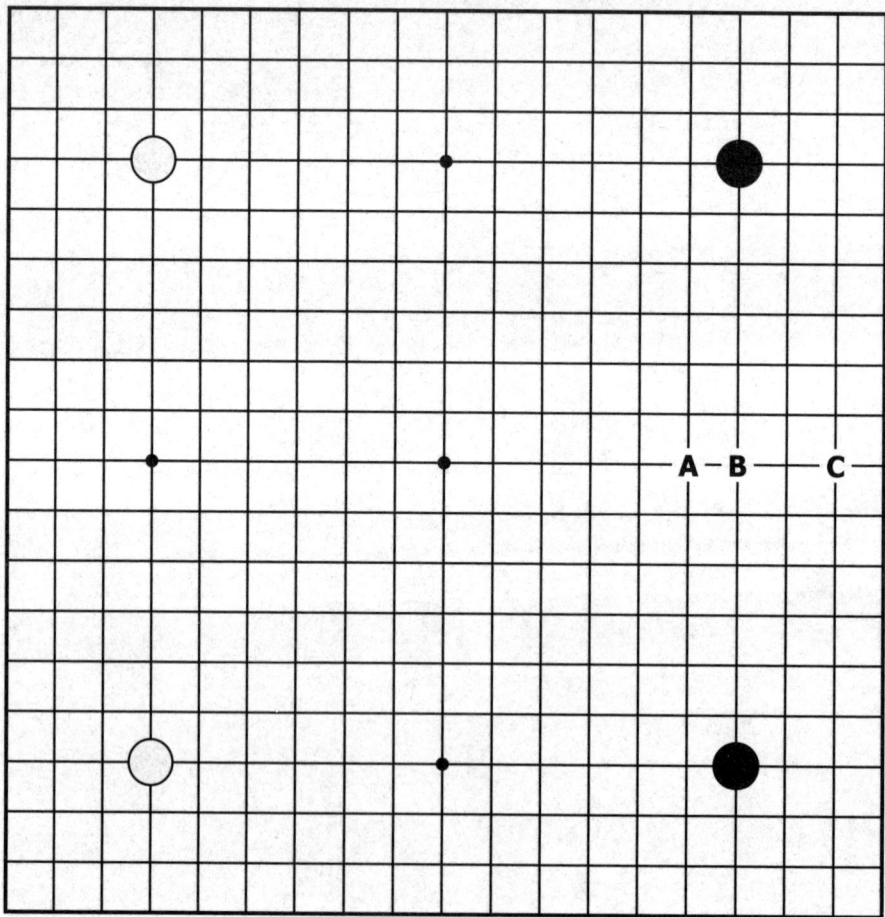

在A、B、C这3个选点中，哪一个最适合白棋？

6

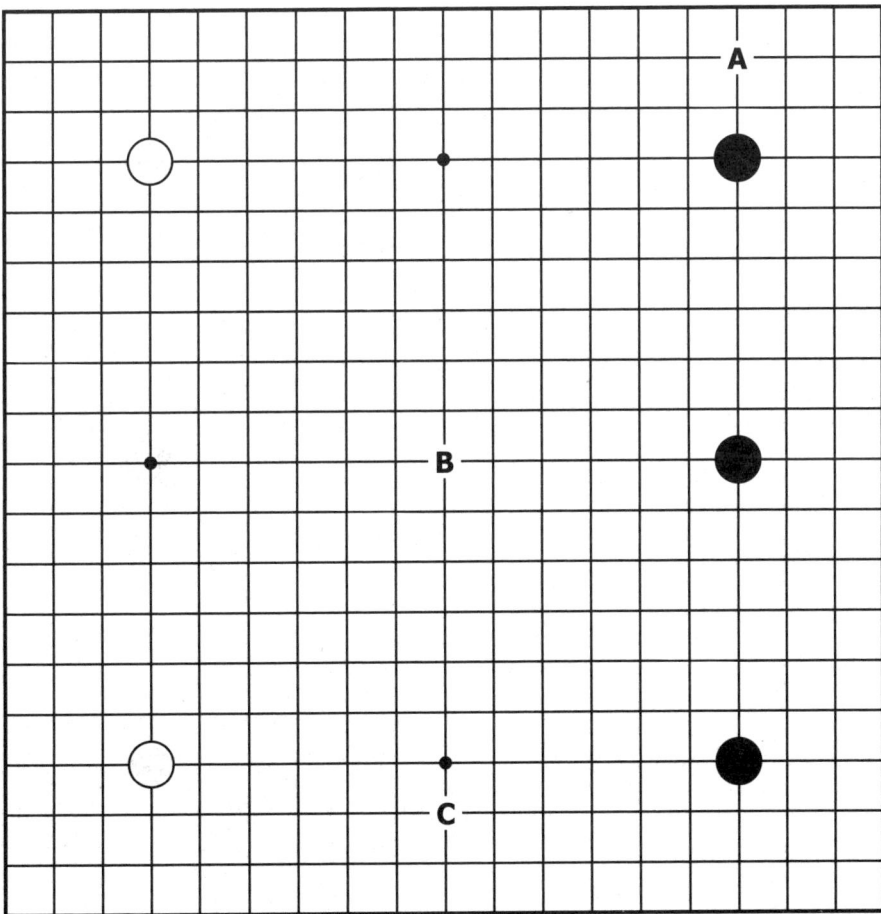

在A、B、C这3个选点中，哪一个最适合黑棋？

7

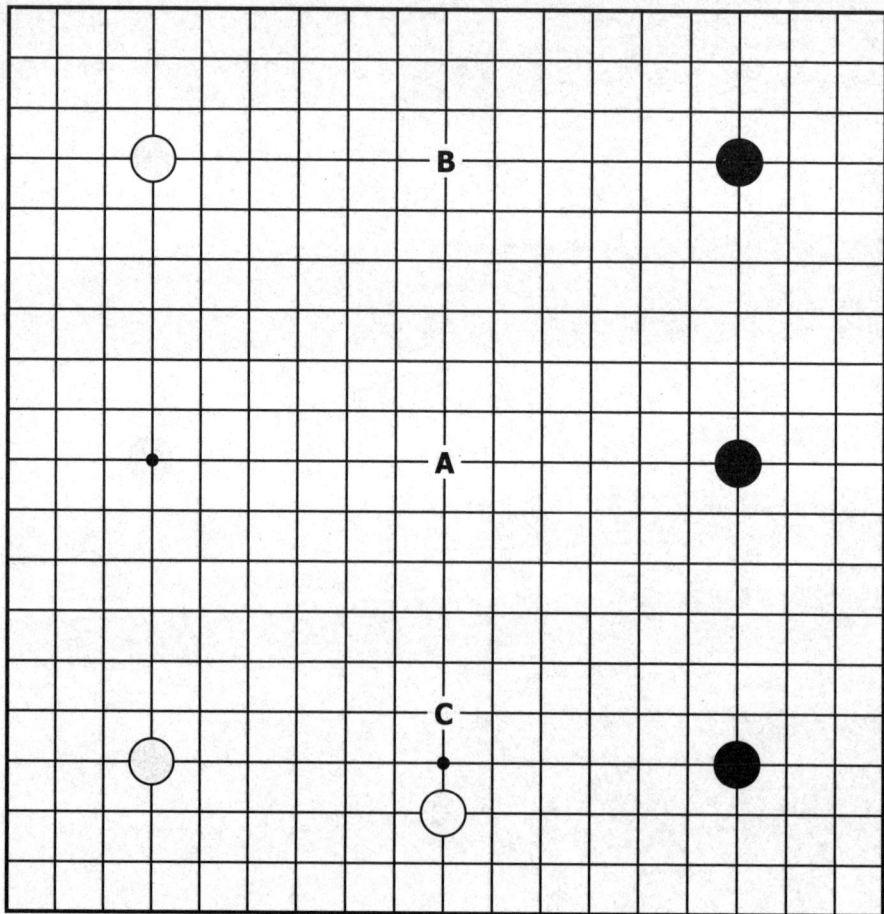

在 A、B、C 这 3 个选点中，哪一个最适合白棋？

8

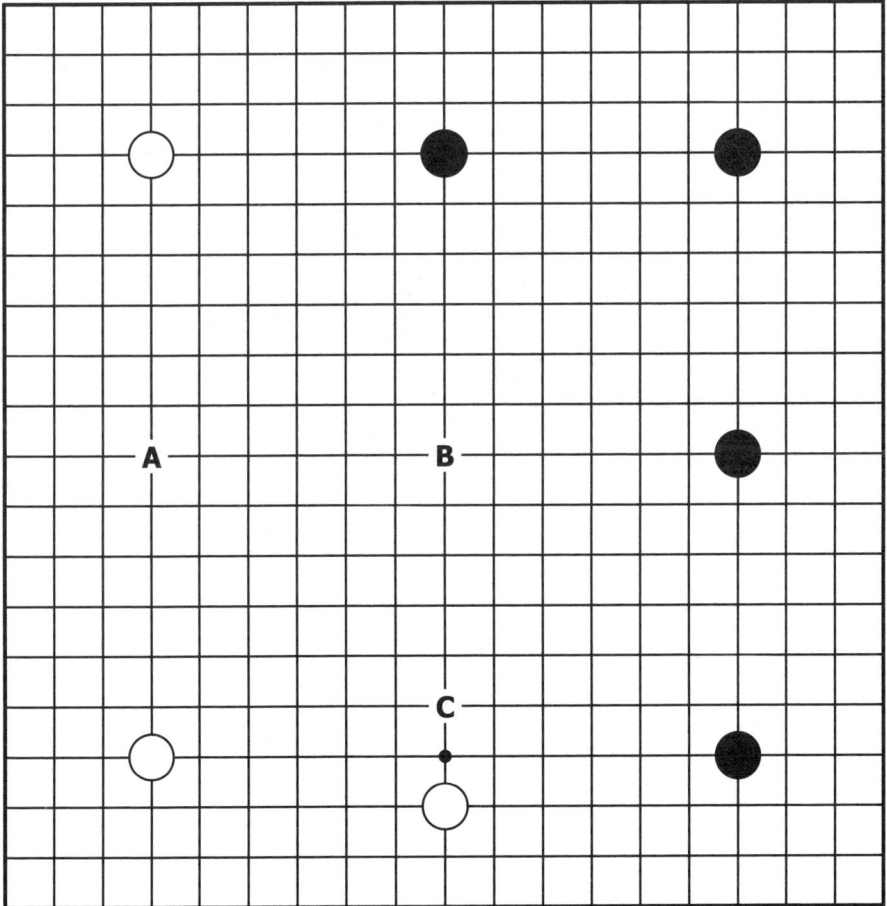

在 A、B、C 这 3 个选点中，哪一个最适合黑棋？

9

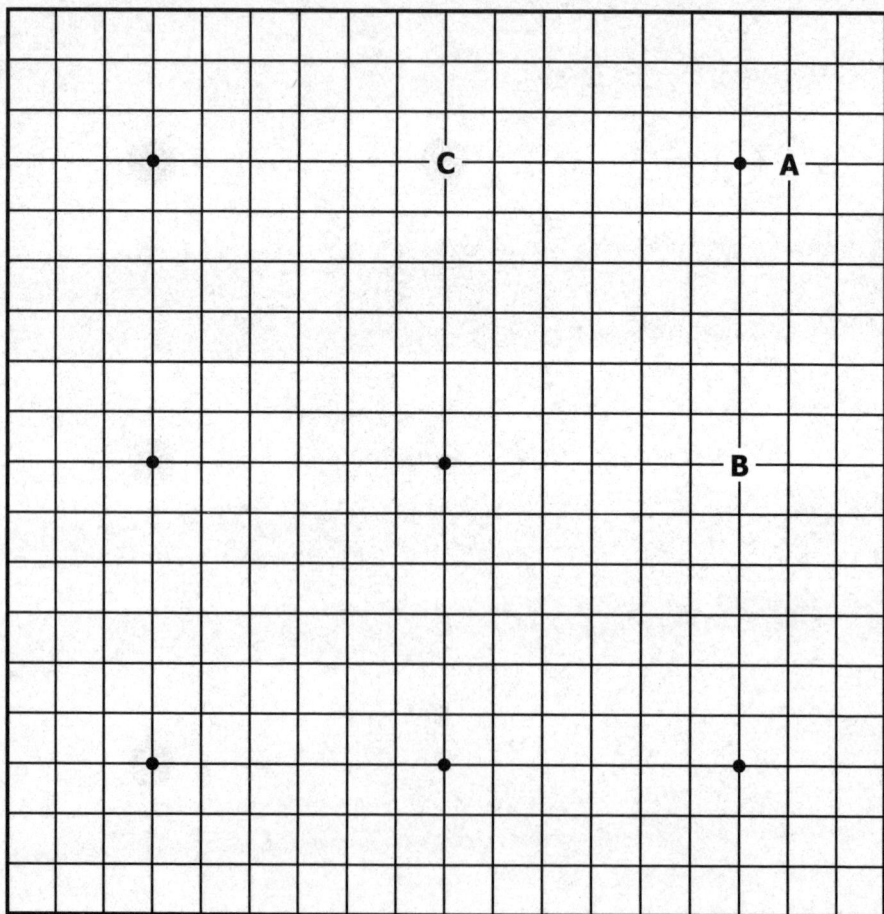

在 A、B、C 这 3 个选点中，哪一个最适合白棋？

10

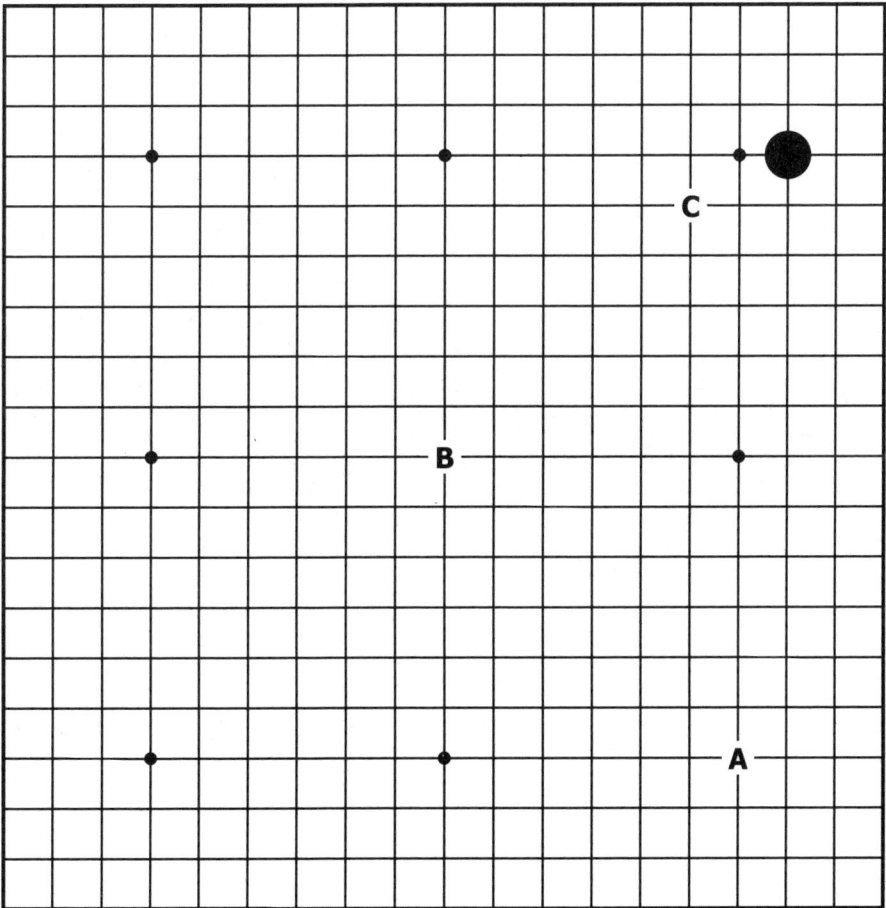

在A、B、C这3个选点中，哪一个最适合黑棋？

11

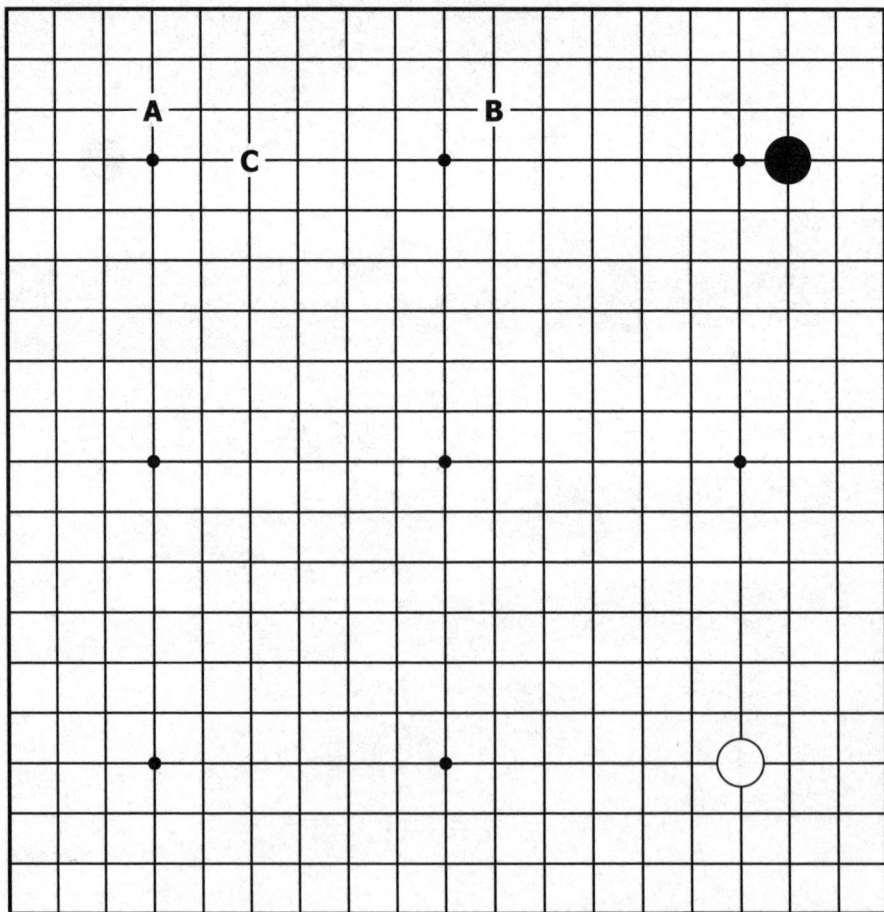

在 A、B、C 这 3 个选点中，哪一个最适合白棋？

12

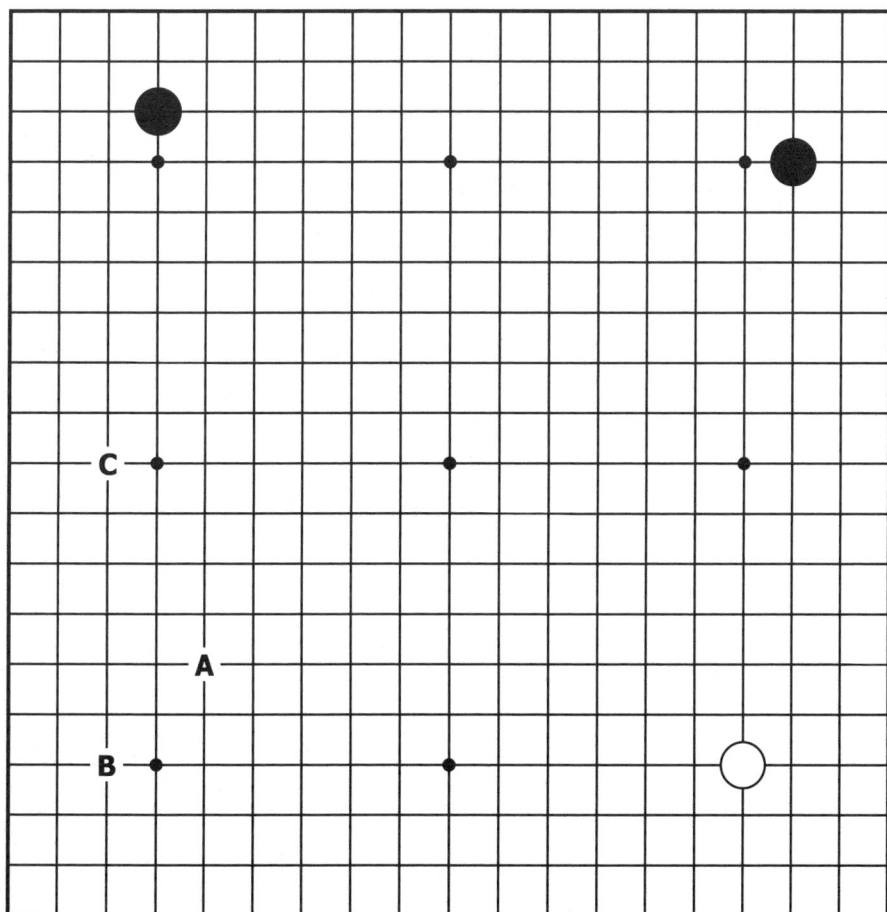

在A、B、C这3个选点中，哪一个最适合黑棋?

13

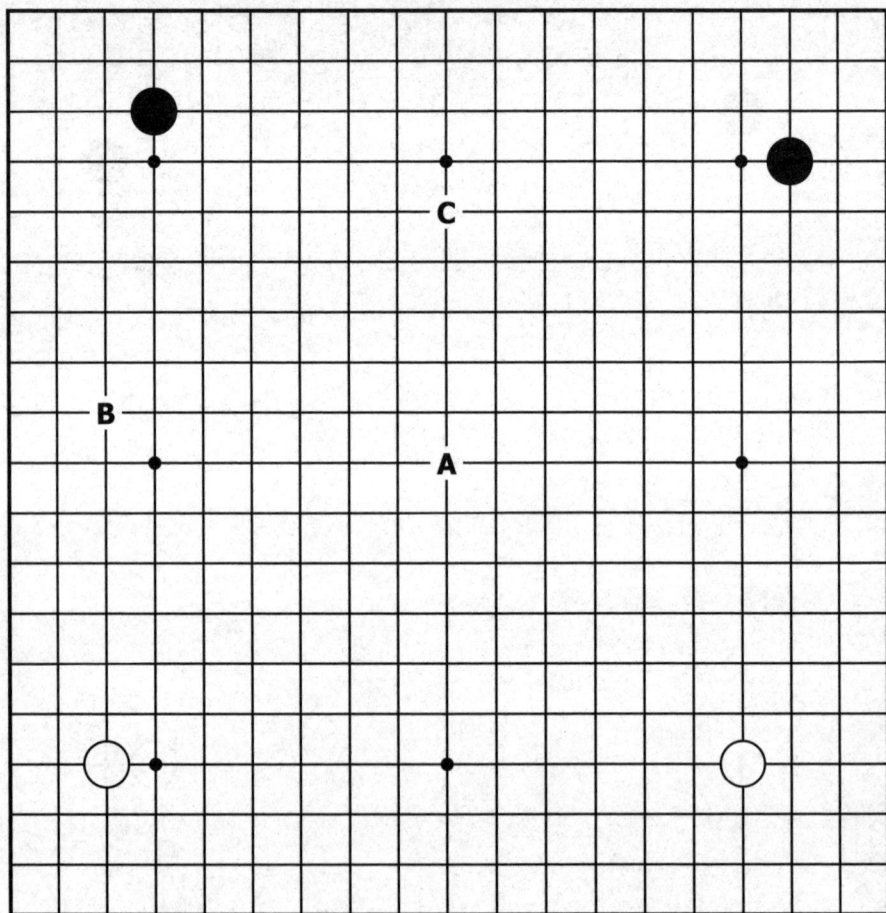

在 A、B、C 这 3 个选点中，哪一个最适合白棋？

14

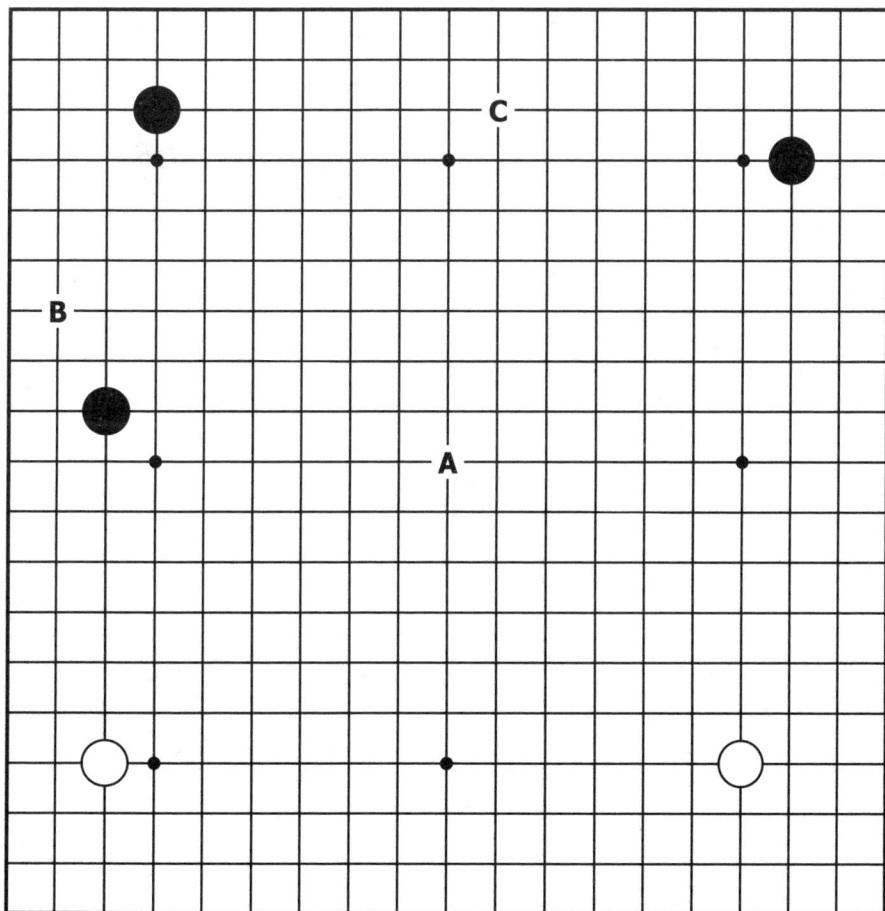

在 A、B、C、D 这 4 个选点中，哪两个更适合黑棋？

15

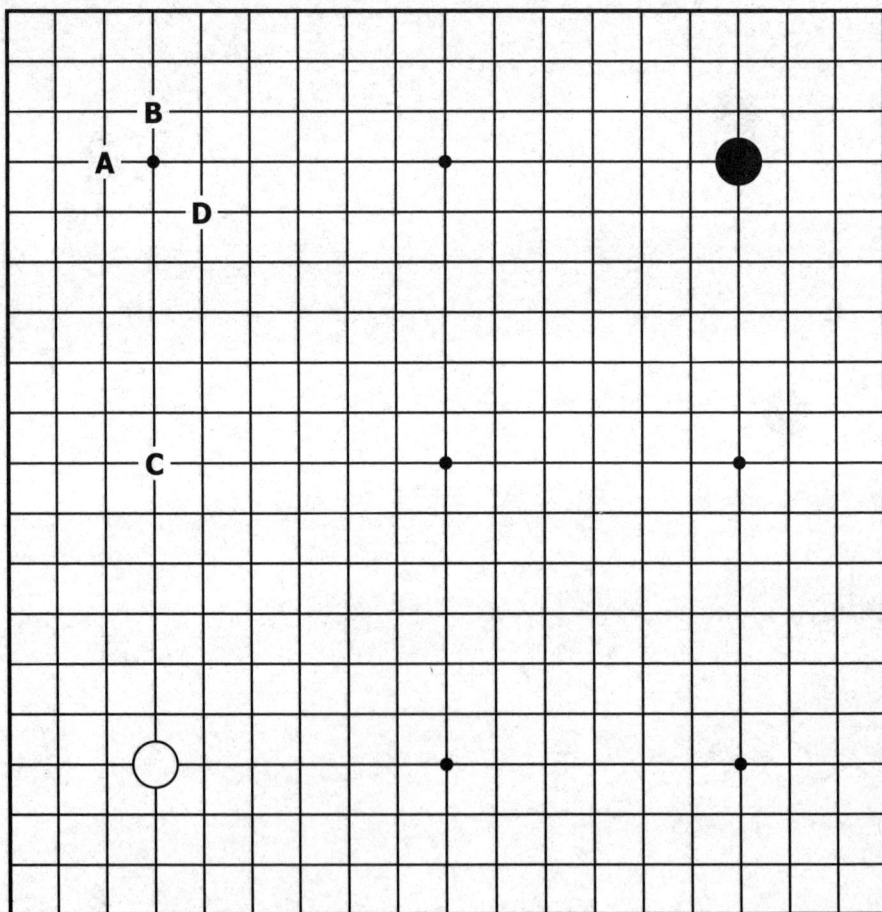

在 A、B、C、D 这 4 个选点中，哪两个更适合白棋？

16

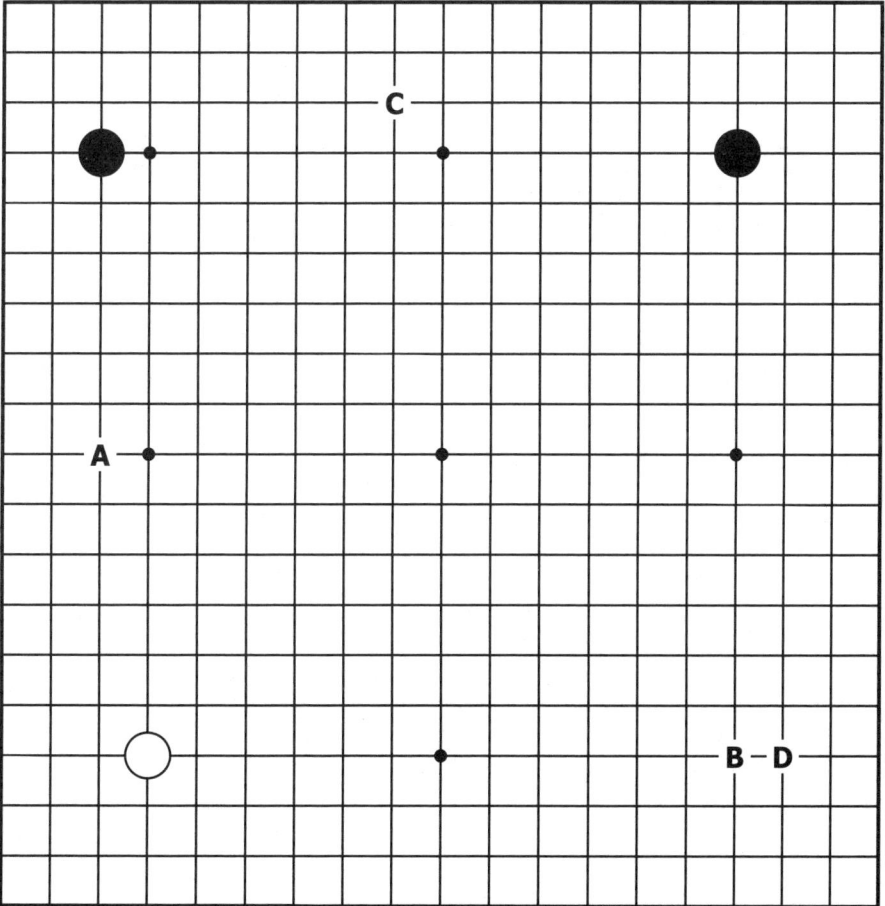

在 A、B、C、D 这 4 个选点中，哪两个更适合黑棋？

17

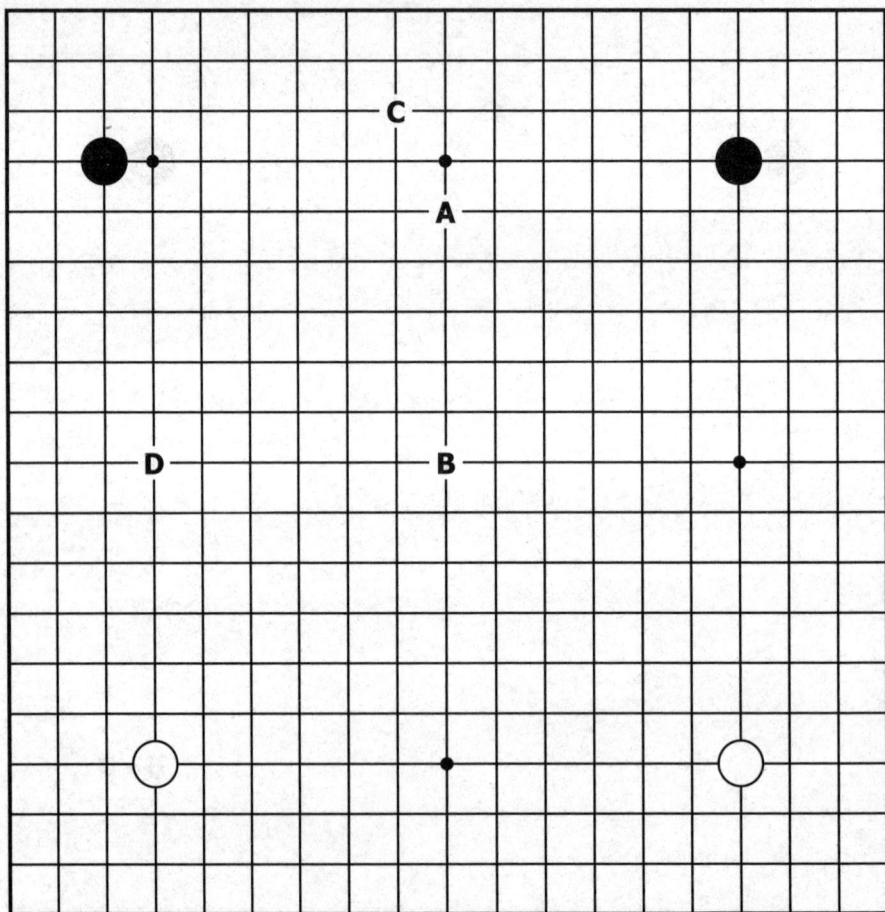

在A、B、C、D这4个选点中，哪两个更适合白棋?

18

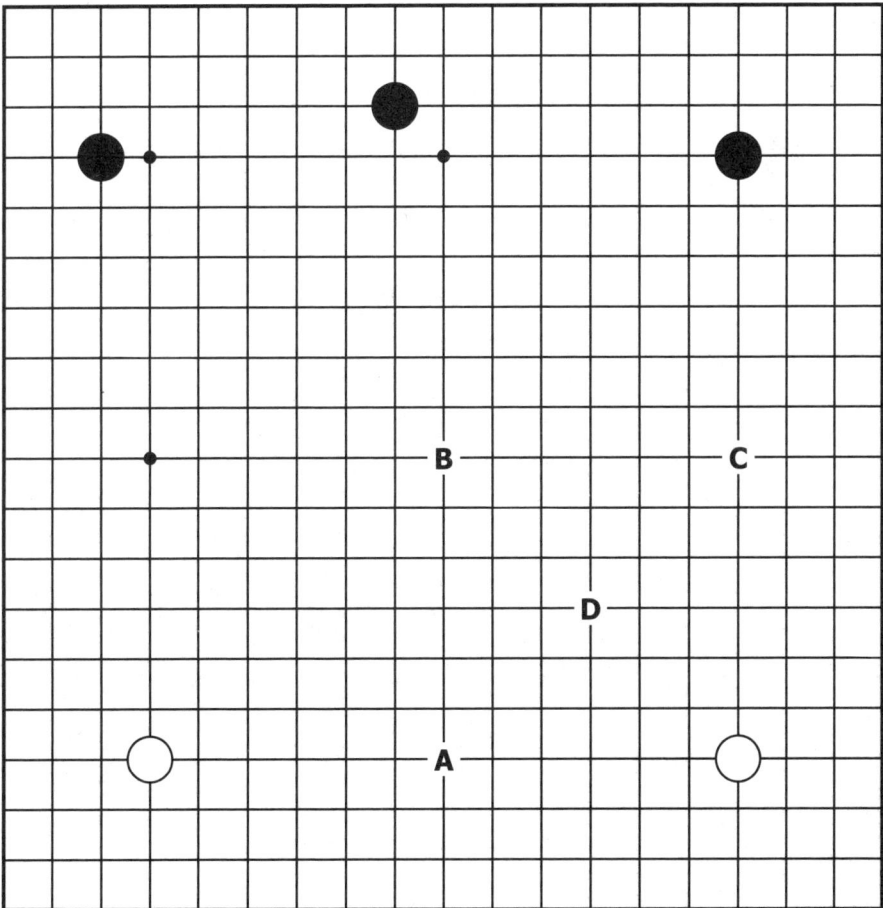

在A、B、C、D这4个选点中，哪两个更适合黑棋？

19

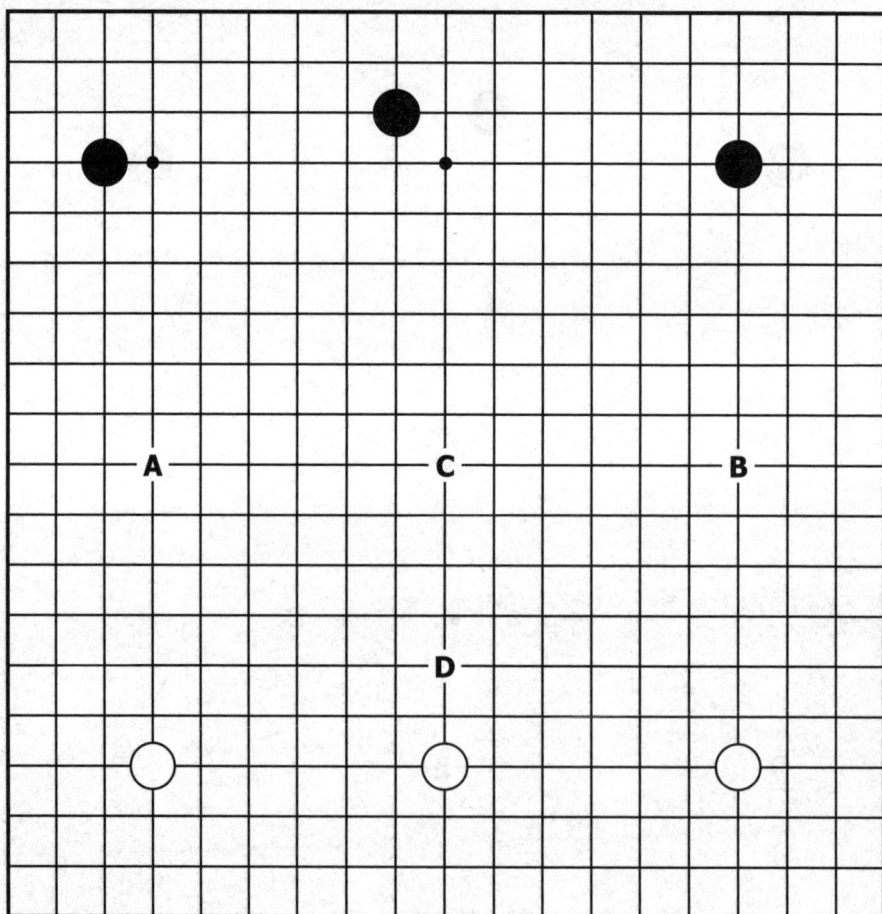

在A、B、C、D这4个选点中，哪两个更适合黑棋?

20

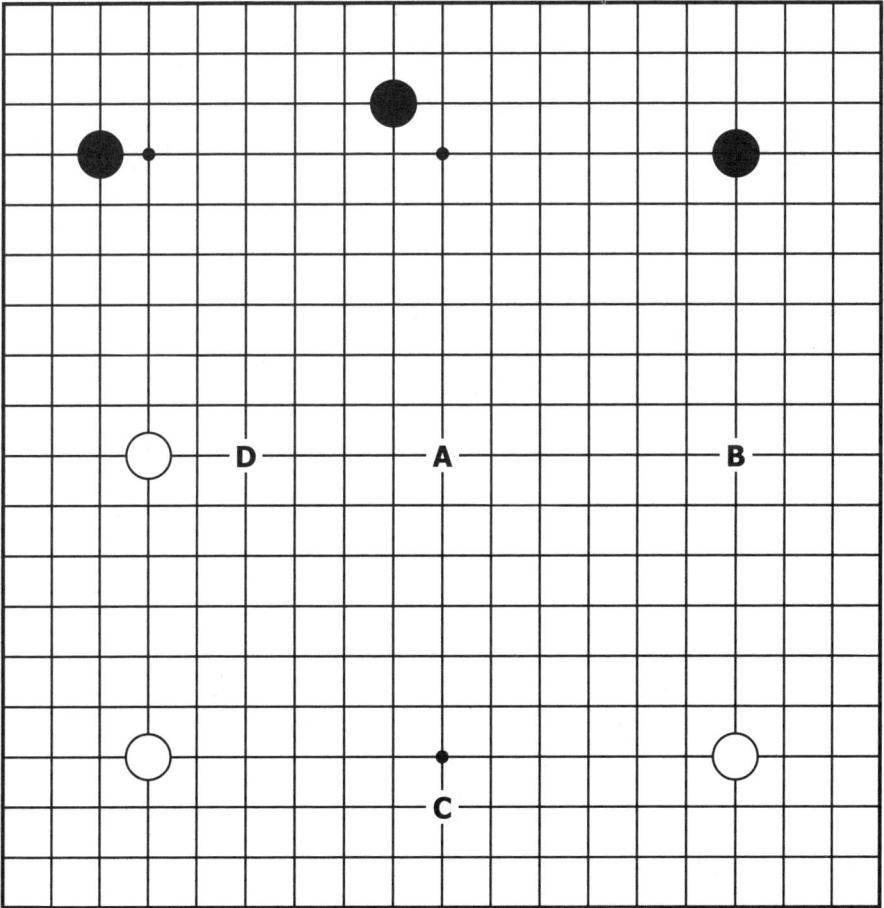

在 A、B、C、D 这 4 个选点中，哪两个更适合白棋？

21

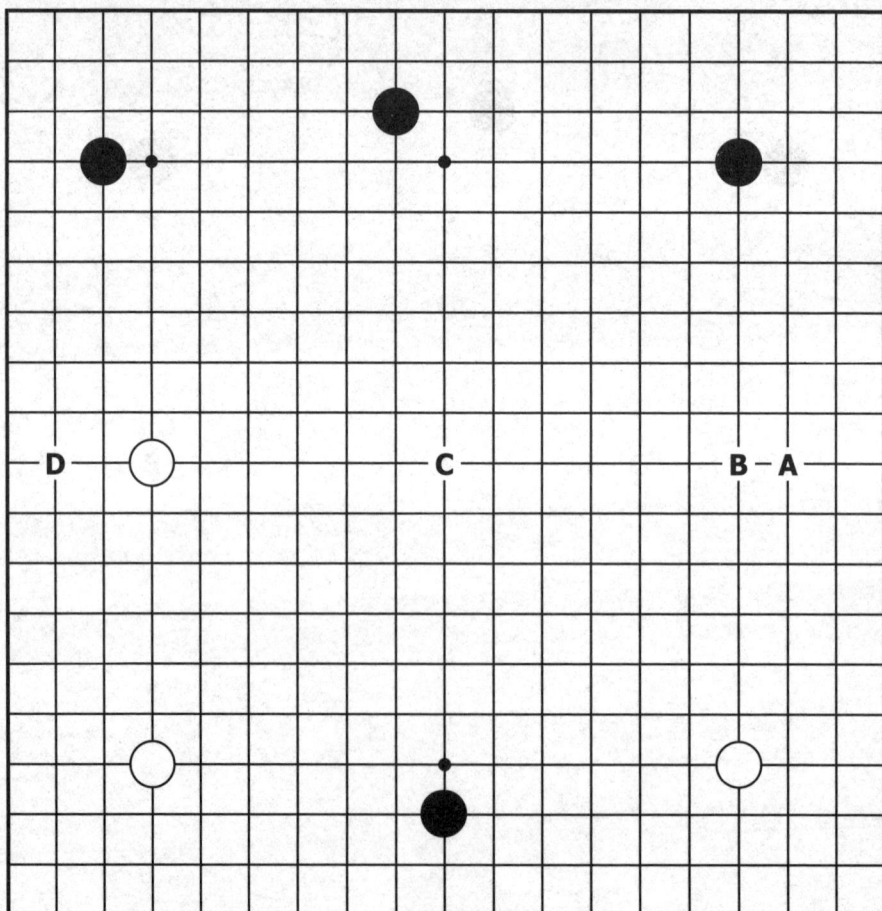

第22章

角

通常第一步占领角部的下法有 5 种（也可以说有 8 种，不过其中有 3 种下法除了方向不同，实际的位置效果是相同的）。这些下法都有自己的名字：三路线和四路线——"小目"（图 22.1）；四路线和四路线——"星位"（图 22.2）；三路线和三路线——"三三"（图 22.3）；四路线和五路线——"高目"（图 22.4）；三路线和五路线——"目外"（图 22.5）。

图 22.1

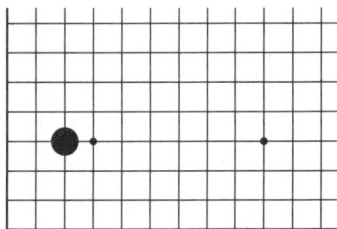

图 22.2

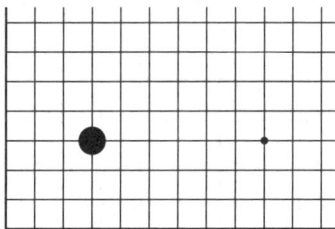

图 22.3

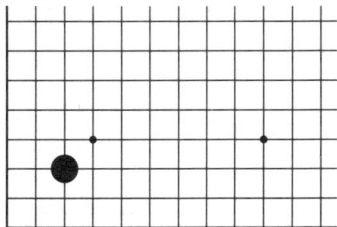

图 22.4

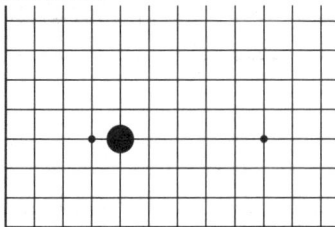

图 22.5

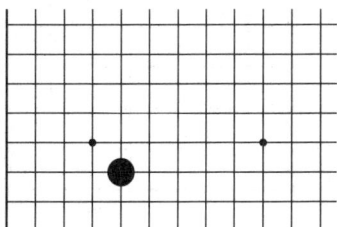

黑棋角上的第一步棋属于常见下法吗？

1

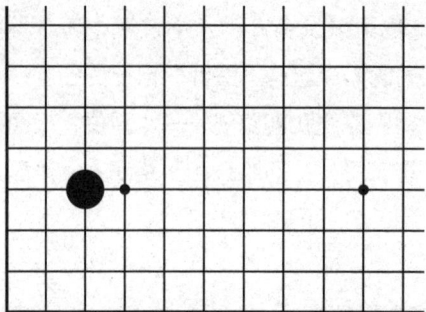

2

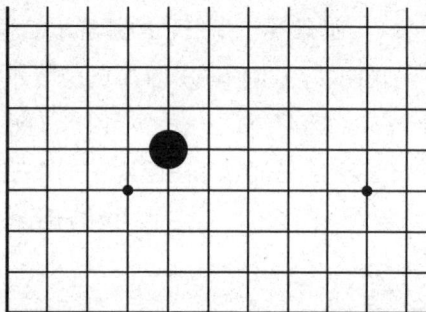

3

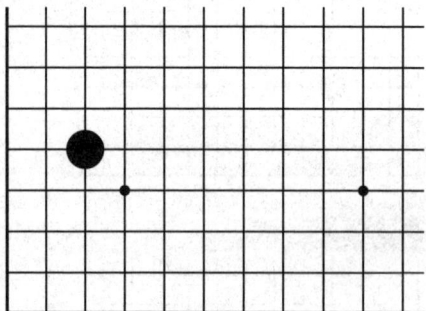

4

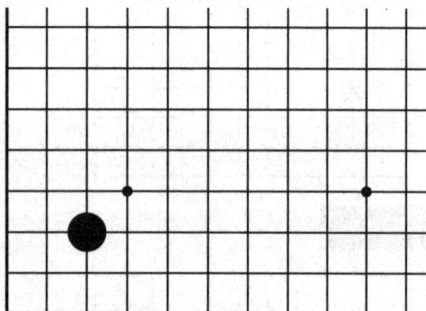

5

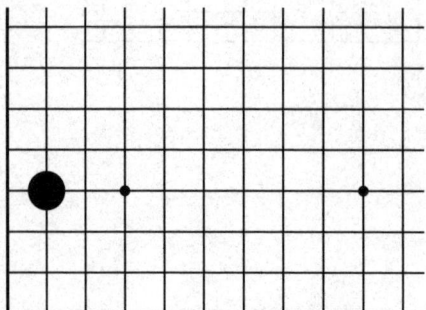

6

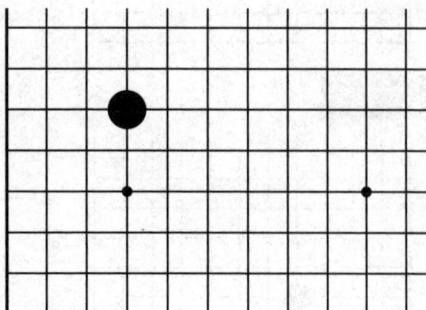

黑棋角上的第一步棋属于常见下法吗?

7

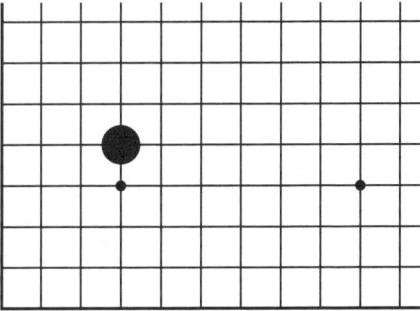

8

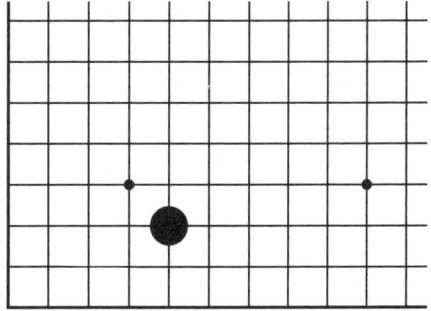

9

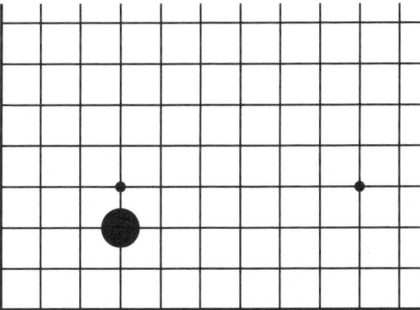

10

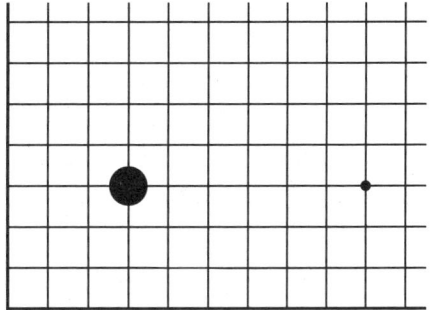

11

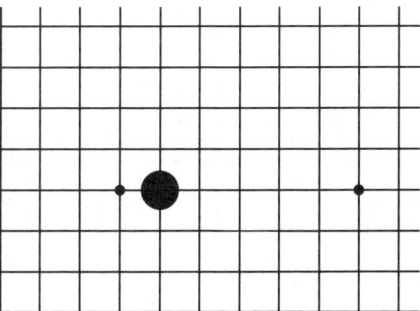

12

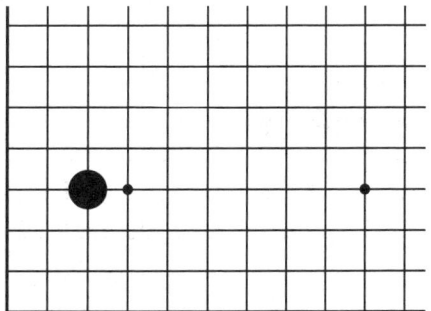

　　黑棋下完占领角部的第一手棋之后，如果之后白棋没有进攻黑棋的角，黑棋可以在原有棋子的基础上，下第二颗子来巩固黑棋的角，我们称之为"守角"。比较常见的守角方式如图 22.6 至图 22.13 所示。

图 22.6

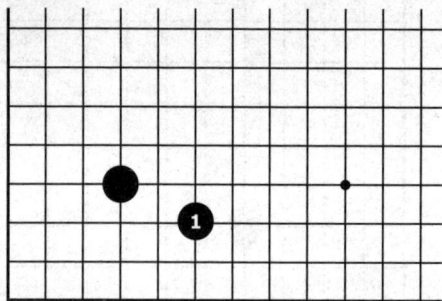

图 22.7

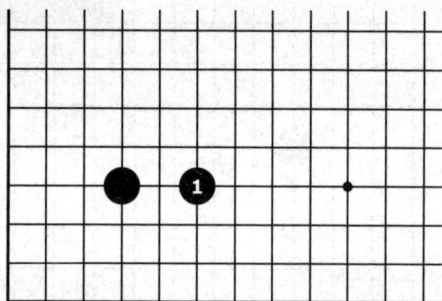

图 22.8

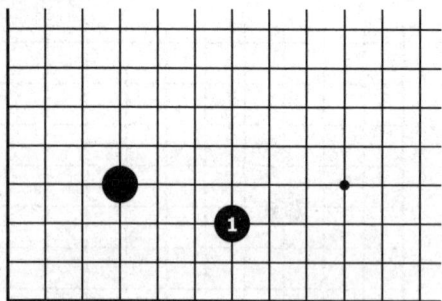

图 22.9

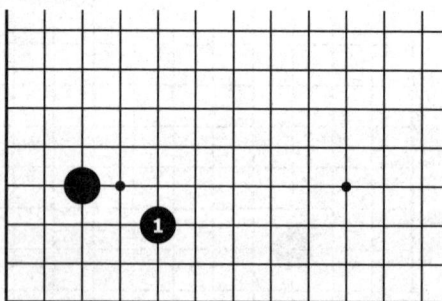

图 22.10

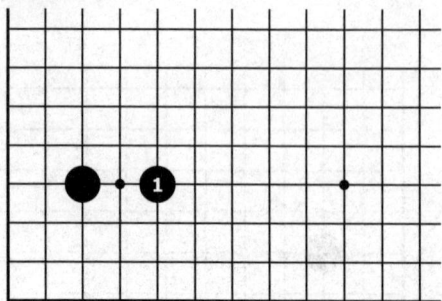

图 22.11

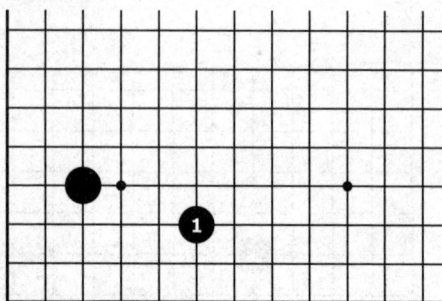

图 22.12

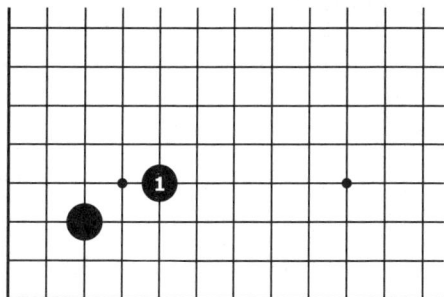

图 22.13

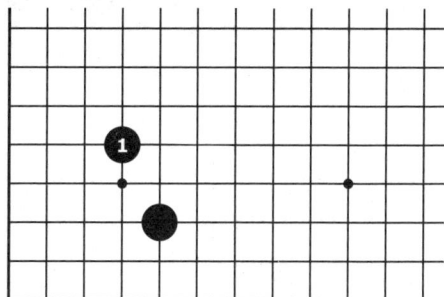

黑棋下在 1 位，属于常见的守角方法吗？

13
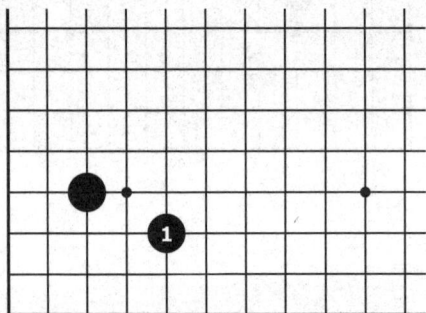

14
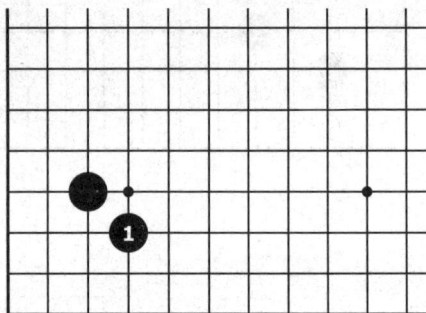

15
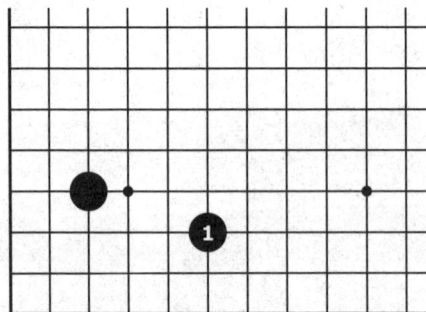

16
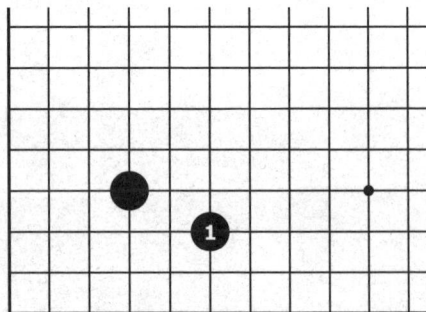

17
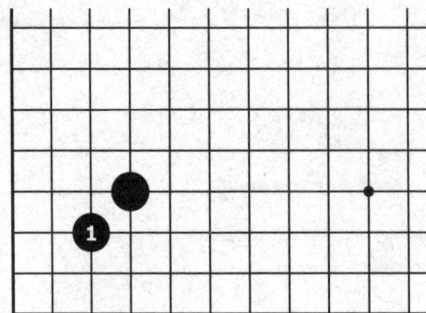

18
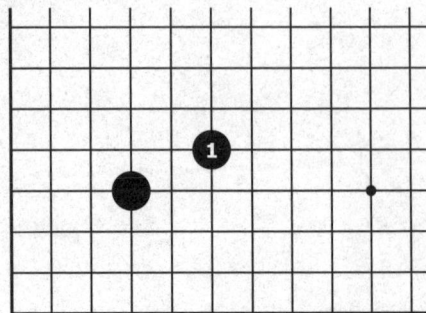

黑棋下在 1 位，属于常见的守角方法吗？

19
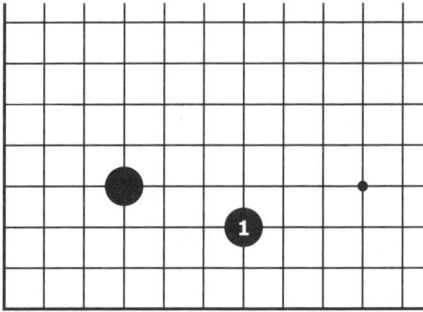

20
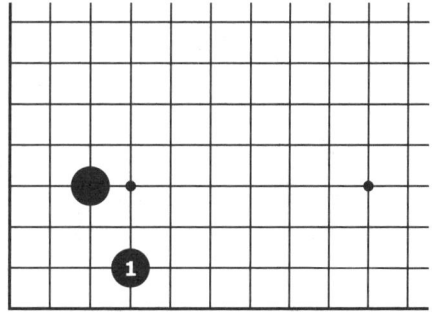

21
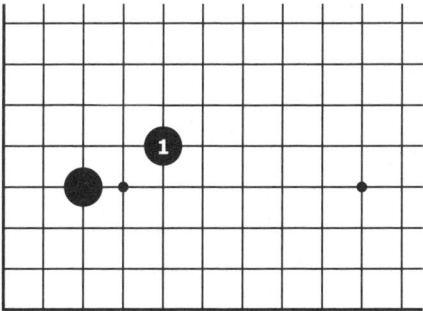

22
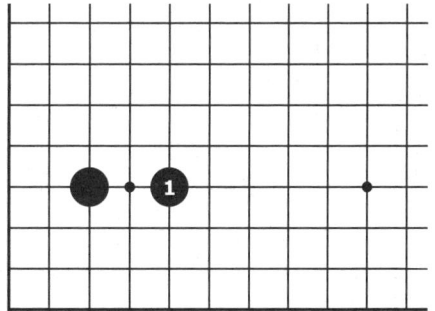

23
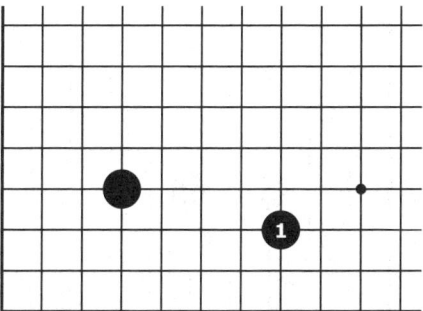

24
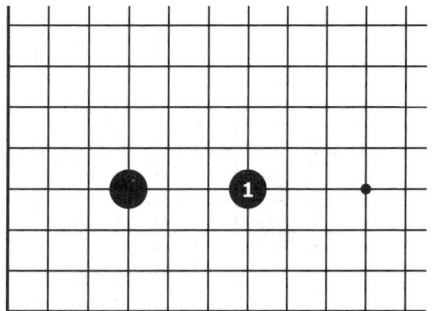

黑棋下在 1 位，属于常见的守角方法吗？

25

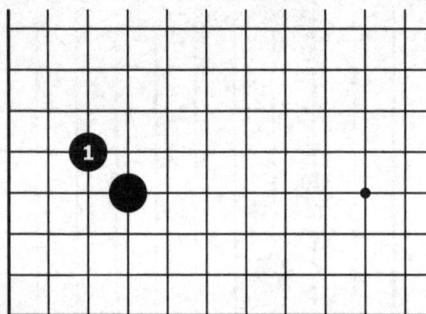

26

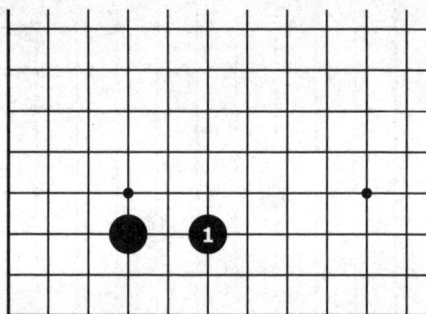

27

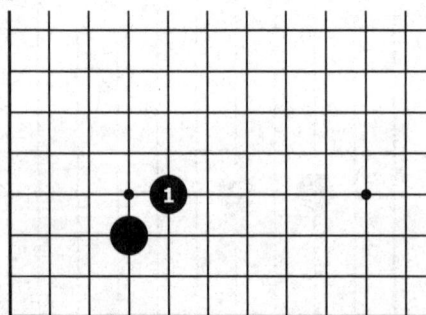

28

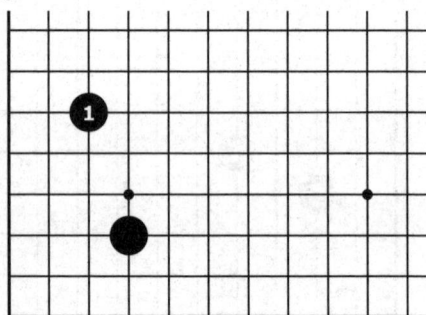

29

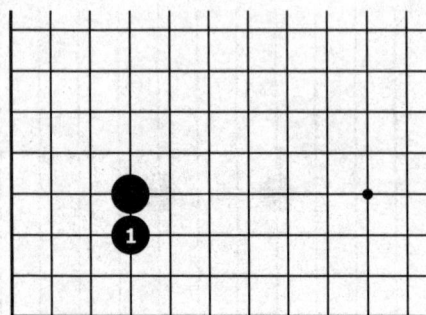

30

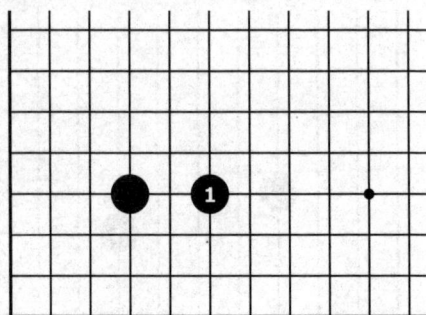

黑棋下在 1 位，属于常见的守角方法吗？

31

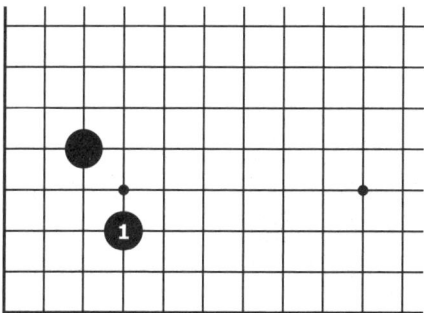

32

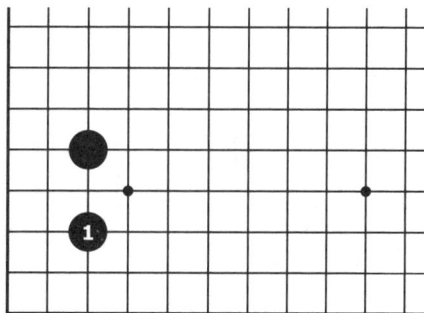

33

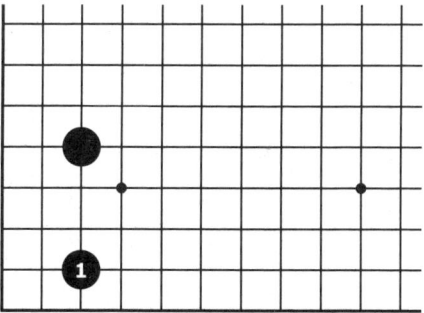

34

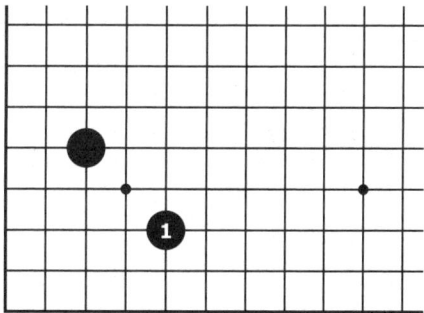

35

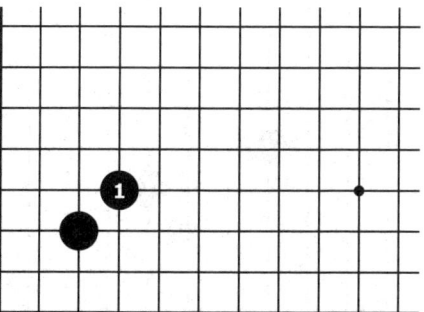

36

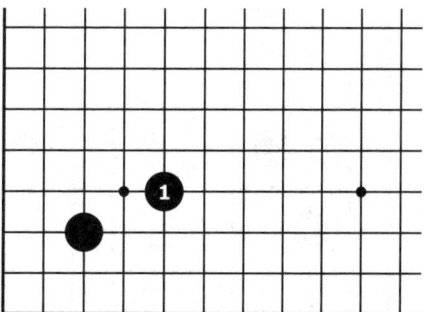

黑棋下在 1 位，属于常见的守角方法吗？

37

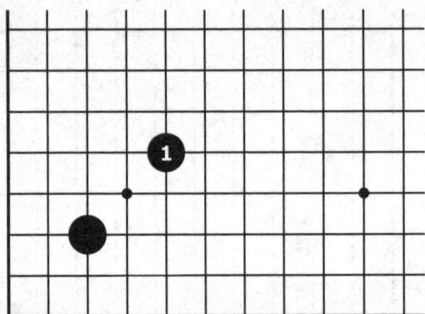

38

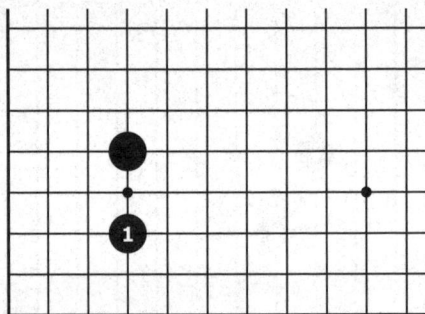

39

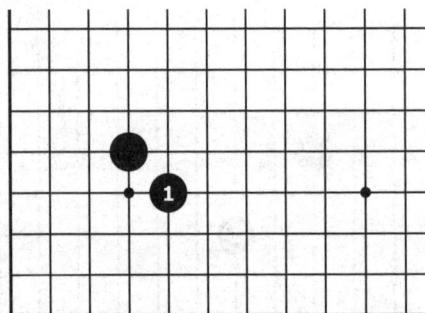

40

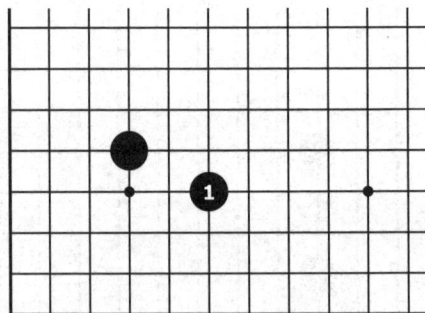

41

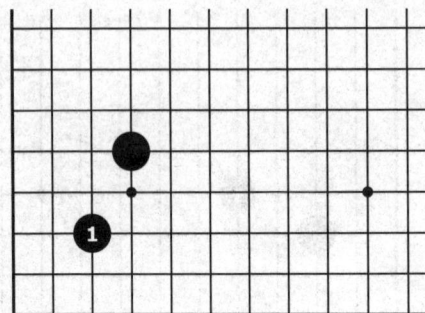

42

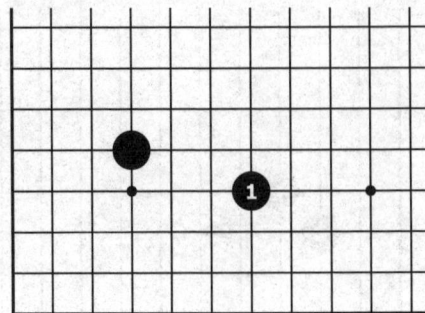

黑棋下在 1 位，属于常见的守角方法吗？

43

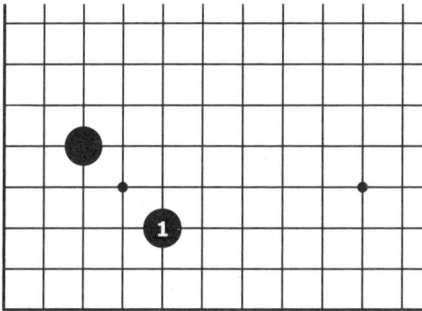

44

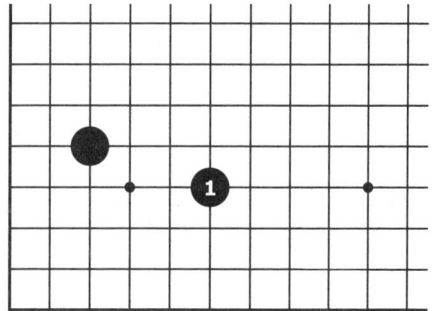

45

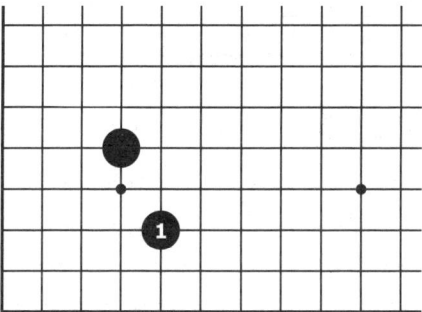

46

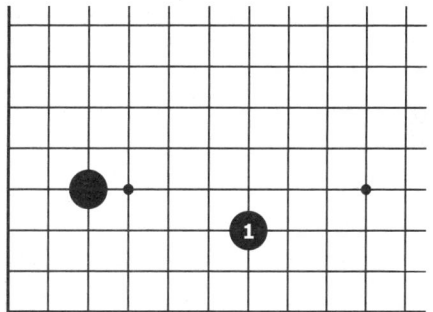

47

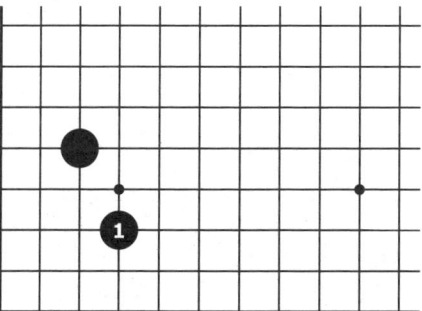

48

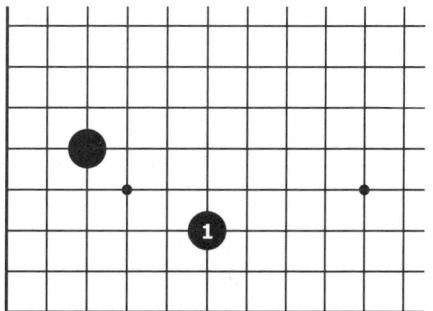

当对方已经首先占领了角部，我们该如何进攻这个角部？进攻对方已经占领的角，我们称为"挂角"。

挂角时需要注意，一般情况下，很少会以紧贴着对方棋子的形式挂角，但同时也不要离对方角部的棋子太远，所以一个合适的距离很重要。当然，挂角的位置应根据角上第一颗子的位置而决定。

图 22.14 至图 22.17 列出了一些比较常见的挂角方法。

图 22.14

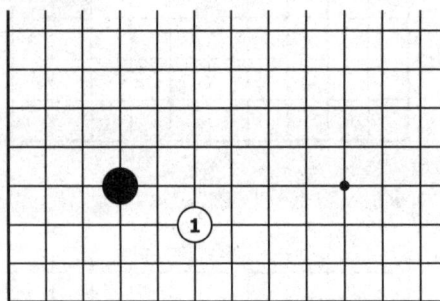

图 22.15

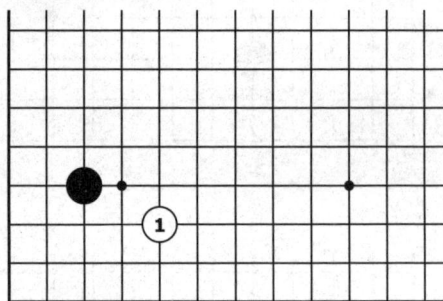

图 22.16

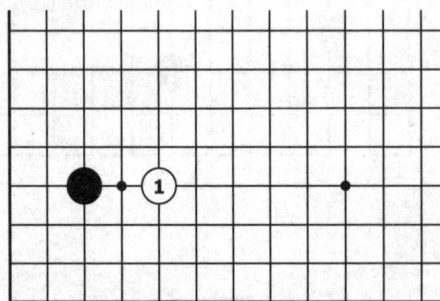

图 22.17

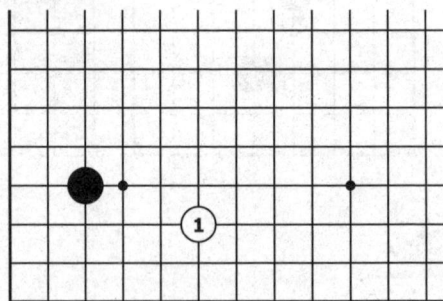

图 22.18 至图 22.20 也属于常见的挂角方式，大家会发现，随着黑棋角部第一颗黑子位置发生变化，白棋挂角的位置也会相应产生变化。

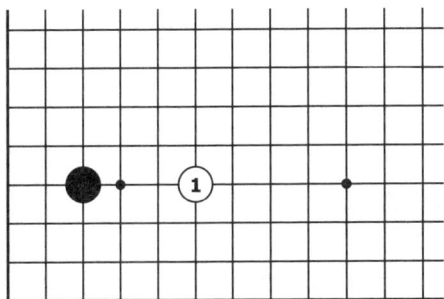

图 22.18

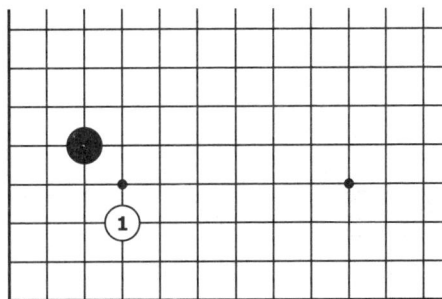

图 22.19

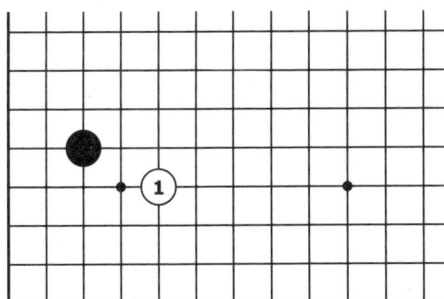

图 22.20

图 22.21 至图 22.22 依然属于比较常见的挂角方式，不过图 22.23 略有不同。

在图 22.23 中，白棋第一步棋处在一个比较低的位置，我们称之为"三三"（因为不论是横着数还是竖着数，这颗棋子都是棋盘的第三个交叉点）。图 22.23 所展示的占领角部的第一步棋是白棋下的，所以这里是黑棋挂角在 1 位，通过这步棋，黑棋可以尽量压迫白棋"三三"的棋子，使白棋角部的棋子不能更多地向棋盘的中间发展，而黑棋可以通过这样的手段，对未来棋盘中间的变化产生影响，这步棋是一个常见着法。

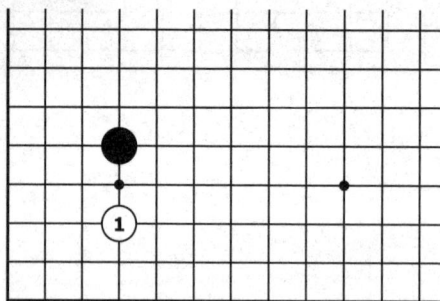

图 22.21

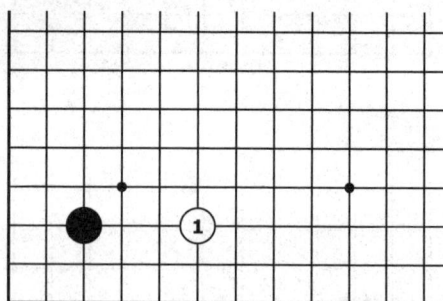

图 22.22

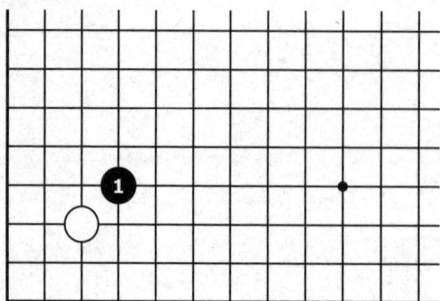

图 22.23

白棋在 1 位挂黑棋角的下法正确吗?

49

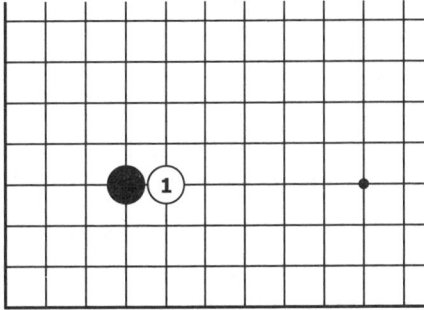

50

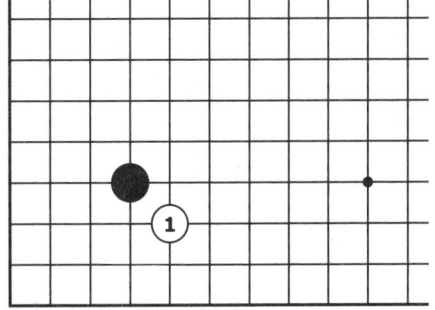

51

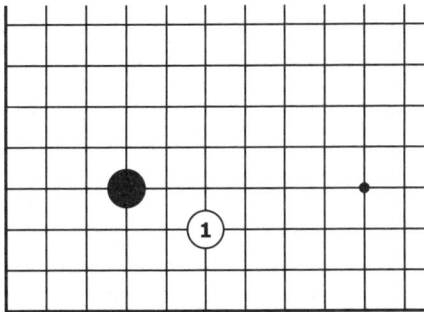

52

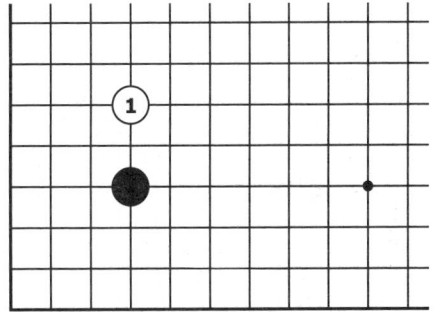

53

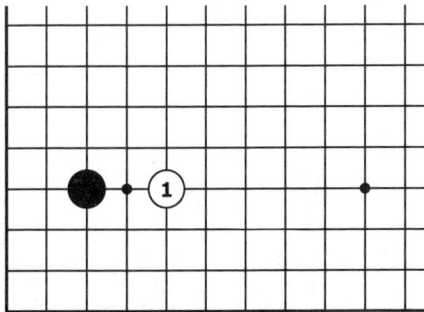

54

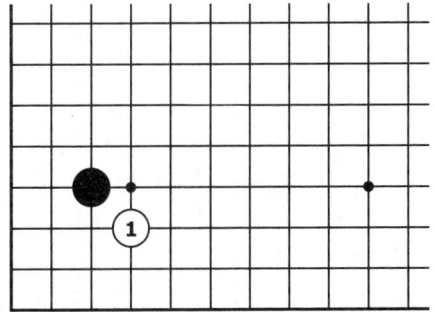

白棋在 1 位挂黑棋角的下法正确吗?

55

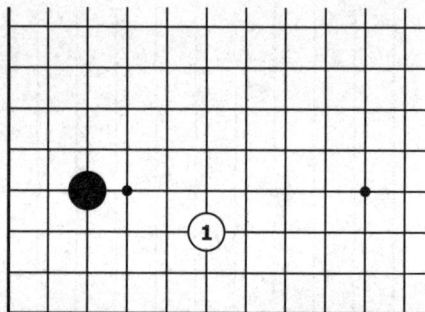

56

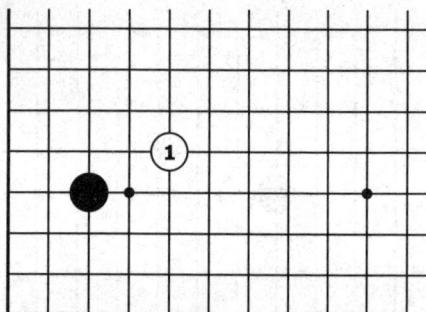

57

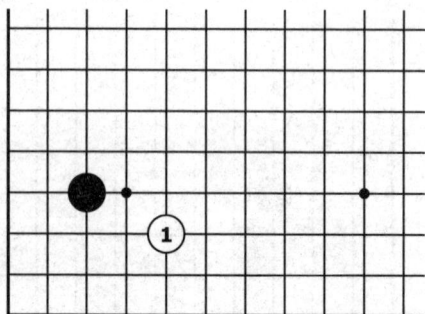

58

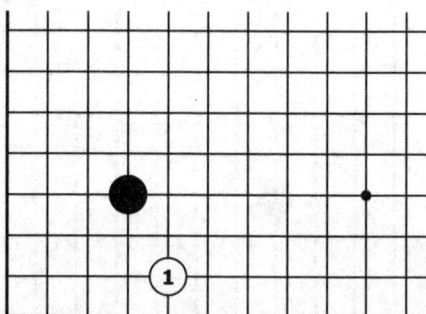

59

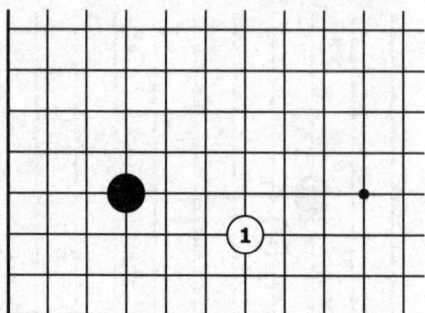

60

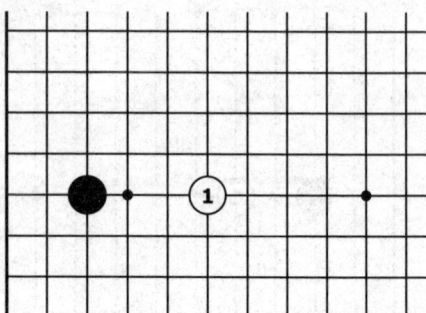

白棋在 1 位挂黑棋角的下法正确吗?

61

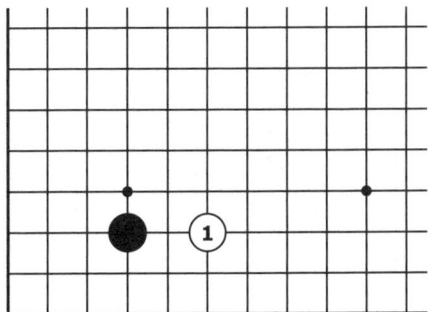

62

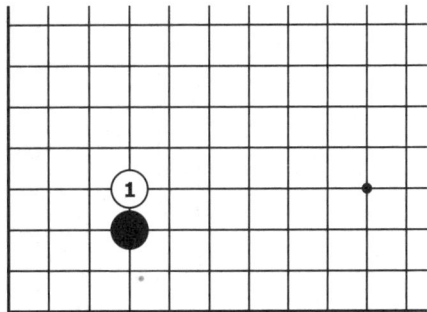

63

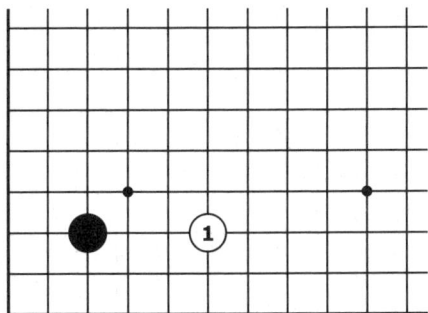

64

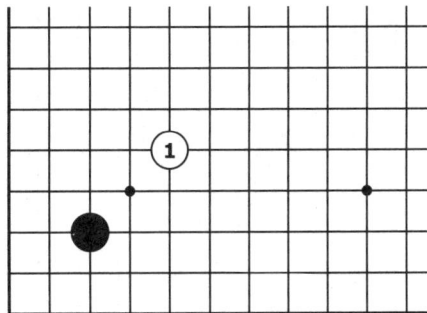

65

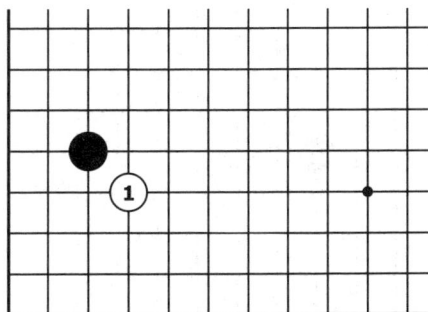

66

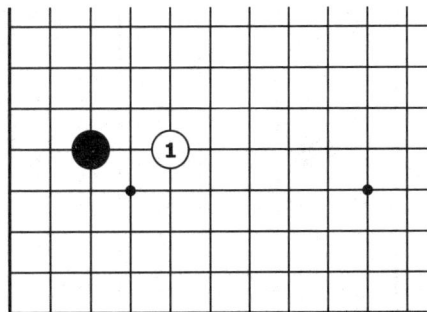

白棋在 1 位挂黑棋角的下法正确吗？

67

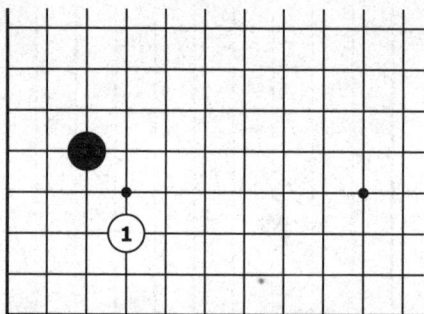

68

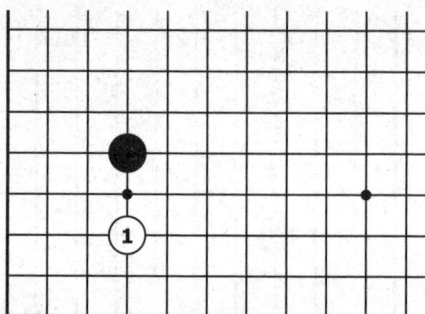

69

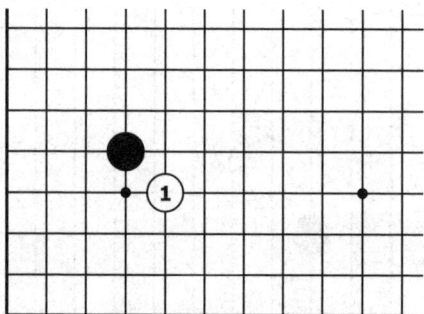

70

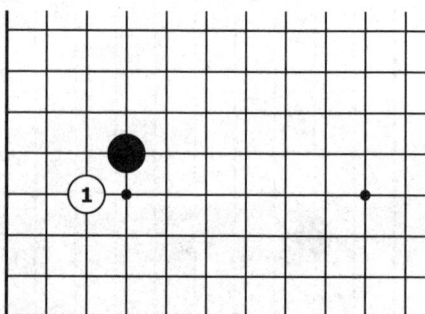

71

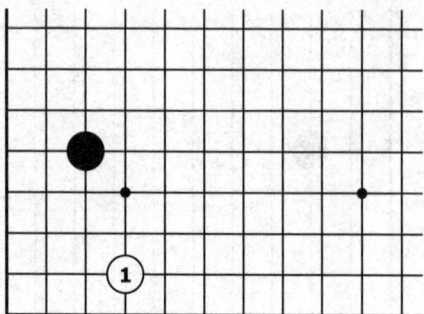

72

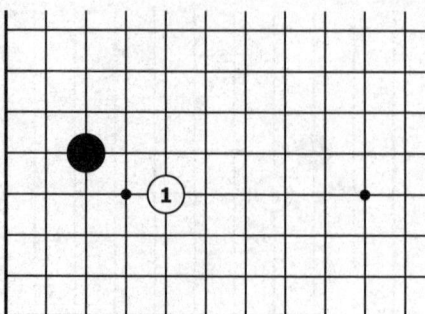

白棋在 1 位挂黑棋角的下法正确吗？

73

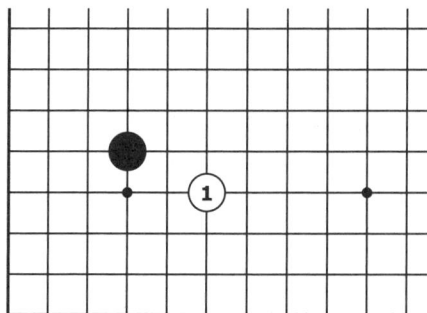

74

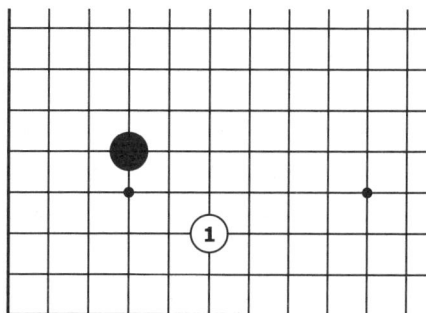

75

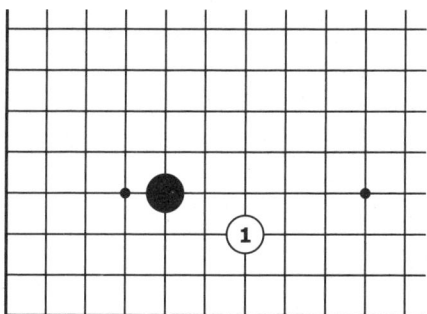

76

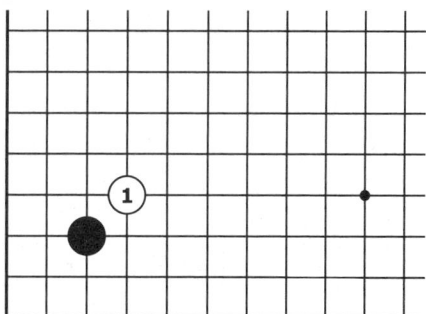

77

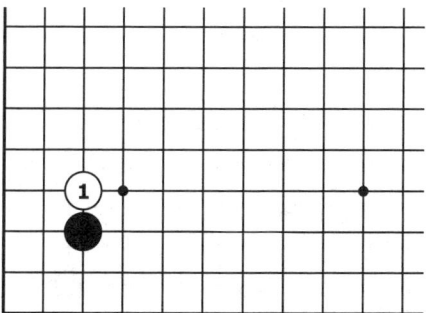

78

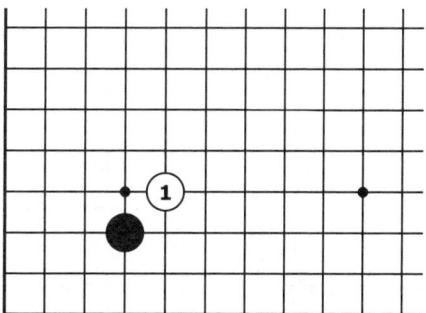

第 **23** 章

定式

　　"定式"是围棋的一个专用名词，一般指的是一个按照一定行棋次序，被大部分棋手认可的黑白双方都可以接受的固定变化棋形。定式一般发生在开局阶段的角上。本章将为大家介绍 6 个简单的角部定式。请大家仔细观察下图这 6 个定式并回答之后的问题。

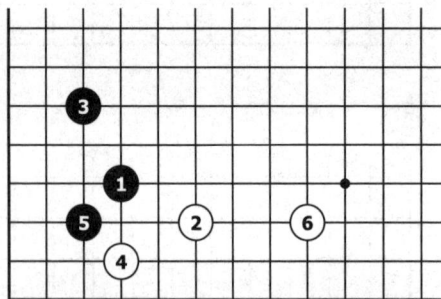

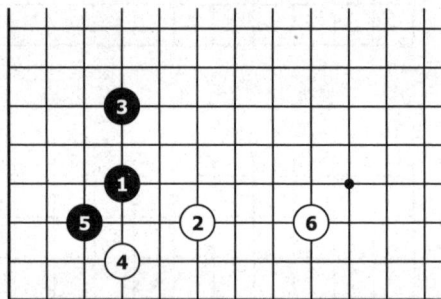

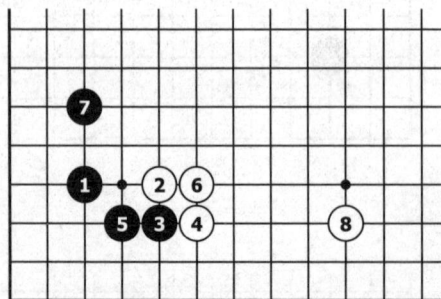

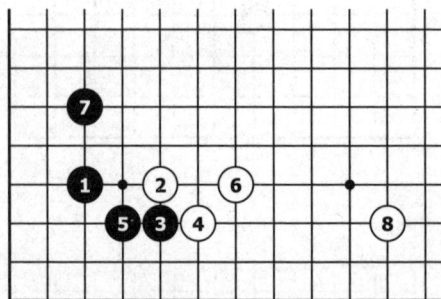

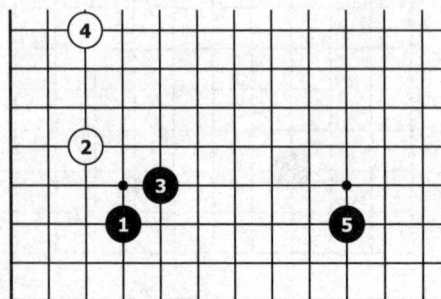

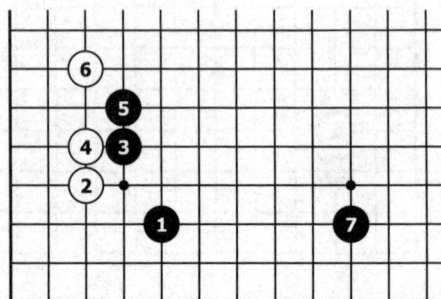

黑棋第 3 步是否是定式?

1
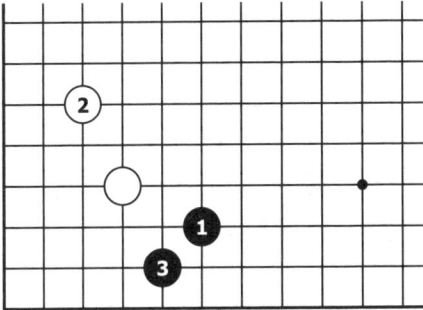

2
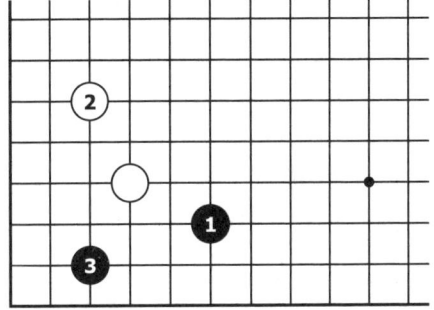

3
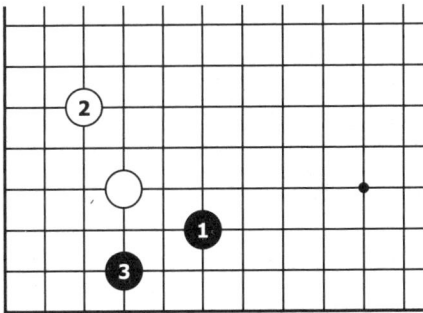

4
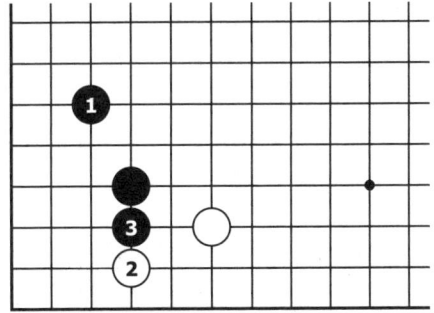

5
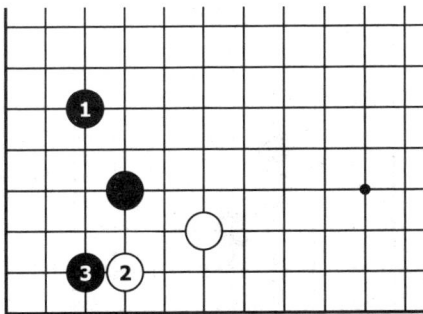

6
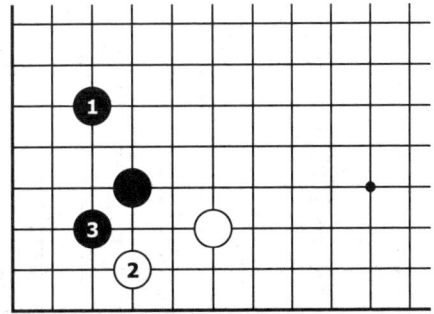

黑棋第 3 步是否是定式？

7

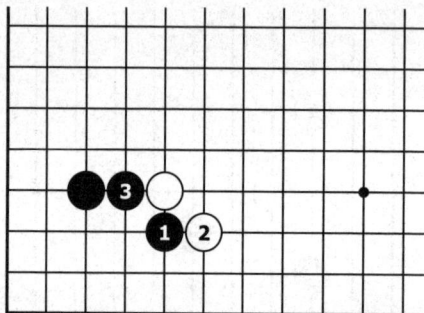

8

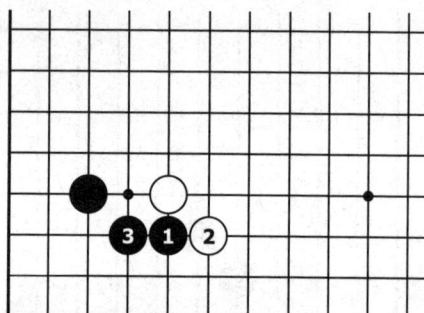

9

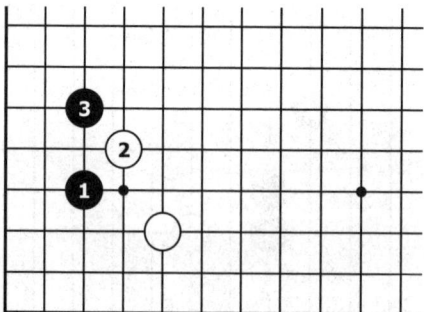

10

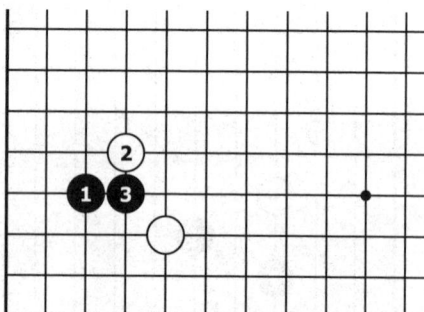

11

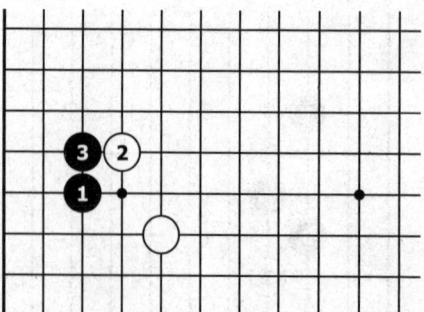

12

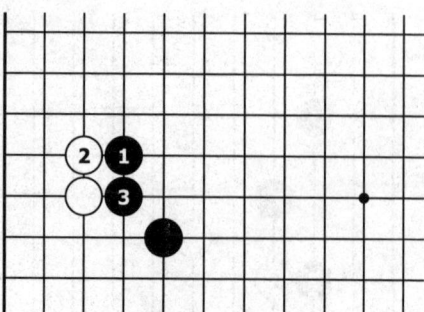

黑棋第 3 步是否是定式?

13

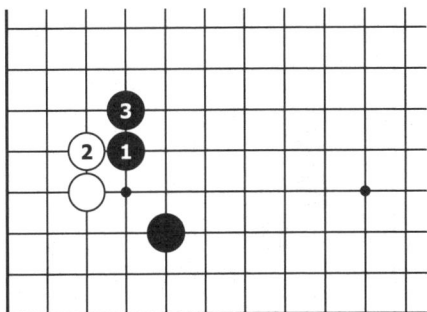

14

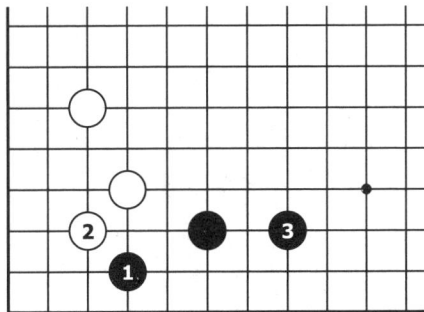

15

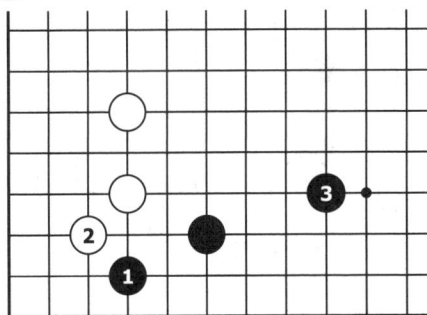

16

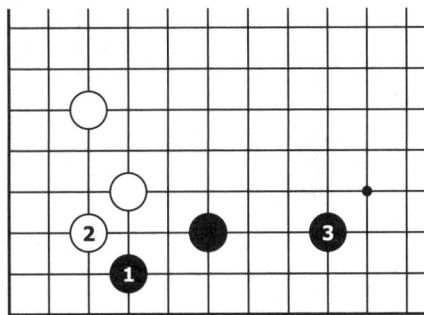

17

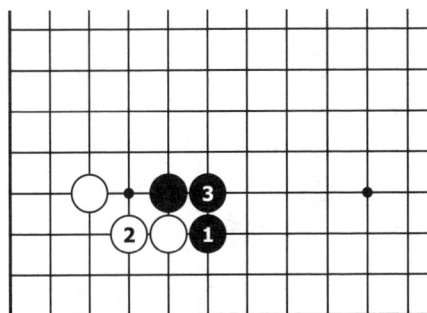

18

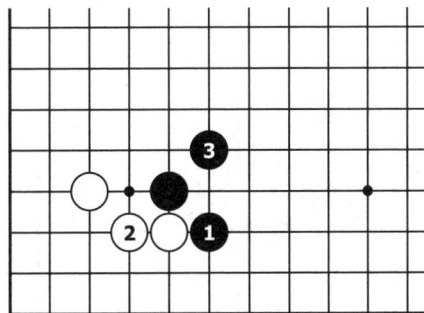

黑棋第 3 步是否是定式？

19

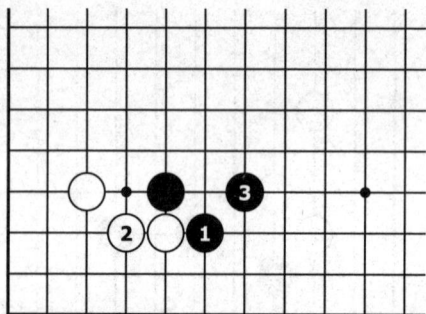

20

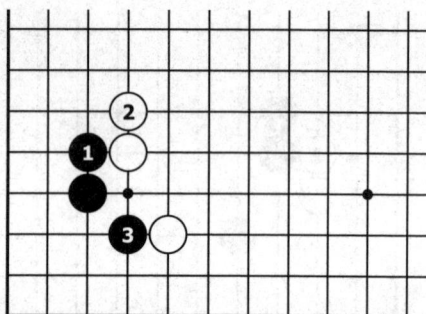

21

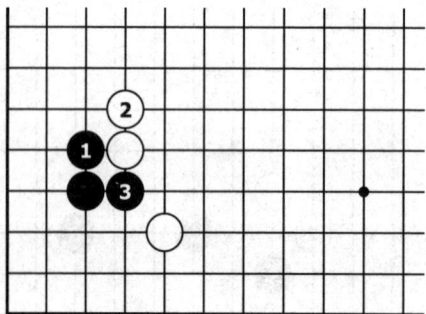

22

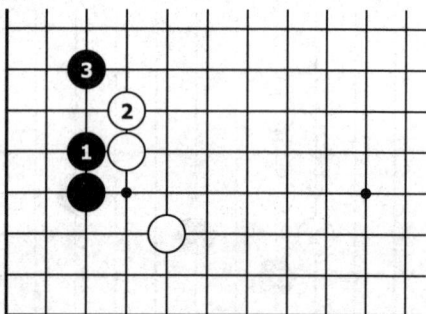

23

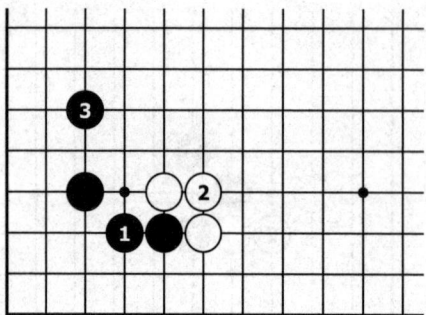

24

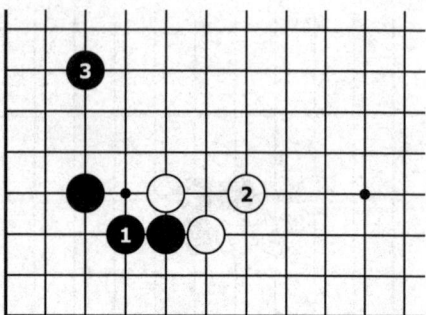

黑棋第3步是否是定式?

25
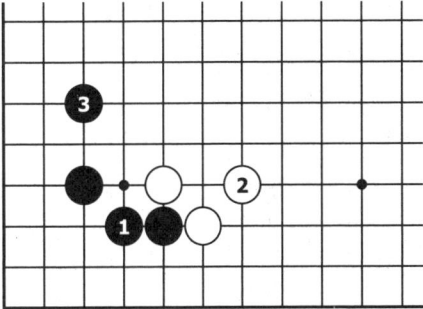

26
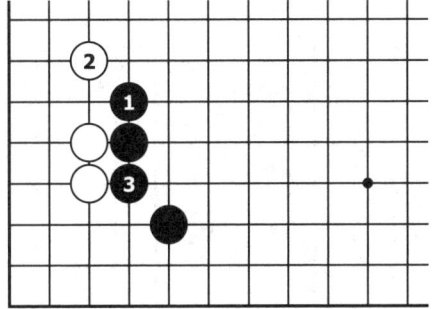

27
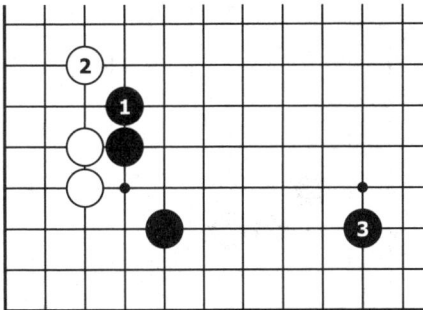

28
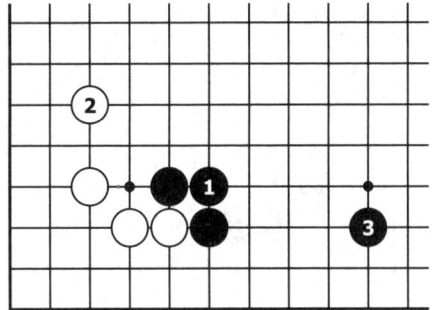

29
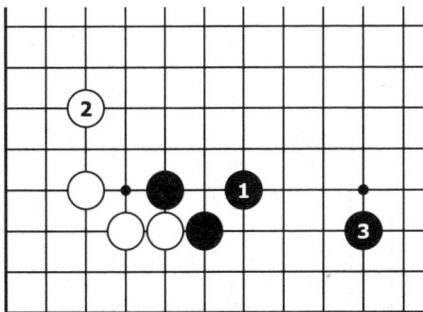

30
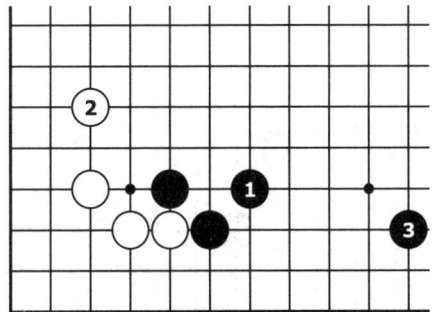

请指出白 1 之后的定式变化。

31

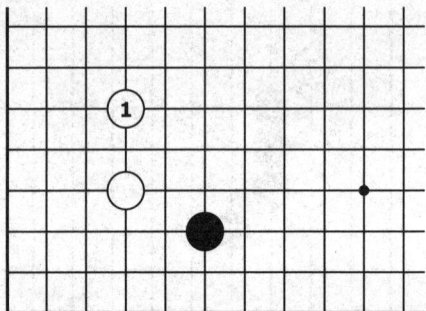

32

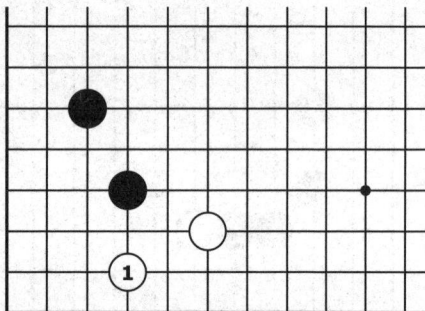

33

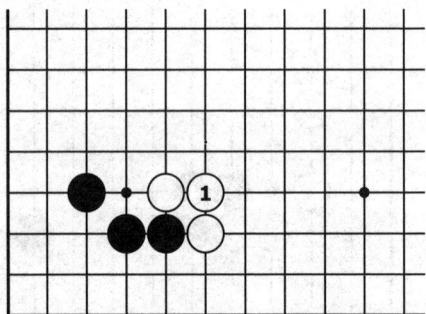

34

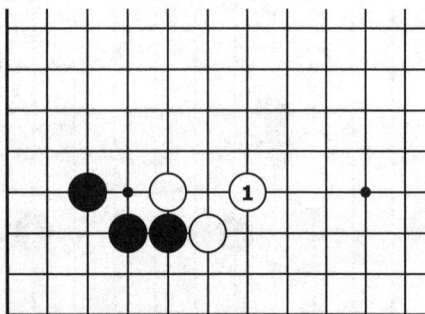

35

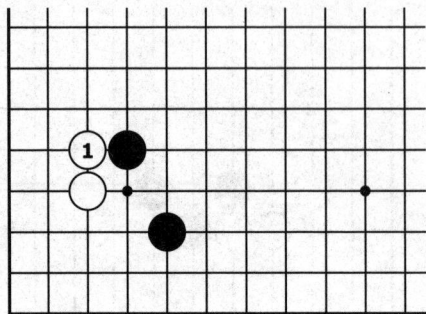

36

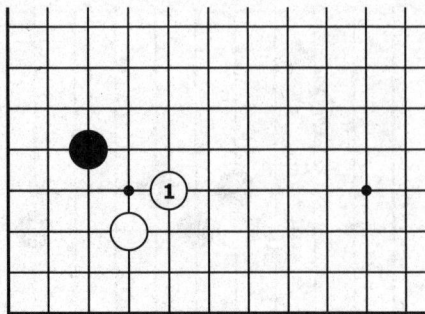

第24章

死活题

　　练习死活题不仅对初学者帮助很大，对世界冠军级别的职业棋手来说也是必不可少的。有的人只喜欢做有挑战的题，而有些人只喜欢做一眼就能找到答案的题。这两种练习方式都有其可取之处，但对围棋水平处于入门和初级水平的学棋者来说，死活题练习的"量"往往比"质"更加重要。本章的题目绝大部分是读者力所能及的或者稍稍动动脑筋就可以做出来的，其中也存在少量的"难题"，不过运用前面学过的知识，相信读者也可以自己找到解答之法。

　　本章共有 300 道题。第 1~150 题练习的是黑先下如何做活，题目类型如图 24.1 所示。第 151~300 题练习的是黑先下如何吃掉白棋，题目类型如图 24.2 所示。

图 24.1

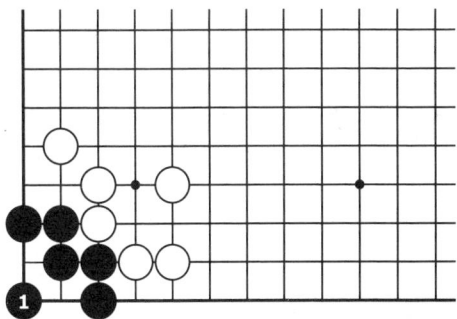

图 24.2

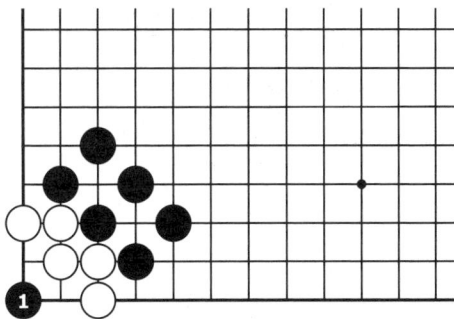

黑下在哪里可以做活整块黑棋?

1
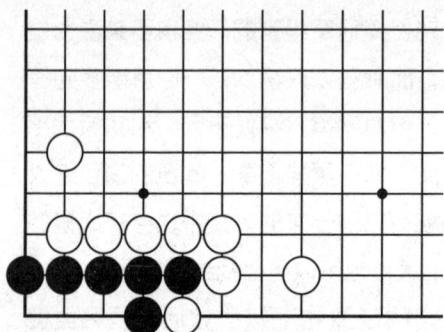

2
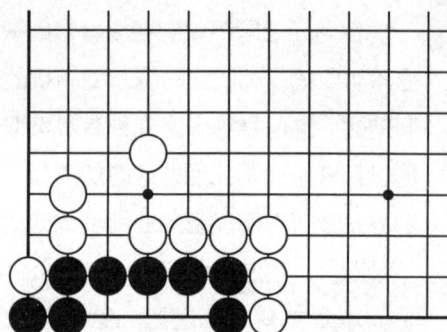

3
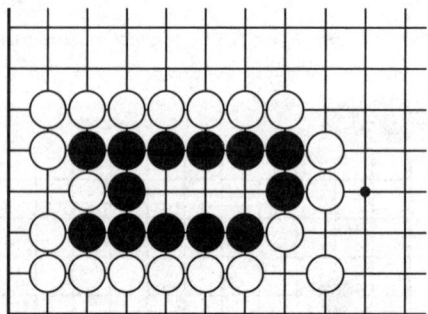

4
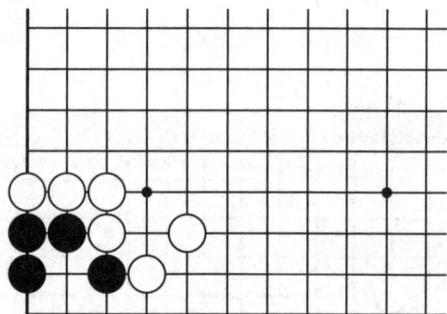

5
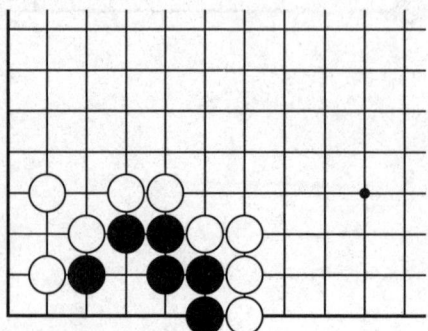

6
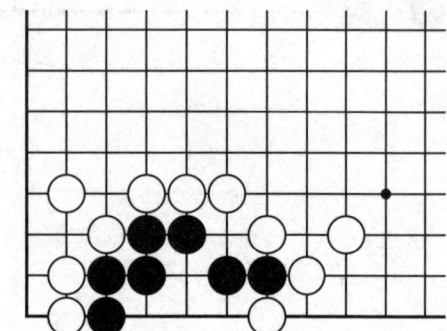

黑下在哪里可以做活整块黑棋?

7

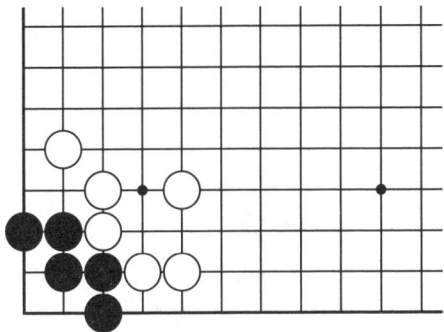

8

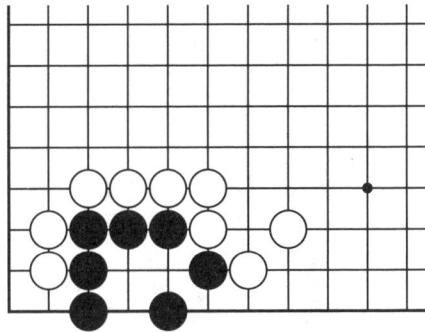

9

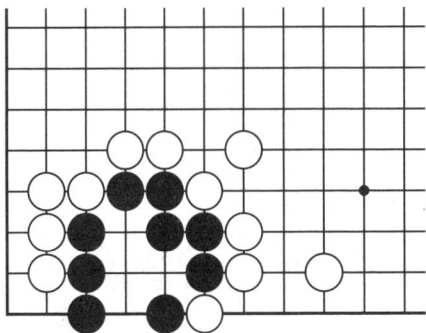

10

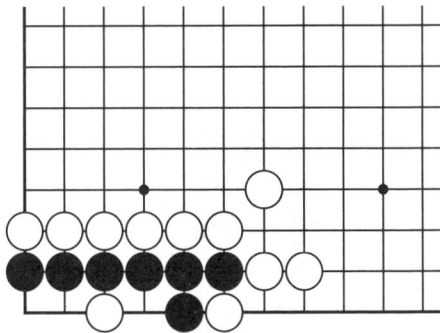

11

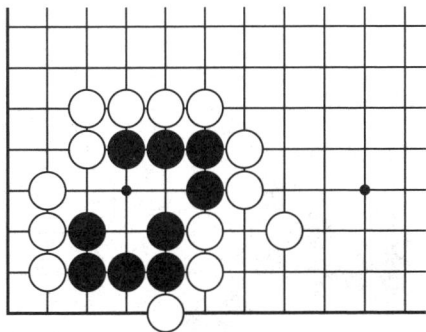

12

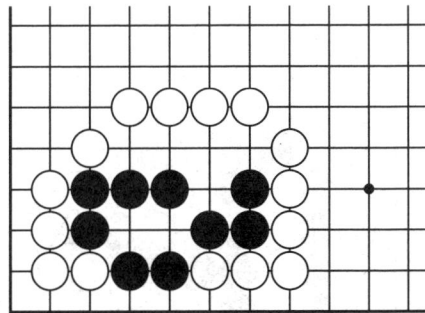

黑下在哪里可以做活整块黑棋?

13

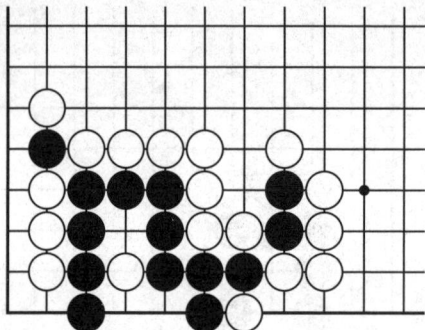

14

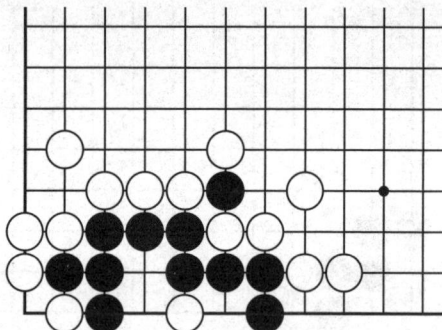

15

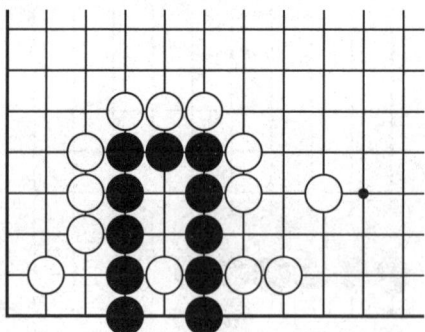

16

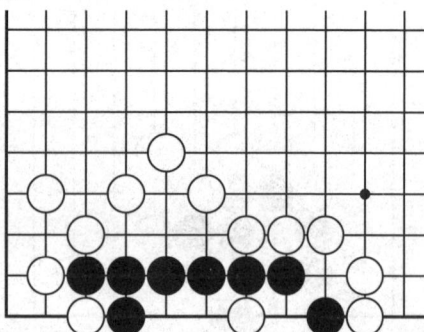

17

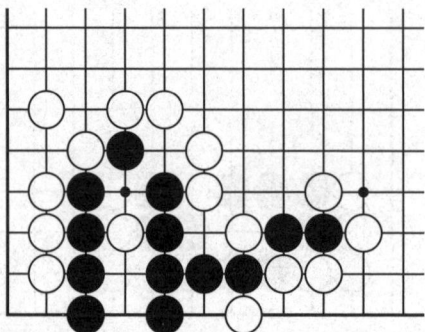

18

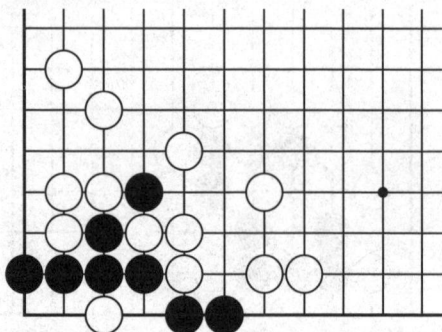

黑下在哪里可以做活整块黑棋？

19

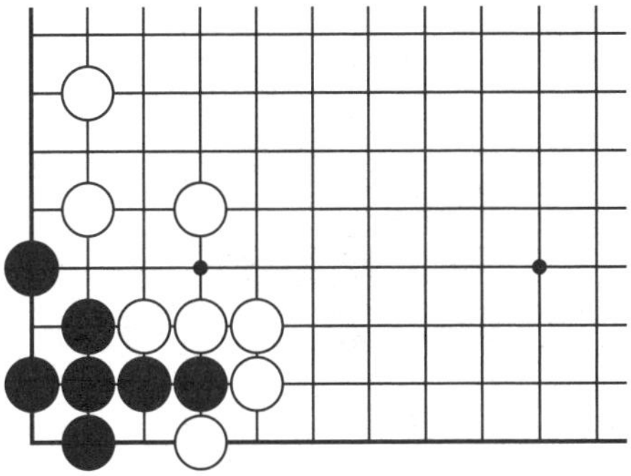

20

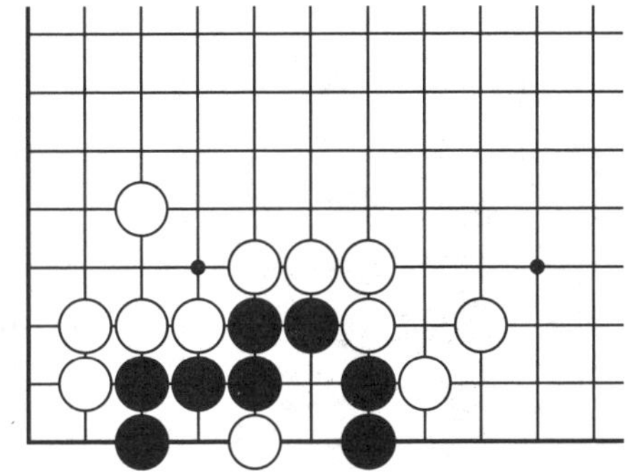

21

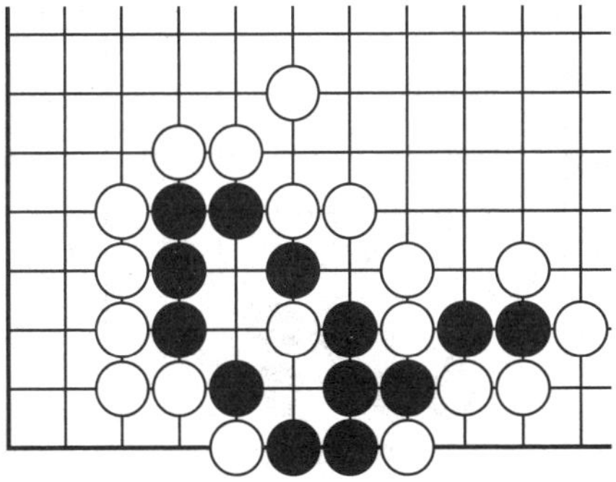

22

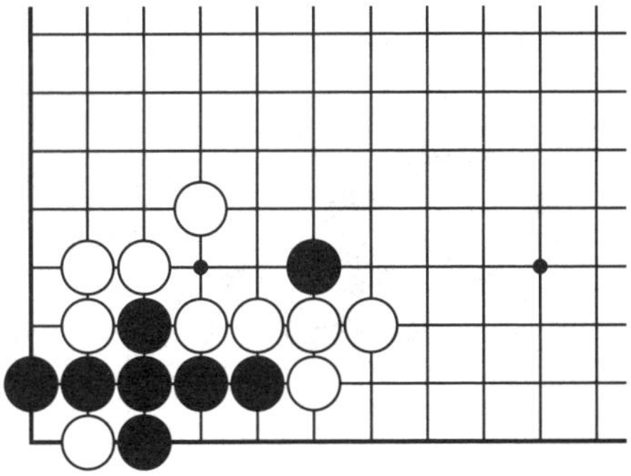

23

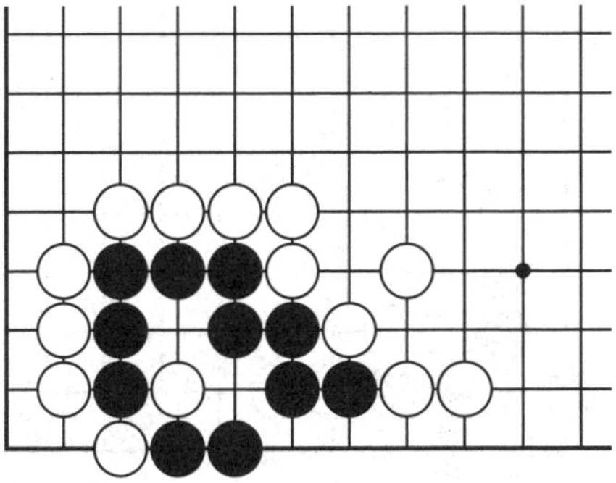

24

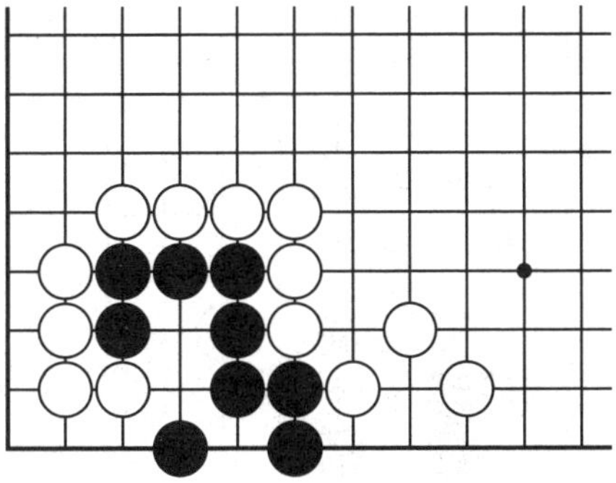

黑下在哪里可以做活整块黑棋？

25

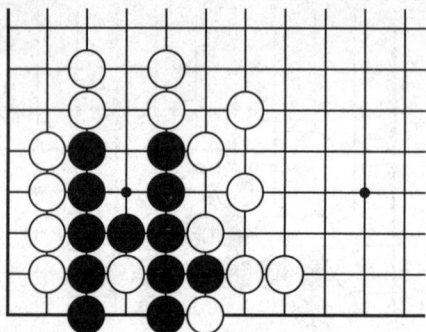

26

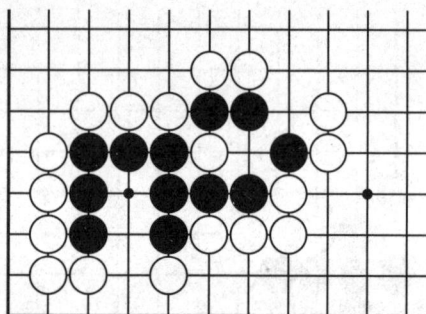

27

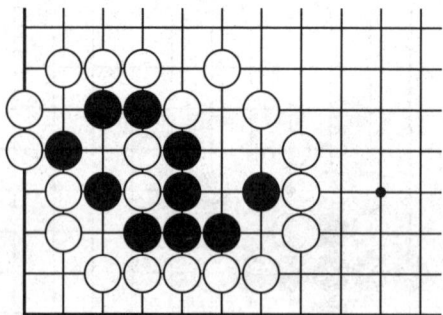

28

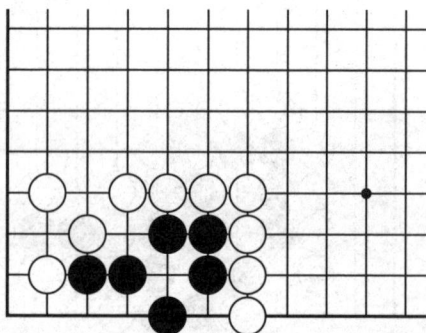

29

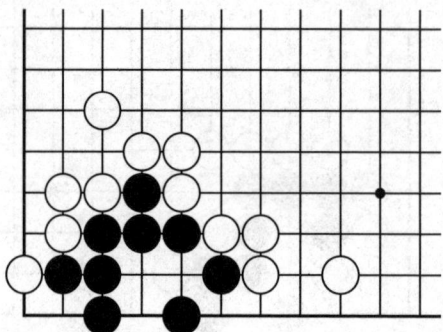

30

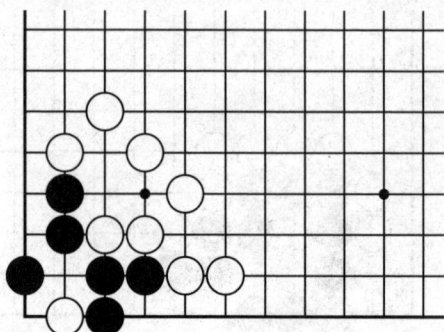

黑下在哪里可以做活整块黑棋？

31
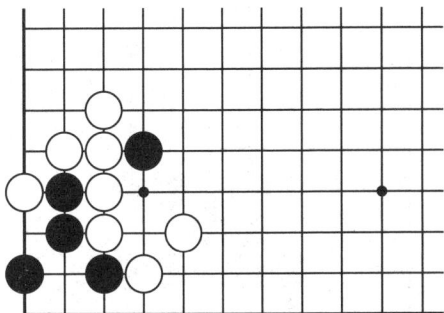

32
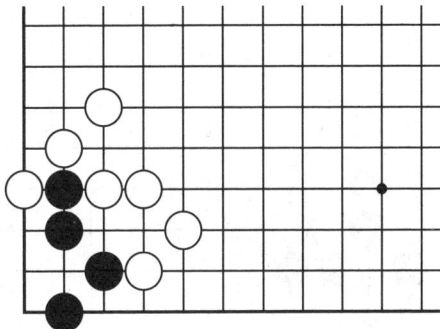

33
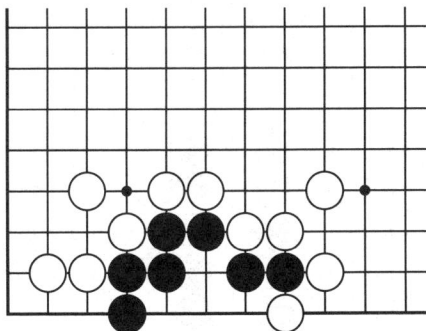

34
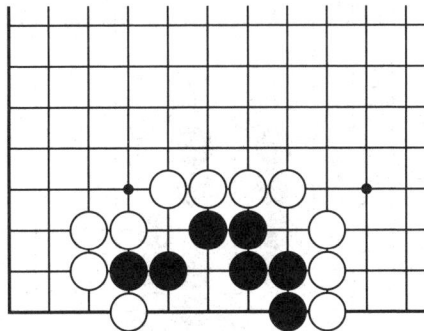

35
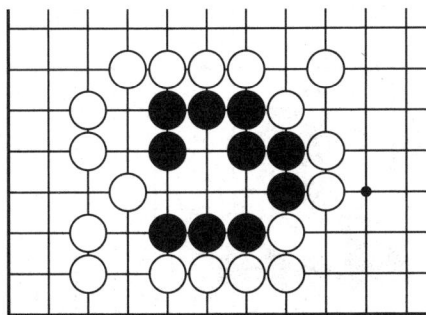

36
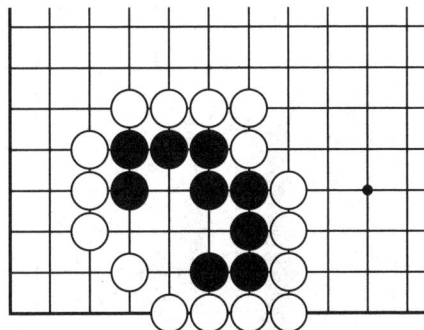

黑下在哪里可以做活整块黑棋？

37

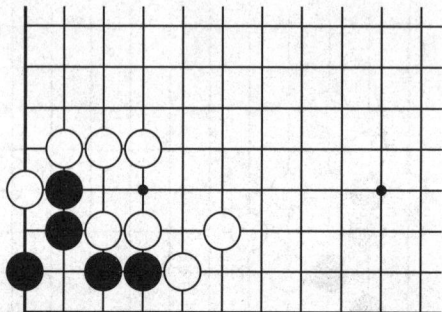

38

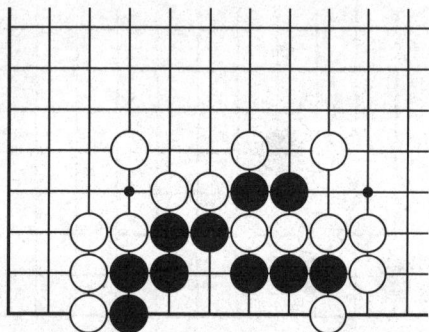

39

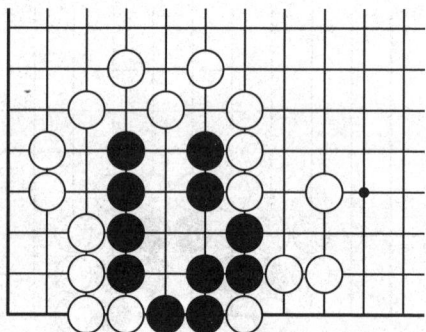

40

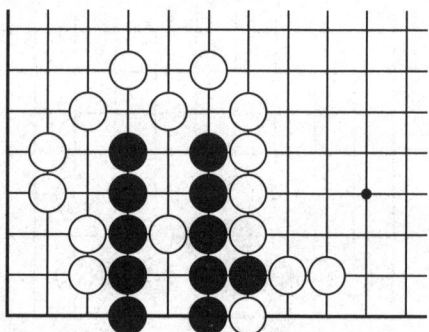

41

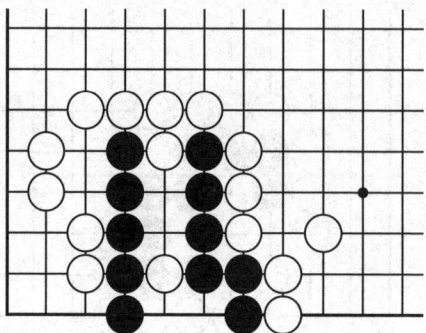

42

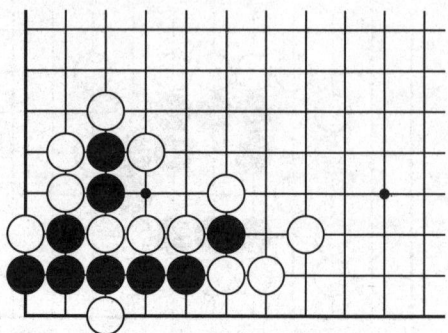

黑下在哪里可以做活整块黑棋?

43

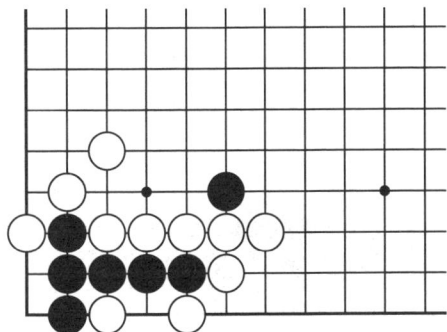

44

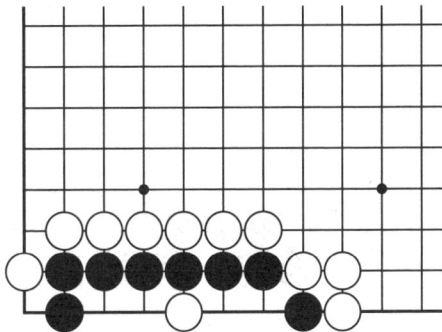

45

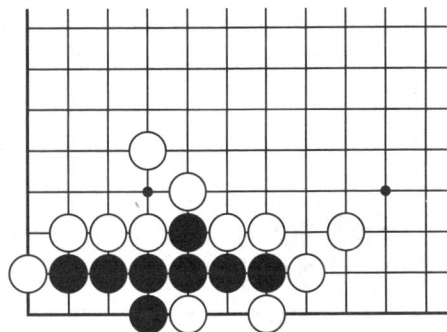

46

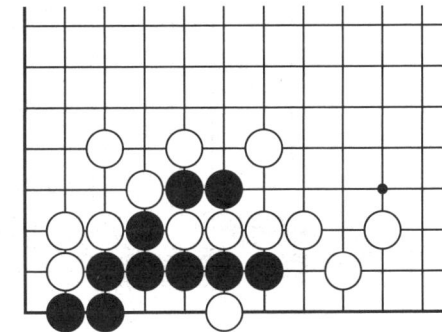

47

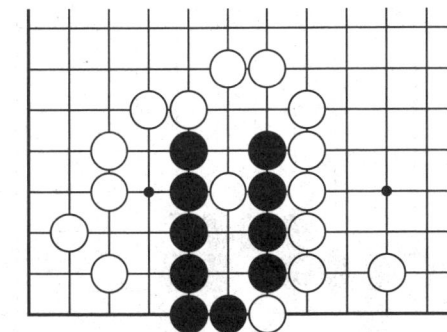

48

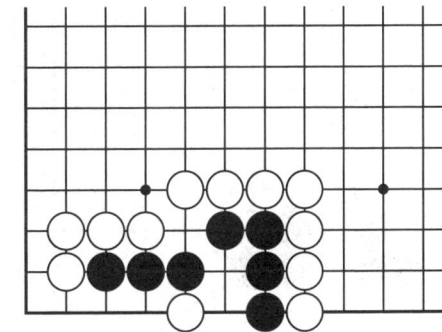

黑下在哪里可以做活整块黑棋?

49

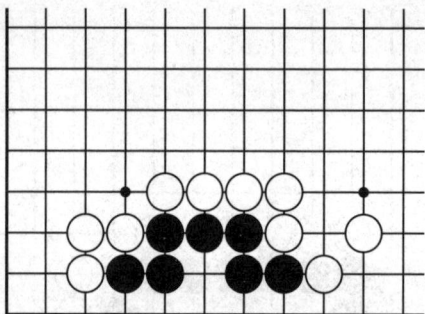

50

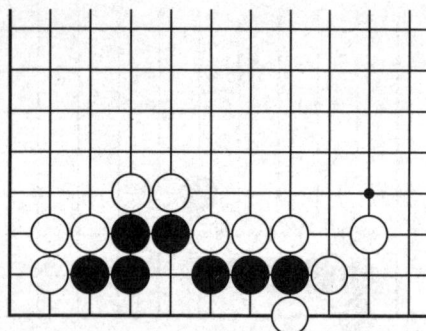

51

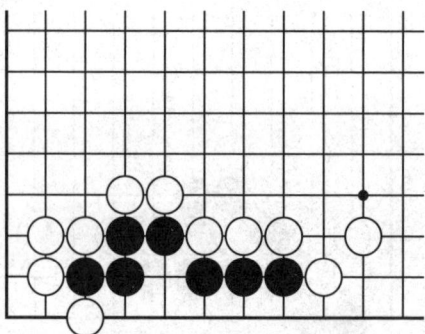

52

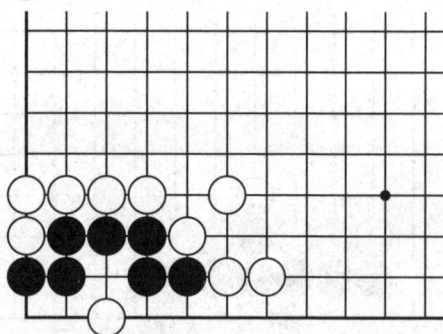

53

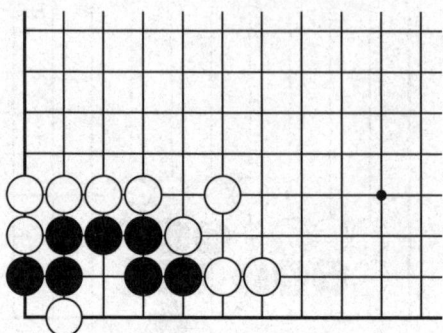

54

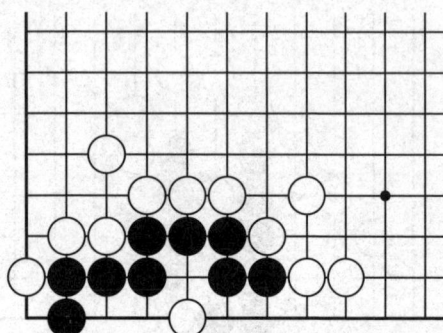

黑下在哪里可以做活整块黑棋?

55

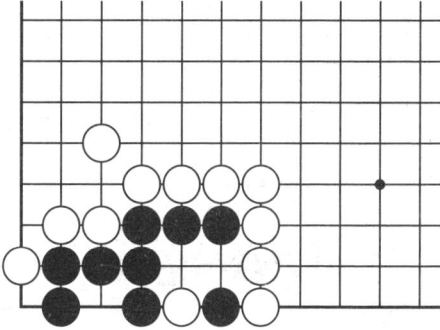

56

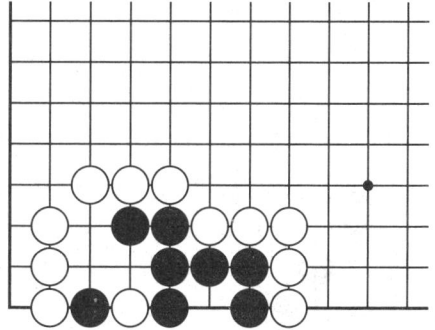

57

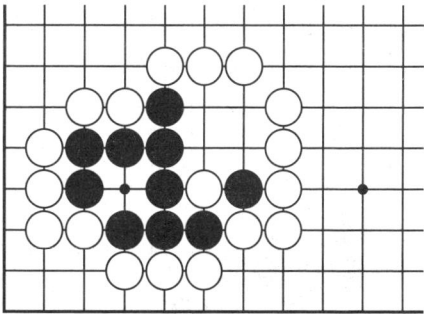

58

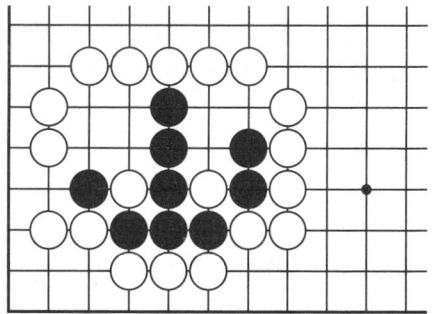

59

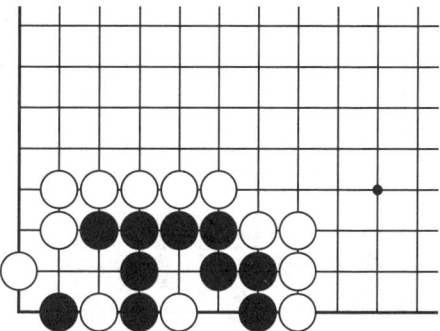

60

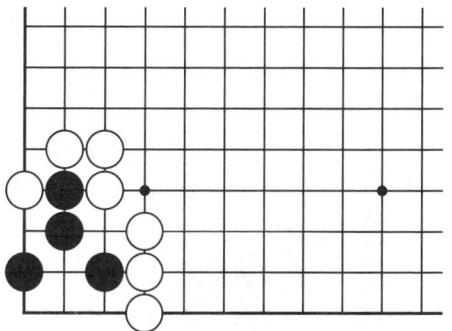

黑下在哪里可以做活整块黑棋?

61
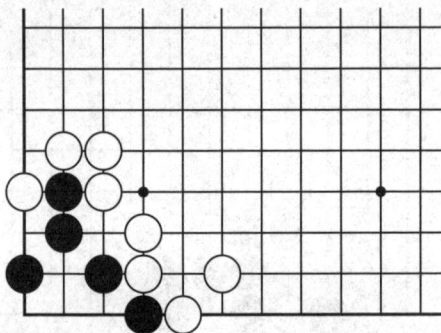

62
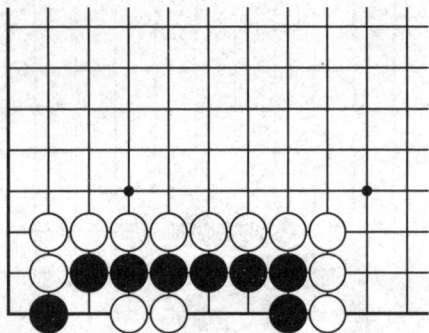

63
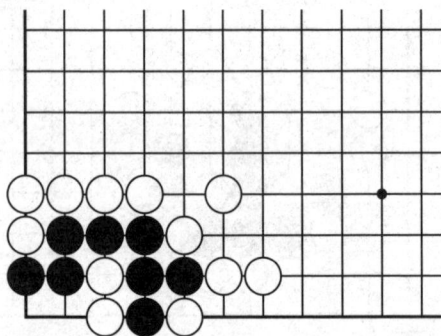

64
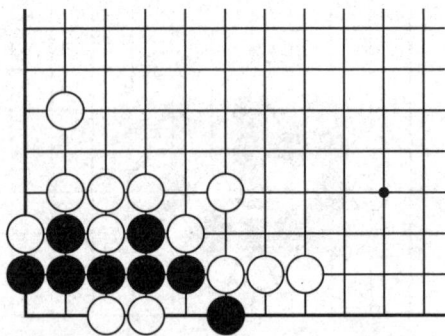

65
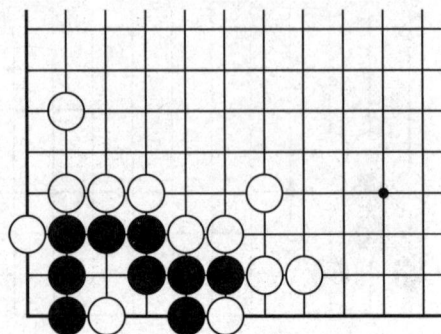

66
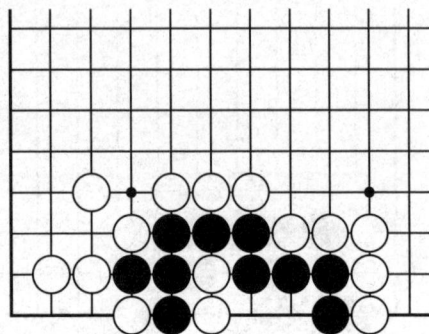

黑下在哪里可以做活整块黑棋?

67

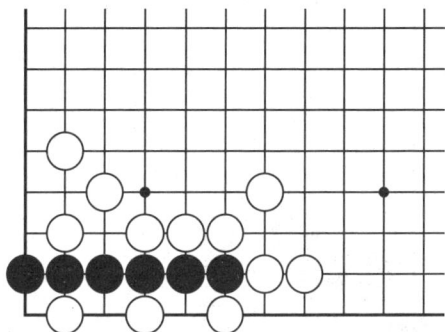

68

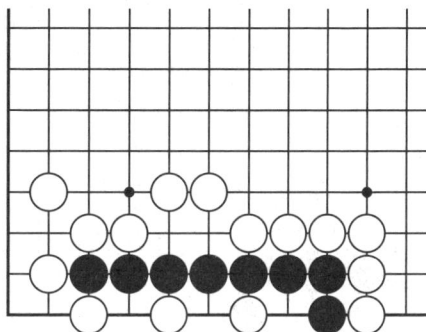

69

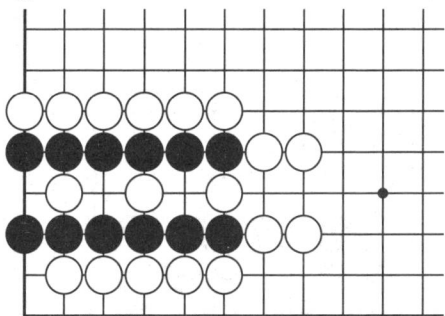

70

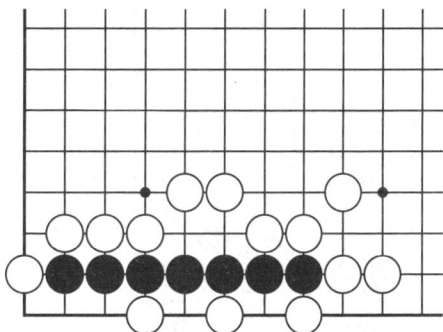

71

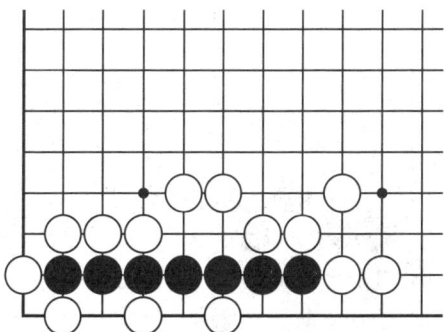

72

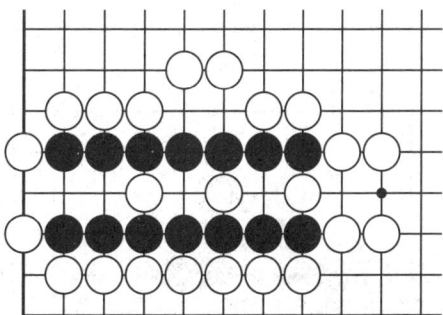

黑下在哪里可以做活整块黑棋?

73

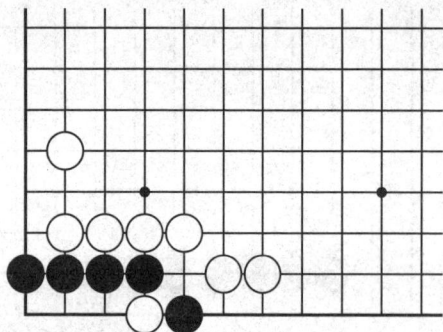

74

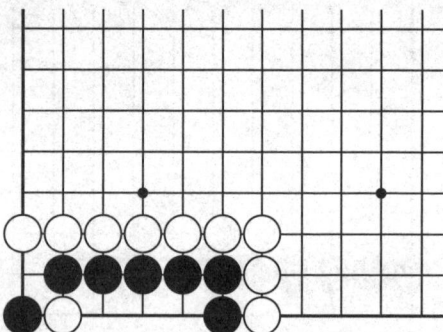

75

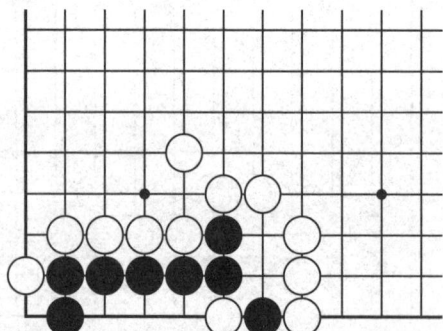

76

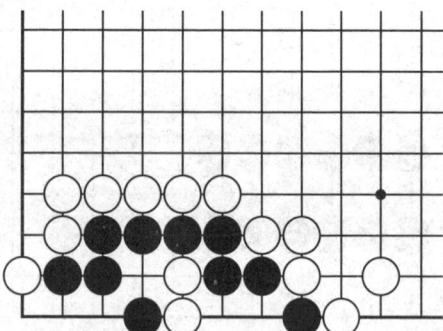

77

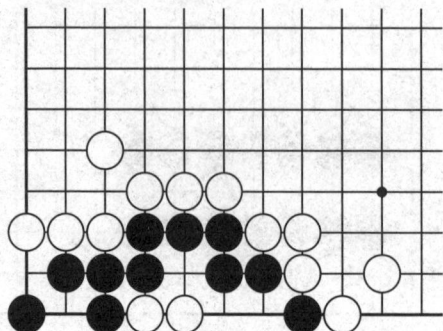

78

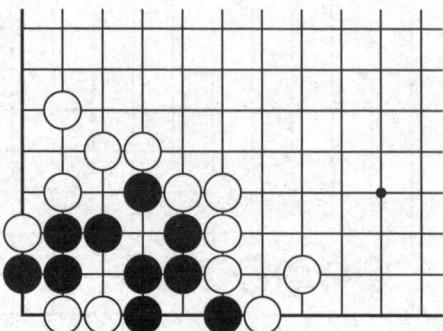

79

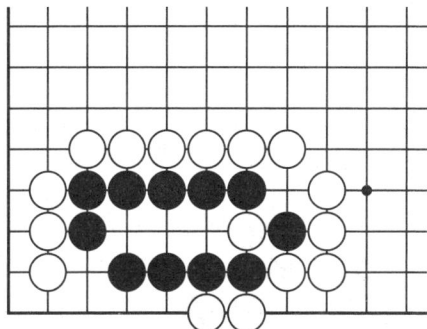

80

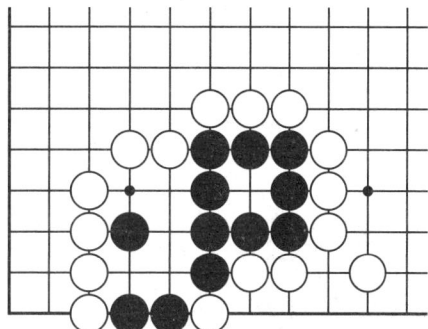

81

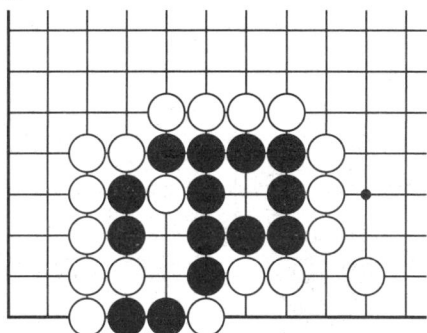

82

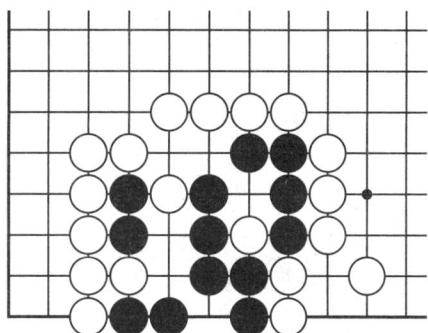

83

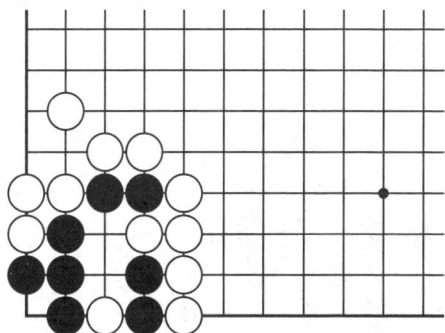

84

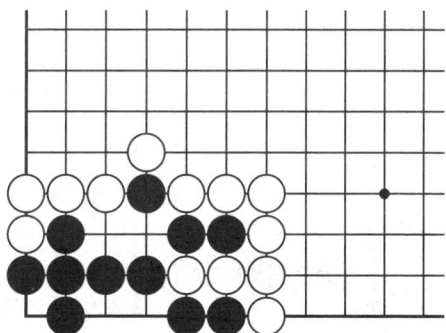

黑下在哪里可以做活整块黑棋?

85

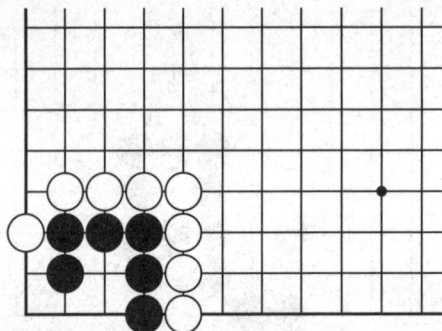

86

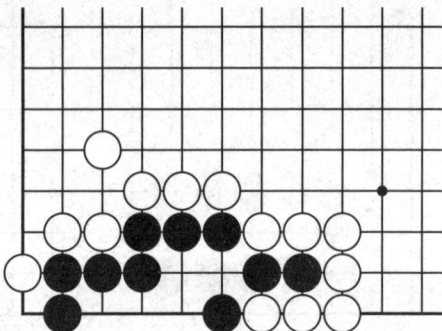

87

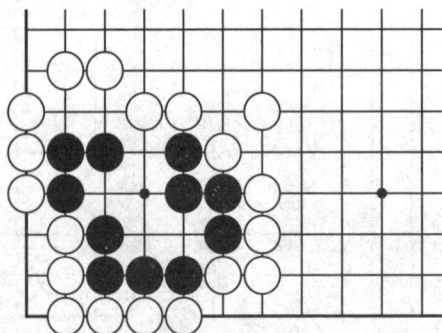

88

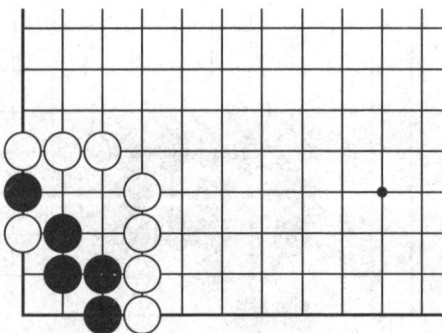

89

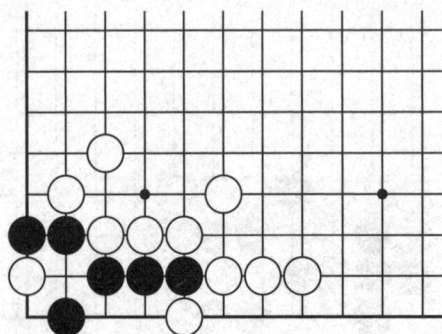

90

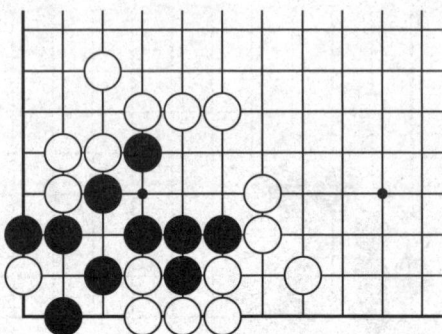

黑下在哪里可以做活整块黑棋?

91

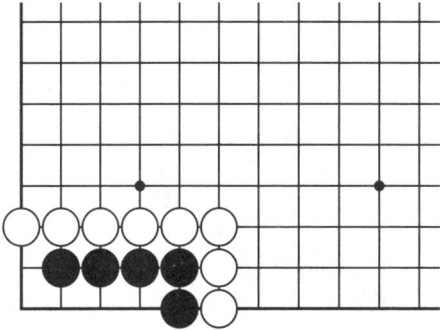

92

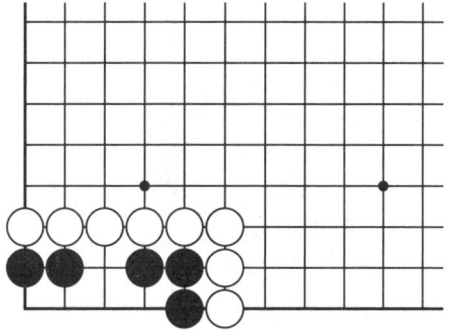

93

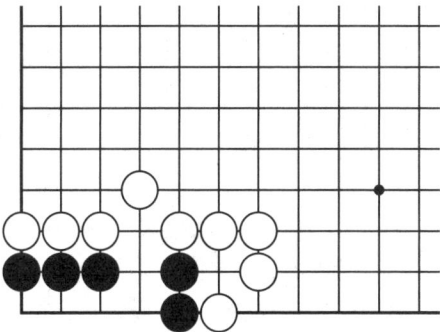

94

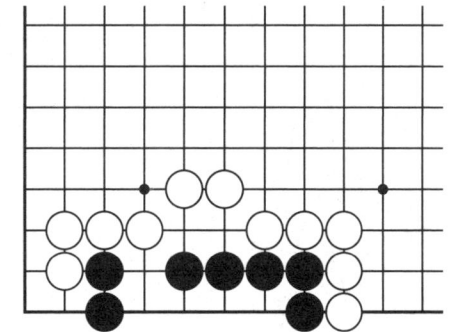

95

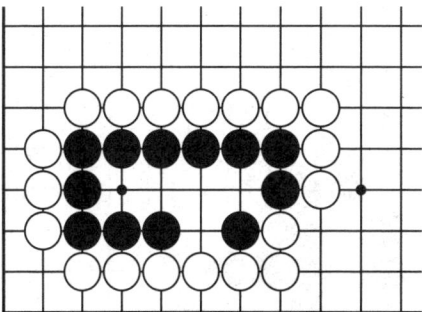

96

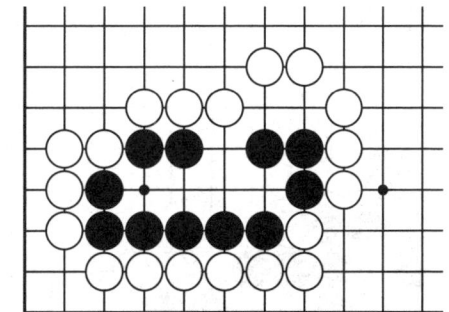

黑下在哪里可以做活整块黑棋?

97

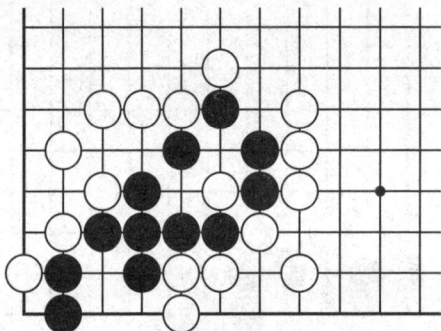

98

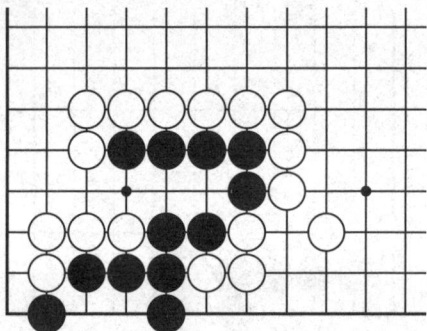

99

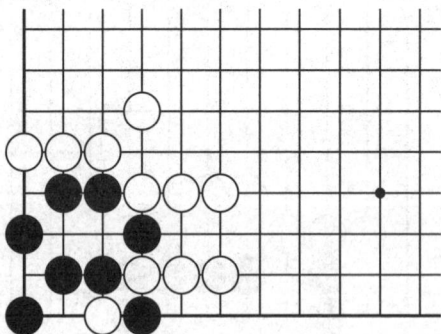

100

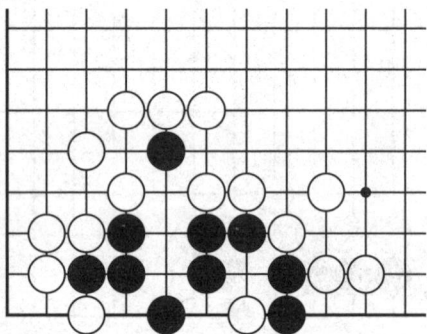

101

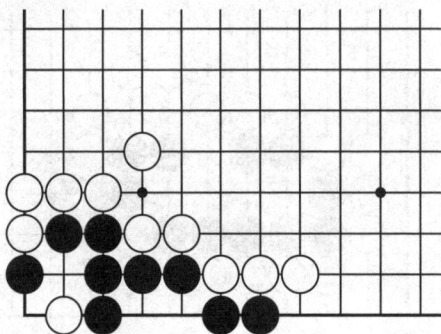

102

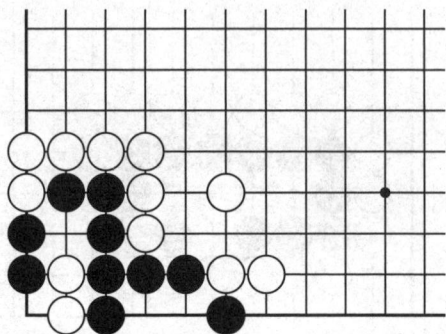

黑下在哪里可以做活整块黑棋？

103

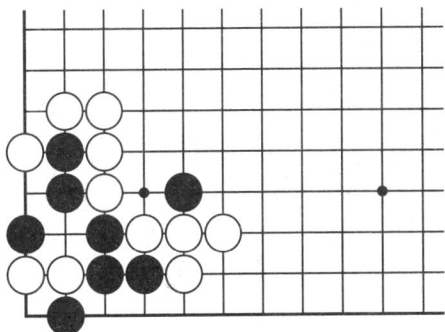

104

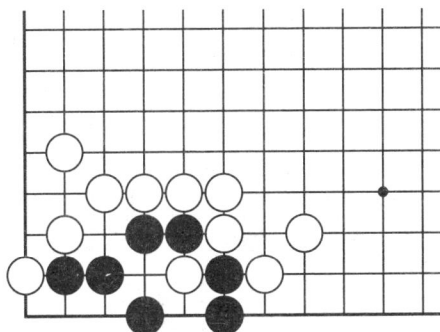

105

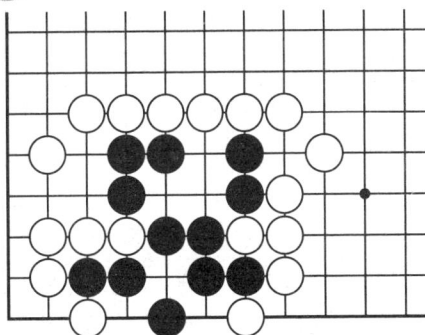

106

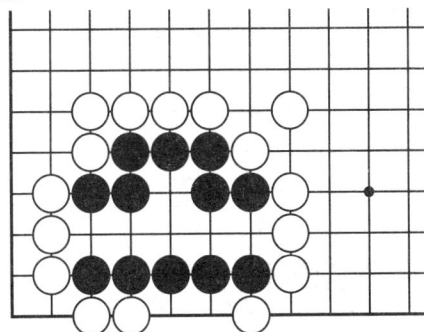

107

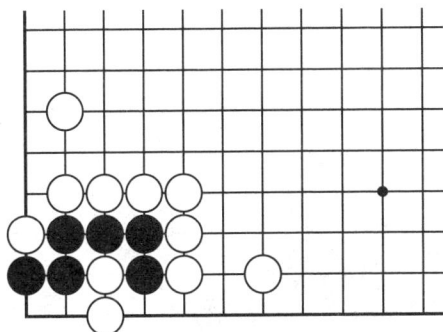

108

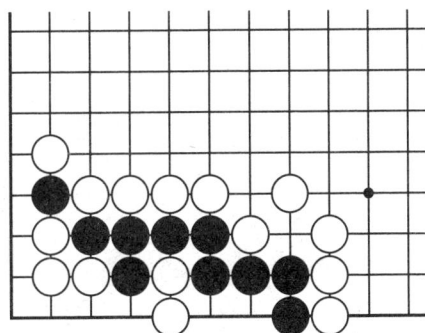

黑下在哪里可以做活整块黑棋?

109
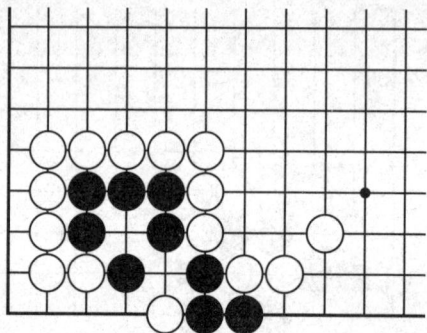

110
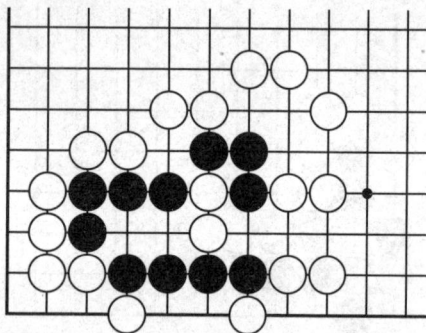

111
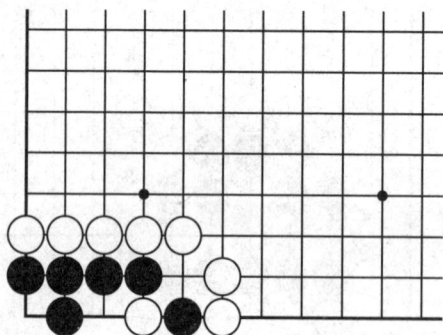

112
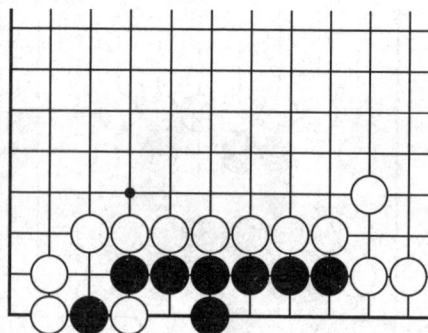

113
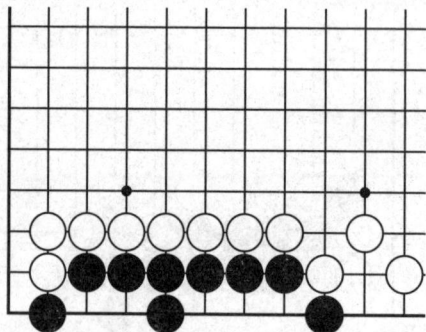

114
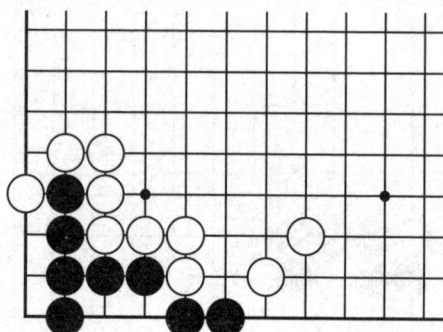

黑下在哪里可以做活整块黑棋？

(115)
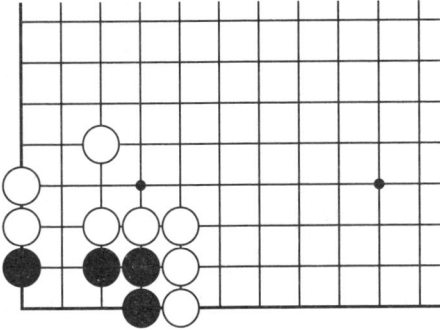

(116)
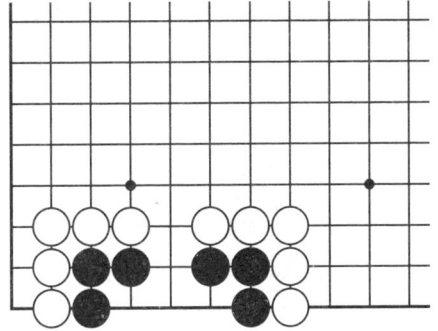

(117)
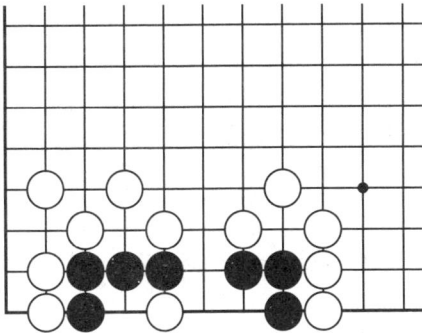

(118)
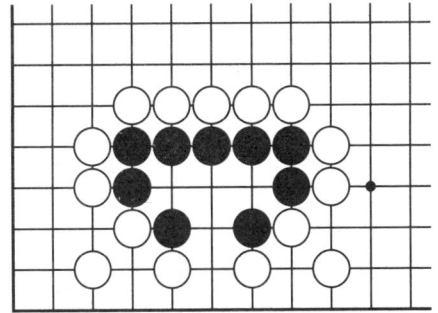

(119)
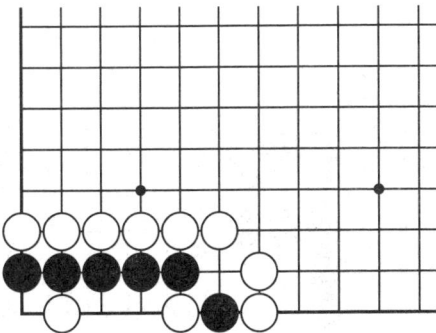

(120)
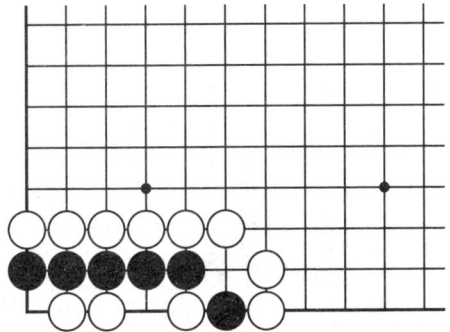

黑下在哪里可以做活整块黑棋?

121

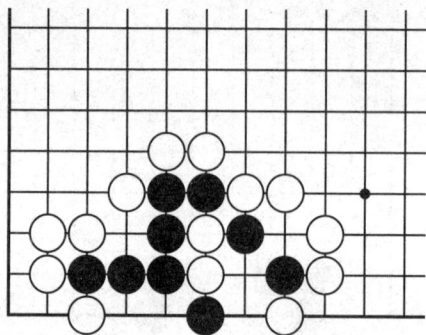

122

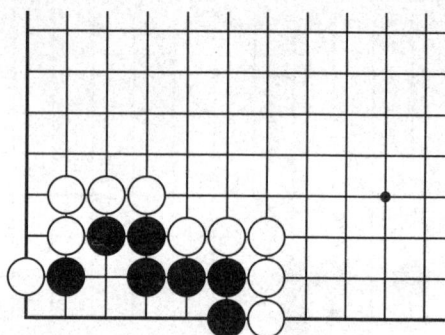

123

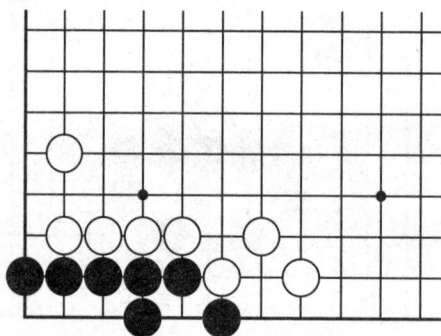

124

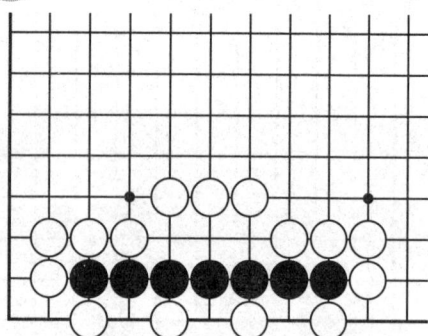

125

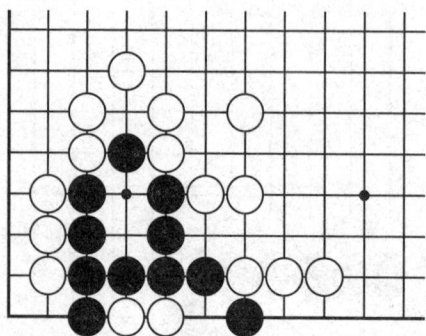

126

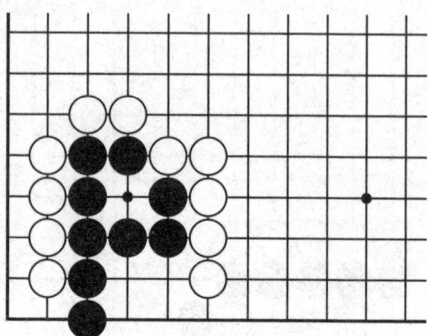

黑下在哪里可以做活整块黑棋?

127

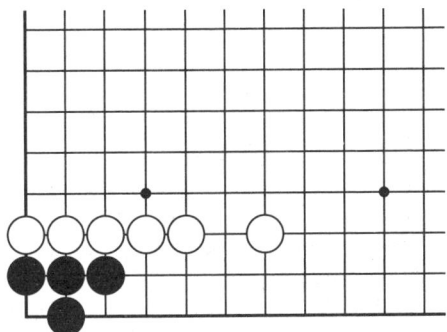

128

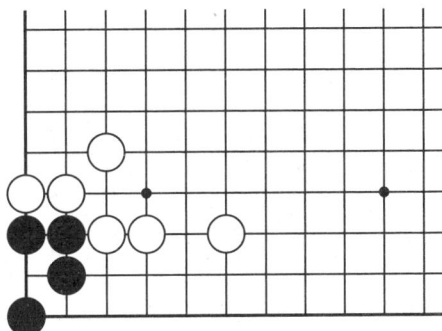

129

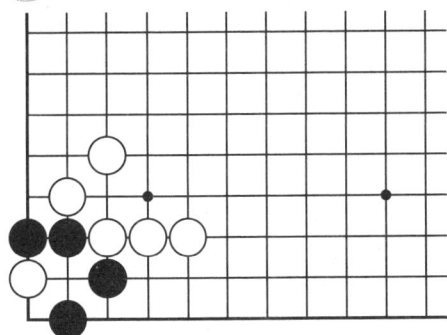

130

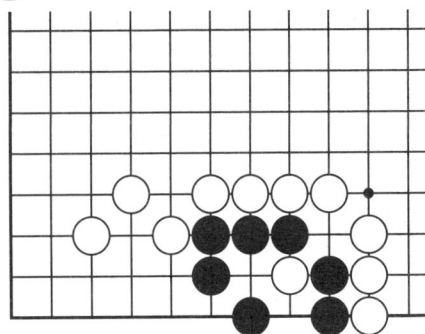

131

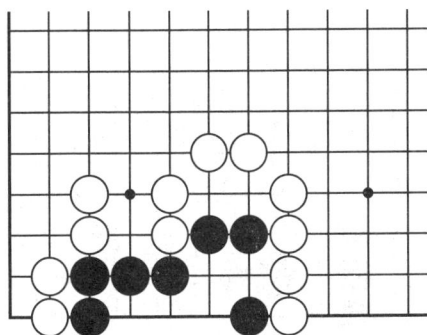

132

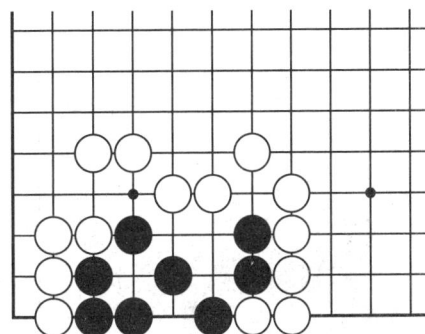

黑下在哪里可以做活整块黑棋?

133

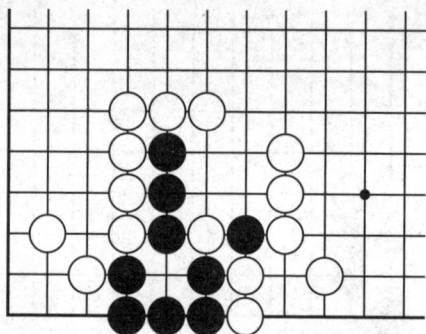

134

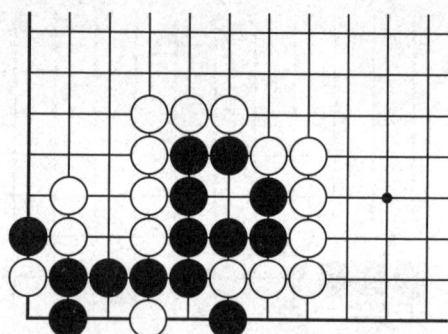

135

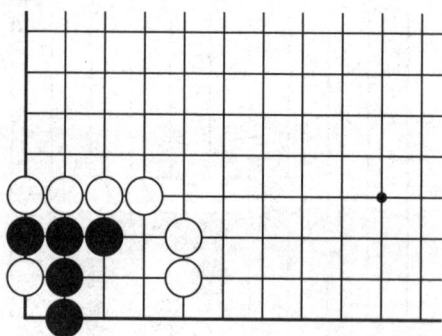

136

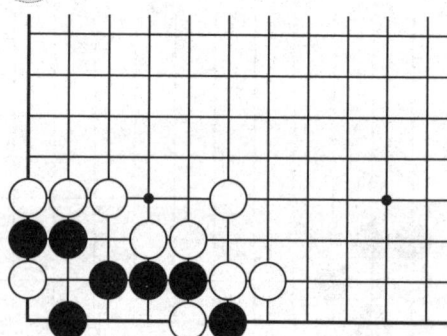

137

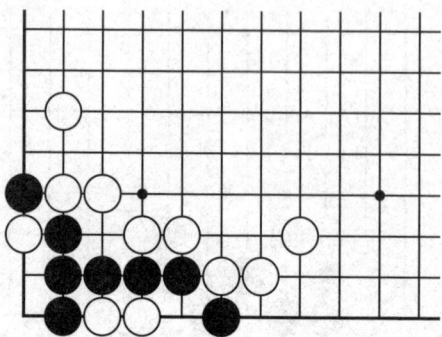

138

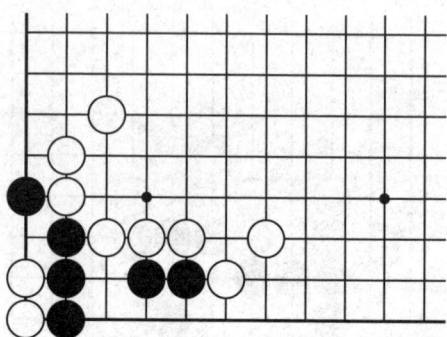

黑下在哪里可以做活整块黑棋?

139
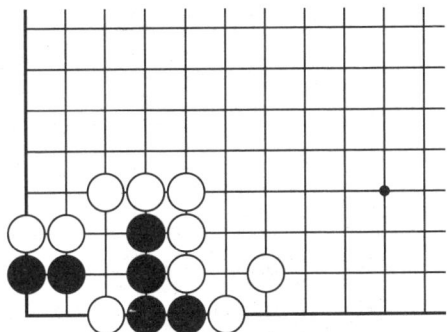

140
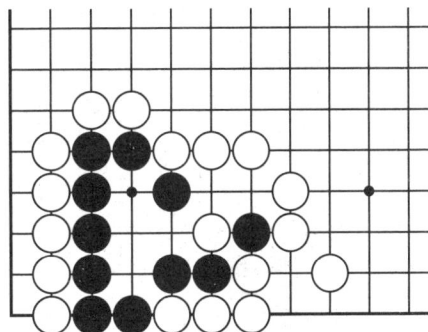

141
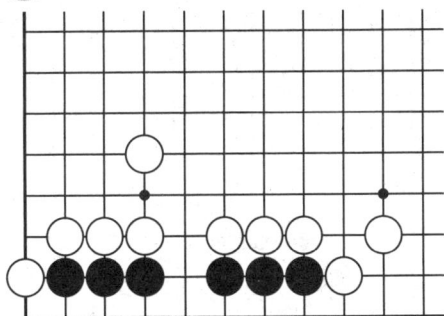

142
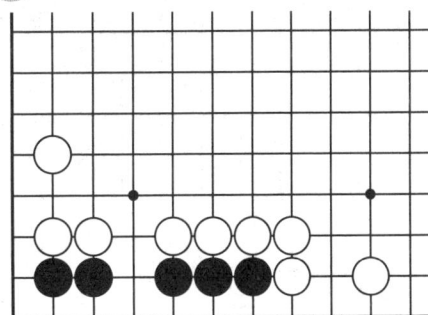

143
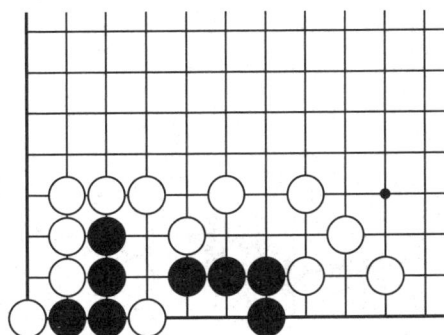

144
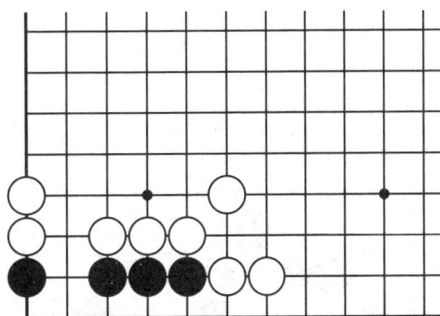

黑下在哪里可以做活整块黑棋?

145

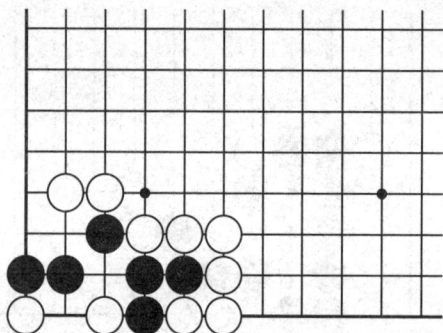

146

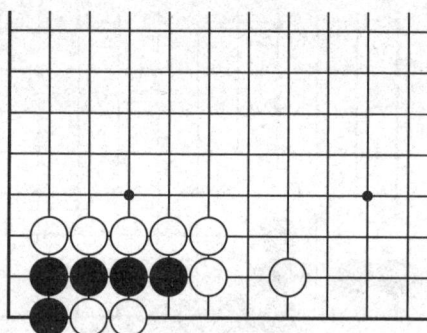

147

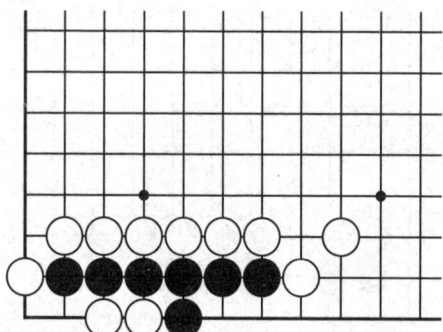

148

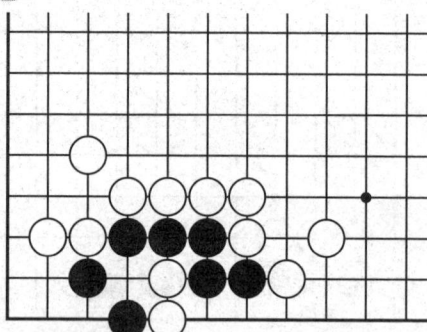

149

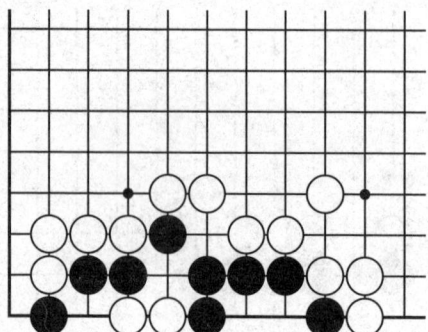

150

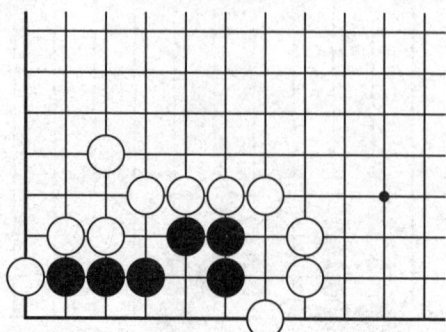

黑下在哪里可以杀掉整块白棋？

151

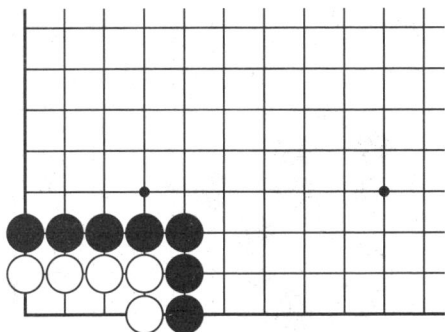

152

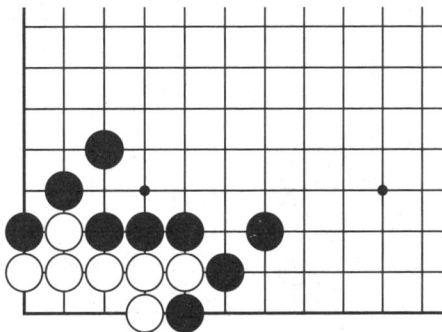

153

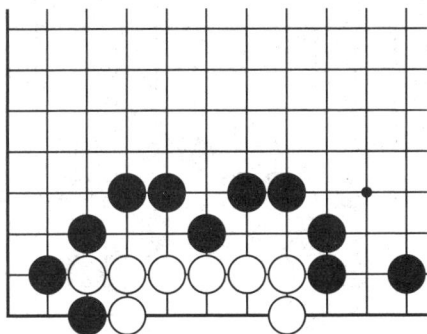

154

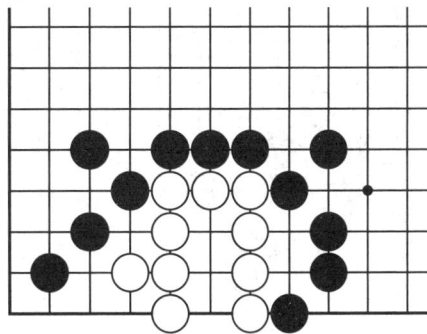

155

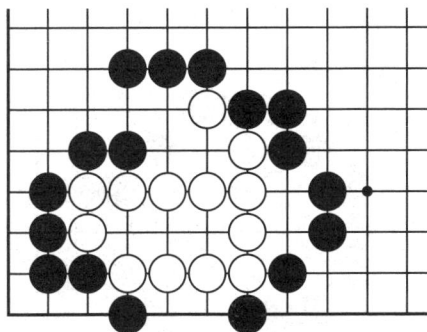

156

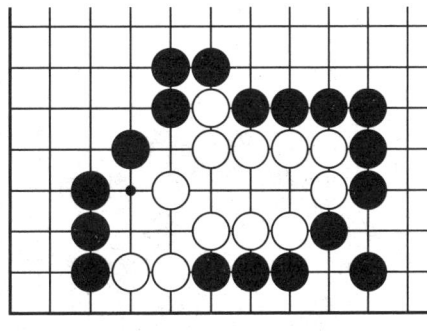

黑下在哪里可以杀掉整块白棋?

157

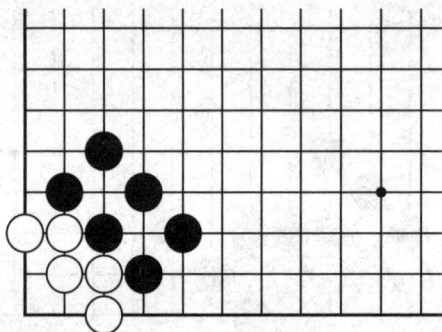

158

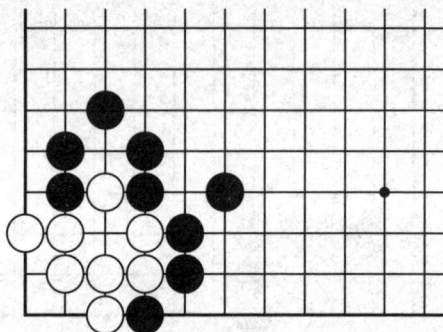

159

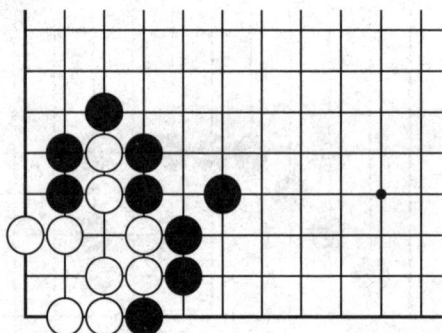

160

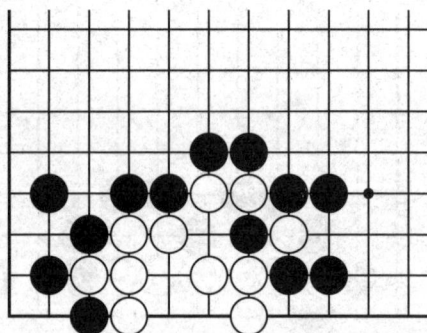

161

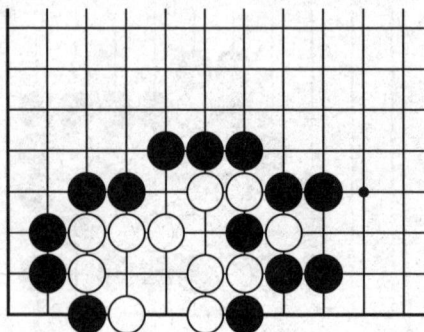

162

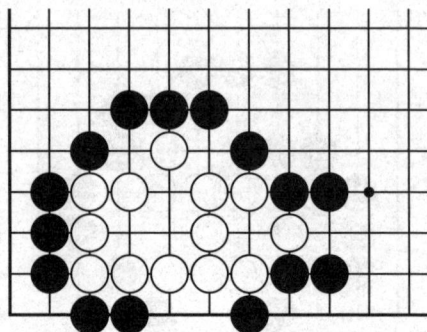

黑下在哪里可以杀掉整块白棋？

(163)

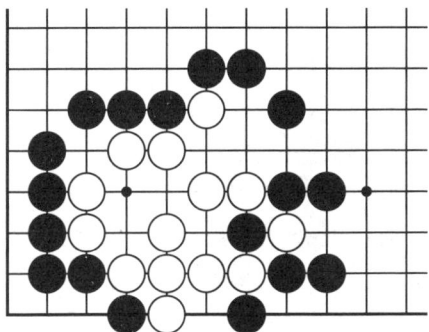

(164)

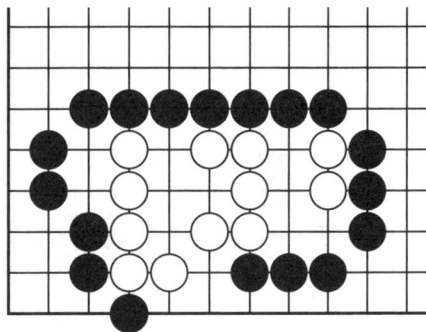

(165)

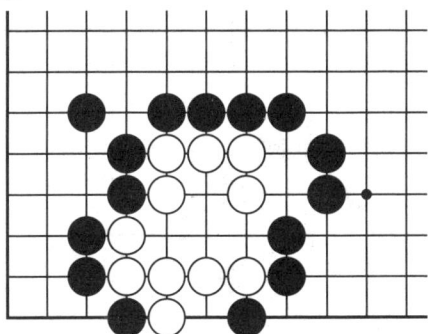

(166)

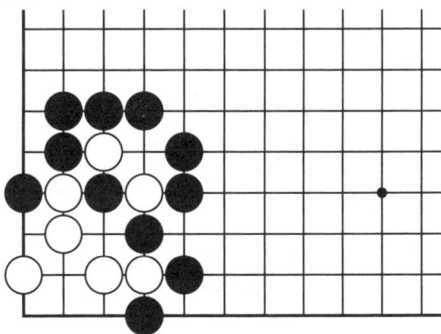

(167)

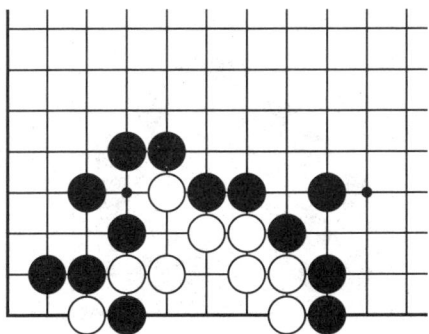

(168)

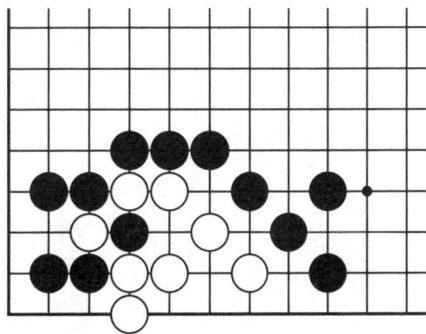

黑下在哪里可以杀掉整块白棋?

169

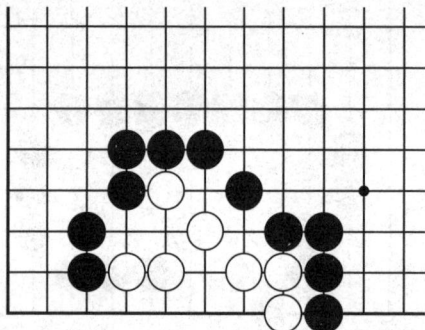

170

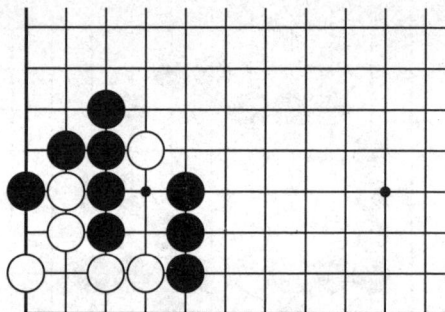

171

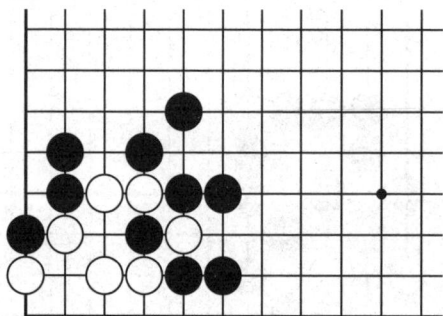

172

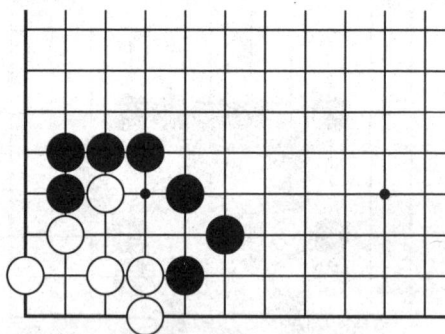

173

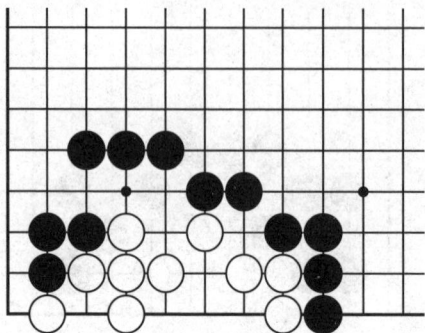

174

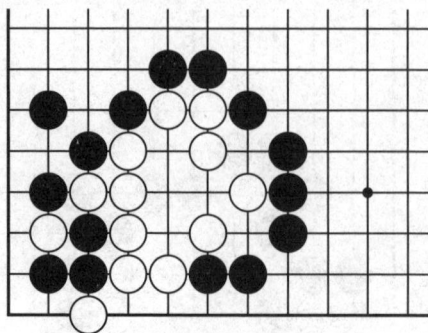

黑下在哪里可以杀掉整块白棋?

(175)
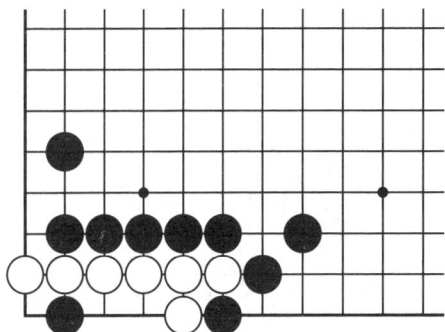

(176)
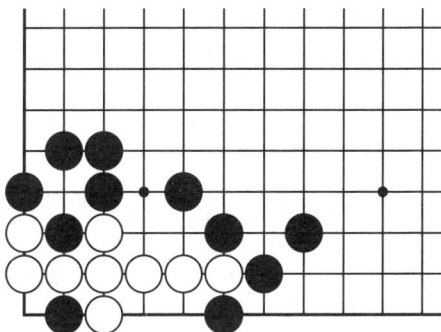

(177)
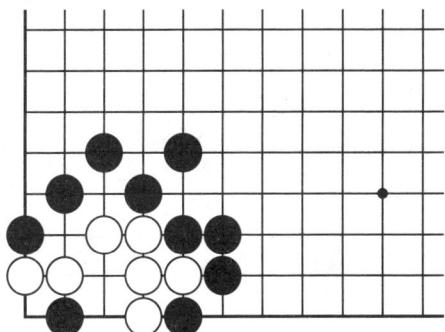

(178)
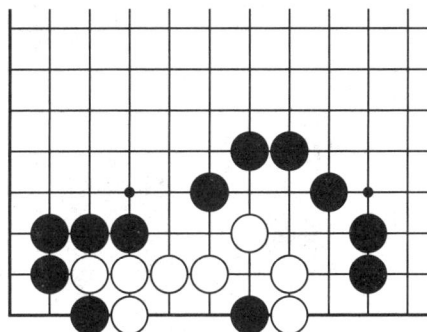

(179)
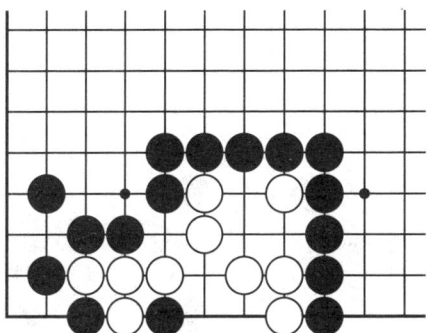

(180)
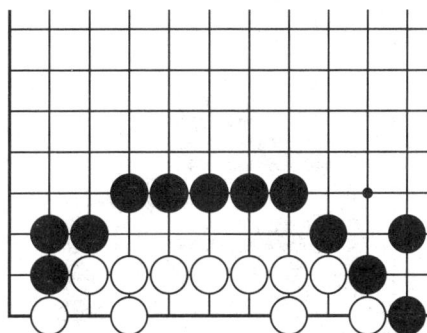

黑下在哪里可以杀掉整块白棋?

181

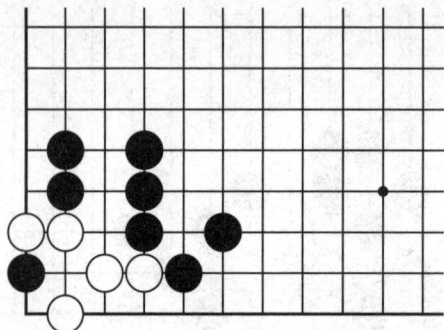

182

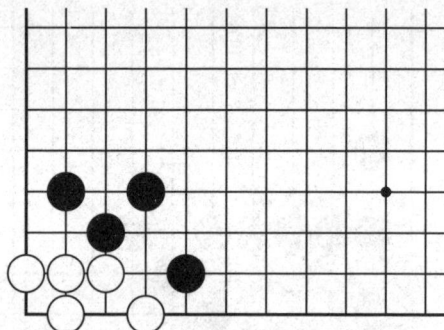

183

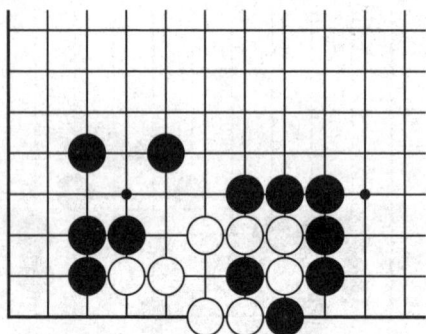

184

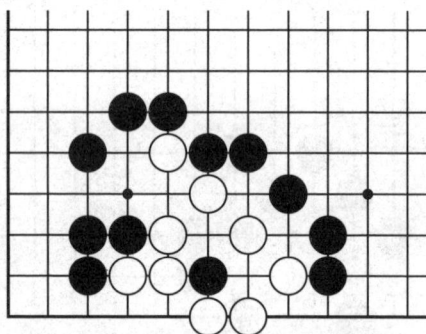

185

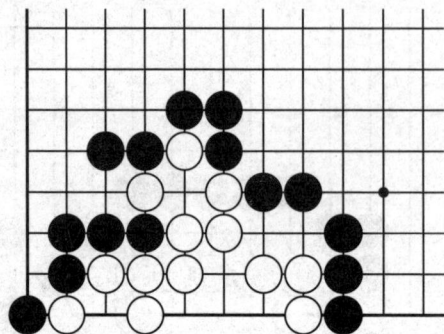

186

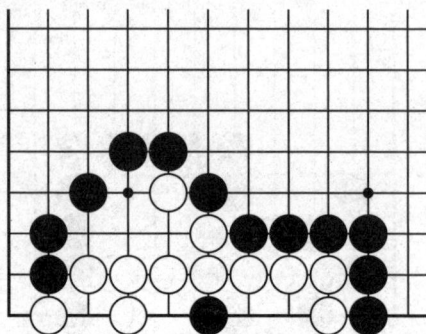

黑下在哪里可以杀掉整块白棋？

187

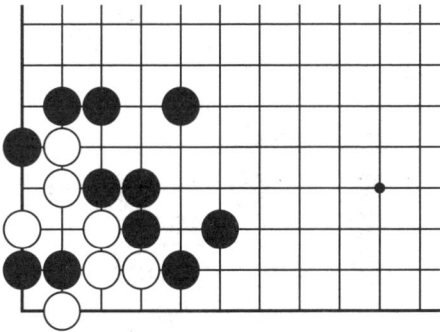

188

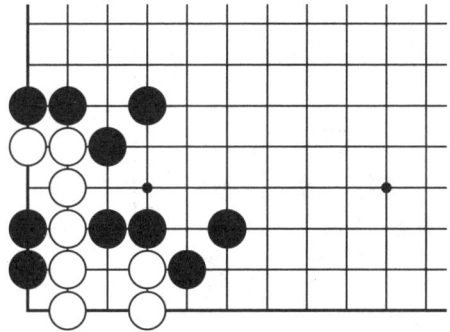

189

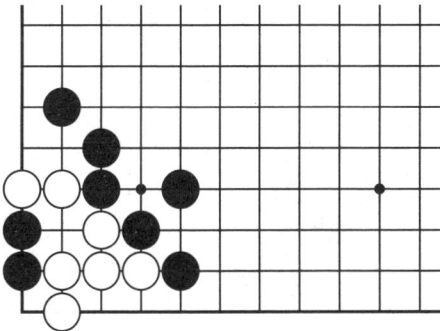

190

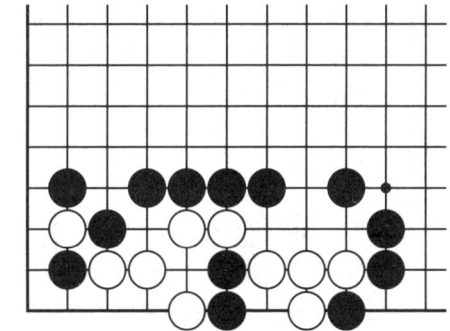

191

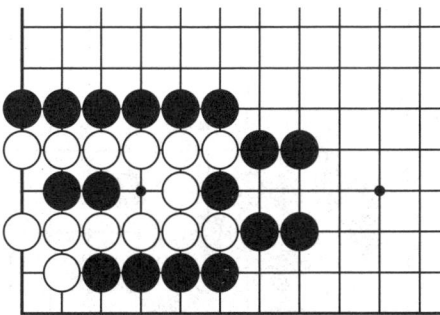

192

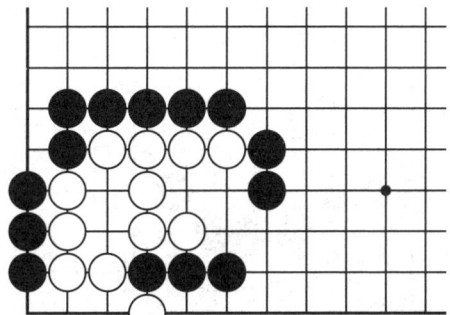

黑下在哪里可以杀掉整块白棋?

193

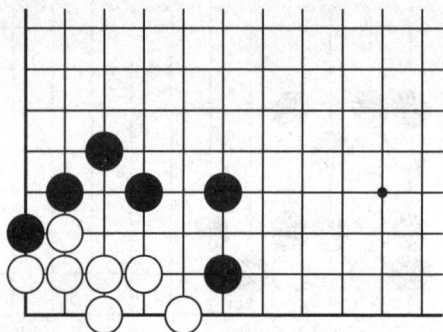

194

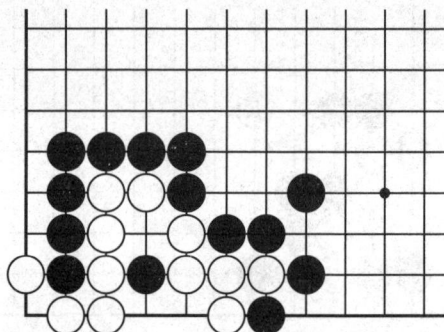

195

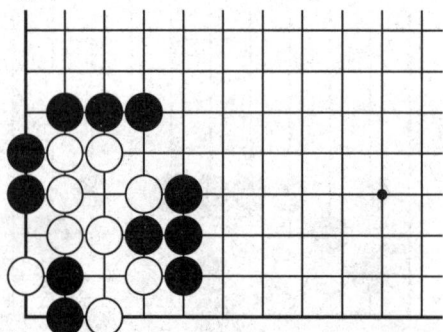

196

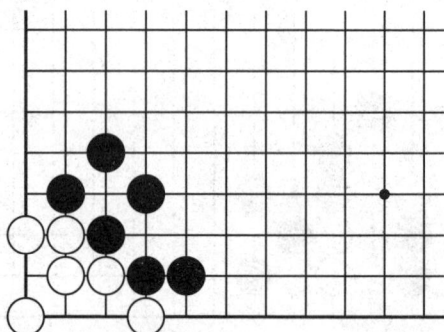

197

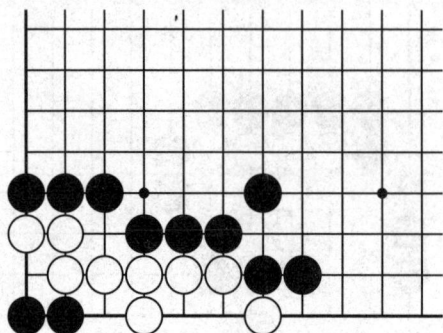

198

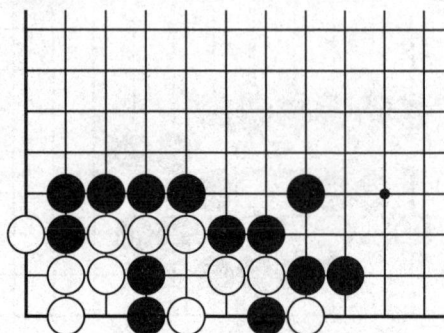

黑下在哪里可以杀掉整块白棋?

199
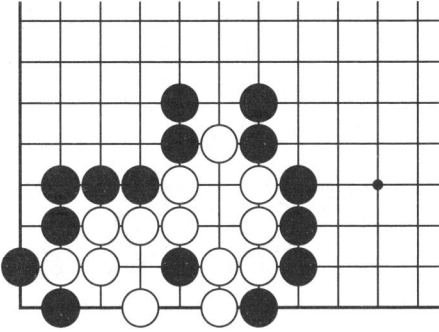

200
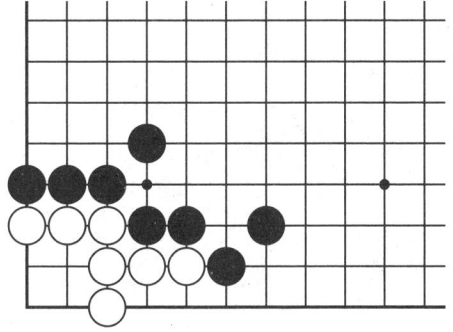

201
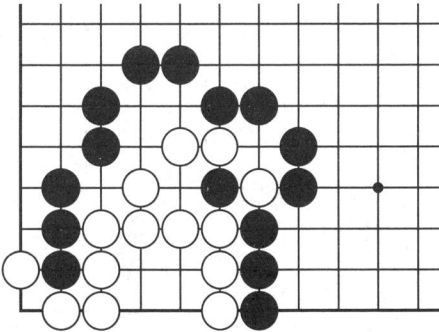

202
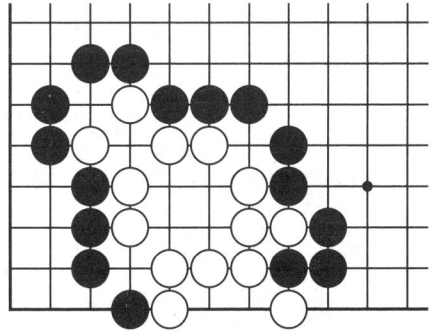

203
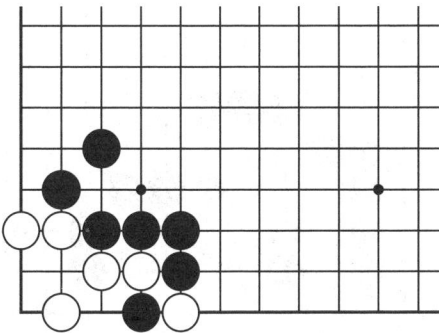

204
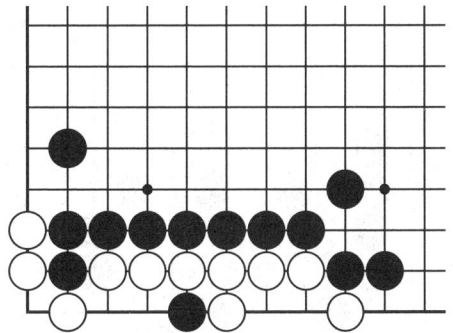

黑下在哪里可以杀掉整块白棋?

205

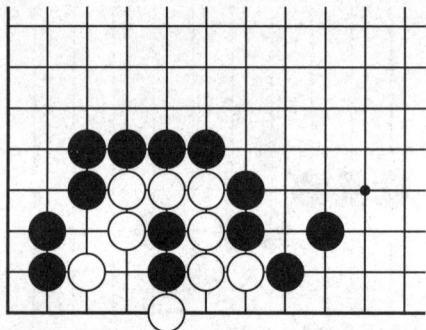

206

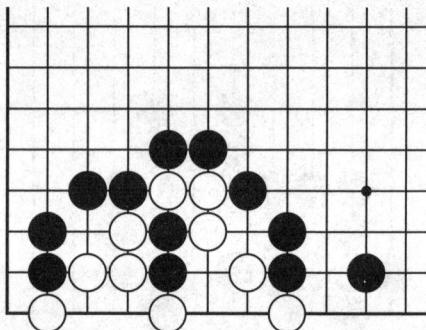

207

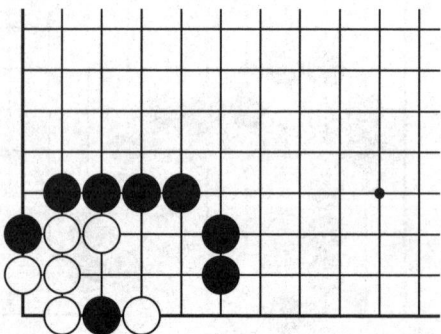

208

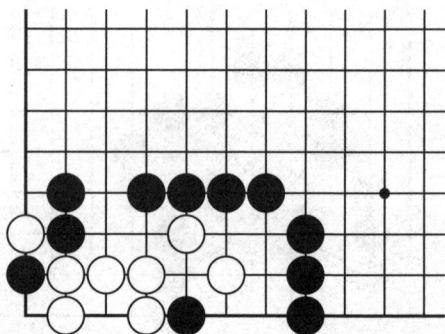

209

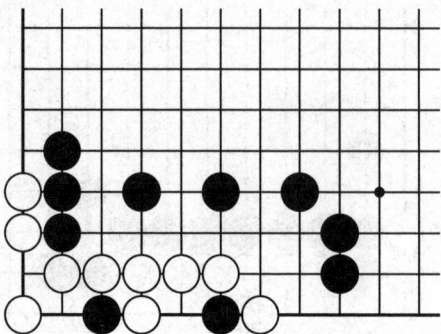

210

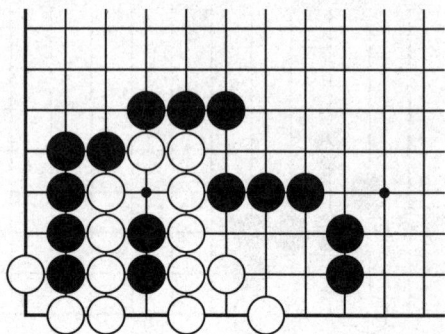

黑下在哪里可以杀掉整块白棋？

211

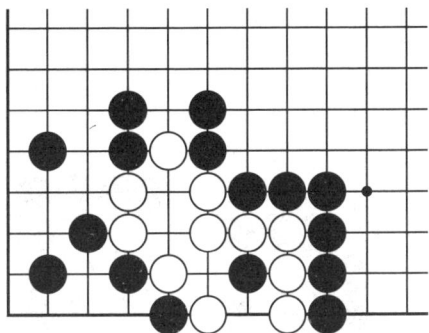

212

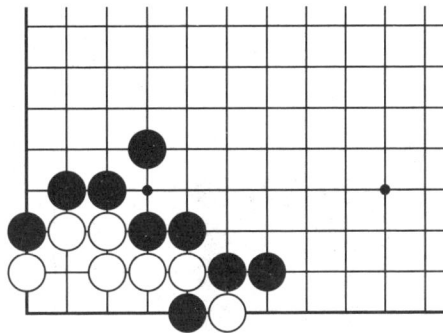

213

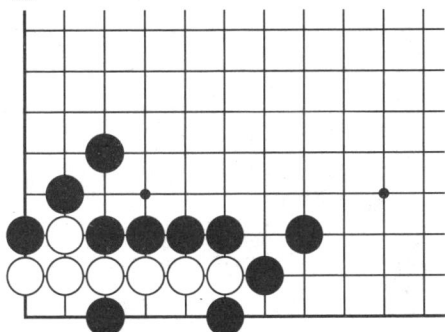

214

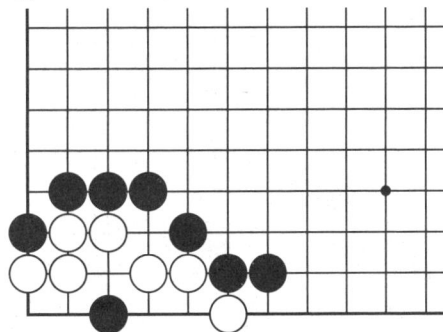

215

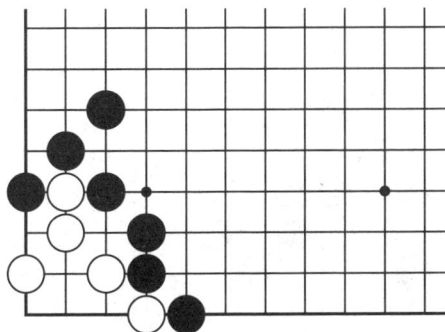

216

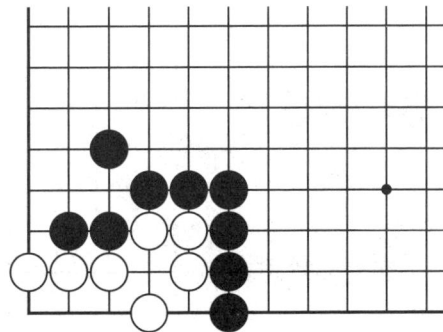

黑下在哪里可以杀掉整块白棋?

217

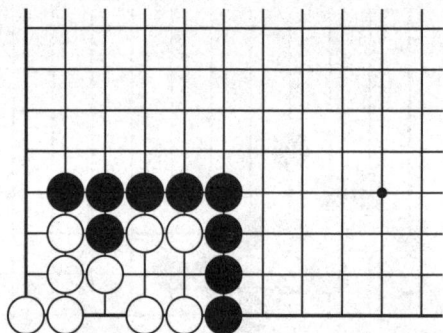

218

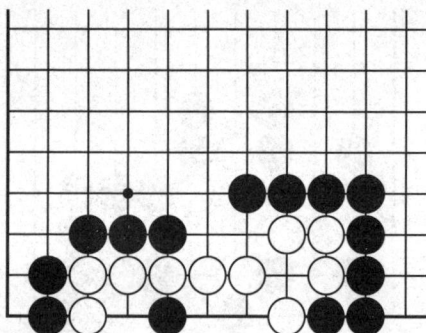

219

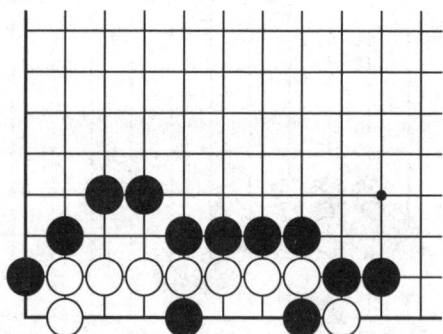

220

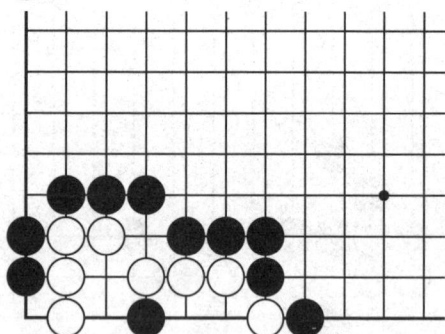

221

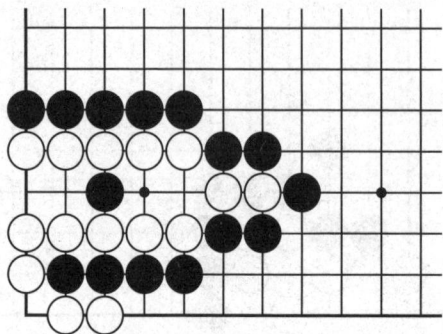

222

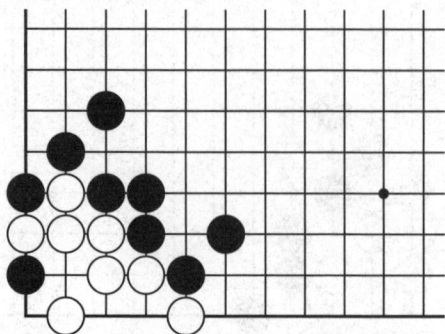

黑下在哪里可以杀掉整块白棋?

223

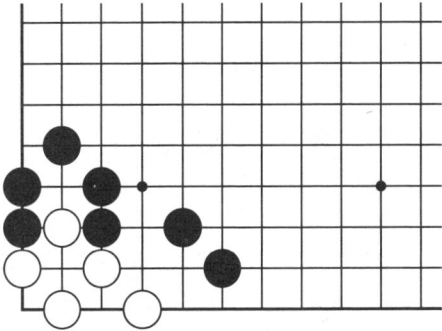

224

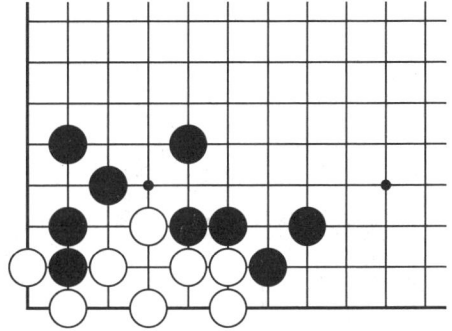

225

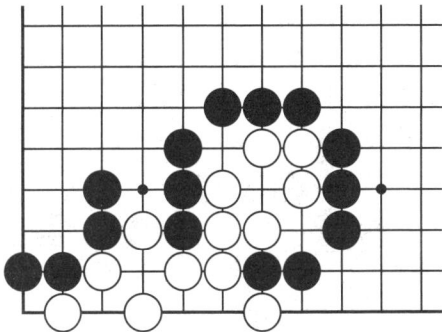

226

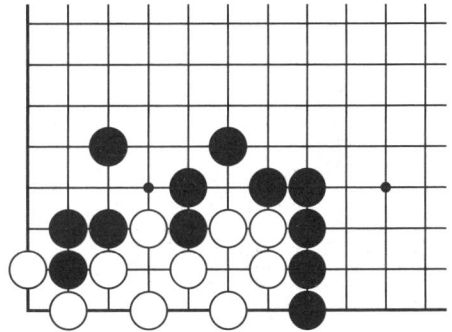

227

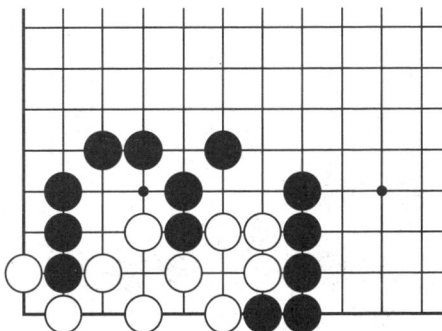

228

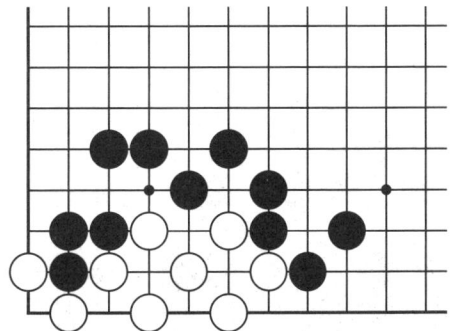

黑下在哪里可以杀掉整块白棋?

229

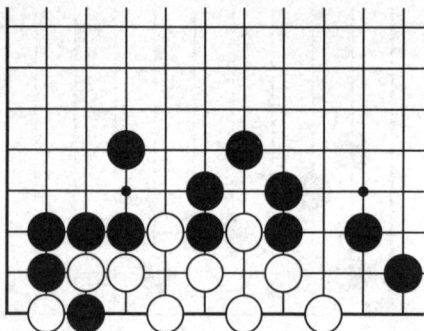

230

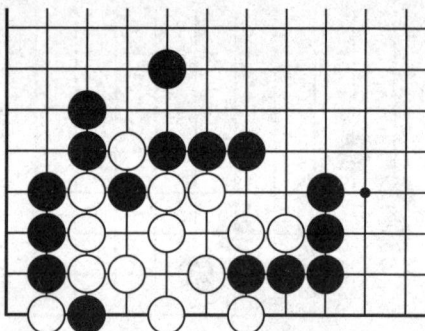

231

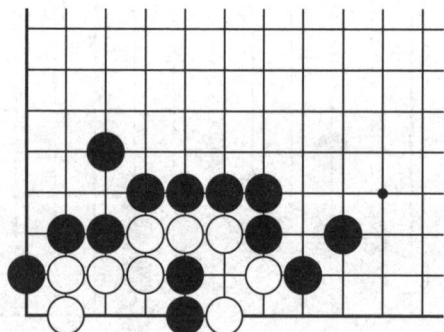

232

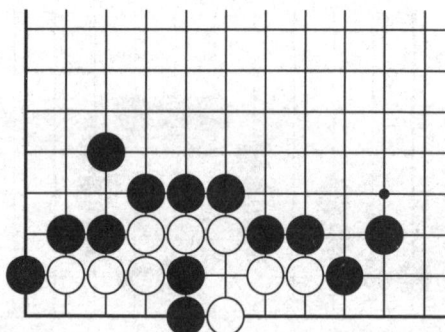

233

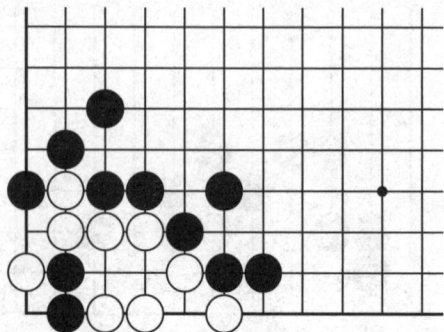

234

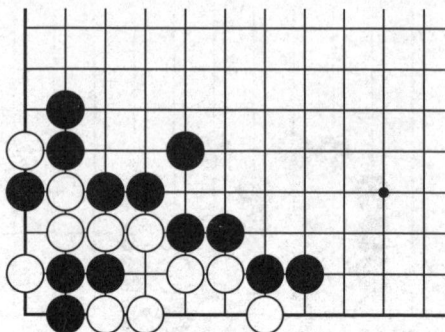

黑下在哪里可以杀掉整块白棋?

235

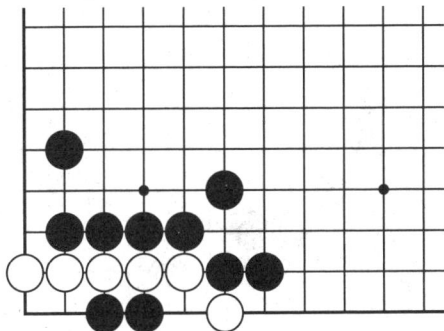

236

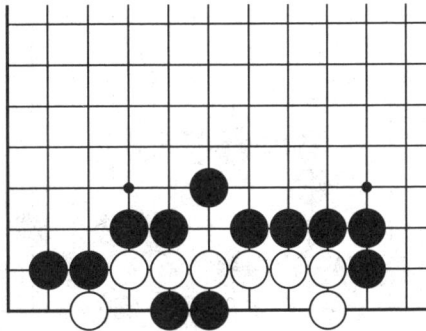

237

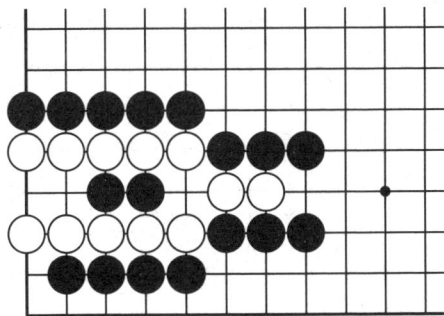

238

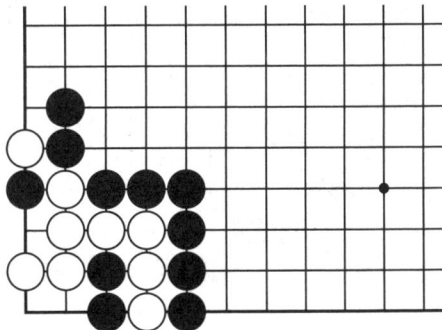

239

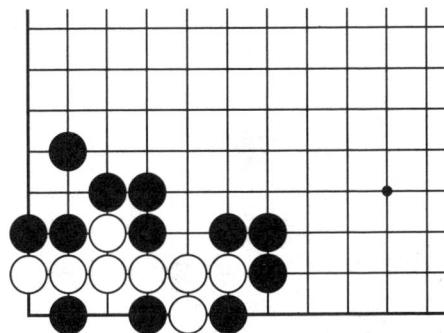

240

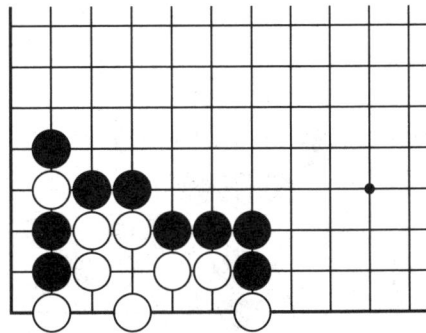

黑下在哪里可以杀掉整块白棋?

241

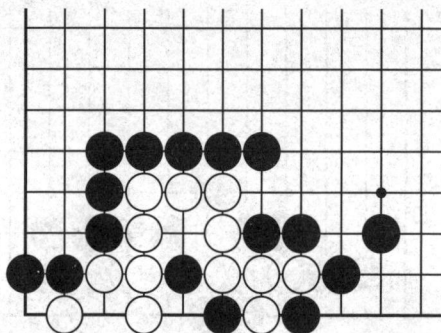

242

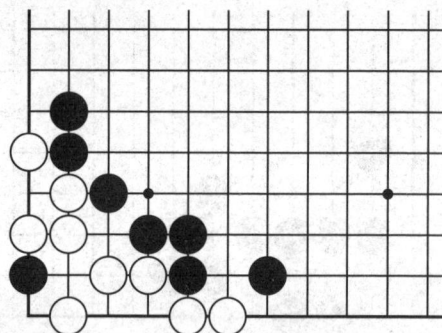

243

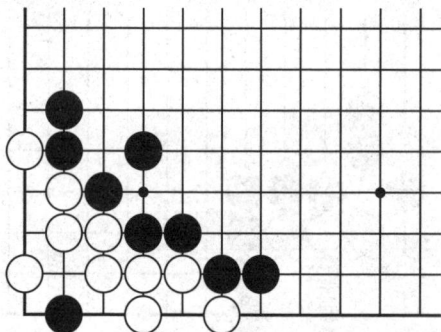

244

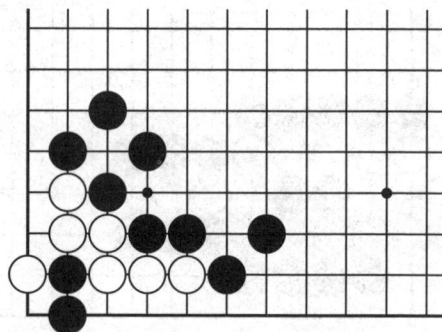

245

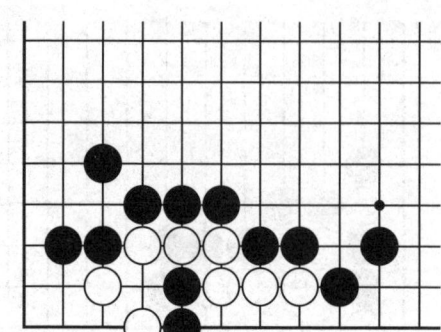

246

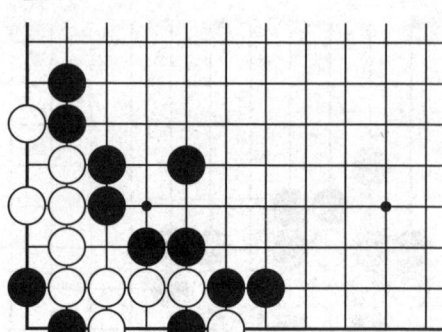

黑下在哪里可以杀掉整块白棋？

247

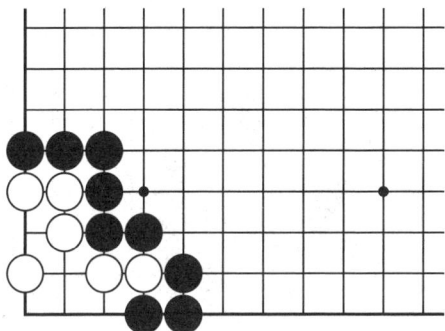

248

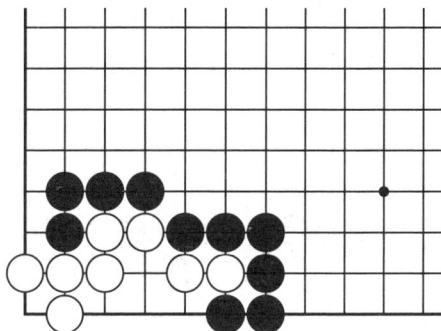

249

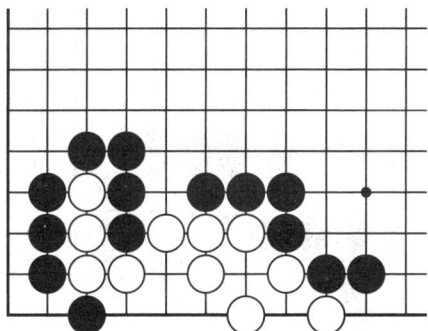

250

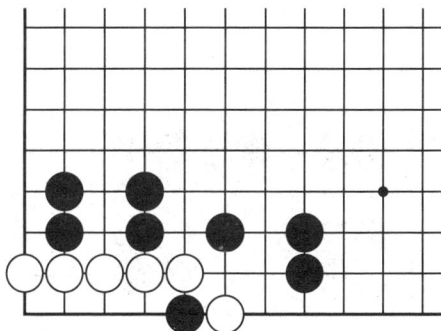

251

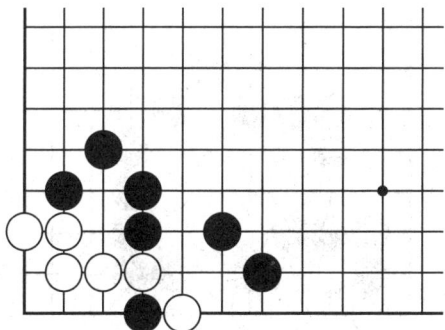

252

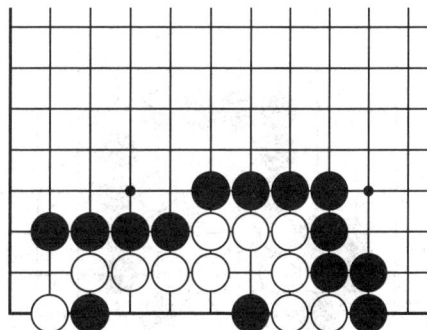

黑下在哪里可以杀掉整块白棋?

253

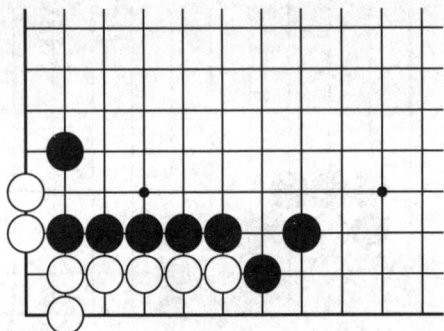

254

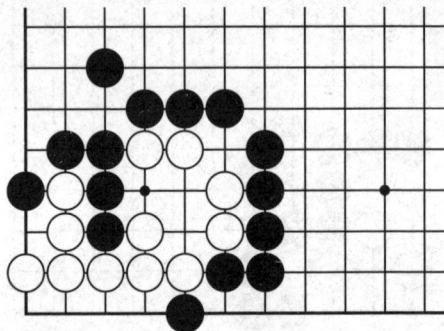

255

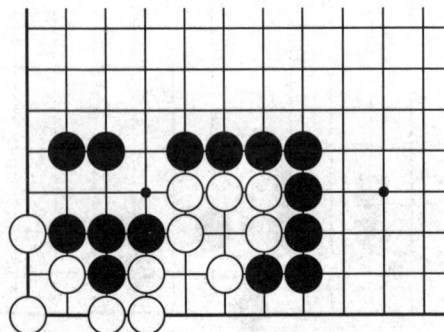

256

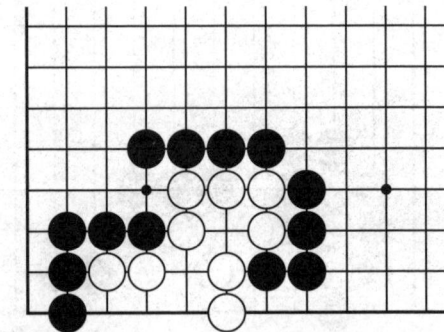

257

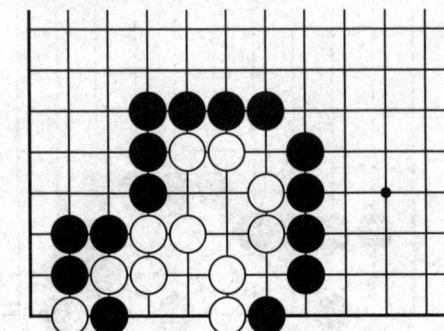

258

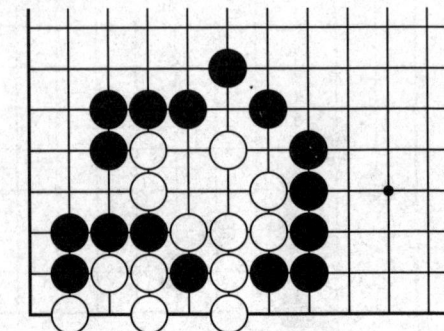

黑下在哪里可以杀掉整块白棋?

259

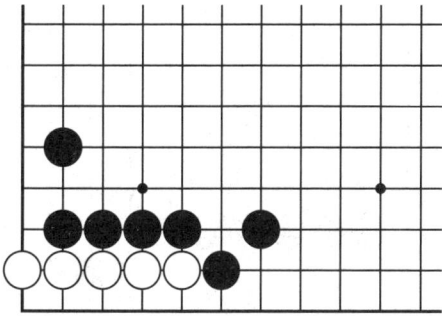

260

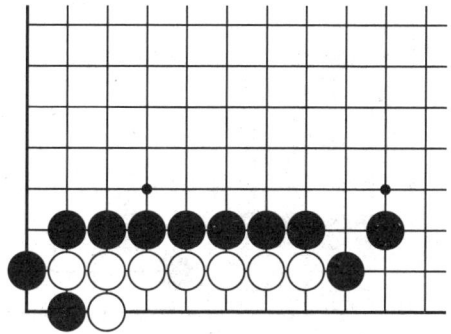

261

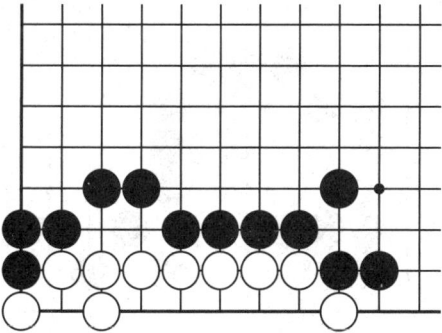

262

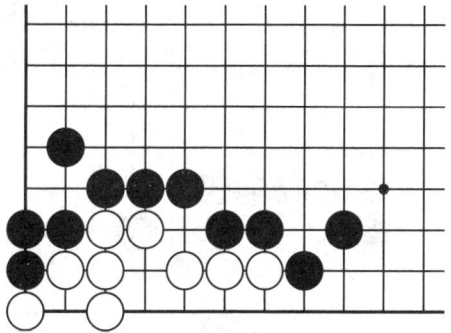

263

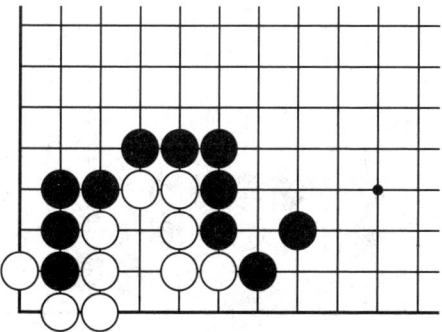

264

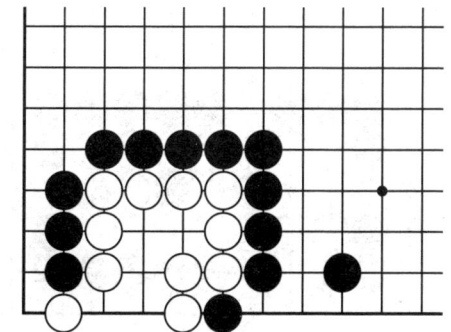

黑下在哪里可以杀掉整块白棋?

265

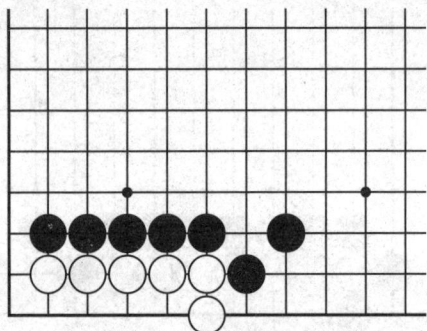

266

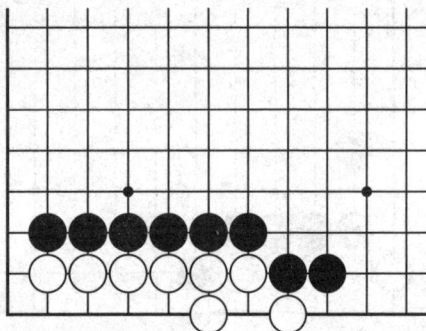

267

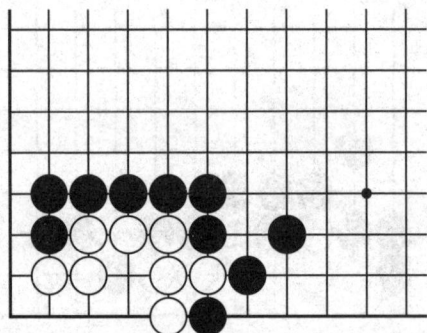

268

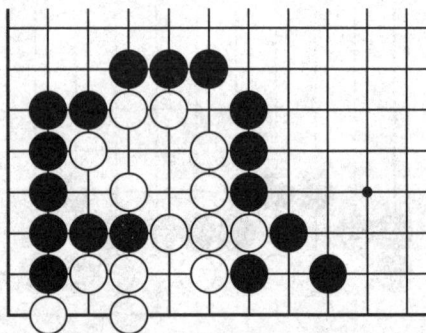

269

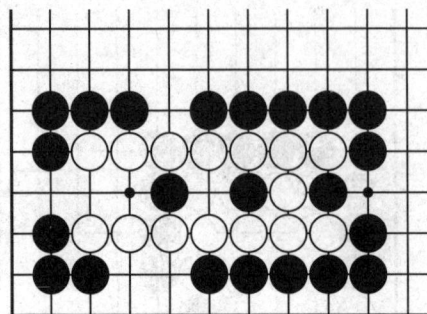

270

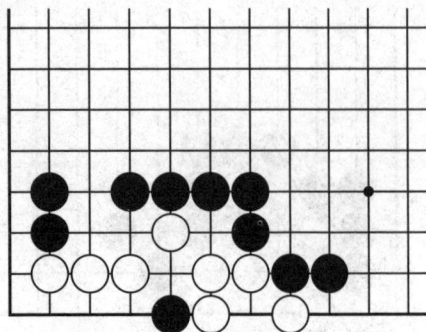

黑下在哪里可以杀掉整块白棋？

271

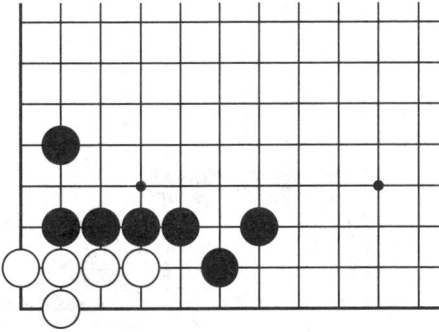

272

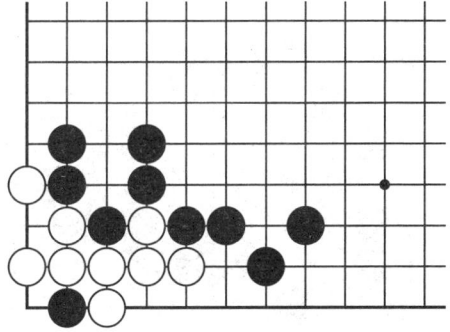

273

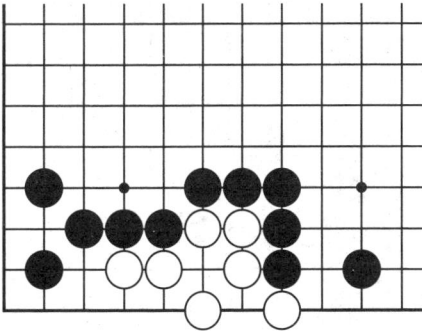

274

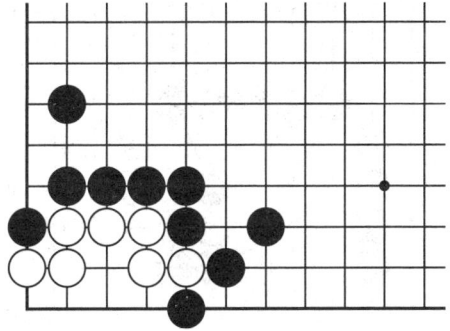

275

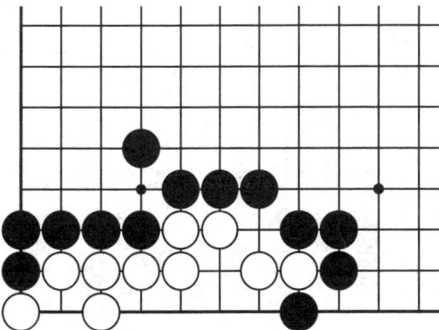

276

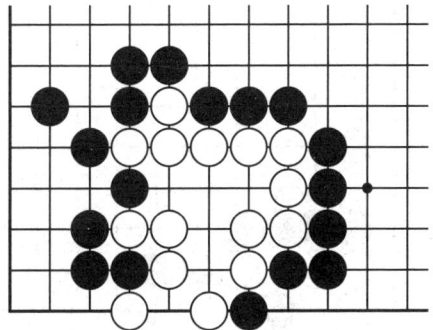

黑下在哪里可以杀掉整块白棋?

277
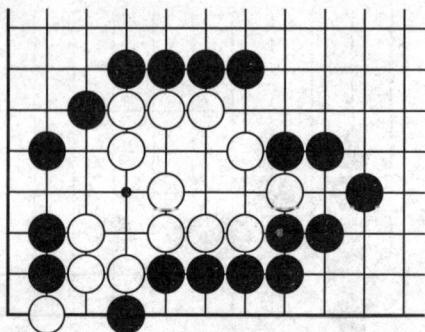

278
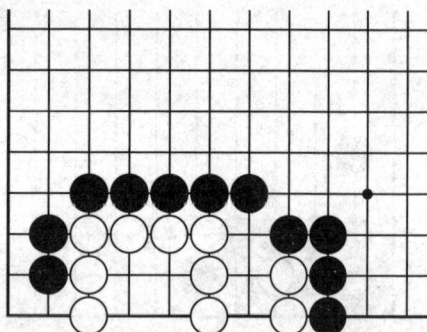

279
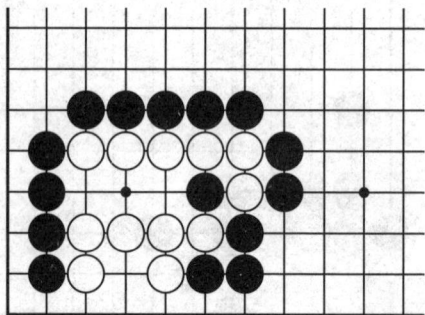

280
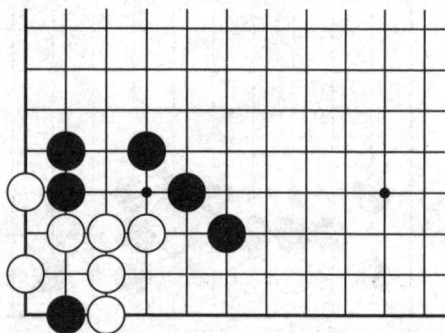

281
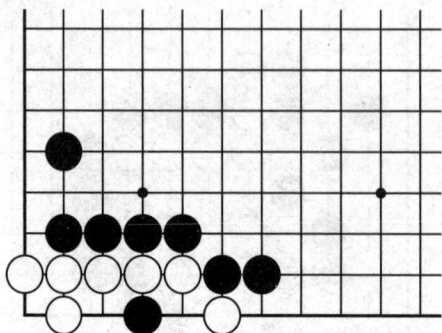

282
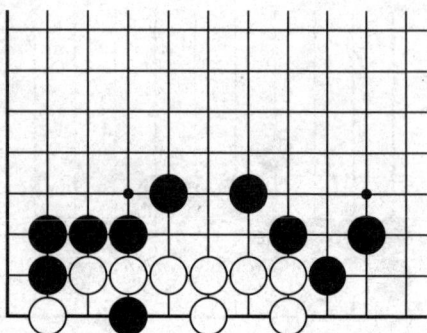

黑下在哪里可以杀掉整块白棋?

283

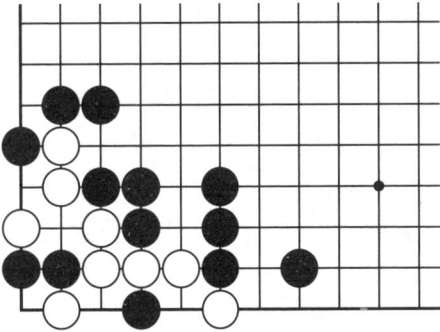

284

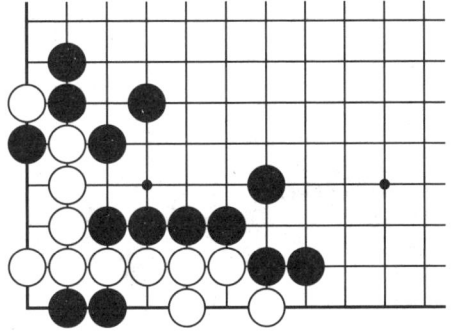

285

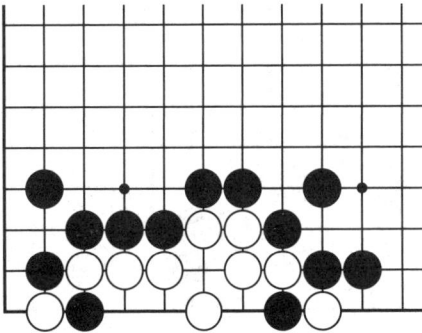

286

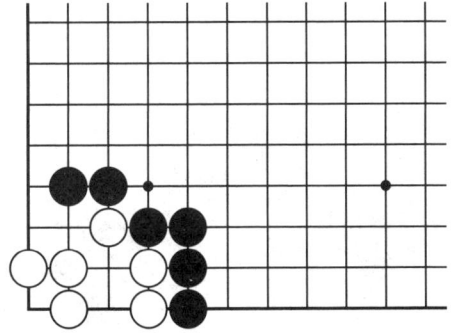

287

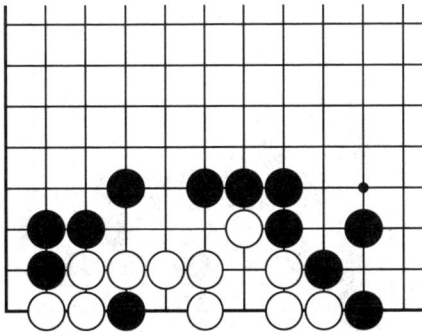

288

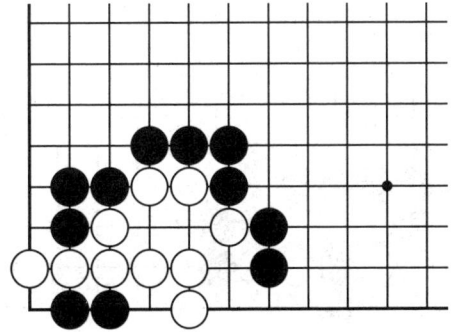

黑下在哪里可以杀掉整块白棋?

289

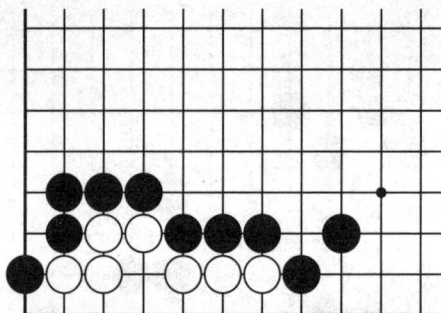

290

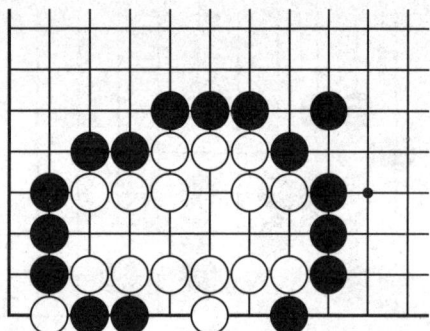

291

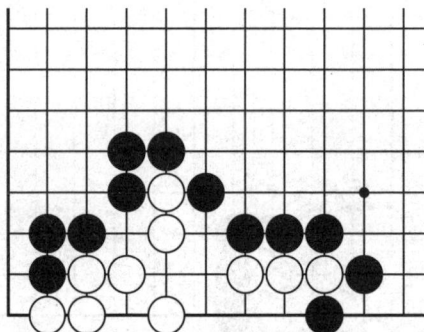

292

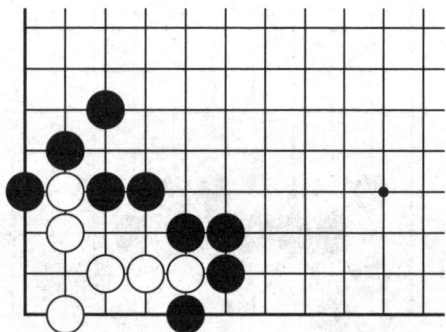

293

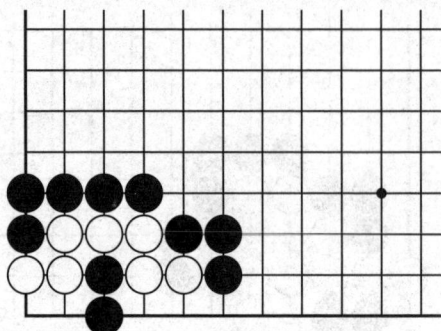

294

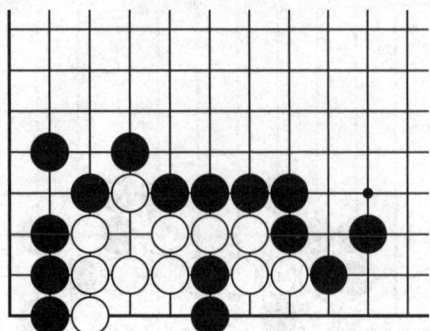

黑下在哪里可以杀掉整块白棋?

295

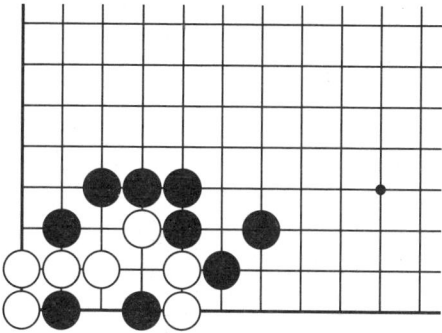

296

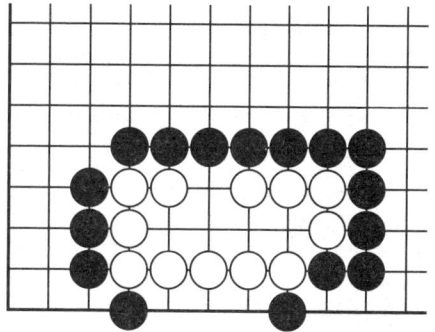

297

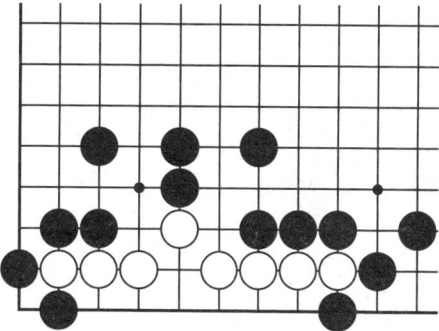

298

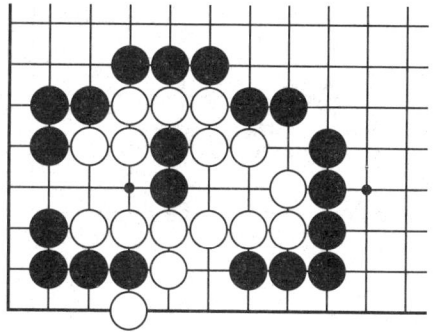

299

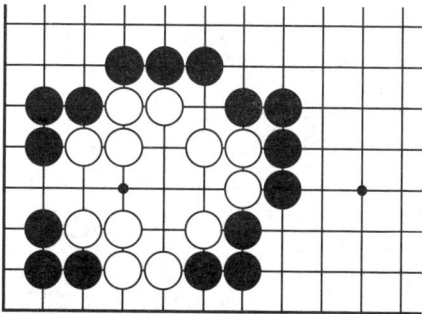

300

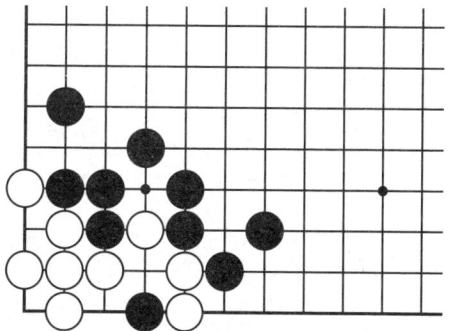

第 **25** 章

打劫

前文主要介绍了打劫的规则、形态，本章的目的则是帮助大家了解如何通过打劫做活自己的棋（例如图 25.1）和吃掉对方的棋（例如图 25.2），这在围棋术语里分别称为"打劫活"和"打劫杀"。

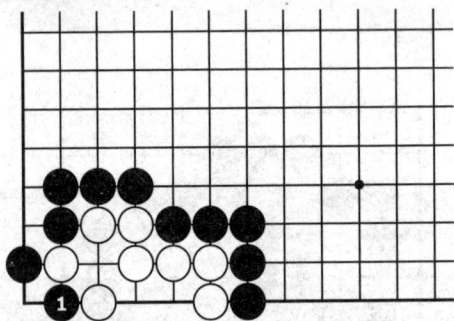

图 25.1

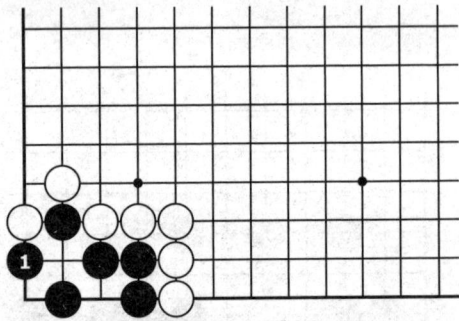

图 25.2

黑棋下在哪里可以利用打劫杀死整块白棋？

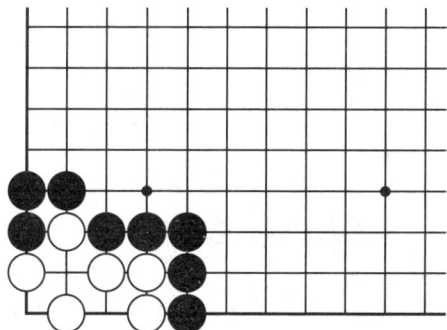

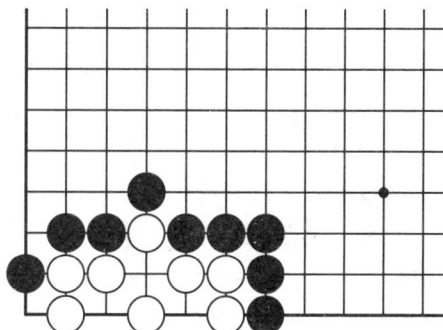

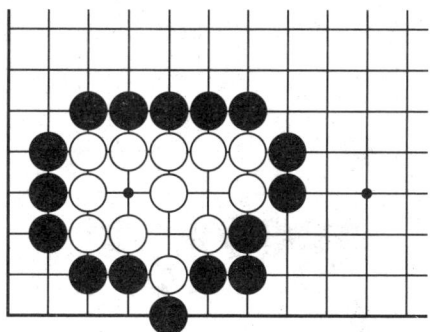

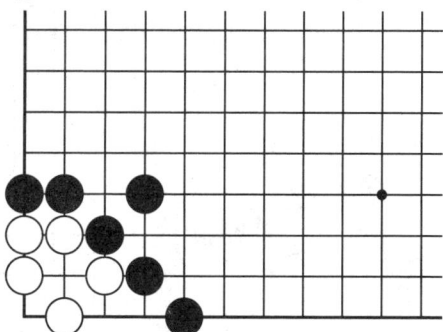

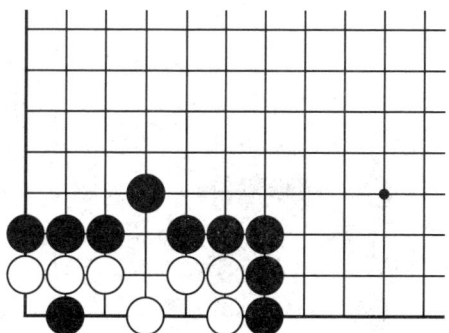

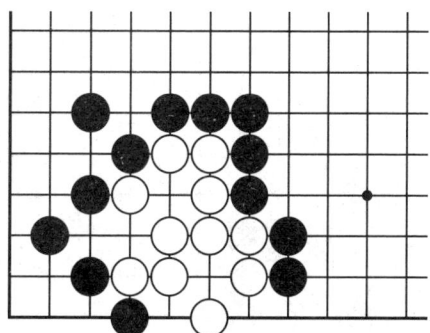

黑棋下在哪里可以利用打劫杀死整块白棋?

7

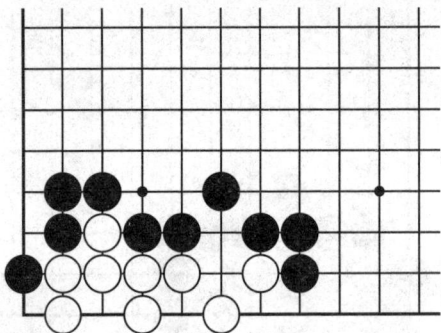

8

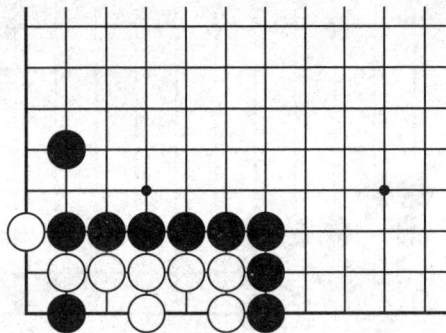

9

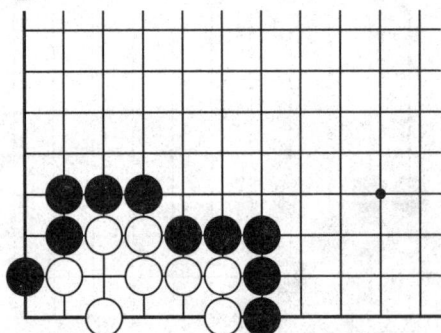

10

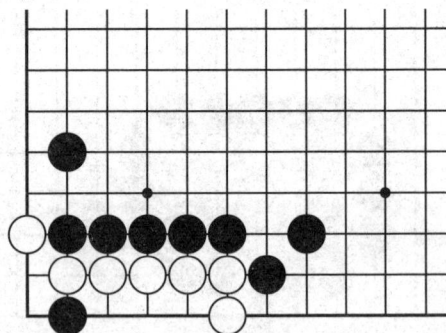

11

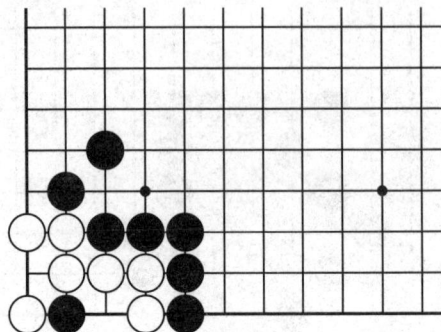

12

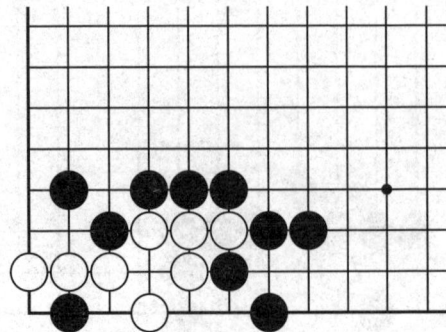

黑棋下在哪里可以利用打劫杀死整块白棋?

13
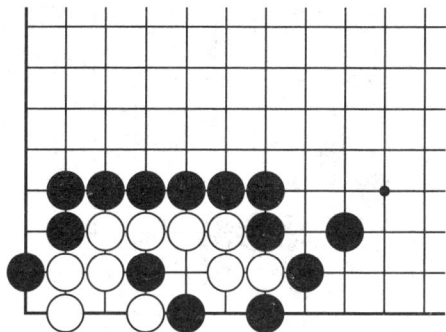

14
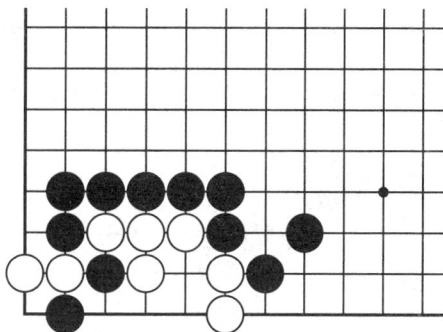

15
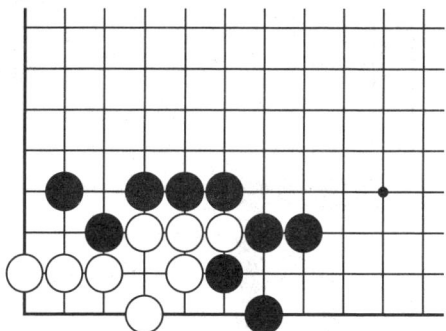

16
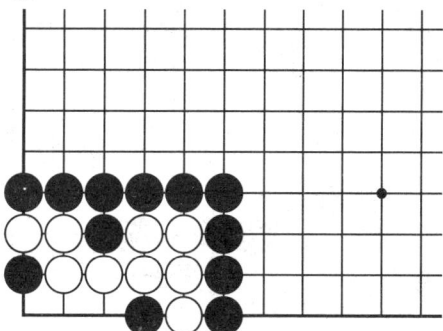

17
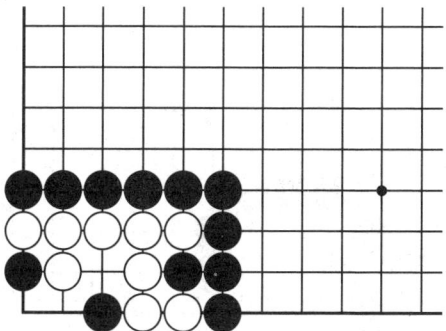

18
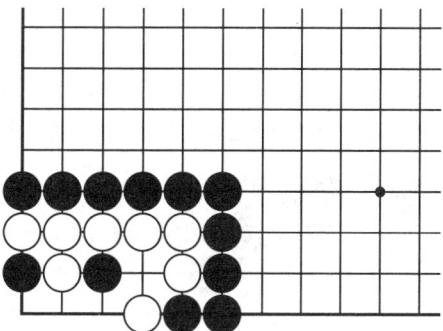

黑棋下在哪里可以利用打劫杀死整块白棋?

19

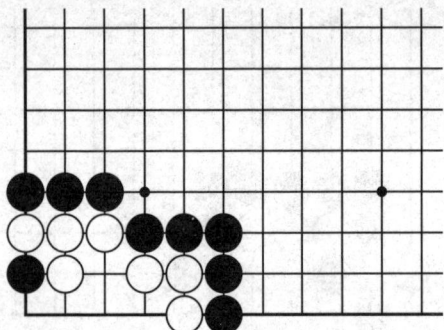

20

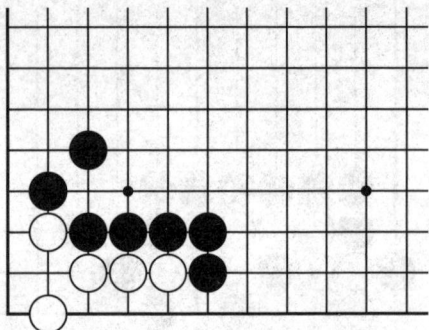

21

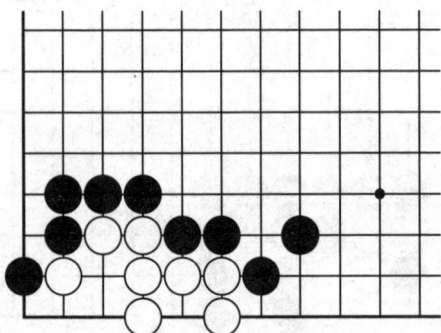

22

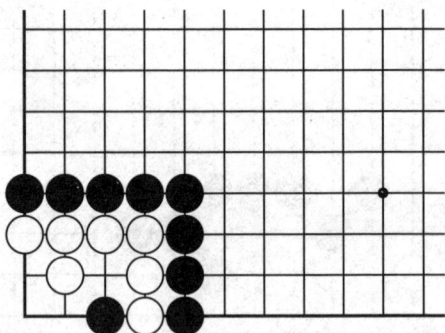

23

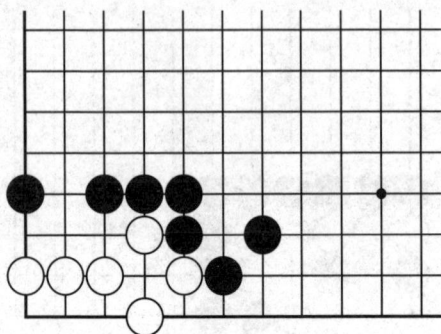

24

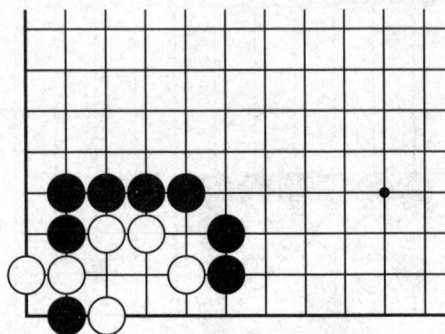

黑棋下在哪里可以利用打劫做活整块黑棋？

25
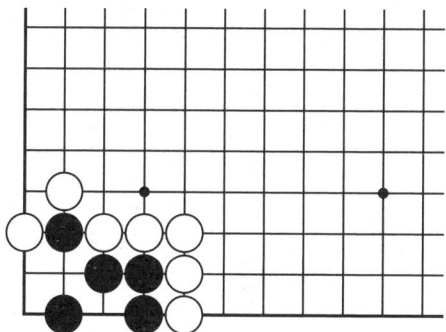

26
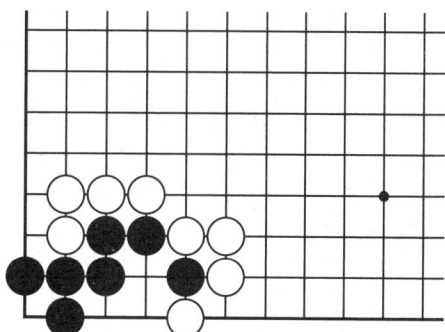

27
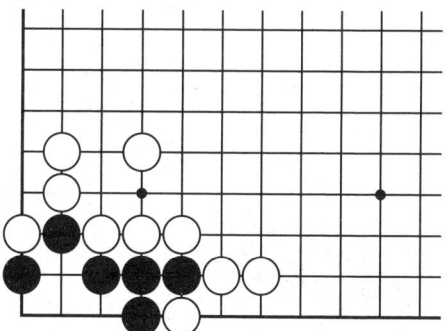

28
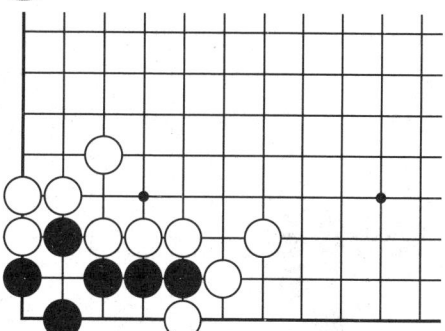

29
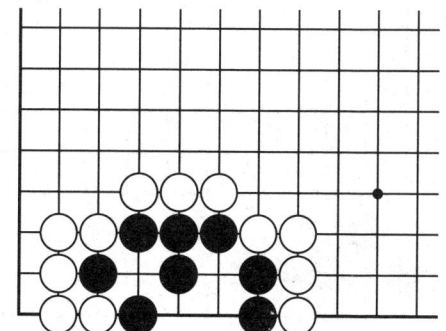

30
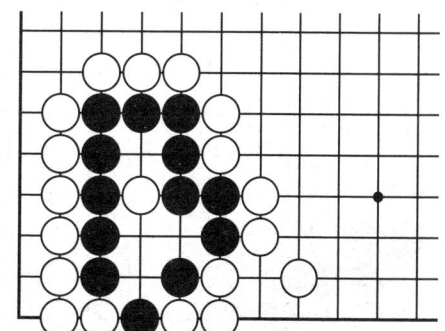

黑棋下在哪里可以利用打劫做活整块黑棋?

31

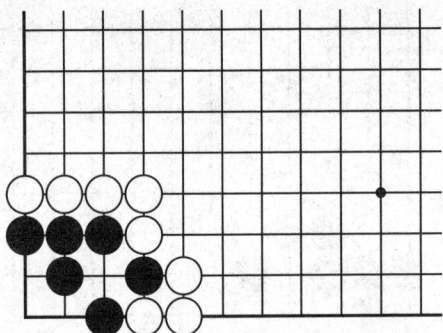

32

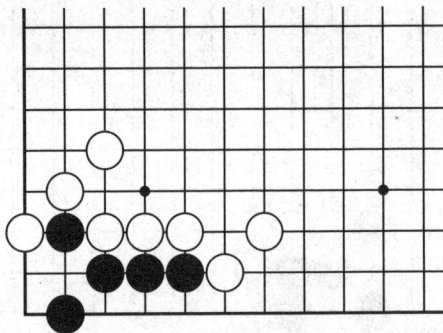

33

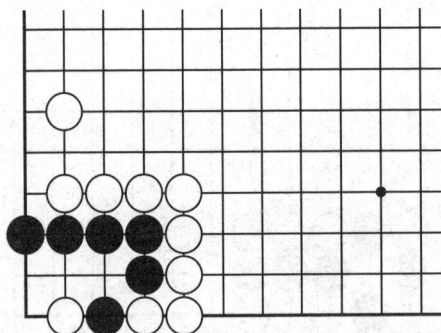

34

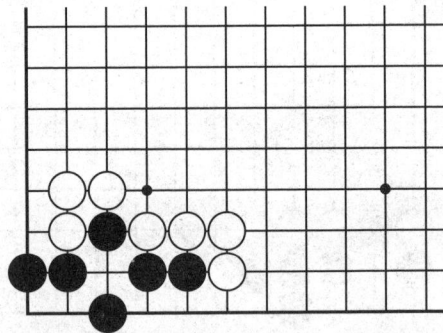

35

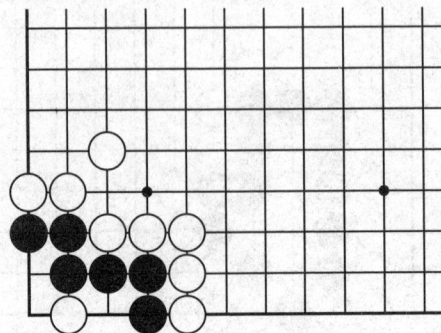

36

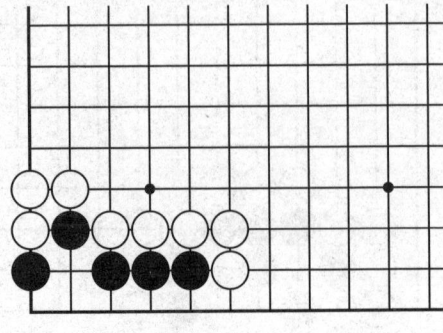

黑棋下在哪里可以利用打劫做活整块黑棋?

37
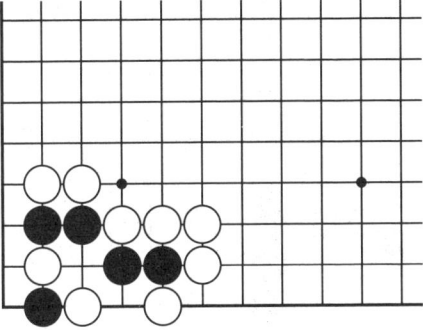

38
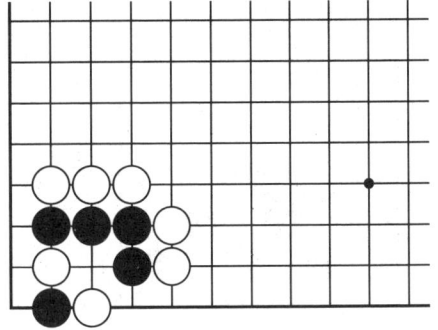

39
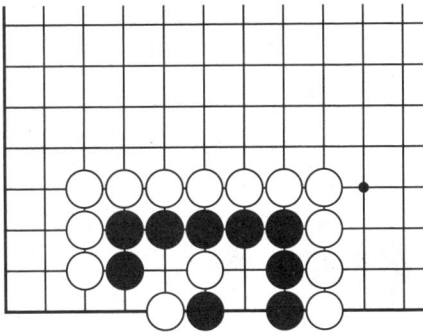

40
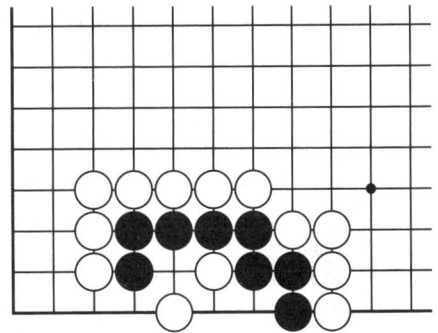

41
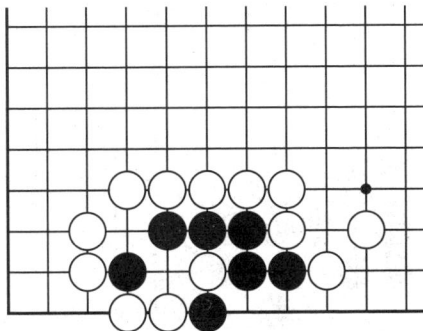

42
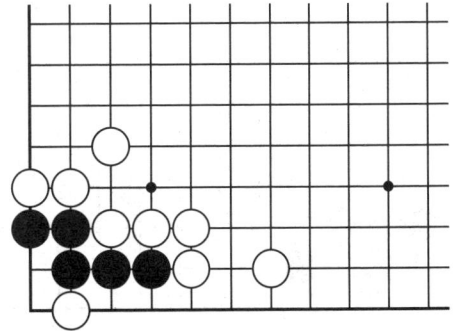

黑棋下在哪里可以利用打劫做活整块黑棋？

43

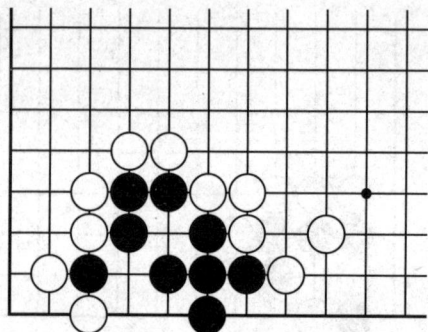

44

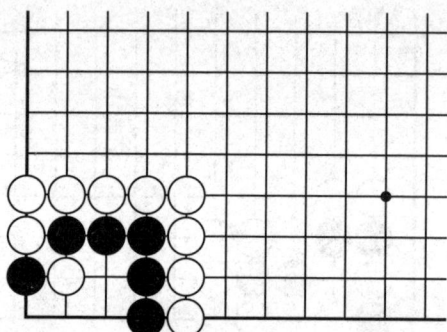

45

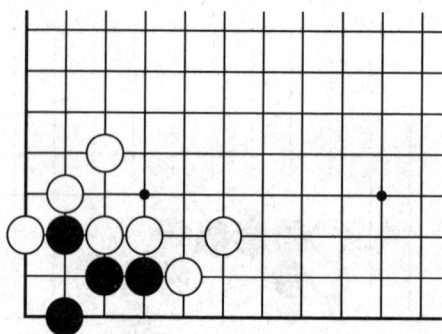

46

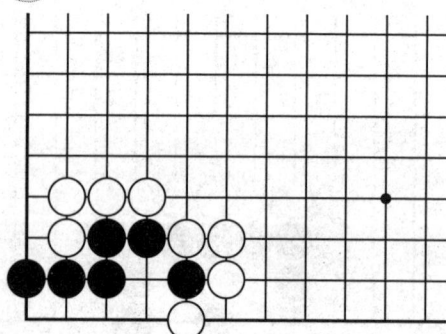

47

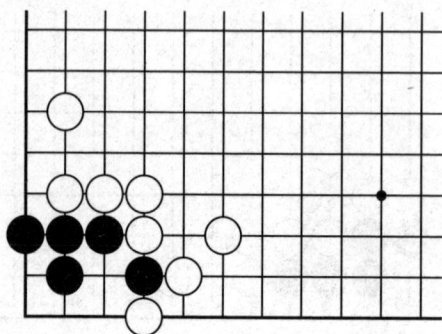

48

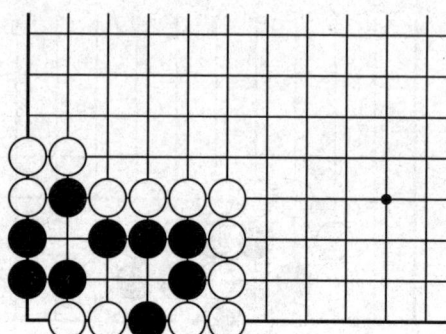

黑棋下在哪里可以利用打劫做活整块黑棋？

49
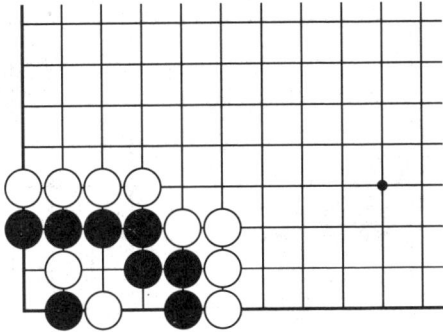

50
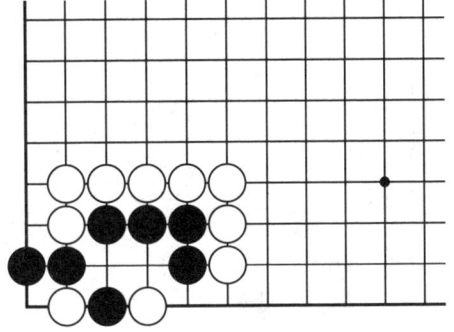

51
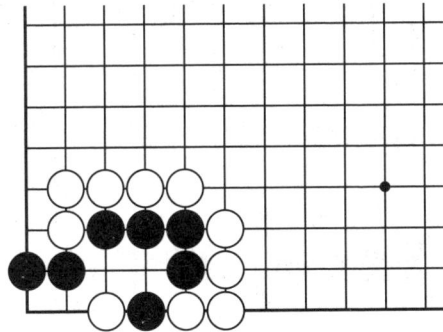

52
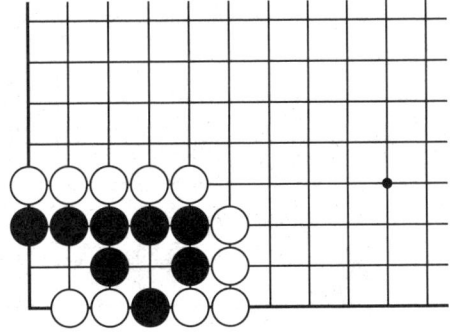

53
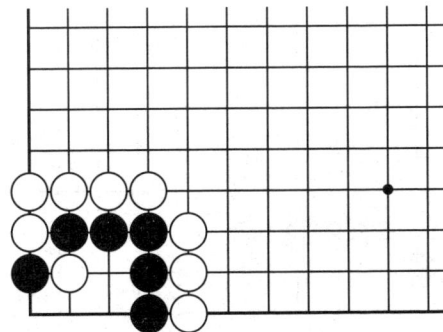

54
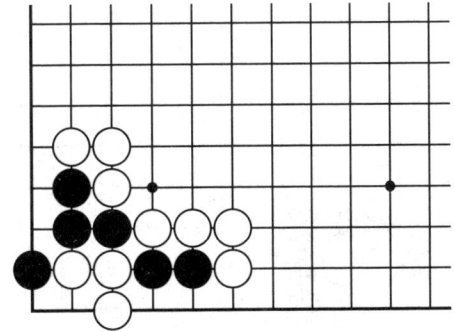

黑棋下在哪里可以利用打劫做活整块黑棋？

55

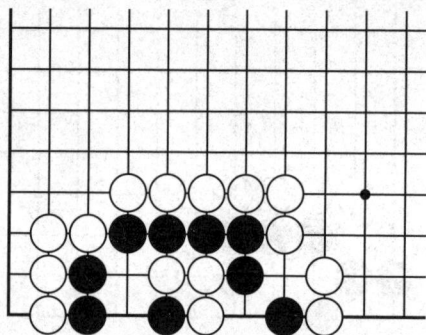

56

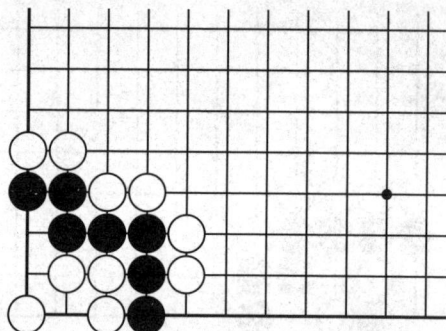

57

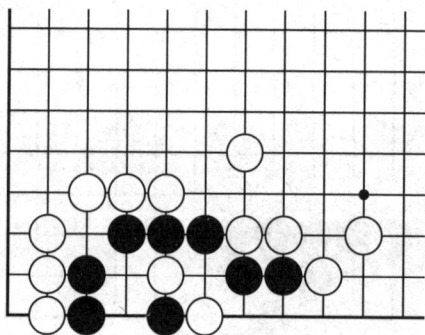

58

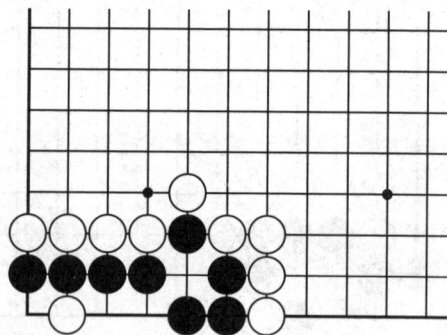

59

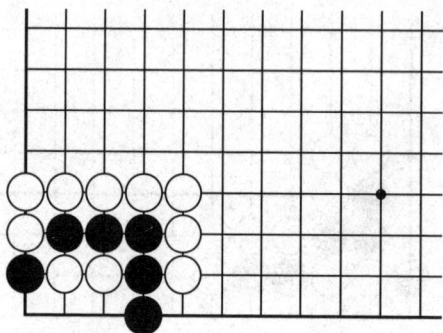

60

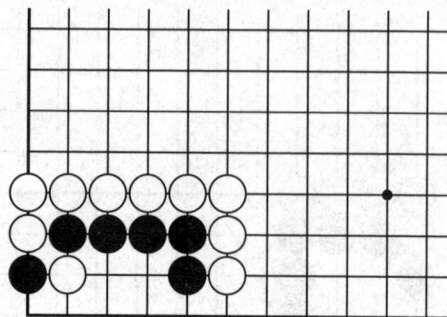

第26章

双活 2

　　双活是做活常用的手段之一。需要明确的是，一块棋的状态一般分为三种，分别是活棋、死棋和打劫。双活并不是一种独立的状态，它属于活棋。也就是说，如果你的目标是做活你的棋，双活的结果是满足条件的。反之，如果目标是吃掉对方的棋，那么双活的结果就是失败的。

　　双活的最基本条件是在双方都没有眼位的情况下，双方的棋都至少有两口气，如图 26.1 所示。如果自己的领地内只有对方两颗棋子，为了能够通过双活做活，需要扩大自己的领地，当对方变成三颗子的时候，加上双方在里边都至少有两口气，就可以双活了，如图 26.2 所示。

图 26.1

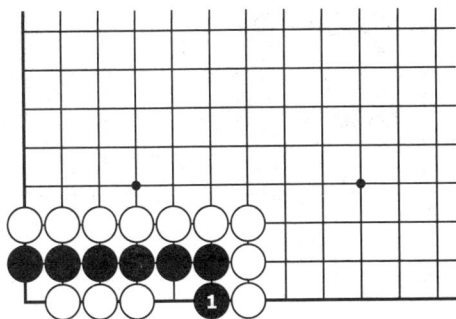

图 26.2

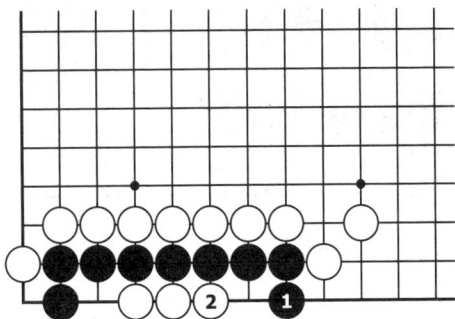

黑棋下在哪里可以利用双活做活整块黑棋？

1

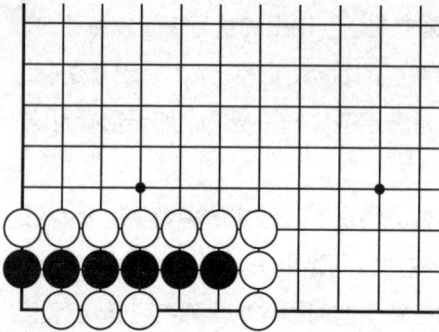

2

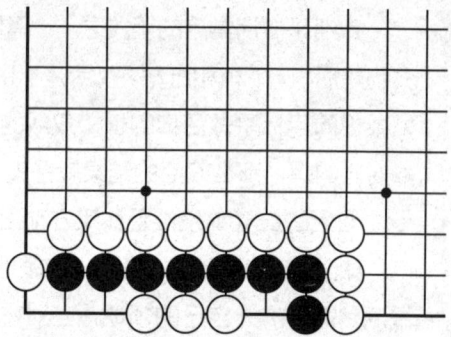

3

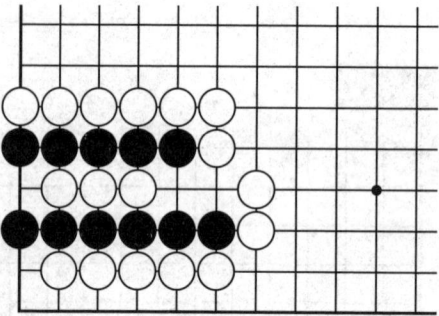

4

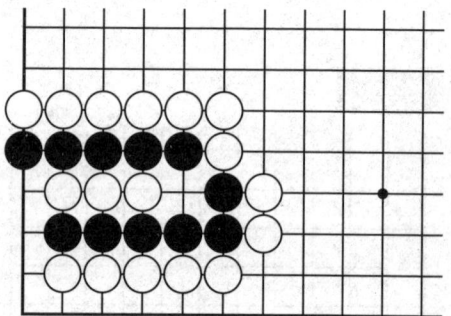

5

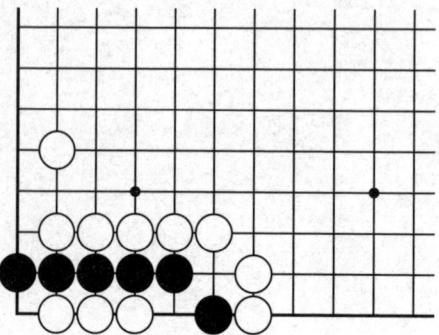

6

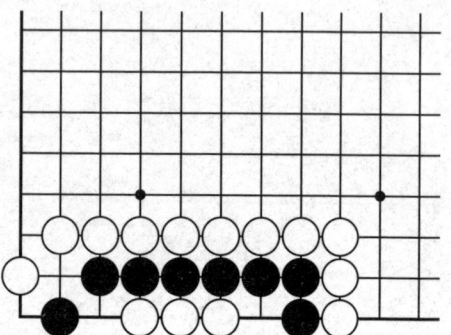

黑棋下在哪里可以利用双活做活整块黑棋?

7

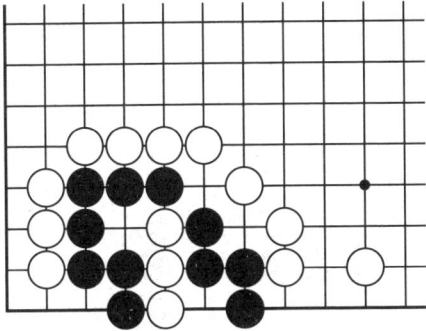

8

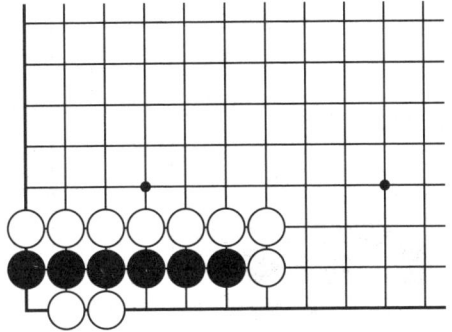

9

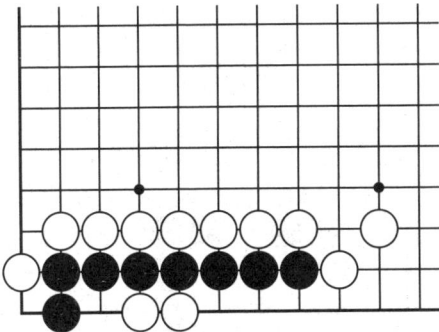

10

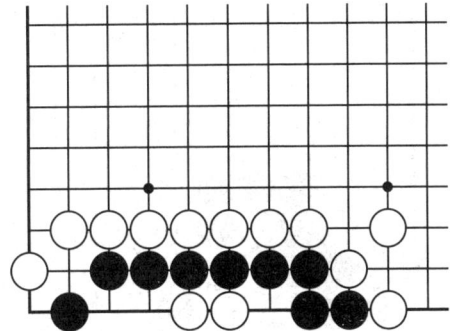

11

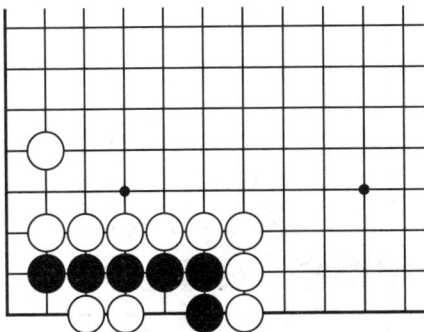

12

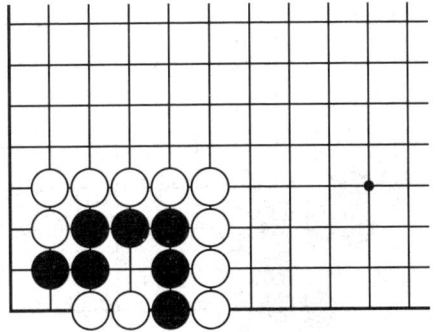

黑棋下在哪里可以利用双活做活整块黑棋?

13

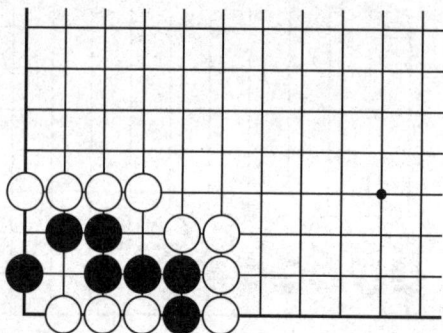

14

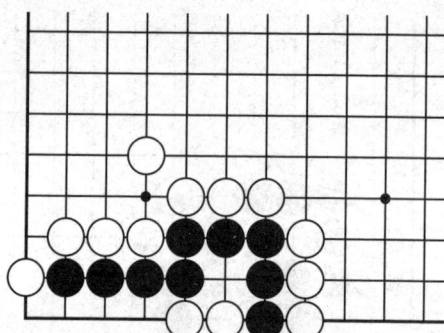

15

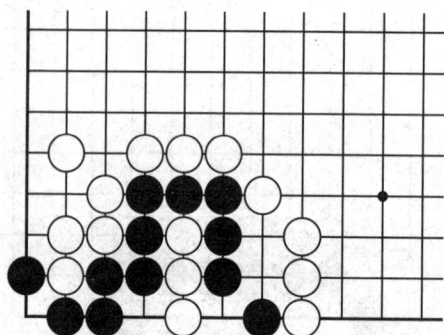

16

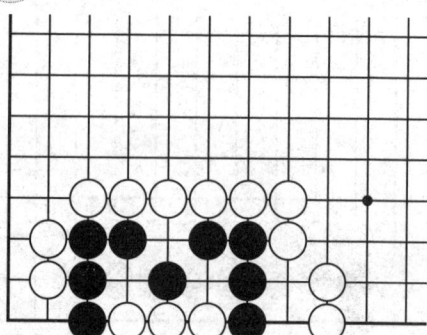

17

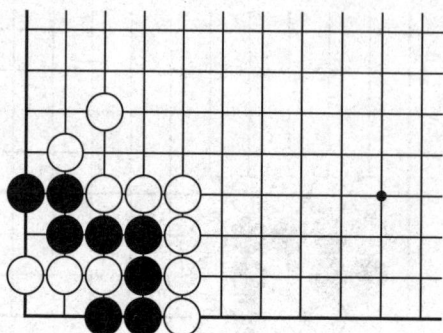

18

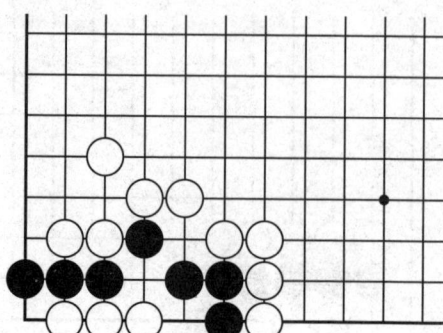

黑棋下在哪里可以利用双活做活整块黑棋?

19

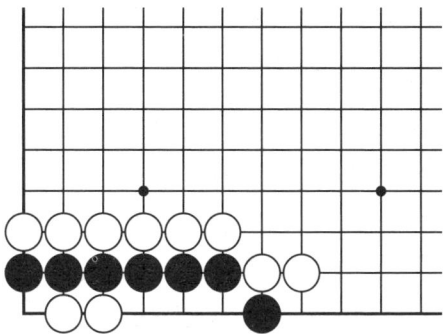

20

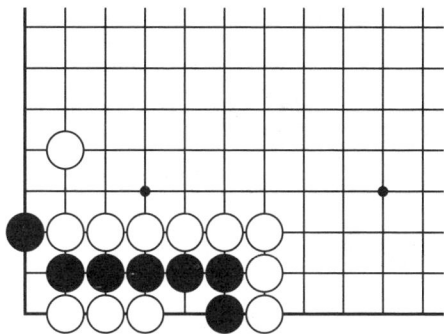

21

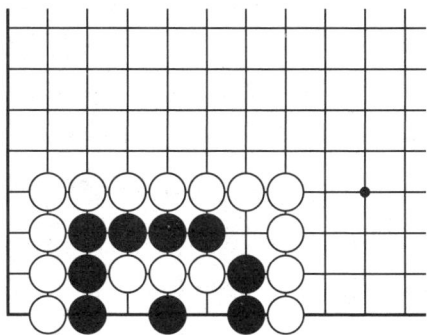

22

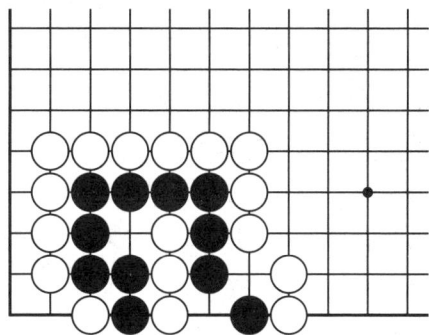

23

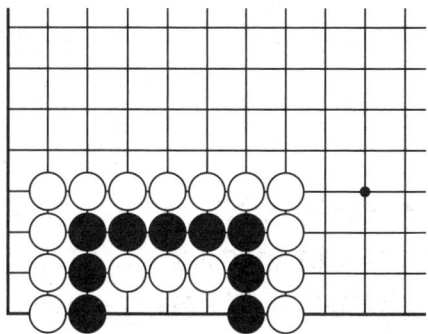

24

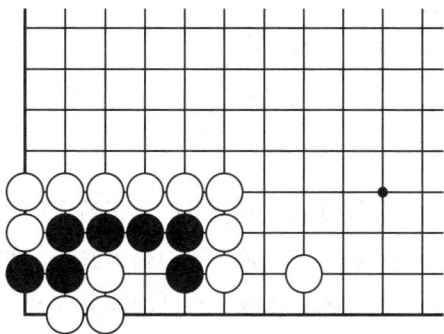

围棋故事

谦逊之路

在唐朝时，围棋已经在中国非常盛行了，会下围棋对于文人墨客来说成为一个基本的要素，甚至皇帝都很喜欢下围棋，为此大唐还设立了专门陪皇帝下棋的官员，名为"棋待诏"。有了皇家这样的支持，越来越多的年轻人开始学习围棋，期望有一天可以成为皇帝专属的棋待诏。我们故事的主角就是这些年轻人中的一位，名叫王积薪。年轻时王积薪就非常喜欢下棋，有传闻说，但凡遇到会下棋的人，他总是要向其挑战，谁要是赢了他，他还会款待对方一顿饭。渐渐地，随着他的水平越来越高，能下过他的人就越来越少了，周围对他的赞美之声越来越多，他自己也变得飘飘然起来，开始有了不可一世的感觉。王积薪听说只要棋力足够厉害，可以在长安考翰林，如果入选，可以成为"棋待诏"，这可是无上的荣耀啊。有志于此，王积薪便出发前往长安。

因为路途遥远，再加上天公不作美，这一天王积薪没能按照计划赶到驿站。眼看就要风餐露宿了，谁知运气不错，隐约看到远处有灯火。走近一看，原来真有一户人家，他遂上前拍门。门开后，他了解到此处住着婆媳二人。因为只有里外各一屋，所以没办法让王积薪在屋内过夜。不过她们倒是可以给王积薪一些热水和柴火，勉强也可在屋檐下将就一个晚上。

到了晚上，屋檐下的王积薪想到此次去长安如何一战成名，越想越兴奋，怎么都睡不着。突然听到屋内有人说话，他仔细一听，原来是屋内的婆媳二人在聊天。只听内屋的婆婆说："外边这天气也不好，怎么都睡不着，不如我们下一盘棋吧？"外屋的女子说："都听婆婆的，反正我也睡不着，您比我厉害，让我先下吧！"屋内的老妇人应到："好，你先下。"王积薪听着觉得很是奇怪，这大晚上的，也没灯，难道要下围棋？正奇怪着，年轻女子说："我起东五九南置一子。"老妇人随即说："我东五西十二置一子。" 王积薪越听越惊讶！婆媳两人竟然在下盲棋！婆媳两人下得很慢，但是王积薪却越听越惊讶，两个人的下法自己竟然从没听说过，王积薪立刻拿出自己随身携带的棋具，借着篝火，边听边摆。眼看着下了还不到百步，老妇人突然说："我最终胜9子。"年轻女子叹了口气说："确实，我又输了！"随后屋子里就再没有了声响。此时的王积薪真的是惊讶极了！还有这么多可以下的地方，怎么她们就知道胜负已分呢？

虽然满腹疑问，但是屋内没了声响，两人应该是已经睡下了。出于礼貌，王积薪心想着怎么也要到明早才能问个究竟了。虽然夜已深，但是王积薪却怎么也睡不着，满脑子都是刚才婆媳两人的对局，仔细想过以后，发现她们的很多下法都奇妙无穷。很多下法，看似简单，但背后却蕴藏着很多后着，只要稍有不慎，形势立刻就会一落千丈。渐渐地，王积薪心中满不是滋味。这婆媳二人在看不见棋盘的情况下能下出如此精妙的棋局，自己肯定是做不到的。之前还想着这次去京城可以一战成名，而如今自己连乡间的村妇都下不过，就更谈不上战胜真正的高手了。

虽然王积薪心中无比失落，但是刚才的棋局却在脑海中挥之不去，局中精妙之处回味无穷。渐渐地，学习的满足战胜了内心的失落，他开始回忆当初学棋的初心。一开始推动他钻研围棋的动力，并不是为了战胜高手，而是通过不断地学习，提高自己的棋力，领略更多围棋的奥妙，通过学习、理解、进步，并最终得到了大家的认可。那时的自己虚心好学，每每遇到问题，总是虚心求教，最终都能有所收获。而如今的自己，却总想着成名之后的美梦，已经没有当初学习围棋的热情。想到此处，王积薪反而释然了，是不是能够战胜京城的高手从而一战成名似乎也并不重要了，反而是刚才棋局中那些自己想不明白的地方变得更加重要，他暗暗下了决心，无论如何，明早一定要向这婆媳二人求教，一定要把昨晚棋局中不懂的地方学习明白才行。想明白了这点，困意涌了上来，不久后，王积薪就沉沉睡去。

第二天清晨，王积薪被强烈的阳光照醒，起身一看，自己竟然是睡在一棵大树下，昨天的房子已经不知所踪了。他看见远处有一名樵夫正在砍树，于是过去询问昨晚露宿的人家在何处。樵夫说，这片林子里从没有过人家，最近的人家也要在十几里以外了。难道自己昨天是做了一个梦？可是昨晚的棋局还清晰地记在脑海里，这样的对局，自己是无论如何也编不出来的。带着这个疑问，王积薪问遍了附近的村落，却还是没有找到那婆媳的一点踪迹。

虽然王积薪没有找到那两位高人，但是他的心态却发生了变化，他已经没有来时的那种骄傲和自满了。带着这份谦逊的心态，他来到了京城，到处走访名家，虚心求学，最终成为举世闻名的高手。

虽然后来有很多人认为王积薪是因为有了神仙的指点才最终成为国手的，但是他明白，真正使他提高的是从此养成的一个谦逊的心态，处处以学习为最高追求。这样的心态使他不会因为短暂的失败而沮丧，也不会因为一时的胜利而冲昏头脑，正是这样的觉悟，使王积薪成为世界围棋史上最有名气的棋手之一。

第 **27** 章
对杀 2

　　只要自己的棋子和对方的棋子碰到了一起，双方的气开始互相产生影响，对杀的可能性就出现了。对杀的场景在对局中非常常见。对杀所围绕的内容就是双方棋子的气，但是千万不要觉得气很简单，围绕气的内容还有很多，例如隐藏的气、眼位里的气、如何有效地延气以及如何有效地收气等。

　　对杀时一定要谨慎，需要时时刻刻想着双方的气的数量。在图 27.1 中，现在黑先要吃掉白棋三子，但是黑棋只有两气，而白棋有三气。黑棋应该如何吃掉白棋？在图 27.2 中，黑棋简单地收白棋的气肯定是不行的，下完黑 1 后，白棋还有两气，黑棋也只有两气，白棋下在 2 位，黑棋死。在图 27.3 中，黑棋选择下在 1 位，先长气。但是这步棋却没有减少白棋的棋，此时白棋简单地下在 2 位，黑棋下在 3 位，虽然此时成为双活的局面，但是因为黑棋的目标是吃掉白棋，所以这个变化图也是失败的。黑棋下在 1 位（如图 27.4 所示）才是正解。这步棋不仅使白棋的气减少了，而且白棋下一步棋也没有办法直接减少黑棋的气，只能先下在 2 位，接着黑下在 3 位，白死。

图 27.1

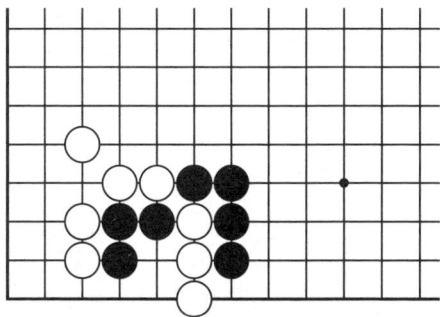

图 27.2

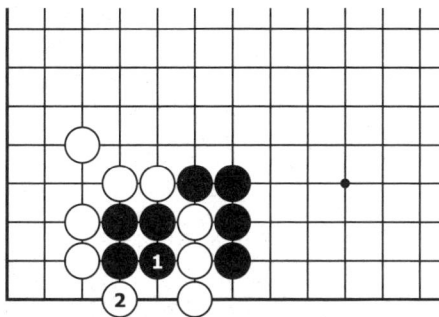

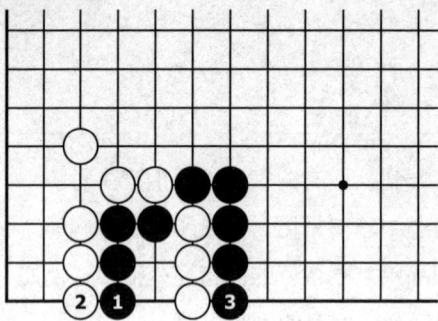

图 27.3

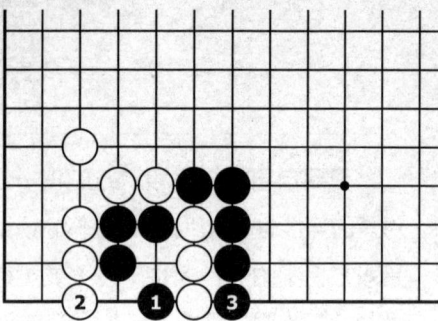

图 27.4

黑先，在有 X 标记棋子之间的对杀中获胜。

1

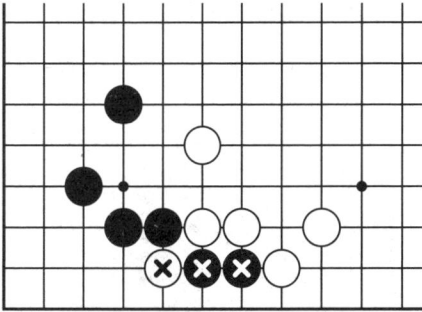

2

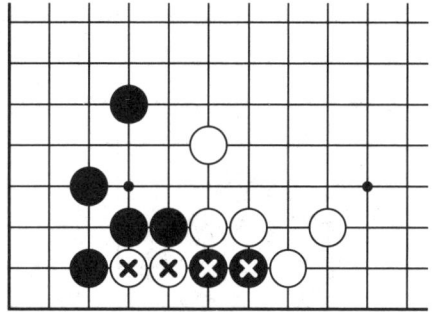

3

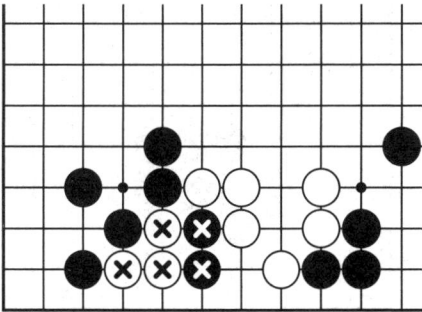

4

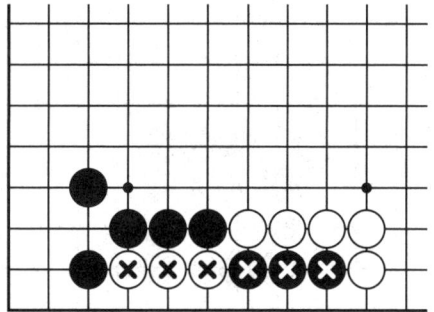

5

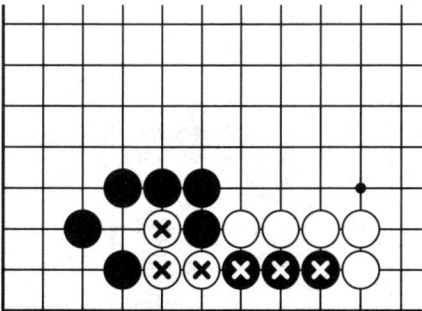

6

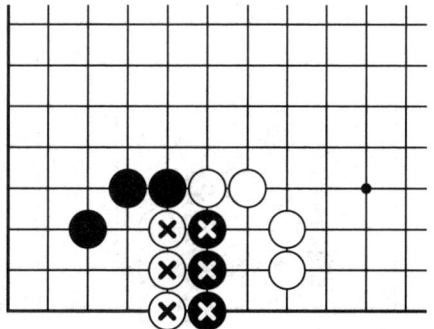

黑先，在有 X 标记棋子之间的对杀中获胜。

7

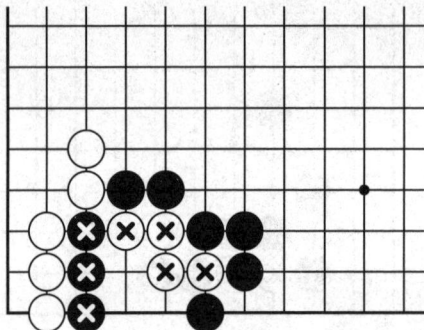

8

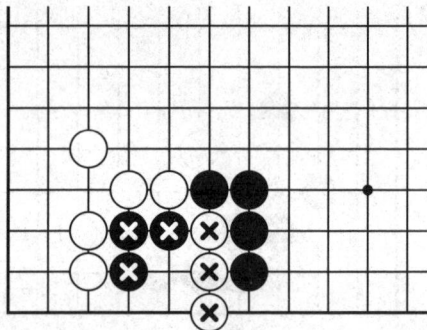

9

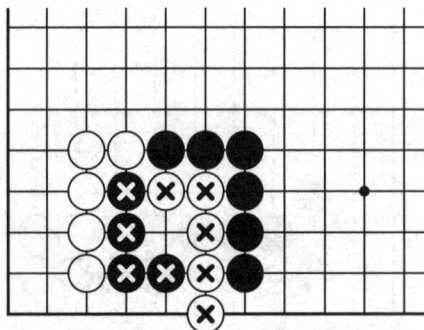

10

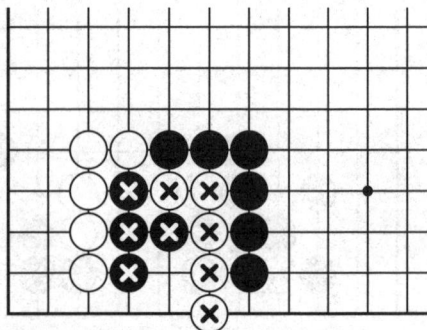

11

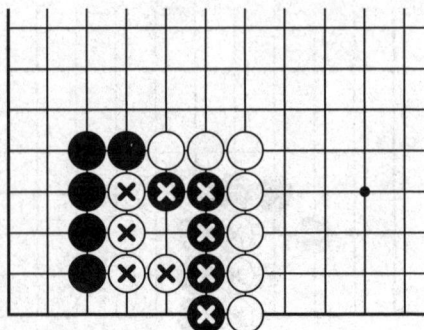

12

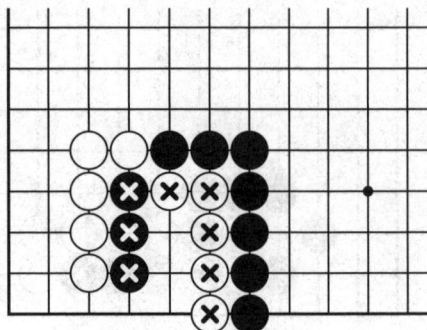

黑先，在有 X 标记棋子之间的对杀中获胜。

13

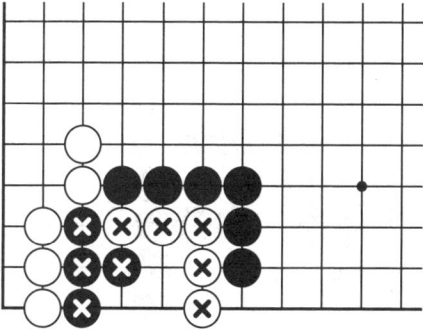

14

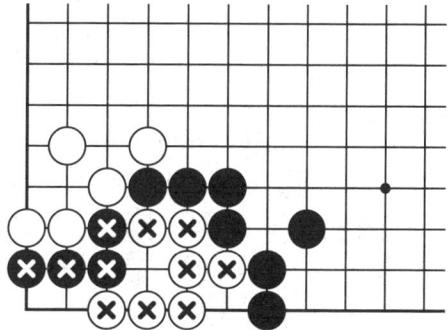

15

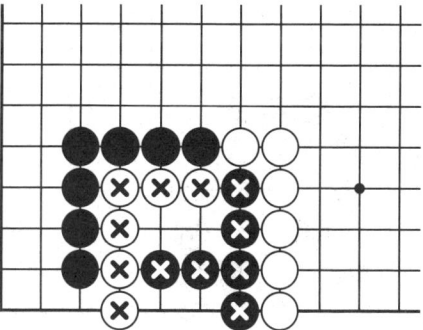

16

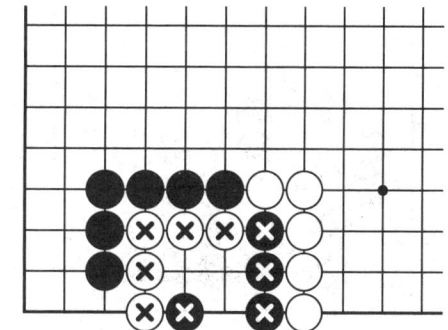

17

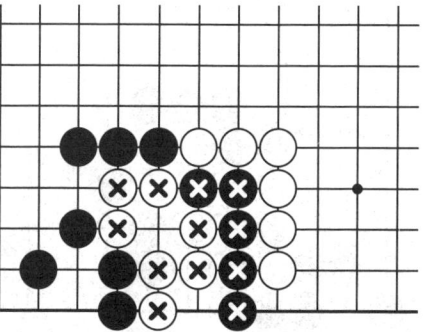

18

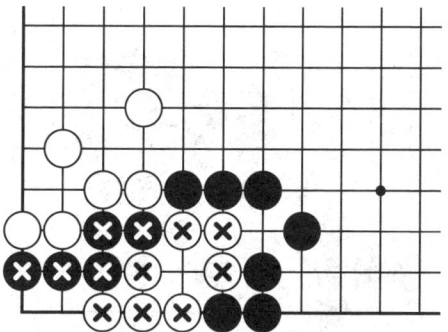

黑先，通过对杀吃掉白棋。

19

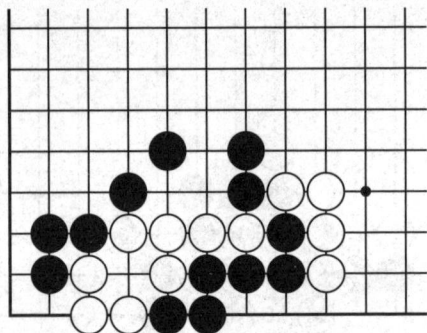

20

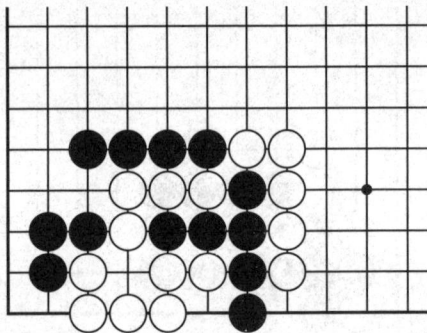

21

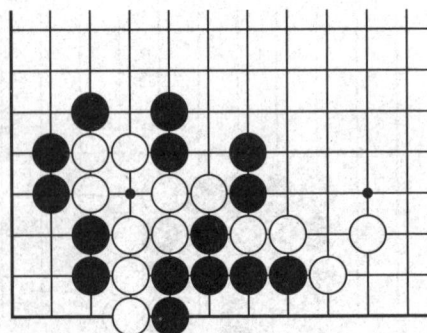

22

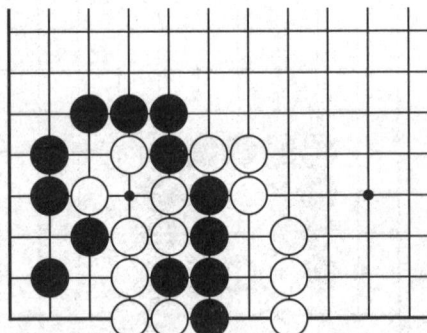

23

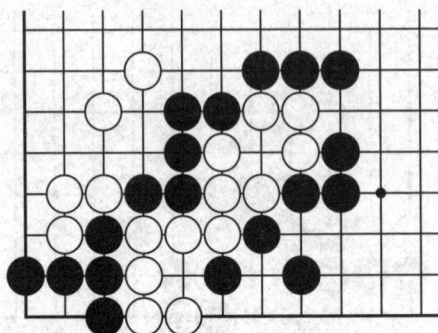

24

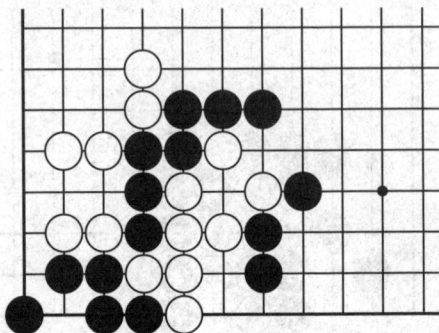

黑先，通过对杀吃掉白棋。

25
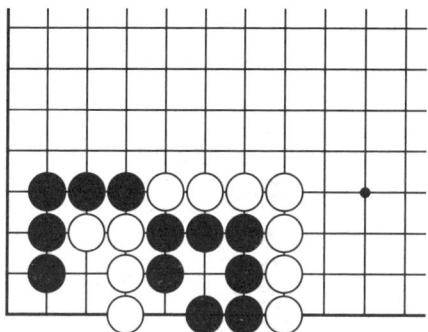

26
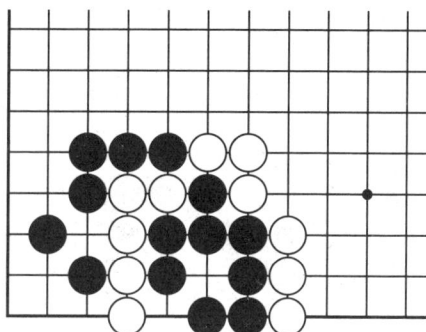

27
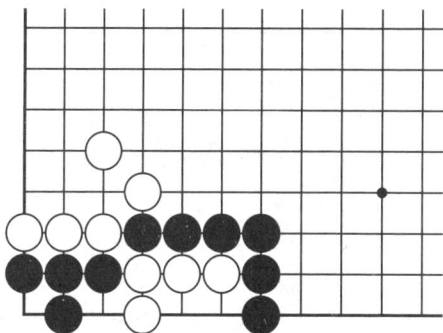

28
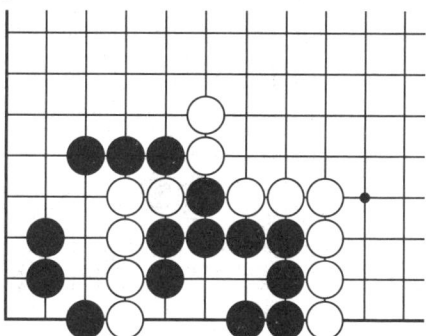

29
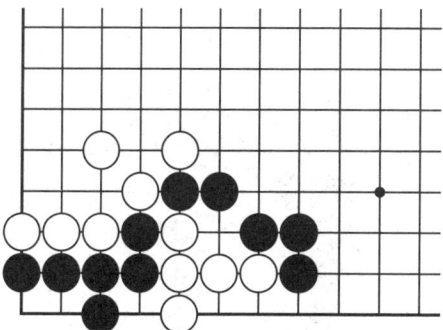

30
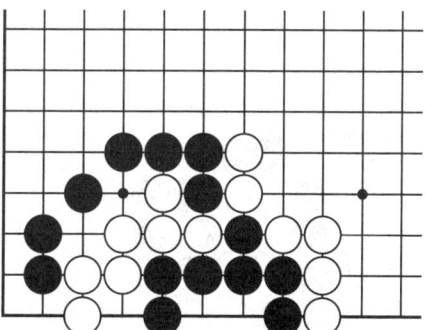

黑先，通过对杀吃掉白棋。

31

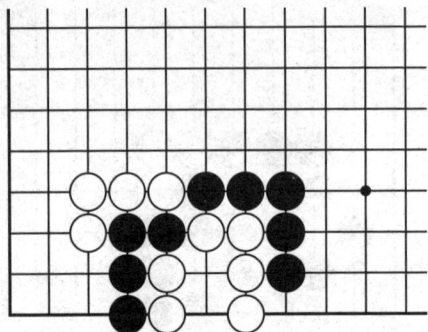

32

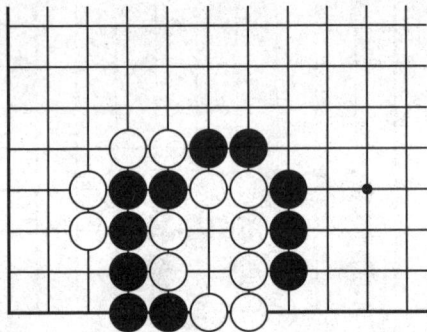

33

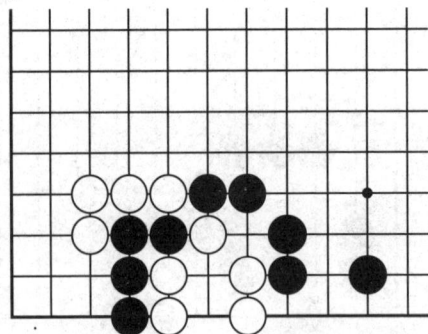

34

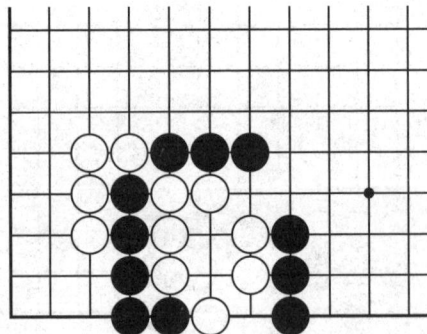

35

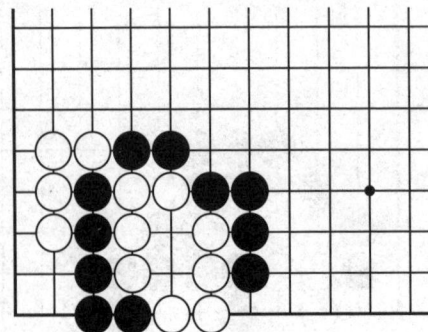

36

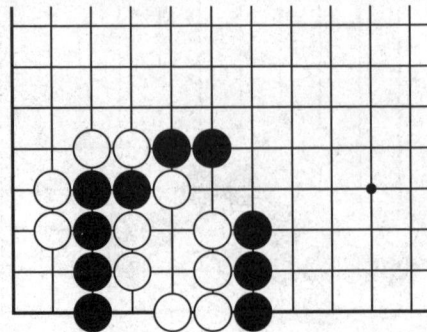

黑先，通过对杀吃掉白棋。

37

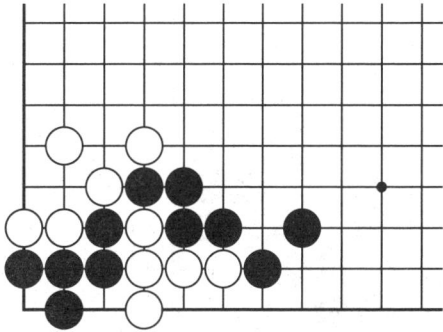

38

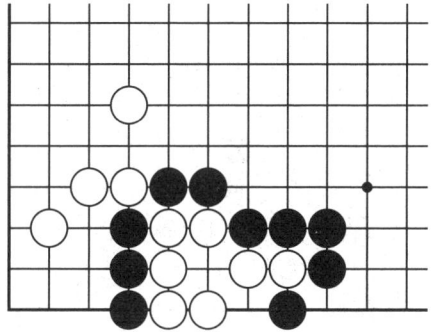

39

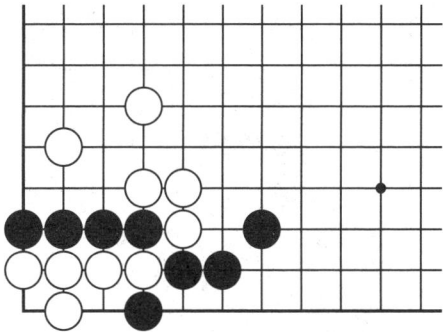

40

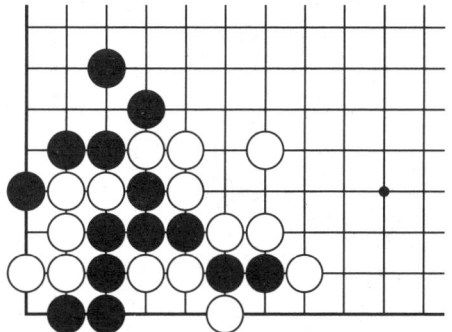

41

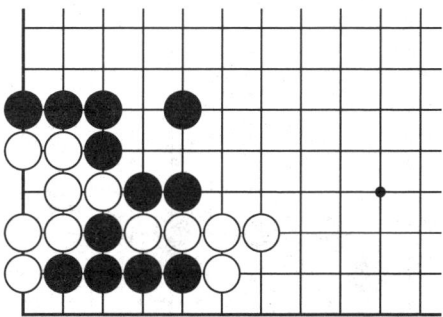

42

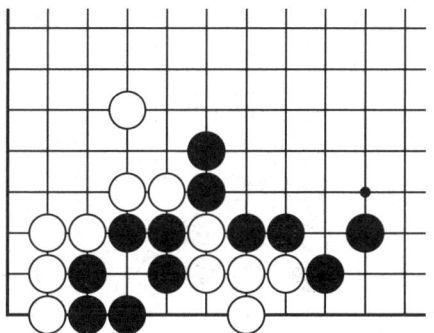

黑先，通过对杀吃掉白棋。

43

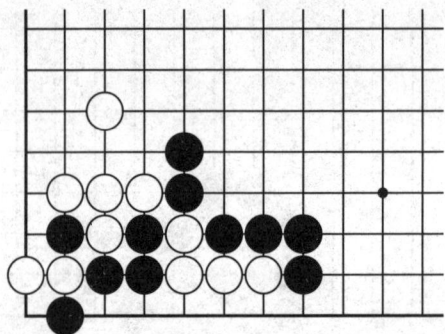

44

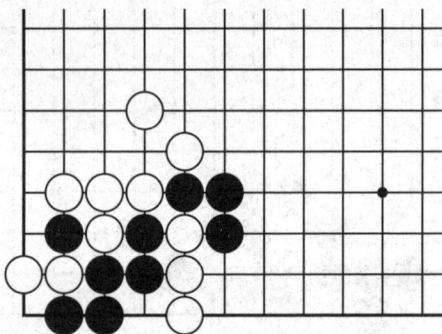

45

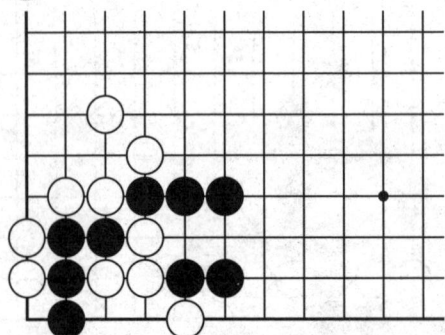

46

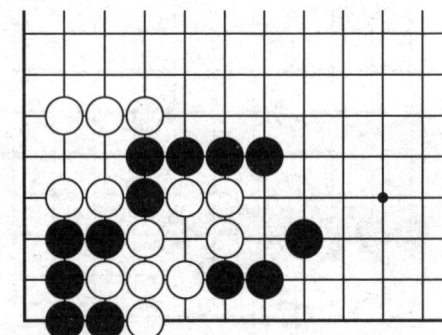

47

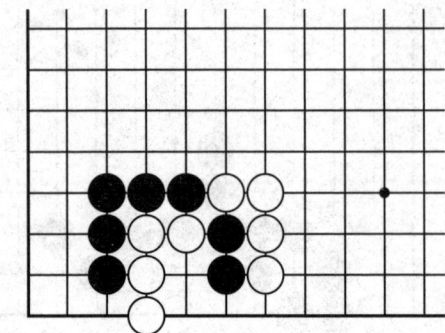

48

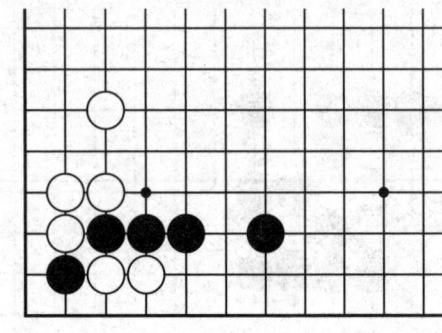

第**28**章

征子 2

征子是围棋基础知识。说得简单一些，要征子，每步棋都打吃就对了。但是随着棋力提升，你会发现这些打吃也是有技巧的，大部分的时候都需要仔细观察征子的路上自己的和对方的棋子是否会对结果有影响。特别壮观的征子在对局中往往是不会出现的，毕竟跑了半天发现自己被征吃掉了，或者叫吃半天发现吃不掉对方，这两种结果都会直接导致崩败。在大脑中对征子的计算必须要精准。有时征子到最后，对方就算连上了自己的子，我们也还是可以吃掉对方，所以征子一定要计算到最后。

如图 28.1 所示，黑先，利用征子吃掉白棋两颗子，但是白棋在 A 位和 B 位各有一颗棋子，黑棋应该从哪边征子呢？

图 28.1

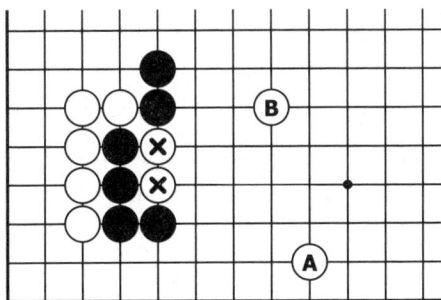

　　如果黑棋如图 28.2 所示的方向打吃，我们会发现白棋 B 位的子起到了帮助白棋逃生的作用，到白 12，黑棋已经无法再继续征吃白棋了。图 28.3 的征子方向是正解，虽然白棋在 A 位有一颗棋子，但是到黑 9 的打吃，白棋已经跑不掉了。

图 28.2

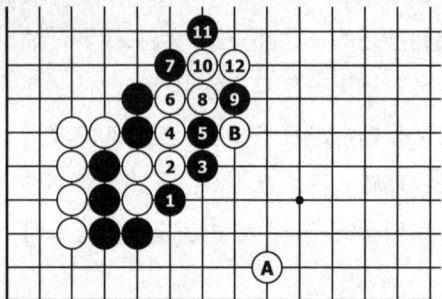

图 28.3

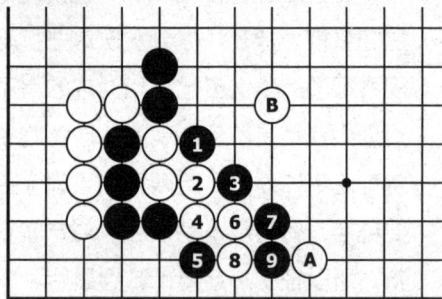

黑先下，通过征子的手段吃掉有 X 标记的棋子。

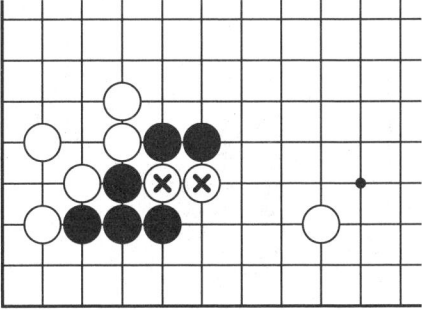

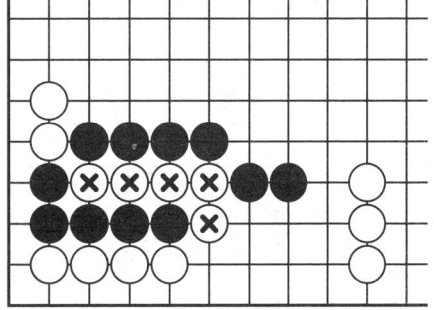

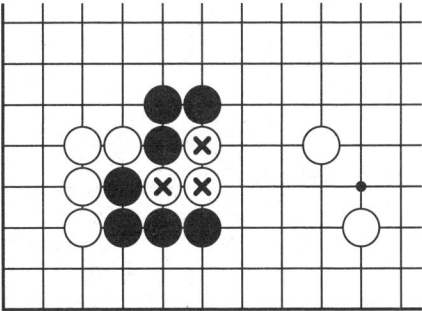

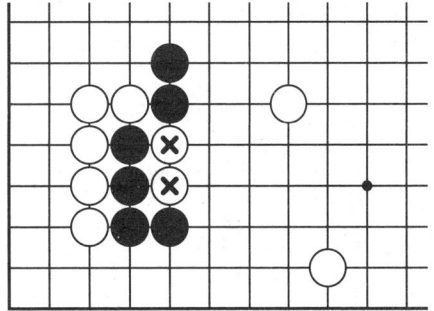

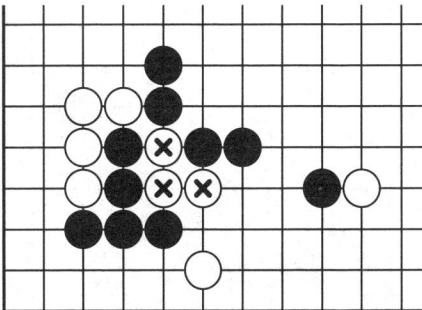

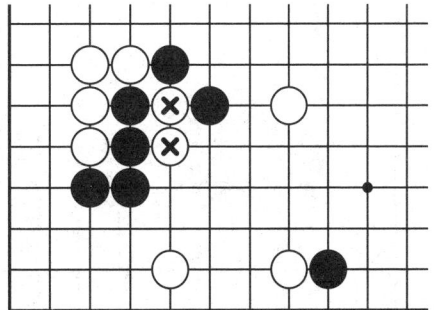

黑先下，通过征子的手段吃掉有 X 标记的棋子。

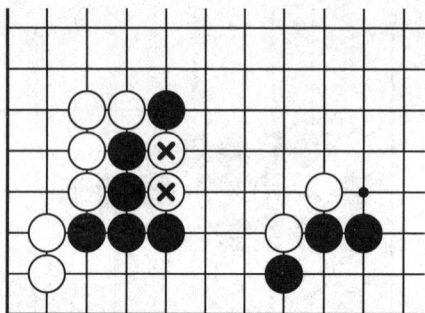

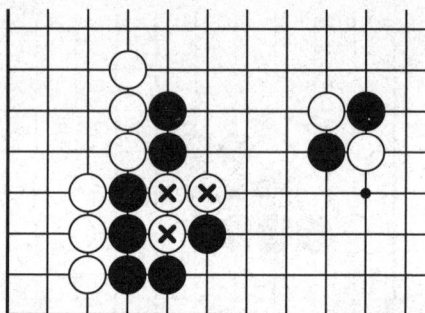

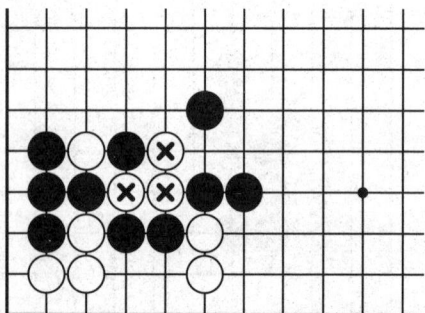

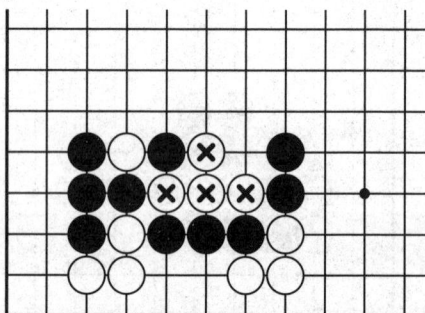

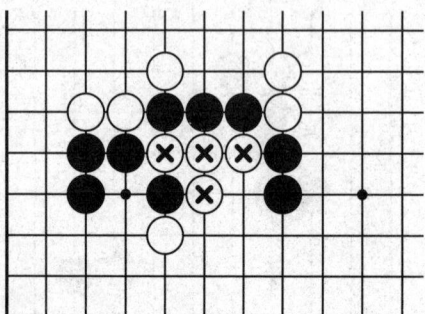

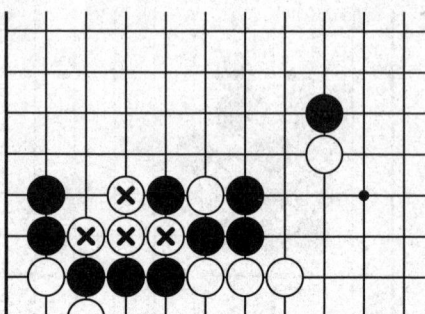

> 黑先下，通过征子的手段吃掉有 X 标记的棋子。

13

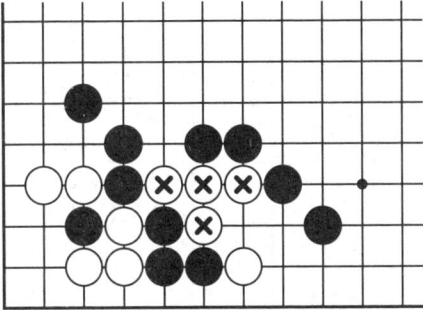

14

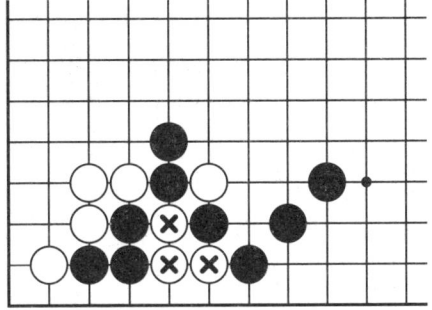

15

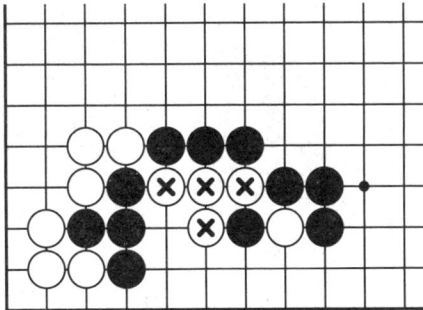

16

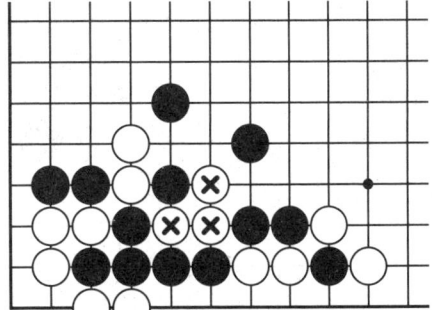

17

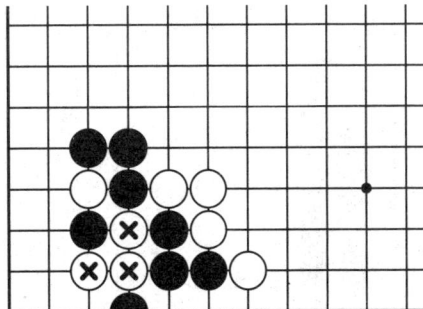

18

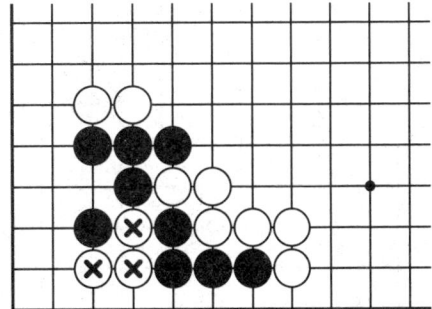

黑先下，是否能够通过征子吃掉有 X 标记的白子？

19
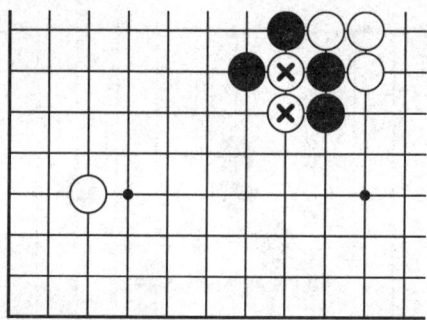

20
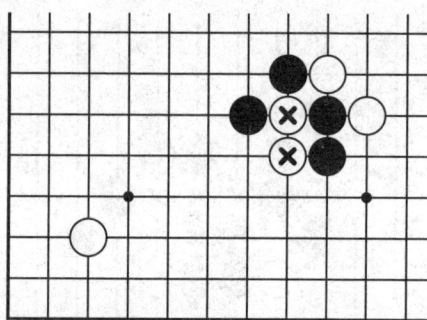

21
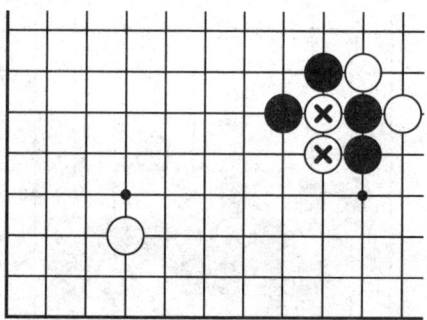

22
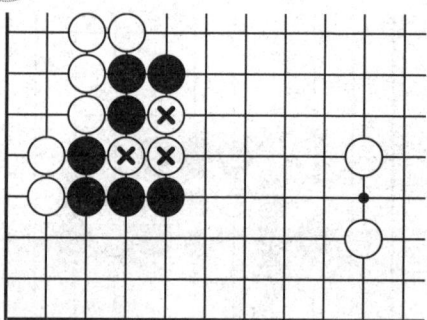

23
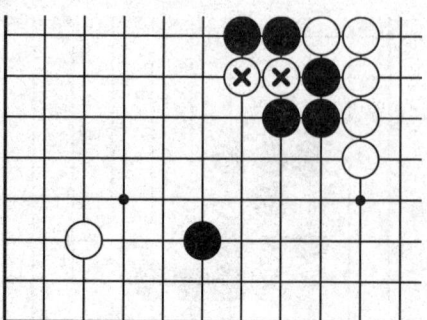

24
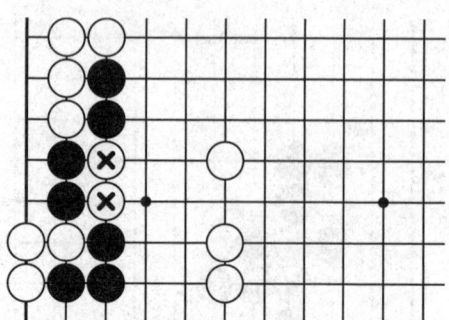

黑先下，是否能够通过征子吃掉有 X 标记的白子？

25

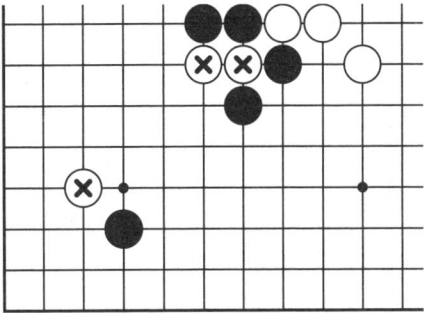

26

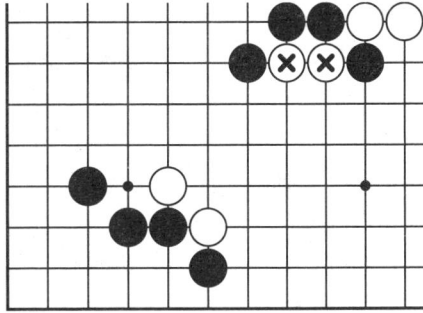

27

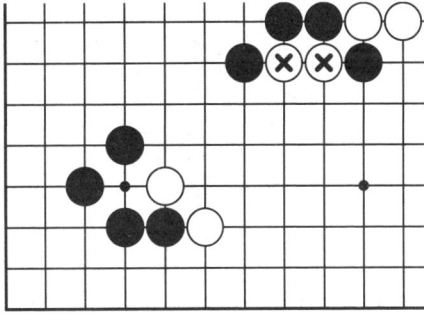

28

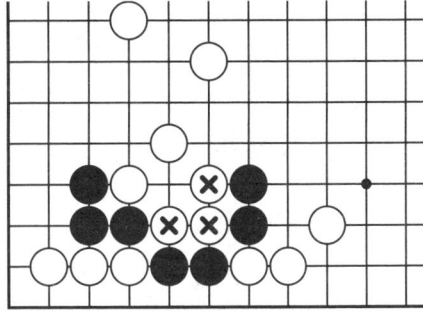

29

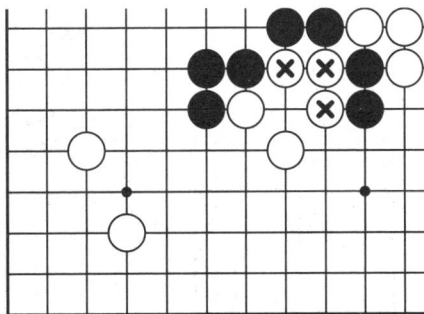

30

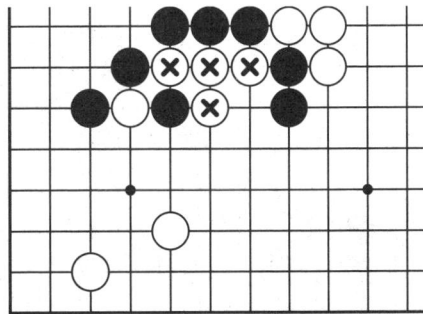

黑先下，是否能够通过征子吃掉有 X 标记的白子？

31

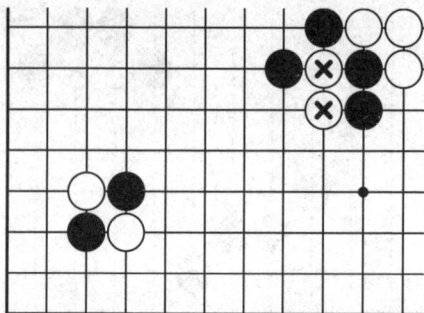

32

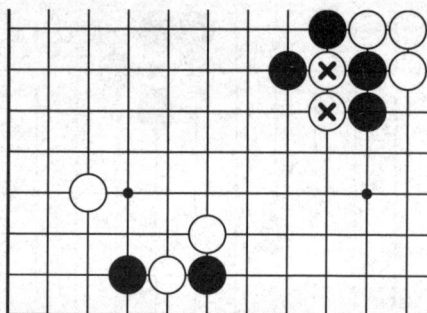

33

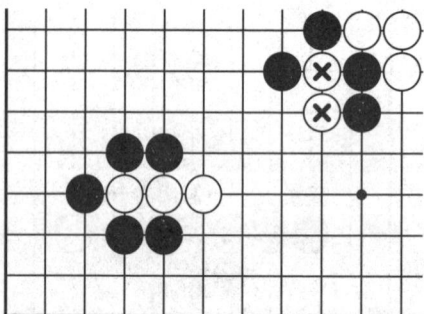

34

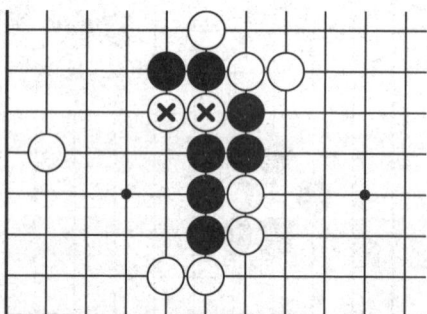

35

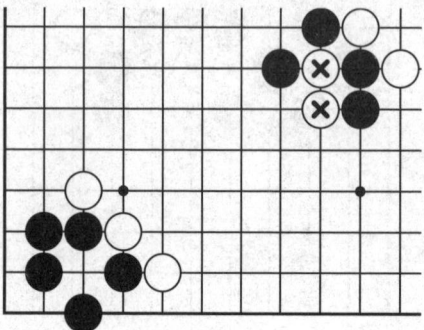

36

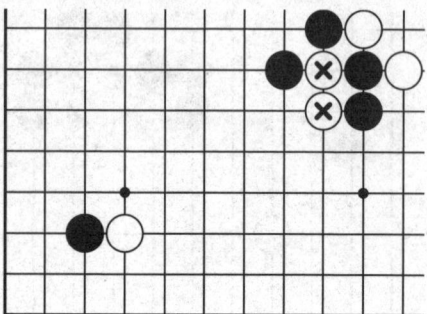

黑先下，是否能够通过征子吃掉有 X 标记的白子？

37

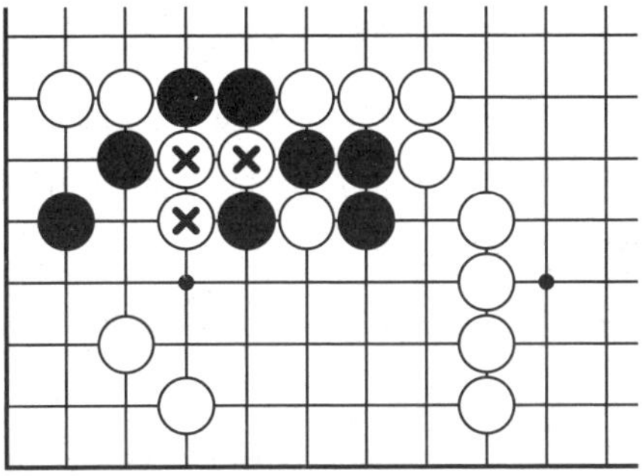

38

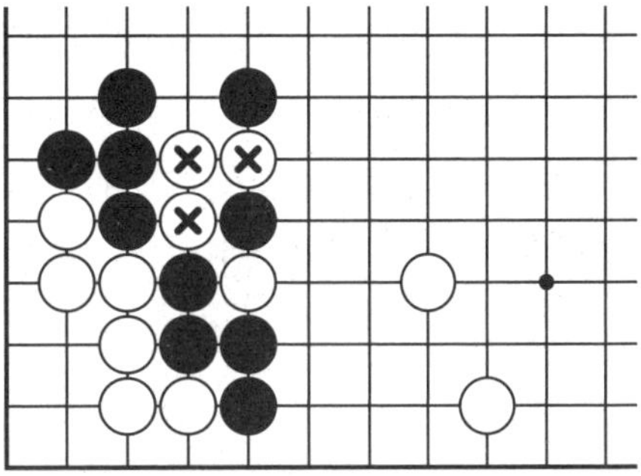

39

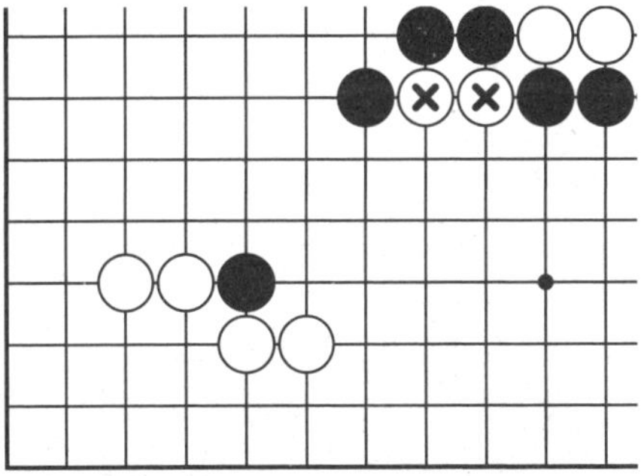

40

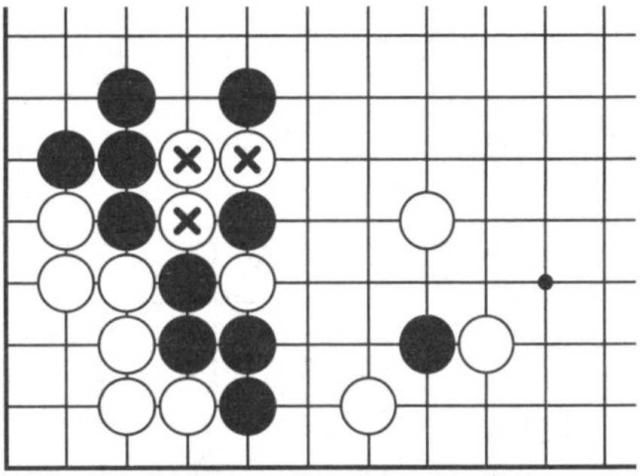

41

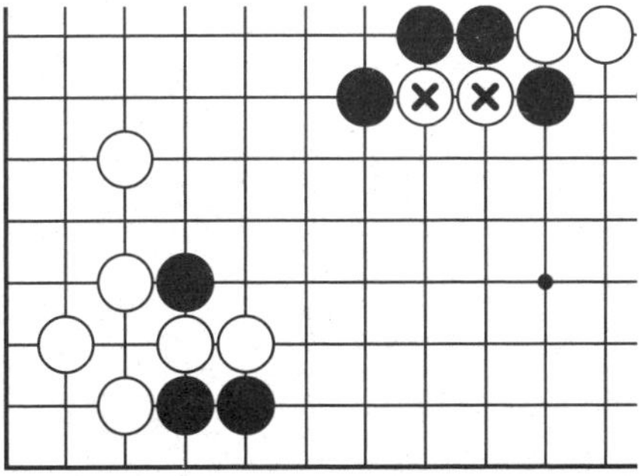

42

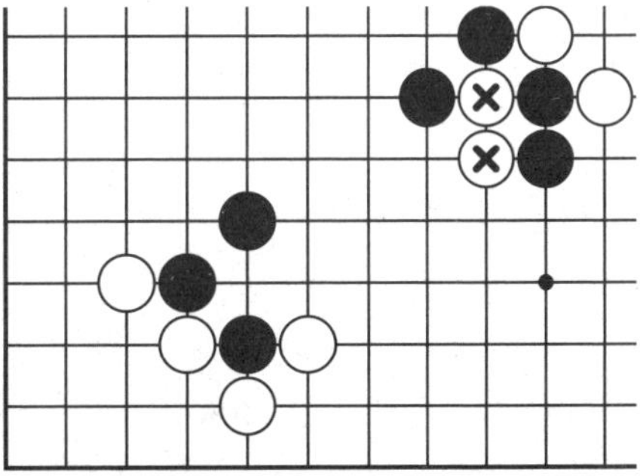

第29章

枷吃 2

在实战中，枷吃是最常用的吃子方法之一。在战斗关键的时候，通过枷吃的手段往往可以吃掉对方分断我方的棋子，从而帮助我方的棋子脱困。通过本章的练习，读者将会对枷吃的技巧有一个更加深刻的理解。注意，枷吃注重的更多是棋形，只要棋形对了，基本上对方就跑不了了。

枷吃是一个充满想象力的杀法。如图 29.1 所示，因为旁边有好几颗白子，所以直接枷吃是不成立的。但是黑棋可以通过图 29.2 先在 1 位打吃一步，然后再使用枷吃。

图 29.1

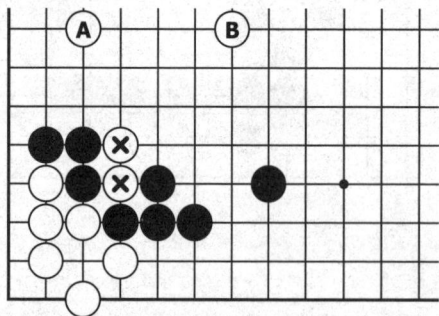

图 29.2

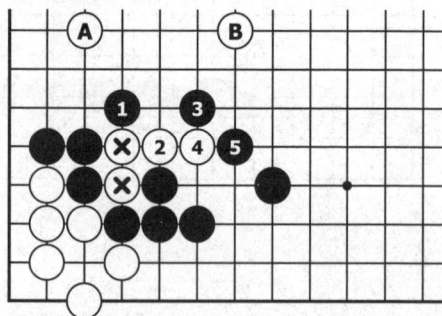

　　如图 29.3 所示，周围的白子太多时普通的枷吃是无法完成任务的。而在图
29.4 中黑棋小飞却是可行的。这其实也是枷吃的一种下法，此时虽然白棋周围棋子
众多，但是依然无法救出被枷吃住的两颗白子。

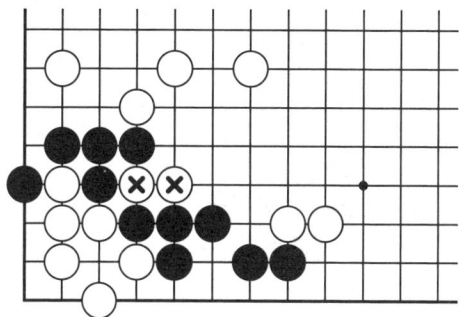

图 29.3

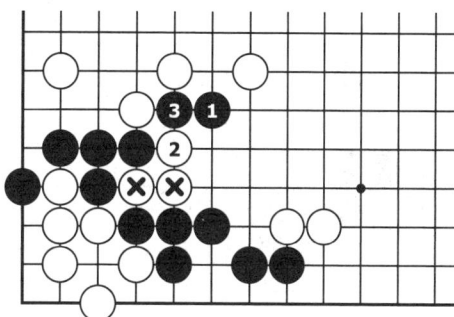

图 29.4

黑先下，通过枷吃的手段吃掉有 X 标记的白子。

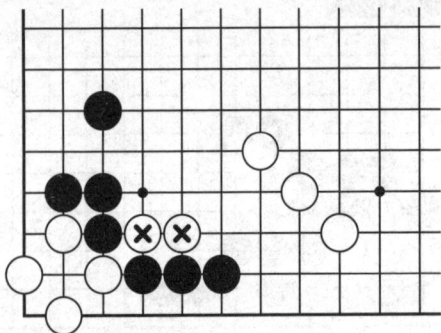

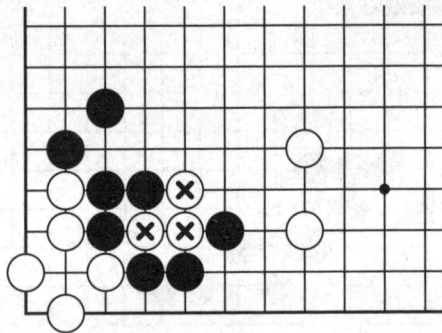

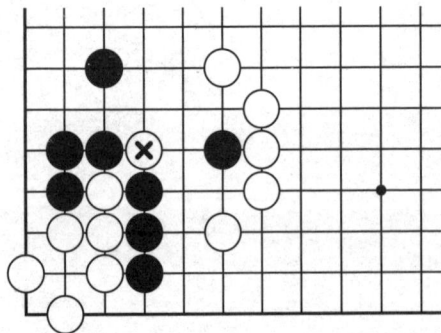

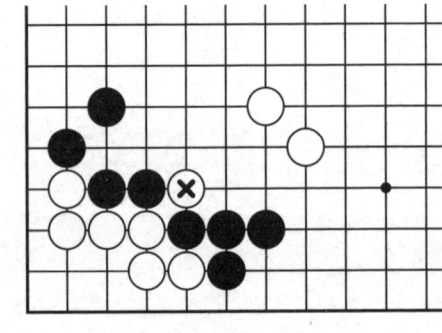

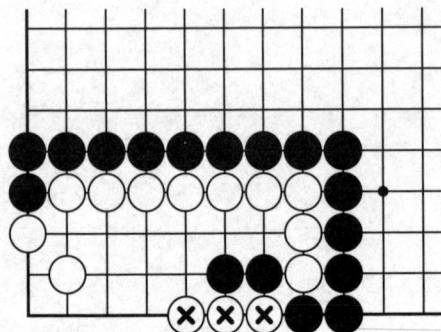

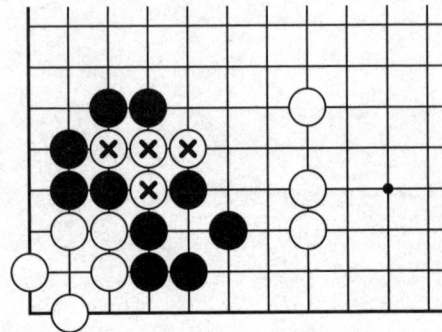

黑先下，通过枷吃的手段吃掉有 X 标记的白子。

7

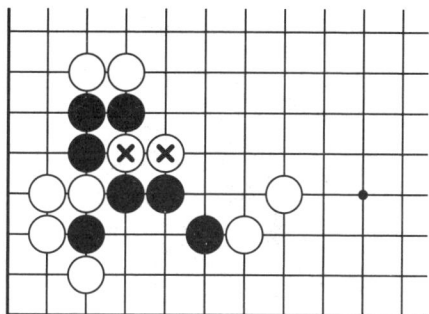

8

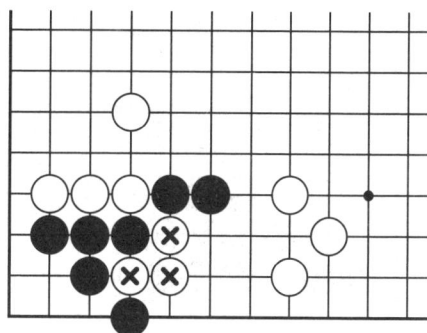

9

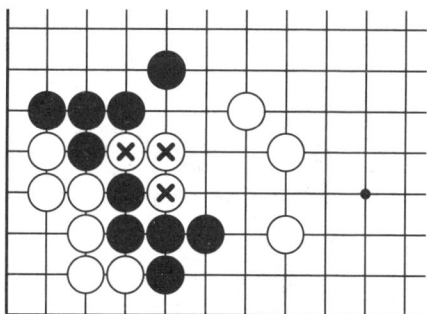

10

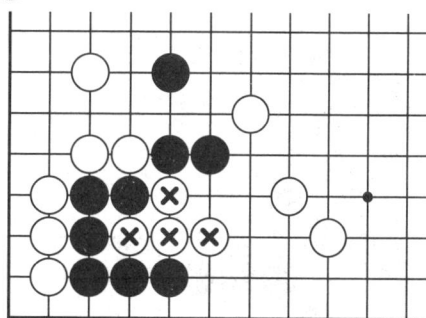

11

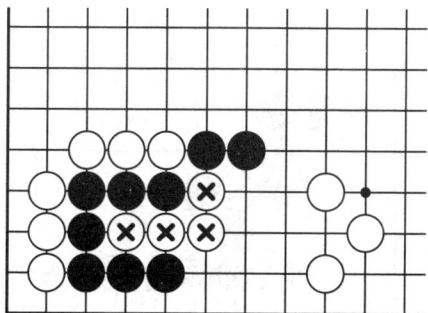

12

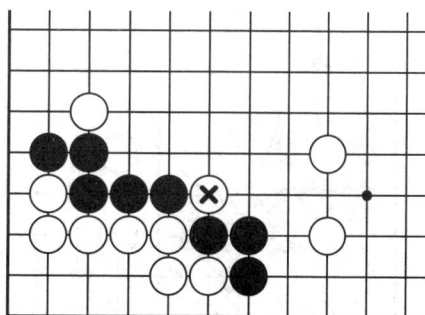

黑先下，通过枷吃的手段吃掉有 X 标记的白子。

13
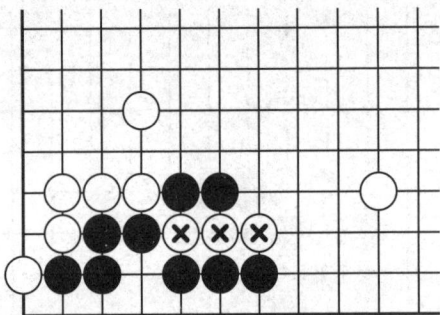

14
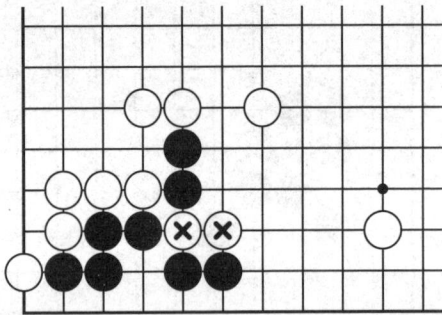

15
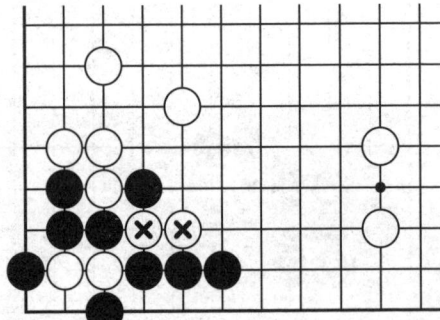

16
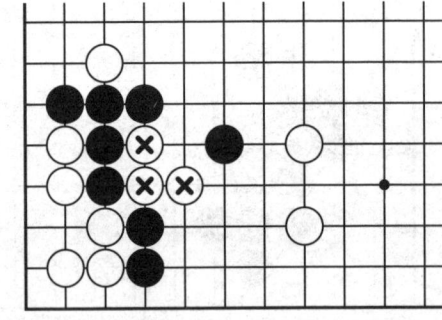

17
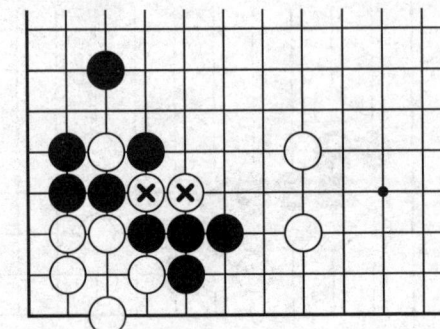

18
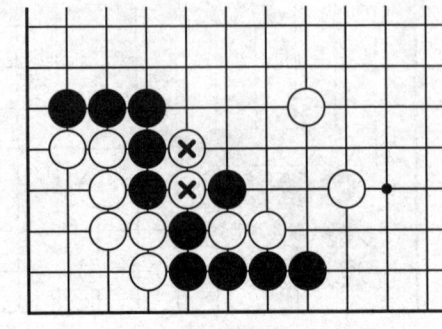

黑先下，通过枷吃的手段吃掉有 X 标记的白子。

19

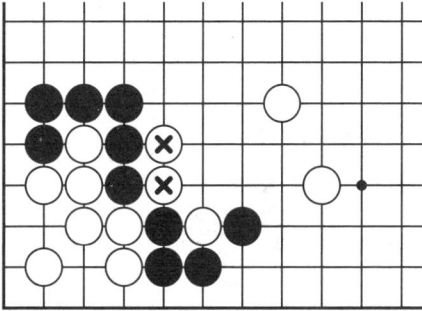

20

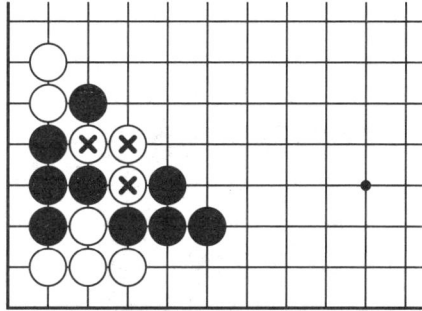

21

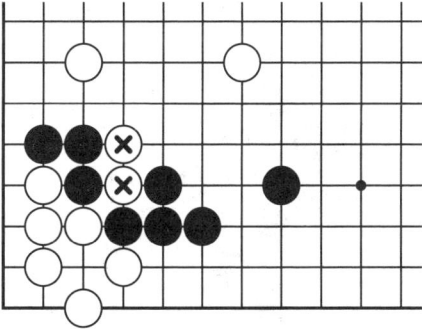

22

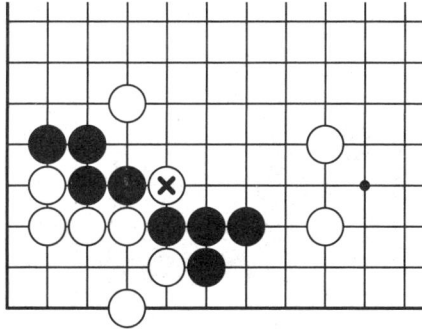

23

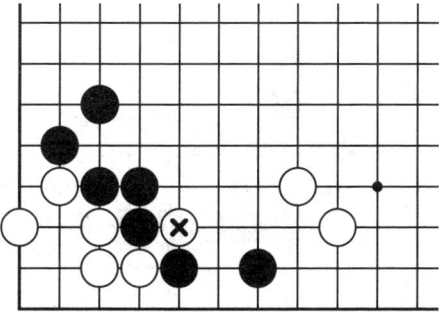

24

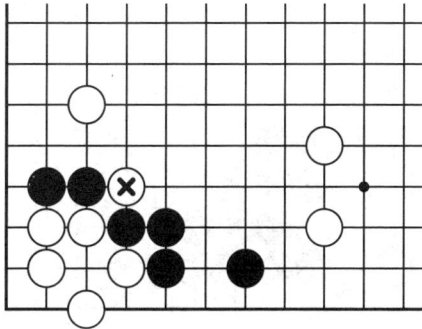

黑先下，通过枷吃的手段吃掉有 X 标记的白子。

25
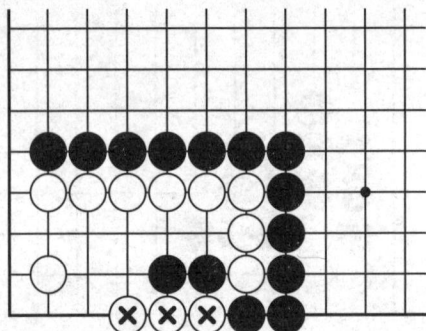

26
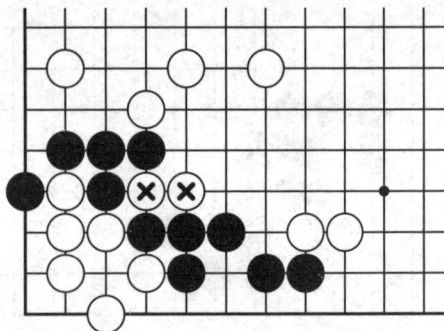

27
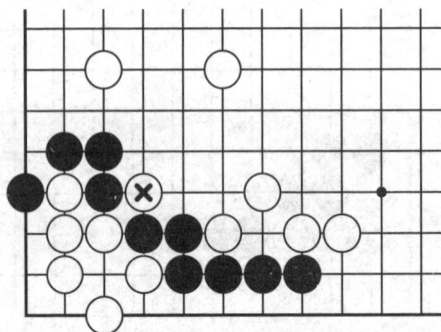

28
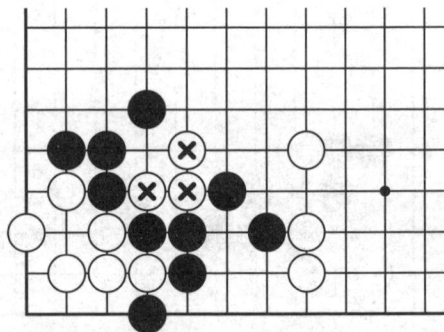

29
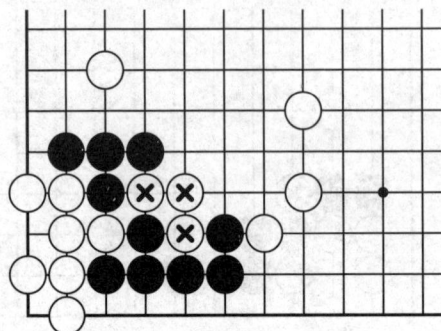

30
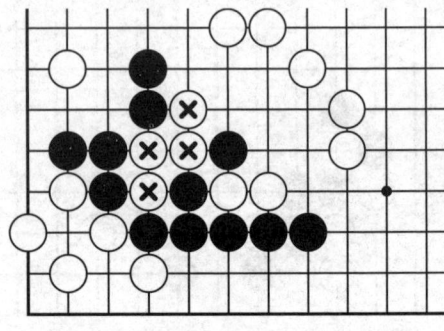

黑先下，通过枷吃的手段吃掉有 X 标记的白子。

31
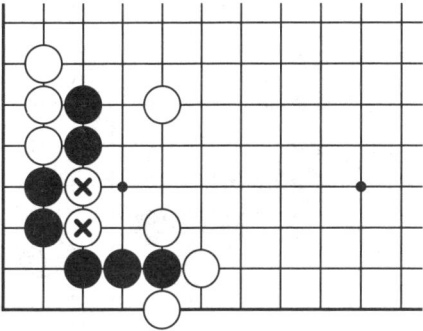

32
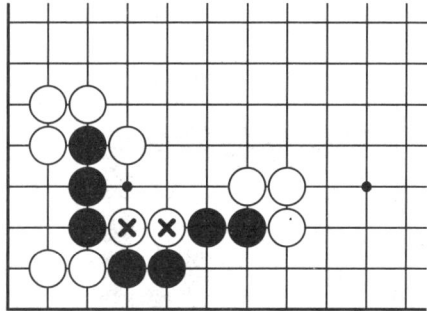

33
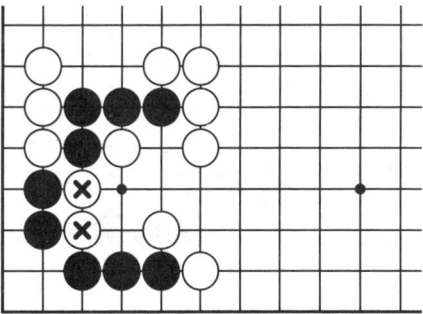

34
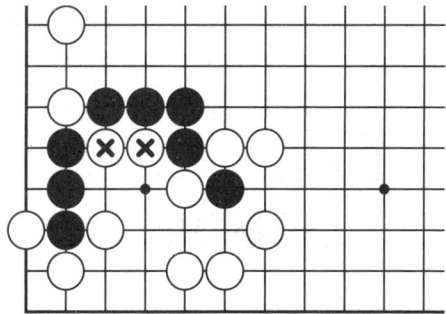

35
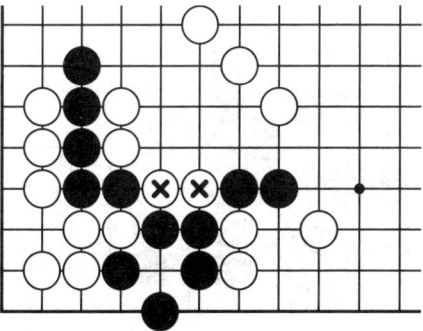

36
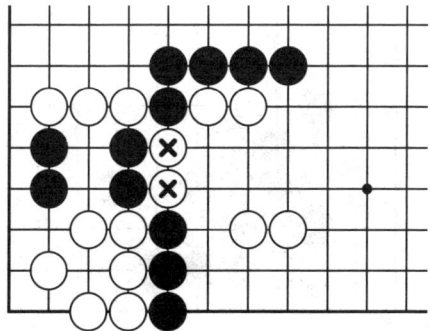

黑先下，通过枷吃的手段吃掉有 X 标记的白子。

37

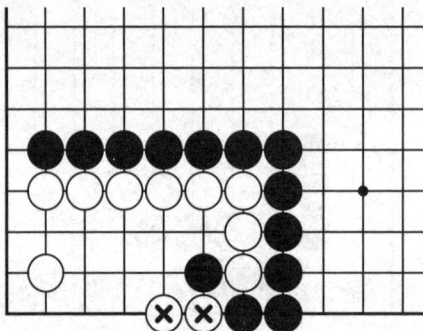

38

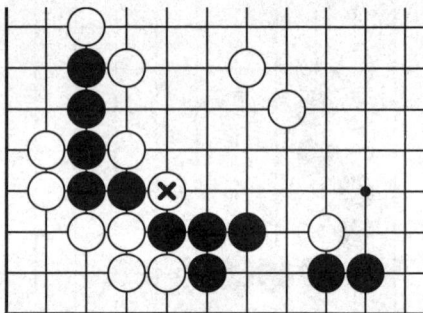

39

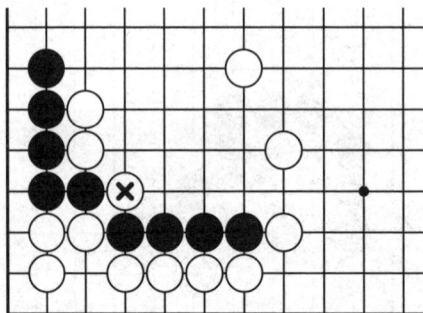

40

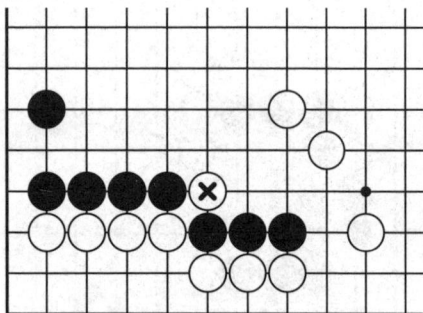

41

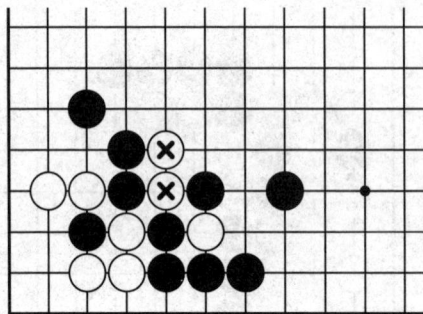

42

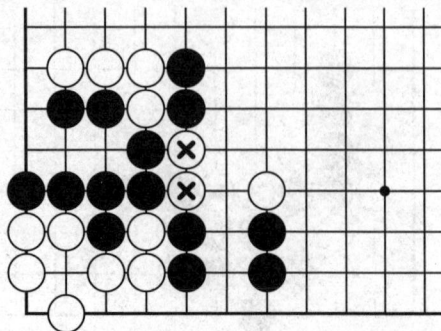

第30章
扑吃 2

弃子是围棋高级作战技巧，而扑吃是弃子最直接和最简单的形式。在扑吃中，最重要的是扑，这个手段的核心是给对方吃一个子（或多颗子）使对方的气变得更少，最终吃掉对方或者降低对方棋子的效率。将欲夺之，必固予之。

首先要将对方的棋子分断开，如果对方都连起来了，扑吃也就不太可能实现了。如图 30.1 所示，如果想吃掉白棋上边的两颗子，首先要想办法不让白棋上边的子和白棋下边的子连在一起。根据这个思路，图 30.2 黑 1 的手段就不难找到，白棋于 2 位打吃，黑棋于 3 位再打吃，最终形成了扑吃的结果。

图 30.1

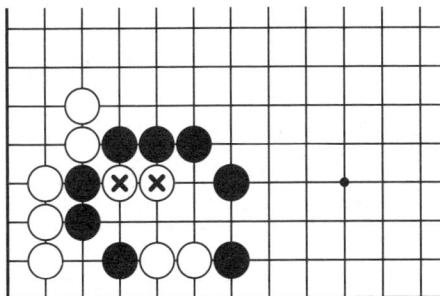

图 30.2

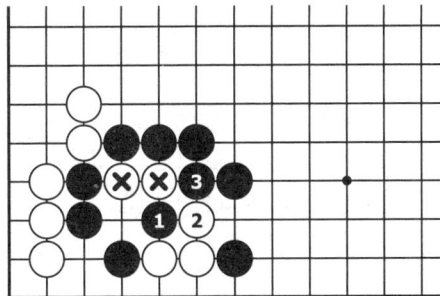

黑先下，通过扑吃的手段吃掉有 X 标记的棋子。

1

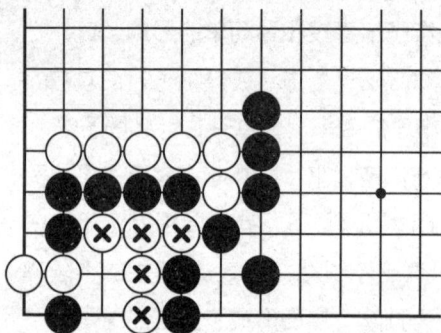

2

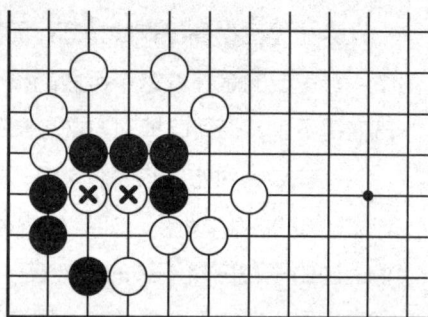

3

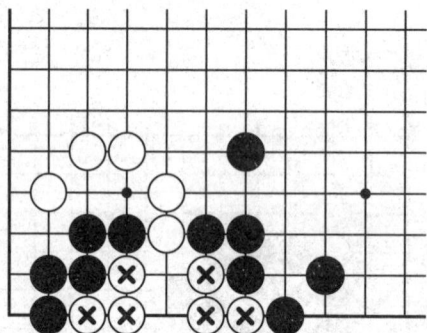

4

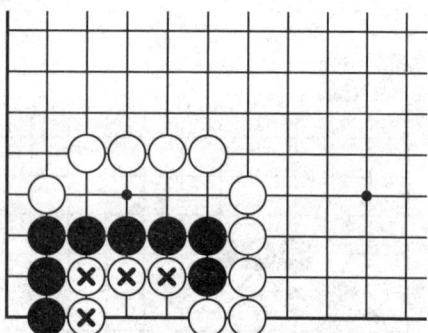

5

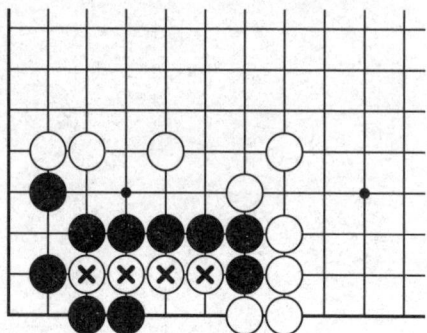

6

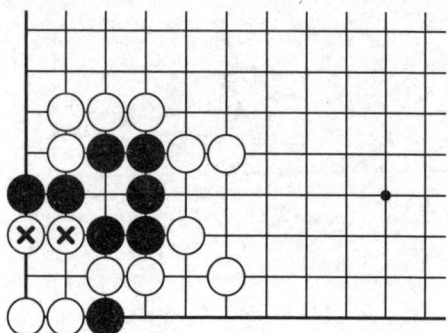

黑先下，通过扑吃的手段吃掉有 X 标记的棋子。

7

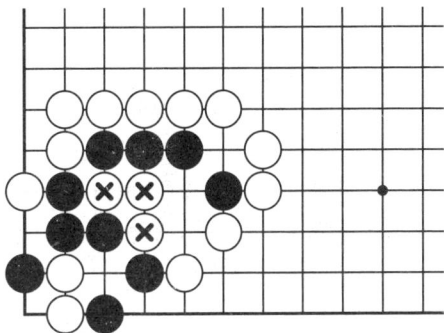

8

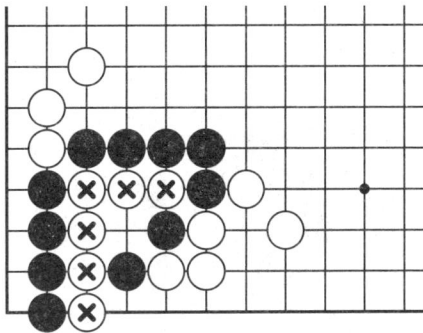

9

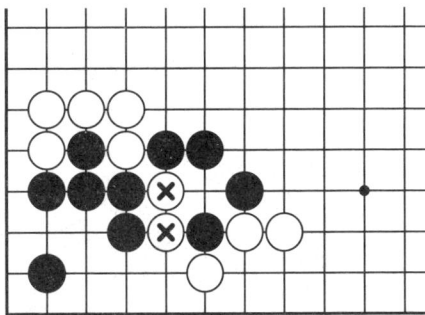

10

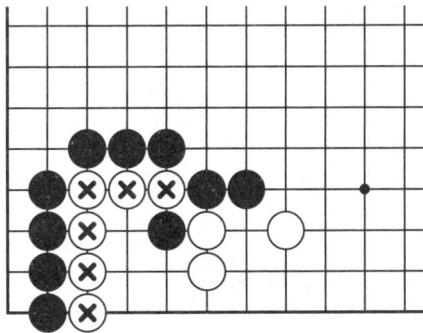

11

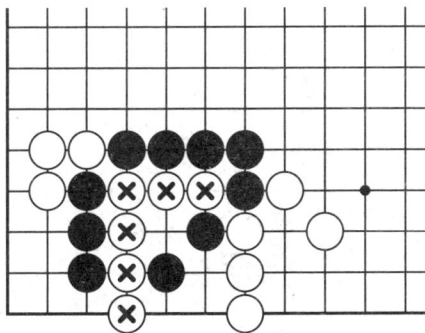

12

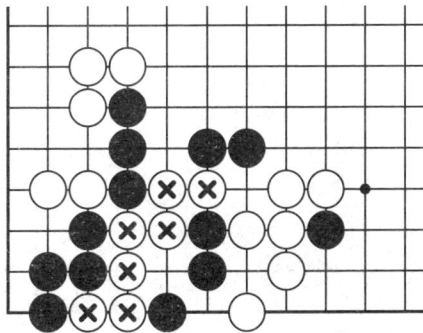

黑先下，通过扑吃的手段吃掉有 X 标记的棋子。

13

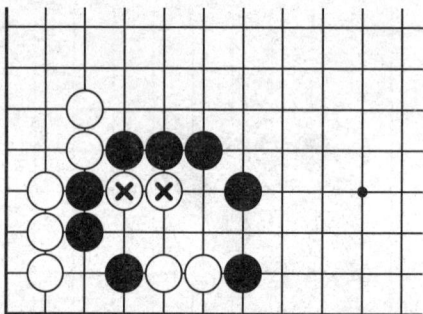

14

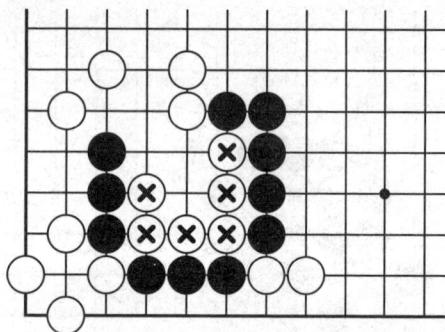

15

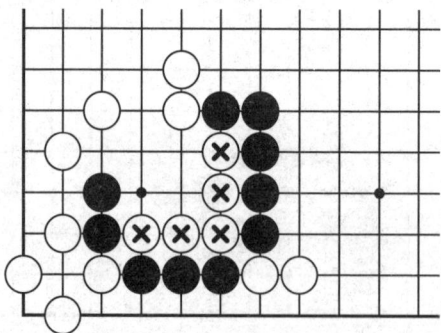

16

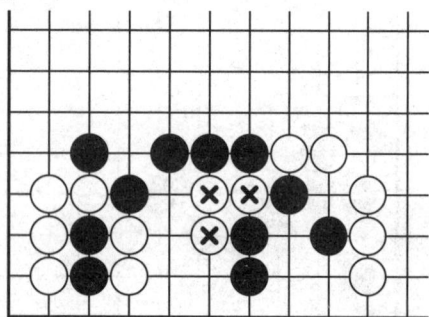

17

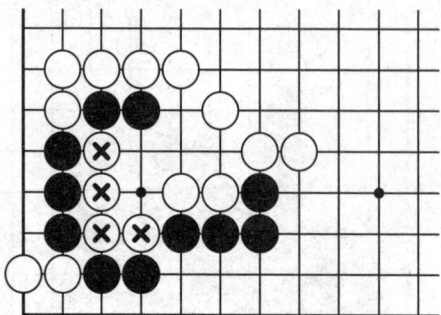

18

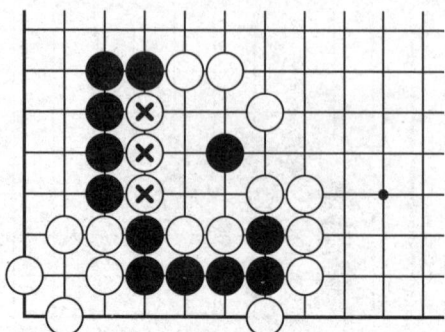

黑先下，通过扑吃的手段吃掉白子。

19

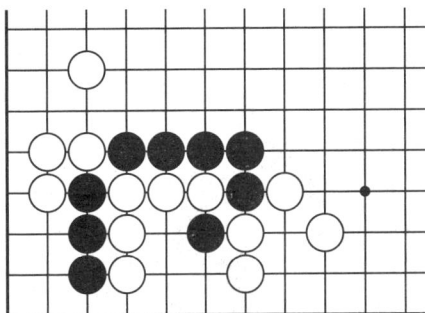

20

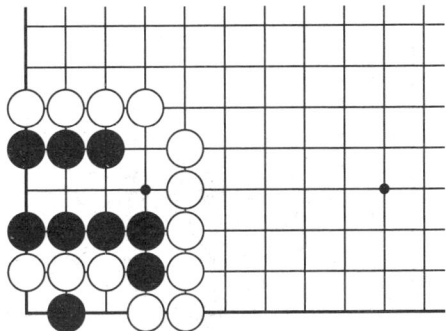

21

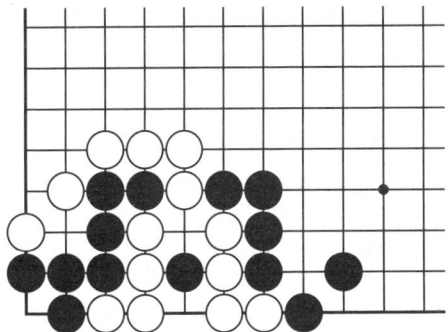

22

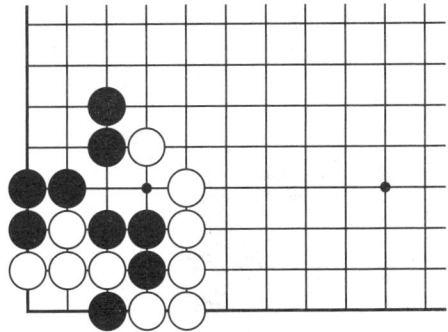

23

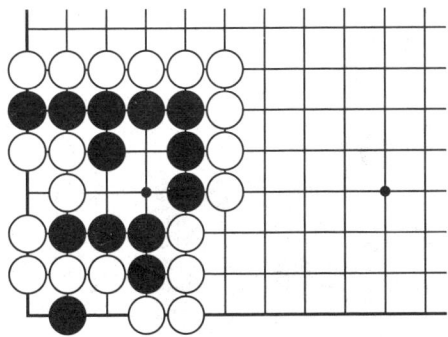

24

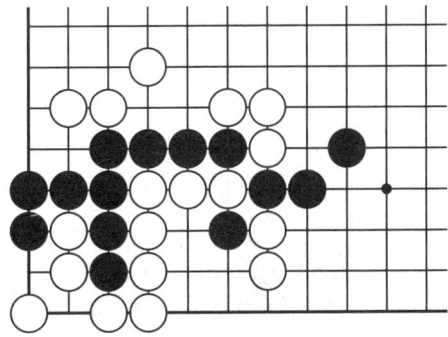

黑先下，通过扑吃的手段吃掉白子。

25

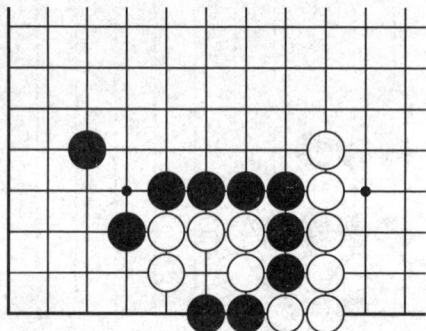

26

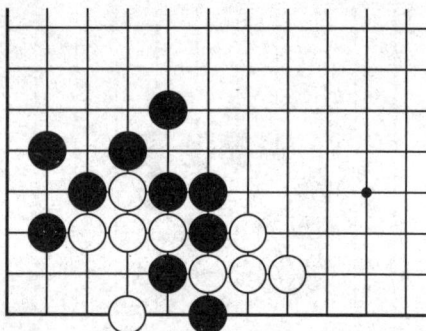

27

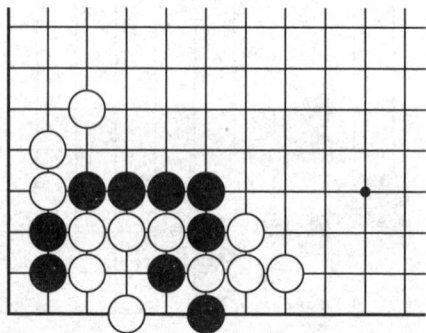

28

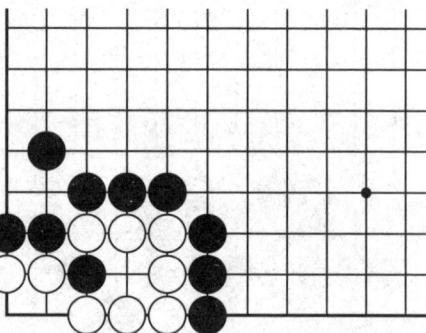

29

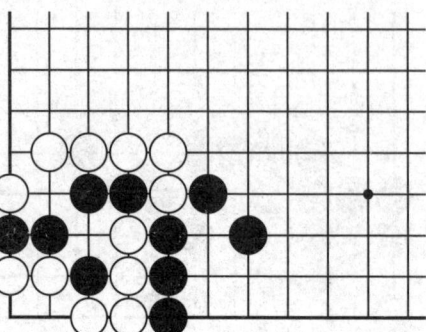

30

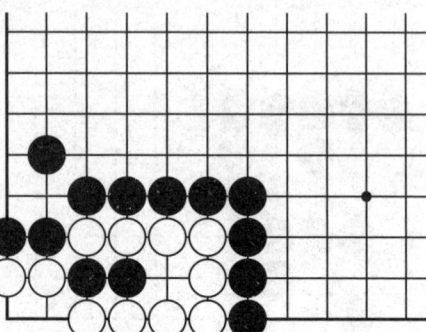

一些建议

常有人问我有没有什么学习围棋的诀窍，这个问题真的很难回答，毕竟每个人的特点和情况都不尽相同：一些我认为的好的方式和方法可能适合一些人群，但不代表就适合其他人；一些特殊的办法虽然对大多数人没什么帮助，但对特殊的人群却很有效果。经过多年的教学实践和总结，我归纳了一些我所看到并实践过的学棋方法，这里分享给大家，希望对您有所帮助。

围棋是"下"出来的，而不是学出来的

我的学生总问我："樊老师，我该如何学棋进步才会更快？背定式，做死活题，还是学习职业棋手的棋谱？"这些练习的方法当然都是有用的，但是我往往会告诉我的学生，最有效的学习方法不是这些，而是"下棋"。如果我们每天有超过 5 个小时以上的时间进行围棋训练，为了不重复地做一件事情而感到枯燥，我们当然可以每天做 100 道题，背几个定式及其变化，再深度研究几盘职业棋手的棋谱。但事实是，除非您选择了成为职业棋手，否则大部分的孩子每天是没有这么多的时间学习围棋的。一般情况下，每天可以投入一到两个小时来学习围棋已经是非常不容易了。

既然我们每天学习围棋的时间那么宝贵，那么我建议您把有限的时间用在对局上。对局可以帮助学棋者积累大量的经验，巩固之前所学过的所有知识。俗话说："熟能生巧。"通过大量的对局，不仅可以将学到的知识转化为自己的能力，对局所产生的各种棋形还会深深地烙印在我们的大脑里，帮助大脑形成自己的"顾问网络"，也就是俗话说的"第一感"。

同时，在对局中我们也可以学习大量对手的下法。最好的老师往往是我们的对

手，因为对手在对局中肯定会毫无保留地展示自己最好的一面。对手的一些厉害手段，一些有趣的下法，一个自己没有见过的定式等，我们都可以尝试运用到自己的其他对局中，这其实也是提升学习能力的最好手段。通过观察周围的事物，尝试了解并进行复制，最后变成自己的知识，这难道不是我们梦寐以求的能力吗？

请注意，我从来没有说学习围棋的理论知识不重要。正好相反，没有理论知识的支撑，所有的实践可能都是一纸空谈。很多人在学习时会有一种"我学会了"的感觉，其实那完全是错觉。现在的状态顶多是"我知道了"，而且很有可能很快"我知道了"就会变成"我不记得了"。没有实践的理论就像是冲了一个淋浴，冲的时候感觉好多水，但是等干了，什么也不会留下。虽然在对局时，我们会把学到的理论运用得不好甚至很糟，但这是真正掌握理论知识的必经之路。另外，"下棋"总比"学棋"要来得有意思，将枯燥的"学棋"体验和有趣的"下棋"体验结合，也会让整个学棋的过程更加轻松愉快。

做死活题

另一个非常重要的学棋方法是做死活题。这个可能有些老生常谈了，不过我想告诉您应该如何更加有效地做死活题。

首先，做题不需要每天投入大量的时间。每天半个小时就不错，但是最好每天都坚持，因为每天做题可以产生持续的棋形记忆，这将有效地帮助学棋者提升对局中对有问题棋形的敏感度，从而大大提升 "棋感"。尽量不要把每天的半个小时变成每两天的一个小时，有规律的练习效果才会更好。

至于该做什么难度的题，我建议尽量做简单的题，最好是那种在 15 ~30 秒就可以找到答案的题目。为什么做这么简单的题目呢？您需要知道，能够做对题目，不代表在对局中也能找到相应的答案，毕竟在下棋时，没有人提醒你"这个地方是有问题的"，大量简单的题目可以有效加强学棋者对棋形的敏感度，从而在对局中也可以敏锐地发现问题并找到答案。而且孩子集中注意力的时间是很短的，简单的题目可以帮助孩子持续专注做题，如果 5 分钟还没有做出来，孩子可能早就走神了。同时，难度高的题目会让初学者产生挫败感，大量的挫败感会让我们失去兴趣。兴趣是一切学习的驱动力，简单的题目会大大增加我们的成就感，从而提高学棋者对学习的兴趣，最终获得进步。

第**31**章

紧气吃 2

通过本章的练习你会发现，紧气吃是结合了之前所学的扑吃和征吃的组合体。道理很简单：先利用扑吃的技巧将对方的气尽量缩短，再通过征吃找到可以将对方连续叫吃并最终吃掉的方向。这其中的关键依然是气。希望读者通过这些练习，对棋形的气有更加深刻的理解。

图 31.1 中角上的棋形在对局中非常常见，黑棋需要吃掉有 X 标记的白子才能够做活，此处黑棋就要利用白棋角部气紧的特点。图 31.2 中简单地打吃肯定是不行的，白棋简单地粘上，黑棋无功而返。图 31.3 中黑 1 的扑吃是好棋。图 31.4 中，白棋只能提掉黑子，黑棋紧接着在 3 位打吃，白棋已经无路可逃了。

图 31.1

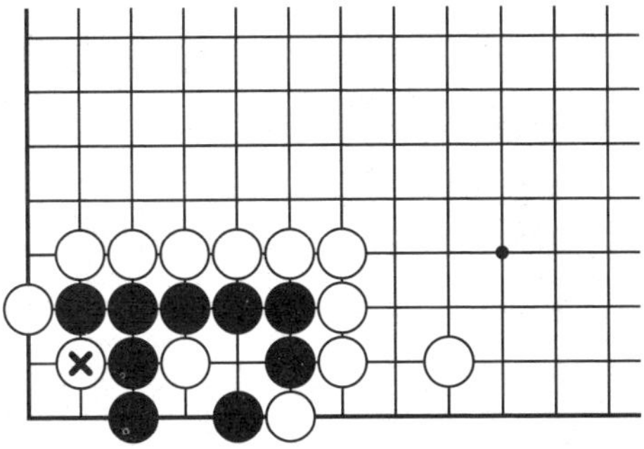

图 31.2

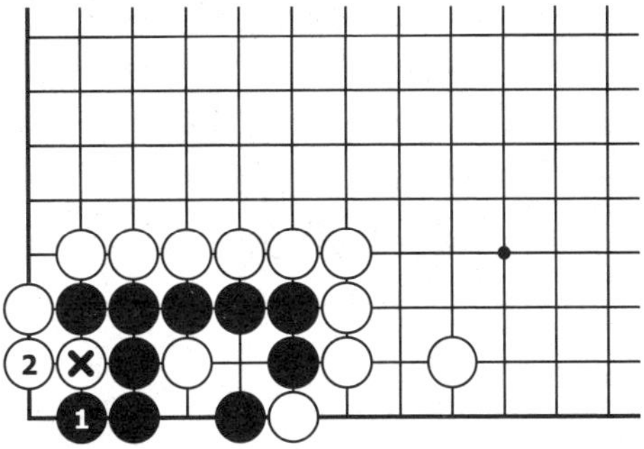

图 31.3

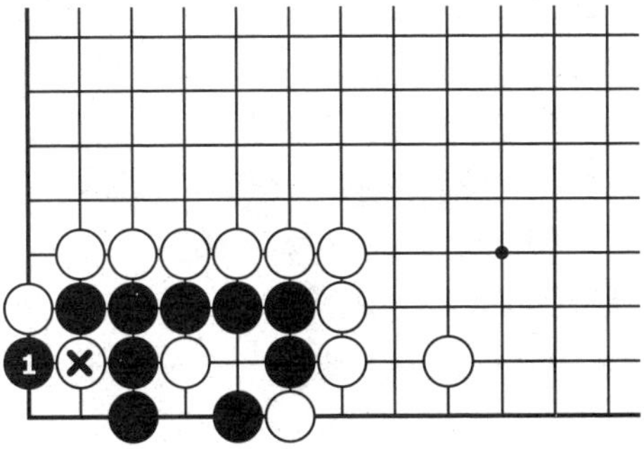

图 31.4

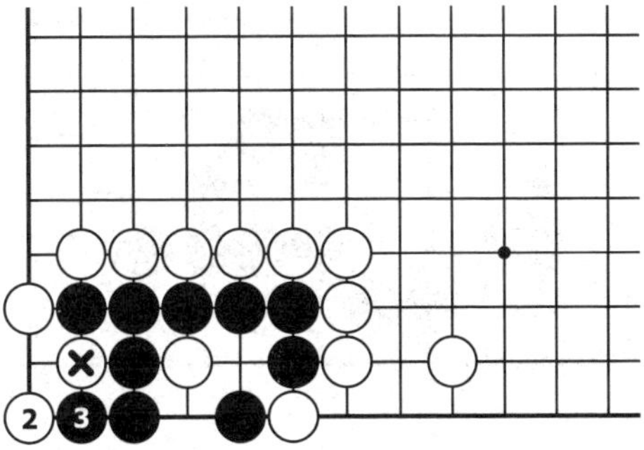

黑先下，通过紧气吃的手段吃掉白棋有 X 标记的棋子。

1

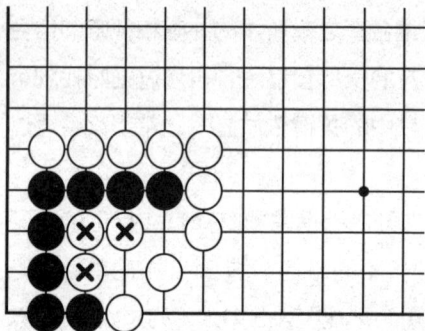

2

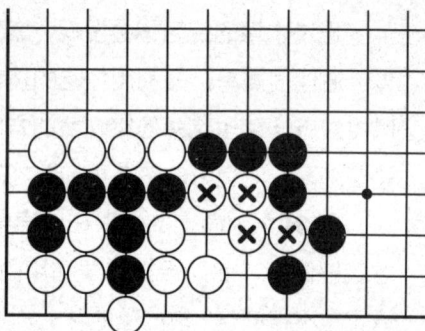

3

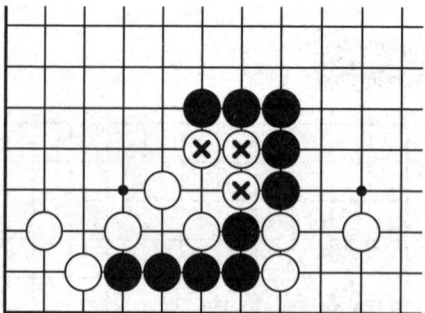

4

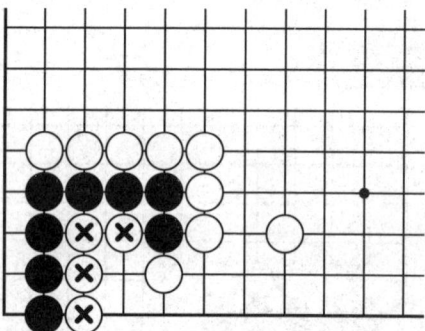

5

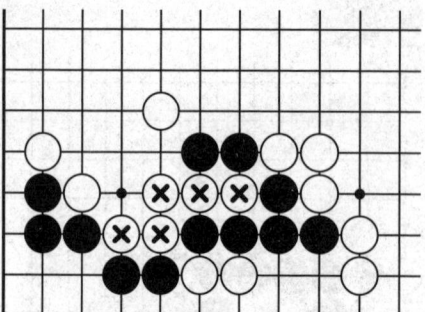

6

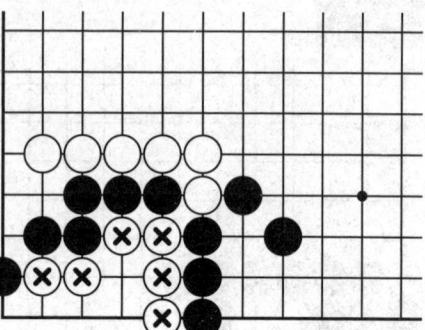

黑先下，通过紧气吃的手段吃掉白棋有 X 标记的棋子。

7

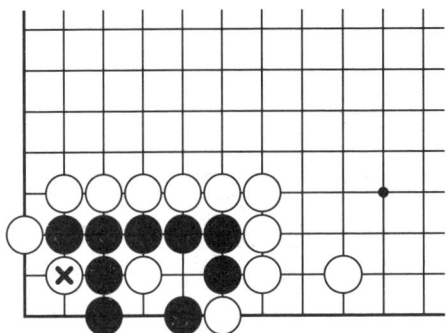

8

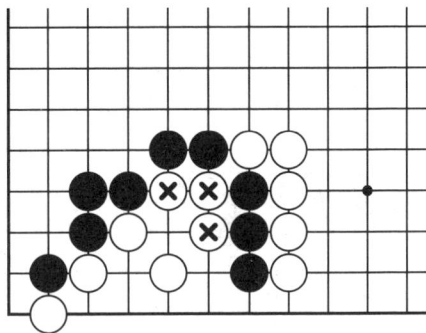

9

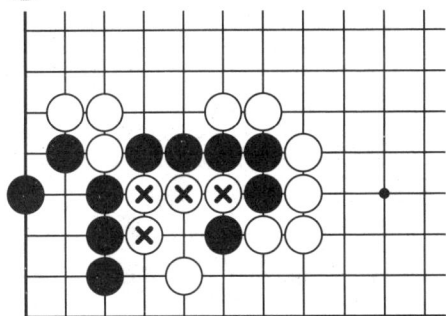

10

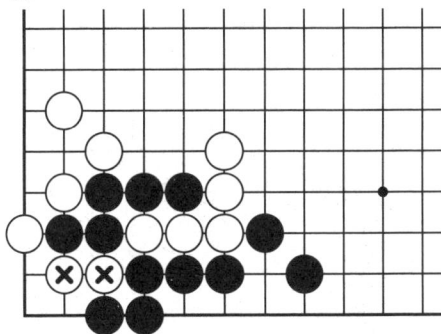

11

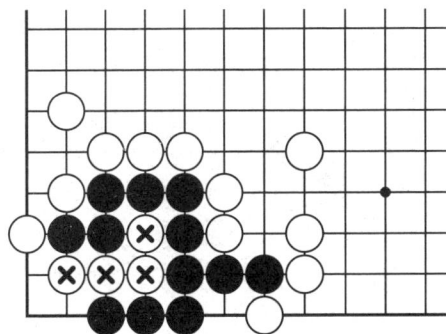

12

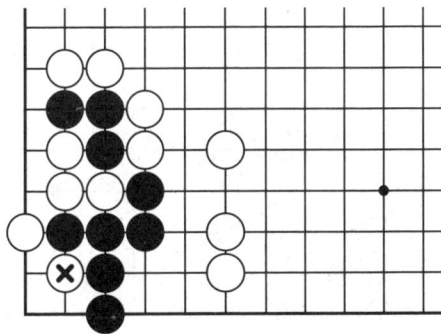

黑先下，通过紧气吃的手段吃掉白棋有 X 标记的棋子。

13

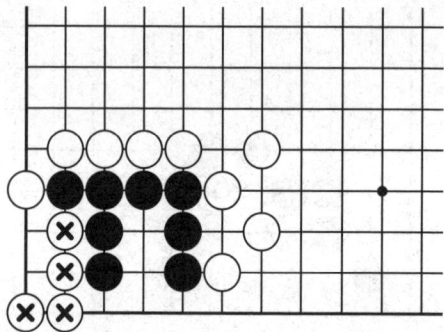

14

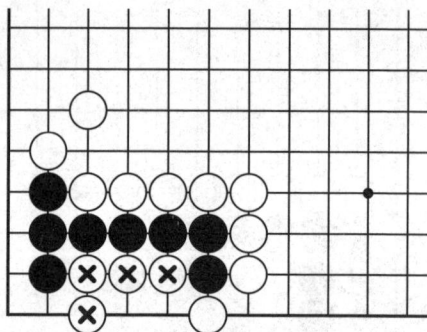

15

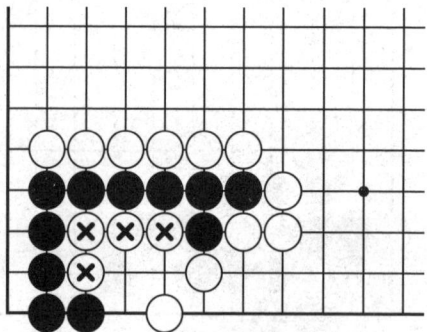

16

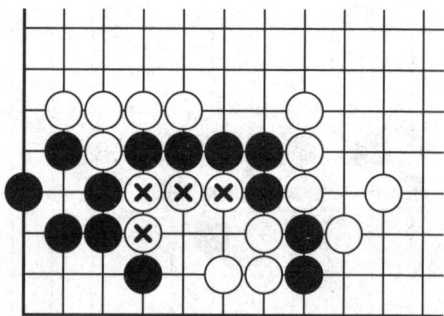

17

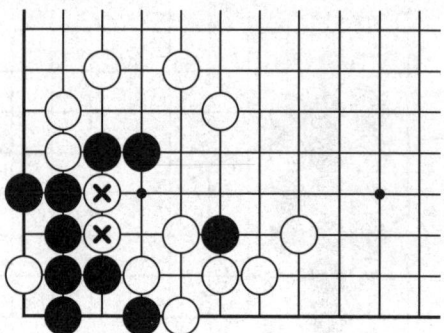

18

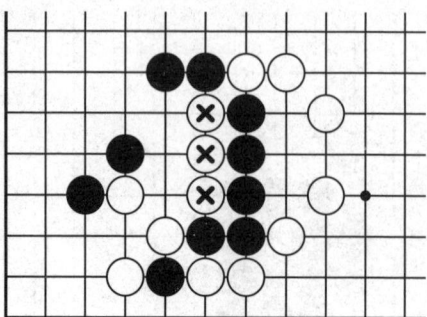

黑先下，通过紧气吃的手段吃掉白棋有 X 标记的棋子。

19

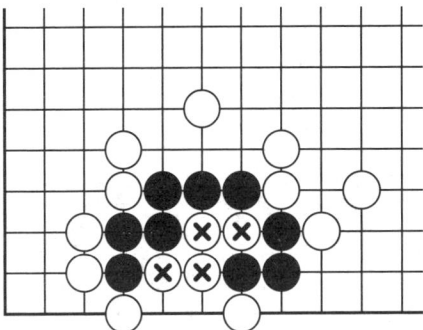

20

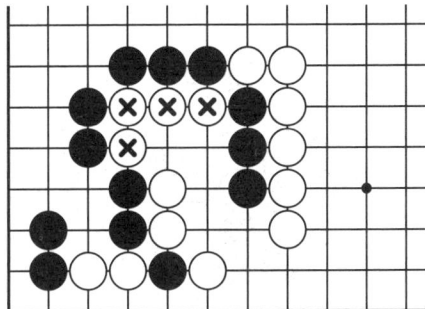

21

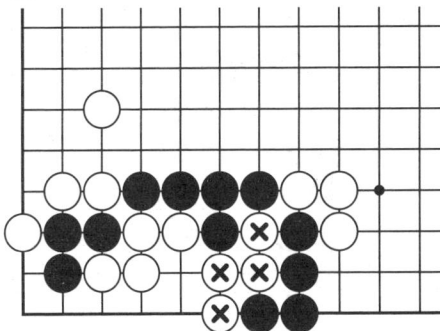

22

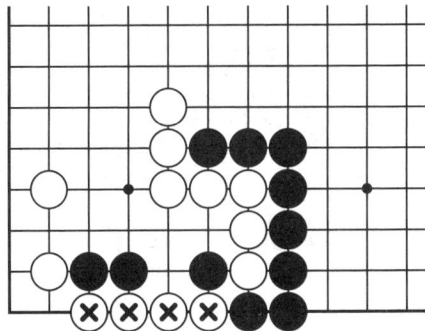

23

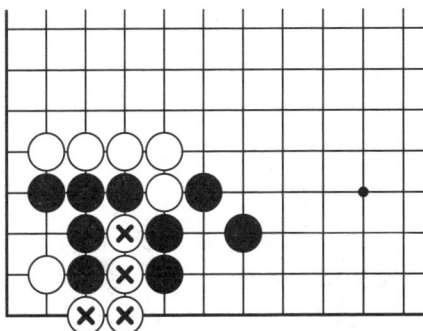

24

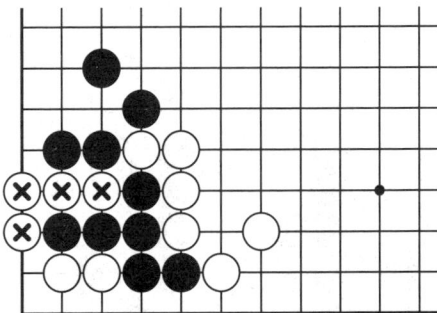

黑先下，通过紧气吃的手段吃掉白棋有 X 标记的棋子。

25
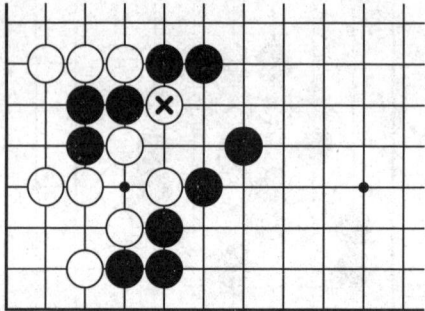

26
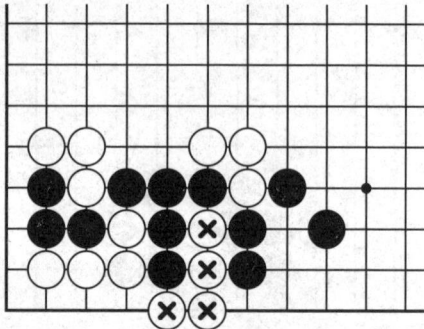

27
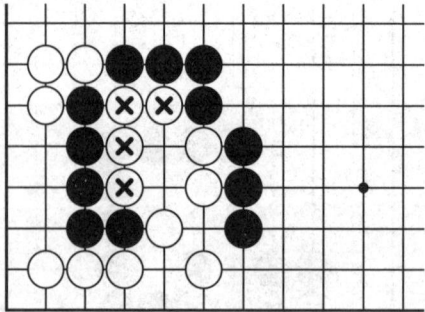

28
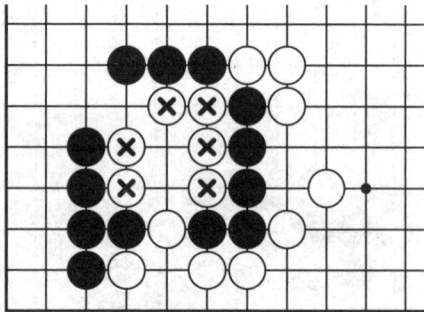

29
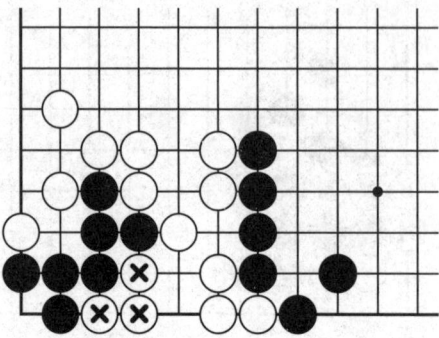

30
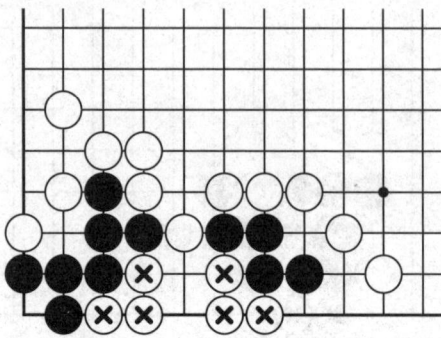

黑先下，通过紧气吃的手段吃掉白棋有 X 标记的棋子。

31
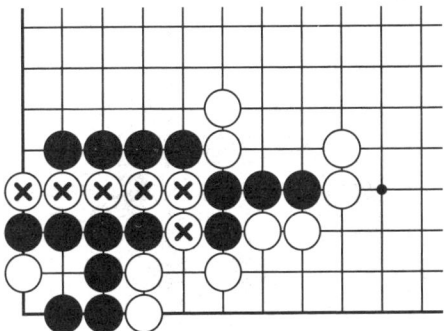

32
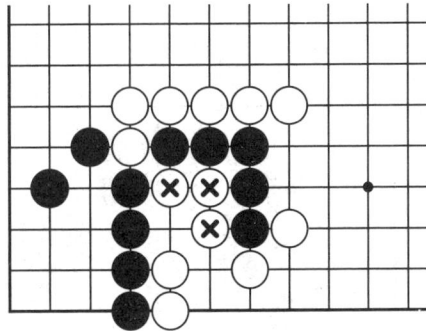

33
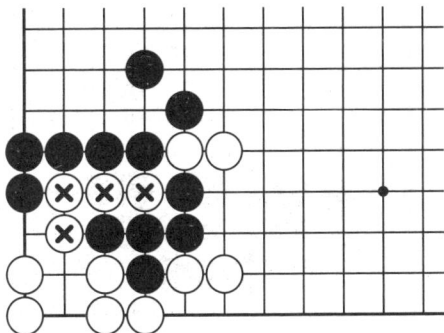

34
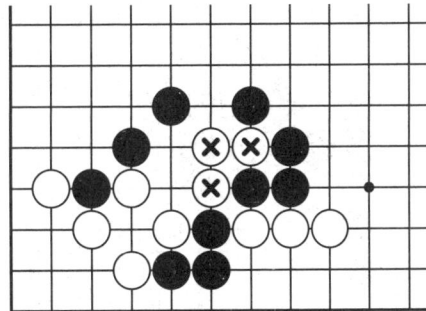

35
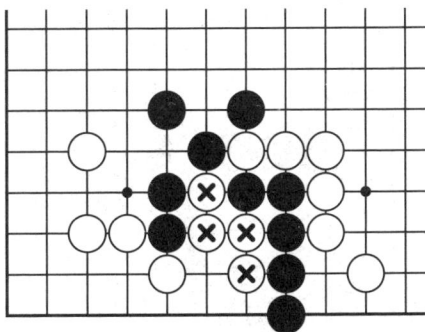

36
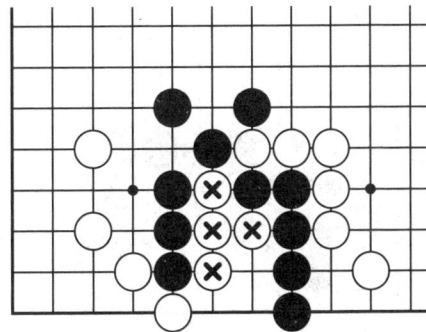

黑先下，通过紧气吃的手段吃掉白棋有 X 标记的棋子。

37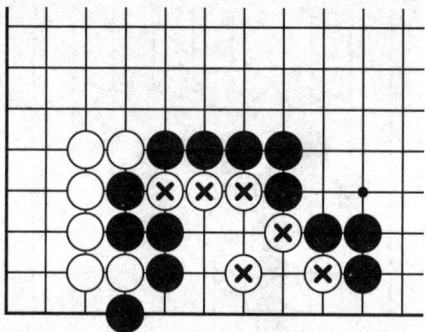

38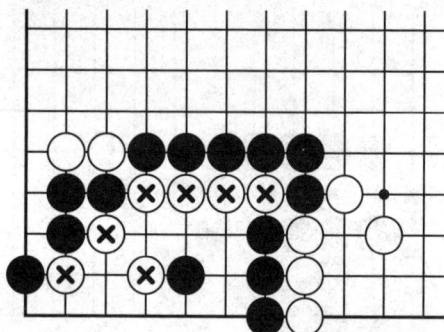

39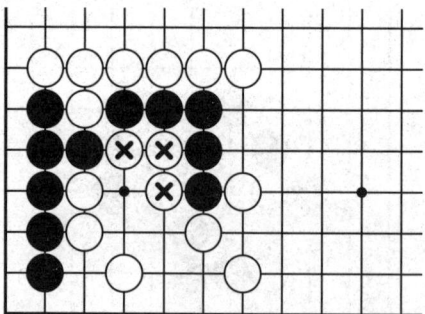

40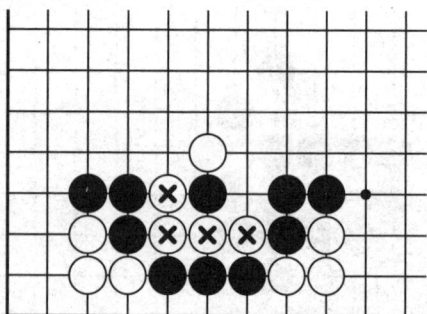

41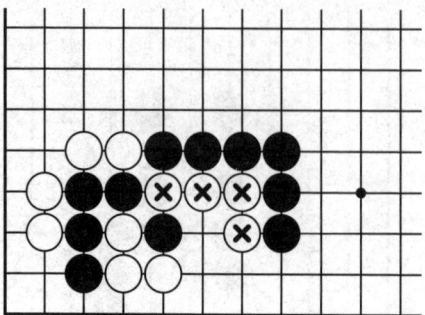

42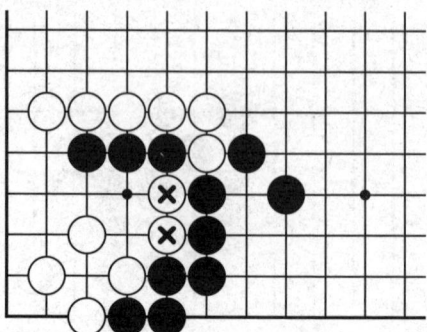

黑先下，通过紧气吃的手段吃掉白棋有 X 标记的棋子。

43

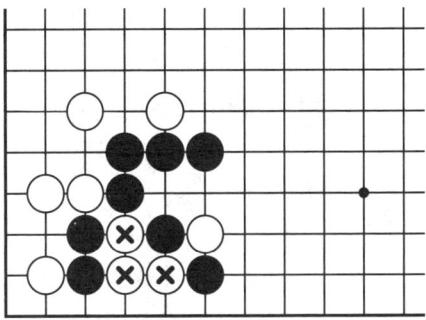

44

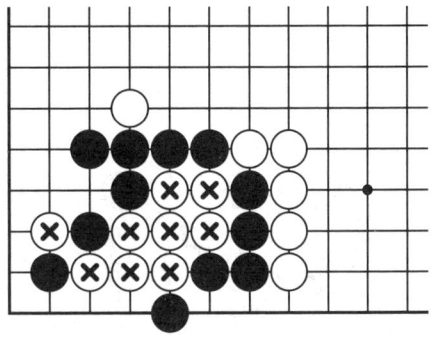

45

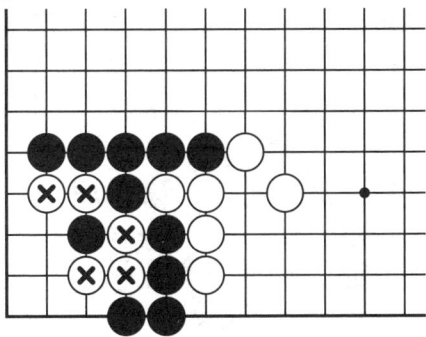

46

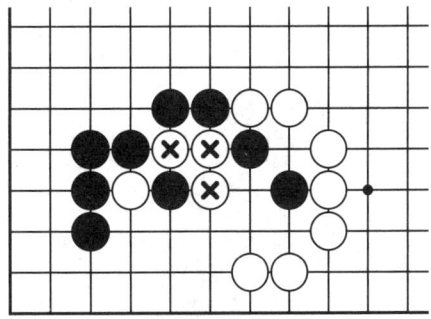

47

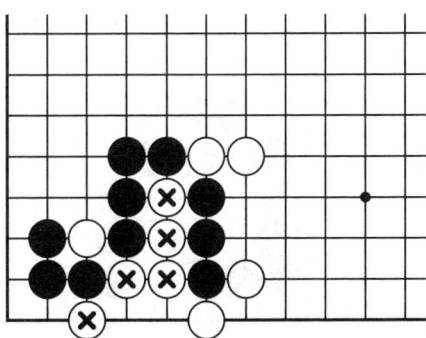

48

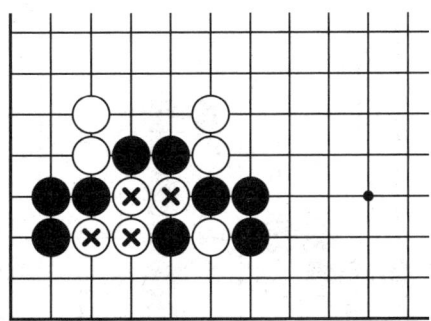

黑先下，解救黑棋被困的棋子。

49

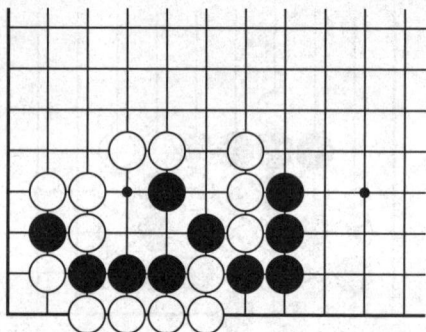

50

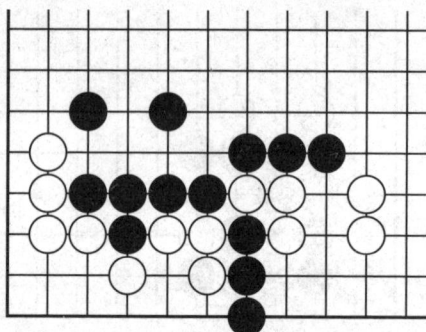

51

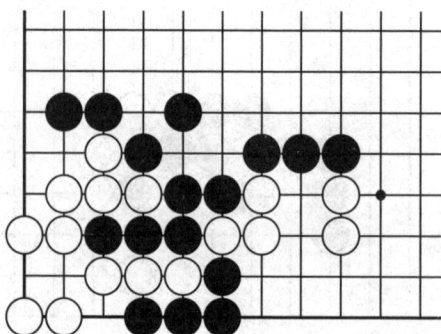

52

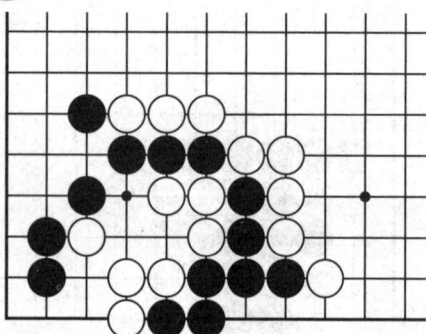

53

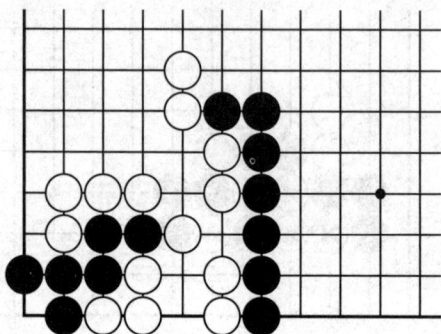

54

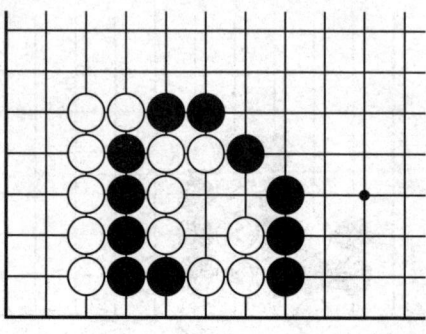

黑先下，解救黑棋被困的棋子。

55

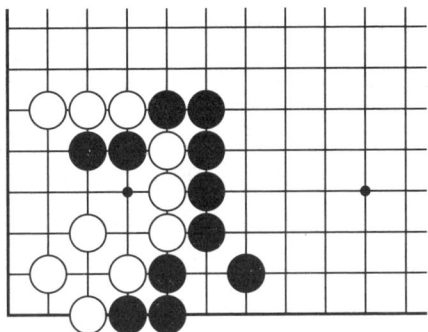

56

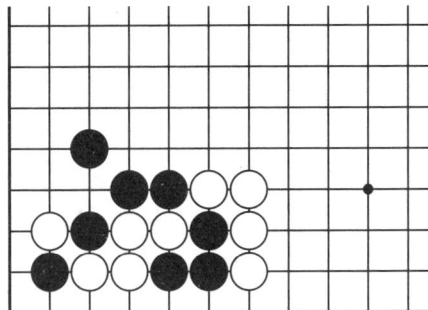

57

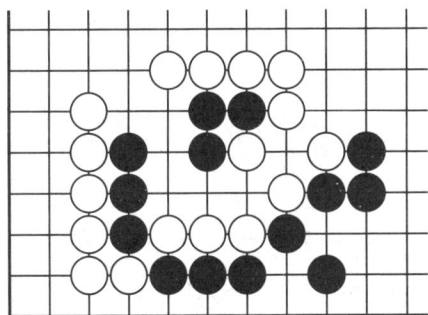

58

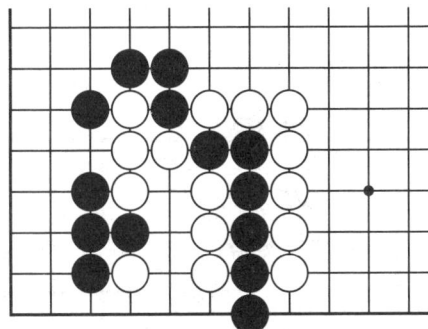

59

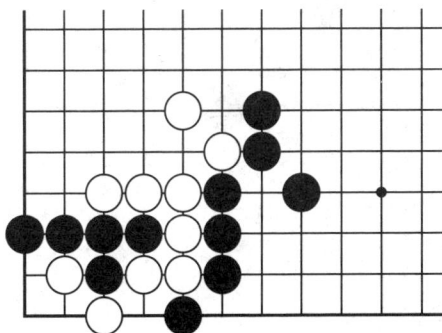

60

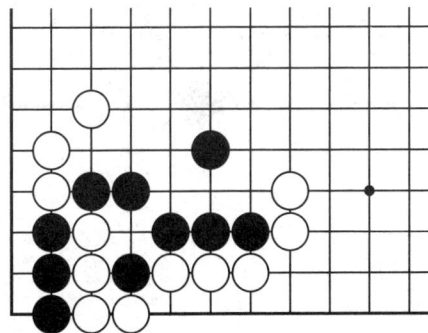

第32章

领地 3

在围棋比赛中，谁最终占的领地大，谁就获胜。但如何界定哪些领地是对方的，哪些是己方的呢？只要对方在我包围的区域内不能活棋（与自己的其他活棋连接上当然也算活棋），那么这块区域就是我的领地。

把领地的概念弄清楚了，那么就需要时时刻刻注意自己领地存在的缺陷，并观察对方的领地有哪些漏洞。例如图 32.1，轮到黑棋落子，我们发现黑棋的领地要比白棋的大，但是黑棋的领地安全吗？首先，白棋的领地已经非常结实了，图 32.2 中角上白棋有三颗棋子，但是无论黑棋下不下子，白棋都不可能再做出两个眼了。那么黑棋的领地没有其他缺陷了吗？请仔细观察哪里有断点。

图 32.1

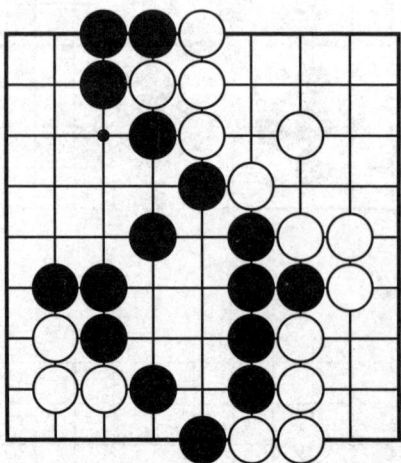

图 32.2

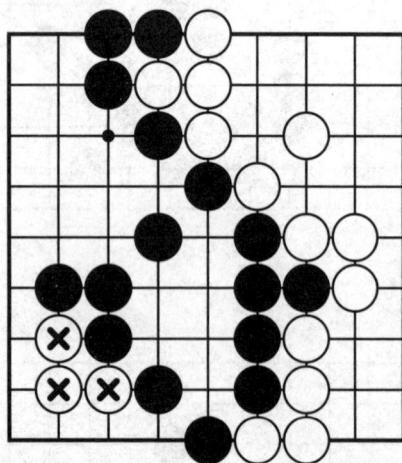

其实黑棋的领地里还是有致命缺陷的，图 32.3 中白棋在 1 位打吃，黑棋的领地立刻就无法保全了，黑棋如果连接上，白棋在 3 位打吃黑棋三子立刻死亡。当然，白棋的领地将立刻反超黑棋。黑棋此时应该将断点粘上（如图 32.4 所示），这样黑棋的领地就没有问题了。

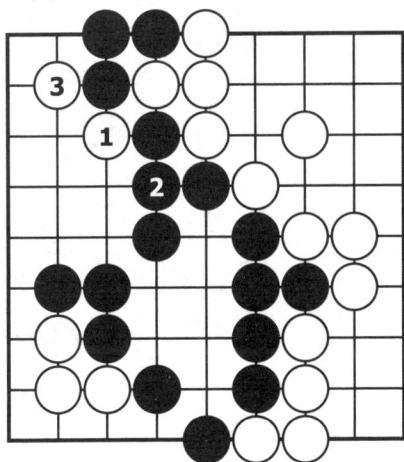

图 32.3

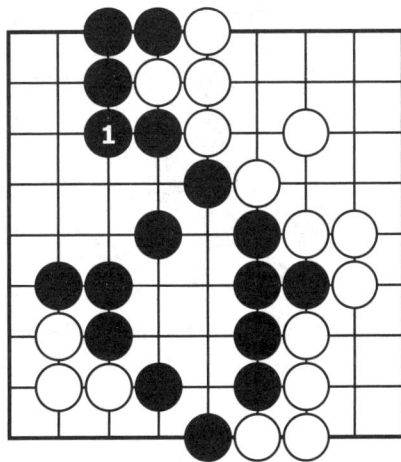

图 32.4

轮到黑棋落子，对局结束了吗？请仔细检查一下白棋的领地。

1

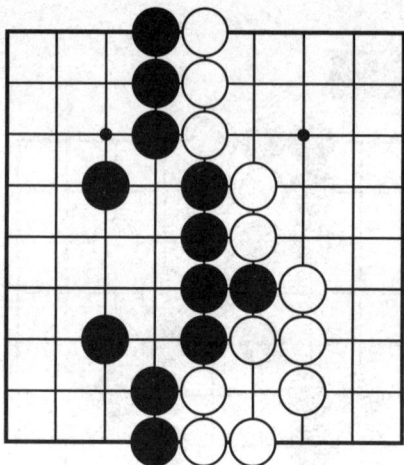

2

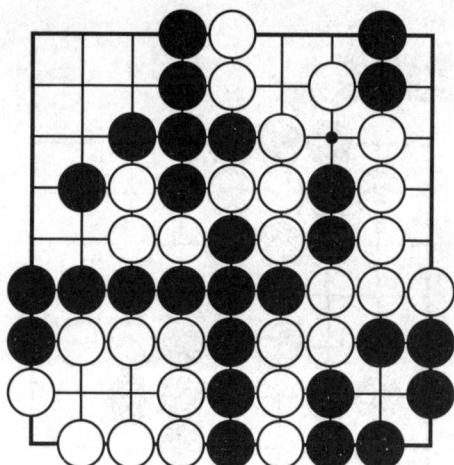

3

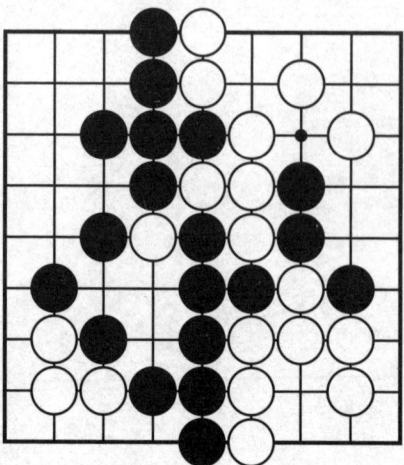

4

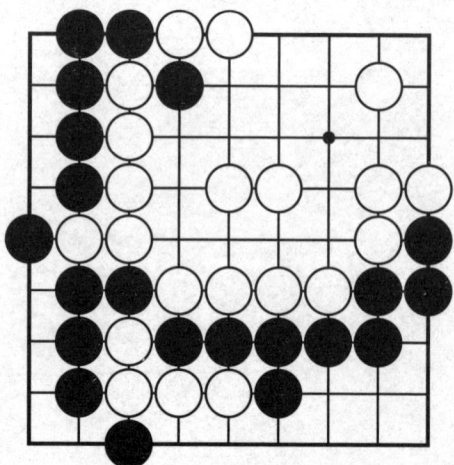

轮到黑棋落子，对局结束了吗？请仔细检查一下白棋的领地。

5
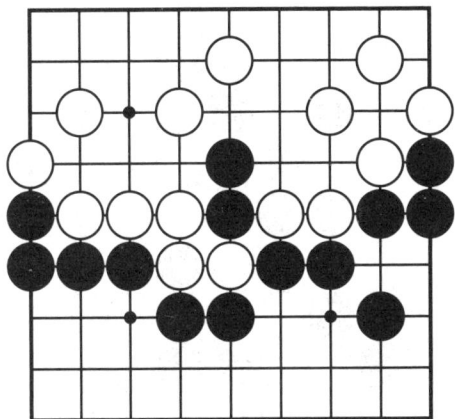

6
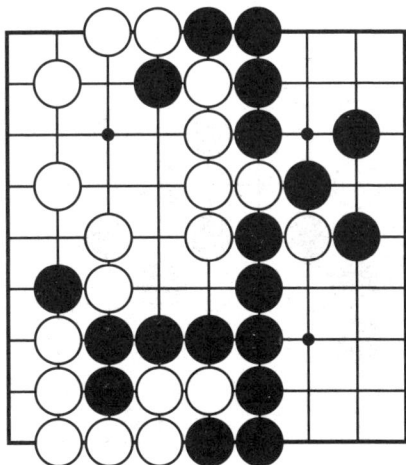

7
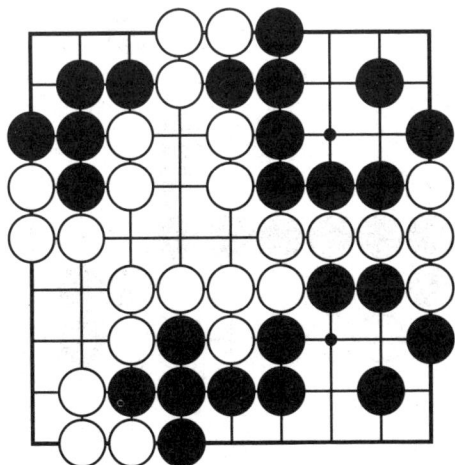

8
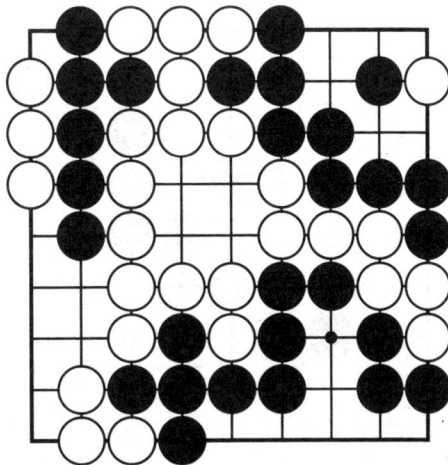

轮到黑棋落子，找出最好的一步棋。

9

10

11

12